인간 중심 경제학원론

인간 중심 경제학원론

Human centered Principles of Economics

● 배진영 지음

율곡출판사

배진영 교수(인제대학교 국제경상학부)

저자는 1956년 부산에서 태어나 부산대학교와 서강대학교에서 각각 경제학 학사학위와 석사학위를 취득했다. 석사학위를 마친 후 산업연구원(KIET)에서 연구원으로 약 2년간 근무했고, 1986년 독일 Freiburg 대학교에서 유학생활을 시작했다. 1990년 박사학위를 취득했으며, 학위 논문은 Duncker & Humblot · Berlin에서 출판되었다. 독일 통일과 함께 대외경제정책연구원(KIEP)에서 약 3년간 연구위원으로 독일 통일과 관련된 연구를 했다. 연구 결과물로서 다수의 저서와 논문을 발표했으며, 그 중 『통독 1년의 경제적 평가와 전망』과 "Speed and Timing of Economic Integration : Unification Cost Approach"는 세간의 큰 관심을 끈 바 있다. 1993년부터 인제대학교 국제경상학부 교수로 근무하고 있다. 2003년 『경제질서의 이론과 정책』을 출간하여 문화관광부 우수도서로 선정되었다. 이 책의 출간과 함께 오스트리안 학파와 시장경제의 원리에 관해 본격적으로 연구하기 시작했으며 이에 관한 많은 논문과 저서를 발표했다. 2009년 『자유주의로의 초대』(공동번역)로 시장경제대상 우수상을, 2012년 "오스트리안 학파의 시각에서 본 2011년 글로벌 재정위기의 원인과 과제"로 BMW 학술대상을 수상한 바 있다. 주요 학회 활동으로 현재 한국하이에크소사이어티 회장과 한독경상학회 부회장을 맡고 있다.

2013년은 내가 대학 강단에 선 지 정확히 20년이 되는 해이다. 그동안 많은 시간을 학생들에게 마샬(A. Marshall)과 왈라스(M. E. L. Walras) 그리고 케인즈(J. M. Keynes)로 대표되는 주류 경제학을 강의했다. 어느 날 강의 중 한 학생이 나에게 불만어린 질문을 던졌다. "경제학이 제가 살아가는 데 어떤 도움을 주며 무슨 상관이 있나요?" 그것이 15년 전쯤의 일이다. 그 학생의 질문을 계기로 나의 학문 전체를 되돌아보게 되었다. 경제학은 학생들에게 경제학적인 사고를 갖게 하고 이를 바탕으로 현실의 경제사회와 경제문제를 이해할 수 있게 하는 데 목표를 두어야지, 경제학이 정부 관료를 배출하고 닫힌 모델을 만드는 경제학자를 양성하기 위한 학문이어서야 되겠는가?

학생의 질문을 계기로 학문 전반에 관해 의문을 품으면서 나의 학문적 체계는 조금씩 변해 갔다. 변화는 경제학의 출발점에 관한 다음과 같은 세 가지 관점에서 시작되었다. 첫째, 경제학의 가장 중요한 과제는 개인의 경제행위에서 출발해 이에 관한 일반법칙을 발견해 내는 일이다. 둘째, 이때의 개인은 신과 같은 인간 또는 가공의 대표 인간이 아니라, 우리가 매일 만나는 보통의 사람이어야 한다. 셋째, 시장경제에서 개인의 경제행위는 자유를 전제로 한다. 그러므로 개인의 소유권을 보호하는 정책 외의 어떤 정부의 정책도 기본적으로 시장경제의 원리에 배치된다. 경제학에 관한 나의 이런 관점은 처음에는 그다지 명료한 것이 아니었다.

그러다 나는 2003년『경제질서의 이론과 정책』을 발간했다. 시장경제를 비롯한 다양한 경제질서를 가능한 한 이론적인 관점에서 체계화해 보고자 시도한 책이다. 이를 계기로 나는 한국 하이에크 소사이어티 회원으로 활동하기 시작했다. 이들과의 담론을 통해 이 관점이 보다 분명해졌고, 이를 구체화할 수 있는 오스트리안 학파(Austrian School)의 사상에 더욱 심취하게 되었다.

오스트리안 학파는 비현실적인 인간의 모습을 전제로 한 미시경제학과, 인간행위와는 관련이 없는 가공의 거시변수를 갖고 국민경제를 설명하는 거시경제학을 거부한다. 이 학파는 현실의 세상과 그 속에서 살아가는 인간 그 자체를 온전히 분석의 대상으로 삼으며 경제현상과 경제문제를 바라본다. 그리고 이 학파는 인간이라면 누구라도 받아들이는 인간 행위의 공리로부터 논리적인 이론을 구축한다. 나는 이 학문이야말로 학생들에게 현실 세상과 개인의 행위를 경제적으로 사고할 수 있는 지식을 제공할 수 있다고 믿게 되었다.

케인즈의 『고용, 이자 및 화폐의 일반이론』이 출판되기 전까지 미제스(Ludwig von Mises)를 중심으로 한 오스트리안 학파는 경제학의 주류를 형성하는 듯했다(Rothbard, 2002, 42). 그러나 오늘날 오스트리안 지식체계는 경제학에서 비주류로 밀려나 있다. 어떤 이유 때문일까? 여러 이유들이 있겠지만 나는 그 중의 가장 큰 이유로서, 일반인들, 관료들, 기업가들, 그리고 학자들이 정부를 경제의 한 축으로 당연히 받아들이며 이들과의 공생관계를 유지할 필요가 있었기 때문이라고 생각한다. 정부의 시장 개입을 반대하는 오스트리안 사상이 이들 모두에게 환영받지 못한 것은 어쩌면 자연스러운 현상이다.

일반인들은 현실의 경제문제에 있어서 무엇이 진실인가에는 그다지 관심이 없다. 경제문제가 발생하면 무조건 정부 책임으로 돌리면서 정부의 강력한 역할을 주문하는 데 익숙해 있다. 민간 기업들은 겉으로는 자유시장경제를 주창하지만 결코 정부 없는 시장경제를 원하지 않는다. 이들은 규제 철폐를 주장하지만 적지 않은 경우 규제는 오히려 차별적 대우를 가능하게 해 그들에게 독점적 지위를 누리게 해줌을 익히 알고 있다. 뿐만 아니라 정부로부터 각종 지원을 기대할 수 있고, 기업의 파산위기 시 정부가 안전판 내지 보호막 역할을 해줄 수 있음을 그들은 경험으로 안다.

정치가와 관료들은 투표권자들의 표를 의식하지 않을 수 없으며, 이들에게 무엇인가 열심히 일하는 모습을 보여야 한다는 강박감에 사로잡혀 있다. 그런데 오스트리안들은 정부 역할을 지나치게 축소하거나 아예 부정하기 때문에 관료나 정치가들이 오스트리안 이론을 싫어하는 것은 당연하다. 특히 관료와 정치가의 권력이 시장 개입을 통해서 나온다는 평범한 사실은 이들로 하여금 오스트리안 이론을 경원시하고 케인즈 이론을 금과옥조처럼 받들도록 한다.

경제학자들도 오스트리안 이론에 익숙해지기가 결코 쉽지 않음을, 오히려 이 이론을 배척하는 것이 더 자연스러움을 나의 학문적 경험에서 잘 안다. 나 역시 시장경제에서 정부의 존재와 그 필요성을 당연하게 여겼기 때문이다. 하늘이 지구 둘레를 도는 것이 당연하게 보이는 것처럼 말이다. 나는 독일에서 공부했고 독일 역사학파의 영향을 받았다. 나의 박사학위 논문은 수입대체와 수출주도의 보완적인 관계에 관한 연구(Bae, 1990)였다. 그만큼 정부 역할을 일정 부분 인정했다. 미르달(K. G. Myrdal)적인 사고와 케인즈 이론이 나를 지배했다. 대부분의 경제학자들도 아마 과거 나의 이런 학문적 입장에 서 있을 것으로 짐작한다. 잘못을 지적하고 위기에 세상을 구원할 수 있는 이론을 구비하며 이를 구현해 보는 것이야말로 어쩌면 경제학자들의 양심이라고 생각할지 모른다. 이것이 이들의 최소한의 자긍감일 수도 있다. 선비로서, 지성인으로서 조금이라도 도덕적이고 윤리적인 우월감을 갖는 것이 이들의 존재 이유일지 모르기 때문이다. 게다가 위기에서 정부가 나서는 것이 당연하다고 생각하는 대중과 일반 학생들은 주류 경제학자들에게 큰 힘이 되었고 자신의 이론에 대해 한 치의 의심도 품지 않게 했을 것이다.

경제학자들을 오스트리안 이론으로 이끌지 못하는 데는 다음과 같은 점들도 작용했을 수 있다. 주류 경제학은 근사한 수학과 도식을 통해 논리적 흠결 없는 내용을 책에 담을 수 있고 이를 대학 강단에서 가르칠 수 있다. 이것은 가르치는 사람의 입장에서 보면 멋지게 보일 수 있으며, 말로써 설명해야 하는 것보다 쉬울 수 있다. 그래서 수학과 도식적인 설명을 거부하는 오스트리안 이론이 이들에게 낯설고 적응하기 어렵게 만들었을 것이다. 이런 의심도 해본다. 일부 경제학자들은 정부 역할을 배제하는 오스트리안 이론을 갖고 정부나 기업으로부터 연구지원과 각종 명예직을 받기가 쉽지 않음을 잘 알고 있다. 자유와 시장경제를 옹호하면서 적당히 정부 역할을 인정하는 것이 그들에게 운신의 폭을 넓혀주는 최선의 길이었을지 모른다.

학생의 질문을 받은 후 나는 시장경제의 참모습을 강의하기 위해 새로운 강좌를 개설했고, 이를 위해 주류 경제학과는 완전히 다른 경제학 교과서를 집필해야겠다는 마음을 갖게 되었다. 지향점은 오스트리안 학파의 사상을 교과서화하는 것이었다. 그러나 지금도 그렇지만, 국내는 말할 것 없고 국외에서도 학생들을 위한 오스트리안적인 경제학 교과서는 찾기 어려웠다. 있더라도, 그것은 개괄적인 설명에 그쳤다. 그동안 국내에서 오스트리안 학파를 대표하는 대가들의 글들이 속속 번역되었고 오스트리안 사고에 기반을 둔 논문들도 간혹 발표되었다. 그러나 이것들을 대학생들을 포함한 일반인들이 읽기에는 내용이 어려웠을 뿐만 아니라 표현의 형식과 체계에서 이들의 흥미를 끌기도 쉽지 않았다.

그래서 내가 오스트리안 사고를 교과서 형태로 집필한다는 것은 무모하게 보였다. 여기에다 나의 능력 부족을 고려하지 않을 수 없었다. 오스트리안 대가들, 이 중에서도 미제스의 글을 읽다 보면 처음부터 끝까지 어떤 틈도 보여주지 않는 그의 논리적이고 치밀함 그리고 수미일관에 혀를 내두를 정도이다. 이들의 사고를 정확히 이해하지 못하면서 교과서 수준의 경제학을 집필하는 것은 위험한 일이었다. 그럼에도 불구하고 나는 시도했고 몇 번의 좌절을 경험했지만 그래도 마무리를 짓고자 했다. 이것이 아주 작은 씨앗이 되어주길 희망하는 마음으로 말이다.

교과서는 다음과 같은 몇 가지 기본방향에서 집필되었다. 첫째, 경제학원론은 경제학을 처음 접하는 학생들이 배우는 교과목이다. 그러므로 경제학원론은 경제학 전공 학생에게는 상급학년에서 배우는 경제학 관련 과목들의 기초가 되어야 하고 교양과목으로 듣는 학생들에게는 이들의 경제활동에 도움을 주어야 한다. 현재의 교과서들에는 경제학 전공 학생이 4년 동안 배울 거의 모든 내용들이 망라되어 있다. 경제학을 처음 접하는 학생들에게 현재의 원론은 학문적 접근에 두려움을 주기에 충분하다. 경제학원론은 한 학기 내지 두 학기 안에 마칠 수 있도록 짜여야 한다. 둘째, 현재의 경제학원론은 대체로 이런저런 이론들이 일정한 체계 안에 모아져 있는 개론 형태이다. 이것은 학생들로 하여금 경제학적으로 사고하는 데 도움을 주지 못한다. 경제학원론이 암기하는 과목이 아니라 생각하고 토론하는 과목이 되어야 한다. 셋째, 경제학원론은 개인의 경제행위에서 출발해야 한다는 기본 관점에서 벗어나지 말아야 한다. 수미일관된 설명만이 학생들로 하여금 경제학적으로 사고하는 법을 올바르게 가르칠 수 있다.

오스트리안 사고를 논리적으로 이해하고 이를 기술하기 위해서는 기존의 나의 모든 경제학적인 지식을 버려야 했다. 그래야만 오스트리안이 바라보는 세상을 실수 없이 이해할 수 있었다. 그러나 내가 처음 경제학을 접한 이후 오랫동안 나의 학문적 세계를 지배해 온 지식체계를 완전히 바꾸기란 결코 쉽지 않았다. 나의 학문적 노력과 그 결실들을 모두 버려야 한다는 것이 무척 아깝기도 했다. 무엇보다 새로운 학문세계를 정확히 이해하는 것이 결코 쉬운 일이 아니었다. 기존의 주류 경제학과 일정 부분 타협해 보기도 했지만, 그것은 나의 학문세계에서 논리적 충돌만을 보탤 뿐이었다. 큰 용기가 필요했다.

이 책의 본격적인 구상과 집필은 대략 6년 전부터이다. 이 책을 집필하면서 늘 따라다닌 두려움은 과거의 주류 경제학의 사고가 여전히 남아 있지 않을까 하는 점이다. 집필 과정에서도 기존의 주류 경제학의 지식이 불쑥불쑥 튀어나오곤 했고, 수시로 다시 논리를 구축해야 하는 일이 비일비재했다. 이것이 이 책의 집필에서 가장 어려운 부분이었다. 이 책이 출판된 후에도 곳곳에 이런 실수가 있을지 모른다는 불안감은 여전히 남는다. 많은 동료, 선・후배들의 지적을 앙청

한다.

나의 오스트리안 사고 구축에는 한국 하이에크 소사이어티 회원들과의 토론과 가르침이 적지 않은 도움을 주었다. 이 소사이어티 소속 회원들은 그동안 오스트리안 학파 관련 서적들을 다수 번역했다. 번역서들은 이 책의 집필에 큰 힘이 되어주었다. 그 중에서도 전용덕 · 김이석이 번역한 라스바드의 『Man, Economy and State』, 민경국 · 박종운이 번역한 미제스의 『Human Action』, 김이석이 번역한 미제스의 『Theory of Money and Credit』, 그리고 신중섭이 번역한 하이에크의 『Fatal Conceit』는 방대한 원서 독해의 어려움을 크게 해소해 주었다. 아래 저서들은 이 책 집필의 기초가 되어준 책들이다. 위에서부터 필자가 참고를 많이 한 저서의 순서이다. 특히 이 책의 전체 내용은 라스바드의 『Man, Economy and State』에 힘입은 바가 크다.

Rothbard, M. N., *Man, Economy and State—A Treatise on Economic Principles*, Ludwig von Mises Institute, 1993.

Mises, L. v., *Human Action—A Treatise on Economics*, Ludwig von Mises Instiute, Auburn, Alabama, 1998.

Hayek, A. F. v., *Individualism and Economic Order*, Midway Reprint, 1980.

Mises, L. v., *The Theory of Money and Credit*, Yale University Press, 1953.

Hayek, F. A. v., *Prices and Production*, New York, 1966.

Hayek, A. F. v., *Fatal Conceit : The Errors of Socialism*, The University of Chicago Press, 1988

Kirzner, I. M., *Competition and Entrepreneurship*, The University of Chicago Press, 1973.

오스트리안 경제학자들은 경제현상과 경제문제의 설명을 수식과 도식에 의존할 경우 그것이 얼마나 위험한지를 경고한다. 오스트리안 학자들 중에서 특히 미제스가 그러하다. 그는 자신의 글들에서 수식과 도식을 일절 사용하지 않고 있다. 반면에 하이에크와 라스바드는 자신의 논리 전개의 연장선상에서 수식과 도식의 일부를 사용한다. 물론 그것들은 이론적 모델을 구축하기 위함이 아니다.

이 책도 수식과 도식을 이런 목적 하에서만 사용한다. 이 책은 특히 학생들을 대상으로 집필된 것인 만큼, 시각적인 그림이 이해를 돕고 난해한 글을 읽는 지나친 지루함을 덜어줄 수 있을 것이라고 생각한다.

출판계가 어려움에도 그리고 나의 글이 경제학원론 교과서로서 혁신적인 내용을 담고 있음에도, 이 책의 발간을 선뜻 허락한 율곡출판사의 박기남 사장님께 깊은 감사를 드린다. 율곡출판사의 방조일 주간과 신재혁 과장은 전체 글을 읽고서 독자들이 읽기 편한 표현으로 바꾸어 주었고, 여기에다 필자의 잦은 수정과 첨삭의 부탁에 한 번의 짜증 없이 친절하게 편집해 주었다. 감사를 드린다. 이와 함께 책의 전체를 읽고 작은 실수들을 지적해 준 안영철 박사에게도 고마움을 전한다. 무엇보다 수차례에 걸친 교정지 확인작업과 뒷바리지에 애써 준 나의 아내에게 사랑한다는 말을 전한다. 부디 이 책이 경제학자들과 대학생들을 넘어 일반인들에게도 읽혀지기를 바라며, 이 땅의 자유와 시장경제의 창달에 조그마한 씨알과 거름이 되었으면 한다.

2013년 8월
해운대 집에서
배진영

II 경제행위와 가치

제4장 경제행위

제5장 선택과 기회비용

제6장 소비자재의 가치

제7장 생산요소의 가치

III 교환의 이득과 시장가격

제8장 교환의 이득

제11장 시장균형 분석

제12장 시장에 관한 오해

IV 경쟁과 독점

제13장 완전경쟁과 시장경쟁

제14장 독점과 담합

제15장 과점과 독점적경쟁

V 생산과 시간시장

제16장 생산과 생산구조

제17장 시간시장의 기초 개념

제18장 생산의 시간시장과 생산구조

제19장 시간시장과 이자율 결정

제20장 시간시장의 균형분석

VI 화폐와 화폐시장

제21장 화폐의 가치와 화폐의 가격

제22장 화폐와 은행제도의 발달

제23장 화폐시장과 화폐구매력 결정

제24장 시장경제와 신용사회

제25장 화폐시장의 균형분석

제26장 화폐시장과 실물시장, 화폐시장과 시간시장의 관계

VII 경제성장과 경기변동

제27장 기업가정신과 기업가의 역할

제28장 경제성장과 자본축적

제29장 자본축적에 의한 생산구조와 소득분배의 변화

제30장 경기변동

제31장 케인지안 모델과 경기변동 이론에 대한 비판

이 책은 Rothbard, Mises, 그리고 Hayek를 자주 참고했기 때문에, 이들의 참고문헌을 아래와 같이 축약어로 표기했다.

Mi. HA = Mises, Human Action
Mi. TMC = Mises, The Theory of Money and Credit
Hay. IEO = Hayek, Individualism and Economic Order
Hay. PP = Hayek, Prices and Production
Ro = Rothbard, Man, Economy and State
미 = 미제스(민경국 · 박종운 공역), 인간행동
라 = 라스바드(전용덕 · 김이석 공역), 인간 · 경제 · 국가

참고문헌은 확인 가능한 범위 안에서 단순하게 나타내었다. 예를 들어 (Mi. HA, 20)은 (Mises, Human Action, 20쪽)을 의미한다. 위에 표시한 축약어에 있는 저서들 외의 저서를 참고할 때에는 저자 이름 뒤에 참고한 쪽수를 기재했다. 예를 들어 (샤방스, 83～85)는 샤방스의 저서 83～85쪽을 참고했다는 표시이다. 한 저자의 여러 저서들 중의 하나를 참고했을 때, 저자 이름 뒤에 추가로 저서 발행연도를 표시했다. 예를 들어 (민경국, 1996, 103)은 민경국이 1996년 발행한 책의 103쪽을 의미한다. 간혹 쪽수를 생략하고 저서 전체를 표현해야 할 경우에는 저자 이름 뒤에 저서의 발행연도를 표기했다. 예를 들어 (Hayek, 1988)은 Hayek의 저서 1988쪽이 아니라, Hayek가 1988년 발행한 저서임을 의미한다. 저자 이름 뒤의 숫자가 쪽수인지 아니면 발행연도인지는 숫자만을 보면 쉽게 판별할 수 있을 것이다. 리포트나 신문기사를 참고했을 때는 (French, 200. 3. 26)처럼 연월일을 모두 표기했다.

참고문헌 표기 위치와 관련하여, 구두점 앞에 참고문헌이 위치하면 참고문헌은 해당 문장만 관련됨을 나타낸다. 구두점 뒤에 놓이면 참고문헌은 해당 문단 내의 표기 앞에 있는 문장들 전체 또는 일부에 관련됨을 의미한다.

경제학의 과제

Human centered

Principles of Economics

ch. one

0

1

『국부론』의 원명은 『국부의 성질 및 원인에 관한 탐구(*An Inquiry into the Nature and Causes of the Wealth of Nations*)』이며 1776년 발간되었다.

현대경제학은 아담 스미스(Adam Smith, 1723~1790)의 『국부론』이 발간되면서 체계화되고 발전되어 왔다. 물론 그 전에도 중농주의나 중상주의와 같이 한 나라 국부(國富)의 발전을 위해서 경제가 어떻게 돌아가야 하는지를 설명하는 이론들이 있었다. 더 거슬러 올라가면 모든 학문들이 그러하듯이 그리스인들의 학문체계 속에서 경제학의 편린을 찾아볼 수 있다. 이들은 국가와 민족과 같은 집단 전체를 탐구의 대상으로 삼았으며, 그 전체의 목적이 무엇이어야 하는가 하는 자의적인 설정에 매달렸다.

아담 스미스를 현대 경제학의 아버지라 부르는 것은 시장경제의 상호의존성에 관한 그의 놀라운 통찰력 때문이다.

스미스 역시 국부 증대의 원천에 관한 탐구가 그의 『국부론』 집필의 시작이었다. 그럼에도 불구하고 그를 현대경제학의 아버지라 부르는 것은 시장경제의 상호의존성에 관한 그의 놀라운 통찰력 때문이다. 이것은 누구도 쉽게 생각해 낼 수 없는 것이었고, 다른 학문들이 결코 설명할 수 없는 인간 삶에 관한 지식이었다. 그것은 집단 전체에 대한 탐구에서 벗어나 사회체계를 개인의 행위에서 찾은 획기적인 사건이었다. 스미스는 이로부터 경제학을 인문사회과학에서 새롭고 고유한 학문적 영역으로 자리매김하게 해주었다.

고전파 경제학이 개인을 이윤과 부(富)만을 탐하는 이기적인 인간으로 비치게 한 것은 인간 행위의 보편적 사실을 탐구하고 규명하지 못했기 때문이다.

그러나 스미스를 위시한 고전파 경제학은 시장현상의 탐구에만 연구를 한정함으로써, 시장현상을 가져오게 하는 인간 행위의 보편적 사실을 탐구하고 규명하는 데는 이르지 못했다. 그 결과 고전파 경제학은 개인을 이윤과 부(富)만을 탐하는 이기적인 인간으로 비치게 했고 자본주의를 역사의 한 단계로만 인식하게 했다. 이것은 역사학파와 제도학파, 그리고 사회주의자들에게 공격의 빌미를 제공했다. 이들은 사회과학이 언제나 타당한 규칙을 발견하는 것은 환상이라고 주장했다.(미, 612)

경제학의 학문적 과제는 인간 행위들이 상호 관계를 맺으면서 얽혀 있는 사회의 변하지 않는 규칙성을 발견해 내는 것이다.

모든 학문의 과제는 보편적인 사실에서 시작해 이로부터 자연과 사회 현상에 관한 규칙성을 발견해 내는 것이다. 경제학도 마찬가지다. 경제학은 시간과 공간에 상관없이 인간이라면 그렇게 행동하는 인간 행위의 공리(公理)에서 시작해야 한다. 이로부터 인간 행위들이 상호 관계를 맺으면서 얽혀 있는 사회의 변하지 않는 규칙성을 발견해 내는 것이다. 언제나 타당한 인식론적이고 논리적인 원리는 어떤 학파나 이념의 공격대상이 될 수 없다. 여기에 경제학의 학문적 과제가 있다. 그래서 경제학의 학문적 대상은 자원배분이나 경제안정, 그리고 분배와 같은 거창한 주제를 규명하는 학문이 아니라, 인간 행위에 관한 것이어야 한다. 이 거창한 주제들은 인간 행위의 규명으로부터 간접적으로 유추할 수 있는 주제일 뿐이다.

경제학이 대상으로 하는 인간은 지식과 이성에 한계가 있으며, 그래서 실수를 하기도 하고 미래의 불확실성으로 인해 용기가 없어 망설이기도 하는 그런 사람이다. 전지(全知)하고 완벽한 인간이 아니다. 인간 행위의 공리는, 인간은 행동하기 전에 언제나 선택한다는 사실이다. 그래서 모든 행위는 경제행위이다. 선택은 현재의 상태를 개선하기 위한 노력이다. 선택을 위해 인간은 자신의 내면에 있는 가치체계에 무엇을 선택할 것인가를 묻는다. 가치체계는 "이것보다 저것을 더 좋아한다" 라는 아주 단순한 '선호' 체계이다. 그러므로 경제행위와 이로 인해 나타나는 경제현상에 관한 모든 탐구는 언제나 개인의 선호에서 출발해야 한다. 이것이 경제학이 언제, 어디에서나, 그리고 누구에게나 타당한 일반이론이 될 수 있도록 하는 첫 번째 조건이다.

경제학이 일반이론이 되기 위해서는 첫째, 경제학은 개인의 선호에서 출발해야 한다.

일반이론이 되기 위해서 경제학은 먼저 어떤 규범적인 것들도 다루어서는 안 된다. 경제학은 이것보다 저것을 선호한다는 것에서 출발해야 할 뿐, 이것이 저것보다 옳거나 그르다는 것을 판단해 주기 위한 학문이 아니다. 경제학은 인간은 어떻게 살아야 하며 어떤 행위가 지고(至高)의 선인지를 말하는 윤리학도 아니며, 건강을 위해서 어떤 생활습관을 가져야 하는지를 설명하는 건강학이나 생리학도 아니다. 인간의 심리를 연구하는 심리학도 물론 아니다. 경제학은 사람이 무엇을 해야 하는가 하는 당위 또는 행위의 목적체계를 가르치는 학문이 아니라, 개인에게 목적체계가 주어지면 그것을 달성하기 위해서 어떻게 행동해야 하는지를 보여줄 뿐이다. 즉, 경제학은 목적과 수단과의 합리성에 관한 과학이다. 개인마다 주관적으로 다를 수 있는 목적 선택과 가치판단은 어떤 경우에도 과학의 대상이 될 수 없다.

경제학은 윤리학도 아니며 생리학이나 심리학도 아니다.

경제학이 일반이론이 되기 위한 두 번째 조건은 자유로운 공간 속에서 삶을 영위하는 인간이 전제되어야 한다는 점이다. 행위에 외부의 간섭이 강제되면, 행위는 그것에 의해 왜곡되기 때문에 보편적으로 타당한 인간 행위를 관찰할 수 없다. 이것이 경제학이 시장경제를 학문적 대상으로 삼아야 하는 이유이다. 경제학의 본질은 경제행위의 수단과 목적에 관한 논리적 사고이다. 이를 위해서 개인은 경제적 계산이 가능해야 하고, 경제적 계산은 시장경제를 전제로 해야 한다. 시장경제 속에서만이 행동이 어떤 결과를 가져올지를 추론할 수 있다. 시장경제를 통하지 않고 이루어지는 모든 경제 계산은 잘못된 것이다. 그렇기 때문에 시장경제가 경제학적 사고의 토대와 경제학 체계 전체의 학문적 대상이 되어야 한다. 경제학에는 정치적 고려나 역사적 경험이 들어와야 할 이유가 없으며, 경제학은 논

경제학이 일반이론이 되기 위해서는 둘째, 경제학은 시장경제를 학문의 대상으로 삼아야 한다.

리적 엄밀성만을 갖추어야 한다.(미, 396~398)

경제학은 정치적 구호의 옳고 그름을 제시하는 학문이 아니다.

시대를 막론하고, 세상은 언제나 정치적 구호와 선동, 그리고 이익집단의 사적 이익 추구로 가득 차 있다. 빈부의 양극화를 해소해야 하고, 농어민과 서민을 돌보아야 하며, 골목상권을 보호해야 하고, 중소기업의 아우성을 들어야 하며, 재벌의 악질적인 행위를 규탄하고, 자립경제를 위해 외부로부터의 문을 닫아야 하며, 기계와 기술은 노동자의 일자리를 빼앗으므로 악이고, 무상급식과 무상의료와 무상교육의 복지체계를 구축해야 하며, 경쟁은 공정해야 한다는 등 헤아릴 수 없이 많은 구호들이 난무한다. 경제학은 이 정치구호들의 옳고 그름, 선과 악에 관한 기준을 제시하는 학문이 아니다. 여기에는 주관적인 가치판단이 게재되기 때문에 어떤 경우에도 보편타당한 기준이 제시될 수 없다. 특히 이 구호들은 현실의 정책으로 옮겨질 때 반듯이 누군가의 희생을 전제로 해야 하기 때문에 더욱 그렇다.

문제는 이런 구호들이 자유시장경제를 폄훼하고 시장경제가 악의 출발점이란 인식을 대중에게 너무 깊게 퍼뜨리고 있다는 점이다. 오늘날 과학기술의 발전과 우리가 누리고 있는 모든 편리와 편의는 자유시장경제에서 비로소 가능해졌다는 사실을 우리는 너무도 쉽게 잊거나 자신의 이념이나 정치적 입장에 따라 애써 외면하곤 한다. 문제는 여기에 그치지 않는다. 경제학의 토대가 시장경제이어야 함에도 불구하고, 시장경제를 학문의 대상으로 삼는 것이 마치 악을 옹호하고 이를 확산시키는 사악한 이념의 도구인 양 매도한다. 일반이론은 어떤 주의나 이념에 기반을 두지 않으며, 더욱이 이들을 배양하는 토양도 아니다. 일반이론은 언제나, 어느 곳에서나, 그리고 누구에게나 타당한 논리적 구축물이다. 경제학도 그런 것이어야 한다.

시장은 일반 재화나 서비스가 거래되는 일반시장, 현재의 만족과 미래의 만족이 거래되는 시간시장, 화폐가 거래되는 화폐시장으로 나뉜다. 경제학은 이 세 시장에서 일어나는 개인의 경제행위와 이로 인한 경제현상을 일관되게 설명할 수 있어야 한다.

인간의 행위를 통해 자생적으로 형성된 질서가 시장이다. 시장은 크게 세 가지로 나뉜다. 우리가 보편적으로 생각하는 재화 또는 서비스를 사고파는 일반시장, 현재의 만족 또는 미래의 만족이 거래되는 시간시장, 그리고 이 두 시장에서 교환의 매개물로 사용되는 화폐가 거래되는 화폐시장이 그것이다. 사람들은 보다 나은 삶을 위해 이 세 시장을 통해 매일 경제행위를 한다. 그러므로 경제행위를 학문의 대상으로 삼는 경제학은 이 세 시장을 분석의 대상으로 삼아야 한다. 이 세 시장에서 인간은 어떻게 경제행위를 하며, 이로 인해 어떤 경제현상과 경제문제가 발생하는지를 경제학은 설명할 수 있어야 한다. 시장은 이처럼 세 가지로 대별되지만, 경제행위는 누구에게서나 하나의 행위공리에서 시작한다. 그것은 바로 선호체계이다. 그러므로 경제학은 모든 시장들이 인간의 '선호'에 의해 일관되게 분석되어야 일반이론이 될 수 있다.

이 책은 경제학의 과제를 다룬 제1장 이외에 총 7부로 구성되어 있다. 제Ⅰ부에서는 경제학이 대상으로 하는 평범한 인간의 모습을 그리며, 이런 사람들의 행위가 어우러져 있는 시장의 형성과정과 그것의 의미와 속성에 관해 설명한다. 제Ⅱ부부터는 본격적으로 경제학적인 사고를 위한 기초를 다져간다. 제Ⅱ부에서 제Ⅳ부까지는 일반시장을, 제Ⅴ부에서는 시간시장을, 제Ⅵ부에서는 화폐시장을, 그리고 제Ⅶ부에서는 이 세 시장들이 어우러져 일어나는 현대경제의 중요 이슈인 경제성장과 경기변동을 다룬다. 이를 보다 구체적으로 개관하면 다음과 같다. 제Ⅱ부에서는 경제행위와 관련된 제반 문제를 살펴본다. 행위의 주체와 수단, 그리고 효용의 개념을 설명하고 모든 행위는 개인의 선호에서 시작됨을 분명히 한다. 이로부터 기회비용과 이윤, 그리고 가치 개념을 설명한다. 제Ⅲ부에서는 개인의 경제행위가 시장을 통해 어떻게 사회적 협동으로 이어지는지를 보여준다. 이를 위해 시장가격이 결정되는 과정이 설명되고, 시장균형과 관련된 제반 문제와 시장에 관해 사람들이 오해하는 몇 가지를 살펴본다.

제Ⅳ부에서는 경쟁과 독점을 다룬다. 시장을 올바르게 이해하기 위해서는 시장에서 전개되는 경쟁에 대한 정확한 이해가 무엇보다 필요하다. 여기에서 우리는 경쟁과 독점을 어떤 규범적인 가치문제를 떠나 순수한 인간 행위의 관점에서 들여다 본다. 이것은 경쟁과 독점에 관한 우리의 생각과 주장들의 많은 부분이 편견임을 드러내 보여준다. 제Ⅴ부에서는 제Ⅱ~Ⅳ부에서 다루지 못한 생산문제를 본격적으로 다룬다. 우리는 이를 시간선호의 테두리 안에서 설명한다. 여기에서도 경제학은 개인의 행위와 선호체계로부터 시작되어야 한다는 기본 방향에서 결코 벗어나지 않는다. 그러면서 오스트리안 학파를 다른 학파들과 근본적으로 구분짓는 이자율 결정 과정을 설명하고, 이에 따른 현실 문제들을 짚어본다.

제Ⅵ부에서는 시장경제의 반을 차지하는 화폐를 여섯 장에 걸쳐 자세하게 설명한다. 현대경제에 관한 잘못된 진단과 처방은 많은 경우 화폐의 기초 개념을 소홀히 한 데서 기인한다. 그래서 제Ⅵ부는 화폐의 가치와 화폐의 가격이 무엇인지부터 시작한다. 이어서 화폐시장을 분석한다. 화폐시장도 여느 다른 상품시장과 다를 바 없음을 이 장을 통해 알게 된다. 화폐에 관한 기초적인 개념과 분석틀을 갖고 화폐와 관련된 현실의 경제문제들을 분석하고 현대경제에서 신용사회의 파괴적인 측면을 짚어본다. 이것은 제Ⅶ부 경기변동의 실마리를 제공한다.

끝으로 화폐시장의 실물시장 및 시간시장과의 상호 관계에 대해서 생각한다.

제Ⅶ부에서는 경제성장과 경기변동을 설명한다. 경제는 자본축적에 의해 성장하며, 자본축적은 기업가에 의해 수행된다. 이때 기업가에 관한 설명이 현대경제학에서 왜 사라졌으며 시장경제에 있어서의 기업가 역할이 무엇인지를 조명한다. 이와 함께 자본이 축적되면서 생산구조가 어떻게 변모하고 이에 따라 요소들의 실질소득에 어떤 변화가 초래되는지를 검토한다. 끝으로 한 나라의 경제와 이를 넘어 세계경제에 충격을 주는 경기변동을 다루면서, 왜 한꺼번에 경제 전반에 걸쳐 기업의 과오가 쏟아지는지를 설명한다. 또한 경기변동에 관한 케인지안 설명과 처방에 논리적으로 어떤 문제가 있는지를 케인지안 모델을 통해 지적하면서 이 책을 마무리한다.

생각하기

01. 중 · 고등학교 사회 과목에서 배운 경제학적인 지식을 열거해 보고, 이것이 여러분의 삶에 어떤 유용성을 줄 것인지를 생각해 보아라.

02. 여러분은 경제학으로부터 무엇을 얻기를 원하는가?

03. 아담 스미스를 현대경제학의 아버지라 부르는 이유는 무엇인가?

04. 경제학이 언제, 어디에서나, 그리고 누구에게나 타당한 일반법칙이 되기 위한 조건은 무엇인가?

05. 경제학은 왜 시장경제 바탕 위에서 정립되어야 하는가?

06. 경제학은 도덕적이고 윤리적인 판단기준을 제시해 주어야 하는가? 토론하라.

Part One

I 인식의 한계와 시장경제

인식의 한계와 과신

Human centered

Principles of Economics

ch. two

2

불확실하고 복잡한 세상에서 우리는 매일 최선을 다하면서 살아간다. 경제행위를 하는 나와 그 대상인 세상의 실제 모습이 어떠한지를 먼저 규명하지 않고서, 경제이론의 탑을 쌓아가는 것은 무모하며 논리적 결함을 낳을 수 있다. 이 장에서는 복잡하고 불확실한 세상의 모습과 성격을 살펴보고, 경제학의 대상은 닫힌계가 아니라 열린계임을 분명히 한다. 그 속에서 살아가는 인간의 인지 능력에는 한계가 있기 때문에, 최고의 행위가 아니라 최선의 행위를 할 수밖에 없음을 밝힌다. 그러면서 인간 이성을 과신한 사례들과 그 결과를 소개한다. 계획경제의 실패와 신고전파 경제학의 전지한 인간의 가정이 그 사례이다. 그리고 정부의 시장개입에서도 인간 이성의 과신을 읽을 수 있음을 지적한다.

1. 세상의 복잡함과 인식의 한계

1.1 세상의 복잡함과 불확실함

세상이 복잡하고 불확실하다고 느끼는 것은 우리가 선택행위를 해야 하기 때문이다.

세상이 복잡하고 불확실하다고 느끼는 것은 우리가 선택행위를 하기 위해 많은 정보를 필요로 하고 이를 가공해야 하기 때문이다. 선택의 대부분을 부모와 가까운 선생님에게 전적으로 의존하는 유아 및 청소년 시절의 세상은 그다지 복잡하지도 불확실하지도 않다. 왜냐하면, 우리가 선택해야 할 많은 부분을 부모나 선생님이 대신해 주기 때문이다. 정상적인 가정에서 자란 대부분의 사람들이 이 시절을 아름답고 포근하게 느끼는 것은 그들이 선택의 강요에 놓여 있지 않기 때문이다. 유아 및 청소년 시기의 1년이 중장년 시기의 5년과 같다는 심리학자들의 주장(중앙일보, 2010. 12. 26)은 결코 빈말이 아니다. 그만큼 크고 작은 선택 앞에 놓여 있는 중장년의 보통 사람들이 하루하루를 긴장하고 쪼들리면서 살다 보면 10년이라는 세월이 금세 지나간다.

인간 세계의 복잡함을 사회적 복잡성이라 일컫는다. 사회적 복잡성은 공동체 구성원의 절대수가 증가하고 이들 간의 상호 의존이 심화되면 증대한다. 사람들의 상호 영향 관계의 증대는 분업에 의해 가속화되었다. 분업은 개인 간의 역할 차별화를 통해 구성원 간의 관계를 다층화하고 상호 영향과 교류의 그물망을 촘촘하게 만들기 때문이다. 그러나 분업은 개인의 입장에서 보면 사회적 복잡성을 크게 줄여주는 측면도 있다. 왜냐하면 역할 배분과 기능적 차별화를 통해 각자는 전체를 생각할 필요 없이 자신에게 부여된 역할만 충실히 하면 되기 때문이다. 분업사회에서 개별 구성원에게 일어나는 문제는 사회 전체의 문제로 이어지는 것이 아니라 각자의 역할에 한정된다.

분업은 사회적 복잡성을 증가시키기도 하고 감소시키기도 한다.

인간 세계가 복잡하다는 것은 현상 자체를 말하는 것인데 반해, 불확실성은 행위의 결과와 이에 대한 예측과의 불일치를 전제로 하는 말이다. 따라서 예측이라는 인식과정 자체가 없다면 불확실성은 존재하지 않는다. 예측과 결과의 불일치는 해결해야 할 문제의 복잡성과 문제 해결 소프트웨어의 능력 때문에 발생한다. 문제가 덜 복잡할수록 그리고 문제 해결 능력이 뛰어날수록, 그 불일치, 즉 불확실성은 줄어든다. 수단의 투입에 의한 산출의 결과는 투입물을 산출물로 바꾸는 기술적 관계(함수)에 의해 결정된다. 만약 인간이 이 관계의 전부를 파악하고 있고 그 관계가 변하지 않는다면, 투입에 대한 결과를 정확히 예측할 수 있을 것이다. 그러나 그 관계를 정확히 파악할 수 없고 파악한다 하더라도 그것이 끊임없이 변한다면, 결과에 대해 정확히 예측한다는 것은 불가능해진다. 전자는 닫힌계(closed system), 후자는 열린계(open system)의 모습이다.

불확실성은 행위의 결과와 이에 대한 예측과의 불일치를 전제로 하는 말이다.

1.2 열린계

인간의 세계가 불확실성으로 가득 찬 것은 그것이 열린계이기 때문이다. 열린 계(界) 또는 열린 시스템이란 시스템 밖에 있는 외부 환경과의 끊임없는 교류 속에서 상호 영향을 주고받는 시스템을 말한다. 이에 반해 외부 환경과의 단절 속에서 시스템 그 자체적으로 완결된 시스템을 닫힌 계(界) 또는 닫힌 시스템이라 한다. 열린 시스템이 불확실한 것은 그것이 내재적 인과성과 창조적 인과성에 의해 지배를 받기 때문이다.

인간의 세계가 불확실성으로 가득 찬 것은 그것이 열린계이기 때문이다.

내재적 인과성이란 특정 원인이 특정의 결과를 발생시킨 후에도 그것이 소멸되지 않고 계속해서 존재해 그것의 결과와 어우러져서 다시 새로운 원인으로 작용하면서 또 다른 결과를 잉태하는 과정을 말한다. 이런 과정이 내재되면 그것은 영원히 지속될 것이기 때문에 그 인과성을 영속적 인과성이라 부르기도 한다. 내재적 인과성이 존재할 때 그 결과는 결코 예측할 수 없으며 예측하는 순간에도 그

열린계는 내재적 인과성과 창조적 인과성의 지배를 받기 때문에, 원인에 대한 결과는 불확실해진다.

결과는 변하고 있다(민경국, 1997, 71~82).

창조적 인과성은 인간의 행위가 단순히 주어진 여건에 수동적으로 순응하는 것이 아니라 최선의 결과를 가져오기 위해 여건을 능동적으로 조정하고 변화시키기 때문에 발생한다. 그렇게 되면, 동일한 투입물(원인)이라 하더라도 여건의 조정과 변경에 따라 그 산출물(결과)은 달라진다. 인간의 행위가 창조적이라는 것은 투입물을 산출물로 바꾸는 인간 행위의 함수체계가 여건 변화에 따라 창조적으로 변한다는 것을 의미한다. 창조적 인과성은 이처럼 인과의 함수체계가 변해 동일한 원인이 동일한 결과를 가져오지 않는 과정을 말한다. 내재적 인과성 그 자체만으로는 동일한 원인일 경우 비록 그것이 끊임없이 변해 예측할 수 없다 할지라도 인과체계가 변하지 않는 한 동일한 결과를 낳는다. 그러나 내재적 인과성에다 창조적 인과성까지 가미할 경우, 원인에 대한 결과는 아주 불확실해진다.[1]

1.3 인간 인식의 한계

세상의 복잡함과 불확실함에 대처해 나가는 인간의 인식은 국지적이고 주관적이다.

세상의 복잡함과 불확실함에 대처해 나가는 인간의 인식은 국지적이고 주관적이다. 인간이 현재와 미래에 관련된 모든 것들을 인식하기란 불가능하다. 인간이 자신의 행동을 결정하기 위해 고려하는 상황은 그 중의 일부분이며, 대체로 주변의 가까운 상황만을 고려한다. 고려되는 상황의 범위와 정도는 각자의 인식 능력과 주어진 시간에 의해 좌우되나, 그 시간이 아무리 충분히 주어지더라도 인간 능력의 한계로 인해 인식의 국지성에서 벗어날 수 없다. 실제로 인간이 알 수 있는 것은 백사장의 모래알 몇 톨보다 적을지도 모른다.

동일한 현상에 대해 이를 받아들이는 정도와 그것의 해석은 인간마다 제각각이다. 즉, 인간의 인식은 인식의 주관성에 의해 지배받는다. "사물은 있는 대로 보이는 것이 아니라 보는 대로 있는 것이다, 사람들은 들리는 대로 듣는 것이 아니라 듣고 싶은 대로 듣는다" 라는 말은 현상 해석의 주관성을 뚜렷이 말해 준다. 우리가 어느 한 사물을 인식할 때, 우리는 자신이 습득한 지식과 경험에 의해 형성된 인지규칙에 따라 그 사물의 특질과 다른 대상들의 특질과의 관계 속에서 이

1. 닫힌계는 그 자체로 완결된 시스템이기 때문에 내재적 인과성과 창조적 인과성이 존재하지 않는다. 여기에는 원인이 동일하면 항상 동일한 결과를 만들어내는 기계적 인과성만 존재한다. 이것은 동일한 원인을 만들어낼 수 있다면 언제든지 동일한 과거로 돌아갈 수 있으며, 원인에 대한 미래의 결과가 그 시스템 속에 이미 결정되어 있음을 의미한다.

를 인식한다. 한국인에게 일곱 색깔로 보이는 무지개가 영국인과 미국인에게는 여섯 색깔, 프랑스인과 중국인에게는 다섯 색깔로 보인다고 한다. 이는 보고 싶은 대로 보는 것의 전형적인 예이다. 실제 태양 빛을 분광분석하면 빛의 파장은 몇 가지로 분리할 수 없는 연속량이다. 똑같은 무지개임에도 불구하고 문화적 배경에 따라 색깔의 숫자가 달라 보이는 것이다(이케가야 유지, 조선일보 2008. 4. 15). 사물의 실재를 이처럼 있는 그대로 보지 못하고 자신의 인지규칙에 따라 선별적으로 보고 이를 해석한다는 것은 인간의 인지 과정이 매우 주관적임을 말해준다.

우리는 해당 사물을 자신의 지식과 경험에 의해 형성된 인지규칙에 따라 그것의 특질과 다른 대상들의 특질과의 관계 속에서 인식한다.

인식의 주관성은 미래의 현재화를 통해 더욱 강화된다. 현상에 대한 인식은 과거뿐만 아니라 각자가 갖고 있는 자신의 고유한 내적 모델을 통해 그려지는 미래의 모습에 의해 영향을 받는다. 미래를 낙관적이고 밝게 보면 하나의 현상에 대해 긍정적인 측면이 부각되는 반면, 미래를 비관적이고 어둡게 보면 그 현상의 부정적인 측면이 강조되는 것이 그 예이다.

2. 인간 이성에 대한 과신

2.1 계획경제의 실패[2]

어느 시대를 막론하고 정치인과 철학자, 그리고 사회개혁가는 자신이 원하는 세상을 인간의 지식과 이성으로 설계할 수 있다고 믿는다. 실제로 그것이 현실에 적용되어 대규모적이고 극적인 경험을 한 것은 마르크스(Karl H. Marx)와 레닌(V. I. Lenin)의 사상을 이어 받은 계획경제의 도전과 실패였다. 19세기 말부터 20세기 말까지 약 100년 동안 인류의 1/3을 지탱했던 계획경제는 1989년 베를린 장벽의 붕괴, 구소련을 위시한 동유럽 국가의 급속한 시장경제체제로의 전환, 그리고 1992년 중국의 사회주의 시장경제 노선의 채택으로 지구상에서 거의 종적을 감추었다.

사회주의 계획경제의 건설 노력은 인류사적인 대실험이었으며, 1950년대에

2. 배진영, 2003, 51～53을 참조했다.

사회주의 계획경제가 붕괴한 것은 인간의 인지능력으로는 도저히 넘을 수 없는 현실세계의 복잡함 때문이었다.

는 그 꿈이 실현될 수 있는 것처럼 비춰지기도 했다. 그런데 그 꿈은 왜 좌절되었는가? 계획경제는 어리석은 사람들이 도전해 실패한 것이 아니다. 지극히 우수한 두뇌와 웅대한 조직, 거대한 자원이 투입되었던 실험이었다. 실패로 끝나게 한 것은 인간의 인지능력으로는 도저히 넘을 수 없는 현실세계의 복잡함이었다.

중앙당국의 조직이 아무리 잘 갖춰져 있다고 하더라도 어떻게 중앙당국이 경제의 모든 흐름을 파악해 계획을 수립할 수 있겠는가? 국민경제에 어떤 재화와 용역이 필요하고, 이를 알기 위해 주민들의 수요구조가 어떠하며, 경제의 지속적인 잠재력의 증진을 위한 투자구조를 어떻게 구성할 것인지, 그리고 현재의 생산능력이나 부존자원의 정도, 기술의 수준이나 내용, 경영능력 등이 어떠한지를 중앙당국이 어떻게 모두 파악할 수 있겠는가? 파악해 하나의 자료를 마련했다고 하더라도, 중앙당국은 다시 이들 자료를 바탕으로 해 무엇을, 언제, 어디에서, 어떻게, 누구를 위해, 그리고 이를 어떻게 조직할 것인지를 결정해야 한다.

중앙당국의 계획을 허무하게 끝나게 하는 것은 계획의 입안에 기초가 된 자료의 내용이 매 순간 변한다는 사실이다. 소비자의 기호라든지, 생산기술의 변화, 원자재 상황과 조달 가능성의 변화 등 경제변수의 어떤 것도 변하지 않는 것이 없다. 아무리 수리경제학이 발전했고 훌륭한 컴퓨터에 의해 그 계산이 가능하다고 하더라도, 중앙당국이 어떻게 매 순간 변화하는 기초 자료의 내용을 모두 고려한 최적의 경제계획을 입안할 수 있겠는가? 최적의 상태가 매 순간 변하는데 말이다. 계획경제는 의도한 변화를 만들어내는 것이 가능할 수는 있지만, 일어나 버린 변화에 대응하기 위해서는 결코 적절한 체제가 아니었다. 인류 역사상 이처럼 무모하기 짝이 없는 거대한 실험의 실패는 세상의 복잡함과 불확실함을 조직과 이성으로 제어할 수 있다는 자만심에서 비롯된 필연적인 결과이다.

계획경제 국가의 중앙당국이 매 순간 변하는 수요구조, 투자구조, 기술구조, 부존자원, 생산능력을 파악해 자원의 배분과 분배를 결정하겠다는 것은 인간 이성의 자만이다.

2.2 신고전파 경제학의 전지(全知)한 인간

신고전파 경제학은 마샬(A. Marshall)을 시작으로 해 피구(A. C. Pigou), 로빈슨(J. V. Robinson) 등 영국 케임브리지 대학교를 중심으로 해 전개되었기 때문에, 신고전파 경제학을 좁은 의미로 케임브리지 학파(Cambridge School)라 부르기도 한다. 신고전파 경제학은 모든 것을 아는 가상의 인간 행동에 의해 유도된 결론을 갖고 시장경제에서 개인의 자기중심적 경제행위가 일반균형을 달성하고 경제 전체의 효율적인 자원배분으로 이끌 수 있다고 역설한다.

신고전파 경제학은 시장경제에서 전지(全知)한 인간의 자기중심적 경제행위가 일반균형을 달성하고 효율적인 자원배분으로 이끌 수 있음을 보여준다.

신고전파 경제학에 대한 비판들의 상당 부분은 이 학파의 틀에서 해소될 수 있는 여지가 있는 것들이다. 그러나 그 분석의 틀에서 결코 해소될 수 없는 것은 인간의 합리적 경제행위를 설명하기 위해 신과 같은 전지(全知)한 인간(economic man)을 가정했고, 세상을 지나치게 단순화했다는 점이다. 그 단순함은 중요하다고 생각하는 몇 가지 변수만을 추출하고 그 외의 모든 것을 주어진 것으로 간주해 이 변수들 간의 상호 영향 관계를 단지 논리적으로만 분석하고 있는 데서 기인한다. 현실의 열린계를 닫힌계로 단순화한 것이다.

신고전파 경제학이 극복할 수 없는 것은 전지한 인간의 가정과 비현실적인 닫힌계의 가정이다.

시오자와 요시노리는 1999년 속도가 가장 빠른 컴퓨터를 사용해 신고전파 경제학이 가르치는 소비자의 최적조건을 구하는 데 걸리는 시간을 추정해 본 적이 있다. 그 추정에 의하면, 제품의 수가 30개를 넘어 40개가 되면 최적 해를 구하는 데 12일이 걸리며, 만약 그것이 80개에 이르면 357억 년이라는 도저히 상상할 수 없는 시간이 소요된다(시오자와 요시노리, 91～92). 아무리 조그마한 슈퍼마켓이라 하더라도 이 가계에 진열되어 있는 제품의 개수는 적어도 100가지는 넘을 것이다. 물론 컴퓨터 속도가 훨씬 개선된 오늘날의 컴퓨터를 사용하면 그 시간은 조금 단축될지 모른다. 그러나 그 계산이 거의 불가능하다는 사실에는 변함이 없다. 신고전파 경제학의 가르침이 현실에서 도저히 실현될 수 없다면 이것이 어떤 의미가 있는가? 그것은 단지 강단 강의를 위한 이론일 뿐이다.

신고전파 경제학은 닫힌계를 묘사하기 위해 완전한 시장정보를 가진 인간을 분석의 틀 속에 도입했다. 이것은 실수와 오류를 범하는 인간세계를 설명할 수 있는 분석틀이 아니다. 경제학의 대상은 있는 그대로의 인간들이 서로 어우러져 사는 현실의 세상이지 신만이 가능한 영역이 아니다. 신고전파 경제학의 전지(全知)한 인간의 가정은 국가경제의 모든 것을 중앙당국이 계획할 수 있다고 생각한 사회주의 경제학을 훨씬 뛰어넘는 이성에 대한 과신이다.

신고전파 경제학의 전지한 인간과 닫힌계의 가정은 사회주의 경제학을 훨씬 뛰어넘는 이성에 대한 오만이다.

2.3 정부의 시장개입

20세기 들면서 현대국가의 거의 모든 정부들은 다양한 형태로 시장에 개입한다. 자원의 배분과 그 과실의 분배를 거의 전부 국가가 담당하는 계획경제의 정도는 아니지만, 개입의 정도는 지속적으로 증대하고 있다. 이들은 사회주의 국가들의 전면 개입과는 달리 미세조정이라는 표현으로 시장에 개입한다. 정부는 시장개입의 명분을 시장실패에 둔다. 경기를 안정시키고 자원의 비효율적인 배분

정부실패를 초래하는 주된 이유는 정부를 움직이는 것이 정치가와 관료들이기 때문이다. 이들의 사욕(私慾)과 인식 한계가 정부실패로 이끈다.

을 개선하며 분배문제를 해결한다는 명분이다. 정부는 조직과 이성으로 정책목표를 달성할 수 있다고 믿는다. 그러나 많은 사례들은 이것이 시장경제의 체질을 허약하게 하고 더 큰 문제를 야기함을 보여준다. 정부실패를 초래하는 주된 이유는 정부를 움직이는 것이 결국 정치가와 관료들이기 때문이다. 이들의 사욕(私慾)과 인식 한계가 정부실패로 이끈다.

공공선택이론은 공공부문의 존재 이유가 공익을 위함이라는 판에 박힌 소리에 대해 비판의 날을 세운다. 비판의 핵심은, 정부는 인간에 의해 운용되며 인간은 비록 그가 공공부문에서 근무할지라도 자신의 이기심에 의해 지배받는다는 것이다. 예를 들어 정치가는 선거에서 승리해 재취임되기를 원하며, 관료는 좀더 편안한 곳에서 근무하고 정년을 보장받기를 원하며, 시민보다는 자신의 윗사람의 눈치만을 챙기고 승진이나 눈먼 돈 챙기기에 더 관심을 가진다. 정부의 시장개입은 결국 정치인과 관료의 부정, 부패, 비리라는 각종 악취를 남기고 처음의 문제를 악화시킨 채 끝나는 경우가 허다하다.

복지국가의 정부는 서민을 위한다는 명목으로 '아버지' 또는 '맏형'의 역할을 자임한다. 이를 위해 정부는 각종 기구를 설립하고 이를 유지하기 위해 막대한 비용을 쏟아붓는다. 정부의 맏형 역할로 이득을 보는 사람은 그 혜택을 어떻게 해서라도 먼저 챙길 줄 아는 사람들과 이들 기구에 새롭게 일자리를 갖게 된 운 좋은 사람들뿐일 수 있다. 프리드만(M. Friedman)은 이들에게 지불되는 돈은 결국 그들이 그토록 걱정하는 서민들의 지갑에서 빼앗은 것임을 역설한다(프리드만, 2005).

정치가와 관료들이 공복으로 일하려고 하더라도, 경제정책은 예측능력의 한계, 정책시차 문제, 정보의 질, 정치적 이해관계에 의해 실패할 개연성이 높다.

정치인과 관료들이 진정 주민의 공복으로서 일한다고 하더라도, 이들이 경제문제를 인식하고 정책수단을 선별하며 수단효과를 정확히 예측하는 능력에는 한계가 있다. 현재의 경제상황을 진단하는 것도 결코 쉽지 않은데, 현재의 상황을 그대로 내버려 둘 경우와 해당 정책수단을 투입했을 때 전개될 미래의 경제상황을 예측해 비교하는 것은 더욱 어렵다. 경제정책의 진단과 수단 투입, 그리고 그것의 효과 발휘까지에 소요되는 정책시차 문제는 경제정책의 성공을 더욱 어렵게 만든다. 특히 정부가 갖고 있는 경제현상에 관한 제반 정보가 민간기업이 갖고 있는 정보보다 우월하다고 결코 말할 수 없다. 정부는 거대한 조직으로 양적으로나 질적으로나 우월한 정보를 수집할 수 있을 듯이 보이지만, 무사안일에 빠져 있는 관료사회의 정보가 생존의 사활로 임하는 민간기업이 획득한 정보보다 우월할 것이라고는 믿겨지지 않는다.

관료들은 여러 경제정책 수행자들의 도움을 받는다. 경제정책 수행자라 하면 경제정책 당국(의회, 행정부, 중앙은행)뿐만 아니라 경제정책에 영향을 미치는 언론기관, 정당, 학술자문단(학자, 연구소, 전문가 등)을 모두 포함한다. 그런데 적지 않은 경우 경제정책 수행자들은 정부정책에 옹호하는 데 열중한다든지 또는 특정 이익단체의 이해에 구속되는 경우가 많기 때문에, 정책이 시장을 오히려 왜곡시키든지 아니면 경제상황을 더욱 악화시킬 수 있다. 특히 정책당국이 여러 조언들 중 자신의 입맛에 맞는 것만 선별할 경우, 정책조언자들의 기능은 허수아비와 들러리에 불과한 처지에 놓이게 된다.

현대국가에서 정부가 원하는 것을 시장이 해결해 주지 못한다고 해서 정부가 시장에 개입하는 것은 인간 이성에 대한 또 다른 형태의 과신이다.

시장경제 국가에서 정부가 시장에 개입하는 것은 인간 이성에 대한 또 다른 형태의 과신이다.

생각하기

01. 닫힌계와 열린계의 특징을 정리하라.

02. 여러분은 어떤 일을 하려고 할 때, 종종 '골치 아프다' 라고 하면서 일을 미루기도 하고 주저하기도 한다. 무엇 때문에 '골치 아프다' 고 하는지를 친구들과 함께 주말여행을 가려고 할 때를 가정해 생각해 보아라.

03. 사회주의 국가들의 붕괴 이유를 사람들은 여러 각도에서 설명한다. 인간의 인식능력의 관점에서 그 이유를 설명하라.

04. 신고전파 경제학은 여러 각도에서 비판받는다. 이 비판들 중에서 신고전파 경제학이 도저히 극복할 수 없는 핵심적인 두 비판은 무엇인가?

05. 서울 시내버스 준공영제가 2004년 시행된 이후 시내버스 업계는 매년 2천억원의 적자를 내고 있고, 이를 서울시가 보전해 주고 있다. 시내버스 업체의 대표이사 연봉은 2011년 평균 2억원 이상이다(한겨레, 2013. 1. 17). 정치권은 택시를 대중교통으로 인정하라는 택시업계의 요구를 2012년 대선과 맞물리면서 받아들였다. 소위 택시법이라는 '대중교통 육성 및 이용촉진법 개정안' 을 대통령은 거부했지만, 이 법안이 통과되면 매년 1조 9천억원을 국가가 지원해 주어야 한다(중앙일보, 2013.

1. 14). 버스 업계와 택시 업계에 관한 이 두 사안을 두고 개인에게 있어서 정부의 존재가 무엇인지를 토론하라.

06. 정치가와 공무원들 중에는 진정으로 국민에게 봉사하는 마음으로 일하려는 순수한 사람들이 많다. 그러나 이런 사람들도 자신의 인식능력의 한계로 인해 국민으로부터 거둔 세금을 알뜰하게 쓰지 못할 수 있다. 관료와 정치가들의 인식능력 한계에 관해 토론하고 매일 쏟아져 나오는 이와 관련된 사례들을 들어 보아라.

자생적 질서와 시장경제

Human centered

Principles of Economics

ch. three

0

경제학을 4년이나 공부한 학생들에게 시장이 무엇인가를 물으면, 선뜻 대답을 하지 못한다. 이 장에서는 시장이 무엇인가를 설명하면서, 시장은 자생적 질서임을 깨닫게 한다. 질서가 자생적으로 형성될 수 있다는 사실을 깨닫기란 결코 쉽지 않다. 게다가 자생적 질서가 인위적으로 만들어진 질서에 비해 얼마나 위대한지를 이해하는 것은 더욱더 힘들다. 이 장에서는 자생적 질서의 형성과 성격, 그리고 그것의 진화에 관해 살펴본다. 자생적 질서의 연장선상에서 시장의 의미와 그 속성, 그리고 자본주의의 실체를 설명한다. 제2장과 이 장은 앞으로 이어지는 모든 장들의 기초가 된다.

1. 자생적 질서

1.1 자생적 질서와 인위적 질서

경제질서는 부족한 자원을 배분하는 제반 규칙들의 총체이다(배진영, 2003, 36). 사과 10개를 20명에게 나누어 주는 방법에는 여러 가지가 있다. 선착순, 제비뽑기, 똑같이 나누기, 퀴즈 맞추기, 현금 지불, 폭력 등이 있을 수 있다. 이 중 어떤 규칙을 선택하느냐에 따라 20명의 만족은 큰 영향을 받는다. 이처럼 경제질서는 사람들의 행동반경을 설정해 주는 테두리와 같은 것으로, 매일의 경제과정과 이로 인한 경제현상을 결정한다. 한 나라의 경제질서가 사회주의적인 규칙들로 구성되어 있다면 이를 사회주의 경제질서 또는 계획경제질서라 부르고, 시장경제적인 규칙들로 구성되어 있다면 이를 시장경제질서라 부른다. 이 두 질서 사이에 다양한 경제질서들이 존재할 수 있다.

인간의 모든 행위는 경제행위이며, 모든 질서는 경제질서와 관련되어 있다. 질서가 어떻게 형성되느냐에 따라 질서는 세 가지로 구분된다. 자연적 질서, 자생적 질서, 그리고 인위적 질서가 그것이다. 자연적 질서는 진화과정을 통해 유전적으로 고착된 사회적 행동의 본능적 가치와 태도에 의해 형성되는 질서이다(민경국, 1996, 103). 자연적 질서를 동물의 세계에서도 찾아볼 수 있다는 점에서 인간이 형성하는 공동체의 질서를 자생적 질서와 인위적 질서만으로 구분하기도

질서는 자연적으로, 자생적으로 그리고 인위적으로 형성된다.

한다. 이 경우 자생적 질서를 자연적 질서로 표현하기도 한다(Grosseketler, 6).

인간 행위에 의해 형성된 질서 중에서 인간의 계획과 의지에 의해 의도적으로 형성된 질서를 인위적 질서라 한다. 복잡계(複雜界)를 구성하고 있는 모든 요소들을 인간의 계획과 의도, 즉 이성에 의해 배열했을 때, 그 질서가 인위적 질서이다. 중앙계획경제가 인위적 질서의 전형이며, 기업이나 행정부서와 같은 조직체도 인위적 질서에 속한다. 인위적 질서는 공동체가 달성해야 할 목적이 사전에 주어지며, 그 목적에는 질서 형성자의 의도가 크게 반영된다. 따라서 그것은 질서 형성자의 목적이 지배하는 질서이며 수직적 또는 위계적 질서가 형성된다.

인간의 계획과 의지에 의해 의도적으로 형성된 질서를 인위적 질서라 한다.

자생적 질서는 전혀 계획하거나 의도하지 않았지만 언젠가 인간 사회에 나타나 인간에게 편리함과 편의를 제공해 오랫동안 지속된 결과로서 형성된 질서이다. 멩거(C. Menger)는 이를 유기적 질서라고 불렀다(Menger, 1888, 32～37 ; Gutmann/Hamel/Pleyer/Schüller/Thieme, 11 ; 샤방스, 83～85). 그것은 각자가 자신의 관심사항과 이해를 추구하는 과정에서 저절로 형성된 특정 형태의 행위규칙이 지속적이고 반복적으로 나타나 일정한 표본으로 고착된 질서이다. 따라서 자생적 질서는 사전적으로 결정되는 인위적 질서가 아니라 인간 행위의 결과로서 형성되는 사후적 질서이다. 이런 자생적 질서의 예로서 도덕, 관습, 전통을 들 수 있다. 시장경제, 화폐, 언어, 상거래 관행과 거래약관과 같은 관습법과, 비록 입법과정을 거쳐 성문화된 것이긴 하지만 민법에 있는 채권법, 물권법 등도 자생적 질서에 포함된다.

자생적 질서는 전혀 의도하지 않았지만 언젠가 인간 사회에 나타나 인간에게 편리함과 편의를 제공해 오랫동안 지속된 결과로서 형성된 질서이다.

1.2 자생적 질서의 진화[1]

질서의 자생적 형성과 이의 진화를 믿었던 일련의 학자들에는 고대 로마의 문법학자와 언어학자들, 흄(D. Hume)의 추종자들, 스코틀랜드 철학자들, 독일의 법 역사학자들이 있다. 그리고 오늘날 멩거(C. Menger), 하이에크(F. A. v. Hayek), 미제스(L. v. Mises)로 대표되는 오스트리안 학파의 거장들도 여기에 속한다. 멩거야말로 질서의 진화론적 측면을 체계적으로 설명하기 시작한 경제학자이다.

자생적 질서는 인간의 본능에 기초한 질서와 이성에 의한 질서 사이에 자리

1. 이 장의 1.2절과 1.3절의 많은 부분을 Hayek, 1988을 참조했다.

잡고 있다. 역사 속에 현자(賢者)라는 사람조차 이를 제대로 이해하지 못했으며, 대부분의 현대인들도 이를 잘 인지하지 못한다. 이들은 대체로 질서를 본능 대(對) 이성의 이분법으로 구분할 뿐이다. 자생적 질서는 그 자체로 어떤 목적이나 의도를 갖고 있지 않다. 예를 들어 자생적 질서인 시장은 스스로 어떤 의도를 갖고 형성된 것이 아니다. 시장은 인간의 이성에 의해 합리적으로 추론된 것도 아니고, 실험과 관찰에 의해 입증된 결과물도 아니며, 최대 이익을 가져오도록 조작된 것도 아니다. 시장은 자생적으로 스스로 질서를 잡아가는 과정에서 나온 것뿐이다. 자생적 질서는 인간의 이성과 지각, 그리고 인간의 의도와 간구(干求)를 훨씬 넘어 형성된 질서이다. 사람에 의해 인위적으로 만들어진 질서가 아니기 때문에, 여기에 사람의 의도와 목적을 요구하는 것은 적절하지 못하다. 그런 점에서 시장으로부터 정당함을 찾거나 여기에 정의와 같은 도덕적 속성을 강요하는 것은 잘못된 일이다.

시장과 같은 자생적 질서에 사람의 의도와 목적을 요구하는 것은 적절하지 못하다.

자생적 질서는 멈추지 않는 과정이며 스스로 계속 진화해 간다. 그 질서가 인간 사회를 둘러싼 여건의 변화로 인해 더 이상 인간에게 편리함이나 편의를 주지 못하고 불편함을 주거나 그 질서보다 더 나은 질서가 인간 사회에 들어올 경우, 그 질서는 다른 질서로 대체되거나 아니면 보다 발전된 질서로 진화한다. 이 과정은 누구의 강요에 의해서 진행되지 않으며, 처음의 질서가 자생적으로 형성되었듯이 질서의 진화과정도 자생적으로 이루어진다. 자생적 질서의 형성과 그 진화의 원동력은 개인의 이해 추구이다. 여기에 어떤 도덕적 속성을 강요하는 것은 그 진화를 멈추라고 요구하는 것과 마찬가지이다. 진화는 우리가 전혀 예상하지 못했던 많은 것들을 일어나게 한다. 그러므로 사회 형성 초기에 평등이나 정의와 같은 특정 도덕적 속성이 강요되면, 그 사회에서 문명의 진화는 전혀 기대할 수 없다.

자생적 질서의 형성과 그 진화의 원동력은 개인의 이해 추구이다. 여기에 어떤 도덕적 속성을 강요하는 것은 그 진화를 멈추라고 요구하는 것과 마찬가지이다.

1.3 자생적 질서의 형성과 특징

대부분의 지식은 개인의 직접적인 체험이나 관찰이 아니라 과거 학습된 규칙들, 즉 전통의 지속적인 전달과정에서 나온다. 개인이 어떤 행동을 한다는 것은 그 결과를 알기 때문에 그런 행동을 하는 것이 아니라 대부분 어떤 규칙에 적응하는 과정에서 그 행동을 하게 된다. 전통은 합리성이라는 관점에서 볼 때 결코 정당화될 수 없지만, 그것이 지속적으로 전해 내려온다는 것은 사람들이 많은 규칙들 중 그것을 선택해 받아들이고 따랐던 결과이다. 즉, 전통은 행위규칙들의 진화적 선별과정의 산물이다. 이것은 인간이 이성으로 알 수 있는 것보다 더 많은 사실을 알려준다. 그런 면에서 전통은 인간의 이성보다 우월하거나 더 현명하다.

전통은 행위규칙들의 진화적 선별과정의 산물로서 인간이 이성으로 알 수 있는 것보다 더 많은 사실을 알려준다.

행위의 지침이 되는 규칙은 긴 시간을 통해 이 규칙에 따라 행해진 행위의 결과들에 의해 선별된다. 그 결과가 사람들에게 편익과 편리함을 주는 것이라면, 사람들은 그 규칙[2]을 점차 인식하게 되고 그것을 자연스럽게 받아들이고 따르게 된다. 그러면서 그 규칙은 하나의 자생적 질서가 된다. 특히 선별된 규칙은 우리가 알지 못하고 알려지지 않은 것들에 적응하는 데 크게 이바지한다. 알려지지 않은 것에 대한 적응은 진화의 핵심 사항이다.

예를 들어 시장에서 사람들에게 전달되는 정보는 시장의 전 흐름을 볼 때 아주 부분적이다. 많은 것들이 이들에게 알려지지 않는다. 그들은 가격이라는 극히 작은 하나의 정보만을 갖고 행동한다. 그럼에도 그들은 이런 행동이 자신에게 큰 편리함과 이득을 가져다줌을 알게 되었고, 그래서 시장이라는 자생적 질서가 생겨나게 되었다. 시장이라는 질서는 사람들로 하여금 알려지지 않은 다른 모든 사람들의 행위에 비록 완벽하지는 않지만 쉽게 적응하도록 해주었다. 그것은 시장에 참여한 개인들의 모든 행동들이 서로 얽혀 있지만 그 결과가 가격에 집약되기 때문이다. 이것은 누군가의 의도에 의해 만들어진 인위적 질서가 결코 해낼 수 없는 일이다. 개인이 갖고 있는 정보들이 하나의 가격에 집약된다는 사실은 자생적 질서를 바탕으로 하는 분권화가 인위적 질서를 근간으로 하는 중앙집권화보다 개인 사이에 흩어져 있는 정보를 훨씬 효율적으로 활용하게 함을 말해 준다.

시장은 가격을 통해 사람들로 하여금 알려지지 않은 다른 모든 사람들의 행위에 비록 완벽하지는 않지만 쉽게 적응하도록 해준다.

자생적 질서에 따라 행한 개인의 행동을 공통의 가치 기준으로 평가할 수 없음을 앞에서 지적했다. 자유는 그 속성상 다르게 될 수 있는 자유를 의미하기 때문에, 자생적 질서는 근본적으로 모든 개인들은 각기 다르다는 데서 출발한다. 자생적 질서의 힘은 개인의 다양함에서 나오며 그래야 질서의 진화가 가능해진다. '나' 라는 사람은 '나' 외의 모든 다른 사람들과는 다르기 때문에 개인의 다양성을 강화해 주는 질서야말로 인류 발전에 공헌하는 질서이다. 모든 사람이 같다면 분업이 어떻게 일어나겠는가? 분업경제의 역동성과 그 이점을 인정한다면, 인류 발전에 있어서 개인의 다양함을 인정하고 장려해야 한다. 다양함을 촉진하는 질서가 경제발전과 개인의 복지에 이바지할 수 있다.

자생적 질서의 힘은 개인의 다양함에서 나오며 그래야 질서의 진화가 가능해진다.

자생적 질서는 남에게 의도적으로 봉사하려고 하지 않음에도 불구하고, 자신

2. 그 규칙은 특히 사적인 영역을 보장해 주는 재산과 계약에 관한 것들이다.

자생적 질서는 의도하지 않았음에도 개인의 행위가 남에게 이득을 주는 결과를 낳게 한다.

의 행위가 남에게 이득을 주는 결과를 낳는다. 만약 그렇지 않다면 그런 질서는 결코 자생적으로 형성되지 못하고 언젠가 사라져 없어질 것이 분명하다. 자생적 질서는 사람들로 하여금 집단 전체를 위해 결코 할 수 없는 일을 가능하게 해준다. 그 질서 내의 개인은 그런 선한 의도를 갖고 있지 않음에도 불구하고 말이다. 시장의 교환과정은 이런 사실을 단적으로 보여준다.

인간은 자생적 질서에 어떤 특정 가치가 작동되도록 의도적으로 끊임없이 개입하고자 했다. 그러나 그 의도는 거의 실현되지 못했고 오히려 사람들을 힘들고 불편하게 만들었다. 사회주의 100년 실험의 실패는 이를 분명히 보여준다. 질서계획자는 의도한 질서를 인위적으로 구축하기 위한 모든 정보들을 알 수 없을 뿐만 아니라 설령 이런 정보를 알더라도 이를 목적에 따라 가공할 능력을 갖추기는 결코 쉽지 않다. 뿐만 아니라 인위적으로 구축된 질서가 원하는 기능을 발휘하는지를 감독하는 것도 아주 어려운 일이다. 왜냐하면 인위적 질서는 자발적으로 형성된 것이 아니어서 개인이 이에 반발할 수 있기 때문이다. 그래서 지식인들이 특정 가치의 실현을 위해 어떤 규칙을 인위적으로 도모하는 것은 경계되어야 한다.

지식인들이 특정 가치의 실현을 위해 어떤 규칙을 인위적으로 도모하는 것은 경계되어야 한다.

1.4 하이에크의 코스모스와 탁시스

하이에크(Hayek, F. A. v.)는 그의 저서 『치명적 자만(*The Fatal Conceit*)』에서 인간의 인식 한계와 자생적으로 형성되는 경제질서에 대해 탁월한 통찰력을 보여준다. 그는 인간 이성으로 경제질서를 설계할 수 있다고 믿는 아리스토텔레스와 루소, 그리고 근대 합리주의자들을 새로운 시각으로 비판한다. 그의 비판을 아래에 요약한다.

1.4.1 아리스토텔레스의 무지

최초의 경제학자로 언급되는 아리스토텔레스(Aristoteles, BC 384~322)는 그가 살았던 당시의 아테네(Athens)와 코린트(Corinth)가 풍요로웠던 것이 국가의 계획이 아니라 자유로운 교역에 있었음을 전혀 이해하지 못했다. 그는 시장에서 이윤을 얻으려는 자들을 경멸했고 사적인 이익을 추구하려는 행위를 나쁜 것으로 간주했다. 그의 이상적 질서는 자급자족 질서(autarkos)였다. 그는 우리 사회의 질서가 진화와 자기 형성의 두 과정에 의해서 형성되고 복잡한 조직구조로 발전됨을 인식하지 못했다. 그는 자생적 경제질서인 코스모스(kosmos)와 인위적 경제질서인 탁시스(taxis)를 구분하지 못했으며, 그에게 있어서 질서는 오직 탁시스뿐이었다. 그는 많은 사람들의 상호 교류에 의해 자생적으로 형성되는 질서를 인식하지 못했기 때문에, 질서는 오직 소수의 몇몇 사람들에 의해 인위적이고 계획적으로 만들어진다고 했다. 그러나 인간 문명의 발전과 생활수준의 향상은 거의 대부분 자생적으로 형성된 질서에 의해 주도되었다. 아리스토텔레스는 이 사실을 인지하지 못했지만, 아테네는 그의 충고를 따랐다. 이것이 아테네가 작은 한 마을로 급격히 쇠락한 한 이유가 되었다.

아리스토텔레스는 코스모스와 탁시스를 구분하지 못했고, 질서는 오직 인위적으로만 구축된다고 생각했다. 그의 사상은 사회주의 사상의 기초가 되었다.

아리스토텔레스의 사상은 그 이후 2천년 동안 철학과 종교의 핵심적인 역할을 한다. 중세와 근대 초기의 반상업적 태도, 이자를 고리대금으로 비난하고 소득을 경멸하는 것, 그리고 가격의 정당성을 따지는 것 등은 모두 그의 사상에서 비롯되었으며 그의 사상은 사회주의 사상의 기초가 되었다.

1.4.2 '구성주의' 자들의 오만

데카르트(R. Descartes, 1596～1650)에서 비롯된 합리주의는 인간의 이성으로 전통적인 모든 것을 버리고 도덕과 법, 심지어 언어를 비롯한 모든 것을 새롭게 세울 수 있다고 했다. 즉, 세상을 인간의 이성으로 새롭게 구성하고 설계할 수 있다는 생각을 가졌다. 그래서 이를 지지하는 자들을 구성주의자 또는 설계주의자라 한다. 이들은 과학과 이성, 그리고 실험을 통하지 않고서는 유용한 지식이 존재할 수 없다는 생각을 갖고 있기 때문에, 이들을 과학주의자라고 부르기도 한다. 이들은 도덕이나 전통마저 이성의 한 부분으로 인식하면서 도덕이나 전통은 과학적 근거가 없기 때문에 비합리적인 것으로 보았다. 이것은 제4장에서 "모든 인간 행위는 합리적"이라고 말할 때의 합리성과는 개념적으로 다르기 때문에, 이들을 구성주의적 합리주의자라고 명명하는 것이 적절하다.

데카르트에서 비롯된 합리주의는 인간의 이성으로 모든 것을 새롭게 구축할 수 있다고 한다. 그래서 이를 지지하는 자들을 구성주의자 또는 설계주의자라 한다.

그러나 재산, 자유, 정의에 관한 많은 제도와 도덕은 인간의 이성에 의해 창조된 것이 아니다. 이것은 문화적 진화에 의해 자생적으로 형성되고 발전해 온 것이며, 과학에서 사용되는 방법에 의해 규명될 수 없다. 그렇지만 합리주의의 영향은 실제로 광범위하고 심대하기 때문에 많이 배웠다는 사람일수록 합리주의자로 자칭하고 싶어한다. 우리 사회는 합리주의적이어야 지성인으로 대접하기 때

구성주의자들은 사회주의자로 또는 강력한 시장개입주의자로 되는 경향이 있다.

문이다. 이들은 새롭게 생각한 것을 돋보이게 하기 위해 전통적인 것은 무엇이나 비웃곤 한다. 이들은 또한 이성으로 세상을 설계할 수 있다는 믿음을 갖고 있기 때문에, 사회주의자로 또는 강력한 시장개입주의자로 되는 경향이 있다.

합리주의, 경험주의, 실증주의, 공리주의는 과학주의적이고 구성주의적인 현대 사상에 속한다. 이들의 영향으로 많은 사람들은 합리적으로 정당화될 수 있고, 경험할 수 있고, 관찰적 실험에 의해 증명될 수 있고, 측량 및 검사될 수 있는 것만이 오직 믿을 수 있다는 생각을 갖게 되었다. 구성주의적 합리주의와 사회주의는 이들의 사상에 잘 들어맞으나, 여기에 전통과 도덕이 정당화될 수 있는 여지는 전혀 없다. 그러나 이들은 세상은 복잡하고 불확실하며 인간의 이성은 보잘 것 없음을 자각하지 못했다. 세상의 복잡함과 불확실함은 인간 이성에 의해 해결될 수 있는 것이 아니고 자생적 질서에 의해 부분적으로 극복될 수 있을 뿐이다. 인간 이성에 매달려 있는 한 이것은 결코 극복될 수 없다.

구성주의자들은 자생적 질서의 위대함을 알지 못했다.

자생적 질서는 인간의 이성에 의해 형성되거나 조작될 수 없다는 점에서, 이것은 그들의 눈으로 볼 때 비합리적이고 비과학적이다. 흄(D. Hume, 1711～1776)마저 도덕적 규칙은 인간 이성의 결과가 아니란 것을 깨달았지만, 여기에는 합리적 정당화를 필요로 한다는 믿음을 버리지 못했다. 성(性)과 가족과 관련된 전통적인 도덕, 종교의 전통적인 교의, 그리고 특별한 전통이라 할 수 있는 개인 소유, 저축, 교환, 정직, 신의, 계약 등은 전형적인 자생적 질서에 속한다. 우리 사회의 대부분은 바로 이런 자생적 질서에 의해 지탱되고 있다.

사회주의자들은 전통과 도덕을 억압과 정의롭지 못한 것의 원천으로 매도한다.

자생적 질서는 과학주의와 구성주의가 요구하는 논리적 · 방법론적 · 인식론적 요건들을 당연히 충족시키지 못한다. 그래서 적지 않은 지식인들은 전통과 도덕을 억압과 정의롭지 못한 것의 원천으로 매도하면서, 이것들이 정의의 요건들로 충족되도록 입법을 통해 긴급히 수정해야 한다고 주장한다. 사회주의자들의 행태가 이것의 전형이다. 이들은 낡은 질서를 척결해 정의롭지 못한 것들을 몰아내는 일을 즉시 착수했고, 전통적인 도덕과 법을 인간의 이성으로 완전히 다시 세웠다.

1.4.3 루소의 완전한 자유

인간 이성의 오만은 루소(J.-J. Rousseau, 1712～1778)의 자유 개념에서도 발견된다. 루소는 인간은 자유롭게 태어났고, 인간의 모든 악덕에서 벗어나 자연적

원칙에 따르기 위해 인간에 의해 형성된 모든 속박에서 벗어나야 한다고 했다. 그는 그 속박의 근저로 소유제도를 지목했다. 그는 소유제도야말로 인간의 불평등과 모든 악덕의 근원이라고 보았다. 그는 전통이나 이성이 아닌 자연적 본능이 인간을 자유와 평등의 이상적인 질서로 이끈다고 했다. 그는 공통의 이익만을 생각하는 '일반의지'라는 가상적인 의지를 통해 사람들을 하나의 개인으로 묶어 이상적인 사회로 이끌 수 있다고 했다.

루소는 비록 인간 이성보다 자연적 본능에 기대어 이상향을 설계했으나, 그의 사상은 세상을 설계할 수 있다는 점에서 데카르트의 사상에 깊이 의존했고 구성주의적 합리주의를 이끈 주요한 토대가 되었다. 그는 그가 비판했던 소유제도가 개인의 자유를 보장하고 확장해 준다는 사실을 이해하지 못했다. 소유제도는 오랜 기간에 걸쳐 형성된 행위규칙의 산물이며, 그 제도 속에서 개인의 목적을 위해 사용할 수 있는 수단들을 제한함으로써 개인이 성공적으로 추구할 수 있는 영역을 확대해 주었다.

루소는 비록 인간 이성보다 자연적 본능에 기대어 이상향을 설계했으나, 그의 사상은 세상을 설계할 수 있다는 점에서 구성주의적 합리주의를 이끈 주요한 토대가 되었다.

소유제도는 자생적 질서의 형성과 성장을 위한 기초를 마련해 준다. 왜냐하면 아무리 적은 것이라도 나의 것이 될 수 있다는 확신이 있어야만 개인의 목적을 추구할 수 있는 환경이 마련되기 때문이다. 개인은 그의 목적을 추구할 수 있어야 자유롭다고 말할 수 있다. 그러나 그 자유는 소유권과 같은 사적인 권리에 분명한 한계를 정하고 그 안에서 자신의 목적을 성취할 수 있어야 가능해진다. 개인의 행위에 어떤 구속도 가해지지 않으면 개인의 자유는 결국 사라지고 만다. 그런 구속을 가능하게 하는 규칙은 일반적이고 예외가 없어서, 모든 사람의 자유를 균등하게 제한할 수 있어야 한다. 국가의 존재 이유는 이런 규칙을 세우고 집행하는 데 있다. 모두가 이런 규칙에 복종할 때, 개인에게 가장 많은 자유와 다양성의 영역이 제공된다. 그것은 루소가 꿈꾸었던 원시적 자연에서 누릴 수 있는 개인의 행복과 자유 영역보다 훨씬 광대하고 심대한 자유 영역이다.

루소가 모든 악덕의 근원이라고 규정했던 소유제도야말로 개인의 행복과 자유의 영역을 넓혀 준다.

루소의 사상은 프랑스 대혁명의 이념적 뿌리를 제공했고, 지난 2세기 넘게 인류 문명사에 지대한 영향을 미쳤다. 그는 비록 이성을 신뢰하지 않는 비(非)합리주의자였지만, 자연적 본능의 은총을 실현시키고 정당화하기 위해 이성을 사용할 수 있다는 것을 암시했다. 게다가 자유의 토대라 할 수 있는 개인의 소유제도에 대한 그의 부정은 많은 지식인들에게 재산을 불로소득의 근원으로 못마땅하게 여기게 했고, 사유재산에 관한 규칙을 중앙 통제로 대치할 수 있다는 생각을 가능하게 해주었다. 그래서 루소의 사상 역시 인간에 의해 이상향을 설계할 수 있다

루소의 사상은 인간에 의해 세상을 설계할 수 있다는 믿음에 의해 출발했지만, 그것은 사회주의 국가 건설의 이념적 단초를 제공했다.

는 믿음에 의해 출발했지만, 그것은 사회주의 국가 건설의 이념적 단초를 제공했다.

2. 경제질서와 지식 문제

2.1 지식 문제의 중요성

경제학을 시작할 때 누구나 가장 먼저 배우는 것이 '희소성[3]의 법칙(law of scarcity)'이다. 인간의 욕망에 비해 자원은 상대적으로 희소하다는 것이 이 법칙이 의미하는 바이다. 경제학 교과서는 자원이 부족하기 때문에 경제 문제가 발생하고 경제행위를 한다고 가르친다. 이 법칙은 경제학을 공부하지 않은 일반인조차 아는 것으로, 모든 사람들에게 거의 상식화되어 있다. 그러나 한번 진지하게 생각해 보자. 정말 자원이 부족해서 우리의 욕망을 다 채우지 못하고 있는가? 우리는 산길을 걷다가 먹을 수 있는 산나물이나 열매를 만나더라도 이것이 먹을 수 있는 것인지를 잘 알지 못하기 때문에 그것을 먹지 못한다. 또는 좋은 영어학원을 몰라서 영어 실력을 향상시킬 기회를 놓치는 경우도 있을 것이다. 이처럼 우리가 알지 못해서 선택하지 못하는 것들이, 그리고 뒤에 가서야 후회하는 것들이 얼마나 많은지를 생각하면, 경제문제는 자원의 상대적 희소성 문제 못지않게 지식의 문제에 있음을 알게 된다. 문제의 선후를 따진다면 자원의 상대적 희소성 문제보다 지식의 문제가 먼저이다. 그러므로 자원부족은 인간에게 주어진 숙명이라고 할 수 있지만, 이것의 극복 정도는 지식부족의 문제를 어떻게 해결하느냐에 따라 달라진다. 현대인의 실질적 경제 문제는 자원부족에서 오는 것이 아니라 지식부족에서 온다고 해도 과언이 아니다.

현대인의 실질적 경제 문제는 자원부족이 아니라 지식부족이다.

그러나 현대 경제학 교과서는 사람들에게 지식 문제에 관해 어떤 이야기도 들려주지 않는다. 이런 점에서 교과서가 다루는 경제 문제가 개인이 직면한 경제 문제와 어떤 상관이 있는지를 발견하기는 어렵다. 교과서에서는 개인이 직면하는 경제여건에 관한 모든 지식을 알고 있다는 가정 하에서, 자원배분의 효율성을

3. 개념에 충실하려면 희소성보다 부족성이 더 적절한 용어이다. 희소성은 rarity로 절대적인 의미이지만 부족성은 scarcity로 상대적인 개념이기 때문이다.

기술하고 있다. 여기에는 동어반복(tautology)적인 논리적 문제만 남는다(Hay. IEO, 45~46). 즉, 모든 것을 알고 있다는 전제는 이미 결론도 알고 있다는 것을 의미한다. 예를 들어 기업의 이윤극대화는 한계비용과 한계수입이 같을 때 달성된다. 이 결론은 완전경쟁의 가정 하에서 유도된다. 그런데 '개인은 관련 지식을 모두 안다'는 완전경쟁 가정에는 그가 이미 이윤극대화를 가져다주는 조건인 '한계비용 = 한계수입'도 안다는 것이 포함된다. 완전경쟁은 이윤극대화 조건을 다른 방식으로 표현한 것에 불과하다. 그러나 우리의 현실은 관련 지식 모두가 결코 주어지지 않는다. 이 모든 지식은 우리 사이에 흩어져 있지 결코 통합되어 있지 않다. 그렇기 때문에 인간 인식의 한계는 어쩔 수 없이 지식의 끊임없는 교환과 획득을 필요로 한다.

현대 경제학은, 특히 수학적인 기법의 동원으로 동어반복(tautology)적인 논리적 문제만 가르친다.

그래서 우리의 실질적인 당면 문제는 자원배분의 효율성 추구라기보다 개인들 사이에 흩어져 있는 정보들을 어떻게 활용하는가 하는 지식의 문제이다. 이런 점에서 우리는 중개인들을 불로소득을 추구하는 대상으로 경멸하는 것을 삼가야 한다. 중개인은 과학자들 못지않게 사람들로 하여금 자신에게 필요한 자원을 적재적소에 사용하게 하는 데 이바지함으로써 행복을 증진시켜 준다. 경제학에서 지식 문제는 특히 수학적 기법에 의해 크게 가려져 버렸다. 수학적 기법을 적용하기 위해서 개인이 처한 환경을 주어진 것으로 아주 쉽게 가정해 버리기 때문이다. 그래서 여기에는 지식의 경제학적 의미를 설명할 수 있는 여지가 없어져 버린다.

그러므로 경제학의 과제는 균형의 존재를 논리적으로 증명하고 균형들을 비교하는 일이 아니라, 균형으로 향하는 실제의 모습이 어떤지를 보여주는 것이다. 균형으로의 수렴에 관한 분석은 사회의 지식 전달체계가 어떠하며 그 체계를 통해 사람들이 균형 달성에 필요한 지식들을 어떻게 습득하면서 그의 사전적인 계획을 사후적인 실제와 일치시켜 나가는지를 말해 주어야 한다.

그래서 경제학의 출발점으로 노동의 분업을 다루는 것과 마찬가지로 지식의 분업(division of knowledge)이 다루어져야 한다. 이것은 어떻게 지식이 습득되고 전달되며, 더 나아가 지식이 창조되는가에 관한 설명이다. 현대 경제학은 이것을 철저히 무시하고 있다. 이에 관한 분석 없이는 인간 행위에 관해 어떤 것도 말할 수 없다. 하이에크는 지식의 문제야말로 경제학의 핵심적인 문제로 보고 있다.(Hay. IEO, 50~51)

경제학의 출발점으로 노동의 분업 못지않게 지식의 분업이 다루어져야 한다.

2.2 지식 문제와 분권적 경제질서

경제질서에서 가장 중요한 문제는 흩어져 있는 지식을 어떻게 하면 사회적으로 가장 잘 활용하는가이다.

지식이 필요한 것은 모든 사람들이 항상 선택을 위한 의사결정에 직면하기 때문이다. 분업의 사회에서 그 결정은 다른 사람들에 관한 정보들을 바탕으로 해 내려진다. 그러나 나를 둘러싸고 있는 외부의 모든 정보를 안다는 것은 인간인식의 한계로 불가능하다. 그러므로 조직화되지 못한 채 모든 사람들에게 흩어져 있는 지식을 어떻게 하면 사회적으로 가장 잘 활용할 것인가는 경제질서의 구축에 있어서 가장 중요한 문제이다.

개인의 의사결정에 필요한 지식은 거시적인 통계수치가 아니라 개인의 환경과 그 환경의 변화와 관련된 세세한 모든 것들에 관한 정보이다

개인의 의사결정에 있어서 필요한 지식은 거시 항목으로 집계된 통계수치와 같은 정보가 아니다. 이것은 사람들에게 일어난 것들을 거시 항목에 두루뭉술하게 집계해 중앙당국에 보고한 수치에 불과하다. 중앙당국은 이런 통계수치에 기대어 정책 결정을 내리기 때문에 여기에는 개인의 선호와 사정이 고려될 수 있는 여지가 전혀 없다. 개인의 의사결정에 필요한 지식은 이런 통계치가 아니라 시·공간에 놓여 있는 개인의 환경과 그 환경의 변화와 관련된 세세한 모든 것들에 관한 정보이다(Hay. IEO, 83). 그러므로 자원배분이 총괄적으로 중앙당국에 의해서 집행되는 중앙집권적 경제질서가 다루는 정보와 개인에 의해 수행되는 분권적 경제질서가 다루는 정보는 근본적으로 다르다.

개인에 있어서 경제 문제의 핵심은 수시로 변하는 환경에 어떻게 적절하게 대응하는가에 있다. 이것은 변화에 항상 노출되어 있고 변화에 적응하면서 축적된 경험과 지식을 갖고 있는 개인에게 맡겨야 한다. 이것이 중앙당국에 의해 해결될 것이라고 기대할 수 없다. 중앙당국은 이와 관련된 정보를 전혀 갖고 있지 않기 때문이다. 자신의 경제계획을 수립할 수 있는 권한이 개인에게 주어진 분권적 경제질서가 필요한 것은 이런 이유 때문이다. 분업경제는 이 계획을 실현하기 위한 서로 간의 교환에 의해 자생적으로 형성된다. 자발적인 계약을 통해 교환이 일어나는 곳이 시장이며, 시장에 의해 각자의 경제계획이 조정되는 질서를 시장경제질서라 한다.(Hay. IEO, 83~84)

시장경제질서는 사람들 사이에 흩어져 있는 지식을 효율적으로 활용할 수 있게 해준다.

시장에 관한 많은 것들이 개인에게 알려져 있지 않지만, 개인은 시장가격만을 보고 행동하더라도 알려지지 않은 모든 것들에 쉽게 적응할 수 있다. 시장에 참여하는 모든 사람들의 선호가 하나의 시장가격에 집약되기 때문이다. 이것은 시장경제질서가 개인의 경제계획이 수행되기 위해 필요한 지식을 효율적으로 활용할 수 있게 해줌을 의미한다.

3. 시장경제의 의미와 속성

3.1 시장의 의미

모든 사람들은 지금의 현실보다 더 나은 미래를 위해 행동한다. 더 나은 미래는 자신만을 위한 근시안적인 것일 수도 있고 타인과 사회를 향한 것일 수도 있다. 행동하기 위해서는 그것이 무엇이든지 간에 자신의 현재 것과 교환해야 한다. 그 교환이 바로 시장이다. 따라서 인간의 모든 행위는 교환을 전제로 하며, 시장은 교환의 상징적 표현에 불과하다. 이런 점에서 시장은 본질적으로 실체도 없으며 더욱이 무엇을 의도하지도 않는다. 시장은 묵묵히 인간의 행위와 함께 할 뿐이다. 욕망이 없는 그래서 미래지향적이지 않은 행위를 상상할 수 없듯이 교환과 시장이 없는 세상도 상상할 수 없다. 아득한 옛날부터 인간의 모든 행위의 뒤편에는 교환과 시장이 존재했다.

시장은 교환의 상징적 표현에 불과하다.

아득한 옛날부터 인간의 모든 행위의 뒤편에는 시장이 존재했다.

시장은 교환의 상징적 표현에 불과하다는 점에서, 시장이 도덕적이어야 하고 윤리적이어야 할 필요는 전혀 없다. 심지어 시장이 인간적이지 못하다는 것은 터무니없는 말이다. 시장은 결코 신비스러운 존재가 아니며, 모든 인간들의 행위가 서로 부딪히면서 조정되는 곳이다. 조정이란 상호 협력의 요구사항으로 맞추어 가는 과정이다. 이것이 시장과정이라 말할 수 있지만, 시장이 이것을 해내는 것은 아니다. 그것은 인간 행위의 결과일 뿐이다. 시장은 실체 없는 존재이며 교환의 상징적 표현에 불과함을 항상 명심해야 한다. 이런 점에서 시장은 개인의 소득과 분배를 결정하지 않는다. 각자의 행위가 시장을 통해 소득을 창출하고 분배를 결정한다.

시장이 교환의 상징적 표현이라는 점에서, 시장이 도덕적이고 윤리적이며 인간적이어야 한다는 것은 터무니없는 요구이다.

시장이 실체가 없다고 해서 그것이 사회조직체가 아니라고 말할 수는 없다. 개개인은 서로 교환하면서 자신의 삶을 영위해 가고 그러면서 사람들과의 관계를 형성해 가기 때문이다. 사회관계는 교환만이 아니라 대가 없는 일방적인 사랑 주기, 폭력 등을 통해서도 형성될 수 있다. 그러나 자유로운 국가에서는 교환, 즉 시장이 가장 핵심적이고 으뜸가는 사회조직체다(Mi. HA, 311~312).

3.2 시장의 속성

교환은 어떤 경우에도 자신에게 이득을 줄 것으로 예상되기 때문에 행해진다. 그러므로 교환을 자주 하면 할수록, 교환의 대상자가 많으면 많을수록 더 많은 이득을 얻을 가능성이 크다. 그래서 사람들은 적극적으로 교환에 참여하려 하고, 교환의 범위를 넓히려고 애쓴다. 시장은 교환의 상징적인 표현에 불과하기 때문에, 자연히 시장은 확대 · 증폭되는 성질을 갖는다. 한 달 또는 5일마다 인근 마을 사람들을 대상으로 열리던 장이 이제는 세계의 모든 사람들을 대상으로 쉼 없이 열리고 있다는 사실이 시장의 확대 속성의 증거이다. 과거 교환을 위한 접촉 자체를 어렵게 했던 공간적 장벽이 교통과 통신의 발달에 의해 제거되었기 때문에, 시장의 확대 속성이 활짝 꽃피우게 되었다.

시장은 스스로 확대되어 가는 속성을 갖고 있다.

시장이 확대되어 감에 따라 소비자들은 다양한 제품들을 보다 저렴하게 구매할 수 있게 되어, 이들의 생활은 보다 안정되고 풍요로워진다. 자급자족으로 살아가야만 하는 농부는 홍수나 가뭄으로 흉년이 들면 당장 생활하기 어려워진다. 그러나 농산물과 교환할 수 있는 시장이 있다면, 그가 갖고 있는 다른 물품들을 농산물과 교환해 보다 안정적으로 살아갈 수 있다. 그는 농사를 짓는 것 외에 대장간 일을 해 철물 제품들을 만들든지 하면서 날씨 영향으로 인한 농산물 생산의 변화에 대응하고자 할 것이다. 이런 행위들은 그가 생산한 제품을 다른 제품과 교환할 수 있다는 믿음이 있어야 가능하다.

그는 농사짓는 일을 아예 그만두고 대장간 일에 전념할지도 모른다. 상시적으로 시장이 열린다면, 그는 날씨에 전혀 구애받지 않고 생산한 철물 제품들을 농산물과 교환해 그의 생활은 더욱 안정적이게 된다. 게다가 그는 대장간 일만 하게 됨에 따라 일의 숙련도가 제고되고 작업시간도 크게 단축됨에 따라 대장간 일의 생산성이 높아진다. 그는 생활에 좀더 여유로워질 것이고 남은 시간에 대장간 일의 기술 향상에 관심을 가질 수 있다. 그래서 좀더 나은 기술이 개발되면 그의 생산성은 더욱 높아져 그는 보다 더 풍요로운 생활을 영위할 수 있다.

시장은 사람들의 생활을 보다 안정적이고 풍요롭게 해줄 수 있다.

교환의 네트워크가 모두에게 생활의 안정을 가져다주는 것만은 아니다. 어느 날 대장간 일에만 특화해 삶을 영위하던 사람 바로 옆에 새로운 대장간이 문을 열면, 그가 생산한 철물들의 판로에 경쟁자가 생긴다. 그는 판로를 걱정하지 않을 수 없게 된다. 그는 경쟁자보다 더 값싸게 철물을 팔든지 아니면 더 나은 품질로 승부를 보아야 한다. 그는 또 과거처럼 가만히 앉아서 소비자를 기다리는 것이 아니라 적극적으로 판매전략을 세워 소비자에게 접근해야 한다는 것을 깨닫게 된다. 여기에 더 나아가 그는 새로운 판로를 개척하기 위해 낯선 곳으로 진출하면서 그의 교환 네트워크를 넓히려는 시도도 한다. 이런 노력이 성공을 거두면 그는 과거보다 더 나은 성공을 성취할 수 있다. 그러나 이런 노력을 하지 않든지 아니면 이런 노력을 하더라도 여의치 않아 실패한다면, 그의 제품을 수요하던 소비자들의 상당 부분을 경쟁자에게 빼앗겨 그는 어려운 처지에 놓일 수 있다. 그는 대장간 일을 계속할 것인지 아니면 다른 업종으로 전환할 것인지를 고민할 수도 있다. 이처럼 교환의 확대가 생산자에게는 힘든 상황을 만들어낼 수도 있지만, 소비자의 입장에서는 어떤 경우에도 교환의 확대는 더 큰 이득을 안겨준다.

교환의 확대는 생산자에게 힘든 상황을 만들 수도 있지만, 소비자에게는 항상 더 큰 이득을 안겨준다.

3.3 시장경제의 역사와 질서

시장경제는 인류가 유인원의 수준에서 벗어난 순간부터 진화하면서 발전해 온 긴 역사과정의 산물이다. 시장경제질서는 생산수단의 사적 소유를 기반으로 해 노동 분업이 이루어지는 질서이다. 인류 역사에서 완전히 순수한 시장경제질서가 시도된 적은 없지만, 모든 문명은 생산수단의 사적 소유를 기반으로 하면서 발전해 왔다. 특히 중세 이후 시장경제의 작동을 침해하는 제도들이 철폐되는 경향이 서구 문명권을 지배했다. 그 후 인구는 증가했고 생활수준도 크게 향상되었다. 이런 점에서 경제학자들이 역사적 경험을 들먹이면서 생산수단의 공적 통제를 주장하는 것은 자기모순이다.(미, 531, 536)

모든 문명은 생산수단의 사적 소유를 기반으로 하면서 발전해 왔다.

시장경제에서 각자는 경쟁을 통해 인간답고 경제적으로 성공할 수 있는 삶을 영위하기 위해 최선을 다한다. 이를 위해서는 개인의 자유가 최대한 보장되어야 한다. 자유를 최대한 보장하기 위해 시장경제질서에 담겨져야 할 행동 규칙은 인간과 인간의 관계만을 규정해야 한다. 인간과 공동체(예를 들어 국가)의 관계가 규정되어서는 안 된다. 즉, 행동규칙에 특정 사회적 목적의 실현이 전제되어서는 안 된다. 이를 위해 그것은 구체적이지 않고 가능한 한 추상적(抽象的)으로 규정되어야 하며, 금지될 사항만을 기술하고 차별적인 내용을 담아서는 안 된다.(배진영, 2003, 104～105)

시장경제질서에 담겨져야 할 행동규칙은 인간과 인간의 관계만을 규정해야 한다.

행동규칙이 이러한 성격을 갖추기 위해서는 다음과 같은 다섯 가지 조건이 충족되어야 한다. ① 행동규칙은 일반적이어야 한다. ② 행동규칙은 불특정 다수를 대상으로 해야 한다. ③ 행동규칙은 어떤 구체적인 목적이나 동기를 내포해서는 안 된다. ④ 행동규칙은 서로 모순이 없어야 한다. 이처럼 인간과 인간의 관계의 행동규칙이 지배하는 사회를 사법(私法)사회라 하며, 사법사회의 경제적 관계가 순수한 시장경제이다.(민경국, 1997, 250~253)

사법(私法)사회의 경제적 관계가 순수한 시장경제이다.

국가는 사적 소유권 제도를 구축하고 시장경제의 작동을 파괴하는 사람들이나 외부세력을 강제력을 동원해 복종하게끔 해야 한다. 국가는 이를 통해 국내 치안을 유지하고 외부로부터의 침입을 막아줌으로써 개인의 재산을 보호해 준다. 국가가 행하는 복지 구현의 기본은 바로 여기에 있다. 이런 여건 속에서 개인은 전체를 의식하지 않고 스스로의 뜻에 따라 행하면서 자신을 분업의 협동체제 속으로 녹아들어 가게 한다.

3.4 시장경제와 자본주의

사람들은 자본주의라면 서민 착취와 재벌 옹호를 먼저 떠올린다. 세상의 모든 혐오스러운 것들—탐욕과 사욕, 빈부격차, 환경오염, 범죄, 인간성 상실, 온난화와 이에 따른 지구 종말—을 자본주의 탓으로 돌린다. 이뿐만 아니라 사회적 지탄의 대상에 사용하는 모든 수식어들—비인간적, 비도덕적, 비윤리적, 냉혹한—도 자본주의의 앞에 항상 따라 붙는다. 일단 자본주의를 비판해야 지식인인 양 또는 양식 있는 사람인 양 행세할 수 있는 것이 오늘날의 풍조이다. 자본주의 시스템 하에서 생산되는 모든 것들을 누리고, 이것들이 없으면 즉시 불편함을 호소하고 항의까지 하면서 말이다.

마르크스를 비롯한 사회주의 경제학자들은 자본주의는 특정한 생산양식으로 역사에 나타나는 하나의 현상일 뿐이라고 했다. 그러나 자본주의는 역사에 잠시 나타나는 경제체제가 아니며 역사발전의 한 매듭도 아니다. 자본주의는 인류 역사 이래 언제나 있어 왔던 것으로 바로 시장경제와 동의어이다(미, 541). 어떤 시대 어느 곳에도 자본재를 사용하지 않는 생산양식은 없었으며, 구태여 18세기 중반 이후의 경제체제만을 자본주의라고 부를 이유는 하등 없다. 인간을 동물과 구분할 때, 도구 사용 여부를 그 구분의 기준으로 삼는다. 도구라는 것이 무엇인가? 그것은 자본재이지 않는가.

자본주의는 인류 역사 이래 언제나 있어 왔던 것으로 바로 시장경제와 동의어이다.

자본주의는 스스로 진화하면서 발전하지만, 자본주의의 본질과 그 의미는 변하지 않는다. 자본주의를 성숙 자본주의니 후기 자본주의니 또는 최근에 사용하는 용어처럼 자본주의 1.0, 2.0, 3.0, 4.0 등으로 구분하는 것은 자본주의의 본질을 오도하게 하는 정의이다. 이것은 역사흐름에서 어떤 패턴을 발견하고 싶어 하는 지식인들의 호기심 발로에 기인하거나 아니면 시대 영합적인 사고에 불과하다. 이런 주장을 하는 정치가들이나 지식인들 때문에, 시장경제의 의미가 왜곡되고 오해를 받는다.

자본주의는 스스로 진화하면서 발전하지만, 자본주의의 본질과 그 의미는 변하지 않는다.

생각하기

01. 도로에는 왜 신호등이 있으며, 대학교 입학시험은 왜 존재하는가? 우리는 왜 줄을 서서 학교버스를 타며, 경로사상은 왜 존재하는가? 토론하라.

02. 여러분 앞에 있는 책상을 누가, 언제부터 '책상'이라 불렀는지를 생각해 보아라. 모든 사람들이 책상을 '책상'이라고 부름으로써 여러분은 어떤 편리함을 누리는가?

03. 무궁화는 오래전부터 우리나라에 많이 자랐고 많은 사람들이 무궁화를 좋아했다. 그래서 자연스럽게 무궁화가 나라의 꽃이라는 생각이 심어졌다. 이삼십 년 전만 하더라도 집 마당에서 그리고 길거리에서 무궁화나무를 보는 것은 그다지 어렵지 않았다. 그러나 오늘날 무궁화를 보는 것은 쉽지 않다. 안타까운 일이다. 무궁화 대신 벚꽃을 보는 것은 너무나 흔한 일이다. 무궁화를 우리의 국화라 하고, 벚꽃은 일본의 국화라고 하는 데도 불구하고 말이다. 이를 통해 자생적 질서의 진화에 관해 생각해 보아라.

04. 마르크스(K. Marx)는 경제가 원시공산제, 고대노예제, 중세봉건제, 자본주의사회, 사회주의사회, 공산주의사회로 발전한다고 했다. 이를 자생적 질서의 진화론적 관점에서 비판하라.

05. 두 형제에게 재산을 똑같이 상속했다. 형과 동생은 능력껏 상속재산을 활용했지만, 형은 이를 2배로 증식한 반면 동생은 거의 빈털터리가 되었다고 하자. 이와 유사한 문제는 우리 주변에서 늘 관찰된다. 이로부터 우리의 실질적 경제 문제는 자원부족에 있는지 아니면 지식부족에 있는지를 생각해 보아라.

06. 시장경제질서를 위한 규칙들은 어떠해야 하는가?

07. 시장경제는 누가 강제하지 않더라도 그 자체로 확대되는 속성을 갖고 있다. 중국은 1953년부터 경제개발을 시작했으나 폐쇄적인 경제체제로 실패했다. 중국은 1979년 7월 광동성의 심천, 주혜부터 시작한 경제특구를 통해 시장경제 체제를 도입했다. 이 실험의 대대적인 성공은 오늘날의 중국 번영으로 이끌었고 시장경제는 중국 전역을 뒤덮고 있다. 북한은 2000년대 초반까지 시도마다 1~2개의 농민시장만을 허용했다. 경제가 너무 피폐해지고 국가가 주민들에게 배급도 실시하지 못하게 되자, 북한은 2003년 시장(市場) 조치로 농민시장을 종합시장으로 개편했다. 그러자 상품거래가 급속히 활성화되었고, 이에 체제위협을 느낀 북한 당국은 2005년 10월부터 시장거래를 엄격히 단속하기 시작했다(안용현, 2009. 1. 14). 그러나 당국의 시장통제에도 불구하고 상품거래가 기승을 부리자, 북한 당국은 2009년 12월 1일 화폐개혁이라는 초강경 조치를 취했다. 시장경제의 확대 속성을 중국과 북한의 사례를 통해 이해하라.

Part Two

II

경제행위와 가치

>>> 경제행위

Human centered

Principles of Economics

ch. four

0

4

제3장에서 시장이 무엇인가를 설명했다. 이 장에서는 시장에서 행동하는 개인의 행위에 관해서 자세하게 살펴본다. 먼저 행위의 주체-수단-목적-만족 체계를 설명한다. 여기에서 인간의 모든 행위는 합리적인 행위임을 강조한다. 이와 함께 경제주체를 가계, 기업, 정부로 구분하는 것은 잘못임을 지적하며, 특히 정부를 경제주체로 보았을 때의 문제점을 짚는다. 선택의 대상이 되는 수단을 생산요소, 생산물, 기술, 시간으로 나누어 설명한다. 특히 시간은 인간의 선택대상이 되는 희소한 자원이며, 만족은 결코 측정될 수 없음을 강조한다. 마지막으로 행위는 교환하는 행위, 또는 선택하는 행위임을 지적한다.

1. 행위

1.1 행위의 개념과 행동하는 인간의 모습

1.1.1 행위의 개념

인간의 행동은 한 개인이 자신의 상태를 더 만족스러운 상태로 개선시키려는 목적을 갖고 이를 실현시키기 위해 수단을 투입하는 과정 전체를 말한다. 그러므로 행동은 언제나 목적 지향적 행위이다. 수단 투입은 수단의 선택을 전제로 하기 때문에, 행위는 곧 경제행위이다. 행위의 이런 정의에는 경제학의 기초로서 곱씹으면서 이해해야 할 내용이 많이 담겨 있다. 그것은 행위의 주체, 행위의 목적과 수단, 그리고 행위과정에 함축된 것들이다.

행동은 언제나 목적 지향적 행위이며, 모든 행위는 경제행위이다.

수단 투입과 목적 달성은 원인과 결과라는 논리적 사고를 전제로 한다. 우리는 앞 장에서 인간의 인식에는 한계가 있다고 했다. 그렇다고 해서 인식의 한계와 무지가 인간으로 하여금 인과관계의 논리적 사고를 배제하는 것을 의미하지는 않는다. 인간의 인식체계가 아무리 불완전하더라도, 자신의 인식능력 범위 안에서 행동하는 인간은 언제나 수단 투입 앞에서 인과관계의 논리적 사고과정을 거친다. 그 사고과정이 의식적이든 아니면 반복되는 행위 속에서 무의식적이든 간에, 또는 그것이 심사숙고이든 아니면 스쳐지나가는 가벼운 사고이든 간에 누구나 행위의 결과를 생각하면서 행동한다.

1.1.2 행동하는 인간의 실제 모습

행위는 실제 행동으로 이어지는 것을 전제로 하지, 소망이나 계획은 결코 아니다. 행위는 무엇을 하는 것뿐만 아니라 무엇을 하지 않는 것도 포함한다. 무엇을 하지 않고, 즉 어떤 수단도 투입하지 않고 참고 견디는 것은 그것을 하는 것보다 더 나은 결과를 얻을 것이라고 기대하기 때문이다. 행위가 능동적 · 적극적으로 이루어진 행동인지, 수동적 · 소극적으로 이루어진 행동인지는 구분하지 않는다. 부지런함과 게으름도 구분하지 않는다. 잠재의식에서 나온 행동인지 의식적인 행동인지도 구분하지 않는다. 황당하고 어처구니없는 행위와 모범적이고 깔끔한 행위도 하나의 행동이기는 마찬가지이다. 우리가 관심을 갖는 것은 행위 그 자체이지, 행동의 형태와 성격 그리고 행위 결과의 옳고 그름이 아니다.(미, 25～30)

경제학이 관심을 갖는 것은 행위 그 자체이지, 행동의 형태와 성격 그리고 행위 결과의 옳고 그름이 아니다.

경제학이 있는 그대로의 인간 행위를 다루지 못한 것은 인간을 '경제적 인간(homo oeconomicus)'으로 묘사하고 설명하려 했기 때문이다. '경제적 인간'이라는 용어는 19세기 밀(J. S. Mill)에 의해 처음 소개되어 오늘날 주류 경제학의 인간으로 자리 잡았다. '경제적 인간'은 자신의 이해를 최대한 관철시킬 수 있는 가공의 인간이다. 이 용어는 이기적이라고 번역된 스미스(A. Smith)의 'self-interest'와 어우러지면서 일반 대중에게 인간을 물질적이고 화폐적 동기에 의해 자기 욕심만을 채우는 존재로 각인시켰다.(Hay. IEO, 10～13)

주류 경제학이 사용하는 '경제적 인간'과 'self interest' 용어는 인간을 자기 욕심만을 채우는 존재로 각인시켰다.

실제에 있어서 이런 '경제적 인간'은 현재나 과거, 그리고 미래에도 존재하지 않는다. 인간은 자신이 원하는 것을 현실로 그대로 실현시킬 능력을 갖추고 있지 않을 뿐만 아니라, 개인의 이해는 물질적 동기에 의해서만 움직이지도 않는다. 인간은 부(富)를 버리고 명예와 존경을 얻기 위해 행동하기도 한다. 더욱이 개인은 타인의 행복을 자신의 행복으로 간주하는 경우도 있다. 행위의 중심에 내가 아니라 내 가족이나 내 동료, 더 나아가 내 민족 또는 전 인류가 있을 수 있다. '경제적 인간'이라는 가공의 인간은 있는 그대로의 인간 행동을 더 이상 설명할 수 없게 했다. 미제스(L. v. Mises)가 말했듯이 삶과 역사를 다루는 데 있어서 허상에 준거하는 것은 헛된 일이다.

경제학에서 다루는 인간은 '경제적 인간'과 같은 가공의 인물이 아니어야 한다. 그것은 실수를 잘하기도 하는 사람, 부지런하기도 하고 게으름도 피우는 사람, 돈을 많이 벌기도 하고 손실도 보는 사람, 돈만 밝혀 이기적이다가도 간혹 이타적이기도 한 사람, 생산에 참여하기도 하고 실업 상태에 놓여 있기도 한 사람, 실수를 저질러 놓고도 이를 후회하지 않으려고 각종 변명을 늘어놓기도 하고 자신의 마음을 속이기도 하는 사람 등 우리 곁에 있는 모든 사람들이다. 경제학의 대상이 되는 인간은 행동하는 모든 사람들이다. 경제학은 이들의 행위를 설명하고 이에 대한 일반적인 공리를 끄집어내어야 한다.

경제학은 우리 주변의 평범한 인간을 학문의 대상으로 삼아야 한다.

1.2 행위의 목적

1.2.1 행위의 목적 지향

목적을 갖고 행동한다는 것은 인간의 모든 행위가 의도적 또는 의식적이라는 것이다. 의도적인 인간 행위는 육체의 세포와 신경의 무의식적이거나 반사적인 반응과는 구분된다. 적지 않은 심리학자들은 의식적인 것과 무의식적인 것 사이의 경계가 모호하다는 점에서 이런 방식으로 인간 행위를 정의하는 데 동의하지 않는다(배진영, 2003, 228~229). 그러나 경제학은 인간 행위 그 자체에 대해서만 관심을 갖지, 행위를 야기하는 심리적인 사건들에 대해서는 다루지 않는다. 이것이 인간 행위를 학문의 대상으로 삼는 행위학[1]과 심리학의 근본적인 차이이다.

따라서 경제학에서 학문의 대상으로 삼는 인간 행위는 인간의 의도적인 행위만을 다룬다. 무의식적이고 반사적인 세포와 신경의 반응 그 자체는 행위가 아니지만 그것을 촉진하려 하든지 아니면 억제하려는 것은 행위이다. 동물과는 달리 인간은 생존과 번식의 충동을 억제하고 조절하는 힘을 갖고 있다. 다이어트를 위해 식사량을 줄인다든지, 한 자식만을 잘 키우겠다는 것 등이 그것이다. 이것 역시 행위이다. 이처럼 세포와 신경의 반응은 인간에게 주어지는 하나의 여건이며, 그 여건을 대상으로 의도적으로 행하는 행위도 하나의 행동이다.(Mi. HA, 11~12)

주어진 생체여건을 대상으로 의도적으로 행하는 행위도 하나의 행동이다.

1. 행위학이 인간 행동의 일반적이고 보편적인 함의들을 담고 있다면, 경제학은 행위학의 하부 학문으로서 개인의 행위와 교환의 문제를 특별히 다룬다. 경제학은 행위학 중 인간 행위를 가장 체계적이고 과학적으로 다루고 있는 분야이다.(Ro, 72~76)

의도적인 행위가 바로 목적 지향적인 행위이다. 목적은 언제나 현재 느끼는 불편을 제거하거나 원하는 욕구를 충족해 더 만족스러운 상태로 나아가기 위함이다. 인간의 욕구에는 무수히 많은 것들이 열거된다. 배가 고프기 때문에 먹을 거리를 찾고, 목이 마르기 때문에 마실 것을 찾는다. 지식과 지혜를 구하기 위해 대학교에 가는 것이고, 대학교에 가기 위해 버스나 지하철을 탄다. 어느 날 불쌍한 또는 아픈 어린이를 돕기 위한 자선모금 방송을 보고서 그들을 조금이라도 돕고 싶은 마음에서 ARS 자동 전화번호를 돌리거나 직접 해당 계좌에 일정 금액을 송금한다. 영원한 삶을 얻고자 성당이나 교회에 나가고 외세의 침입으로부터 조국을 구하기 위해 전쟁터에 나간다. 실로 목적 없는 인간 행위는 없다.

행위의 목적은 현재 느끼는 불편을 제거하거나 원하는 욕구를 충족시켜 더 만족스러운 상태로 나아가기 위함이다.

목적 지향적 행위는 동물이라고 다를 바 없다. 인간의 행위를 동물의 그것과 구분하기 위해 종종 동물의 행위는 목적이 없다고 하나, 그렇지 않다. 차이가 있다면 동물의 행위를 추동하는 욕구가 인간에 비해 아주 단순하다는 것뿐이다. 동물은 단지 본능의 욕구에 따를 뿐이다. 본능적 욕구를 생리적 욕구로 해석해도 무방하다. 배고픔, 목마름, 대소변, 수면, 적정 온도 유지, 쉬고 싶어함, 성적 욕구 등이 그것이다. 이것은 모든 생명체의 신진대사의 조건에 바탕을 둔 것이기 때문에, 인간과 동물에 공통적인 것이다.

인간은 여기에다 사회생활을 통해 습득된 사회적 욕구의 충족을 위해 행위를 한다. 사회적 욕구는 인간이 생활하면서 그들을 둘러싸고 있는 외부 환경에 의해 습득된 결과로서 발생하는 욕구이다. 인간 행위의 특징에서는 생리적 욕구보다 사회적 욕구의 충족이 훨씬 도드라진다. 사회적 욕구는 인간뿐만 아니라 동물로부터도 간혹 관찰된다. 그러나 인간의 사회적 욕구는 동물과는 달리 그들의 사회화 과정을 통해 매우 다양하게 주어진다. 인간 행위가 다양하고 복잡한 것은 바로 사회적 욕구가 다양하고 복잡하기 때문이다. 사회적 욕구의 전형적인 예가 소득 및 자산의 획득과 축적, 권력 및 애정 추구, 사회적 지위 및 안정 추구 등이다. 이 외에도 예술적 창조행위나 정신적이고 고차원적인 여러 인간 행위도 여기에 포함된다. 심지어 분신자살조차도 어떤 목적을 달성하기 위함이라면 사회적 욕구라고 할 수 있다.

인간 행위는 생리적 욕구와 사회적 욕구에 의해 추동된다.

1.2.2 행위의 합리성

어느 누구도 행복해지는 것을 마다하지 않는다. 행복한 것이 어떤 것이어야 하는가는 각자의 주관적인 판단에 따라 다르다. 물질적인 풍요로움만 좇는 사람이 있는가 하면 어떤 이는 극도의 물질적 결핍 속에서 정신적인 안정과 평화로움만으로도 행복해 하는 사람이 있다. 대부분의 사람들은 이 두 극단적인 행복함 사이에서 자신의 행복을 추구한다. 즉, 어느 정도의 물질적 풍요로움과 정신적 여유를 행복의 길이라고 믿는다.

"인간은 누구나 행복해지기를 원한다" 라는 목표는 인간 행위의 공리이다. 그러나 실제의 행동에 있어서 이를 위해 최선을 다하는 사람도 있고 그렇지 못한 사람도 있다. 또 최선을 다하는 사람 중에서도 그 결과로 행복해지는 사람이 있는가 하면 그렇지 못한 사람도 있다. 행복한 결과를 가져온 사람 중에서 더 행복해질 수 있는 여지를 남긴 사람도 있을 것이고, 신고전파 경제학이 말하는 것처럼 최적의 결과를 만들어낸 사람도 어쩌면 있을지 모른다.

그렇다면 이러한 여러 유형의 인간 행동에 있어서 어떤 부류의 사람만이 합리적인 경제행위를 수행했다고 평가받을 수 있는가? 합리성이란 개념에 대해서는 근대 계몽주의 이후 그것이 의미하는 바와 그것이 가져다준 근 · 현대 문명에 대한 비판, 그리고 그것의 재해석이라는 관점에서 오랫동안 많은 논쟁이 있어 왔다. 하버마스(J. Habermas)는 합리성을 도구적 합리성과 의사소통적 합리성으로 나눈다. 도구적 합리성은 목적 지향적 합리성인 반면, 의사소통적 합리성은 목적 그 자체에 대한 합리성을 요구한다. 하버마스는 소통적 합리성을 도덕적 · 실천적 합리화 과정이라는 측면에서 사회적 합리성으로 해석한다. 따라서 소통적 합리성은 목적체계에 대한 주관적 가치판단을 전제로 한다(하버마스, 163～195). 경제학은 이런 주관적인 목적체계에 대해 가치판단을 내리지 않으며, 이를 연구의 대상으로 삼지 않는다. 경제학이 관심을 갖는 것은 목적의 구체적 내용이 아니라 어떤 목적이라도 그 목적을 충족시키는 수단들의 선택에 관한 것이다.

경제학이 관심을 갖는 것은 목적의 구체적 내용이 아니라 어떤 목적이라도 그 목적을 충족시키는 수단들의 선택에 관한 것이다.

경제학에서 합리적이라고 할 때, 그것은 목적 지향적 또는 도구적 합리성만을 의미한다. 따라서 행위가 목적 지향적일 때 우리는 이런 행위를 합리적이라고 말한다. 인간 행위는 모두 목적 지향적이기 때문에, 모든 행위는 필연적으로 합리적일 수밖에 없다. 목적 지향적 행위란 논리에 바탕을 둔 개념으로서, 개인의 목표 설정과 배치되지 않는, 즉 논리적으로 모순되지 않는 행위를 하는 것이다.

목적 지향적 행위는 논리에 바탕을 둔 개념이다.

예를 들어 소비자의 목표가 효용의 최대화에 있다면, 효용의 최대화를 위한 선택이 소비자의 합리적인 행위이다. 또 생산자의 목표가 이윤의 최대화에 있다면, 이윤 최대화의 산출량과 이를 가장 저렴하게 생산해 낼 수 있는 생산요소의 종류와 양을 결정하는 것이 생산자의 합리적인 행위이다.

그러나 여기에서 문제가 되는 것은 목적 지향적 행위의 결과가 달성하고자 하는 목적과 일치하지 않았을 때, 그것을 과연 합리적인 행위라고 부를 수 있는가 하는 점이다. GABLER 경제사전은 이를 객관적 합리성과 주관적 합리성으로 나누어 설명한다(GABLER, 1151～1152). 객관적 합리성의 기준에 따르면, 경제주체가 목적 지향적인 행위를 해 자신이 설정한 목표를 성취했을 경우에만 그는 합리적인 경제행위를 했다고 말할 수 있다. 이에 반해 주관적 합리성의 기준에 따르면, 행위 결과에 관계없이 그것이 목적 지향적이기만 하면 합리적인 경제행위라고 말한다. 인간의 행위를 분석의 대상으로 삼는 경제학은 합리성을 주관적 합리성으로 받아들인다. 이것은 현대의 주류 경제학이 객관적 합리성의 관점에서 경제행위를 설명하는 것과는 다르다.

일반 경제학 교과서는 전지(全知)한 경제인의 목표를 이윤 또는 효용 극대화에 놓고서 그의 합리적인 경제행위를 분석한다. 모든 것을 완전히 알고 있는 인간은 항상 최적 해를 찾을 수 있다는 점에서, 신고전파 경제학은 객관적 합리성을 합리적 행위의 기준으로 삼는다. 여기에서 현실의 인간이 합리적인 행위를 할 수 있는 공간은 거의 없다. 그러나 주관적 합리성의 기준에 따르면, 현실의 인간이 만족 또는 이윤의 최대화를 달성하지 못하더라도 그가 이를 위해 노력했다면, 그는 합리적인 경제행위를 수행했다고 평가받는다. 목표의 달성 정도는 그의 능력에 따를 뿐이다.

합리성은 객관적 합리성과 주관적 합리성으로 나뉜다. 객관적 합리성을 기준으로 하면, 인간이 합리적인 행위를 할 수 있는 공간은 거의 없다.

예를 들어 주식투자를 통해 큰돈을 벌려는 사람들은 그들의 의도와는 달리 종종 주식투자의 실패를 경험한다. 주식투자를 한 번이라도 한 사람이라면, 원숭이와 인간이 투자를 하면 원숭이의 수익률이 더 높다는 경구를 안다. 이것은 주가의 움직임에 민감하게 반응하지 않고 인내하면서 오래 기다리는 쪽이 수익률이 더 높다는 것으로, 인간 행위를 조롱조로 비아냥한 말이다. 주식투자의 실패 경험이 쌓이면, 더 이상 현실의 상황을 정확히 인식하려는 노력을 포기하고 주식시장을 떠나려고 한다. 그러나 이들이 주식투자를 실패했다고 해서 비합리적으로 행동했다고 말할 수는 없다. 그들은 돈을 벌려는 자신의 목적을 달성하기 위해 최선을 다했기 때문에 주관적인 관점에서 그들도 합리적으로 행동했다. 행위의 목적이 무엇이든지 간에, 그 목적에 부합하는 행위를 했다면 그 행위는 합리적이다. 그러므로 목적 지향적인 모든 행위는 합리적이다.

자신의 재산 전액을 사회에 환원하거나 불우한 이웃을 돕기 위한 여러 선한 행동들도 합리적이다. 구도자의 길을 걷기 위한 종교인들의 극심한 내핍 생활이나 양심수나 노동자 또는 정치인의 단식투쟁에도 분명한 목적의식이 있는 만큼, 이들의 행위도 합리적이다. 선한 행위들에 대해서 합리적이라고 하면, 사람들은 대체로 이에 수긍한다. 그러나 반사회적인 행동을 합리적이라고 하면 사람들은 펄쩍 뛸지 모른다. 어릴 때 불운한 집안 환경에서 자란 젊은이가 그의 짓눌려 있던 잠재의식에서 폭력적인 행동을 했을 경우 그 행위는 반사회적이지만, 그가 어떤 목적의식 하에서 이런 행동을 했다면 그것 역시 합리적인 행위로 보아야 한다. 도덕적이고 윤리적인 잣대로 보면, 범죄와 부정부패와 같은 반사회적인 행동을 합리적이라고 하면 사람들은 아주 불쾌해 할 것이다. 그러나 그것이 어떤 목적의식 하에서 저질러진 행위인 만큼 합리적이라고 말하지 않을 수는 없다. 의술이 발전하지 못했던 수백 년 전 사람들은 아플 때, 지금의 의술에서 보면 너무나 어처구니없어 보이는 처방으로, 심지어 굿이나 주술로 이에 대처했다. 비록 현재의 시각으로 보면 터무니없는 그런 행위라도, 그 당시 그들은 최선을 다해 질병치료에 나섰기 때문에 그들의 행위 역시 합리적이다.

주관적 합리성의 관점에서 볼 때, 반사회적이고 터무니없는 행위를 포함한 모든 행위는 합리적이다.

모든 행위는 목적 지향적이고, 그래서 합리적이기 때문에, 행위를 합리적인 것과 비합리적인 것으로 구분하는 것은 적절하지 못하며 어떤 의미도 갖지 못한다. 행위에 있어서 합리의 반대는 결코 비합리가 아니다(미, 41, 45).

1.3 행위의 주체

경제학 교과서는 경제행위의 3대 주체를 가계, 기업, 정부로 정의하면서 경제의 논리를 전개하기 시작한다. 그러나 경제주체는 경제행위를 하는 주체인 개인이지 결코 가계나 기업 또는 국가와 같은 집단이나 조직이 될 수 없다. 오직 개인만이 무엇을 원하고 행동한다. 이것은 우리가 경제행위를 분석할 때 항상 한 개인의 입장에서 이해하고 분석해야 함을 의미한다. 그러므로 경제행위의 3대 주체는 개념적으로 잘못된 것이다.

경제주체를 가계, 기업, 정부와 같은 조직체로 정의하고서 경제행위를 분석하는 것은 논리적 모순이다.

가계나 기업, 그리고 정부가 행위의 주체가 되기 위해서는 각 조직체의 구성원들이 동질적이거나 아니면 의사결정의 권한이 소수에 집중되어 있음을 가정해야 한다. 예를 들어 가계는 가장에 의해, 기업은 소수의 최고 경영자에 의해, 그리고 정부는 몇몇 정치가에 의해 의사결정이 독단적으로 이루어져야 이 조직들이 경제행위의 주체가 될 수 있다. 따라서 흔히 말하는 3대 경제주체라고 할 때, 그것은 모두 이런 가정을 전제로 하고 있든지 아니면 마치 이들도 한 개인처럼 행동한다는 것을 암묵적으로 가정하고 있다.

행위주체에 대한 잘못된 정의는 현실의 실상을 오도하거나 호도하게 한다. 특히 정부의 경우 이런 현상이 더욱 심하다.

경제행위를 분석함에 있어서 행위 주체에 대한 이런 개념적 오류는 현실의 실상을 오도하게 한다. 특히 정부를 하나의 경제주체로 간주하면, 정부의 존재 이유와 정부의 시장개입이 야기하는 결과를 잘못 해석하고 호도하는 결과를 낳는다. 가계와 기업은 한 개인과 기업가로 간주하고서 분석해도 그다지 큰 문제를 야기하지 않는다. 한 가장 또는 한 기업가에 의해 의사결정이 독단적으로 이루어지거나 그 조직체의 구성원들은 대체로 동질적이기 때문이다. 물론 기업의 경우, 노사 대립이나 주인-대리인 문제와 같이 기업을 기업가와 동질적으로 볼 수 없는 여러 측면이 있다. 그래서 기업을 경제주체로 간주하는 강단 경제학이 그다지 쓸모없다는 비판에 일부 수긍이 간다.

정부를 행위자로 간주할 경우 정부를 연구대상으로 삼는 경제정책론, 재정학, 공공경제학, 사회복지학, 행정학, 그리고 정치학 등은 정부부문이 만들어내는 현실의 실제 모습을 미화해 드러낸다. 왜냐하면 이들은 정부를 공익을 위한 경제주체로 가정한 후 모든 문제를 풀어나가기 때문이다. 그런데 정부의 행위를 이끄는 것은 공익을 행하는 정부가 아니라 정부라는 조직체 내에서 사익에 의해 조정되는 관료와 정치인이라는 개인이다. 이들의 행위가 대체로 공익적일 수밖에 없는 것은 정부의 시스템이 이들의 행위를 견제하기 때문이다. 그러나 이들은 언제든지 자신의 사익에 따라 공공의 문제에 대한 의사결정을 내릴 수 있다.

경제주체와 관련해 간과하거나 오해해서는 안 될 또 다른 두 가지 점이 있다. 첫째, 모든 개인은 생산현장에서 자신의 소득을 창출한다. 이들이 소득을 획득하고자 하는 이유는 소비하기 위함이다. 그래서 행동하는 모든 개인은 생산자인 동시에 소비자이다. 우리가 이 점을 분명히 하는 이유는 대부분의 정부정책들이 특정 생산자들만의 권익을 보호하려는 명분을 내세우기 때문이다. 정부는 이것이 모든 소비자들에게 부담을 준다는 사실을 외면하거나 숨기고 있다. 생산자 집단은 소비자 집단에 비해 훨씬 조직적이고 끈질기며 집단의 이익을 관철하기 위한 자금도 풍부하기 때문에, 정부는 생산자 집단에 쉽게 휘둘릴 수 있다. 이 결과 소비자가 누려야 할 혜택이 소수의 특정 생산자 집단에 돌아가더라도 그것이 사회

모든 개인은 생산자인 동시에 소비자이다. 정부는 생산자 집단에 쉽게 휘둘릴 수 있기 때문에, 소비자가 누려야 할 혜택이 소수의 특정 생산자 집단에 돌아갈 수 있다.

정의인 양 호도되는 경우가 많다.

둘째, 경제주체들 모두가 전지(全知)하지 않다는 점에서는 동일하다. 그러나 개인이 갖고 있는 지식과 경험의 정도와 이를 가공하는 능력, 명석함과 의지력, 도전정신과 좌절하지 않는 굳셈 등은 사람마다 다르다. 그래서 시장변화에 대응하는 방식도 모두 다르고, 이로부터 각자가 얻는 시장 결과 역시 달라진다.

모든 개인의 능력은 다르기 때문에 시장에서 얻는 결과도 개인마다 다를 수밖에 없다.

1.4 수단의 종류

행위의 목적이 달성되기 위해서는 수단이 투입되어야 한다. 수단은 행위자의 목적 달성에 기여하는 일체의 모든 것들이다. 행위자는 자신이 이용 가능한 모든 수단들을 재배열해 자신의 목적을 달성한다. 재배열이란 수단들을 직접 소비하거나 소비에 기여할 수 있는 제품을 생산하는 것을 말한다. 재배열에는 소비나 생산을 연기하든지 아니면 소비나 생산 장소를 변경하기 위해 수단을 시·공간으로 옮기는 일도 포함된다. 수단을 재배열한다는 것은 수단의 선택을 의미하며, 자원배분을 뜻한다. 수단들 중에는 행위자가 자신의 능력 범위 안에서 이들을 재배열할 수 있는 것들이 있는가 하면 그렇지 못한, 또는 그렇게 할 필요가 없는 수단들도 있다. 재배열할 필요가 없거나 재배열할 수 없어서 주어진 대로 받아들일 수밖에 없는 수단들을 일반여건(general conditions)이라 부른다. 이들은 인간 행동에 아무런 의미를 주지 않는다.(Ro, 3∼5)

수단들 중에는 행위자가 재배열할 수 있는 것들이 있는가 하면 그렇지 못한, 또는 그렇게 할 필요가 없는 수단들도 있다.

우리가 재배열할 수 없는 수단에는 행위자의 조작이나 통제가 어려운 것들이 포함된다. 제도와 지리적·기후적 환경 등이 그것들이다. 제도의 변경은 불가능한 것은 아니지만 그것의 변경에는 오랜 시간이 걸리고 많은 사람들의 동의가 필요하다. 지리와 기후 같은 환경도 행위자가 거주지의 이동으로 재배열이 가능하나 이러한 재배열은 평상시 일어나는 것이 아니라 삶의 큰 전환을 결정할 때나 가능하다. 이들을 일반여건에 포함시켜 주어진 것으로 간주하는 것이 인간 행위에서 보편적으로 관찰되는 현상이다.

재배열할 수 없는 수단에는 제도와 지리적·기후적 환경 등이 포함된다.

인간이 재배열의 수단으로 삼을 필요가 없는 것은 우리 곁에 무진장으로 있어 거의 공짜로 사용될 수 있는 것들이다. 예를 들어 공기는 우리에게 없어서는 안 될 아주 소중한 수단이지만 이를 의식하지 않으면서 살아도 전혀 상관없을 정도로 충분히 존재한다. 그래서 공기를 재배열 대상의 수단에 포함시키지 않는다. 물론 대기가 아주 탁하거나 높은 산에서와 같이 산소가 희박할 때, 공기도 우리

재배열할 필요가 없는 수단에는 공기와 같이 무진장 있어 공짜로 사용될 수 있는 수단들이 포함된다.

그림 4-1

수단의 종류
수단들 중에는 행위자가 재배열할 수 있는 것들이 있는가 하면 그렇지 못한, 또는 그렇게 할 필요가 없는 것들도 있다. 전자는 선택의 대상이 되며, 후자는 일반여건으로 간주된다.

의 재배열 대상이 될 것이 분명하다. 그러나 아직까지는 공짜로 사용할 수 있는 수단으로 간주해도 무방하다.

재배열할 수 없거나 할 필요가 없는 수단들을 제외한 모든 수단들은 인간 행위의 목적을 위해 재배열되기 위해 동원된다. 이 수단들은 인간의 욕망에 비해 부족한 것들로서 행위의 대상이다. 지금까지 설명한 수단의 종류를 [그림 4-1]에 요약했다.

2. 행위의 대상이 되는 수단

선택의 대상이 되는 수단에는 자연 상태 그대로 이용 가능한 것과 이를 가공·조립·결합해 만들어진 생산물이 있다. 이것들은 인간의 욕구 충족에 직접적으로 사용되기도 하고, 또 다른 생산물의 생산요소로 사용되어 인간 욕구 충족에 간접적으로 기여하기도 한다. 이 수단들을 생산요소와 생산물로 나누어 살펴본다.

선택의 대상이 되는 수단에는 자연 상태 그대로 이용 가능한 것과 이를 가공·조립·결합해 만들어진 생산물이 있다.

2.1 생산요소

생산요소는 생산에 기여하는 요소이다. 생산에 기여한다는 것은 소비로 한 발짝 더 나아가게 하는 서비스를 제공함을 의미한다. 여기에는 원자재와 부품, 노동, 토지, 기계 등 생산에 투입되는 모든 것들이 포함된다. 노동은 인간 에너지의 사용에서 나오는 서비스이며, 토지는 노동 서비스를 제외한 자연이 제공하는 일체의 서비스를 말한다. 노동과 토지의 서비스를 본원적 생산요소라 부르며, 이를 원자재, 부품, 기계와 같은 생산물로서의 생산요소와 구분한다.

노동과 토지의 서비스를 본원적 생산요소라 부르며, 이를 생산물로서의 생산요소와 구분한다.

생산물로서의 생산요소를 일괄해 자본재라 한다. 원자재와 부품은 소비로 나아가게 하는 생산에 단지 한 번만의 서비스로 생산에서의 기여를 마친다. 이에 반해 기계와 같은 장치들은 오랜 시간에 걸쳐 생산에 기여한다. 이것은 현행 경제학 교과서가 원자재나 부품과 같은 중간재를 생산요소인지를 불분명하게 처리하는 것과는 다르다. 이에 대한 자세한 설명은 제16장(생산과 생산구조)에서 하도록 한다. 어떤 경우에도 생산을 위해서는 시간이 필요하기 때문에, 시간도 생산요소에 포함된다.

생산물로서의 생산요소를 일괄해 자본재라 한다.

시간도 생산요소에 포함된다.

그러므로 생산요소에는 노동, 토지, 시간, 자본재가 포함된다. 생산요소 중에 사람의 손에 의해 만들어진 것은 오직 자본재뿐이다. 자본[2]은 항상 일정한 자본재 형태로 존재하며, 구체적인 자본재와 별개로 존재하는 추상적인 자본과 같은 것은 없다(Mi. HA, 500, 511, 517~518). 자본재가 생산되는 전 과정을 추적하면 자본재에 남는 것은 결국 노동과 토지, 그리고 시간이다. 자본재는 노동과 토지, 그리고 시간으로의 환원이 가능하므로 생산요소에는 오직 노동과 토지, 그리고 시간만이 남는다. 생산의 전 과정을 거쳐서 생산된 소비자재도 거슬러 올라가면 남는 것은 당연히 노동과 토지, 그리고 시간뿐이다. 결국 소비자재나 생산자재는 노동과 토지, 그리고 시간이 축적된 것에 불과하다. 모든 것이 노동과 토지에서 시작된다는 점에서 이를 본원적(original) 생산요소라 한다.

시간은 누구에게도 동질적이고 어떤 행위에도 수반되는 생산요소이기 때문에, 본원적 생산요소라 하면 일반적으로 시간을 제외하고 노동과 토지만을 지칭

---

2. 자본은 자본재를 구체적인 화폐금액으로 표현한 개념이다. 그러므로 시장가격이 존재하지 않는 사회주의 경제에서는 자본재는 존재하더라도 자본은 존재하지 않는다. 자본은 화폐금액으로 표현되는 소득, 소비, 저축에 대응하는 개념이다. 소득이 소비보다 크면 그 차를 저축이라 하고, 적으면 그 차를 자본삭감 또는 자본소비라 한다.(Mi. HA, 260~264, 517)

한다. 아래에서 생산요소로서 시간의 의미를 설명하겠지만 보다 자세한 것은 생산과 이자율을 다루는 장들에서 설명한다.

자본재는 어떤 경우에도 그 스스로 생산에 기여할 수 없다. 반드시 노동의 도움을 필요로 한다. 즉, 자본은 노동에 의해 움직일 수밖에 없다. 뵘-바베르크(E. v. Böhm-Bawerk)는 이를 '투석살인' 사건의 비유로 설명한다(라, 94~96). 돌로서 사람을 죽이기 위해서는 누군가 그 돌을 던져야 한다. 그 돌 자체로서는 어떤 경우에도 사람을 죽이지 못한다. 이와 같이 기계가 돌아가기 위해서는 누군가의 손에 의해 작동 스위치가 켜져야 하며 조작되어야 한다.

자본재가 생산에 기여하기 위해서는 어떤 경우에도 노동의 도움을 필요로 한다.

2.2 기술

자본재와 본원적 생산요소 외에도 생산에 없어서는 안 될 중요한 요소가 있다. 그것은 과학적 아이디어와 현장 체험의 총체인 기술이라는 수단이다. 그것은 선택된 수단들을 투입해 원하는 목적에 이르게 하는 일종의 조리법(recipes)이며, 수단들의 선택에도 직접적인 영향을 미친다.(Ro, 11) 기술은 생산과정에서 가공이나 변형되지 않으며 그 자체가 조직적이고 체계적인 지식으로 자본재적인 특성을 지닌다. 특정 재화의 생산을 위한 기술은 생산과정의 각 단계마다 유일하게 오직 하나만 존재하는 것이 아니라 대체 가능한 여러 기술들이 있기 때문에, 생산자는 이 기술들 중 하나를 선택한다. 이런 점에서 그것은 선택의 대상인 수단이다.

기술은 선택된 수단들을 투입해 원하는 목적에 이르게 하는 일종의 조리법이다. 기술은 선택의 대상인 수단이지만, 일단 선택되면 일반여건이 된다.

그러나 기술은 일단 학습되어 기억에 남아 있으면 결코 닳아 없어지지 않기 때문에 무한정한 생산요소로 남는다. 오히려 그것은 또 다른 기술과 결합해 그 기능이 월등한 새로운 기술로 탄생되기도 한다. 이런 점에서 기술은 선택의 대상이 되는 일반 재화의 성격을 갖기보다는 공기처럼 일반여건으로 볼 수 있다(Ro, 11). 따라서 기술은 선택의 대상인 자본재이지만, 일단 선택되어 알려지고 나면 일반여건이 된다.

2.3 생산물

생산물은 생산요소에 의해 만들어진다. 생산물은 유형의 형태일 수도 있고, 무형의 형태일 수도 있다. 전자를 재화(goods)라 하고, 후자를 서비스(service)라 생산물이 직접적으로 사람들의 욕망을 만족시키는 데 사용되는 재화를 소비자재라 한다. 생산물이 소비자재로 사용되지 않고 또 다른 생산에 투입될 경우 그것을 생산자재라 부른다.

부른다. 이 책에서는 편의적으로 재화라 할 때 서비스를 포함한다. 생산물이 직접적으로 사람들의 욕망을 만족시키는 데 사용되는 재화를 소비자재(consumers' goods)라 한다. 생산물이 소비자재로 사용되지 않고 또 다른 생산에 투입될 경우 그것을 생산자재(producers' goods)라 한다. 모든 생산자재는 자본재로서 생산요소의 일부가 된다.

경제학 교과서는 소비자가 소비 목적으로 사용하는 재화를 소비재(consumption goods), 생산자가 생산의 목적으로 사용하는 재화를 생산재(production goods)라 표현한다. 그러나 동일한 재화라 하더라도 소비자가 사용하면 소비재, 생산자가 생산에 투입하면 생산재가 된다. 즉, 생산자재와 소비자재는 재화의 물리적 속성에 의한 구분이 아니라, 인간의 선택에 의해 구분되는 개념이다. 예를 들어 바나나를 직접 먹으면 그것은 소비재가 되고, 그것을 주스를 만드는 데 투입하면 생산재가 된다. 재화는 이처럼 행동하는 인간의 선택에 따라 그 재화의 성격이 달라지기 때문에, 재화를 사용 용도가 아니라 사용하는 주체에 따라 구분하는 것이 정확한 표기이다. 그래서 소비재는 소비자재(consumers' goods), 생산재는 생산자재(producers' goods)라는 용어로 표현되어야 한다.

어떤 소비자재도 그대로 인간의 욕구를 충족시킬 수는 없으며 인간의 노동이나 도구의 도움을 필요로 한다.

어떤 소비자재도 그대로 인간의 욕구를 충족시킬 수는 없으며 인간의 노동이나 도구의 도움을 필요로 한다. 산속의 과일나무들에서 자란 여러 과일들은 자연 상태 그대로 이용 가능한 소비자재들이다. 그러나 이것이 나의 입에 들어가기 위해서는 누군가가 과일을 따서 운반해 와 내 식탁 위에 올려놓아야 한다. 과일나무 바로 아래에서 과일을 먹는다 하더라도, 이 과일을 따는 수고로움은 피할 수 없다. 즉, 그 과일이 소비되기 위해서는 인간이나 여타 도구의 도움을 반드시 필요로 한다. 생산된 소비자재도 마찬가지이다. TV를 보기 위해서는 TV를 공장에서 집까지 운반해야 하고, 거실에 설치해 놓더라도 TV 전원을 켜는 수고로움이 있어야 한다.

2.4 예시를 통한 수단의 종류

어머니가 우리에게 과일주스라는 소비자재를 만들어주는 과정을 통해 생산요소와 생산물에 관한 이해를 보다 확실히 하도록 하자. 어머니는 시장에서 과일을 구입해 부엌에서 이를 썰어 믹서기에다 넣은 다음 우유 또는 요구르트를 섞은 후 갈아 주스를 만든다. 어머니가 과일주스 제조법을 일단 익혔다면, 어머니는 과일주스를 만들 때마다 그 제조법을 공기처럼 어떤 비용도 지불하지 않고 익숙하게 사용할 수 있다. 제조법은 기술로서 일반여건이 된다.

어머니가 만들어주신 과일주스를 우리가 마셔 소비하기 때문에 과일주스는 소비자재이다. 어머니가 시장에서 구입한 과일을 그냥 먹는다면 그것은 소비자재가 될 수 있으나 여기에서는 과일주스를 만들기 위해 사용되었기 때문에 원자재로서 일종의 자본재이다. 그 과일이 시장에 나와서 부엌까지 운반되기 위해서는 노동과 다른 자본의 도움이 필요하기 때문에 그것은 자연 그대로의 것이 아니라 일종의 생산물이다. 과일 외에도 우유나 요구르트도 원자재로서 자본재이다. 이것들은 가공이나 변형되어 과일주스에 녹아들어 가면서 단 한 번의 서비스 제공으로 생산에 기여한다. 믹서기, 칼, 도마도 생산과정에 투입되는 자본재이다. 이들은 그 자체로서 변형되거나 가공되지는 않지만 과일을 과일주스로 변형시키는 데 기여한다. 이들은 과일주스를 만든 후에도 여러 용도에 사용되면서 그것들이 마모되어 폐기될 때가지 오랫동안 생산을 위한 서비스를 제공한다. 이것들만으로 과일주스가 만들어지는 것은 아니다. 어머니라는 노동과 부엌이라는 공간이 필요하다.

과일주스 제조는 어머니라는 인간에 의해서 수행된다. 우리는 이를 노동이라 부른다. 그런데 어머니라는 노동도 자연 그대로의 인간이라 볼 수는 없다. 요리법을 책이나 인터넷을 통해 알았고 그때 글을 읽을 수 있었던 것은 어머니가 십 년이 넘는 학교 교육을 받았기 때문이다. 지금의 어머니는 책, 인터넷, 그리고 학교 교육에 의해 만들어진 어머니이다. 그래서 이 어머니는 노동이라는 본원적 생산요소라기보다 자본재에 더 가깝다. 오늘날 자연 그대로의 노동은 찾아볼 수 없으며 어떤 형태든지 인간의 손에 의해 다듬어진 노동이기 때문에 노동을 인적자본이라 부른다. 부엌 역시 주어진 공간이라는 토지에다 시멘트와 철근 또는 목재와 같은 각종 건축자재와 노동자들에 의해 만들어졌기 때문에 자본재이다. 이렇게 보면 과일주스라는 소비자재를 만들기 위해서 자본재만 동원되었다고 말할 수 있다.

그런데 어머니를 포함해 이 생산요소들이 만들어진 과정을 추적하다 보면 모든 것이 노동과 토지에서 시작되었음을 확인할 수 있다. 예를 들어 부엌을 만들기 위해 들어간 철근의 생산과정을 추적하면 최종적으로 광산, 그리고 철광석을 캐기 위한 장비와 노동자가 나타난다. 광산은 더 이상 인간에 의해 만들어진 것이 아니다. 자원을 제공하는 토지이다. 노동자 역시 어떤 교육을 받지 않고 자연

그림 4-2

선택대상의 수단들

선택의 대상인 수단에는 생산요소와 생산요소로 만든 생산물이 있다. 생산요소에는 노동, 토지, 자본재, 시간, 기술이 포함되며, 이들을 결합해 만든 생산물은 소비자재로 사용되기도 하고 생산자재로 사용되기도 한다. 생산자재와 자본재는 같은 말이다.

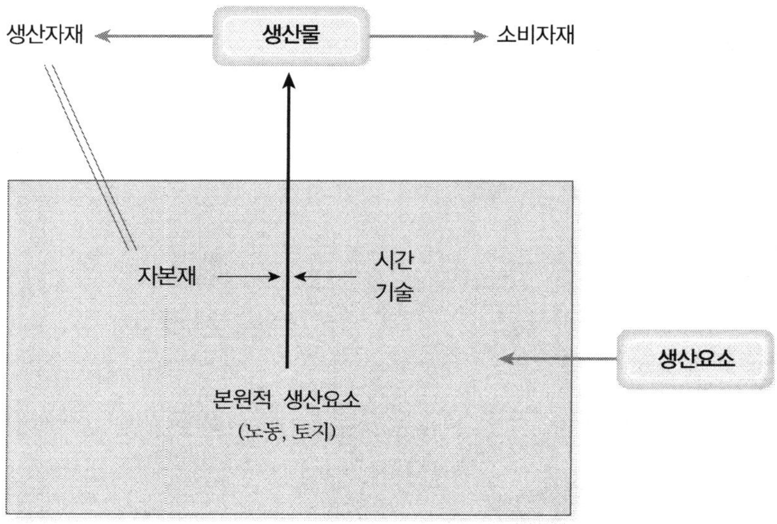

그대로라면 그 역시 더 이상 거슬러 올라갈 수 없다. 노동자들이 각종 교육과 기술의 습득과정, 그리고 부모로부터의 양육을 받았다 하더라도, 이들을 거슬러 올라가면 벌거벗은 자연 그대로의 인간과 맞닥뜨려진다. 철광석을 캐기 위한 장비가 만들어지는 과정을 추적해도, 이 역시 결국 노동과 토지(자연)에서 멈춘다.

어떤 경우에도 생산의 모든 과정들에는 노동과 토지가 들어간다. 노동은 생산요소들을 재배열하기 위해, 토지는 공간과 자원을 제공하기 위해 생산에 투입된다. 태초(太初)에 우리 앞에 놓인 것은 자연(토지)과 자연상태 그대로의 인간뿐이었다. 인간 문명은 이런 자연상태에서 노동과 토지가 만들어낸 산출물들의 누적된 역사라 할 수 있다.

지금까지 과일주스 제조의 예를 통해 우리의 선택대상이 되는 것들에 관해 설명했다. 아직 우리는 과일주스 생산에 없어서는 안 될 하나의 수단을 설명하지 않고 있다. 그것은 시간이다. 시간을 투입하지 않고서는 어떤 것도 생산해 낼 수 없다. 어떤 경제행위도 시간과 관련되어 있으며, 우리의 경제행위를 제한하는 가장 중요한 수단이 바로 시간이다. 따라서 모든 생산과정에 필수적으로 들어가는 것은 노동과 토지, 그리고 시간이다. 지금까지의 논의와 예시로부터 선택의 대상이 되는 수단들을 [그림 4-2]에 요약했다.

3. 행위와 시간

3.1 수단으로서의 시간

행위는 미래의 불편함을 해소하기 위해 현재 수행하는 목적 지향적 행동이다. 미래가 현재에서 아무리 가까운 시점이라고 하더라도 행동과 목적 달성 시점까지는 시간을 필요로 한다. 그러므로 시간은 목적 달성을 위해서 무엇보다 없어서는 안 되는 수단이다. 경제학에서 시간은 결코 철학적이고 종교적인 대상으로서의 시간이 아니다. 시간은 우리 주변 어디에서나 존재하며 행위자의 의사에 관계없이 흘러간다. 이 점에서 시간은 인간의 재배열 대상이 아니다. 단지 인간은 시간 안에 담을 내용을 시간과 함께 선택할 수 있을 뿐이다. 인간은 영원히 살지 못하며 고작 100년 남짓 살 뿐이다. 게다가 지나간 시간은 결코 다시 돌아오지 않으며 재현되지도 않는다. 이런 점에서 시간은 우리에게 일회적으로 주어지고, 비가역적이며, 반복되지 않는 희소한 수단이다.

시간은 우리에게 일회적으로 주어지고, 비가역적이며, 반복되지 않는 희소한 수단이다.

시간이라는 수단이 희소하다는 것은 우리가 어떤 행위를 하는 경우 해당 시간에 그 행위를 한다는 이유만으로 그것 외의 모든 행위들은 하지 못한 채 그대로 남아 있다는 사실에서 분명해진다. 시간은 절대적으로 무한히 존재하지만, 행위자 자신의 관점에서는 아주 희소한 수단이다. 그렇기 때문에 인간은 현재 충족될 수 있는 욕구들과 이를 참고 기다려서 미래에 충족될 욕구들 사이에서 무엇부터 먼저 할지를 계획해야 한다. 그래서 시간은 인간이 선택해야 할 대상이다.

시간은 희소하기 때문에, 인간은 현재의 욕구들과 미래에 충족될 욕구들 사이에서 무엇부터 먼저 할지를 계획해야 한다. 그래서 시간은 인간이 선택해야 할 대상이다.

3.2 행위에 있어서 과거의 의미

경제행위와 시간과 관련해 또 다른 중요한 사실은 현재의 상태는 과거 행위들의 결과지만 지나간 일은 어찌할 수 없다는 점이다. 그래서 행동하는 사람에게 현재의 경제적 상황이 어떻게 일어났는지는 중요하지 않다. 인간은 과거에 행한 자신의 행위와 그 결과에서 벗어나지 못하고 자책하며 허우적대는 경우가 종종 있다. 우리는 이런 사람을 보고 냉철하지 못한 사람이라고 비난한다. 행위의 결과가 실패인 경우는 허다하다. 대부분의 사람들은 실패를 아쉬워하며 그것을 어

과거는 지나간 일이기 때문에, 행동하는 사람은 현재의 경제 상황이 어떻게 일어났는지에 대해 관심을 두지 말아야 한다.

떻게든지 만회할 수 있는 방법을 찾으려고 애쓴다. 과거의 행위와 그 결과에 얽매이고 있는 것이다. 뿐만 아니라 잦은 실패의 경험은 현재 자신의 행위에 더욱 자신감을 잃게 해 어떤 일을 나서는 데 주저하게 만들기도 한다. 우리는 이런 경우들을 주변에서 쉽게 찾아볼 수 있는데, 특히 주식투자에서 자주 본다.

과거의 행위들은 현재의 행위 결정에 어떤 영향도 미치지 않는다. 시간은 우리의 삶에 가장 소중한 자원이다. 과거의 행위는 경험이라는 자료로서, 그리고 그 결과는 그의 여건 변화로서 현재의 행위 결정에 주어진 조건일 뿐이다. 행위 결정에 있어서 뒤를 돌아보는 것은 어리석은 일이다. 떠나간 애인을 잊지 못해 새로운 만남을 가지지 못하는 것과 마찬가지이다. 자신에게 주어진 상황을 잘 이해하고 미래를 남보다 우월하게 예측하면서, 현재 이용할 수 있는 수단들을 가장 잘 활용하는 것만이 자신의 행위를 성공으로 이끄는 최선의 길이다. 그래서 행동에서 필요한 것은 과거에 대한 회상이 아니라 삶의 조건들을 개선하려는 미래를 향한 의지이다.

행동에서 필요한 것은 과거에 대한 회상이 아니라 삶의 조건들을 개선하려는 미래를 향한 의지이다.

4. 목적 달성과 효용

Human centered Principles of Economics, ch. four

4.1 효용

행위자는 목적을 달성하기 위해 수단을 선택하고 이로부터 만족을 얻는다. 만족을 효용, 행복, 복지, 후생이라 표현해도 모두 동일한 의미이다. 경제학은 욕구 충족을 대체로 만족(satisfaction)이나 효용(utility)으로 표현한다. 행동하는 사람들은 어떤 수단이 제공하는 서비스가 자신의 만족을 증대시킨다고 알고 있거나 믿는다. 또는 행동의 결과로 만족이 증대했다고 느끼기도 한다. 이런 인식, 믿음 또는 느낌이 그 사물의 효용이다. 사람들은 더 만족스러운 상태로 나아가기 위해 자신이 현재 처해 있는 불편함을 제거하고자 한다. 그래서 효용은 행동하는 자의 입장에서 수단이 주는 만족의 크기나 정도가 아니라 그것이 갖는 긴요함 또는 중요함을 의미한다(Mi. HA, 120).

경제학은 욕구 충족을 만족이나 효용으로 표현한다. 효용은 수단이 주는 만족의 크기나 정도가 아니라 그것이 갖는 긴요함 또는 중요함을 의미한다.

4.2 효용의 측정 문제

어떤 수단이 제공하는 서비스는 기술적인 개념으로, 객관적으로 표현될 수 있다. 자동차의 시속이 100km 또는 200km라는 것은 자동차의 서비스를 객관적으로 표현한 것이다. 최고 시속이 200km인 자동차는 100km인 자동차보다 속도 성능이 2배 우월하다고 말할 수 있다. 2배는 객관적으로 계측된 결과이다. 그렇다고 해서 시속 200km의 자동차를 이용하는 사람이 시속 100km의 자동차를 이용하는 사람보다 2배 많은 만족을 얻는다고 말할 수는 없다. 어떤 사람에게는 시속 100km인 자동차가 오히려 시속 200km인 자동차보다 더 큰 만족을 줄 수 있다.

만족은 결코 측정될 수 없다. 수단들에 대한 선호는 오직 순위로서만 표현될 수 있을 뿐이다.

행복이나 만족은 결코 측정될 수 없다. 행동의 결과로서 만족의 증감을 깨닫는 것은 오직 행위자 자신의 주관적 느낌뿐이다. 그것도 단지 느낌뿐이지 만족을 객관적으로 계측할 길은 없다. 하물며 선택을 위한 수단들 간의 비교는 행동하기 전에 이루어져야 하기 때문에 수단으로부터 얻을 수 있는 만족을 예상하는 데 있어서 그 정도를 계측한다는 것은 말장난에 불과하다. 수단들에 대한 선호는 만족의 정도가 아니라 오직 순위로만 표현될 수 있다.

행동은 자신의 선호를 통해 여러 대안들 중에서 선택하는 것이다. 선호는 그의 선택지들에 대한 주관적인 순서일 뿐이다. 오후 한나절 동안 야구경기를 관람하는 것이 가까운 산에 오르는 것보다 더 큰 만족을 줄 것이라고 말할 수 있을 뿐이지 얼마만큼 더, 또는 몇 배 더 행복할 것인가를 묻는 것은 부질없는 짓이다. 비교할 수 있는 행복의 단위가 어디에 있는가? 행복을 더하거나 빼거나 또는 곱하거나 나누는 것은 전혀 의미 없는 일이다.

5. 교환과 선택

5.1 행위와 교환

행위는 언제나 현재 상황과 미래 상황의 교환을 전제로 한다.

목적 지향적인 행위는 현재 그가 놓인 처지를 개선하기 위함이다. 인간의 욕구가 완전히 충족된 상태는 어떤 경우에도 존재하지 않기 때문에 인간은 언제나 행동한다. 행위의 결과는 항상 미래에 나타난다는 점에서 행위는 현재 나의 상태와 그 대상이 무엇이든지 간에 미래의 상황과의 교환을 전제로 한다. 예를 들어 나의 연필 4자루와 상대방의 볼펜 1자루를 교환한다는 것은, 연필 4자루가 주는 현재의 만족과 볼펜 1자루로부터 기대되는 미래의 만족과의 교환을 의미한다.

교환에는 자폐적 교환과 사회적 교환이 있다. 사회적 교환을 거래라 부른다. 사회관계의 근본은 사회적 교환이다.

교환은 다른 사람들과는 상관없이 한 개인의 욕구 사이에서 수행될 수도 있고, 다른 사람들과의 상호관계 속에서 이루어질 수도 있다. 전자를 자폐적 교환이라 하고, 후자를 사회적 교환이라 한다. 누군가가 오후 한나절을 TV 시청 대신 등산으로 보내기로 했다면, 그는 TV 서비스 수신을 등산과 교환한 것이다. 이것은 다른 사람들과의 상호관계 없이 한 개인의 욕구 사이에서만 일어난 교환이다. 이와는 달리 누군가가 천원을 지불하고 사과 2개를 샀다면, 구매자로서의 그는 천원과 판매자의 사과 2개와 교환한 것이다. 이것은 구매자와 판매자의 상호 합의 하에 일어난 사회적 교환이다. 사회적 교환을 일반적으로 거래라 부른다.

사회관계의 근본은 사회적 교환이다. 그러나 사회관계에서는 자폐적인지, 사회적인지 분명하지 않은 교환도 있다. 예를 들어 어떤 대가를 전혀 바라지 않고 누군가에게 행하는 선행이 있다. 이 경우 선행을 주는 사람과 이를 받는 사람이 있기 때문에 자폐적 교환으로 판단하기가 모호하다. 이때의 판단 기준은 상호 대가의 의사가 있는지의 여부이다. 두 사람 중 어느 한 사람이라도 상호 대가를 갖고 있다면 그것은 사회적 교환이다. 그래서 어떤 대가를 전혀 바라지 않는 선행 그 자체는 자폐적 교환이다. 그렇지만 이 선행을 받는 사람이 무엇으로라도 선행의 보답을 해야 한다고 생각하면, 그 선행은 사회적 교환이다. 받는 사람의 답례를 생각하고 선물을 주는 경우도 당연히 사회적 교환이다. 마찬가지로 기부행위자가 기부수혜자의 답례를 전혀 기대하지 않지만 그가 자신의 행위를 통해 그의 사회적 명성을 높이려는 의도가 있다면, 그것은 사회적 교환이다(Mi. HA, 196).

5.2 행위와 선택

교환은 수단의 포기와 선택을 전제로 한다. 행위가 교환과 선택을 전제로 한다는 점에서, 인간의 모든 행위는 경제행위이다.

교환은 내가 갖고 있는 어떤 수단이 주는 현재의 만족을 포기하고 그 대가로 획득하는 다른 수단이 줄 것으로 기대되는 만족을 선택하는 행위이다. 그러므로 교환은 수단의 포기와 선택을 전제로 한다. 행위가 교환과 선택을 전제로 한다는 점에서 인간의 모든 행위는 경제행위이다.

자폐적 교환에서처럼 교환당사자가 없다고 하더라도 행위는 선택을 함축한다. 주어진 시간에 무엇을 할 것인가를 선택하는 경우이다. 예를 들어 내가 1시간 동안 산책하고자 한다는 것은 나에게 주어진 1시간 동안 할 수 있는 여러 일들 중 다른 것들을 포기하고 산책을 선택한 것이다. 나는 분명히 다른 것들보다 산책이 나에게 가장 큰 만족을 줄 것으로 기대했기 때문에 산책을 선택했다. 그래서 나는 포기한 다른 것들로부터 얻을 것으로 기대되는 만족과 산책으로부터 기대되는 행복을 교환했다고 말할 수 있다. 인간은 끊임없이 행동한다. 행동은 경제행위이며, 그 행위는 선택행위인 동시에 교환행위이다.

행위를 위한 수단 선택에 있어서 인간은 동일한 수단이라면 가능한 한 높은 만족을 가져다주는 행위를, 동일한 만족이라면 가능한 한 적은 수단의 투입으로 달성될 수 있는 행위를 선택하고자 한다. 이것은 인간 행위의 공리이며 이를 경제원칙이라 부른다. 그러나 실제로 선택의 결과가 자신의 예상대로 이루어지는 것은 아니다. 그 결과가 심적(心的) 이득일 수도 있고 심적 손실로 귀결될 수도 있다. 심적 이득은 "더 행복해졌다"이고, 심적 손실은 "더 불행해졌다"이다.

선택의 결과가 심적(心的) 이득일 수도 있고 심적 손실로 귀결될 수도 있다.

5.3 시간선택

행위에는 어떤 경우에도 시간이 소요된다. 그래서 목표 달성까지의 시간은 중요한 선택대상이다. 특히 생산에 있어서 요소 투입과 제품 생산까지 걸리는 시간은 기업가에게 아주 중요하다. 그래서 사람들은 동일한 만족을 준다면 행위의 시작에서 결과까지의 소요시간이 짧은 수단을 선호할 것이다. 왜냐하면 행위의 결과가 일어나는 미래는 아직 일어나지 않아 그 때까지 기다려야 하기 때문이다. 기다려야 한다는 것은 현재의 즉시성에 비해 불편한(uneasy) 것임에는 분명하다. 인간 행위에 있어서 보편적 진실은 미래의 만족보다 현재의 만족을 선호한다는 점이다. 어떤 사람이 현재의 100만원보다 미래의 110만원을 선택했다고 해서, 그가 미래 만족을 현재 만족보다 선호한 것은 아니다. 그는 미래의 110만원을 현재의 100만원보다 높이 평가했을 뿐이다. 만약 미래의 100만원과 현재의 100만원을 선택하라면, 그는 결코 미래의 100만원을 선택하지 않을 것이다.

기다려야 한다는 것은 불편하기 때문에, 사람들은 동일한 만족이라면 행위의 시작에서 결과까지의 소요시간이 짧은 수단을 선호한다.

미래 만족보다 현재 만족을 선호한다는 사실을 이처럼 기다림의 불편함으로 설명해도 반론을 제기할 사람은 별로 없다. 그러나 기다림의 불편함은 인간의 심리적인 현상이기 때문에, 인간 행위를 설명하는 경제학적 접근은 아니다. 경제학은 결코 심리적 문제와 관련된 학문이 아니기 때문이다. 그렇다면 기다림의 비효용을 어떻게 설명해야 하는가? 미제스는 이를 소비와 관련해서 설명한다. 그에 의하면 만약 가까운 미래의 만족보다 먼 미래의 만족을 선택하는 사람이 있다면, 그는 결코 현재 소비를 하지 않을 것이다. 그것이 그에게 더 큰 만족을 주기 때문이다. 그는 항상 소비하지 않고 저축할 것이며, 그러면서도 즐거워할 것이다(Mi. HA, 484). 우리는 이런 경우를 결코 상상할 수 없다.

현재의 만족을 미래의 만족보다 선호하는 것을 시간선호라 한다.

그러므로 기다림의 불편함은 누구라도 현재의 만족을 미래의 만족보다 선호하게 한다. 이를 시간선호(time preference)라 한다. 기다림의 불편함으로 인해 현재의 만족을 더 선호하는 정도는 사람마다 다르기 때문에, 시간선호도 사람마다 주관적으로 다를 수밖에 없다. 미래 만족을 현재 만족과 비교하기 위해서는 미래 만족을 시간선호율(rate of time preference)로 할인한 후 비교해야 한다. 미래 만족보다 현재 만족을 선호하는 것이 인간 행위의 보편적 진실인 한, 시간선호율이 음이 되는 경우는 없다. 시간선호에 대한 보다 자세한 내용은 이 책의 제Ⅴ부(생산과 시간시장)에서 자세히 다룰 것이다.

미래는 불확실하기 때문에 모든 행위는 투기적일 수밖에 없다.

행위는 현재 이루어지고 그 결과는 미래에 나타나기 때문에, 행위는 언제나 미래의 불확실성과 관련되어 있다. 이 점에서 인간의 모든 행위는 투기적(speculative)인 성격을 가질 수밖에 없다. 미래에 대한 예상은 행위자 자신의 과거 경험과 지식에 의존하며, 그 예상은 전적으로 자신의 판단에 따른다. 그의 행위가 잘한 것인지 아니면 잘못한 것인지는 사후적으로 알 수 있을 뿐이다. 이것은 인간의 행위에는 항상 과오가 뒤따를 수 있음을 함축한다.

생각하기

01. '이기적'이라는 말과 'self interest의 추구'라는 말에서 느끼는 어감 차이를 이야기해 보아라. 경제학은 '이기적인' 인간을 대상으로 하는가 아니면 'self interest를 추구하는' 인간을 대상으로 하는가?

02. 도구적 합리성과 의사소통적 합리성을 구분해 설명하라. 당신의 행위는 항상 합리적이라고 말할 수 있는가?

03. 가계, 기업, 정부를 3대 경제주체라 할 때, 이 정의에 대한 문제점을 지적하라. 특히 정부의 경제행위를 실질적으로 행하는 주체는 누구이며, 정부를 분석대상으로 삼는 것을 비판하는 공공선택이론의 핵심적 내용은 무엇인지를 설명하라.

04. 수단에는 행위의 대상이 되는 수단이 있는 반면 그렇지 못한 수단도 있다. 행위의 대상이 되지 않는 수단에는 선택할 필요가 없는 수단이 있는가 하면 우리 통제 밖에 있어서 선택대상이 되지 않는 수단들도 있다. 그 예를 각각 3개씩 들어라.

05. 생산요소, 생산자재, 생산물, 자본재, 중간재를 구분해 정의하라.

06. 노동과 토지를 왜 본원적(original) 생산요소라 부르는가?

07. 기술을 일반여건으로서 공기와 같은 수단으로 해석할 수 있다. 어떤 이유로 기술을 이렇게 해석할 수 있는가?

08. 시간은 우리 주변에 무한정 있는 것처럼 보인다. 그런데 우리는 왜 시간을 희소하다고 하는가?

09. 행복이 측정 가능하지 않음은 삼척동자도 아는 사실이다. ($행복 = \frac{가진\ 것}{원하는\ 것}$)이라는 행복공식을 소개하기도 한다. 원하는 것이 적기만 하면 행복할까? 가진 것이 많기만 하면 행복할까? 여러분은 어떤 삶을 꿈꾸는가? 서로 이야기 나누어 보아라.

10. 모든 행위는 투기적인 성격을 갖는다고 말할 수 있는가?

11. 시간선호는 무엇에 관한 개인의 선호인가?

선택과 기회비용

Human centered

Principles of Economics

ch. five

5

1. 기회비용

1.1 기회비용의 개념

1.2 선택의 결과로서 이윤과 손실

1.3 선택지에 관한 지식 문제

2. 예시를 통한 기회비용 개념의 이해

2.1 투입수단이 시간일 경우—소일거리의 선택

2.2 투입수단이 물질적 자원일 경우—제품의 선택

2.3 투입수단이 시간과 물질적 자원일 경우—대학생활의 선택

3. 선호순위의 변화

어느 한 행위를 했을 때, 그것의 기회비용을 이해하는 것은 경제학적 사고를 하는 출발점이다. 그러나 기회비용을 정확히 이해하기란 결코 쉬운 일이 아니다. 이 장에서는 기회비용의 개념을 정의하고 다양한 예를 통해 그 개념을 이해하는 데 도움을 주고자 한다. 기회비용의 정의로부터 비용 역시 주관적인 개념이며, 측정될 수 없음이 강조될 것이다. 비용이 주관적이라면, 이윤 역시 주관적인 개념임을 설명한다. 이로부터 인간의 모든 행위를 설명할 수 있는 토대를 마련한다. 이와 함께 선택과 기회비용에 있어서 선택지에 관한 지식이 얼마나 중요한지도 설명된다.

1. 기회비용

1.1 기회비용의 개념

교환을 통해 내놓은 것이 목적 달성을 위해 지불한 가격이다. 지불한 가격이 비용은 아니다.

사람들은 교환을 통해 미래의 원하는 만족을 얻기 위해 현재의 덜 만족스러운 것을 내놓아야 한다. 내놓은 것이 목적 달성을 위해 지불한 가격이다.[1] 그러나 이것이 목적 달성을 위해 치른 비용은 아니다. 회계적 관점에서는 지불된 가격을 비용이라 하지만, 경제학에서의 비용은 우리가 일상생활에서 사용하는 회계적 비용이 아니라 기회비용을 의미한다. 회계적 비용과 기회비용은 근본적으로 다른 개념으로 비용을 엄밀히 정의할 때, 회계적 비용은 잘못된 개념이다.

선택의 대상이 되는 선택지는 자신이 갖고 있는 시간이나 자원으로 선택할 수 있는 유효한 선택지를 말한다.

인간은 주어진 수단으로 할 수 있는 여러 선택지들 중 가장 큰 만족을 줄 것으로 기대되는 것을 선택한다. 그 나머지 모든 선택지들은 포기된다. 선택지는 그가 할 수 없는, 즉 막연한 동경의 대상이 아니라 그가 결심하면 그가 갖고 있는 시간이나 자원으로 선택할 수 있는 유효한 선택지를 말한다. 그가 갖고 있는 시

1. 획득한 것의 가격은 일반적으로 단위당 가격으로 표현되기 때문에, 내놓은 것을 획득한 수량으로 나누어서 나타낸다. 즉, 교환비율로 나타낸다. 예를 들어 연필 5자루를 내주고 빵 2개를 얻었다면, 빵의 가격을 연필 2.5(= 5 ÷ 2)자루라 한다. 이때 빵의 가격은 빵의 단위당 가격을 말한다. 그렇지만 빵 2개의 가격은 연필 5자루라고 말해도 틀린 것은 아니며, 오히려 이것이 더 정확한 표현이다.

그림 5-1

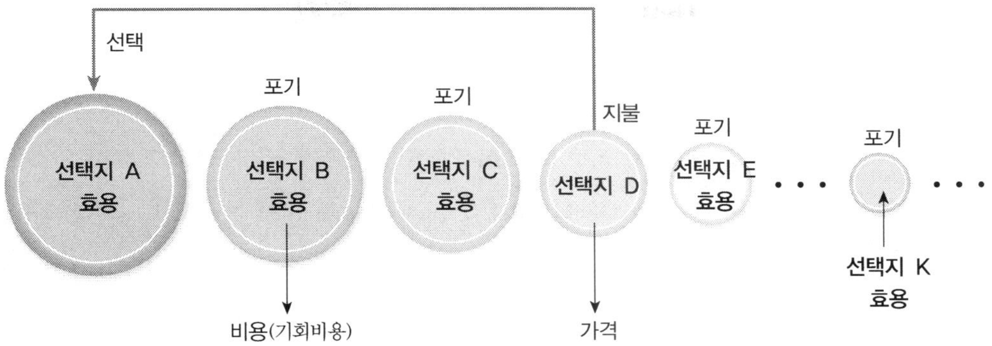

가격과 비용

선택지 A를 얻기 위해 선택지 D를 지불했다면, 가격은 선택지 D 그 자체이며 비용은 차선의 선택지인 B가 줄 것으로 기대되는 만족이다.

간이나 자원도 그의 여러 선택지들 중의 하나이다. 이 선택지는 다른 선택지들을 선택하기 위해 투입되어야 한다는 점에서 특별하지만, 이 역시 선택의 한 대상이라는 점에서 일반 선택지와 달리 선택에서 특별한 위치에 있는 것은 아니다. 이를 선택하는 것은 과거의 상태를 그대로 유지하겠다는 것으로, 즉 아무것도 하지 않겠다는 것으로 이 또한 하나의 선택행위이다.

그는 최상의 선택지를 획득함으로써 다른 모든 선택지들을 포기해야 한다. 포기한 선택지들 중 그는 차선의 선택지에 대한 포기를 가장 아쉬워할 것이다. 차선의 선택지도 내놓아야 하는 수단으로 획득할 수 있는 유효한 선택지이기 때문이다. 그래서 최상의 선택지를 얻기 위한 비용은 그가 교환의 대가로 수단을 지불함으로써 포기할 수밖에 없는 차선의 선택지가 그에게 줄 것으로 기대되는 만족이다. 이것이 그가 수단을 지불하고 최상의 선택지를 획득하기 위해 감수할 수밖에 없는 비용이다. 비용이 차선의 선택지가 주는 만족이라는 것은 비용이라는 개념도 결국 가치 개념 속에서 이해되어야 함을 의미한다. 그렇기 때문에 동일한 선택지의 비용이라 하더라도 이것은 사람마다 주관적으로 다르며, 또한 그것은 결코 계측될 수 없다.

비용은 포기한 차선의 선택지의 가치로서, 이것은 사람마다 주관적으로 다르며 결코 계측될 수 없다.

이를 정리하면, 동일한 수단으로 행할 수 있는 여러 선택지들 중 하나를 선택함으로써 치루어야 하는 비용은 그 선택으로 인해 포기해야 하는 차선의 선택대상으로부터 얻을 수 있을 것으로 예상되는 효용이다. 이것을 경제용어로 기회비용(opportunity cost)이라 한다. 비용을 기회비용이라 부르는 것은 어떤 한 행위를 선택하면 다른 행위들을 선택할 수 있는 기회를 포기해야 하기 때문이다. 경제학은 기회비용을 포기한 차선의 선택에 대한 가치로 정의한다.

[그림 5-1]은 기회비용의 개념을 그림으로 요약한 것이다. 그림에서 모든 선택지들은 어떤 한 개인이 선택지 D를 갖고 선택할 수 있는 것들이다. 예를 들어 D의 쌀 10kg을 갖고 E의 고등어 10마리, A의 수박 2개 등과 교환할 수 있다. 쌀 10kg을 갖고 연필 1자루의 K를 구매할 수 있는 것은 당연하다. 그러므로 그림에 있는 모든 선택지들은 이 개인에게는 유효한 선택지들이다. 그림에서 검은 점으로 표현한 것은 D로 선택할 수 있는 것들이 무수히 많다는 것을 함축한다. 이 선택지들 각각이 주는 만족의 순서, 즉 그것의 가치는 그림에서 원의 크기로 나타내었다. 선택지 각각에 대한 효용의 순서가 그림과 같다면 그는 D를 갖고 A를 선택할 것이다. 이 행위를 함으로써 그는 전보다 더 큰 만족을 느낄 것이기 때문이다. D를 지불하고 A를 선택했다면, A의 가격은 D의 쌀 10kg이며, 그것의 단위당 가격은 쌀 5(= 10 ÷ 2)kg이다. A 획득에 소요된 비용은 그가 지불한 D의 쌀 10kg이 아니라 차선의 선택지인 B의 효용이다.

사람마다 자신의 선택지들은 다를 수 있고, 같다고 하더라도 그것들의 선호순서는 다를 수 있다. 그 순서가 같다고 하더라도 그만이 느끼는 차선의 선택지가 주는 효용의 절대적 크기는 다를 것이다. 그러므로 수단은, 예를 들어 [그림 5-1]에서 쌀 10kg은 사람마다 동일할 수 있지만 이를 갖고 어떤 선택지를 선택할 때 비용은 사람마다 다를 수밖에 없다.

1.2 선택의 결과로서 이윤과 손실

최상의 선택지가 주는 만족과 이를 획득하기 위해 지불한 기회비용과의 차이를 이득(gain)이나 이윤(profit) 또는 순수입(net yield)이라 부른다. 이윤은 행위로 초래된 만족의 변화이며 행동을 하는 이유이다. 이윤은 아래와 같이 요약할 수 있다.

교환으로 획득한 것이 주는 만족과 기회비용의 차이를 이윤이라 한다. 이윤 역시 주관적으로 심리적인 것이다.

$$\text{이윤} = \text{획득한 것이 주는 만족} - \text{기회비용}$$

이 차이가 마이너스이면 우리는 그것을 손실(loss)이라 부른다. 획득한 것의 만족과 기회비용(포기한 차선의 만족)이 모두 행위자 개인의 주관적인 평가에 의한 것이기 때문에, 이윤이나 손실 역시 개인의 주관적인 평가에 의한 심리적인 것이다. 이를 객관적으로 측정할 수 있는 방법은 없다. 만족은 양적으로 표현되는 것이 아니라 선호의 순서로 나타나질 뿐이다.

화폐경제는 이윤과 손실을 화폐단위로 표현된 객관적 수치로 제시한다. 그렇지만 그것은 개인의 심리적 변화인 만족의 증가나 감소를 말해 주는 것은 아니다. 그것은 단지 분업경제에서 사회적 협동에 대한 그의 기여를 시장이 평가한 것에 불과하다. 시장의 평가는 시장에 참여하는 모든 사람들의 주관적 가치판단이 어우러져 내려진 결과이다.

시장의 평가와 개인의 주관적 가치판단을 혼동해서는 안 된다. 이것은 사람들이 화폐적 이윤이 마이너스라도 행동한다는 사실을 설명해 준다. 친구나 지인들에게 화폐적 손해를 보면서 물건을 파는 경우가 그런 예이다. 또는 유행처럼 번지는 애국적 구매, 착한 구매 등도 이런 예에 속한다. 값싸고 질 좋은 제품이 있음에도 불구하고 "우리나라 제품이니까, 가난한 사람들이 만든 제품이니까, 같은 이념을 가진 사람들이 만든 제품이니까"라는 이유로 이들 제품을 구입할 수 있다. 이런 행동을 하는 것은 그들의 자유이다. 그러나 대다수 소비자들이 이런 행동을 할 것이라고는 믿어지지 않는다.

반대로 화폐적 이윤은 0보다 크지만, 그것의 주관적 가치가 마이너스라면 행동하지 않을 때도 있다. 예를 들어 군수물자, 도박, 담배 또는 주류 사업을 하면 분명히 화폐적 이윤이 존재하더라도, 많은 사람들은 이런 사업에 진출하지 않으려고 할지 모른다. 이런 결정의 배경에는 이들이 도덕적 비난 등을 우려하기 때문이다. 이것은 그들의 주관적 이윤이 마이너스임을 의미한다. 그렇다고 해서 법적인 제약이 없음에도 불구하고 군수산업이나 주류산업에 뛰어든 사람들을 손가락질하는 것은 정당화되지 않는다. 사람들은 주어진 현실의 여건만을 보고 행동하기 때문이다. 사람들이 도덕가나 윤리적인 사람이 되어야 한다고 강요해서는 안 된다. 도덕이나 윤리를 내세워 화폐적 손해를 감수하는 사람들을 향해 다른 사람들이 비아냥거려서도 안 되듯이 말이다.

화폐적 이윤과 주관적 이윤의 구분에서 배울 수 있는 분명한 가르침은, 누구나 화폐적 이윤은 양이나 음이 될 수 있지만 주관적 이윤은 항상 양이라 기대하기 때문에 행동한다는 사실이다. 인간 행동을 분석대상으로 삼는 경제학에서 객관적으로 드러나는 화폐적 이윤이나 가격보다 주관적 이윤이나 가치에 관한 이해

이윤을 화폐적 이윤이 아니라 주관적 이윤으로 보아야 인간 행위를 이해할 수 있다.

가 중요한 이유가 여기에 있다.[2]

1.3 선택지에 관한 지식 문제

선택의 결과로부터 얻는 만족이 사람마다 다른 것은 기본적으로 선택지에 관한 지식의 정도가 다르기 때문이다.

행위는 선택이기 때문에 모든 선택은 선택지에 관한 지식을 요구한다. 그러나 우리는 이성의 한계로 인해 이에 관한 지식을 충분히 갖추지 못한다. 사람들이 동일한 목표를 향해 자신의 선호순위에 따라 선택을 하더라도, 선택의 결과로부터 얻는 만족이 사람마다 다른 것은 기본적으로 선택지에 관한 지식의 정도가 다르기 때문이다.

우리는 서울에서 부산으로 가는 방법에 대해서는 구체적으로 알고 있다. 그러나 우리가 아주 생소한 곳으로 여행을 떠날 때 그곳에 이르는 방법들을 완전히 알지 못하는 경우는 허다하다. 갑작스러운 일이 닥쳤을 때 그 일을 처리하는 데 더 나은 방법이 있음에도 불구하고 그것이 생각나지 않아서 후회하는 일을 모든 사람들은 겪었을 것이다. 이처럼 선택의 대상이 되는 선택지를 모두 알지 못하거나 기억해내지 못하기 때문에 자신이 행한 선택을 후회하는 경우가 자주 있다. 선택을 잘한다는 것은 곧 선택지를 얼마나 많이 알고 있는가와 직결된다.

누구든지 투자를 하고자 할 때 직면하는 첫 번째 문제는 투자할 수 있는 곳이 도대체 어떤 곳이냐 하는 것이다. 이 세상에서 내가 투자할 수 있는 대상은 무수히 많이 존재한다. 그러나 이 모든 것들을 파악한다는 것은 우리의 인지능력에 비추어볼 때 거의 불가능하다. 아주 간단하다고 말할 수 있는 은행 예금과 관련해서도 개별 은행들이 판매하고 있는 예금상품들과 이 상품들의 자세한 내용을 모두 안다는 것은 결코 쉬운 일이 아니다. 기껏해야 자기가 자주 거래하는 은행의 몇몇 상품에 대해서 물어보는 것이 고작이다. 조그마한 가게를 차려보려고 하더라도, 어떤 재화나 서비스를 판매해야 하는지, 어떤 곳에 차려야 하는지, 장소가 결정되더라도 건물의 1층이 좋은지 아니면 2층이 좋은지 등 투자대안들은 그 배합에 따라 무수히 존재한다. 우리가 알고 있는 투자대안은 이 중 아주 작은 일부분에 불과하다. 사실 사람들이 살아가는 것을 보면, 성공과 실패는 경제적으로 사고하는가의 여부보다 선택지에 관한 양질의 지식을 누가 더 많이 갖고 있는가

성공과 실패는 선택지에 관한 양질의 지식을 누가 더 많이 갖고 있는가에 달려 있다.

2. 가치와 가격에 관한 더 자세한 설명은 제6장(소비자재의 가치)와 제10장(시장가격의 결정)을 참조하라.

에 달려 있음을 쉽게 발견하게 된다.

2. 예시를 통한 기회비용 개념의 이해

2.1 투입수단이 시간일 경우—소일거리의 선택

A라는 사람이 휴일 오후 한나절 3시간을 어떻게 보낼까 고민한다고 하자. 그는 소일거리로 'TV를 통해 야구경기 시청,' '무료하게 그저 3시간 보내기,' '가까운 산 오르기,' '한나절의 반은 그저 시간 보내고 나머지 반은 공부하기'를 떠올렸다. 그는 이 4가지 선택 대안의 각각에 대해 그의 선호를 어떤 형태로든지 나타내면서 어느 하나를 선택한다. 그의 선호순위가 〈표 5-1〉의 A와 같이 주어지면, 그는 분명 TV를 통해 야구경기를 시청하면서 오후 한나절을 보낼 것이다. 그가 야구경기를 시청하기 위해 지불한 가격은 '무료하게 그저 3시간 보내기'이다.[3] 야구경기 시청의 기회비용은 야구경기 시청으로 인해 포기해야 하는 선택지들 중 가장 선호하는, 곧 차선의 선택지인 '가까운 산 오르기'의 효용이다.

표 5-1 소일거리의 선택과 기회비용

선호순위	A	B
1	TV로 야구경기 시청	TV로 야구경기 시청
2	가까운 산 오르기	무료하게 그저 3시간 보내기
3	한나절 반은 그저 시간 보내고 나머지 반은 공부하기	한나절 반은 그저 시간 보내고 나머지 반은 공부하기
4	무료하게 그저 3시간 보내기	가까운 산 오르기

3. 물론 소일거리를 위한 수단으로서 시간만 필요한 것은 아니다. TV를 시청하기 위해서는 시청시간만큼 소모되는 TV와 전력이 수단으로 필요하다. 등산하기 위해서는 등산시간만큼 소모되는 등산화 등의 수단이 투입되어야 하며, 공부하기 위해서도 책상과 걸상, 그리고 문구류의 소모가 필요하다. 우리는 한나절 소일에 내놓아야 하는 이런 수단들이 미미하기 때문에 시간만을 수단으로 간주했다.

만약에 B라는 다른 사람의 선호순위가 〈표 5-1〉의 B와 같다면, 그도 A와 같이 오후 한나절을 TV로 야구경기를 시청할 것이다. 이를 위해 B가 지불해야 하는 가격은 A와 같다. 그러나 그의 야구경기 관람 비용은 '무료하게 그저 3시간 보내기'의 효용으로서 A와 다르다. A와 B는 3시간을 가격으로 지불하고 동일하게 야구경기를 시청하나, 이들의 야구경기 관람을 위한 비용은 다르다.

이 예에서 소일거리를 위한 수단은 모두 오후 한나절 3시간이다. 만약 선택의 대상이 실행될 때 걸리는 시간이 다르다면, 우리는 각 대상들을 서로 비교할 수 없게 된다. 예를 들어 오후 한나절을 야구경기를 시청할까 아니면 등산을 할까 고민할 때, 야구경기 시청은 3시간 소요되는데 등산은 6시간이 걸린다면 이 둘은 기본적으로 비교대상의 선택지가 아니다. 왜냐하면 6시간이 걸리는 등산을 3시간으로는 할 수 없기 때문이다. 이것을 경제학적인 용어로 표현하면, 6시간이 걸리는 등산은 그에게 유효한 선택지가 아니다. 행위의 선택은 유효한 선택지들 간의 선택임을 잊지 말아야 한다.

2.2 투입수단이 물질적 자원일 경우—제품의 선택

"오후 한나절을 무엇으로 소일할까?"와 "쌀 1말로 무엇을 구매할까?"는 선택에 있어서 어떤 차이가 있는가? 전자는 여러 소일거리들 중에서 하나를 선택하는 행위이고, 후자는 많은 제품들 중에서 하나를 선택하는 행위이다. 두 경우 모두 가장 큰 효용을 가져다주는 소일거리나 제품을 선택하면 된다. 단지 차이라면 유효한 선택지들을 선택하기 위해 투입되는 수단이 전자는 행위자의 시간인 반면, 후자는 행위자가 갖고 있는 물질적 재화라는 점뿐이다. 선택의 대상이 행위자의 시간 투입을 고려하지 않아도 되는 제품인 경우를 〈표 5-2〉를 통해 간단히 살펴보자.

표 5-2 제품의 선택과 기회비용

선호순위	A	B
1	빵 3개	빵 3개
2	요리된 생선 1마리	사과 2개
3	음료수 1병	요리된 생선 1마리
4	사과 2개	음료수 1병

A와 B라는 학생이 '음료수 1병'을 갖고 있고, 이와 교환할 수 있는 것들에 '빵 3개,' '사과 2개,' '요리된 생선 1마리'가 있다고 하자. 음료수 1병, 빵 3개, 사과 2개, 그리고 요리된 생선 1마리가 이들의 선택지들이다. 이 선택지들에 대한 A와 B의 선호순위는 〈표 5-2〉와 같이 주어졌다.

A는 음료수 1병을 지불하고 빵 3개를 구입한다. 빵 3개가 음료수 1병보다 더 높은 만족을 주기 때문이다. 그가 빵 3개를 구입하기 위해 음료수 1병을 지불했기 때문에, 빵 3개의 가격은 음료수 1병이다. 그러나 그것이 빵 3개 구입을 위해 치른 비용은 아니다. A는 빵 3개를 구입하기 위해 포기해야 하는 것들에는 요리된 생선 1마리, 음료수 1병, 그리고 사과 2개가 있다. 이 중 가장 높은 만족을 주는 것의 포기로부터 상실되는 효용이 빵 3개를 획득하기 위한 비용이다. 따라서 빵 3개를 위해 실제로 지불한 것은 음료수 1병이지만, 그것의 비용은 요리된 생선 1마리의 효용이다.

B도 음료수 1병을 지불하고 빵 3개를 구입했기 때문에, 그에게 있어서 빵 3개의 가격은 A의 경우와 마찬가지로 음료수 1병이다. 그러나 그것을 획득하기 위한 비용은 그가 포기해야 하는 것들 중에 가장 큰 효용을 줄 것으로 기대되는 사과 2개의 만족이다. 그래서 B에게 있어서 빵 3개가 사과 2개 정도의 가치가 있다고 하는 것은 어느 정도 정확하지만, 빵 3개를 구입하기 위해 음료수 1병을 내놓았다고 해서 빵 3개가 음료수 1병 정도의 가치가 있다고 진술하는 것은 정확하지 않다.

이처럼 A와 B가 빵 3개를 구입하기 위해 지불하는 가격은 음료수 1병으로 동일하나, 빵 3개를 구입하기 위한 비용은 다르다.

2.3 투입수단이 시간과 물질적 자원일 경우—대학생활의 선택

투입수단으로 물질적 수단뿐만 아니라 시간도 고려해야 할 경우의 예를 대학생활의 기회비용을 통해 살펴보자. 우리는 왜 대학교에 들어가려고 하는가? 대학생활을 위해서는 4년이라는 시간과 대학생활 때문에 투입해야 하는 각종 수단들, 예를 들어 입학금과 매학기 등록금, 책과 문구류 구입, 등·하교를 위한 교통비 등이 소요된다. 한국에서 보통의 대학교를 가정할 경우, 이것들을 합친 금액은 대략 4,000만원이다. 그러므로 대학생활을 위해 투입되는 수단은 시간 4년과 4,000만원이다. 우리는 이 수단을 갖고 할 수 있는 여러 선택지들이 있을 수 있

표 5-3 대학생활의 선택과 기회비용

선호순위	A	B
1	대학생활	대학생활
2	4년간 직장생활 + 4,000만원 정기예금	4년간 해외여행 + 500만원*
3	4년간 해외여행 + 500만원*	4년간 직장생활 + 4,000만원 정기예금
4	4년 + 4,000만원 정기예금	4년 + 4,000만원 정기예금
5	4년 + 4,000만원 현금 보유	4년 + 4,000만원 현금 보유

*4,000만원이 아니고 500만원인 것은 4년간 해외여행을 하려면 돈이 소요되고 그것이 3,500만원이라고 암묵적으로 가정했기 때문이다.

다. 이 선택지들에 대한 A와 B라는 대학생의 선호순위가 〈표 5-3〉과 같이 주어졌다.

A는 그의 선호순위에 따라 대학생활을 선택한다. A는 대학생활로부터 오는 효용이 다른 어떤 선택지로부터 기대되는 효용보다 크다고 생각하기 때문이다. A는 대학생활을 구입하기 위해 4년이라는 시간과 현금 4,000만원을 지불한다. 이것이 대학생활의 가격이다. 대학생활을 위한 비용은 가격과 다르다. 그것은 대학생활을 선택함으로써 그가 포기해야 하는 선택지들 중에서 가장 높은 효용을 줄 것으로 기대되는 선택지의 효용이다. A에게 있어서 이것은 (4년간 직장생활 + 4,000만원 정기예금)이 주는 효용이다. 이것이 A가 대학생활을 위해 각오해야 하는 비용이다.

B도 4년이라는 시간과 현금 4,000만원을 지불하고 대학생활을 선택한다. 대학생활의 가격은 A와 동일하다. 그러나 대학생활을 위한 비용은 다르다. B는 대학생활 다음으로 하고 싶은 일이 4년간 해외여행을 하고 500만원을 남기는 일이다. 그가 대학생활을 선택하면 그는 해외여행을 하지 못하는 것을 가장 아쉬워한다. 가장 아쉬워하는 (4년간 해외여행 + 500만원)이 B가 대학생활을 위해 각오해야 하는 비용이다.

3. 선호순위의 변화

앞의 〈표 5-1〉에서 A는 오후 한나절을 TV로 야구경기를 보면서 소일하기로 했다. 오후 한나절이라는 수단을 투입할 수 있는 여러 선택지들 중 그것이 가장 선호되었기 때문이다. 그때 그의 차선의 선택지는 가까운 산 오르기였다. 다음날 오후 한나절에 그는 무엇을 하며 소일할까? 여전히 TV로 야구경기를 시청할까? 아니면 전날 하지 못했던 가까운 산을 등산할까? 그것은 다음 날 그의 선호에 따라 결정된다. 그의 선호순위는 전날의 그것과 충분히 다를 수 있다. 이것이 아마 일반인에게 보통 일어나는 현상이다. 선호순위는 선택할 때마다 변할 수 있다. 제품 선택에서도 마찬가지이다.

행동에 있어서 a가 b보다 선호되고 b가 c보다 선호되었다고 해서, a보다 c를 선호한 행위가 비일관적이고 비합리적이라고 말할 수는 없다.

어떤 행동의 선택에서 a라는 행위가 b라는 행위보다 선호되었고, 또 다른 행동의 선택에서 b라는 행위가 c라는 행위보다 선호되었다면 논리적으로는 a가 c보다 선호되어야 한다. 우리는 이것을 일관적이고 합리적이라고 말한다. 그러나 행위에 있어서 이것이 항상 적용되는 것은 아니다. 그리고 그렇게 행동하지 않았다고 해서 그 행위가 비일관적이고 비합리적이라고 말할 수는 없다. 왜냐하면 한 개인에게 있어서 두 가지 이상의 행동들이 동시에 일어날 수 없기 때문이다. 어떤 경우에도 두 행동 사이에는 시간적 간격이 존재하고 그 사이에 행위자의 선호가 변경될 수 있기 때문이다. 바뀐 선호에 따라 행동하는 것이 합리적인 행위이다(Mi. HA, 103).

갑(甲)이라는 사람이 지금 책을 읽고 있다. 그는 다음 1시간을 무엇을 할까 생각한다. 그는 계속해서 책을 읽을 수도 있고, TV를 시청할 수도 있으며, 산책을 즐길 수도 있다. 가족과 함께 시간을 보낼 수도 있다. 그가 만약 TV 시청을 결정했다면 그는 여러 대안들 중 TV 시청에 가장 높은 가치를 부여했음이 분명하다. 행위자는 어떤 경우라도 여러 수단들에 대해 선호순위를 매기고 이에 따라 특정 선택지를 선택한다. 선호순위는 각 수단을 마음속으로 그것의 단위별로 비교해 매긴다. 갑은 TV 시청과 산책 그 자체를 비교하는 것이 아니라 TV 시청 1시간과 산책 1시간을 비교한다. 이때 TV 시청의 단위는 'TV 시청 1시간'이고, 산책의 단위는 '산책 1시간'이다. 물론 그 단위는 2시간이 될 수도 있고 3시간이 될 수도 있다. 그때그때마다 행위자가 시간 길이의 단위를 정할 수 있다.

표 5-4 시간대별 소일거리의 선택

시간 순서	선택한 소일거리
첫 번째 1시간	TV 시청
두 번째 1시간	산책
세 번째 1시간	TV 시청

갑은 TV를 1시간 시청한 후 추가적인 1시간의 소일거리로 산책을 결정했고, 그 다음 1시간을 다시 TV 시청에 할애했다. 갑의 시간별 소일거리 순서가 〈표 5-4〉와 같다고 해서 그의 선호순위가 'TV 시청 → 산책 → TV 시청'이라고 단정할 수 없다.

갑의 선택에 있어서 우리가 말할 수 있는 것은 단지 첫 번째 1시간을 선택할 때 그의 가장 높은 선호가 'TV 시청'이라는 사실뿐이다. 두 번째 1시간의 소일거리를 선택할 때 가장 높은 그의 선호는 '산책'이며, 세 번째는 다시 'TV 시청'이 그의 가장 높은 선호이다. 이런 사실을 〈표 5-5〉를 통해 보다 자세히 살펴보자. 갑의 첫 번째 1시간을 선택할 때 그의 선호순위는 'TV 시청 → 독서 → 산책 → 가족과 함께'였다. 첫 번째 1시간 동안 TV를 시청한 후 두 번째 소일거리를 찾을 때 그의 선호순위는 첫 번째 1시간의 소일거리를 선택할 때와는 다를 수 있다. 첫 번째 1시간 동안 그가 한 'TV 시청'이 그의 신체와 정신에 영향을 미쳤을 수 있기 때문이다. 이 결과 두 번째 1시간의 소일거리를 선택할 때 그의 선호순위는 〈표 5-5〉에서와 같이 '산책 → TV 시청 → 가족과 함께 → 독서'로 첫 번째 1시간 선택 때의 선호순위와 달라졌다. 첫 번째 1시간의 소일거리를 선택할 때 그의 선호순위에서 두 번째였던 '독서'가 두 번째 1시간의 소일거리로 선택되는 것이 아니라, 두 번째 1시간의 소일거리를 선택할 때 바뀐 그의 선호순위에서 가장 높은 '산책'이 선택된다. 〈표 5-5〉에서 보는 바와 같이 세 번째 1시간의 소일거리를 선택할

표 5-5 시간대별 선호순위 변화

순위 \ 시간대	첫 번째 1시간	두 번째 1시간	세 번째 1시간
1	TV 시청	산책	TV 시청
2	독서	TV 시청	정원 가꾸기
3	산책	가족과 함께	가족과 함께
4	가족과 함께	독서	산책

때에는 첫 번째와 두 번째 1시간의 소일거리를 선택할 때에는 등장하지 않았던 '정원 가꾸기' 라는 새로운 소일거리가 선호순위 상위에 나타날 수도 있다.

〈표 5-5〉에서 두 번째 1시간의 소일거리 선호순위 1위가 'TV 시청' 이라면 그는 3시간을 계속해서 TV 보는 것으로 소일한다. 갑의 행위가 추가적인 1시간마다 동일하다고 해서 그가 매우 수동적으로 행동한다는 것을 의미하지 않는다. 시간마다 그가 선택한 행위가 직전 1시간과 동일할 뿐이지, 매 시간마다 그의 소일거리 선호순위표가 동일한 것은 아니다. 모든 TV 프로그램들의 시간단위가 1시간이라면, 그는 추가 1시간을 TV를 더 볼 것인지 아니면 다른 일을 할 것인지를 선택했을 것임이 분명하다. 그 프로그램이 3시간짜리라 하더라도 그는 매 시간마다 계속해서 볼 것인지를 결정했을지 모른다. 또는 이 경우 3시간을 한 단위로 간주하고 3시간짜리의 다른 소일거리와 비교할 수도 있다.

매번 선택지가 동일하다고 해서, 그가 수동적으로 행동한다는 것을 의미하지는 않는다.

행위 선택과 관련해 마지막으로 언급해야 할 점은, 갑이 그의 선호순위에 따라 제1순위를 선택했다고 해서 그것이 그가 최고의 행위를 했다는 것을 의미하지 않는다는 사실이다. 그의 선호순위는 그가 가치를 매기는 당시 그의 감정과 이성에 따라 결정되었을 뿐이다. 그의 선호순위는 아주 냉정하게 결정된 것일 수도 있지만, 매우 흥분된 상태에서 내린 것일 수도 있다. 단지 우리가 말할 수 있는 것은, 그는 그의 선호순위에 따라 행위를 했다는 것뿐이다.

개인이 자신의 선호순위에 따라 행동했다고 해도, 그것이 그가 최고의 행위를 했다는 것을 의미하지는 않는다.

생각하기

01. 나는 오늘 100만원을 지불하고 노트북을 구입했다. 이 노트북의 가격과 기회비용에 관해 대답하라.

02. 여러분 각자의 대학생활 기회비용이 어느 정도인지를 생각해 보아라.

03. 개인의 만족이 측정될 수 없듯이, 어떤 행위를 하는 데 소요되는 비용도 측정될 수 없다. 왜 그런지 그 이유를 설명하라.

04. 우리는 손해를 본다는 것을 뻔히 알면서도 물건을 구매할 때가 있다. 예를 들어 "우리나라 제품이니까, 가난한 사람들이 만든 제품이니까, 같은 이념을 가진 사람

들이 만든 제품이니까"라는 이유로 이들 제품을 구입한다. 이들은 진정 손해를 보는 것일까, 아니면 이윤을 얻는 것일까? 이윤의 정의로부터 토론해 보아라.

05. 어떤 한 개인이 a와 b라는 행위 중 a를 선택했고, b와 c라는 행위에서는 b를 선택했다. 그런데 그는 행위 a와 c라는 또 다른 선택에서는 c를 선택했다. 이 사람의 행동이 비합리적이라 말할 수 있는가?

⋙ 소비자재의 가치

Human centered

Principles of Economics

ch. six

0

6

이 장과 제7장에는 가치문제를 다룬다. 가치문제는 경제학설사에서 가장 논란의 대상이다. 이 장에서는 자유로운 인간 행위의 관점에서 가치 개념을 정의하고, 이로부터 소비자재의 가치가 사물의 물질적이고 기술적인 속성에서가 아니라, 소비자에서 나옴을 설명한다. 이를 위해, 한계효용의 개념을 정의하고, 한계효용은 어떤 경우에도 체감함을 보여준다. 이때 한계효용체감의 법칙에 관해 많은 학생들과 일반인들이 잘못 알고 있는 부분을 지적한다. 한계효용체감의 법칙으로부터, 가치역설은 인간 행위의 관점에서 자명한 사실임을 지적한다.

1. 가치

1.1 사물의 속성과 평가

한 사물의 속성은 누구에게나 동일하게 발현되나, 그것의 평가는 사람마다 다르다.

어떤 한 사물은 그 자체로 고유한 물질적 · 기술적 속성[1]을 갖는다. 동일한 사물이라면 그 속성은 누구에게나 동일하게 발현된다. 이것은 개인의 심적인 평가와는 상관없이 사물 그 자체가 갖는 속성이다. 이 사물이 개인의 내면세계로 들어오면, 그것은 개인의 심적인 요인들에 의해 사람마다 다르게 평가된다. 한 개인에게 있어서 그것의 유용성은 그의 주관적인 평가에 의해 결정된다.

예를 들어 사과는 과육과 수분, 그리고 각종 영양소가 들어 있으며, 이런 물질적 속성은 모든 사람에게 동일하게 발현된다. 그러나 동일한 한 사람에게조차 이 사과를 먹는 시점과 장소에 따라서 효용은 다르게 평가된다. 또 다른 예로 오늘날(2013년) 한국 사람의 2/3 이상이 사용한다는 스마트폰(smart phone)은 다양한 기술적 기능들을 갖고 있다. 어떤 한 종류의 스마트폰을 갖고 있는 사람이라면, 이 기기는 누구에게나 똑같은 기능을 제공한다. 그러나 동일한 스마트폰이라도 사람들이 느끼는 중요성은 각기 다르다. 젊은이들은 이것을 아주 잘 활용하며, 이들의 하루 삶에 매우 중요한 역할을 한다. 이들에게 스마트폰은 높은 효용

1. 초기 오스트리안 학파는 이를 객관적 가치라 하며 우리가 일반적으로 말하는 주관적 가치와 구분했다(Mi. HA, 120～121).

을 제공한다. 그러나 나이든 사람들에게 이 기기의 활용은 제한적이다. 그들에게 스마트폰의 효용은 젊은이들의 그것보다 훨씬 떨어질 것이다.

1.2 가치의 개념

인간의 욕구를 조금이라도 충족시키는 것은 가치를 지닌다고 한다. 욕구는 행위를 통해서만 충족되고 그 행위는 욕구가 충족된 만큼의 가치를 지닌다. 다시 말해 가치는 행위를 통해 인간의 궁극적인 목적에 기여하는 중요성이다. 그러므로 가치는 인간의 행위를 벗어나서는 실재하지 않으며 행위를 통해서만 그것이 드러난다. 사물에 대한 가치를 말할 때도 가치는 그 사물 자체에 내재해 있는 것이 아니다. 그것은 그 사물을 수단으로 하는 개인의 행위 속에 존재하며, 그가 그 행위를 평가할 때 그 사물의 가치가 드러난다. 요약하면 사물의 가치는 개인이 그것을 수단으로 해서 행위를 할 때 그것이 행위 목적에 얼마나 기여할 것인지를, 또는 기여했는지를 그가 주관적으로 평가한 것이다.

사물의 가치는 그것이 개인의 행위 목적에 얼마나 기여할 것인지를, 또는 기여했는지를 그가 주관적으로 평가한 것이다.

예를 들어 어머니가 배고파하는 자식에게 빵을 주어 허기를 달래어 줌으로써 그녀가 기쁨을 누린다고 하자. 빵 자체의 물질적 속성은 자식의 허기를 달래어 주는 서비스를 제공할 뿐이다. 자식은 이를 통해 배고픔에서 벗어나고자 하는 욕구를 충족했고, 어머니는 자식이 만족해 하는 모습을 보고 흐뭇해 한다. 이때 그 빵의 가치는 무엇인가? 빵의 물질적 속성이 제공하는 서비스는 자식의 배고픔에만 작용하기 때문에 그 빵의 가치가 이 자식의 만족 증진이라고 말한다면 그것은 경제학적으로 잘못된 진술이다. 그 빵의 가치는 그것을 갖고 행위를 한 어머니에게 귀속되며, 물질적 속성이 제공하는 서비스와는 아무런 관련이 없다. 그 빵의 가치는 자식이 그 빵을 통해 만족하는 것을 흐뭇하게 쳐다보는 어머니의 기쁨이다. 가치는 어떤 경우에도 인간의 행위와 관련되며, 사물의 물질적 속성과는 관련이 없다는 사실은 아무리 강조해도 지나침이 없다.

가치는 어떤 경우에도 인간의 행위와 관련되며, 사물의 물질적 속성과는 전혀 관련이 없다.

행위 또는 사물의 가치는 그것이 제공할 것으로 기대되는 효용에 따라 평가된다. 인간은 효용 또는 가치가 더 클 것으로 예상되는 순서대로 행동하기 때문에, 모든 행동의 순서는 그것의 효용 또는 가치의 순서와 일치한다. 그러므로 우리가 선호순위라 할 때, 그것은 효용순위 또는 가치순위라는 말과 같다. 어떤 한 사람의 행위가 다른 사람들의 눈에는 너무도 비합리적으로, 또는 얼토당토않은 것처럼 보이더라도, 그는 이 행위를 할 때 어떻든지 간에 자신의 가치순서에 따

우리가 선호순위라 할 때, 그것은 효용 크기 순위 또는 가치 크기 순위와 같은 말이다.

랐다. 만약 그가 이 순서에 따라 행하지 않았다면 그 행위는 목적 지향적인 행위라고 말할 수 없다.(Mi. HA, 94~96)

가치는 행위 전에 또는 그 후에 평가될 수 있다. 행동하기 위해서는 그 행위의 가치를 사전적으로 평가하는 과정을 반드시 거쳐야 한다. 그리고 그 행위가 자신의 목적에 실제로 얼마나 기여했는지를 검증하기 위해서 그것을 사후적으로도 평가한다. 사전적이든, 사후적이든 행위의 가치는 개인에 의해 주관적으로 평가되며, 사전적인 평가와 사후적인 평가는 미래가 항상 불확실하다는 점에 비추어 볼 때 일치하지 않는 것이 자연스럽다.

2. 소비자재의 서비스와 내구기간

2.1 소비자재의 서비스

소비자재는 소비라는 경제행위를 통해 인간에게 효용을 제공한다. 효용은 소비자재가 제공하는 서비스를 통해 직접적으로 또는 간접적으로[2] 충족된다. 빵이나 자동차와 같이 눈에 보이는 소비자재도 있는 반면 음악이나 이발과 같이 무형의 소비자재도 있다. 무형의 소비자재는 그것의 서비스를 통해 효용이 제공됨이 분명하다. 유형의 소비자재는 그것의 사용을 통해 소비자에게 효용을 주기 때문에, 그것도 결국 그것이 제공하는 서비스를 통해 효용이 제공된다. 따라서 소비자재가 유형이든, 무형이든 간에 그것의 가치는 그것이 제공하는 서비스에 대한 소비자의 평가에 달려 있다.

소비자재가 유형이든, 무형이든 간에 그것의 가치는 그것이 제공하는 서비스에 대한 소비자의 평가에 달려 있다.

물질적 · 기술적으로 동일한 소비자재라도 그것의 가치는 사람에 따라 달리 평가되며, 동일인이라도 그가 놓인 시공간의 위치에 따라 달라질 수 있다. 그러므로 소비자재의 가치는 객관적으로 주어질 수 없고 주관적일 수밖에 없다. 소비자재의 가치가 소비자재 그 자체의 속성이 아니라 그것이 제공하는 서비스에 대한 만족에 의해 결정된다는 사실은 인간행위에 중요한 의미를 지닌다. 이것은 '경제적' 이라는 용어가 '물질적' 이라는 말과 결코 동일하지 않음을 의미한다.

경제행위에 있어서 '경제적' 이라는 용어는 '물질적' 이라는 말과 결코 동일하지 않다.

2. 앞의 예에서와 같이 빵을 직접 먹음으로써 만족을 얻거나 자식에게 그 빵을 주고서 자식이 만족해 하는 것을 봄으로써 간접적으로 만족을 얻기도 한다.

2.2 소비자재의 내구기간

소비자재가 제공하는 서비스는 어떤 경우에도 현재[3]와 미래 사이에 걸쳐 있다. 그것의 내구기간은 소비자재마다 다르다. 어떤 한 소비자재에서 나오는 동일한 서비스라도 현재 제공되는 서비스와 미래에 제공되는 서비스는 다른 서비스로 취급된다. 개인의 선호는 시간이 흐름에 따라 변하기 때문에 물질적으로 동일한 서비스라도 시간에 따라 다르게 평가되는 것은 당연하다. 특히 인간은 미래 서비스보다 현재 서비스를 더 선호하기 때문에, 미래 서비스를 현재 시점에서 평가하기 위해서는 미래 서비스를 시간선호율로 할인해야 한다.

한 소비자재에서 나오는 서비스라도 현재 제공되는 서비스와 미래에 제공되는 서비스는 다르게 평가된다.

3. 한계[4]효용

3.1 공급단위와 한계단위

특정 재화가 공급된다고 할 때, 그 재화는 인간의 만족에 기여하는 경제재로서 희소해야 하며, 그 재화의 단위는 동질적(homogeneous)이어야 한다. 그래서 그 단위들 각각은 행위자에게 동일한 서비스를 제공해 그 단위들 간에는 완벽하게 대체될 수 있어야 한다. 즉, 동일한 단위는 동일한 서비스를 제공할 수 있다는 것을 의미한다. 동일한 서비스를 제공하는 단위들을 공급단위라 부른다. 예를 들어 공장에서 대량으로 생산되는 특정 제품 각각은 하자가 없는 한 특정 소비자에게 특정 시점과 특정 공간에서 동일한 만족으로 평가될 것임이 분명하다. 할인매장에 동일한 제품의 냉장고가 여러 대 진열되어 있을 때 우리가 그것에 대해 느끼는 감정을 생각해 보면 이를 쉽게 이해할 수 있다. 이들 중 어떤 냉장고를 선택할 것인가는 전혀 고민될 일이 아니다. 이 제품의 단위들 각각은 그 특정인에게 동일한 서비스를 제공하는 공급단위이기 때문이다.

동일한 서비스를 제공하는 단위들을 공급단위라 한다.

3. 현재는 과거와 미래를 잇는 가상의 개념에 불과하며, 현재를 인식하는 순간 그것은 이미 과거가 된다. 따라서 시간을 과거와 현재, 그리고 미래로 나누는 것은 인간의 편의에 불과하다(Mi. HA, 100).

4. 한계란 추가 또는 포기에 놓여 있는 단위에 대한 행동을 말한다.

재고에서 추가될, 또는 그 재고에서 포기되어야 할 단위를 한계단위라 한다.

생산되어 공급된 재화의 단위들 전체를 우리는 재고(stock)라 부른다. 재고에서 추가될, 또는 그 재고에서 포기되어야 할 단위를 한계(margin)단위라 한다. 한계단위가 사용되는 용처를 한계용도라 한다. 공급단위는 하나하나의 낱개일 수도 있고, 그 낱개를 몇 개씩 담은 꾸러미일 수도 있다. 공급단위가 꾸러미일 경우, 꾸러미 각각이 제공하는 물질적이고 기술적인 서비스는 동일하다. 예를 들어 계란 낱개가 하나의 공급단위가 될 수 있고 계란 10개를 담은 꾸러미 각각이 하나의 공급단위가 될 수 있다. 꾸러미 각각은 동일한 서비스를 제공할 수 있어 이들 사이에 완전한 대체가 가능하다. 따라서 공급단위는 크기와 그 속에 들어가는 개수와 상관없이 그것이 제공하는 물질적이고 기술적인 서비스가 동일하고 단위로의 분할이 가능하기만 하면 된다.

공급단위는 낱개일 수도 있고 그 낱개를 몇 개씩 담은 꾸러미일 수도 있다.

예를 들어 프린터기 한 대가 100일 동안 매일 동일한 서비스를 제공한다고 할 때, 그 프린터기의 하루 서비스를 하나의 공급단위로 볼 수 있다. 이 경우 소비자가 프린터기를 산다면 그는 프린트 하루 서비스의 공급단위 100개를 재고로서 갖게 된다. 공급단위의 가치는 프린터기의 하루 서비스의 사용처가 제공하는 효용이다. 프린터기 한 대를 매일 어떤 용도에 사용할 것인지를 고민할 때, 그때의 공급단위는 그 프린터가 하루 제공하는 서비스가 된다.

반면에 소비자의 관심이 하루의 프린트 서비스가 아니라 프린터기 한 대가 내구기간 동안 제공하는 전체의 서비스라면, 공급단위는 프린터기 자체가 된다. 그것의 가치는 소비자가 그 프린트 한 대가 제공하는 전체 서비스에 대한 평가로부터 나온다. 기업에서 프린터기 여러 대를 어느 부서부터 배치할 것인지를 결정할 때, 그때의 공급단위는 프린터기 그 자체가 된다.

3.2 한계효용과 소비자재의 가치

공급단위 각각이 제공하는 서비스가 동일하다고 해서 그것이 동일하게 평가된다는 것을 의미하지 않는다. 사람마다 어떤 용도에 사용하는가에 따라 그것은 다르게 평가된다. 선택에 있어서 보편적인 사실은, 인간은 가장 긴급한 것부터 욕구를 채워나간다는 점이다. 갑(甲)이라는 사람에게 물질적이고 기술적인 특성에 있어서 동일하다고 여겨지는 사과 4개가 있다고 하자. 사과의 공급단위는 사과 낱개이고 갑의 사과 공급량은 4개이다. 갑에게 있어서 지금 사과를 갖고 제일 먼저 하고 싶은 욕구는 그의 자식에게 사과로 시원하게 목을 적셔주면서 자식의 허

선택에 있어서 보편적인 사실은 인간은 가장 긴급한 것부터 욕구를 채워나간다는 점이다.

기를 채워주는 일이다. 그 다음으로 자신의 목마름과 허기를 해소하는 것이고, 그 다음으로는 그의 남편에게 주는 것이다. 나머지 한 개는 다음 날 자식에게 간식으로 주는 것이다. 욕구 충족의 우선순위는 '현재의 자식 → 현재의 나 → 현재의 남편 → 내일의 자식' 순이다.

첫 번째 사과의 가치는 자식의 목마름과 배고픔의 해소를 통해 갑에게 준 효용이다. 두 번째 사과는 첫 번째 사과가 주어진 후 두 번째의 목적지로 향한다. 물론 첫 번째 사과와 두 번째 사과가 이처럼 순차적으로 주어질 수 있지만 동시에 내 자식과 나에게 주어질 수도 있다. 그 어떤 경우에도 나의 마음속에는 중요성의 순서, 즉 선호의 순서는 있기 마련이다. 여기에서 첫 번째, 두 번째 등은 실제의 시간적 순서가 아니라 한 개인의 마음속에 있는 사과 목적지들에 대한 중요성에 관한 순서이다.

선호의 순서는 행동의 시간적 순서가 아니라, 중요성에 관한 순서이다.

두 번째 사과는 첫 번째 사과 위에 추가된다. 추가되는 단위를 한계단위라 하는데, 이 경우 두 번째 사과가 한계단위이다. 이 한계단위는 첫 번째 사과가 사용된 용도 다음으로 가장 긴요한 용도에 사용된다. 그 용도는 나의 갈증과 허기 해소이며, 두 번째 사과의 가치는 이 사과의 용도가 갑에게 준 효용이다.

세 번째의 사과는 첫 번째, 두 번째 사과 위에 추가되며, 이제 한계단위는 세 번째 사과가 된다. 그 한계단위의 가치는 남편에게 주어진 사과가 갑에게 주는 가치이다. 네 번째 사과가 등장하면 한계단위는 네 번째 사과가 되고, 그것은 내일의 자식을 위해 사용된다. 그 한계단위의 가치는 내일의 자식이 그 사과로 인해 누릴 행복을 생각하는 갑의 기쁨이다.

한계단위가 직접 또는 자식이나 남편을 통해 갑에게 제공한 효용을 한계단위의 효용이라 하고, '단위' 자를 빼고서 한계효용(marginal utility)이라 한다. 공급단위가 희소한 경제재인 이상 그것의 한계효용은 항상 플러스이다. 현재 사과 4개가 공급된 갑에게 있어서 각각의 사과가 제공한 한계효용은 다르다. 그렇다면 그에게 사과 한 개의 가치는 무엇인가를 질문하면 무엇이라고 답해야 하는가? 각각의 사과는 동일한 공급단위이다. 단지 이것이 사용되는 용처에 따라 효용이 다를 뿐이다. 세 번째까지의 사과 용처가 충족된 후 그에게 어떤 사과를 주든지 주어지는 사과의 가치는 4번째 용처가 추가로 주는 효용이다. 그것이 그 단위의 한계효용이다. 4개의 사과를 소비한 그에게 누군가가 사과의 가치를 물으면, 그는 다섯 번째의 사과가 자신에게 줄 것으로 기대되는 효용으로 답할 것이다. 언제든지, 그리고 누구에게든지 한 개인에게 있어서 어떤 소비자재의 가치는 그것의 한

한계단위가 주는 효용을 한계효용이라 한다.

어떤 소비자재의 가치는 그것이 주는 한계효용과 같다.

그림 6-1

한계단위의 개념

사과 위에 쓰여 있는 서수는 그 사과가 사용될 목적의 우선순위를 나타낼 뿐 모두는 동일한 사과이다. 그래서 사과 한 개를 포기한다고 할 때 포기는 사과가 아니라 그것이 향하는 목적의 포기를 의미한다.

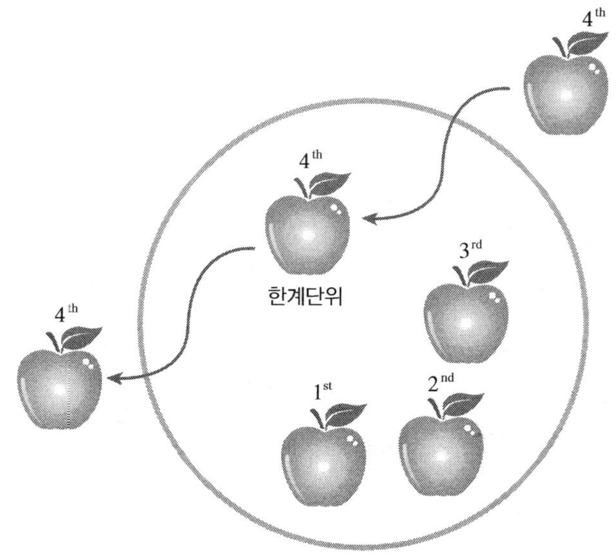

계단위가 주는 효용과 같다.

지금까지는 한계단위가 추가되는 경우를 보았는데, 한계단위가 포기되는 경우에도 마찬가지이다. 한계단위는 언제나 중요한 목적지부터 순차적으로 추가된다. 포기할 경우에는 추가할 경우의 역으로 주어진 재고에서 가장 덜 긴요한 단위부터 순차적으로 포기된다. 포기되는 단위가 한계단위이다. 이것은 추가되는 단위가 한계단위인 것과 마찬가지이다.

[그림 6-1]은 주부가 갖고 있는 사과 4개의 예를 참조로 해 한계단위를 그림으로 나타낸 것이다. 그림의 원 안에 있는 사과는 이 주부가 현재 갖고 있는 사과들이다. 사과 각각은 모두 동일한 단위이다. 이것은 완전한 대체가 가능함을 의미한다. 사과 위에 쓰여 있는 서수는 그 사과가 사용될 목적의 우선순위를 나타낼 뿐 모두는 동일한 사과이다. 만약 사과 한 개를 포기해야 한다면, 포기해야 하는 사과는 이 4개 중에 어느 것이 되어도 괜찮다. 사과 각각은 완전한 대체가 가능하기 때문이다. 포기는 사과가 아니라 그것이 향하는 목적의 포기를 의미할 뿐이다. 여기에서 그 목적은 내일의 자식이고, 포기의 대상은 사과 하나를 내일 자식에게 주는 것을 포기하는 것이다.

3.3 한계효용체감의 법칙

갑에게 사과가 순차적으로[5] 주어지면 그는 가장 긴요한 곳부터 이 사과를 사용한다. 그에게 있어서 긴요한 정도의 순서는 먼저 자식이고, 그 다음으로 그 자신이다. 그래서 두 번째 사과가 갑에게 준 효용은 첫 번째 사과가 그에게 준 것보다 분명히 낮다. 세 번째 사과가 그에게 주는 효용은 두 번째 사과로부터 얻는 효용보다 낮고, 네 번째 사과의 효용은 세 번째 사과가 주는 효용보다 낮을 것이 분명하다. 그래서 개별 사과가 주는 한계효용은 그것이 사용되는 용처의 긴요한 순서에 따라 감소할 수밖에 없다. 이것은 사과뿐만 아니라, 그리고 이 사람의 경우뿐만 아니라 모든 자원, 모든 이에게 적용되는 원리이다.

또 다른 예를 들어보자. 냉장고를 갖고 있지 않은 소비자에게 어느 날 동일한 냉장고 두 대 A, B가 배달되었다고 하자. 문 앞에 배달된 두 냉장고는 그에게 있어서 일단 동일하다. A, B 각각이 제공하는 서비스가 그에게 동일하기 때문이다. 그러나 이것을 어떤 용도로 사용하느냐에 따라 그것의 효용은 달라진다. 그에게 있어서 여러 종류의 일상 식용품 중에 반드시 냉장, 냉동이 필요한 제품이 있을 것이고 그렇지 않은 제품도 있을 것이다. 그렇지 않은 제품 중에는 굳이 냉장고에 저장하지 않아도 되지만 냉장고가 있다면 거기에 넣어두는 것이 좋은 제품도 있을 것이다. 그가 냉장고 A를 반드시 냉장고에 넣어두어야 하는 제품들을 위해 사용하고 B를 그렇지 않은 제품들의 보관에 사용한다고 하자. 이 경우 A 냉장고가 그에게 주는 효용은 B 냉장고보다 클 것임이 분명하다. 만약 냉장고 두 대 모두를 놓아둘 공간이 없다면, 냉장고 B는 있어서 좋기는 하지만 성가신 물건이 되어 냉장고 B가 제공하는 서비스의 효용은 더 작아질 수 있다. 어쩌면 냉장고 B가 그에게 오히려 골칫거리가 되어 비(非)효용, 즉 고통을 줄지도 모른다. 따라서 공급되는 재화 각각이 특정인에게 동일한 서비스를 제공한다고 하더라도 그것의 효용은 그의 욕구 충족 우선순위에 따라 달라진다. 한계효용은 주관적인 가치평가이기 때문에 그것의 크기를 계측한다는 것은 부질없는 짓이며, 그것의 크기는 욕구의 우선순위와 같다고 받아들이면 그만이다.

위의 예에서 알 수 있는 바와 같이, 물질적이고 기술적인 특성에 있어서 동일한 재화의 단위라 하더라도 그것의 서비스가 제공하는 효용은 그것이 투입되는

5. 앞에서도 설명한 바와 같이 순차적이 아니라 한꺼번에 주어지더라도 배분의 순서는 동일하다.

공급단위가 제공하는 효용은 목적지에 따라 달라지며, 인간은 가장 긴급한 것부터 욕구를 채워나간다는 점에서 한계효용은 언제나 체감한다.

목적지에 따라 달라진다. 인간은 가장 긴급한 것부터 욕구를 채워나간다는 보편적인 사실을 받아들이면, 먼저 투입되는 것이 더 긴요한 욕구에 사용될 것이고 그러면 자연히 더 높은 효용으로 판명된다.

이제 공급된 재화의 단위들을 줄여나갈 경우를 생각해 보자. 우리는 덜 긴요하게 사용되는 재화의 단위부터 처분해 나갈 것이다. 앞의 냉장고의 예에서는 덜 중요한 냉장고 B를 먼저 처분할 것이다. 냉장고 B가 먼저 처분된다고 해서 그것이 제공하는 서비스가 냉장고 A보다 못한 것은 아니다. 냉장고 B에 그의 덜 중요한 욕구를 담아두었을 뿐이다. 냉장고 B를 냉장고 A의 용도로 사용하면, 그는 냉장고 A를 먼저 처분할 것이다. 냉장고 A와 B가 제공하는 서비스가 동일하다는 사실에는 변함이 없으며, 그것의 효용이 다른 것은 인간의 욕구 충족의 우선순위에 기인한 것뿐이다. 다시 말해서 처분해야 할 냉장고는 무엇이든지 상관없다. 단지 냉장고의 용도가 중요할 뿐이다. 그가 처분해야(상실해야) 하는 것은 냉장고와 함께 그의 우선순위에서 가장 낮은 욕구(또는 목적)이다. 특정 공급단위가 제공하는 서비스는 누구에게나 동일하지만, 그것이 제공하는 효용은 사람마다, 그리고 각자의 사용 용처에 따라 달라짐을 명심해야 한다.

지금까지의 논의를 요약하면, 한 사람에게 있어서 어떤 재화의 공급량이 증가할수록 그 재화의 재고량에 추가되는 한 단위의 효용, 즉 한계효용은 감소한다.

한계효용은 재고량이 증가함에 따라 감소하며, 이를 한계효용체감의 법칙이라 한다.

한계효용은 재고량이 증가함에 따라 감소하며, 이를 한계효용체감[6]의 법칙(law of diminishing marginal utility)이라 한다. 반대로 한계단위를 줄여나갈수록 드러나는 새로운 한계단위의 효용은 증대할 것이다. 이 경우 드러나는 한계단위의 효용은 체증하지만, 그것은 한계효용체감의 법칙을 뒤집어 본 것에 불과하기 때문에 별도의 설명이 필요 없다.

한계효용이 체감하는 것은 사람의 심리적이고 생리적인 이유에서가 아니다.

한계효용이 체감하는 것은 사람의 심리적이고 생리적인 이유에서가 아니라 인간 행동학적인 측면에서 반드시 그럴 수밖에 없는 이치이다. 경제학을 공부한 대부분의 학생들은 한계효용의 체감을 심리적이고 생리적인 측면에서 이해하는 오류를 범한다. 사과의 한계효용이 체감하는 것은 한 사람이 사과를 계속 먹어보면 알 것이 아닌가 하는 식으로 말이다. 즉, 사과를 먹음으로써 갈증과 허기가 해소되는 정도는 처음의 사과가 가장 크고, 그 다음으로 작아지다 더 이상 먹기 싫

6. 순서에 따라 차례로 감소하는 것을 체감한다고 하며, 순서에 따라 차례로 증가하는 것을 체증한다고 한다.

어하는 단계가 오고, 끝으로 사과 먹는 것이 고통으로 다가온다. 그래서 사과의 한계효용은 체감한다고 한다.

한계효용체감을 이렇게 설명한 데에는 독일의 경제학자 고센(H. H. Gossen)의 영향이 크다(Mi, HA, 124). 고센은 개인이 어떤 한 소비자재를 소비함에 따라 한계단위의 만족이 체감하며, 결국 욕구 포화에 이른다고 했다. 이를 고센의 제1법칙[7] 또는 욕망포화의 법칙이라고 한다. 욕망포화는 더 이상의 행동을 불필요로 하기에, 이것은 어떤 경우에도 행동이 있다는 인간 행위의 공리에 배치된다. 고센은 소비자재가 주는 서비스를 소비자가 직접 체험하면서 느끼는 생리적이고 심리적인 만족을 통해 한계효용체감의 법칙을 설명했기 때문에 이런 결론에 이른 것이다. 그는 앞의 예에서와 같이 자식이나 남편과 같이 다른 사람을 위해 사과를 사용하는 경우를 전혀 생각하지 못했다.

한계효용체감을 생리적이고 심리적으로 이해하게 한 배경에는 독일의 경제학자 고센(H. H. Gossen)이 있다.

그러나 경제적 사고는 이처럼 생리적 · 심리적으로 사고하는 것이 결코 아니다. 사람에 따라서는 첫 번째 사과보다 두 번째 사과가 더 큰 갈증과 허기를 해소해 주는 경우도 반드시 있다. 그것이 작은 과일일수록 첫 번째보다 두 번째 또는 세 번째가 사람에게 더 큰 만족을 줄 수 있다. 한끼를 때우고자 할 때, 한 입만 먹고 숟가락을 놓으라고 하면 얼마나 화가 나겠는가? "입만 버렸다" 라는 말도 있지 않은가?

인간은 어떤 경우에도 공급단위들을 그가 판단하기로 가장 절박하고 긴요한 곳부터 사용한다. 단지 이 이유만으로 한계효용은 체감하는 것이다. 그러므로 한계효용체감은 행위에 언제나 내재되어 있으며, 목적 지향적인 인간에게 보편적 진실이다(Ro, 73 ; Mi. HA, 124). 따라서 이것은 누구에게나, 언제 어디서나, 그리고 어떤 종류의 공급단위에서나 성립되는 인간 행동의 법칙이다.

한계효용체감은 행위에 언제나 내재되어 있으며, 목적 지향적인 인간에게 보편적 진실이다.

3.4 한계효용과 공급단위의 문제

한계단위는 한계효용을 논할 때 항상 제기되는 까다로운 주제이다. 한계효용은 완전대체가 가능한 단위에만 적용되는 개념이다. 여기에서는 공급단위에 제기되는 몇 가지 문제를 생각해 보기로 한다. 인간 행동에 있어서 재화 전체를 하나로 다루어야 할 경우가 있다. 이것은 재화 전체가 선택되느냐 아니면 포기되느

재화 전체가 선택되느냐 아니면 포기되느냐 하는 경우, 전체가 하나의 공급단위가 된다.

7. 고센의 제2법칙은 한계효용균등의 법칙이다.

냐 하는 경우이다. 우리는 단위들 몇 개가 모인 꾸러미도 하나의 단위가 된다고 했다. 그러므로 전체도 하나의 공급단위가 될 수 있다. 이 경우 공급단위의 재고는 한 개이며, 한계단위는 바로 그 한 개뿐인 공급단위가 된다(Ro, 28~29).

예를 들어 축산업자 A는 소 100마리와 돼지 1,000마리를 기르고 있다고 하자. 그는 소와 돼지를 함께 기르는 것보다 이 둘 중 한 종류만 선택해 기르는 것이 그에게 더 많은 이득을 가져다줄 것이라고 판단한다. 이 경우, 소 100마리 전체 묶음과 돼지 1,000마리 전체 묶음이 각각의 단위가 된다. 그는 소 100마리를 상실할 때의 한계효용과 돼지 1,000마리를 포기할 때의 한계효용을 비교해서 이 둘 중 하나를 선택한다.

한계단위와 관련된 또 다른 문제를 생각해 보자. 예를 들어 동일한 하나의 나사는 각종 장비와 기구, 전기 및 전자 제품, 벽걸이, 가구 등 사용되지 않는 곳이 없을 정도이다. 나사의 용도들 중에는 낱개의 나사가 독립적인 역할을 하는 경우도 있지만 여러 개의 나사가 한 꾸러미로 결합되어야 그 역할을 하는 경우도 있다. 낱개의 나사가 독립적인 용도로 사용될 경우, 첫 번째 나사는 벽걸이가 필요한 곳들 중 가장 긴요한 곳에 먼저 사용되고, 두 번째 나사는 그 다음 긴요한 장소에 사용된다. 세 번째 나사는 벽걸이 용도가 아니라 헐렁한 문짝을 고정하는 데 사용된다. 첫 번째는 두 번째보다, 그리고 두 번째는 세 번째보다 한계효용이 클 것이 자명하다. 여기에는 분명 한계효용체감의 법칙이 적용된다.

그런데 이 나사가 이제 의자를 만드는 데 사용된다고 하자. 이 의자를 만들기 위해서는 5개의 나사가 필요하다. 5개의 나사는 한 개의 의자를 만들기 위해 순서대로 투입될 것이다. 하나의 의자 입장에서 볼 때 첫 번째, 두 번째, 세 번째, 네 번째 나사 간에 한계효용의 차이는 분명하지 않다. 오히려 나중에 사용되는 나사가 앞의 나사보다 의자의 완성도 관점에서 볼 때 한계효용이 더 크다고 말할 수도 있다. 그래서 다섯 번째 나사는 그것이 없다면 의자가 완성되지 않는다는 이유 때문에 네 번째, 세 번째, 두 번째, 첫 번째 것보다 한계효용이 더 크다고 주장할 수 있다. 이런 주장이 타당한가?

한계효용을 논할 때, 그때의 공급단위는 항상 동일한 서비스를 제공해야 한다. 이것은 공급단위가 제공하는 서비스가 이미 공급된 단위들에 영향을 주거나 이들로부터 영향을 받지 말아야 함을 의미한다. 단위들이 서로 영향을 미치면서 사용될 경우, 이들 각각은 공급단위가 될 수 없다(Ro, 73~74). 위의 예에서처럼 의자 조립에 사용되는 5개의 나사는 서로 보완적인 역할을 하기 때문에, 이들 각

공급단위가 제공하는 서비스는 이미 공급된 단위들에 영향을 주거나 이들로부터 영향을 받지 말아야 공급단위가 될 수 있다.

각의 나사는 공급단위라 말할 수 없다. 그러므로 의자 조립에 있어서 나사 각각의 공급단위에 한계효용법칙이 성립되지 않는 것은 당연하다. 이 경우 동일한 서비스를 제공하는 공급단위는 의자 한 개를 만드는 데 필요한 5개의 나사가 들어간 한 꾸러미이다. 이 꾸러미를 갖고 우리는 의자 생산에 있어서의 한계효용을 논해야 한다.

4. 한계효용체감의 법칙과 가치역설

고전파 경제학자들은 가격이 어떻게 형성되는지를 설명하고자 애썼다. 그들은 가격이 시장에 참여하는 모든 사람들의 수요와 공급에 의해 결정됨을 충분히 알고 있었다. 그러나 그들은 보다 더 유용한 제품의 가격이 그렇지 못한 제품의 가격보다 낮은 것에 대해서 당황했다(Mi. HA, 62～64). 경제학 교과서는 이를 '가치역설(value paradox)'이라 부른다. 쌀은 명백히 금보다 인간 생존에 훨씬 중요하다. 금 없이는 살 수 있어도 쌀 없이는 살지 못하기 때문이다. 그래서 굶주림으로 생존의 갈림길에서 쌀과 금을 선택하라면 분명히 쌀을 선택할 것이다. 그런데 왜 사람들은 금을 쌀보다 훨씬 더 높게 평가하는가?

고전파 경제학자들은 가치이론을 재화의 물질적이고 기술적인 속성에 두었기 때문에, 이것이 역설로 비춰졌고 그 이유를 규명하는 데 실패했다. 분명 금보다 쌀이 인간의 생존에 긴요하다. 그러나 행동하는 사람이 직면하는 문제는 쌀과 금에 관한 철학적 또는 윤리적 판단을 내려달라는 것이 아니고 쌀 전체와 금 전체를 선택하라는 것도 아니다. 그의 문제는 일정 장소와 일정 시점에 처해 있는 그의 경제적 상황 하에서 그가 일정량의 쌀과 금을 선택하는 것이다. 쌀이나 금이 인간에게 얼마나 가치가 있느냐를 판단하는 것이 아니다. 그래서 인간 행위는 재화 그 자체의 속성에 따라 행해지는 것이 아니라 추가되는 재화의 단위당 관점에서 행해진다. 가치는 오직 평가하고자 하는 구체적인 행위나 그 행위의 대상에 관해서만 말해질 수 있을 뿐이다(Mi. TMC, 46～47). 재화 그 자체의 가치와 재화 한 단위를 추가하거나 포기할 때의 가치가 다른 것은 당연하며, 이것이 고전파 경제학자들에게 가치역설로 비춰진 것은 그들에게 인간 행위에 대한 깊은 성찰이 없었기 때문이다(Mi. HA, 62～64, 119～127). 그들에게 역설로 비춰진 이 문제

재화의 일반적인 유용성과 재화 한 단위를 추가하거나 포기할 때의 가치가 다른 것을 가치역설이라 한다. 가치역설은 인간 행위의 관점에서 보면 자명하다.

는 인간 행위의 관점에서 보면 자명하다.

인간 행위의 지침은 현재 그가 갖고 있는 쌀과 금의 재고량에서 추가적으로 한 단위 더 가진다면, 또는 그가 현재까지 소비한 쌀과 금의 양에서 추가적으로 한 단위 더 소비한다면 쌀 1단위와 금 1단위 중 어떤 것을 선택할 것인가이다. 즉, 그의 당면 문제는 그에게 주어진 여건 하에서 쌀 1단위와 금 1단위 중 어느 것이 그에게 더 큰 만족을 주는가 하는 점이다. 일반적으로 쌀 1단위보다 금 1단위가 더 큰 만족을 줄 것이라는 점은 거의 명백하다. 분명 쌀 전체와 금 전체의 선택이라면 그는 쌀을 선택하겠지만, 그것의 추가적인 단위당 선택이라면 각 재화의 현재 재고량 또는 소비량에 비추어 판단한다. 한계효용체감의 법칙은 쌀 한 단위와 다이아몬드 한 단위의 주관적 가치가 그것 자체의 유용성과는 크게 다른 가치역설의 이유를 쉽게 설명해 준다. 일반적으로 사람들이 갖고 있는 다이아몬드의 재고량 또는 소비량은 쌀에 비해 아주 적기 때문에 각자의 욕구 우선순위에 있어서 다이아몬드 한 단위는 쌀 한 단위보다 월등히 높은 순위를 차지한다. 그래서 그것의 가치가 쌀에 비해 그토록 높게 평가되는 것이다.

인간 행위의 지침은 각 재화의 현재 재고량에 비추어 판단한다. 한계효용체감의 법칙은 가치역설의 이유를 쉽게 설명해 준다

고전파 경제학자들이 제기한 '가치역설'은 인간 행위의 관점에서 자명한 것이기 때문에 결코 역설이라 말할 수 없다. 그들은 제품의 가치가 궁극적으로 소비자에 의해 발생한다는 사실을 인식하지 못했다. 그들은 시장가격이 수요와 공급에 의해서 결정된다고 했지만, 그들의 분석은 공급 또는 생산에만 머물렀다. 그들의 잘못은 수요를 소비자의 선택으로까지 거슬러 올라가지 못함으로써 수요에 대한 만족할 만한 이론을 제시하지 못했다는 점이다(Mi. HA, 63~64). 가치역설이 인간 행동에 관해 말해 주는 가장 중요한 교훈은 인간의 모든 행동은 재화 전체를 의사결정의 대상으로 삼지 않고 공급의 한계단위를 그 대상으로 삼는다는 점이다.

가치역설은 고전파 경제학자들이 가치가 궁극적으로 소비자에 의해 발생한다는 사실을 인식하지 못했기 때문에 제기된 문제이다.

생각하기

01. 우리는 가치라는 용어를 흔히 사용한다. 냉장고의 가치, 소파의 가치, 심지어 '나'의 가치 등 모든 사물에 대해 그것의 가치를 평가한다. 가치는 근본적으로 어디에서 나온다고 생각하는가? 특히 '나'의 가치를 중심으로 해 토론해 보아라.

02. 계란은 여러 용도에 사용된다. 계란의 쓰임새에 따라 우리는 계란의 다양한 단위들을 생각할 수 있다. 여러분이 상상하는 계란의 단위들을 열거해 보아라.

03. 한계효용에 관한 다음 질문에 답하라.

(1) 한계효용은 왜 체감하는지를 설명하라.

(2) 한계효용체감은 언제, 어디에서나, 그리고 누구에게나 적용되는 법칙인가?

(3) 고센의 제1법칙은 무엇이며, 이것을 법칙이라 말할 수 있는가?

(4) 모든 단위는 물질적이고 기술적인 속성이 동일하다. 그렇다면 한계단위를 포기한다고 할 때, 단위들 중 어떤 단위를 포기해도 상관없다. 그러면 우리는 무엇을 포기한다는 말인가?

04. 가치역설을 설명하고, 이것이 인간 행동에서 말해 주는 것이 무엇인지를 설명하라.

05. 나이 든 부부에게 남편은 아내가, 아내는 남편이 더없이 소중하다. 그럼에도 이들 부부는 값비싼 레스토랑에 가기를 주저하고 가더라도 간혹 밖을 쳐다보면서 덤덤하게 식사한다. 반면에 사귄 지 얼마 안 되는 젊은 남녀의 경우, 각자의 삶에 있어서 상대방이 차지하는 비중은 아직 크지 않다. 그럼에도 이들 남녀는 값비싼 레스토랑에 가기를 주저하지 않고, 가서도 서로에게 환심을 사려고 애쓴다. 우리는 이런 모습을 레스토랑에서 쉽게 발견한다. 중년의 부부와 젊은 남녀의 이런 행동의 차이를 가치역설을 통해 설명해 보아라.

생산요소의 가치

Human centered

Principles of Economics

ch. seven

7

생산요소의 가치는 생산물을 얼마나 많이 만들어내고, 그 생산물이 소비자에게 어떻게 평가되느냐에 의해 결정된다. 후자에 관해서는 제6장에서 설명되었기 때문에, 이 장에서는 생산요소와 생산물의 수량적 관계에 관해 설명한다. 이 관계에서 수확의 법칙 또는 한계생산체감의 법칙이 설명된다. 이와 함께 생산요소가 하나의 생산물에만 사용되는지 아니면 여러 생산물에 사용되는지에 따라 한계생산물의 가치가 결정되는 방식을 설명한다. 이로부터 시장경제에서 배분의 원리와 분배의 원리가 어떻게 작동되어야 하는지에 관해 논의한다. 마지막으로 생산요소의 가치에 영향을 주는 요인들, 즉 생산요소의 전환성, 대체성, 그리고 희소성에 관해 설명한다.

1. 생산요소의 가치와 소비자 평가

생산요소의 가치는 일차적으로 생산자에 의해 결정되지만, 결국 소비자에 의해 평가받는다.

모든 생산물은 소비자재와 생산자재로 사용된다. 소비자재는 소비자들에 의해 가치가 매겨진다. 생산자재는 생산자들에 의해 수요되어 생산과정에 투입되지만, 그것이 향하는 곳은 결국 소비자재의 생산이다. 그러므로 모든 생산물은 궁극적으로 소비자에 의해 평가받는다. 이 사실은 생산요소의 가치는 일차적으로 생산자에 의해 결정되지만, 결국 소비자에 의해 평가받음을 말해 준다. 소비자들이 높게 평가하면 생산에 참여한 요소의 가치는 높게 평가받을 것이고 그 반대면 낮게 평가받을 것이다.

생산요소의 가치는 두 단계를 거치면서 평가받는다. 생산요소의 한계단위가 생산물을 추가로 얼마나 많이 생산해 내는가? 그리고 나서 이 생산물이 소비자에 의해 어떻게 평가되는가?

생산요소의 가치는 그것의 한계단위에 대한 생산자의 평가에 의해 결정된다. 생산자의 평가는 소비자재와는 달리 두 단계를 거친다. 먼저 생산요소의 한계단위가 생산물을 추가로 얼마나 많이 생산해 내는가? 그러고 나서 이 생산물이 소비자에 의해 어떻게 평가되는가? 전자는 순전히 투입과 산출의 기술적인 문제로 수량적 측정이 가능하다. 후자는 궁극적으로 소비자에 의해 평가되기 때문에 소비자재의 가치문제로 귀결된다.

2. 생산요소와 생산물의 기술적인 관계

2.1 한계생산물

생산요소의 한 단위를 추가로 투입할 때, 그 단위가 한계단위이다. 이 한계단위가 만들어내는 생산물의 수량을 '단위'와 '수량'을 빼고서 생산요소의 한계생산물(marginal product of production factor)이라 한다. 특정 생산요소의 한계생산물은 다른 생산요소들을 고정한 상태에서 그것의 한계단위가 추가로 생산해 내는 생산물의 양이다. 한계생산물은 단지 생산요소와 생산물의 기술적인 관계이기 때문에 가치 또는 효용의 개념과는 달리 그 수량은 측정될 수 있다. 예를 들어 '노동 한 단위를 추가했더니 사과가 백 개 더 생산되었다'와 같이 생산요소의 한계단위가 만들어내는 한계생산물의 수량은 측정된다. 그러나 한계생산물의 가치나 효용은 전적으로 소비자의 주관적 평가에 의존하기 때문에 측정할 수 없다.

생산요소의 한계단위가 만들어내는 생산물의 수량을 한계생산물이라 한다.

2.2 수확의 법칙

어떤 생산물도 하나의 생산요소만으로 생산될 수는 없다. 자연에서 열매를 채취해 그 자리에서 먹는다고 하더라도, 이를 위해서는 열매를 따기 위한 노동력이 필요하다. 열매를 더 많이 따기 위해서는 결국 사람의 노동력만으로 부족하고 채취 및 운반 도구를 동원하지 않을 수 없다. 모든 생산물은 그것의 수확량을 증대시키기 위해서는 하나보다 더 많은 희소한 생산요소가 투입되어야 한다.

우리는 이를 다음과 같이 논리적으로 생각할 수 있다. 어느 하나의 생산요소로만 계속 생산할 수 있다는 것은 이것이 다른 생산요소들을 완벽히 대체할 수 있음을 의미한다. 어느 한 생산요소가 다른 생산요소들을 완벽히 대체할 수 있다면, 다른 요소들은 부존량이 많든지 적든지 상관없이 더 이상은 희소한 자원이 아니며 경제재가 되지 못한다. 이 요소들 없이도 생산물을 무한정 증대시킬 수 있기 때문이다. 행동하는 인간에게 이 요소들은 어떤 의미도 갖지 못한다. 그러므로 모든 요소들에 있어서 희소성의 법칙이 적용되는 한, 어떤 생산물도 하나의 생산요소로만 무한정 생산될 수 없다. 이를 수확의 법칙(law of returns)이라 한다.

희소성의 법칙이 적용되는 한, 어떤 생산물도 하나의 생산요소로만 무한정 생산될 수 없다. 이를 수확의 법칙이라 한다.

수확의 법칙은 생산요소의 한계생산물이 반드시 체감해야 함을 의미한다. 그래서 수확의 법칙을 한계생산체감의 법칙이라 하기도 한다.

하나의 생산요소만으로 생산물을 계속 증대시킬 수 없다는 수확의 법칙은 생산요소의 한계생산물이 반드시 체감해야 함을 의미한다. 그 과정이 체증하다 체감할지 아니면 처음부터 체감할지는 생산기술의 특성에 달려 있다. 그러나 반드시 체감한다는 사실은 기술적 특성과는 상관없이 생산요소가 희소하다면 항상 일어나는 일이다. 그래서 수확의 법칙을 다른 말로 수확체감의 법칙 또는 한계생산체감의 법칙이라고도 한다. 한계생산체감의 법칙은 생산기술 때문에 생기는 현상이 아니라 생산요소가 희소하기 때문에 생기는 현상이다.

2.3 한계생산물과 평균생산물의 관계

한계생산물은 반드시 체감한다는 사실로부터 평균생산물과 한계생산물의 관계는 쉽게 추론된다.

우리는 한계생산물은 반드시 체감한다는 사실을 알고 있다. 이로부터 평균생산물과 한계생산물의 관계를 쉽게 추론할 수 있다. 한계와 평균에는 다음과 같은 관계가 있으며, 이 관계는 어떤 경우에도 적용된다.

첫째, 한계가 증가하면 평균도 반드시 증가한다. 예를 들어 10명의 학생으로 구성된 한 반의 평균점수가 70점인데, 새로 전학 온 학생이 72점을 받았다고 하자. 72점은 그 반 학생들의 총점에 추가되는 한계점수이며 평균 70점을 유지하게 하더라도 2점이 남는다. 이것이 평균점수를 올리는 데 기여한다. 평균점수는 70점에서 70.18점으로 증가한다. 또 다른 학생이 전학 와서 73점을 받았다고 하자. 그의 73점은 그 반의 한계점수이며 이 점수는 직전 전학생의 72점보다 높다. 한계가 증가했다. 73점은 평균점수인 70.18점을 유지하게 하고도 2.82점이 남고 이것이 평균점수를 올리는 데 기여한다. 한계가 증가하면 평균을 유지하게 하고도 남는 것이 반드시 있기 때문에 평균도 증가한다. 둘째, 한계가 감소하더라도 한계가 평균을 상회하면 평균은 계속 증대한다. 이 반의 평균점수는 두 학생의 전학으로 70점에서 70.18점, 그리고 70.42점으로 증가했다. 만약 세 번째 전학생의 점수가 72점을 받는다면 한계는 73점에서 72점으로 감소했다. 그럼에도 72점은 직전의 평균 70.42점보다 높기 때문에 평균은 계속 증가한다. 그 학생으로 평균은 70.54점이 된다. 셋째, 한계의 감소가 지속하면, 한계가 평균과 같아지는 때가 반드시 오며 그 후 한계가 평균보다 작아지면 평균도 감소하기 시작한다. 네 번째 전학생의 점수가 71점이면 한계는 계속 감소하나 한계가 직전의 평균보다 높기 때문에, 평균은 70.57점으로 직전 70.54점보다 증대한다. 그러다 다섯 번째의 전학생 점수가 70점이라면 이제 평

그림 7-1

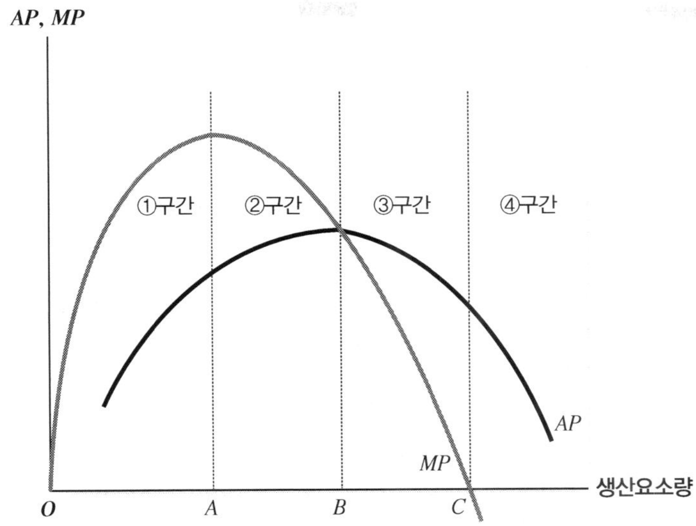

한계생산물과 평균생산물의 관계

한계생산체감의 법칙은 생산에 있어서 한계생산물(*MP*)과 평균생산물(*AP*)의 관계를 쉽게 추론할 수 있게 해준다. *MP*는 *AP*가 증가하는 범위에서 *AP*보다 큰 반면, *AP*가 감소하는 영역에서는 그것보다 작다.

균도 감소하기 시작한다. 왜냐하면 한계가 직전 평균 70.54보다 적기 때문이다.

한계와 평균의 관계와 한계생산물이 체감한다는 사실로부터, 한계생산물과 평균생산물의 관계를 다음과 같이 정립할 수 있다.

①구간 : 한계생산물이 체증하면, 한계생산물은 평균생산물보다 많으며 평균생산물은 체증한다.

②구간 : 한계생산물이 체감하더라도 한계생산물이 여전히 평균생산물보다 많다면, 평균생산물은 체증한다.

③구간 : 한계생산물이 계속 체감해 그것이 평균생산물보다 적어지면, 결국 평균생산물도 체감한다.

④구간 : 한계생산물이 계속 체감하면, 결국 마이너스가 되어 생산물의 수량은 줄어든다. 물론 평균생산물은 계속 감소한다.

[그림 7-1]에 이를 나타내었다. 한계생산물이 체증하면 한계생산물이 직전의 평균생산물보다 항상 크므로 평균생산물은 증가한다. 그림의 ①구간이 이를 나타낸다. 한계생산물이 체감하더라도 그것이 평균생산물보다 많으면 평균생산물은 계속 증가한다. 그림의 ②구간이 여기에 해당한다. 한계생산물의 감소가 지

속되어 평균생산물과 같아진 후에도 한계생산물이 계속 감소하면 평균생산물은 결국 감소하기 시작한다. 그림의 ③구간이 이를 보여준다. 그러므로 한계생산물과 평균생산물이 같아질 때, 평균생산물은 최대가 된다. 평균생산물이 감소하는 것은 한계생산물이 직전의 평균생산물에도 미치지 못하기 때문이다. 그러므로 이 구간에서는 한계생산물이 평균생산물보다 항상 작다. 평균생산물의 증가를 수확증가(increasing returns)라 하고 평균생산물의 감소를 수확감소(decreasing returns)라 한다.

한계생산물과 평균생산물이 같아질 때, 평균생산물은 최대가 된다. 평균생산물의 증가를 수확증가라 하고 평균생산물의 감소를 수확감소라 한다.

기업은 [그림 7-1]의 어떤 구간에서 생산하는 것이 가장 유리할까? 한계생산물이 증가하는 ①구간에서는 분명히 생산하지 않을 것이다. 요소 한 단위가 추가됨에 따라 그것의 한계생산물이 증대하기 때문에, 해당 요소의 투입량 증대를 멈출 이유가 하등 없다. 한계생산물이 감소하기 시작하는 ②구간은 어떨까? 기업은 ②구간에서도 해당 요소의 투입량 증대를 멈추지 않을 것이다. 그것은 이 구역에서 한계생산물은 비록 감소하나, 요소 한 단위를 추가함에 따라 평균생산물은 증대하기 때문이다. 기업은 요소투입이 평균생산물을 증대시키는 한, 요소투입을 증대시킬 것이다. 어떤 기업도 ④구간에서는 생산하지 않을 것이다. 추가하는 요소 한 단위가 오히려 생산물을 감소시키는데도 불구하고 요소투입을 증대시키는 그런 기업이 존재할 리 없기 때문이다. 그러므로 생산은 ③구간에서 이루어진다. 기업은 어떤 생산요소에 대해서도 이 요소의 한계생산물이 체감하는 영역까지 그것을 고용하고자 할 것이다. ③구간 내의 어디에서 요소투입량이 결정될지는 생산요소와 생산물의 가격에 관한 정보가 알려져야 알 수 있다. 이에 관한 정보가 있어야 기업의 이익을 최대화해 주는 요소투입량을 알 수 있기 때문이다.

생산은 언제나 한계생산물이 0보다 크면서 평균생산물이 감소하는 영역에서 이루어진다.

2.4 수확의 법칙 예시

수확의 법칙과 한계와 평균의 관계를 간단한 예를 통해서 한 번 더 확인해 보자. 사과 생산에 노동과 토지, 그리고 사과 묘목만이 필요하다고 하자. 사과 묘목과 토지의 수량이 고정되어 있을 때 노동량의 증대에 따른 사과의 생산량은 〈표 7-1〉과 같다.

노동의 수량이 증대함에 따라 사과 생산량은 처음에는 가속적으로 증대하다 노동 4단위부터 증가 속도가 점차 둔화된다. 9단위의 노동에 이르러서 그것의 한

표 7-1 수확체감의 법칙 예시

노동 수량(a)	토지 수량	사과 묘목 수량	사과 생산량 (b)	한계생산물 ($\Delta b / \Delta a = \Delta b$)	평균생산물 (b/a)
1	2	3	2	2	2
2	2	3	4.5	2.5	2.3
3	2	3	7.5	3	2.5
4	2	3	10	2.5	2.5
5	2	3	12	2	2.4
6	2	3	13	1	2.2
7	2	3	13.5	0.5	1.9
8	2	3	13.5	0	1.7
9	2	3	12.5	−1	1.4

계단위는 오히려 생산물을 감소시킨다. 즉, 노동의 한계생산물은 처음에는 체증해 노동 3단위에서 그것의 한계생산물이 3개로 최대가 된다. 그 후 점차 감소해 노동 9단위에 이르러서는 그것이 마이너스가 된다. 〈표 7-1〉로부터 한계생산물과 평균생산물의 관계를 그림으로 나타낸 것이 [그림 7-2]이다.

그림 7-2

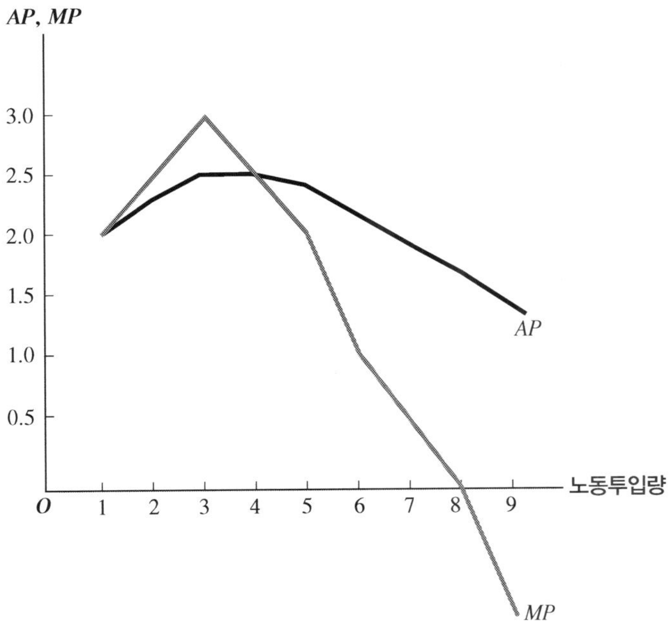

예시를 통한 한계생산물과 평균생산물의 관계

3번째 노동을 투입할 때 MP(한계생산물)가 최대가 되며, 4번째 노동 투입에서 MP와 AP(평균생산물)가 같아진다.

노동 2번째 단위의 한계생산물 2.5개는 노동 1단위가 투입되었을 때의 평균생산물 2개보다 많다. 한계생산물 2.5개는 노동 1단위까지의 평균생산물인 2개를 유지하게 하고도 0.5개가 남는다. 이 0.5개가 전체 노동의 평균생산물의 수량을 증가시킨다. 3번째 노동의 한계생산물은 3개로 그 직전의 평균생산물 2.3개보다 0.7개나 많아, 전체 노동의 평균생산물은 증가한다. 그러다 4번째 노동의 한계생산물 2.5개는 직전의 평균생산물의 수량과 같다. 이 단위노동이 전체 노동의 평균생산물을 증가시킬 여지는 없다. 5번째 노동의 한계생산물은 2개로 평균생산물을 유지하기 위한 2.5개보다 0.5개가 모자란다. 이것이 전체 노동의 평균생산물을 감소시킨다. 한계생산물은 평균생산물보다 적으면서 계속 감소함에 따라 평균생산물도 계속 감소한다. 평균생산물은 노동 4단위에서 최대가 되며 그 때 한계생산물과 일치한다. 한계생산물은 평균생산물이 증가하는 범위에서 평균생산물보다 큰 반면, 평균생산물이 감소하는 영역에서는 그것보다 적다.

3. 생산요소의 특성에 따른 한계생산물가치

3.1 전용요소와 일반요소

오직 하나의 생산물의 생산에만 적합한 요소를 전용요소라 하고, 어떤 생산물의 생산에도 똑같은 정도로 적합한 생산요소를 일반요소라 한다.

어떤 생산요소가 오직 하나의 생산물의 생산에만 적합할 때, 우리는 그 요소를 전용(專用, specific)요소라 한다. 반면에 어떤 생산물의 생산에도 똑같은 정도로 적합한 생산요소를 순수한 일반(一般, nonspecific)요소라 한다. 모든 생산요소들은 순전히 일반적일 수는 없다. 왜냐하면 이 경우 모든 요소들은 서로 완전대체가 가능해져 생산물은 하나의 생산요소에 의해서만 생산될 수 있기 때문이다. 우리는 앞에서 어떤 경우에도 생산물은 2개 이상의 생산요소를 필요로 한다는 것을 살펴보았다.(Ro, 329) 현실에서 완전히 전용적이거나 완전히 일반적인 생산요소는 거의 존재하지 않는다. 대부분의 생산요소는 전용과 일반 사이의 기술적 특성을 갖고 있다.

3.2 일반요소의 한계생산물가치

생산요소 한 단위의 가치는 그것의 한계생산물의 가치와 같다.[1] 정의상 단위들은 서로 완전대체가 가능하기 때문에, 해당 생산요소 한 단위의 가치는 그 요소의 다른 모든 단위의 가치가 된다. 전용요소는 하나의 생산물에만 사용되기 때문에, 이 요소의 가치는 그것의 한계단위가 생산해 내는 해당 생산물량의 가치이다. 아래에서는 여러 생산물에 사용되는 일반요소의 경우, 이것의 가치가 어떻게 결정되는지를 갑(甲)이라는 사람의 예를 통해 알아본다. 갑은 어떤 생산요소 10단위를 갖고 있다. 이 요소는 다른 용도로의 사용이 가능하다. 갑은 요소 10단위를 A, B, C, D라는 4가지 종류의 일에 투입한다. 이 요소가 각 업종에 투입되어 만들어내는 한계생산물가치의 순위는 〈표 7-2〉와 같다.

그는 첫 번째와 두 번째 단위를 B업종에 투입한다. 이 업종에서 가장 높게 평가받기 때문이다. 세 번째 단위는 한계생산물가치의 순위가 세 번째인 A업종에 투입된다. 이처럼 그는 자신의 생산요소를 그것이 평가받는 순서대로 업종에 투입할 것이다. 마지막 열 번째 생산요소 단위는 D업종에 투입된다. 이렇게 해

표 7-2 **일반요소의 가치**

한계생산물가치의 순위 \ 생산물	A	B	C	D
1		V		
2		V		
3	V			
4			V	
5			V	
6			V	
7	V			
8	V			
9				V
10				V

1. 정확히 말하면 생산요소의 가치는 그것의 할인된 한계생산물의 가치와 같다. 생산요소는 미래재이기 때문에 해당 생산요소가 투입되는 시점과 그것에 의해 제품이 생산되기까지는 시간이 걸린다. 그래서 현재시점에서 한계생산물의 가치를 평가하기 위해서는 그것을 이자율로 할인해야 한다.

서 그의 요소단위들은 A업종에 3단위, B업종에 2단위, C업종에 3단위, D업종에 2단위가 투입되었다. 각 업종의 한계단위(예를 들어 A업종의 경우 여덟 번째 투입된 단위)가 만들어내는 한계생산물이 3a, 5b, 2c, 8d라고 하자. a, b, c, d는 일의 종류인 A, B, C, D에서 만들어내는 생산물의 단위를 나타낸다.

〈표 7-2〉에 따르면 업종별 한계단위의 한계생산물에 대한 평가는 분명 아래와 같다.

$$5b \succ 2c \succ 3a \succ 8d$$

일반요소의 가치는 그 요소의 마지막 단위가 투입되는 용도에서의 한계생산물의 가치가 된다.

갑에게 있어서 이 요소의 한계단위는 열 번째 생산요소가 되며, 그것의 가치는 그것이 투입된 D업종에서 만들어내는 한계생산물 8d의 가치가 된다. 그러므로 일반요소의 가치는 그 요소의 마지막 단위가 투입되는 곳에서 그것이 만들어내는 한계생산물의 가치가 된다.

3.3 한계생산물가치 원리의 적용 가능성

어떤 한 생산요소의 한계생산물가치를 알기 위해서는 이 요소와 그것이 특정 생산물의 생산량에 기여하는 관계를 분리해서 볼 수 있어야 한다. 그러나 실제에 있어서는 이처럼 분리 가능한 경우가 있을 수도 있고 없을 수도 있다. 분리해서 볼 수 없다면, 생산요소의 가치를 알 수 없다. 아래에서 이 문제를 검토해 본다.

3.3.1 전용요소들만의 결합에 의한 생산

만약 어떤 생산물이 전용요소들만의 결합으로 생산된다면, 이것들에 의해 생산된 생산물의 가치가 이들 각 요소에 어떻게 배분되어야 하는지에 관한 일반적인 기준을 경제학은 마련해 줄 수 없다. 왜냐하면 이 요소들은 모두 한 제품의 생산에만 사용될 수 있기 때문이다. 이 제품 외에 그들이 고용될 수 있는 다른 생산물은 존재하지 않는다. 노동을 제외하고 이들의 선택은 고용되느냐 아니면 쓸모없이 방치되느냐의 두 길뿐이다. 노동의 경우는 조금 다른데, 노동자는 노동서비스를 제공하느냐 아니면 여가를 즐길 것인가 하는 노동과 여가라는 두 가지의 선택지가 존재한다. 그렇지만 생존을 위한 최소한의 노동서비스 제공은 있어야 하

전용요소는 해당 제품의 생산 외에는 어떤 선택지도 없기 때문에, 그것의 가치는 생산한 제품에 대한 소비자의 평가와 그의 협상능력에 달려 있다.

기 때문에, 노동자도 노동과 여가의 선택에 한계가 있을 것임은 분명하다.

그래서 전용요소들만의 결합으로 어떤 제품이 생산될 때, 그들은 어떤 다른 선택지가 없기 때문에 요소들 각각은 0에 가까운 수입이라도 받아들일 각오를 하고 있다고 보아야 한다. 이것은 이 요소들이 제품을 생산하고 판매한 후, 각 요소에게 돌아가는 몫은 순전히 요소소유자들 각자의 협상능력에 달려 있음을 함축한다. 아마도 노동은 여가라는 선택지가 있기 때문에 다른 요소들보다 유리할 수 있다. 어쨌든 투입되는 생산요소들 모두가 하나의 생산물 생산에만 적합할 경우 개별 요소의 몫은 이들이 생산한 재화가 소비자에게 어떤 평가를 받고 이 재화의 판매수입에 대해 각 요소소유자가 어떤 협상능력을 갖고 있느냐에 의해 결정된다.(Ro, 362~365)

3.3.2 고정비율 요소결합에 의한 생산

어떤 생산물은 반드시 요소들 간의 특정 비율에 의해서만 생산되는 경우가 있다. 즉, 생산요소들의 결합비율이 고정되어 있는 경우이다. 이 경우 개별 요소들이 결합해 만들어낸 생산물의 가치에 이들 각각이 어느 정도 기여했는지를 관찰할 수 있는 방법은 없다. 해당 한 요소를 증가시키더라도 다른 요소들이 고정되어 있다면, 생산량이 추가적으로 증대될 수 없기 때문이다. 그러므로 생산물의 가치를 요소들 각각에게 어떻게 나눌 것인가에 관한 일의적인 분배기준을 제시할 수 없다. 이것 역시 요소들 간의 협상에 따를 수밖에 없다.(Ro, 365~366)

예를 들어 10만원어치의 제품 X가 4단위의 a, 2단위의 b, 그리고 8단위의 c라는 요소에 의해서 생산된다고 하자. 즉,

$$4a + 2b + 8c = 10\text{만원어치의 } X \qquad \cdots (\text{식 } 1)$$

만약 2b와 8c를 고정시켜 놓고 a를 한 단위 증대시켜서 생산량을 증대시킬 수 있다면, 그 a 한 단위의 추가가 만들어낸 생산물가치의 증대를 알 수 있다. 예를 들어 a 한 단위를 더 투입한다면 12만원어치의 X가 생산된다고 하자. 즉,

$$5a + 2b + 8c = 12\text{만원어치의 } X \qquad \cdots (\text{식 } 2)$$

이런 관계가 성립된다면 추가된 한 단위 a의 가치는 2(=12-10)만원으로 평가된다.

그러나 a, b, c의 결합비율이 2 : 1 : 4(← 4 : 2 : 8)로 고정되어 있다면 위의 (식 2)와 같은 관계는 성립될 수 없다. a를 한 단위 더 투입하려면, b와 c도 각각 0.5 단위, 2단위를 추가해야 생산물을 증가시킬 수 있기 때문이다. 그러면 생산물의 가치는 a 한 단위만 추가한 (식 2)의 12만원보다 커질 가능성이 높다. 그것이 13만원이라고 하자. 즉,

$$5a + 2.5b + 10c = 13\text{만원어치의 } X \qquad \cdots \text{(식 3)}$$

요소들이 고정비율로 투입될 경우, 각 요소에게 돌아가는 몫은 요소들 간의 협상에 의지할 수밖에 없다.

문제는 생산요소들 모두 각각 25%씩 증가시킨 결과로 얻은 생산물의 가치 증대 3(=13-10)만원어치가 각 요소에 정확히 얼마씩 귀속되는지를 알 수 없다는 점이다. 피상적으로는 각 요소에 동일하게 1/3씩 돌아간다고 말할 수 있지만, 각 요소가 3만원에 정확히 어느 정도 기여했는지는 알 수 없다. 다시 말해서 a만을 분리해 그것의 투입량 변화와 생산물 변화의 관계를 알 수 없다. 각 요소에게 돌아가는 몫은 이 경우에도 요소들 간의 협상에 의지할 수밖에 없다.

3.3.3 일반요소들과 전용요소의 결합에 의한 생산

전용요소들만의 결합에 의해 생산물이 생산되는 경우는 현실에서 있음직하지 않다. 대체로 전용요소들과 일반요소들의 결합에 의해서 생산물이 생산된다. 일반요소는 여러 생산물에 투입될 수 있기 때문에, 이 요소에 대한 시장이 형성되고 여기에서 이것의 가격이 결정된다. 요소들이 고정비율에 의해 결합되지 않으며 한 요소만이 전용요소이고 나머지 요소들은 일반요소일 경우, 전용요소의 가치를 평가할 수 있다. 전용요소의 가치는 생산물의 가치에서 시장가격으로 평가된 일반요소들의 가치를 공제한 잔여금액으로 평가된다(Ro, 463). 예를 들어 20만원어치의 제품 X가 2단위의 a, 6단위의 b, 그리고 2단위의 c에 의해 생산된다고 하자. 즉,

$$2a + 6b + 2c = 20\text{만원어치의 } X \qquad \cdots \text{(식 4)}$$

생산요소 a와 b는 일반요소이며 c는 전용요소이다. a와 b의 시장가격이 각각 2만원과 1만원이라고 하자. 그러면 (식 4)로부터

$$(2 \times 2) + (1 \times 6) + 2c = 20\text{만원}$$
$$c = 5\text{만원}$$

즉, 전용요소인 c 한 단위의 시장가격은 5만원이다. 결합되어야 할 생산요소들 중 전용요소가 이처럼 하나만 있다면 잔여액수로 이것의 시장가격을 알 수 있다. 하지만 전용요소가 2개 이상이라면, 각각의 몫은 여전히 전용요소들 간의 협상에 의해 분배될 수밖에 없다.

한 요소를 제외한 다른 모든 요소들이 일반요소일 경우, 그 요소의 시장가격을 알 수 있다.

3.3.4 요소융합에 의한 생산

하나의 생산요소가 다른 요소들과 독립적으로 협력하는 것이 아니라 서로 융합되어 생산물을 만들어내는 경우도 있다. 이 경우, 생산물의 가치를 개별 생산요소로 귀속시키는 원리를 찾아낼 방법이 없다. 요소들 간에 서로 융합되어 버리기 때문에 요소 각각의 한계생산물가치를 원천적으로 알 수 없기 때문이다.

요소들이 융합되어 제품을 생산할 경우, 각 요소의 가치는 원천적으로 알 수 없다.

4. 배분과 분배의 원리

배분(allocation)은 요소들이 생산을 위해 나뉘어 투입되는 과정을 말하며, 분배(distribution)는 요소들에 의해 만들어진 생산물을 나누어 가지는 과정을 말한다. 그래서 자원배분을 자원분배라 하지 않고 소득분배를 소득배분이라 말하지 않는다. 자원배분은 자원이 생산을 위해 언제, 어디, 무엇을 위해, 얼마만큼 나뉘어 투입되는지를 말한다. 소득분배는 만들어진 생산물을 계층별로 또는 기능별로 어떻게 나뉘어 가질 것인가에 관한 이야기이다.

배분은 요소들이 생산을 위해 나뉘어 투입되는 과정을 말하며, 분배는 요소들에 의해 만들어진 생산물을 나뉘어 가지는 과정을 말한다.

배분을 어떻게 할지, 그리고 분배를 어떻게 할지에 대한 논란은 아득한 옛날 이 땅에 인류가 생긴 후 줄곧 있어 왔다. 최근에는 좀더 학술적인 용어인 '분배정의' 란 용어로서 이 문제를 다룬다. 분배에다 정의라는 또 다른 단어를 붙임으

로써 분배 시스템에 관한 사회적 결정이 규범의 문제로 격상되었다. 한계생산물가치의 원리는 이에 관해 분명히 말한다. 요소가 생산물가치에 기여한 만큼 가져가야 한다. 사회가 한계생산물가치의 원리를 받아들이면, 기여한 만큼 가져가는 것이 정의이다.

사회가 한계생산물가치의 원리를 받아들이면, 기여한 만큼 가져가는 것이 정의이다.

소득분배에 있어서 한계생산물가치의 원리를 비판하는 사람들은 대체로 여러 윤리적인 잣대를 댄다. 이에 관해서는 여기에서 언급할 필요가 없다. 그것은 규범적 가치문제이기 때문이다. 모든 사람들이 그런 기준에 따르겠다면 어쩔 수 없는 일이다. 이들의 동의는 암묵적으로 그런 시스템이 만들어내는 어떤 결과에도 순응하겠다는 것을 함축하며 그들의 자유의지에 따랐을 뿐이다.

그렇지만 현실에서 한계생산물가치의 원리를 적용할 수 없는 3가지 경우를 위에서 살펴보았다. 2개 이상의 전용요소들로 생산할 경우, 요소결합 비율이 고정되어 있을 경우, 그리고 요소융합에 의한 생산일 경우에 한계생산물가치의 원리를 요소가치 결정에 적용할 수 없었다. 분배에 있어서 이 원리를 비판하는 이들은 이런 이유들 때문에 배분의 원리와 분배의 원리를 분리해서 다루어야 한다고 주장한다.

그러나 현실의 생산방식 대부분이 이런 경우들로 되어 있는 것은 아니다. 위에서 살펴본 것은 한계생산물가치의 원리를 적용할 수 없는 경우들을 논리적으로 열거한 것뿐이다. 대부분의 요소들은 일반적이며, 생산과정에서 순전히 전용적인 요소는 찾아보기 어렵다(Ro, 477). 그리고 현실에서 요소들 각각이 다른 요소들과 융합하는 정도에는 차이가 있으며 이들을 분리해서 살펴보는 것이 불가능한 것만은 아니다. 또한 어떤 생산물도 생산요소가 고정비율로 생산되는 경우는 없다. 음식물은 요리법(recipe)에 따라 식재료들이 고정비율로 결합되어야 하며 화학제품은 더욱더 완벽히 재료들이 고정비율로 생산되어야 한다고 말한다. 음식물 또는 화학제품 그 자체의 재료만을 보면 이 재료들이 고정비율로 투입되는 것같이 보인다. 그러나 이 제품들은 재료들에 의해서만 생산되는 것이 아니다. 여기에는 다양한 노동과 자본의 도움이 있어야 한다. 그래서 재료 전체, 노동, 그리고 자본의 결합비율은 결코 고정적이지 않으며 다양한 요소비율에 의해 생산이 가능하다.

현실에서 요소의 생산물가치에 대한 기여를 요소별로 관찰할 수 없을 정도는 아니다.

이것은 요소의 생산물가치에 대한 기여를 요소별로 완전하지는 않지만 분리해서 관찰할 수 있음을 함축한다. 그래서 시장을 내버려두면 시장은 개별 요소에게 그것의 한계생산물가치만큼 지불하는 경향을 갖는다. 즉, 자유로운 시장은 개별 요소의 가치를 요소들 간의 임의적인 협상에 의해서가 아니라 그 요소의 생산물가치에 대한 기여분만큼 가져가도록 해준다. 이것은 시장경제에서 생산과 분배는 분리되지 않는다는 사실을 말해 주며, 이 둘을 분리해서 고찰해야 하고 분배를 위해 또 다른 별개의 특별한 기준을 마련해야 한다는 주장을 일축한다.

시장경제에서 배분과 분배는 동일한 시스템에서 운영되어야 한다.

5. 생산요소의 전환성, 대체성, 희소성

5.1 생산요소의 전환성

생산요소의 전환성(convertibility)은 생산이 중단되거나 생산 목적이 변경되어 생산에 투입된 생산요소의 일부 또는 전부가 처음의 용도에 쓸모가 없게 되었을 때 다른 용도로의 전환이 가능한 정도를 말한다. 생산요소의 전환성이 높을수록 용도 변경에 따라 쓸모없이 폐기되는 경우가 줄어들어, 그것의 가치가 상실될 가능성이 감소한다. 예를 들어 철광석은 철을 뽑아내는 데만 사용되지 그 외의 용도로는 그다지 사용되지 못한다. 즉, 철광석은 다른 생산용도로의 전환이 어렵다. 그래서 철을 대신하는 소재가 발견되어 철광석이 더 이상 필요 없게 되면 그것은 흙더미와 다를 바 없어진다. 그것의 가치는 0이 된다. 그런데 철광석으로 만들어진 철은 산업 소재로 거의 모든 제품의 생산에 사용된다. 철은 다른 용도로의 전환성이 아주 높다. 철을 투입해야 하는 어떤 제품의 제조업체가 망하더라도, 철의 가치에는 거의 변화가 없다. 그런데 자동차 제조업체의 철로 만들어진 특수 생산라인이 다른 용도로의 전환이 불가능하다면, 그 업체가 망하게 될 경우 그것의 가치는 급속히 하락해 고철 가치에 불과하게 된다. 반면 거기에 투입된 노동자들은 그들의 지식과 숙련 정도에 따라 다른 제조업체에 다시 고용될 수 있다. 고용되어 일정 임금을 받게 된다면 그 노동자의 노동서비스는 그 임금만큼의 가치를 유지할 수 있다. 그러나 어느 누구에게도 재취업의 요구를 받지 못한다면, 그 노동자의 노동서비스의 가치는 0이 된다.

생산요소의 전환성은 다른 용도로의 전환이 가능한 정도를 말한다.

생산요소의 전환 정도는 먼저 생산요소의 이동성에 따라 달라진다. 노동은 어느 곳이나 이동 가능하기 때문에 토지나 자본재에 비해 전환성이 높다. 자본재는 한번 투입되면 비교적 고정되기 때문에 그것의 이동성은 낮다. 땅으로서의 토지는 한곳에 완전히 고정되어 있기 때문에, 그것의 용도 전환은 이동성 면에서 자본재보다 더 어렵다.

요소의 전환성은 요소의 이동성과 전용성에 달려 있다.

생산요소의 전환 정도는 생산요소의 전용성(專用性, specificity)에도 달려 있다. 생산요소가 투입될 수 있는 제품이 한정될수록, 그리고 그 제품이 산업 전체에서 차지하는 비중이 작을수록 이 요소는 전용적(專用的)이어서 그것의 전환 정도는 낮다. 반면, 요소가 여러 제품들에 걸쳐 사용되고 그 제품이 산업 전체에서 차지하는 비중이 클수록 그 요소는 일반적이어서 그것의 전환 정도는 높아진다. 따라서 경제가 성장하고 이에 따라 산업구조가 변하게 되면 종전에는 일반적이던 생산요소가 전용적인 것으로 바뀔 수 있다. 그 반대로 생산구조가 변하게 되면 전용적인 생산요소가 일반적인 요소로 되기도 한다. 생산요소별로 그 전용성을 좀 더 자세히 살펴보자.

토지는 이동성의 관점에서 보면 전환성이 낮으나, 전용성의 측면에서 보면 전환성이 높다.

모든 토지는 위치와 모양새, 그리고 주변의 입지에 따라 동일하지 않지만, 땅으로서 토지 그 자체의 전용성은 대체로 없다. 땅 위에 주택을 지을 수도 있고 다양한 상가나 공장도 지을 수가 있기 때문이다. 즉, 토지의 사용처는 근본적으로 한정되지 않는다. 그래서 땅은 이동성의 관점에서 보면 전환성이 낮으나, 전용성의 측면에서 보면 전환성이 높다.

이에 반해 노동은 현장 경험과 숙련도, 그리고 전문지식의 구비 정도에 따라 노동의 전문성은 사람마다 다르다. 특정 전문성을 필요로 하는 제품의 종류가 많을수록, 그리고 그 제품의 비중이 산업 전반에서 차지하는 비중이 클수록 해당 전문성을 갖춘 노동의 전용성은 낮아지고 이에 따라 전환성은 높아진다. 반대로 이 전문성을 필요로 하는 제품의 종류가 적을수록, 그리고 그 제품의 비중이 산업 전반에서 차지하는 비중이 작을수록 그 노동의 전용성은 높아지고 전환성은 낮아진다. 전환성이 높은 사람은 그가 일하는 사업장이 문을 닫더라도 동종 또는 이종의 다른 사업장에서 계속 근무할 가능성이 크다.

예를 들어 컴퓨터 프로그래머는 컴퓨터 보안업체와 같은 해당 전문분야에서만 일할 수 있는 것처럼 보여 아주 전용적인 요소인 듯하다. 그러나 그는 웹 디자인 업계나 컴퓨터 수리업에서도 일할 수 있고 심지어 단순노동을 필요로 하는 건설업이나 유통업에서도 일할 수 있다. 그가 컴퓨터 프로그래머로서의 전문직을 포기하면 그저 쓸모없는 자원으로 폐기처분되는 것이 아니라, 전문성이 조금 낮은 곳에서 생산 활동을 계속할 수 있다.

육체노동은 가장 보편적인 생산요소라고 말할 수 있다. 사실 그렇다. 그러나 경제가 발전하고 성장함에 따라 산업현장이 단순한 육체노동이 아니라 점차 전문적인 기술이나 현장 경험을 갖춘 노동을 필요로 하면, 그리고 육체적 노동이 점차 기계에 의해 대체되면, 육체노동은 보편적인 성격에서 전용적인 성격으로 바뀐다. 그래서 육체노동만 제공할 수 있는 사람들은 산업구조가 고도화되어 감에 따라 경쟁에 취약한 계층으로 전락할 수 있다.

개별 노동의 전환성은 경제여건과 산업구조가 변함에 따라 변하게 된다.

자본재의 전용성은 그것이 소비자재에 이르는 노정에서 어디에 위치해 있는가에 따라 달라진다. 자본재가 소비자재에 가까이 놓여 있을수록, 거기에는 특정 소비자재 생산을 위한 자본재가 많이 축적되어 그것의 전용성은 높아진다. 반면에 그것이 소비자재에서 멀리 떨어질수록, 거기에 자본재의 축적이 적어 그것의 전용성은 낮아진다. 그래서 자본재가 소비자재에서 멀리 떨어질수록 그것의 용도는 일반적 · 보편적으로 여러 용도에 사용되는 반면, 소비자재에 가까이 놓일수록 그것의 용도 전환이 어려워진다.

자본재가 소비자재에서 멀리 떨어질수록 그것의 용도는 일반적 · 보편적이 되는 반면, 소비자재에 가까이 놓일수록 그것의 용도는 전용적이 된다.

예를 들어 가구 생산에 있어서 원목은 가구라는 소비자재에 이르는 길에서 멀리 떨어져 있다. 원목은 나무가 들어가는 모든 소비자재에 사용되기 때문에, 그것의 전환 정도는 매우 높다. 반면에 가구 생산을 위해 만들어진 널빤지는 원목에 비해 가구에 더 가까이 있다. 널빤지가 사용되는 용처의 수는 원목보다 적을 것이다. 또 다른 예로 철은 강철판보다 그 전용성이 낮고 강철판은 그것으로 만든 기계부품보다 전용성이 낮다. 그래서 철은 다른 용도로의 전환가능성이 강철판보다 높으며, 강철판은 기계부품보다 높다.

자본재의 전환성은 경제여건의 변화에 따라서도 변한다. 급속한 경제환경의 변화로 종전에는 전환이 용이한 자본재가 거의 쓸모없는 것이 되기도 하고, 반대로 전용적인 자본재가 어디에도 사용되는 일반적인 자본재로 바뀌기도 한다. 과거 자본재에 거의 의존하지 않던 자급자족 시대에는 변화된 환경에 큰 마찰이나 갈등 없이 쉽게 적응할 수 있었다. 그러나 자본이 엄청나게 축적된 현대경제에서 경제여건의 변화에 따른 기계나 설비의 전환문제는 사회적으로 큰 문제를 야기한다. 환경변화에 의해 현대적 장비가 쓸모없어지면, 이 장비에 축적된 모든 요소들이 이들의 전환 정도에 따라 더 이상 쓸모없는 것이 될 수 있기 때문이다. 자본축적이 자본재의 전환가능성을 어렵게 한다는 것은 역설적이다.

자본이 축적된 현대경제에서 경제여건의 변화에 따른 기계나 설비의 전환문제는 사회적으로 큰 문제를 야기할 수 있다.

기술혁신이 급속히 전개되고 이를 체화한 자본재들이 속속 시장에 나올 때, 기업가들은 기존의 자본재를 여전히 사용할 수 있음에도 불구하고 이를 폐기하고 새로운 자본재를 선택해야 할지를 고민한다. 현대적인 시설장비 구축에는 많은 비용이 소요되기 때문이다. 시장은 언제나 기업가로 하여금 이런 선택을 신속하고 올바르게 할 것을 강요한다. 선택과 그 결과는 기업가의 몫이기 때문에, 이들은 항상 강도 높은 스트레스를 받는다.

시장의 힘과 기업가의 도전정신을 가로막는 것은 정부의 시장개입이다. 급속한 산업구조의 변동에 의해 초래될 사회적 문제를 완화하기 위해 또는 유치산업(infant industry)의 경쟁력을 강화한다는 명목으로 정부는 다양한 형태로 기업들을 보호한다. 기업은 정부의 보호 하에 역동적인 시장흐름의 뒤에 숨어서 기존의 낡은 자본재에 안주하더라도 살아남을 수 있다. 또는 이와는 반대로 정부가 미래의 산업구조를 촉진하거나 주도한다는 명목으로 새로운 자본재 도입에 강력한 인센티브를 부여하는 경우도 있다. 이 경우 기업은 기존의 자본재로 생산하는 것이 더 효율적임에도 불구하고 이를 폐기하고 새로운 자본재를 교체한다. 이것 역시 자원의 낭비로 이끈다.

정부의 특정 산업이나 기업에 대한 지원은 시장의 힘에 의한 자본재 전환을 가로막아 자원낭비로 이끌 수 있다.

5.2 생산요소의 대체성

생산요소의 대체성은 생산에 투입되는 요소의 다른 요소들로의 대체 정도를 말한다. 생산요소의 가치는 대체성이 높을수록 낮아지고 대체성이 낮을수록 높아질 가능성이 크다.

생산요소의 대체성(substitutability)은 특정 생산물의 생산에 투입되는 요소의 다른 요소들로의 대체 정도를 말한다. 어떤 생산요소는 다른 생산요소로 거의 대체될 수 없어서 생산에서 절대적으로 중요한 위치를 차지하는 반면, 대체할 수 있는 것이 많아서 중요도가 낮은 생산요소도 있다. 전자는 대체성이 낮은 반면 후자는 대체성이 높다고 말한다. 생산요소의 가치는 대체성이 높을수록 낮아지고 대체성이 낮을수록 높아질 가능성이 크다. 예를 들어 전문 디자이너는 자신만의 옷을 디자인해 신상품 컬렉션에 출품한다. 이 옷은 그 말고는 누구도 만들 수 없다. 옷을 만드는 데에는 디자이너의 노동서비스 외에도 재봉틀이나 가위의 서비스, 그리고 옷감 등이 투입되어야 한다. 그의 노동 투입 없이는 이 옷이 생산될 수 없으므로, 그가 제공한 노동서비스의 가치는 옷 1벌의 가치와 거의 같을 것이다.

사람은 모두 다르게 태어나기 때문에 아무리 단순한 노동만을 요구하는 생산일지라도 노동 간의 완전한 대체성은 없다. 특히 오늘날은 학교교육과 직업교육, 그리고 현장경험과 육체적 단련을 통해 노동마다 자본이 체화된 정도가 다르다. 그래서 어떤 사람의 노동은 그다지 특수하지 못해 대체성이 높은 반면 다른 사람은 특수해 대체성이 낮다. 어떤 노동자의 지식과 경험이 아주 독보적이어서 그 노동의 대체성이 0일 정도로 극단적으로 낮은 경우도 있을 것이다. 산업 현장에서 대체성이 낮은 노동자는 높은 대접을 받고 그렇지 못한 노동자는 그다지 좋은 대접을 받지 못한다. 그러므로 시장경제에서 자신의 가치를 높이기 위해서는 자신만이 독보적으로 인정받을 수 있는 길을 개척해야 한다.

시장경제에서 자신의 가치를 높이기 위해서는 자신만이 독보적으로 인정받을 수 있는 길을 개척해야 한다.

5.3 생산요소의 희소성

생산요소가 희소하면, 그것에 의해 만들어지는 소비자재도 희소할 것임이 틀림없다. 그러나 특정 생산요소가 무한정 있다고 해서 그것으로 만들어내는 소비자재도 무한정 존재하는 것은 아니다. 생산물은 2가지 이상의 생산요소들에 의해 만들어지기 때문에, 어느 한 생산요소가 무한정 있더라도 함께 결합되어야 할 다른 생산요소들이 제한되어 있을 때 그 생산물은 여전히 부족한 상태에 놓일 수 있다. 거의 모든 생산물의 생산에는 물이 필요하다. 그 물이 무한정 있다고 해도 그 생산물이 무한정 만들어지지 않는 것은 이런 이유 때문이다. 그래서 모든 생산물은 인간의 욕망에 비해 희소하다는 희소성의 법칙은 언제, 어디에서든지 유효하다.

생산요소에 돌아가는 몫의 크기는 생산요소의 전환성과 대체성에 의해서 영향을 받지만, 생산요소가 시장에서 얼마나 희소한가에 의해서도 결정된다. 생산요소의 대체성은 생산기술과 관련된 문제이지만, 생산요소의 희소성은 그것이 만들어내는 제품의 수요와 관련된 문제이다. 생산요소의 희소한 정도에 비해 그것에 의해 생산되는 제품의 수요가 크다면 그 생산요소는 더욱 희소해지고, 그렇지 않다면 덜 희소해진다. 생산요소가 희소할수록 그것의 가치는 높아질 것이 분명하다.

생산요소의 희소성은 그것이 만들어내는 제품의 수요와 관련되어 있다.

예를 들어 전통 가옥을 짓는 전문가의 수가 아무리 적다고 하더라도, 시장에서 전통 가옥을 원하는 소비자가 없다면 그 전문가는 희소하다고 말할 수 없다. 대학에서 배출되는 의사의 수가 급증해 두 집 걸러 병원이나 의원이 있다고 하더라도, 의사를 찾는 환자의 수와 개인의 의료 수요량이 더욱 증대하면 의사는 여전히 희소한 자원으로 남는다.

생산요소의 전환성과 대체성, 그리고 희소성에 관한 지금까지의 설명으로부터 생산요소의 가치는 전환성이 높을수록, 대체성이 낮을수록, 그리고 희소할수록 시장에서 높게 평가받는다. 이것을 노동에 한정해 볼 때, 노동자는 자신의 가치를 높이기 위해서 시장수요가 큰 부문에서 활용될 수 있는 전문적인 능력을 배양해 자신의 특수성을 제고시켜야 한다. 이것은 노동뿐만 아니라 자신이 갖고 있는 토지나 자본에 대해서도 마찬가지이다.

생각하기

01. 생산요소의 가치는 두 단계를 거치면서 평가된다. 이 두 단계를 설명하고, 생산요소의 가치도 주관적임을 이해하라.

02. 수확의 법칙은 생산요소가 희소하다면 어떤 경우에도 성립한다. 그 이유를 설명하라.

03. 다음 표는 노동투입량에 따른 총생산물, 한계생산물, 평균생산물에 관한 정보를 담고 있다. 표의 빈 칸을 채우고, 한계생산물과 평균생산물의 관계를 그림으로 나타내어라.

노동투입량	총생산량	한계생산량	평균생산량
1	8	8	
2			9
3	30		
4		10	
5	48		
6		6	
7	58		
8			7.5
9	58		

04. 맬더스(T. Malthus)는 『인구론(*An Essay on the Principle of Population*)』에서 인류는 '맬더스 함정(Malthusian trap)'이라 불리는 비참한 정도의 생활수준으로 하락할 것이라고 경고했다. 왜냐하면 인간의 성욕에 의해 인구수는 급속히 증가하는 데 반해 식량생산은 자연의 절대적 제약을 받기 때문이다. 그러면서 그는 아래와 같

은 유명한 구절을 남겼다.

"Population, when unchecked, increases in a geometrical ratio. Subsistence increases only in an arithmetical ratio."(Malthus, 1798, 4)

맬더스의 이 구절은 수확의 법칙을 적용한 것이다. 그러나 2세기가 지난 오늘날의 상황을 보면 그의 주장은 맞지 않다. 많은 나라들은 그때보다 훨씬 풍요롭다. 이 점으로 보아 수확의 법칙이 항상 성립되는 것은 아니라고 말할 수 있는가?

05. 베버리지 보고서(Beveridge Report)는 영국의 경제학자 베버리지(W. H. Beveridge)가 1942년 제출한 보고서로 실업, 질병, 노령, 사망에 의한 궁핍의 해소를 사회보장의 궁극적인 목표로 삼고 있다. 이를 위해 국가는 궁핍 해소를 위한 관리와 비용 부담의 책임을 져야 한다고 했다. 이 보고서가 발표된 후 많은 사회보장법이 제도화되었다. 베버리지 보고서는 1945년 집권한 노동당에 의해 정책으로 추진되었다. 베버리지 보고서는 '요람에서 무덤까지(from the cradle to the grave)'로 요약된다. 그러나 영국의 사회보장제도는 1979년부터 1990년까지 집권한 보수당의 대처(M. H. Thatcher) 수상에 의해 크게 수정되었으며, 최근(2012년 1월 2일)에는 노동당에서도 베버리지 보고서의 수정 필요성이 제기되고 있다. 아래 질문에 답하라.

(1) 배분과 분배는 어떻게 다른가?
(2) 시장경제에서 배분과 분배는 어떤 메커니즘에 의해 움직이는가?
(3) 한계생산물가치의 원리가 적용될 수 없는 생산방식의 경우들을 들어보라.
(4) (3)의 이유 때문에, 시장경제에서 배분과 분배를 분리해서 고찰해야 하고 분배를 위해 또 다른 별개의 특별한 기준을 마련해야 한다는 주장에 동의하는가?

06. 오늘날 많은 젊은이들이 대학 4년 동안 학업에 열중하고 좋은 경험을 쌓기 위해 부단한 노력을 경주한다. 그럼에도 좋은 일자리를 얻기란 쉽지 않다. 시장경제에서 좋은 일자리를 얻기 위해서 어떤 마음가짐으로 대학 4년을 보내야 하는지를 생각하라.

Part Three

III 교환의 이득과 시장가격

교환의 이득

Human centered

Principles of Economics

ch. eight

8

시장은 교환의 네트워크에 불과함을 이미 설명한 바 있다. 이 장에서는 교환은 자유로운 의사에 의해 서로가 이득을 얻고자 하는 바람에서 시작됨을 강조한다. 아담 스미스와 리카르도는 교환은 어떤 경우에도 이득을 줌을 주창하였다. 이 책은 이들의 주창이 그 당시 풍미했던 그리고 오늘날에도 구석구석 숨어 있는 중상주의 사상 속에서 얼마나 위대한지를 언급한다. 이와 함께, 이 장은 교환은 언제나 교환당사자들에게 이득을 줄 수 있음을 여러 숫자적인 예시와 그림들을 통해 규명한다. 끝으로 교환이 우리게 주는 경제적, 그리고 사회적 의의를 조명한다.

1. 교환의 본질

1.1 교환의 자발성

교환은 자유가 주어지지 않는 노예나, 독재 또는 폭력의 사회가 아닌 한 스스로 선택한 행위이다. 인간이 선택하고 교환하는 것은 자신의 처지를 개선하기 위해서이다. 인간은 교환이 자신에게 이득이 될 것임을 기대하기 때문에 교환행위를 한다. 누구의 강압에 의한 것이 결코 아니다. 자유가 주어지는 한, 교환은 자신에게 이득이 되기 때문에 행하는 것이다. 따라서 교환의 본질은 누구의 강제 없이 교환당사자들이 각자 이득을 얻을 것으로 기대하고 교환에 임한다는 점이다.

강압에 의해 이루어지는 교환은 착취(exploitation)이다. 강압이 없는 자유로운 상태에서 이루어진 교환에 대해서는 어떤 경우에도 착취라는 의미를 부여해서는 안 된다. 자유로운 상태에서 불리하다고 판단됨에도 불구하고 교환에 동의하는 사람은 없을 것이기 때문이다. 물론 현실에서는 화폐적 계산으로 뻔히 손해임을 알고서도 교환에 임하는 경우도 있다. 이런 경우들은 대체로 상대방을 배려해 주려고 또는 베풀려고 하는 마음에서 비롯된다. 언뜻 보면 손해인 교환이지만 흐뭇하고 뿌듯한 마음이 그런 손해를 보상하고 남음이 있기 때문에 그런 교환이 성사되는 것이다. 부모와 자식 간에, 스승과 제자 간에, 사회에 그늘진 이웃과의 교환 등에서 흔히 살펴볼 수 있다. 그 어떤 교환이든지 간에 자발적으로 행한 교환

자유로운 상태에서 이루어진 교환에 대해서 착취라는 의미를 부여해서는 안 된다.

이라면 그것은 교환의 쌍방 모두에게 이득을 줄 수 있다. 이것은 어떤 교환에서도 진실이다. 교환의 본질은 자발적이라는 점이다.

교환의 본질은 자발적이라는 점이다.

1.2 교환경제의 성립 조건

개인과 개인 간의 교환이 성립되기 위해서는 무엇보다 개인이 어떤 것을 소유하고 있어야 한다. 가진 것이 없다면 당연히 서로 간의 교환도 없을 테니까 말이다. 소유권이 보장된 재화를 재산이라고 한다. 재산은 배타적으로 사용하고 처분할 수 있는 것이다. 따라서 사유재산권의 보장이 교환경제로 나아가게 하는 첫 번째 조건이다. 교환이란 나의 소유권 일부를 포기하고 다른 사람의 소유권 일부를 가져오는 것이다. 사유재산권은 누구도 폭력이나 협박에 의해 다른 사람의 재산을 빼앗을 수 없음을 보장하는 제도이다. 그래서 교환을 통한 서로의 소유권 이전은 쌍방의 합의 또는 계약에 의해 이루어진다.

교환을 위한 두 번째 조건으로, 최소한 2개 이상의 재화가 최소한 2명 이상의 사람에 의해 소유되어 있고, 이것을 서로가 알고 있어야 한다. 그러고 나서 사람들은 서로 접촉해 자신의 가치순위에 따라 교환 대상물을 자유롭게 교환한다. 그러므로 교환이 활발히 이루어지기 위해서는 교환 대상물에 관한 정보가 가능한 한 널리 많은 사람들에게 알려져 있어야 한다. 이것은 자유로운 사회를 전제로 한다. 규제와 같은 교환의 장애물이 없어야 하며, 무역장벽이 제거되면서 국가 간의 교역이 자유로워야 한다. 통신과 교통 수단의 혁명은 교류를 가로막는 지리적이고 공간적인 장벽을 허물고 교환 품목들에 관한 정보를 가능한 한 많은 사람들이 공유하도록 했다.

세 번째 조건으로서, 어떤 한 재화의 거래가 이루어지기 위해서는 이 재화를 갖고 있는 사람이 그 재화에 대해 주관적으로 평가하는 교환가치[1]가 그것을 원하는 사람이 그 재화에 대해 평가하는 가치와 달라야 한다. 그 차이가 클수록 거래가 성립될 가능성은 높다. 판매자는 구매자가 제시하는 가격이 자신이 생각하는 해당 재화의 교환가치보다 높다고 판단하면 교환에 임할 것이다. 반대로 구매자는 판매자가 제시하는 가격이 자신이 주관적으로 평가하는 해당 재화의 가치보다 낮다고 판단하면 그 재화를 구매하고자 할 것이다. 그러므로 교환은 당사자들이

교환이 이루어지기 위해서는 첫째, 사유재산권이 보장되어야 한다. 둘째, 최소한 2개 이상의 재화가 최소한 2명 이상의 사람에 의해 소유되어야 한다. 셋째, 교환당사자들이 교환하고자 하는 재화들에 대해 다른 가치를 부여해야 한다.

---

1. 교환가치와 사용가치에 대해서는 이 책의 제21장을 참조하라.

교환하고자 하는 재화들에 대해 다른 가치를 부여함으로써 성립된다. 교환되는 재화들이 당사자들에게 동등한 가치로 평가되기 때문에 교환되는 것이 아니다. 그리고 당사자들 간의 합의에 의해 거래가 일어나더라도 교환가치가 객관적으로 드러나는 것은 아니다. 단지 교환비율이 드러날 뿐이다.

1.3 교환과 분업

사람들은 자신이 가진 재능에 특화(specialize)해 서로 다른 재화를 생산하고 이를 교환한다. 특화에 의한 재화의 생산을 분업이라 한다. 이를 좀더 구체적으로 표현하면, 분업은 각자가 자급자족의 생활 방식을 포기하고 자신의 능력과 전문성을 최대한 발휘할 수 있는 부문에 특화하는 생산방식이다. 그런데 교환이 가능하지 않다면 특화와 분업의 생산체제는 근본적으로 불가능하다. 분업은 분업자들 간의 교환을 통한 상호협력을 전제로 한다. 그래서 분업을 협업이라 말해도 그 의미는 동일하다. 분업과 협업은 교환이 존재할 때만 의미있는 용어이다.

분업과 협업은 교환을 전제로 한다.

교환과 분업의 크기는 개인의 다양성과 인간을 둘러싸고 있는 자연조건의 다양성에 달려 있다. 자연자원의 종류와 자원이 부존해 있는 장소가 다양할수록, 그리고 개인의 능력과 기술, 취미, 욕구가 다양할수록 특화의 종류가 다양해져 교환과 분업의 크기는 커진다. 그리고 사유재산권이 널리 그리고 철저하게 보장될수록 교환과 분업이 활발히 전개되어 그 크기를 확대시켜 준다. 또한 개인과 자원의 다양성에 관한 정보가 많은 사람들에 의해 공유될수록 교환과 분업의 외연은 넓어지고 심화된다.

교환과 분업은 개인과 자연자원이 다양할수록, 사유재산권이 널리 그리고 철저히 보장될수록, 많은 사람들에 의해 정보가 공유될수록 발전한다.

2. 교환의 이득

Human centered Principles of Economics, ch.eight

2.1 직관적 이득

교환이 이루어지기 위해서는 두 재화의 단위들이 두 사람의 가치척도상에서 다른 순서로 중요해야 한다고 했다. 이것은 자기가 내놓는 재화보다 얻는 재화를 높이 평가할 때 교환이 일어남을 의미한다. 예를 들어 민수는 빵 1개를 갖고 있고, 윤지는 연필 2자루를 갖고 있다. 이들의 선호순위가 아래 〈표 8-1〉과 같다면 민수는 자신의 빵 1개를 윤지의 연필 2자루와 기꺼이 교환할 것이다. 윤지도 마찬가지이다. 민수와 윤지는 교환이 허용되지 않았다면 누리지 못할 더 높은 만족을 교환을 통해 누릴 수 있게 되었다. 즉, 교환이 없었다면 민수와 윤지는 각자의 선호순위에서 두 번째 것만 소비할 수밖에 없었는데, 교환을 통해 이들 모두는 첫 번째 것을 소비할 수 있게 되었다.

표 8-1 민수와 윤지의 선호순위

선호순위	민수	윤지
1	연필 2자루	빵 1개
2	빵 1개	연필 2자루

두 재화가 교환되었다고 해서 교환당사자들이 이 재화들의 가치를 같은 것으로 평가한 것이 아니다.

교환이 일어났다고 해서 이것이 교환당사자 모두가 교환된 두 재화의 가치를 동일하게 평가했다는 것을 의미하지는 않는다. 두 가치가 일치한다면 서로에게 어떤 심리적 이득도 주지 않기 때문에 교환은 일어나지 않는다. 위의 예에서 빵 1개와 연필 2자루가 교환되었다고 해서, 두 사람이 빵 1개와 연필 2자루를 동일한 가치로 평가했기 때문에 교환이 일어난 것은 아니다. 교환이 일어난 것은 교환의 한 당사자는 연필 2자루를 빵 1개보다 높게 평가했고, 다른 당사자는 그 반대로 빵 1개를 연필 2자루보다 높게 평가했기 때문이다. 어떤 경우에도 교환은 두 재화에 대해 쌍방이 생각하는 가치순위가 서로 달라야 일어난다.

민수와 윤지가 빵 1개와 연필 2자루보다 더 많은 빵과 연필을 갖고 있다면, 이들은 빵과 연필을 몇 단위까지 교환하려 할까? 민수는 자신의 빵을 내어줌에 따라 빵은 점차 중요해지는 반면, 교환의 대가로 받아들이는 연필은 그 수량이 증대함에 따라 중요도가 떨어진다. 민수는 빵 1개의 가치가 연필 2자루보다 낮은 한, 윤지의 연필 2자루와 교환을 시도할 것이다. 반면 윤지는 연필 2자루의 가치가 빵 1개의 가치보다 높지 않은 한, 교환에 계속 임할 것이다. 민수와 윤지 둘 중 어느 한 사람이라도 자기가 처음 갖고 있던 재화가 더 중요해질 때, 교환은 멈춘다.

2.2 절대우위와 비교우위

2.2.1 교환이득 발견의 위대함

지금까지 설명한 교환의 본질은 아담 스미스(A. Smith, 1723~1790)의 절대우위(absolute advantage)와 데이비드 리카르도(D. Ricardo, 1772~1823)의 비교우위(comparative advantage) 개념에 의해 역사적으로 화려하게 장식된다. 스미스와 리카르도의 자유교환 사상은 당시의 주류 사상이었던 중상주의의 논리적 허구와 모순을 날카롭게 파헤쳤고, 어떤 경우에도 교환은 쌍방에게 모두 이득을 가져다줄 수 있음을 강력한 논리로 보여주었다.

리카르도의 비교우위이론은 어떤 경우에도 교환은 쌍방에게 모두 이득을 가져다줄 수 있음을 보여준다.

교환의 이득을 설명하는 비교우위이론은 절대우위의 개념을 포괄한다.

스미스는 교환은 쌍방에게 이득을 준다는 사실을 그의 절대우위 개념을 통해 설명한다. 그러나 그 어떤 경우에도 교환은 쌍방에게 이득이 될 수 있다는 사실은 리카르도의 비교우위에 의해 증명된다. 비교우위이론은 절대우위이론을 포괄하는 개념이다. 절대우위의 개념에 의해 교환을 통한 상호이득이 설명될 수 있다면, 비교우위이론에 의해서도 동일하게 증명된다. 그러나 비교우위이론에 의해 교환의 이득이 증명되었다고 해서, 그 모두가 절대우위의 개념에 의해서도 설명되는 것은 아니다. [그림 8-1]은 이를 나타낸 것이다.

그림 8-1

절대우위와 비교우위

교환은 교환당사자들 모두에게 이득을 줄 수 있으며, 절대우위와 비교우위 개념은 이것을 증명해 준다. 비교우위는 절대우위의 개념을 포괄한다.

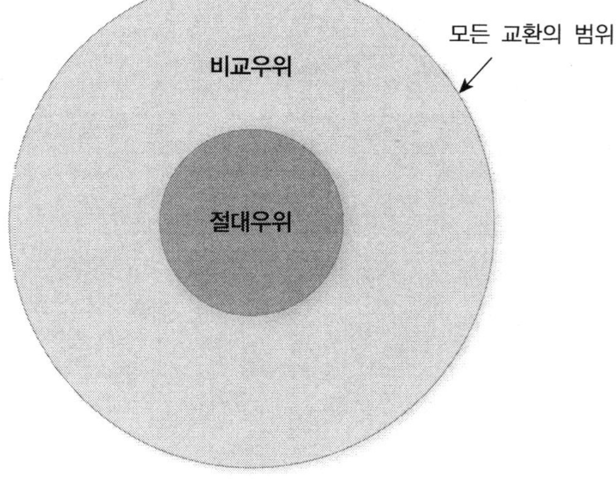

2.2.2 중상주의 사상

중상주의에 의하면, 국부(national wealth)는 금화나 은화의 축적에 의해 증대된다. 그래서 금화나 은화를 벌어들이기 위해 수출은 장려되고 금화나 은화의 유출을 막기 위해 수입은 억제된다. 수출은 수입하는 국가가 있어야 이루어지기 때문에, 수출하는 국가의 이득은 수입하는 국가의 희생을 통해서만이 가능하다고 보았다. 그래서 중상주의는 무역에 있어서 국가의 엄격한 통제를 요구한다.

중상주의 사상은 금화나 은화를 축적하는 것이 국부를 증대시킨다고 보았다.

이것은 국가 간의 자유로운 교역이 수출국은 말할 것도 없이 수입국에도 이득이 된다는 사실을 모르고 있음을 의미한다. 중상주의의 이런 사상은 놀랍게도 오늘날 많은 국가들에서도 여전히 구현되고 있다. 국내 산업과 일자리를 보호하기 위해 취해지는 보호무역과 각종 산업정책은 수출은 좋은 것이고 수입은 나쁜 것이라는 중상주의 사상이 여전히 살아 있음을 보여준다.

중상주의 사상에서 국가를 개인으로 대체하면, 이 사상이 우리 개인에게 있어서도 익숙하다는 것을 알 수 있다. 많은 사람들은 물건을 파는 자는 구입하는 자를 희생시켜야 이득을 챙길 수 있다고 종종 생각한다. 또는 경쟁은 이기고 지는 과정으로서 승자의 이득은 패자의 것을 빼앗는 영합(zero-sum) 게임과 같다고도 말한다. 이와 같이 중상주의 사상은 우리의 인식에 널리 자리 잡고 있다.

그러므로 중상주의가 지배하던 당시의 사회에서 교환의 쌍방 이득을 발견한 것은 놀라운 통찰력이라 하지 않을 수 없다. 더욱이 오늘날의 인류 문명이 교환경제에 의해서 급속히 발전했다는 점에 비추어볼 때, 이들의 통찰력은 인류 발전에 크게 기여했다고 평가할 만하다.

중상주의 사상은 오늘날 국가나 개인에게도 널리 퍼져 있다. 그러므로 교환의 쌍방 이득을 발견한 것은 놀라운 통찰력이다.

2.2.3 아담 스미스의 절대우위

아담 스미스는 자신이 이득을 볼 것으로 예상하지 않는다면 교환에 참여하지 않을 것이라는 단순한 논리에서 출발한다. 그의 명저 『국부론(*An Inquiry into the Nature and Causes of the Wealth of Nations*)』에 의하면,

> "현명한 가장이라면, 그는 제조비용이 구입비용보다 더 많이 드는 것을 집에서 결코 만들려고 하지 않을 것이다. 양복점 주인은 자기 신발을 만들지 않고 신발 가게에서 사며, 신발 가게 주인은 자기 옷을 만들어 입는 것이 아

니라 양복점에서 맞추며, 농부는 이 둘 모두를 만들지 않고 이것들을 만드는 사람들을 이용한다."(Smith, A., Book IV, Chapter 2, 2.11)

아담 스미스의 절대우위 이론에 의하면, 자신이 절대적으로 우위에 있는 능력에 전념하여 생산한 것을 서로 교환하면 서로에게 이득이 된다.

후세 사람들은 스미스의 이런 생각을 절대우위이론으로 구체화했다. 이 이론에 의하면, 자신이 절대적으로 우위에 있는 능력에 전념하여 생산한 것을 서로 교환하면 서로에게 이득이 된다. 이는 리카르도의 비교우위이론과 대비된다.

A라는 사람은 B라는 사람에 비해 특정 행위에 절대적인 우위에 있는 반면, B는 A에 비해 다른 행위에 절대적인 우위에 있다. '절대적인 우위'는 해당 행위에 있어서 자신의 능력이 비교하는 다른 사람에 비해 더 큼을 의미한다. 이 두 사람이 각자가 절대적으로 잘하는 행위에 특화해 그 행위가 만들어낸 결과를 서로 교환하면, 이것은 이 두 사람 모두에게 이득이 된다. 이것이 절대우위 개념이다.

이를 간단한 예를 통해 살펴보자. 민수는 1시간 동안 빵을 10개 구울 수 있으며, 그 시간에 연필을 만든다면 6자루를 만들 수 있다. 윤지는 1시간 동안 빵 6개 또는 연필 10자루를 만들 수 있다. 민수는 윤지에 비해 빵 생산에 절대우위이며, 윤지는 민수에 비해 연필 생산에 절대우위이다. 〈표 8-2〉는 민수와 윤지의 생산 가능한 능력을 요약한 것이다.

표 8-2 **민수와 윤지의 빵과 연필의 생산능력**(절대우위)

	1시간 생산량(개, 자루)		1개 생산시간(분)	
	빵	연필	빵	연필
민수	10	6	6	10
윤지	6	10	10	6

현재 민수와 윤지는 1시간을 쪼개어 빵과 연필을 생산하면서 자급자족하고 있다. 민수는 30분을 빵 굽는 데 나머지 30분을 연필 만드는 데 바쳐 빵 5개와 연필 3자루를 생산해 소비한다. 윤지도 30분씩 빵과 연필을 생산해 빵 3개와 연필 5자루를 생산해 소비한다. 이런 상황에서 각자가 절대우위에 있는 제품에 모든 시간을 투입해 생산하면,[2] 〈표 8-3〉과 같이 민수는 빵 10개를, 윤지는 연필 10자루를 생산한다. 민수는 생산된 빵 10개 중 5개를 소비하고 나머지 5개를, 윤지는 생산된 연필 10자루 중 5자루를 소비하고 나머지 5자루를 1:1의 비율로 서

2. 이를 완전특화라 한다.

표 8-3 **민수와 윤지의 교환가능성**(절대우위)

	자급자족 소비량		완전특화 후 생산량		교환 후 소비량	
	빵(개)	연필(자루)	빵(개)	연필(자루)	빵(개)	연필(자루)
민수	5	3	10		5	5
윤지	3	5		10	5	5

로 교환하면 자급자족 때보다 민수는 연필 2자루를, 윤지는 빵 2개를 더 소비할 수 있다.

이들은 절대우위에 있는 제품에 완전특화해 생산한 후 소비하고 남은 것을 교환함으로써, 자급자족 때보다 소비할 수 있는 재화의 양이 더 많아진다. 소비할 수 있는 수량이 많아지기 때문에 이들 각자의 만족은 자급자족 때보다 분명히 높아진다. 물론 1:1의 비율로 교환할지는 분명하지 않다. 교환비율은 각자의 협상능력에 의해 결정될 것이고, 이 비율에 따라 각자의 만족증대의 정도가 결정된다.

수량적인 측면에서, 민수와 윤지가 모두 이득을 얻을 수 있는 교환비율의 범위를 구체적으로 알아보자. 민수는 소비하고 남은 빵 5개를 연필 3자루보다 더 많이 받고 교환할 수 있다면 이득이다. 즉, 빵 1개를 주고 연필 $\frac{3}{5}$자루를 초과해 받을 수 있다면 민수는 이득을 얻는다. 이것을 달리 표현하면 민수가 연필 1자루를 빵 $\frac{5}{3}$개 미만으로 교환하면 이득이다. 반면 윤지는 소비하고 남은 연필 5자루를 빵 3개보다 더 많이 받고 교환할 수 있다면 이득이다. 그러므로 윤지에게 이득을 안겨주는 교환비율은 연필 1자루를 주고 빵 $\frac{3}{5}$개를 초과해 받는 것이다. 그

그림 8-2

빵 $\frac{3}{5}$개 < 연필 1자루 < 빵 $\frac{5}{3}$개

교환비율의 범위와 협상력—절대우위

민수는 빵 생산에 절대우위이고 윤지는 연필 생산에 절대우위이다. 절대우위에 있는 제품에 특화해 교환하면, 모두에게 이득이 되는 교환비율의 범위가 존재한다. 이 범위 안에서 어떤 교환비율을 선택하느냐는 교환당사자 간의 협상능력에 달려 있다.

그림 8-3

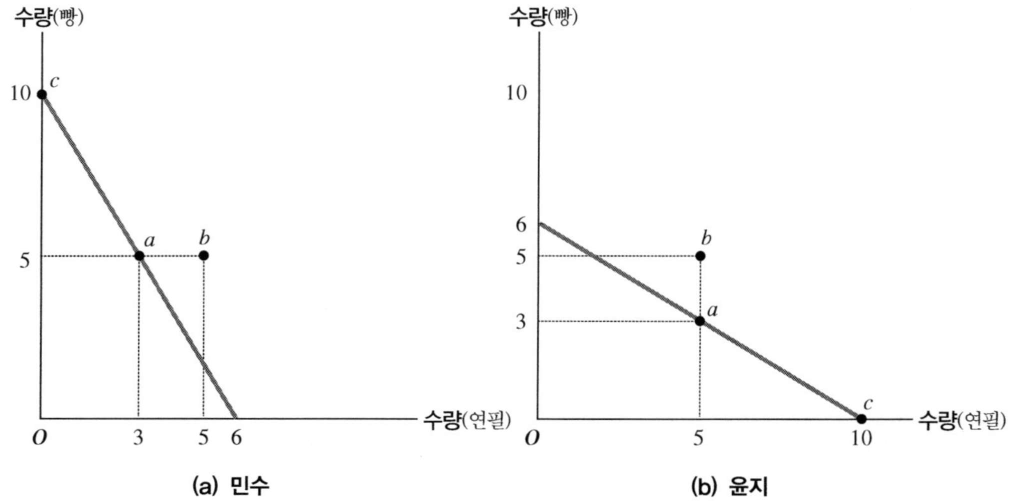

생산가능곡선을 통한 교환의 이득(절대우위)

절대우위에 있는 제품에 완전특화해 c점에서 생산하고 교환을 통해 b점에서 소비하면, 민수와 윤지의 만족은 자급자족의 a점에 비해 모두 증가한다.

러므로 상호이득을 볼 수 있는 교환비율의 범위는 [그림 8-2]와 같다.[3]

이 범위 안의 교환비율로 교환이 이루어지면 민수와 윤지는 모두 수량적으로 이득을 얻는다. 민수와 윤지가 얻는 이득의 크기는 교환비율이 이 범위 안의 어디에서 결정되느냐에 따라 달라진다. 그러므로 각자의 이득은 두 사람의 협상능력에 달려 있다. (연필 : 빵)의 교환비율이 1 : $\frac{5}{3}$에 가까이 갈수록 윤지는 더 큰 이득을 얻는다. 이 비율이 1 : $\frac{5}{3}$를 넘어서면 민수는 교환을 통해 오히려 손해를 본다. 마찬가지로 그 비율이 1 : $\frac{3}{5}$에 가까이 갈수록 민수에게 더 큰 이득이 가며, 그 범위를 넘어서면 윤지는 교환을 통해 손해를 본다.

생산가능곡선은 민수와 윤지의 교환을 통한 이득을 시각적으로 보여준다. 생산가능곡선은 한 개인이 최대한 생산할 수 있는 산출물의 조합을 나타내는 곡선이다. [그림 8-3]은 민수와 윤지의 생산가능곡선을 나타낸 것이다. 그림 속의 직선은 민수와 윤지가 1시간 동안 최선을 다하면 생산할 수 있는 빵과 연필 수량

3. 교환비율의 범위를 기호로 간명하게 보여주기 위해 부등호를 사용했다. 연필 1자루를 빵 $\frac{5}{3}$개 미만으로 교환한다는 것을 '연필 1자루 < 빵 $\frac{5}{3}$개'로, 빵 $\frac{3}{5}$개 초과해서 교환한다는 것을 '빵 $\frac{3}{5}$개 < 연필 1자루'로 나타냈다.

의 조합을 나타낸다. 생산가능곡선의 오른편 밖은 그들이 생산해 낼 수 없는 영역이다. 각자의 점 a는 자급자족 시의 생산 및 소비의 조합을 나타낸다. 점 c는 각자가 절대우위에 있는 제품에 완전특화할 경우의 생산점이다. 각자는 c점에서 생산하고서 소비하고 남은 것을 1 : 1의 비율로 빵과 연필을 교환하면, b점에서 소비할 수 있다. 자급자족 시의 소비점 a와 비교하면 교환 후의 소비점 b는 이들 모두의 만족을 증대시켜 줄 것임이 분명하다.

2.2.4 리카르도의 비교우위이론

만약 민수가 윤지에 비해 빵과 연필의 생산에 있어서 모두 절대열위에 있다면, 교환이 일어날 수 있는 여지가 있을까? 언뜻 생각하면 교환은 일어나지 않을 것으로 보인다. 모든 면에서 민수보다 능력 있는 윤지가 손해 볼 것으로 생각 들기 때문이다. 스미스의 절대우위 개념으로는 교환의 가능성이 없다. 교환이 이루어지지 않는다는 것은 누군가가 교환으로 손해를 볼 것이라고 예상하기 때문이다. 이것이 사실일까? 만약 그렇다면 민수와 윤지는 자급자족만으로 살아갈 수밖에 없다.

1817년 아담 스미스의 『국부론』에 큰 감명을 받은 영국의 경제학자 리카르도는 경제학에서 아주 중요한 책 『정치경제와 조세의 원리에 대해(*On the Principles of Political Economy and Taxation*)』를 출판한다. 여기에서 그는 세상을 보는 놀라운 통찰력이 담긴 견해를 발표한다. 그의 책에 의하면,

> "영국에서 1년 동안 옷을 생산하기 위해서 100명의 노동이 필요하고, 같은 기간 동안 포도주를 생산하면 120명의 노동이 필요하다. 이 경우 영국은 옷을 수출하고 이로부터 포도주를 수입하는 것이 유리함을 알게 된다. 포르투갈은 1년 동안 포도주를 생산하는 데 80명의 노동을 필요로 하고 같은 기간 동안 옷을 생산하면 90명의 노동을 필요로 한다. 그러므로 포르투갈은 포도주를 수출하고 그 대가로 옷을 교환하는 것이 유리하다. 이런 교환은 포르투갈이 수입한 상품이 영국에서보다 더 적은 노동으로 생산할 수 있더라도 일어날 수 있다." (Ricardo, D., Chapter 7, 7.15～16)

리카르도는 어느 한쪽이 모든 면에서 우월한 능력을 갖고 있든 그렇지 않든 교환을 하면 쌍방 모두에게 이득이 된다고 주장했다.

이것이 그의 비교우위이론이며, 이 이론은 아직 어떤 비판도 허용하지 않고 있다. 그는 이 이론을 통해 어느 한쪽이 모든 면에서 우월한 능력을 갖고 있든 그

렇지 않든 교환을 하면 쌍방 모두에게 이득이 된다고 주장했다.

우리는 태양이 동쪽에서 뜨고 서쪽으로 지는 것을 매일 관찰한다. 태양이 지구 주위를 돈다는 것이 평범한 사람들이 느낄 수 있는 직관이다. 그럼에도 불구하고 지구가 태양 주위를 돈다는 진실을 알아낸다는 것은 비범한 직관력과 통찰력이 없으면 불가능한 일이다. 어떤 경우에도 교환을 하면 쌍방에게 이득이 된다는 사실의 발견은 코페르니쿠스의 지동설 못지않은 발견이며 인류 역사의 수레바퀴를 앞으로 더욱 세차게 달리게 했다. 아래에서는 간단한 예시를 통해 어떤 경우에도 교환을 하면 수량적으로 이득이 될 가능성이 있다는 비교우위이론을 설명하기로 한다.

민수는 윤지에 비해 모든 면에서 능력이 모자라는, 즉 절대열위에 있다. 민수는 1시간 동안 빵 10개 또는 연필 20자루를 만들 수 있는 반면, 윤지는 1시간에 빵 20개 혹은 연필 30자루를 만들 수 있다(〈표 8-4〉 참조). 이들은 현재 어떤 교환도 하지 않고 자급자족하고 있다. 민수는 빵 5개와 연필 10자루를 생산하여 소비하고 있고, 윤지는 빵 14개와 연필 9자루로 자급자족하고 있다.

표 8-4 **민수와 윤지의 빵과 연필의 생산능력**(비교우위)

	1시간 생산량(개, 자루)		1개 생산시간(분)		단위당 기회비용	
	빵	연필	빵	연필	빵(연필 단위로)	연필(빵 단위로)
민수	10	20	6	3	2	$\frac{1}{2}$
윤지	20	30	3	2	$\frac{3}{2}$	$\frac{2}{3}$

모든 면에서 윤지가 민수에 비해 능력이 뛰어나지만 윤지는 이 모든 것을 스스로 하기보다 비교적 더 잘하는 것만 하고, 민수는 비교적 덜 못하는 것만 해서 이 둘을 교환하는 것이 서로에게 이득이 될 수 있음을, 이들이 현명하다면 어렴풋이나마 느낄 것이다. 이것이 비교우위이론의 출발점이다.

비교적 더 잘하고 덜 못하는 것을 가리기 위해서는 기회비용 개념을 적용해야 한다.

비교적 더 잘하고 비교적 덜 못하는 것을 가리기 위해서는 이제 경제학적으로 사고해야 한다. 기회비용 개념이 바로 그것이다. 민수가 빵 1개를 굽는 데 걸리는 시간은 6분이다. 이 시간 동안 빵 대신에 연필을 생산하면, 연필 2자루를 만들 수 있다. 그에게 있어서 선택 대안이 빵과 연필밖에 없다면, 민수의 빵 1개의 기회비용은 연필 2자루이고 연필 1자루의 기회비용은 빵 $\frac{1}{2}$개이다. 이것이 의미하는 바는 민수가 빵 1개를 획득하려면 연필 2자루를 포기해야 한다는 것이다. 반대로 그가 연필 2자루를 얻기 위해서는 빵 1개를 포기해야 한다. 윤지는 빵 1개를 3분에 구으며, 이 시간에 연필을 만들면 연필 $\frac{3}{2}$자루를 만들 수 있다. 윤지의 빵 1개의 기회비용은 연필 $\frac{3}{2}$자루이며, 연필 1자루의 기회비용은 빵 $\frac{2}{3}$개가 된다. 이것은 윤지가 빵 1개를 얻기 위해서는 연필 $\frac{3}{2}$자루를 포기해야 하고, 반대로 연필 1자루를 얻기 위해서는 빵 $\frac{2}{3}$개를 포기해야 함을 의미한다. 〈표 8-4〉에 민수와 윤지의 제품별 기회비용을 정리해 놓았다.

그러므로 빵 1개를 얻기 위해서 윤지는 연필 $\frac{3}{2}$자루를 포기해야 하지만 민수는 연필 2자루를 포기해야 한다. 이것은 윤지가 민수보다 연필의 희생을 적게 하면서, 즉 저렴하게 빵을 생산할 수 있음을 뜻한다. 이를 빵의 생산에 있어서 윤지가 민수보다 비교우위에 있다고 한다. 1시간 동안 빵만을 만들면 민수는 10개를 생산하는 데 반해 윤지는 20개를 생산한다는 것은 절대우위 개념으로 보아도 빵의 생산에 있어서 윤지가 민수보다 경쟁력이 있음을 의미한다. 그러므로 윤지는 비교우위로 보나 절대우위로 보나 빵의 생산에서 민수보다 우위에 있다.

빵 1개를 생산하기 위해서 윤지는 연필 3/2자루를, 민수는 연필 2자루를 포기해야 한다면, 이것은 윤지가 민수보다 저렴하게 빵을 생산할 수 있음을 뜻한다. 이를 빵의 생산에 있어서 윤지가 민수보다 비교우위에 있다고 한다.

위의 예에서, 비교우위와 절대우위 개념의 차이는 연필의 생산에서 나타난다. 절대우위 개념으로 보면, 연필의 생산에 있어서도 윤지가 민수보다 우위에 있다. 그래서 절대우위 개념으로는 교환이 일어날 여지가 없다. 그런데 기회비용으로 보면 민수의 연필 1자루의 기회비용은 빵 $\frac{1}{2}$개이며, 윤지는 빵 $\frac{2}{3}$개다. 기회비용으로 따져보니 절대우위 개념 때와는 달리 민수가 윤지보다 저렴하게 연필을 생산한다. 민수는 연필 1자루를 생산하기 위해서 빵 $\frac{1}{2}$개를 포기하면 되지만, 윤지는 빵 $\frac{2}{3}$개를 포기해야 하기 때문이다. 우리는 이를 연필 생산에 있어서 민수가 윤지보다 비교우위에 있다고 한다.

빵 생산에서는 윤지가 비교우위에 있고 연필 생산에서는 민수가 비교우위에 있기 때문에, 이제 교환이 일어날 여지가 생긴다. 절대우위 개념으로는 윤지가 모두 우위에 있고 민수는 모두 열위에 놓여 있기 때문에 교환의 가능성을 발견할 수 없었다. 비교우위 개념으로 교환이 서로에게 실제로 어떤 이득을 주는지를 〈표 8-5〉를 갖고 계속해서 살펴보기로 한다.

민수는 연필에 비교우위가 있기 때문에 연필에 특화하고, 윤지는 빵에 비교우위가 있기 때문에 빵에 특화한다. 각자는 특화한 제품을 생산한 후 자급자족 때의 소비량을 소비하고 남은 것을 서로 교환한다. 교환을 통해 민수가 연필 1자루를 주고 $\frac{1}{2}$개를 초과하는 빵을 받을 수 있다면, 그는 더 많은 빵을 소비할 수 있기 때문에 기꺼이 교환에 응할 것이다. 윤지도 마찬가지이다. 그녀는 빵 1개를 주고

그림 **8-4**

빵 $\frac{1}{2}$개 $<$ 연필 1자루 $<$ 빵 $\frac{2}{3}$개

교환비율의 범위와 협상력—비교우위

민수는 연필 생산에 비교우위이고 윤지는 빵 생산에 비교우위이다. 비교우위에 있는 제품에 특화해 교환하면, 모두에게 이득이 되는 교환비율의 범위가 존재한다. 이 붣위 안에서 어떤 교환비율을 선택하느냐는 교환당사자 간의 협상능력에 달려 있다.

$\frac{3}{2}$개를 초과하는 연필을 받을 수 있다면, 기꺼이 교환하고자 할 것이다. 이것은 윤지가 연필 1자루를 빵 $\frac{2}{3}$개 미만과 교환하겠다는 것과 같다. 따라서 민수와 윤지 사이에는 서로에게 모두 이득을 가져다주는 교환이 가능한 범위가 성립한다. 그것은 연필 1자루를 빵 $\frac{1}{2}$개를 초과하고 빵 $\frac{2}{3}$개 미만의 범위 안에서 교환하는 것이다. 쌍방에게 이득이 되는 교환범위는 [그림 8-4]와 같다.

이 교환범위 안에 포함되는 빵과 연필의 교환비율을 선택하면 교환이 민수와 윤지에게 모두 이득이 된다. 그 이득을 〈표 8-5〉와 [그림 8-5]에 나타냈다. 설명의 편의를 위해 이 두 사람은 비교우위에 있는 제품을 완전특화해 생산한 후, 자급자족 때의 소비량을 남겨두고 나머지를 연필 1자루와 빵 0.6개의 비율로 서로 교환한다고 하자. 이 교환비율은 [그림 8-4]의 범위 안에 포함된다.

민수는 연필 20자루를 생산해 자급자족 때의 소비량인 10자루만 소비하고 나머지 10자루를 '연필 1자루와 빵 0.6개'의 조건으로 윤지의 빵 6개와 교환한다. 그는 이제 빵 6개와 연필 10자루를 소비할 수 있다. 민수는 자급자족 때보다 교환을 통해 빵 1개를 더 소비할 수 있게 되었다. 윤지는 빵 20개를 생산해 이 중 14개를 소비하고 나머지 6개를 민수의 연필 10자루와 교환한다. 그녀는 이제 빵

표 8-5 **민수와 윤지의 교환가능성**(비교우위)

	자급자족 소비량		완전특화 후 생산량		교환 후 소비량	
	빵(개)	연필(자루)	빵(개)	연필(자루)	빵(개)	연필(자루)
민수	5	10		20	6	10
윤지	14	9	20		14	10

그림 8-5

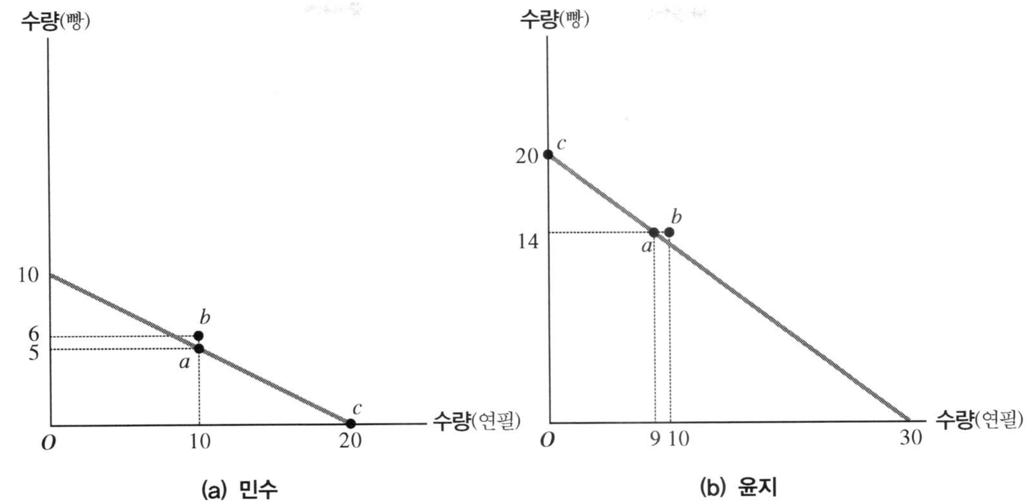

생산가능곡선을 통한 교환의 이득(비교우위)

a점은 자급자족 때의 생산과 소비 점이다. 비교우위에 있는 제품에 완전특화해 c점에서 생산하고 교환을 통해 b점에서 소비하면 민수와 윤지의 만족은 모두 증가한다.

14개와 연필 10자루를 소비할 수 있다. 윤지는 자급자족 때보다 연필 1자루를 더 소비할 수 있게 되었다. 이를 [그림 8-5]로 나타내면, 교환이 쌍방 모두에게 이득을 줌을 시각적으로 또렷이 볼 수 있다. 민수와 윤지는 교환 전 a점에서 생산하고 소비했으나, 교환으로 이들은 c점에서 생산해 b점에서 소비한다. 소비점 b는 소비점 a에 비해 분명 더 만족스러운 점이다. 민수에게 빵의 생산은 연필을 얻기 위한 가장 저렴한 방법이고, 윤지에게 연필의 제조는 빵을 얻기 위한 가장 저렴한 방법임을 알 수 있다.

비교우위에 있는 제품을 특화해 교환하면, 언제나 이득이 발생할 가능성이 존재한다. 이를 비교우위이론이라 한다.

교환의 이득이 누구에게 더 많이 돌아가는지는 교환비율이 교환범위의 어디에서 결정되는지에 달려 있다. 그 결정은 민수와 윤지 두 사람의 협상능력에 달려 있다([그림 8-4] 참조). 연필과 빵의 교환비율이 1 : 0.6이 아니라 1 : $\frac{2}{3}$에 가까이 갈수록 민수의 이득이 커지고 윤지의 이득은 거의 없게 된다. 연필 1자루가 빵 $\frac{2}{3}$개보다 더 많이 받고 교환되면, 윤지는 손해를 본다. 반면에 교환비율이 1 : 0.5에 접근할수록, 윤지의 이득은 커지고 민수의 이득은 거의 사라진다. 연필 1자루를 빵 0.5개보다 적게 받고 교환하면, 민수는 손해를 본다.

비교우위 개념의 가르침은 비록 다른 사람보다 모든 것을 잘하더라도 상대적 비교우위이론의 교훈은 "자신이 모든 것을 남보다 잘하더라도 더 잘하는 것에 집중하라"는 것이다.

으로 덜 잘하는 것을 포기하고 이를 다른 사람과의 교환을 통해 획득하며 자신은 보다 잘하는 것에 더 많은 시간을 투입하는 것이 자신을 위해 바람직하다는 것이다. 기업의 경영자가 그의 비서보다 기업 경영은 물론이고 타이핑까지 잘 치더라도, 타이핑은 비서에게 일임하고 자신은 기업 경영에 집중하는 것이 더 효율적이다. 가정에서도 아내가 남편보다 돈을 훨씬 많이 벌고 집안일도 더 잘하더라도, 가정일은 남편에게 일임하고 아내는 밖에서 돈 버는 일에 모든 시간을 투입하는 것이 이 가정을 위해 더 나은 결정이다. 어떤 한 사람이 모든 일을 능숙하게 잘할 수 있다 하더라도, 그 중에서 더 잘하는 일에 특화해 자신의 모든 것을 바치는 것이 그를 위해 바람직한 일이다. 이것이 비교우위이론의 핵심이고 분업과 협업이 이루어져야 하는 이유이다.

3. 교환의 의의

3.1 교환의 경제적 의의

교환은 인간으로 하여금 자신을 위한 생산에만 한정하지 않아도 되게 해주었으며, 남을 위해 물건을 만들어내는 것이 자신을 위하는 길임을 알게 해주었다. 교환은 자신이 남보다 상대적으로 잘하는 것을 발견하고 이를 집중적으로 개발하게 했다. 이로 인해 인간은 자급자족의 생활을 포기하고 자신의 능력과 전문성을 최대한 발휘할 수 있는 부문에 특화하는 생산방식을 택할 수 있게 되었다.

남을 위한 생산은 자신이라는 한 사람이 아니라 교환이 허용되는 지역 내의 모든 사람들의 욕구 충족을 위해 생산함을 의미하기 때문에, 제품의 종류는 다양해지고 생산량은 확대된다. 생산의 대상은 마을 경제에서는 수십 명이 될 것이고, 도시 경제에서는 수십만 명, 국가 경제에서는 수천만 명, 더 나아가 세계 경제에서는 수십억 명이 될 것이다. 한 사람만을 보고 생산하는 것이 아니라 수십억 명을 대상으로 하기 때문에, 교환은 한편으로 대량생산을 통해 생산량을 폭발적으로 증대시켰으며, 다른 한편으로는 새로운 상품이 끊임없이 출시되도록 했다. 이로 인해 소비자는 과거에 생각해 보지 못한 상품을 손에 넣을 수 있게 되었다. 교환이야말로 자원부족의 문제를 근본적으로 개선시켜 주는 길이었다.

교환은 자원부족의 문제를 개선시켜 준다.

또한 교환은 인간으로 하여금 자신이 갖고 있는 재능에 집중하게 함으로써 전문성을 제고시키고 창의성을 발휘하게 해 기술을 향상시킨다. 전문화는 무엇보다 작업 전환에 따른 시간 낭비를 줄여준다. 모든 것들을 스스로 조달했던 자급자족 시절을 생각해 보면 전문성 제고에 의한 시간절약 효과는 매우 크다. 전문성 제고와 기술향상은 투입과 산출의 관계인 생산성 향상으로 이어진다. 생산성 증대에 의한 이득은 경제사회의 구성원들의 복지를 향상시킬 수 있는 길을 열어 놓는다.

교환은 전문성을 제고시키고 창의성을 발휘하게 해 기술을 향상시킨다.

이뿐만 아니다. 교환은 자유를 전제로 하기 때문에, 개인의 지식문제를 상당히 극복하게 해준다. 인간은 자유를 통해 자기 지식의 오류를 찾아내고 알지 못했던 지식을 습득해 자기 지식을 성장시킨다. 교환하기 위해서는 교환의 대상물을 찾아야 하고 사람들의 욕구를 읽을 줄 알아야 한다. 여기에다 그 욕구를 충족시키는 방법을 찾아내야 한다. 그래서 자유를 전제로 하는 교환은 혁신적이고 진화적인 잠재력을 강력하게 전개시켜 주는 토대를 마련해 준다. 이것은 인간에게 지금까지 밝혀지지 않은 지식을 발견하게 해줌을 의미한다. 따라서 교환은 지식을 모방하고 습득하며 새로운 지식을 개발하게 해서 지식문제를 해결하는 계기를 마련해 준다.

교환은 지식을 모방하고 습득하며 새로운 지식을 개발하게 해서 지식문제를 해결하는 계기를 마련해 준다.

3.2 교환의 사회적 의의

교환은 경제적인 측면뿐만 아니라 교환 그 자체에서, 또는 교환에 의한 생산방식의 변경과 생산량과 상품 종류의 증대를 통해 사회적으로도 매우 중요한 의미를 지닌다. 교환은 거래당사자 모두에게 이득을 주기 때문에, 교환을 위한 생산은 결국 남을 이롭게 한다. 개인은 결코 이런 생각을 하면서 교환에 임하지 않지만, 교환의 결과는 어쨌든 자신을 위해서가 아니라 남을 위해서 생산하게 한다. 이것은 인간사회를 동물 세계에서 벗어나게 해준 원동력이면서 인간을 근본적으로 동물과 구분짓게 해주었다.

교환은 인간사회를 근본적으로 동물사회와 구분짓게 해준다.

동물 세계의 자원배분 방식은 약육강식에 의한 폭력이기 때문에, 이 사회는 폭력이 지배하는 사회이다. 동물의 세계에서 서로 교환하는 모습은 찾을 수 없다. 만약 인간사회에서 교환이 허용되지 않는다면, 각자는 부족한 자원을 서로 차지하기 위해 투쟁하지 않을 수 없다. 왜냐하면 이런 사회에서는 한 사람이 어떤 것을 차지하면 다른 사람들은 그것을 가질 수 없기 때문이다. 이것은 완전히 영합

(zero-sum) 게임의 동물 세계와 다를 바 없다. 인간의 삶에는 살벌한 생존 투쟁만이 남는다.

그러나 교환은 폭력에 의해서가 아니라 서로의 합의에 의해 자원을 나누어 가질 수 있게 한다. 서로의 합의에 의한 사회가 바로 계약사회이다. 사실 폭력에 의한 자원배분은 동물 세계뿐만 아니라 인간사회에서도 오랫동안 있어 왔고 오늘날에도 존재하는 자원배분 방식이다. 오늘날 우리가 이를 잘 인식하지 못하는 것은 그만큼 교환에 의한 계약사회가 주도적인 자원배분 방식으로 자리 잡고 있기 때문이다. 교환은 교환이득이라는 자체의 힘이 있기 때문에, 서로 협력하는 사회를 자발적으로 형성하게 하고 이 사회가 확대되고 심화하는 경향을 갖게 한다.

특히 교환의 사회적 의의는, 자신이 잘되는 길은 남에게 봉사를 얼마나 많이 했냐에 달려 있다는 사실을 교환이 깨우치게 한다는 점이다. 자신이 만든 제품을 다른 사람들이 많이 수요한다는 것은 이 제품이 그들의 욕구를 크게 충족시켜 준다는 것을 의미한다. 타인들의 욕구를 충족시킨다는 것은 그들에게 봉사하는 것과 다를 바 없다. 봉사란 의미가 남을 위해 노력하는 것을 의미하기 때문이다. 시장경제에서 이런 봉사가 크면 클수록 자신에게 돌아오는 대가도 클 것임은 자명하다. 그래서 생산자는 다른 사람들의 욕구를 충족시키기 위해서, 즉 남에게 봉사를 많이 하기 위해서 최선을 다한다. 사과 과수원 주인이 좋은 사과는 팔기 위해서 내놓고 뭉개지고 멍든 사과는 자신이 먹기 위해 남겨 놓는 것은 이런 이치 때문이다.

교환을 통해 남에게 봉사하는 것이 자신을 위하는 길이라는 사실은 사회를 폭력사회가 아니라 계약사회 또는 협력사회로 나아가게 한다.

물론 대가를 바라고 봉사하는 것이 진정한 봉사냐고 반박할 수 있다. 그런데 개인이 어떤 제품을 구입했다는 것은 이것을 얻기 위해 그가 감수해야 하는 비용에 비해 그 제품으로부터 얻는 만족이 크다는 것을 의미한다. 그 차이만큼 이 제품을 만든 사람이 남을 위해 무료로 봉사한 것이다. 무료봉사는 곧 자선행위이다. 따라서 교환행위는 교환이득만큼 사회에 자선행위를 하는 것과 다를 바 없다.

교환경제에서 각자는 기능적으로 차별화된 역할을 수행한다. 역할 차별화는 곧 분업을 의미한다. 분업구조의 고도화는 사람들의 행위를 다양하게 하고 무수한 인과관계를 낳는다. 이로 인해 사회구성원 간의 상호의존은 심화된다. 교환은 분업을 가능하게 했고 그 분업으로 인한 상호의존성의 심화는 사람들로 하여금 남을 더욱 의식하면서 행동하도록 한다. 분업경제에서 개인의 돌출적이고 위약적인 행위는 다른 사람들에게 큰 손해를 끼칠 수 있기 때문이다. 남을 더욱 의식하고 배려한다는 것은 인간이 더욱 사회적인 존재가 된다는 것을 의미한다. 교환은 인간을 더욱 사회적 존재로 만드는 것이다.

뿐만 아니라 상호 이익에 바탕을 둔 교환은 평화적이기 때문에, 교환은 사회가 오랫동안 존재할 수 있는 토대를 만들어준다. 교환과 분업에 참가하는 사람들은 자신에게 이득을 가져다주는 상대방이 영원히 존재해 주길 바라기 때문이다. 비록 내가 어떤 사람들을 증오하고 혐오할지라도, 그들이 나의 제품을 사용하고 있다면, 그들은 말할 것도 없고 나에게도 좋은 일이다. 따라서 교환은 같은 종족끼리만 어울리고 다른 종족들에게 배타적이고 적대적인 관계를 허물어뜨리는 결정적인 역할을 한다. 교환을 통해 서로에게 이득이 됨을 깨닫기 때문이다. 성별, 국가별, 인종별, 지역별과 같은 다양한 차별도 교환경제에 의해 허물어질 수 있다. 상대를 폭력으로 제압해 모든 것을 빼앗는 것은 일회적인 이득에 그치지만, 서로가 교환하면 그 이득은 계속 이어진다. 그러므로 교환은 사회의 영원한 존속을 가능하게 한다.

교환은 다른 사람과의 차별적인 능력과 소질을 개발하게 하는 동기를 부여한다. 교환의 범위가 심화되고 확대될수록 자신의 소질과 능력을 개발할 수 있는 기회와 동기가 커진다. 그러므로 교환의 범위를 외연적으로 확대하고 그것을 심화시켜 주는 사회일수록, 그 사회는 보다 인간다운 사회이다. 각자의 소질과 능력을 개발한다는 것은 곧 다양한 일거리가 창출됨을 의미한다. 50년 전만 하더라도 한국 사람들의 대다수가 농업에 종사했다. 1963년 농림어업 취업자 수는 전체의 63%에 이르렀다. 이에 반해 오늘날 농업에 종사하는 비중은 2011년 6.4%도 채 되지 않는다. 경제활동인구의 63%가 농사를 짓거나 어업이나 임업에 종사해야 한다는 것은 그만큼 교환경제가 발전하지 않았음을 의미한다. 동시에 자신의 소질과 능력을 발휘할 수 있는 기회가 그만큼 봉쇄되었음을 의미한다. 농사짓기에는 힘이 부족한 허약한 체질이지만 과학과 예술, 상술 등 타 분야에서는 탁월한 능력과 소질을 지닌 사람들이 분명히 있다. 그럼에도 이들도 어쩔 수 없이 한평생을 농업에 종사할 수밖에 없는 운명이라면 이것은 매우 비인간적인 사회임이 분명하다. 농촌 지역의 부모들이 자식을 성공시키기 위해서 도회지에 보내는 것은 도회지가 농촌에 비해 일거리가 월등히 많기도 하고 종류도 다양하며 각가지 욕구를 지닌 사람들도 많이 살기 때문이다. 그들의 자식들이 재능을 살릴 기회가 그만큼 풍부하다는 것이다.

그러므로 교환과 분업은 다양한 존재의 특징을 지닌 인간 하나하나를 동물과는 다른 존귀한 존재로 만들어준다. 동물의 세계에서 삶의 승패는 너무나 쉽게 판가름난다. 힘에 의한 폭력에 의해서 말이다. 그러나 인간 세계에서 승패의 개념은 없다. 각자가 자신의 다양한 소질과 능력에 의해 열정과 노력을 다한다면, 그리고 운이 따라준다면 모두가 성공할 수 있다. 오늘날 장애인도 할 수 있는 일거리가 많아진 것은 그만큼 교환경제가 보다 인간다운 사회에 기여했음을 단적으로 보여주는 사례이다. 인간의 역량이 다르다는 것은 식물들이 피우는 꽃의 모양과 색깔이 각양각색이고 피는 시기도 천차만별이라는 것과 같다. 봄에 피는 꽃이 있는가 하면 여름이나 가을에 피는 꽃도 있다. 동백꽃처럼 한겨울에 꽃을 피우는 식물도 있다. 만약 봄에 피는 꽃만 꽃이라는 이유로 다른 꽃들을 모두 없애버린다면 여름, 가을, 겨울 그 화단은 얼마나 삭막하겠는가? 그것도 특정 꽃을 지정한다면야 더 말할 나위 없다.

인간 세상도 매한가지이다. 각자가 갖고 태어난 소질과 능력을 마음껏 발휘할 수 있는 사회일수록 그 사회는 화단의 풍성함처럼 역동적이고 발전하는 사회가 된다. 더욱이 인간의 세계는 식물이나 동물의 세계와는 달리 자신의 소질과 능력을 서로 교환하고자 하기 때문에 풍성함의 파급효과는 가히 폭발적이다.

생각하기

01. 교환이 이루어지기 위해서는 어떤 조건들이 갖추어져야 하는가?

02. 가난하기 때문에 모든 일을 스스로 한다고 주장하는 사람이 있는가 하면, 어떤 사람은 모든 일을 스스로 하기 때문에 가난하다고 말하기도 한다. 여러분은 어느 쪽 주장이 타당하다고 생각하는가? 그리고 그 이유는 무엇인가?

03. 로빈슨 크루소는 섬의 반대편에 자신이 갖고 있지 못한 여러 기구들을 갖고 있는 누군가가 살고 있음을 발견한다. 크루소는 그가 왜소해 보였기 때문에, 그를 쉽게 폭력으로 제압할 수 있을 것이라고 생각했다. 여러분은 크루소가 그에 대해 살인, 노예, 분업 중 어떤 행동을 취하는 것이 크루소 자신을 위하는 길이라고 생각하는가? 각각의 행동에 대한 장·단점을 설명하면서 이에 답하라.

04. 한·미 FTA는 격렬한 찬반논쟁의 끝에 그 비준안이 2011년 11월 22일 국회를 통과하고 발효되었다. 찬성하는 쪽은 교환의 이득을 통한 투자 활성화와 일자리 창

출, 그리고 소비자 권익보호를 주장하는 반면, 반대하는 쪽은 거대기업의 보호와 빈부격차의 확대, 그리고 환경파괴를 이야기한다. 여러분은 어떤 입장을 어떤 논리로 지지하는가?

05. 영철은 1시간 동안 연필 4개를 만들 수 있으며 경수는 6개를 만들 수 있다. 연필 대신 지우개를 만든다면, 영철은 1시간 동안 5개를 만들 수 있으며 경수는 30개를 만들 수 있다. 모든 면에서 경수가 영철보다 능력 있는 젊은이임에도 불구하고, 이 두 사람 각자가 한 제품에 완전특화해 서로 교환하면 모두 이득을 볼 수 있음을 아래 질문의 순서에 따라 답하라.

(1) 영철과 경수의 연필 1개, 그리고 지우개 1개 생산의 기회비용을 나타내는 아래 표의 ( )를 메우고, 각자는 어떤 제품에 비교우위가 있는지를 찾아라.

	기회비용(개)	
	연필	지우개
영철	(a)	(b)
경수	(c)	(d)

(2) 영철과 경수가 모두 이득을 얻을 수 있는 교환비율의 범위를 연필 1개를 기준으로 해 제시하라.

(3) 위의 (2)를 지우개 1개를 기준으로 해 제시하라.

06. 인도의 신분제도인 카스트(Caste)는 1950년 법으로 폐지되었지만 여전히 곳곳에 남아 있다. 카스트 제도가 정한 최하층 계급을 달리트(Dalit)라 부른다. 이 계층 사람들은 지금도 아주 허드렛일을 하면서 차별과 폭행에 입을 다물어야 하며, 이들의 자녀는 학교에서 화장실 청소 등을 도맡아 한다. 달리트 출신으로 대기업의 사장이 된 '아쇼크 카데'는 달리트 계층의 천민들에게 희망을 주고 카스트 제도를 근본적으로 폐지시킬 수 있는 길은 법이 아니라 '교육과 자본'이라 했다(KBS, 세계는 지금, 2012. 11. 17). 그의 말을 교환의 사회적 의의 관점에서 토론하라.

간접교환과 화폐의 출현

Human centered

Principles of Economics

ch. nine

09

9

1. 직접교환과 간접교환
   - 1.1 직접교환과 시장의 형성
   - 1.2 직접교환의 한계와 간접교환의 등장
2. 상품화폐의 출현
   - 2.1 간접교환과 상품화폐의 등장
   - 2.2 상품화폐의 조건
   - 2.3 역사 속에 나타난 상품화폐의 종류
   - 2.4 화폐의 명칭과 단위
   - 2.5 화폐와 유동성
3. 자생적 질서로서의 화폐
4. 화폐의 기능
5. 화폐경제의 특징
   - 5.1 구매자와 판매자의 명확한 구분
   - 5.2 모든 제품의 가격을 화폐단위로 표현

지금까지 우리가 설명한 시장에는 아직 화폐가 등장하지 않았다. 이것은 시장 그 본래의 개념을 이해시키고 그 기능을 부각시키기 위해서였다. 이 장부터 화폐가 등장한다. 화폐가 등장하더라도 지금까지의 설명은 그대로 적용되며 수정을 가할 일은 전혀 없다. 화폐도 하나의 교환대상이기 때문이다. 이 장에서는 화폐가 출현하는 과정과 화폐의 기능을 설명한다. 널리 알려진 화폐의 다양한 기능들은 단지 화폐의 '교환의 매개물로서의 기능'에서 파생된 기능임을 강조한다. 화폐를 모든 교환의 매개물로서 사용하는 화폐경제의 특징을 설명함으로써, 이 장을 마무리한다.

1. 직접교환과 간접교환

1.1 직접교환과 시장의 형성

교환은 교환당사자 모두에게 이득이 된다. 그렇지만 교환이 이루어지기 위해서는 내가 원하는 것을 다른 사람이 갖고 있어야 하고, 동시에 그 사람이 나의 것을 원해야 한다. 나의 교환욕구가 충족되려면, 나는 그런 사람을 찾아 나서야 한다. 나의 것을 원하는 자를 발견하더라도 그가 내가 원하는 것을 갖고 있지 않다면, 반대로 내가 원하는 것을 갖고 있는 자를 발견하더라도 그가 나의 것을 원하지 않는다면 교환은 성립되지 않는다. 오직 교환은 나의 것을 원하는 자가 내가 원하는 것을 갖고 있을 때에만 일어난다. 이런 교환을 직접교환이라 한다. 욕구의 동시충족을 찾아낸다는 것은 보통 어려운 일이 아닐 것이기 때문에, 교환이 직접교환으로만 성립된다면 그 불편함은 매우 클 것이다.

직접교환은 나의 것을 원하는 자가 내가 원하는 것을 갖고 있을 때에만 일어난다.

직접교환의 이런 불편을 없애기 위해 몇 가지 방도들이 자생적으로 생겨났다. 먼저 다양한 욕구를 가진 사람들이 가능한 한 많이 한곳에 모이는 것이다. 그러면 욕구 동시충족의 당사자들을 만나는 것이 보다 수월해질 것이다. 사람들은 자신이 필요한 것을 찾기 위해 이제 많은 시간을 허비하지 않아도 된다. 이렇게 많은 사람들이 모여서 교환이 일어나는 장소를 시장이라 불렀다. 그때의 시장은 장소의 개념에 한정되었다.

다양한 욕구를 가진 사람들이 가능한 한 많이 한곳에 모이면, 직접교환의 불편이 줄어들 것이다. 사람이 많이 모이는 마을 중심에 시장이 형성되는 것도 이런 이유 때문이다.

시장이 형성되는 곳은 대체로 사람들이 많이 다니는 곳이다. 시청이나 면사무소 또는 교회가 있는 마을 중심지의 비교적 너른 공터이거나 역이나 항구 근처가 시장이 되는 것은 바로 이런 이유 때문이다. 처음 이런 곳에 몇몇 사람들이 교환하기 위해 자신의 물건을 가져와 장을 펼쳐 교환이 성사되면, 그 사람들은 다시 이런 교환을 위해 이곳에 나올 것이다. 이곳을 지나다니던 사람들도 이런 교환의 모습을 목격하게 되고 그들은 자신의 필요품을 교환하고자 할 때 이곳에 오면 되겠다는 마음을 갖게 될 것이다. 그러다 보면 자연스럽게 교환을 원하는 사람들이 그곳에 모이게 된다. 그곳에 가면 내 것을 원하는 사람 또는 내가 원하는 것을 찾기가 용이하다는 사실을 알기 때문이다.

그렇지만 사람들이 교환해야 할 물건들을 매일 갖고 있는 것도 아니며 일하지 않고 노는 것도 아니기 때문에, 그곳에 사람들이 항상 붐비지는 않을 것이다. 사람들이 불규칙적으로 간혹 시장에 나타나면 욕구의 동시충족을 찾아내기란 여전히 어려운 일임이 분명하다. 그러나 특정 시점을 정해서 그날 거래하고자 하는 모든 사람들이 모이자고 명시적으로 또는 암묵적으로 약속하면 교환당사자를 찾는 것이 보다 수월해질 것이다. 그렇게 해서 생긴 시장이 10일장 내지 5일장과 같은 장이다.[1]

직접교환을 보다 수월하게 하기 위해 사람들은 날을 정해 정기적으로 시장이 열리도록 했다.

1.2 직접교환의 한계와 간접교환의 등장

정기적으로 서는 장에는 교환을 위해서 나가는 사람들도 있겠지만 어떤 물건들이 나와 있는지를 알고 싶어서, 단지 구경하기 위해서, 지인들을 만나기 위해서 그곳에 가는 사람들도 있다. 이들은 장에 나와 있는 많은 물건들을 보면서 풍요로움의 욕구를 알게 모르게 새롭게 품는다. 물론 교환을 위해서 장에 가는 사람들도 집에서는 생각하지 못한 물건들을 발견하기도 한다. 이들은 장에 나와 있는 제품들을 구입하기 위해 자신의 소비를 절약해 남긴 물건들을 장으로 갖고 오

1. 비록 직접교환은 아니지만, 중세에 시작된 무역박람회가 정기적인 시장개설의 대표적인 예이다. 대규모 매매를 하는 상인들은 조그마한 시골장으로는 장사를 할 수 없었다. 이를 위해 중세에는 유럽 각지에서 상인들이 모여들어 대규모 거래를 위한 장이 열렸다. 이것이 무역박람회이다. 무역박람회는 1년에 적어도 두 번 이상 열렸다. 프랑스 리옹은 무역박람회가 열리던 대표적인 장소이며 1년에 네 번씩 박람회가 개최되었다.(번스타인, 234～235) 오늘날 각국에서 개최되는 자동차 박람회, 프랑크푸르트 도서전, 라스베이거스의 세계 최대 IT 및 자동차부품 박람회, 라이프치히의 산업용 기계 박람회, 심지어 국내에서 개최되는 일자리 박람회 등은 이런 정기적인 시장개설의 흔적이다.

그림 9-1

간접교환
계란 생산업자가 신발을 구입하기 위해서는 제3자인 사과 생산업자를 거쳐야 한다. 이를 간접교환이라 한다.

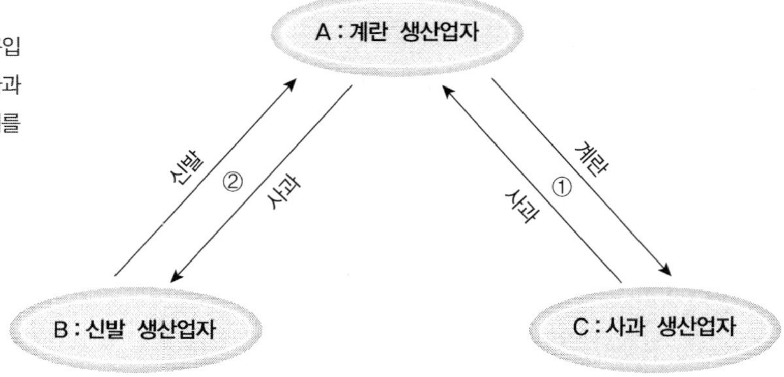

기도 하고 새로운 아이디어로 만든 제품들을 장에 내보이기도 한다. 장에 나오는 물품들은 다양해지고 그 수량도 많아지면서, 시장은 생동감이 넘치는 삶의 현장이 된다. 시장의 형성은 이처럼 교환을 수월하게 할 뿐만 아니라 교환 대상 품목들을 다양하게 하고 교환량을 증대시킨다. 시장경제가 번창할 수밖에 없는 이유는 개인의 내면적 욕구를 키우고 다양하게 하며 이를 실천에 옮기게 하는 시장 자체가 갖고 있는 이런 생동감 때문이다.

정기적으로 서는 시장만으로 직접교환의 불편함이 완전히 해소되지는 못한다. 욕구를 동시에 충족시켜 주는 당사자를 발견하는 것은 여전히 어려운 문제이기 때문이다.

그러나 정기적으로 서는 시장만으로 직접교환의 불편함이 완전히 해소되지는 못한다. 아무리 많은 사람들이 한곳에 모인다 하더라도 욕구를 동시에 충족시켜 주는 당사자를 발견하는 것은 여전히 어려운 문제이기 때문이다. 욕구의 동시 충족을 발견하지 못하는 불편함이 여전하면, 사람들은 또 다른 방법을 생각해 내기 마련이다. 이들은 직접교환을 일단 포기하고, 먼저 자신이 갖고 있는 것을 원하는 사람을 찾아 그 사람이 갖고 있는 것과 자신의 것을 교환한다. 그러고 나서 교환한 것을 자신이 원하는 것을 갖고 있는 사람과 교환하는 것이다. 이것을 간접교환이라 한다(Mi. TMC, 30～31). [그림 9-1]에 직접교환과 간접교환의 관계를 나타내었다.

그림에서 A와 B의 교환, 그리고 A와 C의 교환은 직접교환이다. 그런데 계란 생산업자인 A는 신발이 필요한데 신발을 갖고 있는 B는 계란보다 사과를 필요로 한다면, A와 B 사이에 교환은 일어날 수 없다. 만약 A가 여분의 신발을 갖고 있으면서 계란을 필요로 하는 사람을 도저히 발견할 수 없으면, 그는 직접교환에 의해서는 신발을 조달할 수 없다. 그런데 A의 계란을 원하면서 B가 원하는 사과를 갖고 있는 C라는 사람이 존재하면, A는 일단 C에게 계란과 사과를 교환하고 그 사과를 갖고 B의 신발을 교환할 수 있다. A가 원하는 것을 C라는 제3자를 거쳐 간접적으로 B와 교환한다는 의미에서 이를 간접교환이라 한다. 이 그림에서 A는 C라는 한 사람만을 통해서 신발 구입이 가능했지만, 여러 사람을 거쳐야만 하는 경우도 있을 것이다. 예를 들어 [그림 9－1]과는 달리 사과 생산업자가 계란을 원하는 것이 아니라 빵을 원하고 빵 생산업자가 비로소 계란을 원하는 경우이다. 이런 상황에서 계란 생산업자가 신발을 획득하기 위해서는 자신의 계란을 빵 생산업자의 빵과 일단 교환한 후 이를 다시 사과 생산업자의 사과와 교환한 후에야 비로소 그는 신발 생산업자로부터 사과를 주고 신발을 구입할 수 있다. 이 경우 [그림 9－1]의 신발 생산업자와 사과 생산업자 사이에 빵 생산업자가 들어가야 한다. 독자들은 충분히 이런 상황을 머릿속에 그릴 수 있을 것이다. 이것 역시 간접교환이다.

자신이 원하는 것을 제3자를 거쳐 교환하는 것을 간접교환이라 한다.

간접교환의 수단으로 사용된 사과를 원하는 사람들이 소수라면 이 사과를 갖고 자신이 필요로 하는 신발을 교환하기란 아직 어려운 일이다. 만약 사과가 많은 사람들이 원하는 제품이라면 A는 자신이 원하는 신발을 구입하기가 훨씬 수월해질 것이다. 이것은 자신이 원하는 것을 얻기 위해 거쳐야 하는 간접적인 제3자들의 수가 적어도 된다는 것을 의미한다. 보다 많은 사람들이 원하는 그래서 교환의 가능성이 높은 제품을 우리는 시장성(marketability)이 높은 제품이라 한다. 시장성이 높은 제품의 등장은 교환을 활발히 이루어지게 하고 교환의 범위를 획기적으로 넓힌다. 이 결과 분업화는 크게 진전되고 생산력은 증대되어 경제가 발전하게 된다.

보다 많은 사람들이 원하는 그래서 교환의 가능성이 높은 제품을 시장성이 높은 제품이라 한다.

또 이런 경우도 있을 것이다. 계란 생산업자는 지금 당장 신발을 사지 않아도 되지만, 한 달 뒤 신발을 반드시 사야 한다고 생각한다. 그런데 계란은 일주일이 지나면 부패해 버리기 때문에, 계란의 가치는 시간이 지날수록 급격히 떨어진다. 그래서 한 달 후까지 부패하지 않으면서 시장성이 높은 재화와 일단 교환해 놓는 것이 좋겠다는 생각을 할 것이다. 이 재화가 사과라면 그는 먼저 자신의 계란과 사과를 교환한 후 한 달 뒤 사과를 신발과 교환할 수 있을 것이다. 이처럼 시장성이 높은 재화를 통한 간접교환은 그에게 시간상의 불일치로 인해 욕구가 충족되지 못하는 문제를 해결해 준다. 특히 미래에 어떤 일이 일어날지 모를 경우, 시장성이 높은 재화와 일단 교환한 후 이를 미래에 대비한다면 그의 궁극적

시장성이 높은 재화를 통한 간접교환은 시간상의 불일치로 인해 욕구가 충족되지 못하는 문제도 해결해 준다.

인 목적에 크게 기여할 것이다.

간접교환은 직접교환의 불편함에서 자생적으로 생겨났고 가장 보편적인 교환의 형태로 발전했다.

요약하면, 제품의 특성과 욕구 동시충족의 어려움 때문에 직접교환이 성사되기는 쉽지 않다. 그래서 사람들은 시장성이 높은 재화를 자신의 소유물과 교환해 일단 확보한 후 적절한 시점과 적절한 곳에서 이것을 자신이 원하는 것과 교환함으로써 자신의 목적을 달성한다. 이것이 간접교환이다. 간접교환은 직접교환의 불편함에서 자생적으로 생겨났고 가장 보편적인 교환의 형태로 발전했다.

2. 상품화폐의 출현

Human-centered Principles of Economics, ch. nine

2.1 간접교환과 상품화폐의 등장

시장성이 높은 재화의 수요는 그 자체의 수요에다 간접교환 목적의 수요까지 합쳐 폭발적으로 증대한다. 이것이 화폐가 된다.

간접교환을 위해 사용되는 시장성이 높은 재화는 알게 모르게 사람들 사이에 인지된다. 다른 사람들도 간접교환을 목적으로 이 재화를 원한다는 사실은 이 재화를 갖고 있으면 자신이 원하는 것을 획득할 수 있다는 믿음을 생기게 하기 때문이다. 그래서 사람들은 시장성이 높은 재화와 시장성이 낮은 자신의 재화를 교환하려고 하는 경향이 빠르게 나타난다. 그러면서 시장성이 높은 재화의 수요는 그 자체의 수요에다 간접교환 목적의 수요까지 합쳐 폭발적으로 증대한다. 결국 이것은 많은 사람들에 의해 시장성이 가장 높은 교환의 매개물로 받아들여지게 된다. 교환의 매개물은 사람들이 이것을 갖고 자신의 소비나 생산의 목적으로 직접 사용하려고 하는 것이 아니라 훗날 이들의 소비나 생산에 필요한 재화나 서비스들을 교환할 목적으로 획득하려는 재화를 말한다. 교환의 매개물이 일정 지역 내의 거의 모든 교환에서 사용될 때, 이것은 화폐(money)가 된다. 상품이 화폐가 되면 이를 상품화폐라 하고, 금속이 화폐로 사용되면 이를 금속화폐라 한다. 상품화폐이든 금속화폐이든, 그것은 스스로의 가치를 지닌다는 점에서 오늘날 화폐로 통용되는 법정불환지폐와는 근본적으로 다르다.

인류 역사에 있어서, 금과 은은 화폐로서 치열하게 경쟁했다.

교환의 매개물로 사용되는 재화는 여러 개 존재할 수 있다. 이 중 하나의 재화가 유일한 화폐로 받아들여지기까지 이들 간의 경쟁은 피할 수 없다. 역사는 특정 교환매개물이 유일한 화폐로 통일되기까지 아주 긴 시간이 소요되었음을 말해준다.[2] 특히 화폐 지위 획득을 위한 금과 은의 경쟁은 인류 역사에 있어서 수백

년, 심지어 수천 년 동안 치열했다(Mi. HA, 33). 이것은 금과 은이 물리적이고 화학적인 속성에 있어서 서로 비슷하기 때문이다.

어느 한 재화가 교환의 주요한 매개물로 받아들여지고 있음에도 불구하고 이것을 교환의 수단으로 사용하지 않으면 자신이 원하는 제품을 구입하기가 불편하다는 사실을 즉시 느낄 것이다. 그래서 교환의 매개물로서의 지위 확보를 위한 경쟁이 계속되다가 가장 시장성이 있는 재화가 결국 유일한 간접교환의 매개수단이 된다. 지리적 제한이 교환을 힘들게 하지 않는 한, 그리고 교환을 억누르고자 하거나 또는 특정 재화가 공통의 화폐단위로 사용되는 것을 막고자 하는 특정 집단이 존재하지 않는 한, 시장의 힘은 결국 한 재화를 통일된 화폐로 이끈다.

역사는 경제공동체가 확장되어 가는 과정이다. 경제공동체가 다른 화폐를 사용하는 지역으로 확장함에 따라 일정 기간 동안 서로 다른 화폐가 하나의 경제공동체에 존재한다. 그러다가 시장성에 있어서 더 우월한 화폐가 통합된 화폐의 지위를 획득한다. 이를 거부하는 세력이 있더라도, 시장의 자연스러운 힘은 하나의 화폐체제로 나아가도록 하는 경향을 보이게 한다. 왜냐하면 다양한 화폐들이 한 경제공동체에 존재하면, 사람들이 교환에 있어서 많은 불편함을 느낄 것이기 때문이다.

2.2 상품화폐의 조건

어떤 재화가 상품화폐로 될 수 있는지의 여부는 재화의 가치, 크기, 분할의 용이성, 이동성, 내구성, 품질의 균일성, 그리고 품질 측정의 용이성에 달려 있다. 많은 사람들이 갖고 싶어할수록, 가치의 손상이 덜 되면서 분할이 용이할수록, 먼 거리 이동에 불편함이 적을수록, 즉 휴대하기 간편하도록 무게가 가볍고 부피가 작을수록, 오래 갖고 있더라도 부패하지 않으며 내구성이 높을수록, 품질이 균일할수록 상품화폐가 될 가능성이 높다. 크기가 작고 분할이 용이해야 하는 것은 교환대상 제품들 간의 세세한 비교를 용이하게 해주기 때문이다. 품질이 균일하고 품질 측정이 용이해야 교환의 매개물에 대한 신뢰를 담보해 줄 수 있다.

화폐가 되기 위해서는 시장성, 분할성, 이동성, 내구성, 품질의 균일성, 품질측정의 용이성이 높아야 한다.

2. 유럽의 18세기 중엽에도 한쪽에서는 지폐(은행권)가 유통되고 어음과 신용 거래가 활발히 이루어지고 있는 반면, 다른 한쪽에서는 임금으로 소금, 포도주, 기름이 지급되고 빵 가게나 맥주 집에서 돈 대신 못을 지불하기도 했다. 이것은 화폐가 주화, 지폐, 신용화폐 순으로 발전했다는 통념을 반박한다.(고병권, 58～59)

금이 화폐의 최고 상품으로 오르게 된 것은 금이 시장성이 매우 높고 분할성과 이동성, 가치의 견고성, 품질의 균일성 등 화폐의 요건에 가장 적합하기 때문이다. 대부분의 사람들이 금을 갖고 싶어한다는 사실은 금의 높은 시장성을 말해준다. 금이라는 상품 자체의 수요 동기는 장식적 이유뿐이다. 이 수요는 화폐로서의 금 수요에 비하면 조족지혈(鳥足之血)이다. 금이 장식용을 넘어 화폐로서 수요됨에 따라, 금 수요는 엄청나게 증대했다.

한국의 경우 1960년대까지만 하더라도 농촌에서는 쌀이 자주 상품화폐로 사용되었다(손완표, 197). 이것은 쌀의 분할성이 뛰어나 화폐의 단위를 세분화할 수 있었기 때문이다. 분할성의 관점에서만 보면 쌀이 옷감이나 여타 상품들보다 화폐로서 유리하다. 쌀은 1톨까지 작은 단위로 나눌 수 있고 아무리 작게 나누더라도 상품으로서의 가치가 없어지는 것이 아니다. 게다가 하루하루를 근근이 살아가는 사회에서 많은 사람들이 공통으로 가장 원하는 물품은 쌀이다. 이런 점에서 쌀은 여타 상품들보다 시장성이 높고 화폐로 될 가능성이 크다. 그러나 쌀은 무게가 많이 나가기 때문에 휴대와 이동이 불편하다. 그래서 쌀은 단지 어느 한 지역 내에서 거래의 매개 상품으로 유용하게 사용되었을 뿐이다.

2.3 역사 속에 나타난 상품화폐의 종류

화폐는 일반적으로 교환이 이루어지는 지역 안에서 이용 가능한 상품들 중에 선택된다. 교통수단이 잘 발달되어 있지 않고 지리적인 조건에 의해 크게 제한을 받던 과거에는 공간적으로 고립된 지역마다 상이한 화폐가 통용되었다. 또한 좁은 지역 안에서도 여러 개의 교환 매개물들이 존재하기도 했다. 지역마다 통용되는 화폐가 다르며 한 지역 안에서도 교환 매개물이 여러 개 존재한다는 사실이 화폐의 개념과 의미를 퇴색시키지 않는다. 교통수단의 미비로 인한 한정된 공간과 교환수단들 간의 경쟁을 생각하면 이것이 오히려 자연스러운 인간 행위의 결과이다.

교통수단의 미비와 지리적 한계는 지역마다 상이한 화폐가 통용되도록 했다.

수렵생활이 중심이었던 원시시대에는 동물의 털과 가죽이 주로 화폐로 사용되었으며(안재욱, 47), 바닷가 근처에는 조개를 화폐로 사용한 흔적도 있다. 이 외에도 역사적으로 사용된 화폐는 무수히 많다. 청동기와 철기 시대의 화살촉, 농경사회의 곡물, 중국 주나라에서 화폐로 사용되었던 옷감, 식민지 버지니아(Virginia)의 담배, 서인도의 설탕, 스코틀랜드의 못, 고대 이집트의 동, 구슬, 붉은 조개 등 그 수는 헤아릴 수 없이 많다(Ro, 192). 암염(巖鹽)으로 된 막대 소금은 19세기 말까지 에티오피아에서 화폐로 쓰였다. 영어 단어 '월급(salary)'은 로마 제국의 일부에서 소금(salt)을 화폐로 사용했던 사실에서 기원한다(리테어, 330). 남태평양의 소국 바누아투의 원주민 마을에는 지금도 돼지이빨, 돗자리, 그리고 조개가 화폐로 사용되고 있다(EBS, 2009. 8. 27). 한국전쟁 중 거제도 포로수용소에서 포로들이 담배를 화폐로 사용했다는 것은 널리 알려진 이야기이다. 이 상품들은 대체로 부패의 우려가 없고 분할도 용이한 데다 작으며 내구성이 있고 그 시대 그 지역의 사람들이 선호하는 것들이다.

2.4 화폐의 명칭과 단위

어떤 물품이 화폐로서 널리 받아들여지면, 그 화폐의 명칭은 그다지 중요하지 않다. 역사 속 인물의 이름을 받아들여 명칭을 부여할 수도 있고 지역적 특성을 살린 명칭도 있을 수 있다. 어떤 명칭을 부여해도 된다. 중요한 것은 명칭과 관련된 화폐의 단위이다. 화폐의 단위는 그 물품의 특성에 따라 달라진다. 특정 옷감이 화폐로 사용되면 옷감의 길이가 화폐의 단위가 될 것이고, 쌀이 화폐로 사용되면 이것의 무게가 화폐단위로 사용될 것이다.

화폐에 어떤 명칭을 부여해도 경제적 의미는 없다.

특정 옷감이 화폐로 사용된다고 하자. 옷감의 길이 단위로는 필(匹)과 단(段)이 있다. 한 필은 2단이다. 옷감 한 필을 세종이라 하고, 한 단을 율곡이라 이름붙이자. 생선 10마리를 팔고 세종 2단위를 받았다면, 그는 생선 10마리를 옷감 2필과 교환한 것이다. 그리고 2개의 세종은 4개의 율곡과 같다. 좀더 조그마한 물품과 교환하기 위해서는 세종과 율곡보다 더 짧은 길이의 명칭이 동원되어야 한다. 이처럼 각 단위마다 다양한 명칭을 부여할 수도 있고, 100세종, 10세종, 1세종과 같이 화폐의 명칭을 하나로 하고서 그것의 배율로 동일한 이름을 계속 붙일 수도 있다. 옷감 한 단의 단위를 '원'이라고 부르면, 우리의 현재 화폐 단위처럼 각 단위를 천원, 만원 등으로 부를 수 있다. 이때 천원은 지금 우리가 사용하고 있는 종이돈 천원이 아니라 옷감 천 단이다.

2.5 화폐와 유동성

유동성이란 특정 물품이 자신이 원하는 재화나 용역을 구입하는 데 얼마나 용이하고 빠르게 사용될 수 있는지의 정도를 말한다. 따라서 시장성이 높은 상품

특정 물품이 재화나 용역 구입에 용이하게 사용될 수 있는 정도를 그 물품의 유동성이라 한다.

일수록 유동성이 높다고 말할 수 있다.[3] 유동성은 시장성의 다른 표현이라고 이해해도 된다. 예를 들어 신발 생산업자가 신발을 갖고 사과를 구입하기 위해서 거쳐야 하는 제3자의 수가 많거나 간접교환에 걸리는 시간이 길다면 신발은 시장성 또는 유동성이 낮다고 말한다. 반면에 금은 시장성이 높아 금을 갖고 있는 사람이 사과를 구매하려면 중간에 다른 물품과 교환할 필요 없이 즉시 사과를 구매할 수 있다. 그래서 금은 유동성이 높다고 한다.

3. 자생적 질서로서의 화폐

스스로 만들지 않더라도 자신이 원하는 것을 가질 수 있는 합법적인 유일한 방법은 교환이다. 그 교환을 보다 수월하게 이끌어내고, 그 교환의 범위와 대상을 확대시키기 위한 방도가 시장이고 화폐이다. 앞 절에서 시장이 형성되고 화폐가 등장하는 과정을 살펴보았다. 그 과정은 누가 시키거나 명령해서, 또는 사전에 의도해서 기획된 것이 아니다. 사회관계 속에서 자생적으로 형성된 질서이다.

화폐 사용이 모두에게 편리함을 제공하면, 화폐는 모두가 공유하는 지식이 된다. 이것이 화폐가 자생적으로 하나의 경제질서로 형성되는 과정이다.

특정 요일과 특정 장소에서 열리는 시장과 거기에서 일반적으로 받아들여지는 화폐는 한 공동체 내의 모두가 공유하는 지식이 된다. 이 지식은 사람들 사이에 알게 모르게 형성된 것이다. 이것이 시장과 화폐가 자생적으로 하나의 경제질서로 형성되는 과정이다. 이 질서는 공동체 구성원 각자로 하여금 다른 구성원들의 행동에 관해 일관된 개념을 갖게 하고 자신의 행동을 합리적으로 결정하게 해 준다. 즉, 이 질서로 인해 이들은 어느 날 어느 곳에 가면 자신의 물건과 자신이 원하는 물건을 교환할 수 있다는 사실을 알게 되고 이 사실에 맞추어 자신의 행위에 관한 모든 결정을 조절할 수 있다. 시장과 화폐가 경제질서로서 안정적으로 지속되면, 그것은 불확실성을 크게 줄여주어 사람들의 삶을 번성하게 하는 기초를 마련해 준다.

그러나 마르크스(K. Marx, 1818~1883)와 베버(M. Weber, 1864~1920)는 화폐가 자유로운 교환경제 속에서 자생적으로 형성된 것이 아니라고 했다. 마르크스는 "자연 자체는 환율이나 은행가를 낳지 않듯이, 화폐도 낳지 않는다" 고 했

---

3. 현대 화폐경제에서, 유동성은 소유한 물품을 손실 없이 얼마나 빨리 현금화할 수 있는지로 정의된다.

다(고병권, 51). 이것은 마르크스가 화폐를 자연적 질서와 인위적 질서의 관점에서만 바라보았음을 추측하게 한다. 그는 아마도 자생적 질서의 존재를 알지 못한 듯하다. 자연적 질서는 지속적인 인간 행위의 결과가 아니라 유전적으로 고착된 사회적 행동의 본능적 가치와 태도에 의해 형성되는 질서이다. 시장과 화폐는 자연이 낳은 것이 아니라 자신의 이해관계를 추구하는 과정에서 저절로 형성되어 일정한 표본으로 고착된 자생적 질서이다. 자연적 질서가 유전자적으로 고착되어 나타나는 질서라면, 자생적 질서는 화폐와 같이 다른 사람들과의 어울림 속에서 나타나는 사회적 질서이다.

마르크스와 베버는 화폐가 자생적으로 형성된 질서임을 이해하지 못했다.

베버도 "일반화된 교환수단으로서의 화폐기능은 대외 상업에서 시작되었다"고 하며(고병권, 52) 자생적 질서로서의 화폐를 부인했다. 베버와 마르크스가 말하는 화폐는 한 국가를 대상으로 하고 국가의 강제력에 의해 통용되는 화폐를 말하는 듯하다. 이것은 국가가 법령 등을 통해 지정하는 화폐로서 자생적으로 형성되는 화폐와는 다르다. 그것은 국가의 정치적 의도에 의한 인위적 질서로서의 화폐이다. 국가가 정치적으로 특정 화폐를 지정하면, 자생적으로 형성된 상품화폐의 통용은 당연히 금지된다.

마르크스와 베버는 인류 역사에서 자생적으로 형성된 특정 상품화폐가 광범위한 지역에 통용된 적이 없기 때문에, 이들은 화폐에 대해 이런 견해를 가졌을지 모른다. 교환경제가 한 나라를 넘어 세계 전 지역에 걸쳐 누구에게나 활발히 전개된 것은 최근의 역사이다. 실제로는 교환이 전혀 이루어지지 않은 것은 아니지만 그래도 자급자족이 지배하던 생활이 인류 역사의 대부분을 차지한다. 1900년대 중반만 하더라도 100가구 남짓 하는 한국의 시골 마을에서 이 마을을 한 번도 넘어서지 않고 평생을 그곳에서 살다 죽은 사람들도 있었을 것이다. 소수의 사람들만이 그 마을을 넘어 수십 내지 수백 킬로미터 떨어진 다른 지역의 사람들과 소통했을지 모른다. 그러므로 화폐라는 것이 지역마다 다를 수 있고 좁은 지역 안에서만 통용되었다는 것은 자연스러운 현상이다. 교통과 통신이 발달해 교환이 한 나라 안에서 광범위하고 활발히 일어났다면 국가의 개입이 없더라도 전국적인 화폐는 자생적으로 생겨났을지 모른다. 사람들이 간접교환이 주는 이득을 인식해 화폐를 하나의 제도로 자생적으로 형성하게 했다는 주장이, 사회개혁가나 천재가 전체적인 사회를 구상하고 이를 위해 화폐를 도입했다는 것보다 훨씬 설득력 있고 있음직한 일이다(Mi. HA, 403).

4. 화폐의 기능

화폐는 교환의 매개수단으로서 등장했다. 그래서 교환을 매개하는 기능이 화폐기능의 모든 것이라 말해도 무방하다. 대부분의 경제학자들은 화폐의 이런 저런 기능들을 교환의 매개기능에 추가하고자 하며 경제학 교과서에도 그렇게 기술되어 있다. 그러나 다른 모든 기능들은 교환의 매개수단 기능에서 파생되었을 뿐이다. 교환의 매개물로 봉사하는 것이 화폐의 유일한 기능이다(Mi. TMC, 34~35 ; Mi. HA, 398). 교환의 매개수단으로서의 화폐기능 외에 이런저런 기능들을 열거하는 것은 화폐의 핵심 기능인 교환의 매개수단 기능의 중요성을 희석시킬 뿐이다. 그래서 화폐기능의 핵심을 보지 못하는 우를 범할 수 있게 한다. 아래에서는 우리가 종종 화폐기능이라고 하는 것들이 화폐의 교환의 매개기능에서 파생되었음을 설명한다.

일정 기간 동안 일한 대가를 화폐로 지불한다는 것은 일한 대가와 화폐를 교환한다고 말해도 무방하다.

먼저 화폐의 지불수단 기능부터 살펴보자. 우리가 노동 서비스를 제공하면서 매 순간 그 대가를 받는 것이 아니다. 일정 시점이 지난 뒤, 예를 들어 한 주나 한 달 뒤에 해당 기간 동안의 대가를 모두 계산해 화폐로 지불받는다. 그러면 이것은 화폐의 교환기능이라기보다 지불수단으로서의 기능으로 해석하는 것이 이해하기 쉽다. 은행 이자를 한 달이나 1년 뒤에 화폐로 수령하거나, 외상으로 거래한 후 일정 기간 뒤에 화폐로 청산하는 것도 화폐의 지불수단으로서의 기능이다. 틀린 말은 아니다. 그러나 이런 화폐의 지불수단 기능은 용어 선택만 달리했을 뿐 교환의 매개수단 기능과 다를 바 없다. 한 달 동안 일한 대가의 교환으로 월급을 받는다고 해도 문제될 것이 없기 때문이다.

거래의 회계단위(unit of account)로서의 화폐기능을 말하기도 한다. 일정 기간 동안 우리는 많은 상품을 시장에서 거래한다. 거래의 성과를 알기 위해서 이를 대차대조표나 손익계산서의 형태로 장부에 기재해 놓을 필요가 있다. 이때 거래 내역은 통일된 하나의 회계단위로 기재되어야 그 거래의 내용을 일목요연하게 볼 수 있다. 그래야만 다양한 물질적 특성을 지닌 재화나 서비스를 비교할 수 있고 미래의 사업계획을 세울 수 있다. 이것은 상품 간의 상대가격을 알 수 있게 한다는 것과 동일한 의미이다. 사과 1개는 빵 몇 개와 교환되어야 하는지를 추정하기는 쉽지 않다. 그러나 사과 1개는 화폐 몇 단위와 교환되고, 빵 1개는 화폐 몇

화폐가 교환의 매개수단으로 사용되면 그것은 자연히 회계단위의 기준이 된다.

단위와 교환되는지를 안다면 쉽게 사과와 빵의 교환비율을 추정할 수 있다. 그러나 이것을 화폐의 기능이라고 말하기에는 부적절하다. 왜냐하면 화폐가 교환의 매개수단으로 사용되면 그것은 자연히 회계단위의 기준이 되기 때문이다.

회계단위로서의 화폐기능을 종종 가치척도로서의 기능이라고 말하는 경우가 있는데, 이는 완전히 잘못된 설명이다. 왜냐하면 가격은 재화나 서비스의 가치를 나타내는 것이 아니기 때문이다. 가격은 개인이 세우는 경제계획을 행동으로 옮기게 하는 계산자 역할만을 할 뿐이다. 가격이 계산자 역할을 한다고 해서 그것이 가치의 척도인 것은 결코 아니다.[4] 시장경제를 이론적으로 명쾌하게 설명한 미제스(Ludwig v. Mises)는 저명한 경제학자들조차 가격을 가치척도로 이해하는 것을 안타까워했다.

회계단위로서의 화폐기능을 종종 가치척도로서의 기능이라고 말하는 경우가 있는데, 이는 잘못된 설명이다.

화폐의 또 다른 기능으로, 화폐가 신용거래를 활성화해 준다는 점을 강조하기도 한다. 예를 들어 3월 모심기할 무렵 6개월 뒤 추수기의 쌀을 인수한다는 조건으로 쌀 10kg당 3만원에 1톤을 구입하기로 계약했다고 하자. 이것은 현재의 300만원과 6개월 뒤 미래의 쌀 1톤과 교환하는 것으로, 화폐로 인해 미래의 쌀을 미리 확보할 수 있게 한다. 이를 화폐의 지연된(deferred) 지불기준으로서의 기능이라고 한다. 또 다른 예로 연 이자율 10%로 100만원을 현재 빌려주면, 이것은 현재의 100만원과 1년 뒤 미래의 110만원을 교환하는 것이다. 이것도 화폐가 지연되어 인도되는 물품에 대해서 지불하게 해주는 경우이다. 그런데 이것은 현재재로서의 화폐를 미래재와 교환한 것과 다를 바 없다.[5] 화폐가 없더라도 이런 거래는 가능하며, 화폐는 이런 신용거래를 보다 활성화해 줄 뿐이다. 사실 이것은 화폐기능을 설명하기 위해서 나온 개념이 아니라 화폐가치의 변화가 화폐 채무의 실질 금액에 어떤 영향을 미치는지를 분석하기 위해 도입된 개념이다(Mi. HA, 35).

화폐의 지연된 지불기준으로서의 기능은 현재재로서의 화폐가 미래재와 교환하는 것과 다를 바 없다.

화폐는 가치의 공간적 · 시간적 이동으로서의 기능을 수행하기도 한다. 이것 역시 교환을 위한 화폐의 매개수단 기능에서 나온 개념에 불과하다. 미국으로 이민 가려는 한국인은 한국 내에 있는 자신의 모든 자산을 미국으로 갖고 가고자 할 것이다. 그러나 부동산은 말할 것도 없고 동산(動産)마저 실물 그대로 갖고 가기란 불가능하다. 그는 이것들을 한국에서 모두 화폐로 교환한 후, 미국에서 다시

4. 가격과 가치의 개념은 이미 제5장과 제6장에서 각각 설명되었으며, 이 두 용어의 개념적 차이에 대해서는 제10장에서 보다 자세히 설명된다.
5. 현재재와 미래재에 대해서는 제17장(시간시장과 생산구조)에서 자세히 다룬다.

화폐의 자산이 시공간 이동을 용이하게 한다는 것은 화폐가 교환의 매개수단으로 한 번 더 등장한 것에 불과하다.

구매할 것이다. 화폐가 이동성과 휴대성이 있기 때문이다. 화폐의 이런 기능은 화폐가 교환의 매개수단으로 사용되기 때문에 나오는 부차적인 기능일 뿐이다. 이 사람이 국내에서 실물을 화폐로 미국에 가서 화폐를 실물로 교환할 때, 화폐가 교환의 매개수단으로 두 번 등장할 뿐이다.

화폐의 시간적 이동으로서의 기능은 교과서에서 일반적으로 가치저장 수단으로서의 기능으로 설명된다. 화폐가 되기 위해서는 시장성이 있어야 하고 시장성이 있기 위해서는 쉽게 상하지 않고 저장하기 수월해야 한다. 간접교환은 팔고 사는 과정이 분리되며 그 과정에 소요되는 시간은 짧게는 수분일 수 있지만 길게는 수년 또는 수십 년이 될 수도 있다. 이때 화폐는 자신이 원하는 제품이 등장할 때까지 그 가치를 저장해 주는 역할을 해준다고 볼 수 있다. 이것 역시 화폐의 교환을 위한 매개수단에서 나오는 부가적인 개념이며 화폐의 내구성에 이런 의미를 부여했을 뿐이다. 화폐 역시 여러 자산들 중의 하나이기 때문에, 가치저장이 다른 자산들이 가지지 못하는 화폐만이 갖는 유일한 기능이라고 말할 수 없다. 자산 목적으로 보유되는 화폐는 실제 거래에서 사용되지 않기 때문에 이 기간 동안 시장에서 교환의 매개물로 사용되지 못하고 있을 뿐이다.

화폐의 가치저장 수단으로서의 기능은 화폐의 내구성에 의미를 부여한 것에 불과하다.

어떤 제품이 교환의 매개물로 사용되지 않고 단지 지불수단이나 가치저장 수단으로만 사용된다면 이것을 화폐라 말할 수 없다. 과거에 화폐수단으로 사용되었다는 물품들 중에는 교환수단으로서는 거의 사용되지 않고 가치저장의 목적으로만 사용되었던 것들이 많다. 양과 말, 돼지와 소가 그 대표적인데, 기원전 7세기 호메로스(Homeros)는 『일리아드』에서 "글라우코스의 갑옷은 황소 9마리의 값과 같다"라고 썼다. 가축 수를 부의 기준으로 평가하는 것은 근대사회 이전 모든 곳에서 보편적으로 발견되는 현상이다(리테어, 57~60).

화폐가 교환의 매개물로 사용되지 않고 단지 지불수단이나 가치저장 수단으로만 사용된다면 이것을 화폐라 말할 수 없다.

화폐가 될 수 있는 기준에 비추어보면, 가축들은 교환의 매개수단으로는 적절하지 못하다. 그 크기가 너무 크며 산채로 분할하는 것은 불가능한데다, 가축의 이동 내지 휴대도 용이하지 않기 때문이다. 이들의 가치도 가축의 성장과 질병으로 늘어날 수도 있고 줄어들 수도 있다. 농경사회가 중심이었던 최근까지만 하더라도 가축은 한 집안의 가장 중요한 노동력과 양식을 제공하는 수단이기 때문에 재산 목록의 최상위에 놓였다. 그래서 모든 사람들이 가축 수를 늘리고자 했다. 이것은 그들이 가축을 교환의 매개를 위해서가 아니라 재산의 보유와 증식의 대상으로 바라보았음을 의미한다. 즉, 가축은 잡다한 물품의 교환을 위한 매개수단이기보다는 가치의 저장수단으로 중요하게 취급되었다. 그러므로 근대 역사 이

전에 가축이 화폐의 수단으로 널리 사용되었다는 주장은 다시 검토되어야 한다.

역사 속에서 사용되었다고 하는 화폐들 중에는 교환을 위한 매개수단보다 지불수단으로만 사용된 경우도 있다. 예를 들어 결혼 시 신부에 대한 대가로, 범죄에 대한 벌금으로, 종교의식에 참여하는 상징으로, 부족장에게 바치는 선물 등으로 여러 물품들이 사용되었다. 조선시대 병역을 면제해 주고 대신 지불해야 했던 군포(軍布)인 삼베나 무명도 지불수단으로만 사용되었던 대표적인 예이다. 이것들은 교환의 매개물이 아니라 지불수단으로만 사용되었을 뿐이다. 교환의 매개물로서 사용되지 않으면서 단지 가치의 저장수단이나 지불수단으로만 사용된다면 그것은 화폐가 아니다. 화폐의 유일한 기능은 교환의 매개물로서의 기능이다.

5. 화폐경제의 특징

5.1 구매자와 판매자의 명확한 구분

화폐를 모든 교환의 매개물로 사용하는 경제를 화폐경제라 한다. 화폐는 시장에서 구매자와 판매자를 확연히 구별해 준다. 물물경제에서 거래당사자는 상대방의 재화를 사고자 하는 구매자인 동시에 자신의 재화를 내놓는 판매자이기도 했다. 화폐경제에서의 모든 교환은 재화와 화폐 간의 교환이다. 그렇지만 일반인들은 화폐를 제외한 다른 재화의 관점에서만 구매와 판매를 규정한다. 재화를 구매하기 위해 화폐를 내놓는 사람을 구매자라 하고, 화폐를 가져가기 위해 재화를 내놓는 사람을 판매자라 한다. 매매되는 재화의 관점에서만 보면, 누구든지 구매자인 동시에 판매자일 수는 없고, 재화를 사는 사람만이 구매자이고 그것을 파는 사람만이 판매자가 된다.

화폐를 사용하는 경제를 화폐경제라 한다. 화폐는 시장에서 구매자와 판매자를 확연히 구별해 준다.

5.2 모든 제품의 가격을 화폐단위로 표현

화폐가 등장하기 전의 직접거래에서 교환되는 대상들은 분할하는 데 한계가 있기 때문에, 교환되는 가격을 넓게 그리고 대충 정할 수밖에 없었다. 소 1마리와 돼지 5마리 이런 식으로 말이다. 그러나 화폐는 아주 작은 단위로 분할이 가 화폐경제는 모든 제품의 가격을 화폐단위로 나타내며, 교환당사자들은 화폐를 통해 교환대상물에 대한 가치를 세세하게 나타낼 수 있다.

능하기 때문에, 교환당사자들은 화폐를 통해 자신이 생각하는 교환대상물의 가치를 아주 세세하게 나타낼 수 있다. 화폐의 단위로 나타낸 교환가격을 절대가격이라 한다.

제품의 가격을 직접교환에서와 같이 상품으로 표현하든 간접교환에서처럼 화폐로 나타내든 교환이 의미하는 바는 전혀 달라지지 않는다. 빵 1개를 천원에 구입한 사람은 빵 1개를 천원보다 선호하기 때문에 빵을 구입한 것이고, 빵 1개를 천원에 판 사람은 빵 1개보다 천원을 선호하기 때문에 빵을 판 것이다. 화폐의 등장이 모든 인간 행위가 주관적 가치판단에서 이루어진다는 인간 행위의 공리를 훼손하는 일은 없다. 단지 모든 제품을 '원'이라는 화폐단위로 일률적으로 나타냄에 따라 제품 간의 선호 비교가 직접교환 때보다 월등히 수월하고 섬세해졌으며, 이에 따라 교환이 확대될 수 있는 계기가 마련되었을 뿐이다.

생각하기

01. 직접교환의 어떤 문제 때문에 간접교환이 발생하는가?

02. 어떤 상품이 '시장성(marketability)이 높다'고 할 때, 시장성은 무엇을 의미하는가? 시장성과 유동성은 같은 개념인가?

03. 어떤 상품이 화폐가 될 수 있는가?

04. 오늘날 모든 국가들은 법정불환지폐를 화폐로 사용한다. 이런 화폐경제는 자생적으로 형성된 질서인가, 아니면 인위적으로 형성된 질서인가?

05. 혹자는 화폐의 기능으로서 지불수단, 회계단위, 신용거래 활성화, 가치의 시공간 이동, 가치저장을 들기도 한다. 그러나 이 모든 기능들은 화폐의 교환의 매개수단 기능에서 파생된 기능들이다. 위에서 열거한 기능들이 어떤 이유로 교환의 매개수단에서 파생된 기능이라고 말할 수 있는지를 설명하라.

06. 화폐를 가치척도의 기능을 수행한다고 말하는 것은 잘못이다. 왜 그런가?

07. 화폐를 모든 교환의 매개물로 사용되는 경제를 화폐경제라 한다. 화폐경제가 들어서면 화폐가 없던 경제와 확연히 달라지는 특징을 두 가지 들어라.

시장가격의 결정

Human centered

Principles of Economics

ch. ten

1

1. 시장가격의 의미

1.1 가치와 가격

1.2 화폐경제에서의 가격

1.3 이 책에서 말하는 화폐—상품화폐

1.4 절대가격과 상대가격

2. 개인의 선호에 의한 교환비율 결정

2.1 한 명의 판매자와 한 명의 구매자

2.2 한 명의 판매자와 다수의 구매자

2.3 한 명의 구매자와 다수의 판매자

2.4 다수의 판매자와 다수의 구매자

3. 시장가격 결정 : 수요-공급 접근

3.1 한 개만을 사고파는 경우

3.2 여러 개를 사고파는 경우

4. 시장가격 결정 : 보유-재고 접근

4.1 보유와 재고의 개념

4.2 보유곡선과 재고곡선

4.3 균형가격의 결정과정

5. 가격결정 설명에 있어서 일반 경제학 교과서와 다른 점

이 장에서는 일반 재화의 시장가격이 어떻게 결정되는지를 설명한다. 제9장에서 간접교환과 화폐의 출현을 살펴본 것은 이 장을 위해서이다. 이제 모든 제품의 가격을 화폐로 표현할 수 있게 되었다. 시장가격의 결정과정은 개인의 선호로부터 시작한다. 앞으로 이어질 시간시장과 화폐시장도 일관되게 개인의 선호에 의해 구축될 것이다.

이 장에서는 먼저 한 명의 판매자와 한 명의 구매자만이 있는 아주 단순한 시장에서 출발해 다수의 판매자와 다수의 구매자가 있는 경우까지 확장하여, 교환비율이 개인의 선호에 의해 어떻게 결정되는지를 설명한다. 이를 바탕으로 수요-공급의 접근에 의해 시장가격의 결정과정을 살펴본다. 개인의 선호에 바탕을 둔 또 다른 접근 방법으로, 시장가격이 결정되는 과정을 소개한다. 그것은 보유-재고 개념에 입각한 방법이다. 이 방법은 식료품과 같이 새롭게 시장에 나오는 수량보다 주택시장과 같이 이미 누군가가 구매한 후 소유하고 있는 수량이 훨씬 많은 시장을 분석할 때 유용하다. 끝으로 시장가격의 결정과정을 설명하는 데 있어서 이 책의 접근방법이 기존의 경제학 교과서들과 다른 점을 요약한다.

1. 시장가격의 의미

1.1 가치와 가격

두 상품이 두 사람의 가치척도상에서 다른 순서로 중요할 때 교환이 이루어진다. 이때 드러난 교환비율이 가격이다. 즉, 가격은 교환된 두 상품 중 하나의 상품으로 표현된 두 상품 간의 교환비율이다. 예를 들어 연필 5자루를 빵 2개와 교환했다면, 빵 1개의 가격은 연필 2.5자루이고 연필 1자루의 가격은 빵 0.4개라는 식이다. 가격은 교환을 통해 실제로 드러난 교환비율로서 객관적이지만, 이것은 교환당사자들의 재화에 대한 주관적인 가치판단들이 교환과정에서 조정된 결과이다. 즉, 교환당사자 각각이 생각하는 연필과 빵에 대한 가치에 비추어볼 때, 그들이 일정한 교환비율로 각자가 갖고 있는 것을 교환하면 서로가 이득을 볼 것이라고 기대할 때 교환이 일어나고 이때의 교환비율이 이 두 재화의 가격이 된다.

그러므로 가치와 가격은 엄연히 다른 개념이다. 한 재화에 대한 가치는 개인의 주관적이고 심적인 평가인 데 반해, 가격은 다른 재화와의 교환을 통해 실제로 드러난 교환비율이다. 시장경제에서 체결되는 가격은 어떤 경우에도 시장가격이다. 가치는 양이나 크기로 표현될 수 없고 분할 · 합산 · 차감할 수 없다. 이에 반해 가격은 양이나 크기로 표현되기 때문에 분할 · 합산 · 차감이 가능하다. 우리가 경제계산을 할 때 명시적으로 다루는 것은 제품의 가격이지 가치가 아니다.

재화의 가치는 개인의 주관적이고 심적인 평가인 데 반해, 가격은 다른 재화와의 교환을 통해 실제로 드러난 교환비율이다.

그러나 시장경제에서는 가격과 가치가 서로 얽혀 있다. 사람들은 시장에서 형성된 특정 상품의 가격을 보고 그것의 가치를 생각하며, 이 가치의 바탕 위에서 가격이 형성된다. 시장에서 드러나 있는 가격은 항상 과거의 가격[1]이기 때문에, 가격과 가치의 관계를 다음과 같이 요약할 수 있다. 과거에 형성된 가격들이 개인의 가치를 형성하고, 그 가치가 미래의 가격들을 형성한다. 그렇다고 해서 과거가격들이 미래가격 형성에 영향을 미친다고 말할 수는 없다. 단지 과거가격들은 미래가격을 예견하는 데 고려되는 출발점일 뿐이다. 과거가격들이 존재하지 않더라도 경제주체들이 경제계산을 할 때 시장여건을 고려해 미래가격을 예상할 수 있기 때문이다(Mi. HA, 331~335). 과거가격들의 존재는 경제주체로 하여금 미래가격들을 예견하는 데 시행착오를 크게 줄여주어 시간과 자원이 낭비되는 것을 막아준다.

1.2 화폐경제에서의 가격

화폐경제에서 교환은 항상 화폐라는 한 재화와 다른 재화의 교환이기 때문에, 모든 교환에서 화폐는 언제나 교환의 한쪽 대상이 된다. 그래서 우리는 교환과정과 이를 통한 가격 형성을 화폐가 아닌 상대 재화의 관점에서만 보게 되므로 화폐도 거래된다는 사실을 잘 인식하지 못한다. 구매자와 판매자는 재화를 사고팔려는 사람만을 말하고, 화폐를 재화단위로 부르는 일은 없으며 재화를 화폐단위로 나타낼 뿐이다. 화폐가 가격의 유일한 지표로 사용되며 가격은 특정 상품 한 단위를 구입하기 위해 지불해야 하는 또는 그것의 판매에서 수령해야 하는 화폐액수로 나타난다.

화폐경제에서는 화폐가 가격의 유일한 지표로 사용된다.

예를 들어 연필이 화폐로 사용되면, 어떤 교환에서도 가격은 연필단위로 표

1. 시장에서 우리가 만나는 가격 모두는 직전에 결정된 과거의 가격이며 현재가격은 없다(Mi. HA, 333).

현된다. 빵 한 개의 가격은 연필 3자루이고, 지우개 한 개의 가격은 연필 0.5자루라는 식으로 말이다. 만약 화폐가 연필이 아니고 금화로서 그 단위의 명칭을 '원'으로 부른다면, 모든 제품의 가격은 항상 '원' 단위로 표현된다. 빵 1개의 가격은 500원이고, 자동차 1대의 가격은 2,000만원이라는 식이다.

1.3 이 책에서 말하는 화폐—상품화폐

이 책에서 화폐의 단위 명칭은 한국인에 익숙한 '원'으로 할 것이다. 명심해야 할 것은 이때의 '원'은 특별한 언급이 없는 한, 한국은행이 공급하는 현재의 법정불환지폐가 아니라 금화의 단위이다. 현재(2012년 11월 14일) 순금 1돈(=3.75g)의 시세가 262,900원임을 감안해 만원은 순금 약 0.14g을 부르는 명칭이다. 이 책에서 말하는 화폐는 금속본위 화폐로서 일반 재화와 다를 바 없이 상품으로서의 가치를 갖고 있으며, 만약 이것이 지폐로서 유통된다면 언제든지 금속으로 태환 가능함을 전제로 한다.

이 책에서 말하는 화폐는 금속본위 화폐로서 언제든지 금속으로 태환 가능함을 전제로 한다.

이 책이 이를 고집스럽게 유지하는 것은 화폐를 상품화폐로 해야만 시장경제를 올바르게 이해할 수 있기 때문이다. 시장경제는 개인 간에 자생적으로 형성된 교환의 네트워크이고, 정부와 같은 강제력을 동원하는 세력이 없다. 그러므로 이곳에는 정부가 독점으로 공급하는 법정불환지폐가 존재하지 않는다. 이런 순수한 곳에서만이 교환의 의미를 바로 이해할 수 있다. 거의 모든 사람들은 시장에서 물건을 구입하는 것이 교환행위라는 사실을 잘 인식하지 못한다. 시장에서 물건을 사고 돈을 지불한다고 하지, 그 물건과 화폐를 교환한다고 말하지 않는다. 화폐를 단지 지불수단으로만 이해할 뿐이다. 이는 대부분 사람들이 돈은 그 자체로서의 가치를 전혀 갖고 있지 못하다고 인식하고 있기 때문이다. 만약 화폐가 그 자체로서의 가치를 지니고 있다면 사람들은 물건을 사는 행위, 그리고 파는 행위가 교환행위임을 분명히 인식할 것이다.

금속본위 화폐를 가정하는 이유는 시장과 교환을 올바르게 이해하고, 현대경제의 병폐가 어디에서 연유하는지를 보여주기 위함이다.

또 다른 이유는 순수한 시장경제의 운영 모습을 보여줌으로써, 현대경제의 병폐가 어디에서 연유하는지를 분명히 보여줄 수 있기 때문이다. 화폐는 교환의 매개수단으로서 거의 모든 거래에 간여한다. 그러므로 화폐가 시장의 명령이 아니라 정부의 자의적인 판단에 따라 공급된다면, 시장이 보내는 신호는 왜곡되어 경제주체들에게 전달되고 이들은 경제행위에 관한 의사결정을 잘못 내릴 수 있다. 현대경제의 거의 모든 심각한 병폐는 국가가 법정불환지폐를 독점적으로 공급하기 때문에 일어난다고 해도 과언이 아니다.

1.4 절대가격과 상대가격

화폐단위로 표현된 가격을 절대가격이라 하고, 절대가격으로 상품들 간의 가격을 비교한 것을 상대가격이라 한다. 예를 들어 빵 1개의 가격은 500원, 미장원에서의 머리손질 서비스 1단위의 가격은 10,000원과 같이 화폐단위로 나타낸 제품의 가격이 절대가격이다. 이 가격들을 기준으로 해서 미장원에서의 머리손질 서비스 1단위의 가격은 빵 20($=\frac{10,000}{500}$)개이고, 빵 1개의 가격은 미장원에서의 머리손질 서비스 0.05($=\frac{500}{10,000}$)개라고 말할 수 있다. 이처럼 한 재화의 가격을 절대가격의 비교를 통해 다른 상품의 단위로 표현한 것을 상대가격이라 한다.

절대가격을 통해 한 재화의 가격을 다른 재화의 단위로 비교할 수 있다. 이것을 상대가격이라 한다. 그러나 상대가격이 이 두 재화 간의 교환비율을 의미하는 것은 아니다.

상대가격을 통해 우리는 두 재화에 관한 가상의 교환비율을 알 수 있다. 그러나 상대가격이 두 재화의 실질적인 교환비율을 나타내는 것은 아니다. 이것은 개별 재화의 절대가격을 기준으로 두 재화의 상대적인 가격을 비교한 것뿐이지, 교환당사자들의 주관적인 가치 평가에 의해 이루어진 교환비율을 나타내는 것이 아니다. 예를 들어 미장원에서의 머리손질 서비스 1단위의 가격이 빵 20($=\frac{10,000}{500}$)개라고 해서, 빵을 갖고 있는 사람과 머리손질 서비스를 갖고 있는 사람이 빵과 머리손질 서비스를 실제로 이 비율로 교환한다는 것이 아니다. 이들이 이 두 재화를 각자의 주관적인 가치판단을 통해 교환했을 때의 교환비율이 상대가격과 일치한다는 것은 우연에 불과하다.

2. 개인의 선호에 의한 교환비율 결정

제8장에서는 교환당사자 모두에게 이득을 가져다주는 교환비율의 범위를 생산 측면에서 살펴보았다. 그리고 이것이 당사자 모두의 만족 증진으로 이어질 수 있음을 증명해 보였다. 여기에서는 교환 본연의 의미로 돌아가서 개인의 선호에 바탕을 둔 교환비율의 범위를 설명한다. 이것은 이어지는 시장가격 결정의 기초가 되어줄 것이다.

2.1 한 명의 판매자와 한 명의 구매자

교환에서 변하지 않는 진리는 어떤 경우에도 구매자는 값싸게 구입하려고 하고 판매자는 값비싸게 팔려고 한다는 점이다. 구매자와 판매자가 각각 한 명일 경우, 개인의 선호에 의해 교환비율이 어떻게 결정되는지를 〈표 10-1〉을 통해 살펴보자. 여기에 빵을 갖고 있는 민수와 연필을 갖고 있는 윤지가 있으며, 이 둘의 선호순위는 〈표 10-1〉과 같다. 설명을 위한 아래의 예들에서 연필은 화폐와 같은 역할을 한다고 가정한다. 화폐를 현실감이 없는 연필로 한 것은, 상품을 사고 파는 것이 화폐와 교환하는 행위이며 그 화폐도 가치를 갖고 있다는 사실을 강조하기 위함이다. 독자는 연필 1자루의 명칭을 1달러라고 생각하면서 이 책을 따라 읽어도 된다. 〈표 10-1〉에 의하면 민수는 빵 1개보다 연필 2자루를 선호한다. 그가 빵 1개를 연필 2자루와 교환할 수 있다면 그는 기꺼이 교환에 임할 것이다. 반면에 윤지는 연필 5자루를 내주더라도 빵 1개를 갖고 싶어한다.

따라서 민수와 윤지는 아래와 같은 교환비율의 범위 안에서 서로가 갖고 있는 빵과 연필을 기꺼이 교환하게 될 것이다.

연필 2자루 ≦ 빵 1개 ≦ 연필 5자루

교환비율의 범위 안 어디에서 시장가격이 결정될지는 교환당사자의 협상력과 상대방의 선호를 꿰뚫는 힘에 달려 있다.

빵 1개가 교환비율의 범위 안에서 연필 몇 자루와 교환될지, 즉 빵 1개의 시장가격이 연필 몇 자루가 될지는 두 사람의 협상력과 상대방의 선호를 꿰뚫는 힘에 달려 있다. 윤지는 가능한 한 값싸게 빵을 구매하려고 할 것이고, 민수는 빵을 가능한 한 비싸게 팔려고 할 것이다.

표 10-1 **민수와 윤지의 선호순위표**

민수(판매자)		**윤지**(구매자)	
선호순위	**대상**	**선호순위**	**대상**
1	연필 5자루	1	빵 1개
2	연필 4자루	2	연필 5자루
3	연필 3자루	3	연필 4자루
4	연필 2자루	4	연필 3자루
5	빵 1개	5	연필 2자루
6	연필 1자루	6	연필 1자루

2.2 한 명의 판매자와 다수의 구매자

빵 판매자는 여전히 민수 혼자인 반면, 그것을 구매하고자 하는 사람은 윤지 외에도 경호가 더 있다고 하자. 이 경우 빵의 교환비율이 어떻게 결정되는지를 〈표 10-2〉를 통해 살펴본다. 민수는 연필 2자루 이상만 주면 기꺼이 빵 1개와 교환한다. 연필 3자루를 준다면 민수가 더 좋아할 것은 당연하다. 그러므로 민수가 빵 1개를 팔려고 하는 최저가격은 연필 2자루이다.

윤지는 빵 1개를 얻기 위해 연필 5자루를 내주고 싶지 않지만 연필 4자루라면 빵 1개와 교환하고자 한다. 연필 3자루에 빵 1개를 가질 수 있다면 윤지는 당연히 더 좋아할 것이다. 그러므로 윤지가 빵 1개를 구매하고자 하는 최고가격은 연필 4자루이다. 같은 이유로 경호가 빵을 구매하려는 최고가격은 연필 2자루이다. 그는 연필 3자루를 주고서 빵 1개와 교환할 의향은 없다.

윤지와 경호가 빵 1개를 구매하기 위해 최고로 지불할 수 있는 가격은 각각 연필 4자루와 2자루이다. 그러므로 빵 1개의 가격이 연필 2자루일 때까지는 윤지와 경호가 서로 빵을 사려고 경쟁할 것이다. 그러나 가격이 연필 3자루일 때 경호는 빵 구입을 단념할 것이다. 그의 선호순위에서 연필 3자루가 빵 1개보다 앞서기 때문이다. 이제 윤지에게 빵 구매에서 경호와의 경쟁은 없어졌지만, 판매자인 민수와의 매매가격 결정의 줄다리기는 여전히 남아 있다. 빵 판매자인 민수와 그것의 구매자인 윤지와의 교환이 이루어질 수 있는 범위는 애초에

$$\text{연필 2자루} \leqq \text{빵 1개} \leqq \text{연필 4자루}$$

표 10-2 **민수, 윤지, 그리고 경호의 선호순위표**

빵 판매자		빵 구매자			
민수		윤지		경호	
선호순위	대상	선호순위	대상	선호순위	대상
1	연필 5자루	1	연필 5자루	1	연필 5자루
2	연필 4자루	2	빵 1개	2	연필 4자루
3	연필 3자루	3	연필 4자루	3	연필 3자루
4	연필 2자루	4	연필 3자루	4	빵 1개
5	빵 1개	5	연필 2자루	5	연필 2자루
6	연필 1자루	6	연필 1자루	6	연필 1자루

그림 10-1

구매자 수와 협상가격 범위

구매자 수가 많을수록 구매자들 간의 경쟁이 치열할 것이기 때문에, 구매경쟁에서 최종으로 남게 된 구매자와 판매자 간의 협상가격 범위는 높은 가격대에서 형성될 것이다.

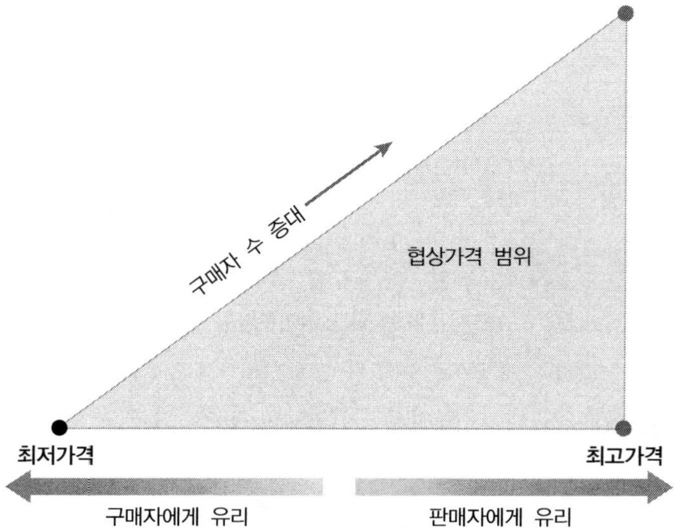

이었으나, 윤지와 경호의 구매경쟁을 거치는 과정에서 그 범위는

$$\text{연필 3자루} \leqq \text{빵 1개} \leqq \text{연필 4자루}$$

로 좁혀졌다. 구매경쟁은 협상가격의 범위를 판매자인 민수에게 유리하도록 좁혀준다. 빵 1개의 교환비율이 연필 3자루가 될지 4자루가 될지는 여전히 이 두 사람의 협상능력에 달려 있다.

구매자가 윤지와 경호 외에 다른 사람들이 더 많이 있다고 하더라도 교환비율의 결정과정은 동일하다. 구매자들 간의 경쟁을 거치는 과정에서 구입가를 가장 높게 부른 구매자만 남게 될 것이고, 교환비율은 최종 구매자와 판매자의 협상에서 결정된다. 구매자가 많을수록 구매자들 간의 경쟁이 치열할 것이기 때문에, 구매경쟁에서 최종으로 남게 된 구매자와 판매자 간의 협상가격 범위는 높은 가격대에서 형성될 것이다. 그러면서 판매자는 더욱 유리해진다. [그림 10-1]은 구매경쟁을 통해 판매자에게 유리하도록 협상가격의 범위가 좁아지는 과정을 보여준다.

만약 구매자들이 단합해 구매경쟁을 하지 않고 일정 가격 이상은 제시하지 않겠다고 하면, 구매경쟁을 통한 협상가격 범위의 협소화는 일어나지 않는다. 그렇게 되면 구매자가 많더라도 판매자의 유리한 면은 사라진다. 그렇지만 이 경우에도 교환은 일어날 수 있다. 위의 예에서 윤지와 경호가 단합해 빵 1개를 연필 2자루를 초과해서는 교환하지 말자고 담합한다고 하자. 민수는 이 경우에도 윤지와 경호 중 한 명에게 빵 1개를 연필 2자루에 파는 것이 그에게 더 큰 만족을 준다. 문제는 담합해 구매한 빵 1개를 경호와 윤지가 어떻게 나누어 가질 것인가 하는 점이다. 이런 문제로 인해 담합이 종종 깨지거나 처음부터 담합을 하지 않으려는 경우가 허다하다. 이런 담합이 구매경쟁을 저해하기 때문에 잘못이라고 평가하면 안 된다. 자유의사에 의해 구매자들끼리 담합했다면 그것 자체도 하나의 경쟁과정으로 받아들여야 한다.

구매자 간의 담합이 있을 경우, 판매자는 불리해진다. 그러나 담합도 하나의 경쟁과정에서 나타나는 현상이기 때문에, 담합을 잘못이라고 평가해서는 안 된다.

2.3 한 명의 구매자와 다수의 판매자

구매자가 1명인 반면 판매자가 다수인 경우의 교환비율은 판매자가 1명이며 구매자가 다수인 위의 예와 정반대의 과정을 거쳐 결정된다. 이 경우에는 판매자가 많으면 많을수록 그들 간의 경쟁이 치열해지기 때문에 구매자가 유리해진다. 판매자들 간의 경쟁을 거치면서 판매가격을 가장 낮게 부른 경쟁자가 남게 될 것이고, 이 최종 판매자와 구매자 간의 최종 협상 끝에 교환비율이 결정된다. [그림 10-2]에 판매경쟁이 구매자에게 유리하도록 협상가격 범위를 좁히는 과정을 나

그림 10-2

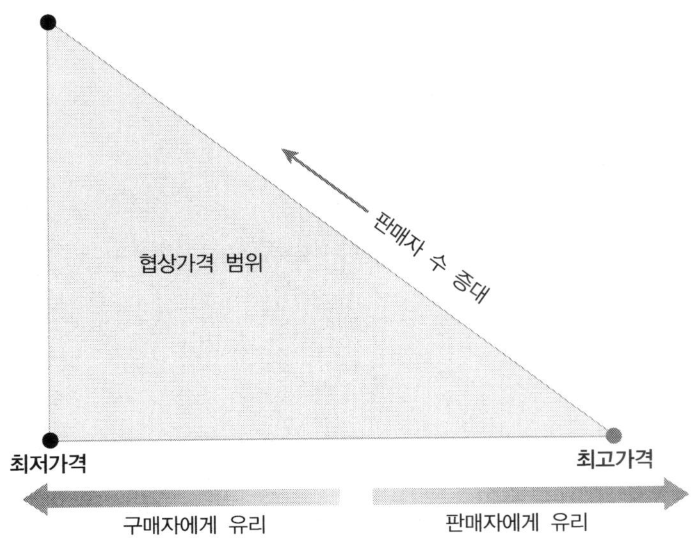

판매자 수와 협상가격 범위
판매자 수가 많을수록 판매자들 간의 경쟁을 통해 협상가격 범위는 낮은 가격대에서 형성되어 구매자가 유리해진다.

타내었다.

이 경우에도 판매자들끼리 담합해 판매가격이 내려가는 것을 막으려 할지 모른다. 그렇다고 해서 이것이 가격경쟁을 해친다고 말해서는 안 된다. 자유의사에 의해 판매자들끼리 담합하는 것도 자유시장경제에서의 경쟁과정이다. 물론 판매자들의 가격담합으로 생필품이 높은 가격을 유지할 경우 사회문제가 된다. 그렇지만 그것 역시 경쟁으로 받아들이는 것이 시장경제를 이해하는 핵심이다. 생필품의 경우 판매자들이 다수인 경우가 많기 때문에 담합이 쉽게 형성될지는 의문이다.

구매자 간의 담합과 마찬가지로, 판매자 간의 담합도 경쟁과정으로 이해해야 한다.

2.4 다수의 판매자와 다수의 구매자

구매자도 다수이면서 판매자도 다수인 일반적인 시장의 형태에서 교환비율이 결정되는 과정을 〈표 10-3〉을 통해 살펴보자. 빵의 판매자는 민수와 창수이며, 빵의 구매자는 윤지와 경호이다. 판매자는 가능한 한 높은 가격에서 판매하려고 하고 구매자는 되도록이면 낮은 가격에서 구매하려고 하는 것은 마찬가지이다. 민수는 빵 1개를 주는 대가로 최소한 연필 2자루만 받아도 되는 반면, 창수는 연필 5자루를 받아야 빵 1개를 내놓는다. 빵 1개에 대한 민수의 최저 판매가격은 연필 2자루인 반면, 창수의 경우는 연필 5자루이다. 민수가 창수에 비해 판매경쟁력이 높다고 말할 수 있다. 구매자의 경우, 윤지는 빵 1개를 얻기 위해 연필 4자루를 기꺼이 내놓을 각오가 되어 있는 반면, 경호는 연필 2자루를 초과해서는 교환할 의사가 없다. 빵 1개에 대한 윤지의 최고 구매가격은 연필 4자루인 반면, 경호의 그

표 10-3 민수와 창수, 그리고 윤지와 경호의 선호순위표

판매자				구매자			
민수		창수		윤지		경호	
선호순위	대상	선호순위	대상	선호순위	대상	선호순위	대상
1	연필 5자루	1	연필 5자루	1	연필 5자루	1	연필 5자루
2	연필 4자루	2	빵 1개	2	빵 1개	2	연필 4자루
3	연필 3자루	3	연필 4자루	3	연필 4자루	3	연필 3자루
4	연필 2자루	4	연필 3자루	4	연필 3자루	4	빵 1개
5	빵 1개	5	연필 2자루	5	연필 2자루	5	연필 2자루
6	연필 1자루	6	연필 1자루	6	연필 1자루	6	연필 1자루

표 10-4 판매자의 최저 판매가격과 구매자의 최고 구매가격

판매자의 최저 판매가격		구매자의 최고 구매가격	
민수	연필 2자루	**윤지**	연필 4자루
창수	연필 5자루	**경호**	연필 2자루

것은 연필 2자루이다. 윤지가 경호보다 구매경쟁력이 높다고 말할 수 있다.

〈표 10-4〉는 판매자 각각이 제시한 최저 판매가격과 구매자 각각이 허용한 최고 구매가격을 정리한 것이다. 실제의 매매에서 판매자는 가능한 한 높은 가격을 제시한 구매자와, 구매자는 가능한 한 낮은 가격을 부른 판매자와 협상을 시작할 것이다. 여기에서는 구매자 입장에서 협상과정이 어떻게 진행되고 교환비율이 어디에서 결정되는지를 살펴본다. 판매자의 입장에서 보더라도 동일한 논리로 설명되고 동일한 결과가 도출된다.

빵 1개를 구매하기 위한 윤지와 경호의 구매 호가가 연필 2자루부터 시작한다고 하자. 창수는 이 제안을 단호히 거부하지만 민수는 이 제안을 받아들여 윤지와 경호 중 한 사람과 계약을 체결할 수 있다. 민수는 조금 더 버티면 윤지로부터 연필 3자루를 받고 빵 1개와 교환할 수 있을지도 모른다. 그러나 민수가 윤지와 경호의 마음(선호순위)을 잘 모르는데다 배짱도 그다지 두둑하지 못하다면, 불안한 마음에 덥석 연필 2자루와 체결할 가능성도 있다.

그러나 잦은 매매의 경험으로 판매 경쟁자들과 구매자들이 시장에서 체결되는 가격을 어느 정도 안다면 민수도 보다 정확한 교환비율을 예측할 수 있고 연필 2자루보다 높은 가격에서 빵 1개를 팔 수 있을 것이다. 이것이 일반적으로 시장에서 너무 터무니없는 가격에 매매가 체결되지 않는 이유이다. 그래서 연필 2자루 제시에 판매자 어느 누구도 나서지 않으면 구매자들은 연필 3자루를 제시할 수밖에 없다. 그러나 연필 3자루는 경호가 구매할 의사가 없는 가격이기 때문에 구매경쟁에서 경호는 떨어져 나가게 된다.

이제 경쟁구도는 구매자 1명과 판매자 다수의 구도로 바뀌었다. 연필 3자루 제시에 창수는 당연히 나서지 않겠지만, 민수가 더 버틴다면 윤지는 구매의사로 연필 4자루를 제시할 수밖에 없다. 연필 4자루는 윤지가 허용할 수 있는 최고의 구매가격이다. 창수는 여전히 연필 4자루에 빵 1개를 팔 생각이 없다. 민수는 더 버티어 볼 수도 있겠지만 윤지는 더 이상 높은 가격을 제시하지 않으려 할 것이다. 민수가 윤지의 호가를 결국 받아들이면 빵 1개에 연필 4자루의 교환비율로 민

수와 윤지 간에 매매계약이 체결된다. 민수는 시장에서 받을 수 있는 최고의 가격으로 빵을 파는 셈이다. 만약 민수가 더 버티면 매매는 성사되지 못한다.

3. 시장가격 결정 : 수요-공급 접근

3.1 한 개만을 사고파는 경우

3.1.1 수요량과 공급량

이제 일반적인 경우의 시장가격 결정과정을 살펴볼 때가 되었다. 이를 위해 수요곡선과 공급곡선의 개념을 도입한다. 빵 시장에 판매자는 17명, 구매자는 15명이 있다고 하자. 이보다 더 많은 시장참여자들, 예를 들어 판매자와 구매자가 모두 n명인 경우에도 동일한 논리로 설명된다. 먼저 지금까지와 같이 구매자들과 판매자들 모두가 빵 1개만을 사고파는 경우부터 시작한다. 그러고 나서 구매자나 판매자가 빵 1개보다 더 많이 사고파는 경우로 나아갈 것이다. 각자 빵 1개만을 사고파는 구매자들과 판매자들의 선호순위로부터 우리는 이들 각자가 원하는 빵

표 10-5 판매자와 구매자의 매매 호가

판매		구매	
최저 판매가격 (연필, 자루)	추가 판매자	최고 구매가격 (연필, 자루)	추가 구매자
14	S_1	2	B_1
13	S_2, S_3	3	B_2
11	S_4, S_5	5	B_3
9	S_6, S_7, S_8	6	B_4, B_5
8	S_9, S_{10}, S_{11}, S_{12}	7	B_6
6	S_{13}, S_{14}	8	B_7, B_8, B_9
4	S_{15}, S_{16}	9	B_{10}
3	S_{17}	10	B_{11}, B_{12}
		11	B_{13}
		12	B_{14}, B_{15}

1개의 최고 구매가격 또는 최저 판매가격을 알 수 있다. 이것이 〈표 10-5〉와 같다고 하자. 표에서 S는 판매자를, B는 구매자를 나타낸다. 아래 첨자로 나타낸 숫자는 개인을 의미한다. 예를 들어 S_1은 1이라는 판매자를, B_1은 1이라는 구매자를 나타낸다.

구매자들의 호가를 연필 1자루부터 시작하자. 연필 1자루만 주고 빵 1개를 구매할 수 있다면, 구매자 15명 모두 구매에 참여할 것이다. 가격이 연필 2자루일 경우에도 15명 구매자 모두 기꺼이 빵 1개를 사고자 한다. 연필 3자루부터는 그 가격에 사지 않겠다는 구매자가 나타난다. 구매경쟁에서 낮은 가격에 사기를 원하는 구매자부터 탈락하기 시작한다. B_1은 연필 3자루를 주고 빵 1개를 구매할 용의가 없다. B_1을 제외한 나머지 14명은 연필 3자루의 가격은 여전히 싸다고 생각하고서 구매에 응하고자 한다. 가격이 연필 4자루가 되면, 이제 B_2가 구매 대열에서 떨어져 나가게 되고 이 가격에 구매 희망자는 13명이 남는다. 이렇게 해서 연필로 표현된 각 가격에 대응하는 구매자들의 수를 알 수 있다. 이를 〈표 10-6〉의 수요량 난에 나타내었다.

동일한 방법으로 연필로 표현된 각각의 가격 제시에 판매에 응하겠다는 판매자들의 수를 파악할 수 있다. 예를 들어 가격이 연필 14자루라면 판매자 17명 모

표 10-6 가격에 따른 공급량과 수요량

가격(연필, 자루)	공급량	수요량
1	0	15
2	0	15
3	1	14
4	3	13
5	3	13
6	5	12
7	5	10
8	9	9
9	12	6
10	12	5
11	14	3
12	14	2
13	16	0
14	17	0

두가 기꺼이 판매에 응한다. 연필 13자루의 가격에서는 S_1이 판매 경쟁에서 탈락한다. 빵 1개가 연필 13자루보다 그의 만족을 더 크게 하기 때문이다. 연필 12자루의 가격에서는 S_2와 S_3가 추가로 탈락해 판매하겠다고 나서는 사람의 수는 14명이 된다. 판매가격이 연필 11자루가 되더라도 그 14명은 여전히 이 가격에 빵을 팔겠다는 생각을 갖고 있다. 연필 10자루에는 S_4와 S_5가 판매 대열에서 탈락한다. 연필 10자루의 가격에 판매 희망자는 12명이 된다. 이렇게 하면서 우리는 각 가격에 대응하는 판매자들의 수를 〈표 10-6〉의 공급량 난에 정리할 수 있다.

각 가격에 대응해서 판매하고자 하는 수량을 공급량이라 하고 구매하고자 하는 수량을 수요량이라 한다.

각 가격에 대응해서 판매하고자 하는 수량을 공급량(quantity supplied)이라 하고, 구매하고자 하는 수량을 수요량(quantity demanded)이라 한다. 이때의 수요량과 공급량은 시장 전체의 수요량과 공급량이다.

3.1.2 수요곡선과 공급곡선의 유도

〈표 10-6〉을 그림으로 나타낸 것이 [그림 10-3]이다. 각 가격에 대응한 수요량을 연결한 곡선을 수요곡선(demand curve)이라 하고, 각 가격에 대응한 공급량을 연결한 곡선을 공급곡선(supply curve)이라 한다. 이 그림에 있는 수요곡선 D와 공급곡선 S는 구매자와 판매자 각자의 개별 곡선이 아니라, 시장 전체의 수

그림 10-3

수요곡선과 공급곡선

각 가격에 대응한 수요량을 연결한 곡선을 수요곡선이라 하고, 공급량을 연결한 곡선을 공급곡선이라 한다. 수요곡선 D는 우하향하고, 공급곡선 S는 우상향한다.

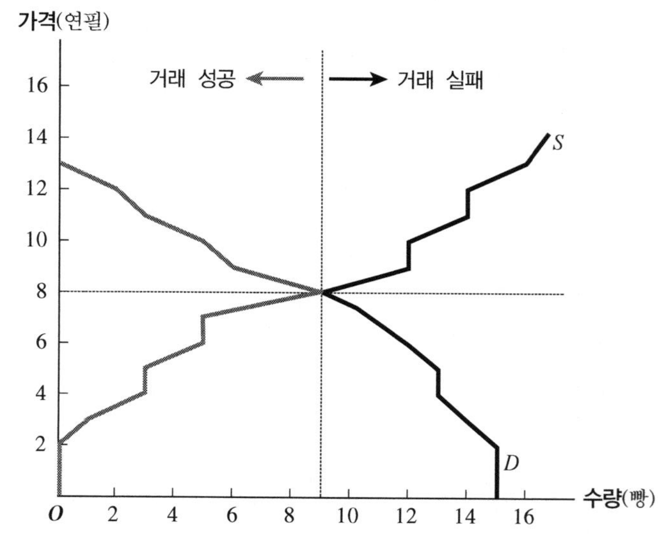

요량과 공급량을 나타내는 시장수요곡선과 시장공급곡선이다.

가격이 하락하면 구매자들의 선호가 바뀌지 않는 한, 가격하락 전보다 구매를 원하는 사람이 더 나타나면 나타났지 줄어들지는 않는다. 그래서 수요곡선은 항상 우하향한다. 공급 측면에서도 판매자들의 선호가 바뀌지 않는 한, 가격이 하락하면 판매하겠다고 나서는 사람이 줄어들면 줄어들었지 늘어나지는 않는다. 그래서 공급곡선은 언제나 우상향한다.

3.1.3 균형가격의 결정과정

가격이 연필 14자루일 때, 판매자 모두가 자신의 빵을 팔고자 하나 이 가격에 구매하고자 하는 사람은 한 명도 없기 때문에 거래는 성사되지 못한다. 가격이 연필 12자루일 때, 비로소 구매하겠다는 사람이 2명(B_{14}, B_{15}) 나타나며 팔겠다는 사람은 14명이나 된다. 판매자 14명 중 2명은 운이 좋을 경우 빵을 팔 수 있을지 모른다. 운이 좋다는 것은 이 가격에 구매하겠다는 사람 B_{14}와 B_{15}가 실제로 이 가격에 구매할 의향은 있으나 판매하겠다는 사람들이 너무 많아 기다리면 가격이 떨어질 것을 예상하고서 사지 않을 수도 있기 때문이다. [그림 10-3]은 이에 관해 어떤 것도 말해 주지 않는다. B_{14}와 B_{15}가 급하게 빵이 필요하거나 성질이 급하면 이 높은 가격에 구매할지 모른다. 분명한 것은 이 가격에서는 판매자들이 많아 호가를 낮추는 힘이 존재한다는 점이다. 그 힘은 초과공급이 존재하는 한 지속된다. 가격이 연필 8자루가 되어서야 수요량과 공급량이 같아져 균형이 달성되고 가격하락 압력은 사라진다.

초과수요일 경우 가격상승 압력이 존재하며, 초과공급일 경우 가격하락 압력이 존재한다.

가격이 연필 2자루일 때, 아무도 이 낮은 가격에 빵을 팔지 않으려 하기 때문에 거래는 이루어지지 않는다. 가격이 연필 3자루일 때, 팔겠다는 사람이 한 사람 나타난다. S_{17}이 그다. 사겠다는 사람은 14명이나 되어 구매경쟁이 치열할 것이다. 14명 중 운이 좋은 한 명이 빵을 구매할 수 있다. 운이 좋다는 것은 구매자 14명 중 자신이 S_{17}로부터 빵을 구매할 수 있게 되었다는 점에서도 그렇지만, S_{17}이 사겠다는 사람들이 너무 많아서 앞으로 가격이 오를 것이라 예상하고서 판매를 거두어들일 수도 있기 때문이다. 그래서 연필 3자루의 가격에서 거래가 성사될지는 불확실하다. 분명한 것은 초과수요로 인해 가격을 상승시키는 힘이 존재한다는 점이다. 이 힘은 초과수요가 존재하는 한 지속된다. 그러다 가격이 연필 8자루가 되면, 수요량과 공급량이 일치하면서 더 이상 가격상승 압력은 존재하지 않게 된다. 균형은 가격이 연필 8자루일 때 달성되며, 이때의 균형수량은 빵 9개가 된다.

만약 모든 구매자와 판매자가 균형가격인 연필 8자루를 알고 있다면 이 가격 외에서는 누구도 사거나 팔지 않을 것이다. 그러면 [그림 10-3]에서 점선으로 그은 수직선의 오른쪽에 놓인 구매자와 판매자는 거래에 실패하게 된다. 즉, 판매자 S_1에서 S_8까지는 빵의 판매에 실패하며, 구매자 B_1에서 B_6까지는 구매에 실패한다. 이 외의 모든 사람들은 빵의 판매와 구매에 성공한다. 〈표 10-5〉와 [그림 10-3]의 청색 글씨와 곡선 부분은 거래에 성공한 사람들을 나타내었다.

재정거래 이득이란 싼 가격에 사서 비싸게 되팔거나 비싼 가격에 팔아 싼 가격에 되사서 남기는 이득을 말한다.

운 좋게도 빵을 높은 가격에 판 사람과 낮은 가격에 산 사람들은 시장의 균형가격에 다시 빵을 매매하면 이득을 얻는다. 이를 재정거래(arbitrage) 이득이라 한다. 예를 들어 빵 한 개를 연필 12자루에 판 사람이 시장균형에서 연필 8자루에 빵을 다시 구입하면 연필 4자루의 이득을 얻는다. 반대로 연필 2자루에 빵 한 개를 구매한 사람이 시장균형에서 이 빵을 다시 연필 8자루를 받고 팔면 연필 6자루의 이득을 얻는다.

구매자잉여란 높은 가격에 구매할 수도 있었는데 이를 참고 이보다 낮은 가격에 구매했을 때 느끼는 이득을 말한다.

판매자잉여란 낮은 가격에서도 판매할 용의가 있었는데 이보다 높은 가격에 팔았을 때 느끼는 이득을 말한다.

비록 재정거래 이득은 실제로 거두지 못하지만, 마음만으로 추가적인 만족을 느끼는 경우도 있다. 예를 들어 구매자 B_{14}와 B_{15}는 연필 12자루라는 높은 가격에도 빵을 살 용의가 있었는데 이를 참고 기다려 연필 8자루에 빵을 구매했다면, 그들은 연필 4자루의 이득을 얻은 것과 같은 느낌을 갖게 된다. 이를 구매자잉여(buyer surplus)라 한다. 판매자의 경우에도 이런 이득이 존재한다. 예를 들어 판매자 S_{17}은 아주 낮은 가격인 연필 3자루에도 빵을 팔 마음이 있었지만 기다렸다가 가격이 연필 8자루일 때 팔았다면, 그는 연필 5자루의 이득을 얻은 듯한 느낌을 갖게 된다. 이를 판매자잉여(seller surplus)[2]라 한다.

3.2 여러 개를 사고파는 경우

3.2.1 구매자가 여러 개 구매할 경우의 시장수요곡선

지금까지는 개별 구매자와 판매자가 빵 하나만을 사고파는 경우였다. 그러나 현실에서는 하나 이상을 사고파는 경우가 일반적이다. 이 경우의 시장수요곡

2. 구매자잉여와 판매자잉여는 일반 경제학 교과서에서 소비자잉여(consumer surplus)와 생산자잉여(producer surplus)로 부른다.

선과 시장공급곡선의 유도도 지금까지 설명한 방법으로 따라 하면 된다. 다른 점이라면 구매자나 판매자에게 있어서 최고 구매가격과 최저 판매가격이 제품의 단위 수마다 새롭게 생긴다는 것뿐이다. 예를 들어 〈표 10-5〉의 구매자들 중 B_3와 B_{10}이 빵 1개만을 구매하는 것이 아니라 다량의 빵을 구매하고자 하며 그 외의 모든 구매자들은 여전히 빵 1개만을 구매한다고 하자.

B_3와 B_{10}은 빵을 구매함에 따라 그들의 빵에 대한 가치는 내려간다. 반면에 교환의 대가로 지불한 연필의 가치는 올라간다. 사람들은 자신의 자원을 가장 긴요한 곳부터 투입하기 때문이다. B_3와 B_{10}의 빵과 연필에 대한 선호순위는 〈표 10-7〉에 나타내었다.

표 10-7 여러 개의 빵을 구매하는 B_3와 B_{10}의 선호순위표

선호순위	구매자	
	B_3	B_{10}
1	연필 10자루	연필 10자루
2	연필 9자루	첫 번째 빵 1개
3	연필 8자루	연필 9자루
4	연필 7자루	두 번째 빵 1개
5	연필 6자루	세 번째 빵 1개
6	첫 번째 빵 1개	연필 8자루
7	연필 5자루	연필 7자루
8	연필 4자루	네 번째 빵 1개
9	두 번째 빵 1개	연필 6자루
10	연필 3자루	연필 5자루
11	세 번째 빵 1개	연필 4자루
12	연필 2자루	연필 3자루

B_3는 그가 구매하고자 하는 첫 번째 빵 1개를 연필 5자루와 기꺼이 교환할 용의가 있으나 연필 6자루와는 교환할 의사가 없다. 이것은 첫 번째 빵 1개를 구매하기 위해 그가 지불할 용의가 있는 최고 구매가격이 연필 5자루임을 의미한다. 두 번째 빵 1개를 위한 그의 최고 구매가격은 연필 3자루이고, 세 번째 빵 1개에 대해서는 최고 연필 2자루를 지불할 용의가 있다. B_{10}에 대해서도 그가 원하는 각각의 빵에 대한 최고 구매가격을 B_3와 같은 방식으로 알 수 있다. B_3와 B_{10} 외의 모든 구매자들은 여전히 빵 1개만을 구매하기 때문에, 〈표 10-5〉의 구

표 10-8 구매자가 여러 개를 구매할 경우의 시장수요량

최고 구매가격(연필, 자루)	추가 구매자	시장수요량
2	B_1, **3rd B_3**	20
3	B_2, **2nd B_3**	18
4	–	16
5	**1st B_3**	16
6	B_4, B_5, **4th B_{10}**	15
7	B_6	12
8	B_7, B_8, B_9, **2nd B_{10}**, **3rd B_{10}**	11
9	**1st B_{10}**	6
10	B_{11}, B_{12}	5
11	B_{13}	3
12	B_{14}, B_{15}	2

매자 난은 〈표 10-8〉과 같이 수정된다. B_3와 B_{10}이 여러 개의 빵을 구매함에 따라 해당 가격에서의 시장수요량은 구매자 모두가 1개만을 구매할 때보다 당연히 많아진다.

3.2.2 판매자가 여러 개 판매할 경우의 시장공급곡선

한 사람의 판매자가 여러 개의 빵을 팔 경우에도 마찬가지이다. 판매자 각자는 자신의 빵과 연필에 대한 선호순위를 갖고 있을 것이고 이로부터 자신의 개별 빵에 대한 최저 판매가격을 찾아낼 수 있다. 예를 들어 판매자 S_3와 S_{13}은 다른 판매자들이 빵 1개만 파는 것과 달리 여러 개의 빵을 팔며, 선호순위는 〈표 10-9〉와 같다고 하자.

S_3은 연필 7자루를 받고는 빵을 팔 생각이 없지만, 연필 8자루를 준다면 첫 번째 빵 1개를 팔 용의가 있다. 두 번째 빵은 구매자가 연필 11자루를 제시할 경우에만 팔 생각이다. 가격이 연필 11자루일 경우에는, 세 번째 빵도 팔 용의가 있다. 마지막 네 번째 빵은 가격이 연필 13자루이어야 팔 생각이다. S_{13}의 경우도 이와 같은 방식으로 자신의 개별 빵에 대한 최저 판매가격을 알 수 있다.

〈표 10-9〉의 S_3와 S_{13}의 선호순위로부터 각 가격에 대응하는 이들의 빵 공급량을 알 수 있다. 이를 〈표 10-10〉의 판매자 난에 추가적으로 기재하면 각 가격에 대응하는 시장 전체의 공급량을 파악할 수 있다. S_3와 S_{13}이 빵 1개가 아니

표 10-9 다량의 빵을 판매하는 S_3와 S_{13}의 선호순위표

선호순위	판매자	
	S_3	S_{13}
1	연필 14자루	연필 10자루
2	연필 13자루	연필 9자루
3	네 번째 빵 1개	세 번째 빵 1개
4	연필 12자루	연필 8자루
5	연필 11자루	연필 7자루
6	세 번째 빵 1개	연필 6자루
7	두 번째 빵 1개	두 번째 빵 1개
8	연필 10자루	연필 5자루
9	연필 9자루	연필 4자루
10	연필 8자루	연필 3자루
11	첫 번째 빵 1개	첫 번째 빵 1개
12	연필 7자루	연필 2자루

표 10-10 판매자가 다량의 빵을 판매할 경우의 시장공급량

최저 판매가격(연필, 자루)	추가 판매자	시장공급량
14	S_1	22
13	S_2, **4th S_3**	21
11	**2nd S_3, 3rd S_3**, S_4, S_5	19
9	S_6, S_7, S_8, **3rd S_{13}**	15
8	**1st S_3**, S_9, S_{10}, S_{11}, S_{12}	11
6	**2nd S_{13}**, S_{14}	6
4	S_{15}, S_{16}	4
3	**1st S_{13}**, S_{17}	2

라 여러 개를 판매하고자 함에 따라 시장 전체의 공급량은 당연히 증가한다.

3.2.3 균형가격의 결정과정

〈표 10-8〉과 〈표 10-10〉으로부터 각 가격에 대응하는 시장수요량과 시장공급량을 연결한 것이 [그림 10-4]에 있는 시장수요곡선과 시장공급곡선이다. 그림에서 검은색 곡선 D^1과 S^1 각각은 모든 구매자와 판매자가 빵 1개씩만 사고

그림 10-4

한 개인이 다량의 빵을 사거나 팔 경우의 시장 수요곡선과 시장공급곡선

누구에게나 한계효용체감의 법칙이 적용되기 때문에, 구매자나 판매자가 재화를 여러 개 사거나 팔 경우의 시장수요곡선 D^2와 시장공급곡선 S^2는 한 개만을 사거나 팔 경우 D^1과 S^1보다 오른쪽으로 이동한다.

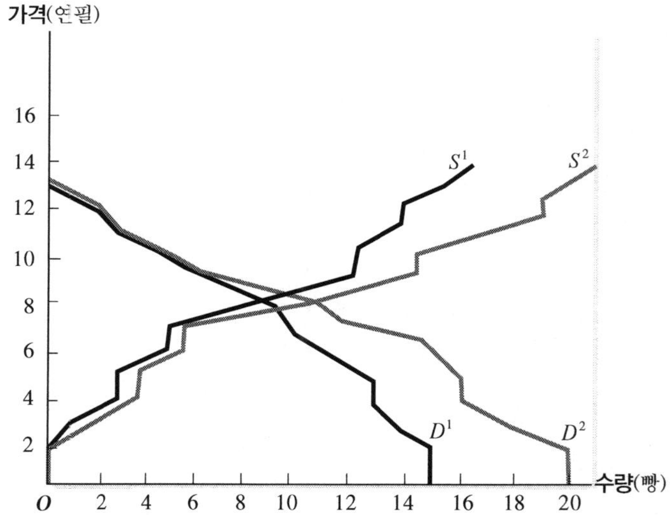

팔 경우의 시장수요곡선과 시장공급곡선이다. 청색 D^2와 S^2는 구매에 있어서 B_3와 B_{10}이, 그리고 판매에 있어서는 S_3와 S_{13}이 다량의 빵을 사고팔 경우의 시장수요곡선과 시장공급곡선을 각각 나타낸다. 청색의 시장수요곡선과 시장공급곡선이 검은색의 경우보다 오른쪽에 위치하는 것은 당연하다. 누구에게나 한계효용체감의 법칙이 적용되기 때문이다. 균형은 가격이 연필 8자루일 때 이루어지고, 균형에서 11개의 빵이 매매된다. 균형으로의 수렴과정은 구매자와 판매자 모두 빵 1개를 사고팔 경우(이 장의 3.1.3절)와 동일하다.

4. 시장가격 결정 : 보유-재고 접근

4.1 보유와 재고의 개념

이제 지금까지와는 조금 다른 개념으로 시장가격 결정과정을 보도록 하자. 그것은 수요와 공급이 아니라 보유와 재고의 개념이다. 아래에서 자세히 살펴보겠지만 이 두 개념은 모두 개인의 선호라는 같은 뿌리에서 나온다. 그래서 분석

결과는 언제나 동일하다. 어떤 제품의 재고란 현재 시장에 공급되어 있는 전체 수량을, 보유란 사람들이 보유하고자 하는 전체 수량을 말한다. 이것은 재고가 주어지면 구매자와 판매자의 구분 없이 그것을 보유할 것인지 말 것인지를 통해 시장의 균형가격을 분석하는 기법이다.

어떤 제품의 재고란 현재 시장에 공급되어 있는 전체 수량을, 보유란 사람들이 보유하고자 하는 전체 수량을 말한다.

균형분석에 관한 이 두 기법이 동일한 결과를 가져다줌을 앞에서 사용한 〈표 10-8〉과 〈표 10-10〉을 이용해 살펴보자. 현재 시장에 나와 있는 빵의 수량은 22개이다. 빵이 추가적으로 생산되어 시장에 나오지 않는 한 시장의 빵 재고는 22개이다. 판매자들은 주어진 가격에 자신이 갖고 있는 빵을 모두 팔 수도 있고 그 일부만을 팔 수도 있다. 팔지 않고 갖고 있는 것을 유보한다고 한다. 예를 들어 가격이 연필 3자루일 경우 S_{13}은 그가 갖고 있는 빵 1개를 팔고 2개는 남겨두려고 한다. 그가 유보하고자 하는 이유에는 여러 가지가 있을 것이다. 첫째, 나머지 빵 2개를 직접 사용하는 것이, 즉 이것들 각각의 사용가치가 연필 3자루의 가치보다 높다고 생각할 수 있다. 둘째, 나머지 빵 2개를 연필 말고 다른 제품과 교환하는 것이 그에게 더 높은 만족을 준다고 생각할 수 있다. 셋째, 연필로 나타낸 빵의 가격이 향후 올라갈 것으로 예상해 판매를 연기하는 것이 유리하다고 판단할 수 있다.

판매자가 팔지 않고 갖고 있는 것을 유보한다고 한다.

판매자 S_{13}이 빵 2개를 유보하여 보유하고자 하는 것은 구매자가 빵을 수요하여 보유하고자 하는 것과 다를 바 없다. 구매자도 이를 처분하기까지는 보유하기 때문이다. 따라서 제품의 보유 욕구를 다음과 같이 두 종류로 나눌 수 있다.

보유 욕구를 구매자들의 제품 수요 욕구와 판매자들의 제품 유보 욕구로 나눌 수 있다.

① 구매자들의 제품 수요 욕구

② 판매자들의 제품 유보 욕구

구매자들의 제품 보유 욕구가 우리가 일반적으로 말하는 수요이다. 이제 각 가격에 대응하는 구매자들과 판매자들의 보유하고자 하는 총 수량을 〈표 10-8〉과 〈표 10-10〉을 통해 알 수 있다. 예를 들어 가격이 연필 6자루일 때 구매자들은 빵 15개를 구입해 보유하고자 한다. 판매자는 이 가격에서 시장 전체의 빵 재고량 22개에서 6개만 팔려고 한다. 이것은 판매자들이 가격이 연필 6자루일 때 빵 16개를 팔지 않고 남겨두고자 함을 의미한다. 그래서 시장에 참여하고 있는 구매자와 판매자 모두는 빵의 가격이 연필 6자루일 때 빵 31개를 보유하고자 한다. 이와 같은 방법으로 모든 빵 가격에 대해서 구매자들과 판매자들이 빵을 보유하

표 10-11 가격에 따른 보유와 재고 수량

가격 (연필, 자루)	보유량(빵, 개)				재고량 (빵, 개)
	구매자 수요량	판매자		보유량	
		공급량	유보량		
2	20	0	22	42	22
3	18	2	20	38	22
4	16	4	18	34	22
5	16	4	18	34	22
6	15	6	16	31	22
7	12	6	16	28	22
8	11	11	11	22	22
9	6	15	7	13	22
10	5	15	7	12	22
11	3	19	3	6	22
12	2	19	3	5	22
13	0	21	1	1	22
14	0	22	0	0	22

고자 하는 전체 수량을 구할 수 있다. 이를 요약한 것이 〈표 10-11〉이다.

4.2 보유곡선과 재고곡선

〈표 10-11〉을 그림으로 나타낸 것이 [그림 10-5]이다. 구매자의 수요곡선 D_B와 판매자의 유보곡선 R_S를 수평으로 합한 것이 이 시장의 보유곡선 H가 된다. 판매자의 유보곡선을 재고곡선 S를 중심으로 접으면 시장공급곡선이 된다. 〈표 10-11〉에서 알 수 있는 바와 같이 시장에 공급된 제품의 재고량에서 판매자가 유보하고자 하는 수량을 차감한 것이 시장공급량이기 때문이다. 보유곡선의 우하향 정도는 시장수요곡선보다 완만하다. 왜냐하면 가격이 내려가면 구매자가 보유하고자 하는 수량도 증가하고 판매자가 유보하려는 수량도 증가하기 때문이다.

4.3 균형가격의 결정과정

〈표 10-11〉과 [그림 10-5]는 시장에 참여하고 있는 모든 구매자와 판매자

그림 10-5

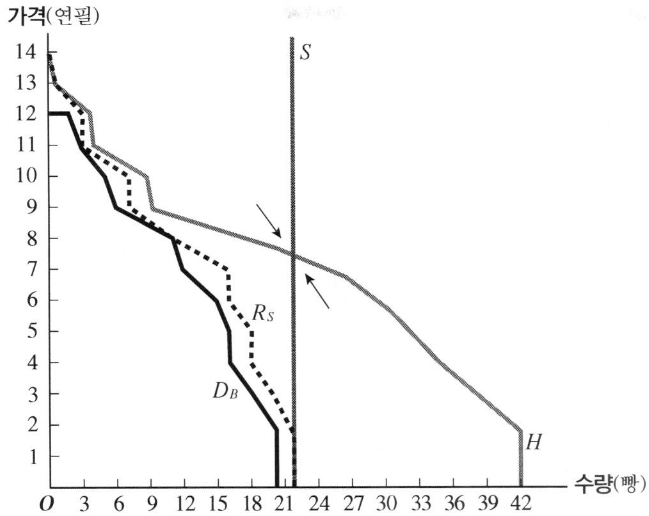

보유곡선과 재고곡선에 의한 시장균형가격 결정 보유량과 재고량이 일치할 때 균형이 이루어진다. 균형가격은 수요-공급 접근으로 볼 경우와 동일하지만, 보유-재고 접근은 시장의 조정과정을 좀더 사실적으로 보여준다.

가 보유하고자 하는 빵의 수량과 재고량이 일치하는 가격이 연필 8자루임을 보여준다. 이것이 시장의 균형가격이다. 이것은 앞에서 시장의 수요곡선과 공급곡선으로부터 알 수 있었던 균형가격과 동일하다. 보유-재고의 개념으로 보거나 수요-공급 개념에 의하거나 동일한 결과를 낳는 것은 두 개념 모두 동일한 개인의 선호에 바탕을 두기 때문이다.

보유-재고의 개념으로 보거나 수요-공급 개념에 의하거나 균형가격은 동일하다. 이는 두 개념 모두 동일한 개인의 선호순위에 바탕을 두고 있기 때문이다.

현재 시장에 있는 빵의 재고량은 22개이다. 이것은 시장에 있는 누군가의 손에 들어 있을 것임이 분명하다. 만약 시장가격이 균형가격인 연필 8자루보다 높은 연필 12자루라면 시장의 모든 참여자들이 빵을 보유하고 싶은 수량은 5개에 불과하다. 구매자는 빵의 가격이 너무 비싸서 보유를 꺼리고, 판매자는 빵을 비싸게 팔 수 있어서 서로 빵을 내놓으려 하기 때문이다. 그런데 시장에 존재하는 빵 22개는 반드시 누구의 보유로 있어야 한다. 이것은 보유하고자 하는 수량보다 초과하는 재고를 어떻게든 소진시켜야 함을 의미한다. 초과재고를 폐기시키지 않는 한 가격을 낮추는 수밖에 없다. 이처럼 시장의 조정과정이 수요와 공급 개념에 의할 경우보다 보유와 재고 개념에 의할 때 더 실감난다. 가격이 인하되면서 점차 빵을 보유하고자 하는 수량이 증대한다. 구매자는 가격이 싸지기 때문에 더 많이 수요하려 하고, 판매자는 값이 싸져서 팔지 않고 남겨두려 하기 때문이다. 가격인하는 연필 8자루에서 멈춘다. 이 가격에서 시장 전체가 보유하고자 하는 빵의 수량과 시장에 존재하는 빵의 재고량이 일치한다. 균형가격에서 빵 11개는 구매자의 손에 들어가고 나머지 빵 11개는 판매자가 보유한다.

반대로 시장가격이 균형가격보다 아래일 경우, 예를 들어 연필 4자루라면, 이제는 빵을 보유하고자 하는 수량이 36개여서 그 시장에 있는 재고량 22개를 초과한다. 가격이 싸다보니 구매자는 서로 빵을 보유하려고 하는 반면, 판매자는 값싸게 팔고 싶은 마음이 없어서 빵을 계속 유보하려는 마음이 강하기 때문이다. 보유하고자 하는 수량을 재고량에 맞추기 위해서는 가격이 인상될 수밖에 없다. 가격인상의 힘은 가격이 연필 8자루일 때 멈춘다.

수요, 공급, 그리고 보유는 유량의 개념이며 재고는 저량의 개념이다. 그래서 보유-재고에 의한 균형과정 분석에서 우리는 주어진 기간 동안 재고량이 변하지 않는다는 것을 암묵적으로 가정하고 있다.

수요곡선, 공급곡선, 그리고 보유곡선 각각은 한 시점에서 구매자와 판매자의 선호에 바탕을 둔 수요하고자 하는 수량, 공급하고자 하는 수량, 그리고 보유하고자 하는 수량을 나타낸다. 그렇다고 해서 수요와 공급, 그리고 보유가 유량(flow)의 개념이 아니라는 것을 의미하지는 않는다. 유량은 기간을 전제로 한다. 그래서 각 가격에 대응하는 개인의 수요량, 공급량, 그리고 보유량은 한 시점에서 결정되지만, 그 수량은 일정 기간에 걸쳐 수요되고, 공급되고, 그리고 보유된다고 이해해야 한다. 그런데 재고는 일정 시점의 저량(stock) 개념이기 때문에, 재고와 보유 개념에 의한 균형과정 분석에서 우리는 주어진 기간 동안 재고량이 변하지 않는다는 것을 암묵적으로 가정하고 있다.

5. 가격결정 설명에 있어서 일반 경제학 교과서와 다른 점

수요곡선과 공급곡선은 경제학자뿐만 아니라 일반인까지도 경제에 관해 말할 때 가장 빈번히 등장하는 개념이다. 수요와 공급은 경제 설명을 위해 동원되는 도구들의 모든 것이라고 말해도 과언이 아니다. 이처럼 중요한 이 곡선들을 이 책에서는 단순히 개인의 선호로부터 유도했다. 구매자와 판매자가 각각 1명만 있을 경우부터 시작해 다수의 구매자와 판매자, 그리고 이들이 여러 개의 제품을 사고파는 일반적인 경우까지 확대해 이 곡선들을 유도했다. 이로부터 균형가격을 향한 시장의 조정과정을 설명했다.

이 책에서 수요곡선과 공급곡선의 유도과정은 일반 경제학 교과서와는 여러 면에서 다르다. 첫째, 이 책의 수요곡선과 공급곡선은 동일한 뿌리, 즉 개인의 선호로부터 유도되었다. 특히 이런 사실은 보유와 재고의 개념이 구매자와 판매자를 구분하지 않는 데서 더욱 두드러진다. 이 책에서의 공급은 개인의 선호와 무관한 어떤 종류의 비용에도 기초하지 않는다. 그러나 일반 교과서의 공급곡선은 생산과 비용, 그리고 시장형태에서 유도되기 때문에 그것은 개인의 선호와 무관하다.

이 책에서의 수요곡선과 공급곡선의 유도는 일반 경제학 교과서와는 여러 면에서 다르다. 첫째, 이 책에서의 수요곡선과 공급곡선은 모두 개인의 선호로부터 유도된다.

둘째, 일반 교과서는 기간을 자의적으로 단기(short run)와 장기(long run)로 구분하고서 비용을 단기비용과 장기비용으로 나눈다. 이들 교과서에 의하면, 단기는 노동을 제외한 다른 생산요소의 변경이 불가능한 기간을 말하며, 장기는 모든 생산요소들의 변경 가능 기간을 말한다. 그러나 이 책의 논리로서 정의될 수 있는 시간적 구분은 즉시(immediate run)와 최종의 장기(finally long run)뿐이다. 전자는 어떤 시점에서의 시장가격을 설명하는 시간적 개념이며, 후자는 시장가격이 지향하는 최종적인(final) 균형가격을 설명하기 위한 시간적 개념이다. 어느 시점에서의 시장가격은 주어진 개인선호와 재고를 바탕으로 그 시점에 시장에서 매매가 이루어지는 가격이다. 반면에 후자는 시장경제 전체가 균형에 도달해 여건이 변하지 않는 한, 더 이상의 변화 없이 동일한 규모로 순환하는 경제에서의 시장가격이다. 그러므로 '즉시'와 '최종의 장기' 사이에 단기와 장기와 같은 또 다른 어정쩡한 기간이 경제행위를 설명하기 위해 도입되어야 할 하등의 이유가 없다(Ro, 590～591).

둘째, 이 책의 시간적 구분은 실질 시장가격이 결정되는 '즉시'와 균형가격을 설명하기 위한 '최종의 장기'뿐이다. 단기나 장기와 같이 '즉시'와 '최종의 장기' 사이에 있는 또 다른 어정쩡한 기간이 경제행위를 설명하기 위해 도입되어야 할 하등의 이유가 없다.

사실, 요소를 가변요소와 고정요소로 나누는 것 역시 자의적이다. 어떤 생산요소도 고정된 것은 없다. 단지 가변성의 정도를 달리할 뿐이다. 생산비용으로부터 공급곡선을 유도하는 경제학자들은 생산을 하지 않을 경우 토지 임대료나 기계 임차비와 같은 그들이 소위 말하는 고정비용이 지출되어야 한다고 한다.[3] 그러나 기업가들은 생산 중단이 앞으로도 계속될 것이라고 판단하면, 분명히 토지나 기계를 다른 용도로 전용하고자 할 것이다. 어떤 경우에도 고정요소는 존재하지 않는다. 단지 시간에 따라 가변성의 정도를 달리할 뿐이다.

셋째, 경제학 교과서들에 나오는 공급곡선은 주어진 가격에 기업이 해당 제품

3. 고정이란 의미가 차선책으로 사용될 곳이 없다는 것을 의미하기 때문에, 기회비용의 정의에 따르면 고정요소의 가치는 0이 되어야 한다. 그럼에도 불구하고 대부분의 경제학 교과서들은 단기비용을 가변비용과 고정비용으로 나누고서 고정요소의 비용이 마치 존재하는 것으로 설명한다(조순 · 정운찬 · 전성인 · 김영식, 149～150 ; Mankiew, 314～317). 물론 단기 고정비용이 0이라고 하더라도 이들의 시장분석 방법에 의한 균형과정이 설명되지 않는 것은 아니다(Katz · Rosen, 268～271).

셋째, 공급곡선은 가격과 판매량의 관계를 나타내는 곡선이지 가격과 생산량의 관계를 나타내는 곡선이 아니다.

을 얼마나 생산해 공급하는가를 나타낸다. 반면에 이 책의 공급곡선은 한 시점에 존재하는 재고량을 대상으로 한다. 시장에 공급되는 제품은 생산된 것이 아니라 판매자의 손에 들어 있는 제품으로서, 시장의 공급은 생산자의 공급이 아니라 생산된 제품을 내다 팔려는 판매자들의 공급이다. 공급량이 생산량이 아니라 재고량이라는 것은 경제분석에서 중요한 의미를 지닌다. 가격변화가 있을 때 기업이 이에 맞추어 생산량을 어떻게 조정해 공급할 것인가가 아니라, 이미 생산된 제품의 재고량에서 가격변화에 맞추어 판매하기 위해 내놓을 양이 어떻게 조정되는가라는 문제가 분석의 초점이 된다. 생산량은 판매량이 변함에 따라 변하는 이차적인 변수이다. 즉, 가격변화에 따라 판매량이 변하고, 판매량의 변화에 따라 생산량이 변하는 관계이다. 사실 생산은 시장경제의 일차적 대상이라 말하기가 어렵다. 시장경제의 핵심은 교환이기 때문에 그것은 생산이라기보다 판매이다. 이렇게 보아야만 수요와 공급 이론은 현실의 경제를 설명하는 데 보다 적절한 도구로 사용될 수 있다.

예를 들어 현대경제에서 도소매업이 차지하는 비중은 아주 높다. 공급곡선을 가격과 생산량과의 관계로 정의해 버리면, 도소매업과 같은 중개상인이나 유통구조가 경제학에서 분석될 여지가 없어진다. 현대경제는 생산자와 판매자가 구분되어 있을 뿐만 아니라, 생산자와 판매자가 동일하다고 하더라도 생산과 판매는 별개의 전략으로 수행되는 것이 일반적이다. .

이뿐만 아니라 기존의 공급곡선에서는 이미 생산되어 소비자인 누군가의 손에 들어가 있는 제품은 공급에서 제외된다. 그러나 현실의 교환에서는 이미 판매되어 다른 사람들의 수중에 들어 있는 많은 재고들이 교환의 대상이 되고 있다. 특히 주택이나 주식 시장 등이 대표적이다. 이 시장들에서는 새로이 생산되어 공급되는 제품보다 이미 판매된 제품들이 공급의 주된 부분을 차지한다. 공급의 대상을 재고로 보면, 이미 판매된 제품도 수요와 공급의 대상이 되기 때문에 경제이론이 보다 더 현실을 반영할 수 있다.

넷째, 이 책의 공급곡선은 가격과 판매량의 관계를 나타내기 때문에, 수요곡선과 공급곡선의 시점과 기간에서 나오는 논리적 문제가 제기되지 않는다.

넷째, 개인의 선호에 바탕을 두고 있는 수요곡선과 공급곡선은 어느 한 시점에서 구매자와 판매자가 결정한 가격과 수요량 및 공급량의 관계를 나타낸다. 일반 경제학 교과서의 수요곡선과 공급곡선도 어느 한 시점에서 수요자와 공급자가 결정한 가격과 수요량 및 공급량의 관계를 나타낸다. 그런데 그곳의 공급량은 생산량을 의미하기 때문에 반드시 생산을 위한 일정 기간을 필요로 한다. 반면에 수요량은 소비자가 즉시 수요할 수 있는 수량을 나타낸 것이다. 이것은 수요곡선과 공급곡선이 전제하는 시간의 길이가 다름을 의미한다. 그러므로 이 두 곡선을 한 그림 속에 함께 그려놓고 수요와 공급 두 힘의 작용으로 균형을 설명하는 것은 시장의 참모습을 왜곡할 수 있다.

그러나 이 책의 공급곡선은 시장에 나와 있는 재고량에 대한 판매자의 선호에 바탕을 두고 있기 때문에 생산에 필요한 기간의 문제가 없다. 판매자는 그가 결정한 판매량을 즉시 공급할 수 있다. 그러므로 수요곡선과 공급곡선을 동일한 그림 속에 그려놓고 경제현상이나 경제문제를 분석해도 시점과 기간에서 나오는 논리적 문제가 제기되지 않는다.

다섯째, 이 책에서의 수요곡선과 공급곡선의 형태는 인간 행위의 공리에서 나오는 개념이다. 수요곡선이 우하향하고 공급곡선이 우상향하는 것은 모든 이들의 한계효용이 체감하기 때문이다. 이것은 일반 경제학 교과서들의 설명과는 다르다. 일반 교과서는 개인이 만족이나 이윤을 극대화한다는 신이나 할 수 있는 비현실적인 가정 하에서 수요곡선과 공급곡선을 유도한다. 그러나 여기에서 설명하는 수요곡선의 우하향과 공급곡선의 우상향은 단지 긴요한 곳부터 자원을 사용한다는 인간 행위의 단순한 공리에서 나온 결과이다. 너무나 단순한 사실을 일반 교과서들은 인간 행위와는 관련이 없는 극대화 행위로 장황하게 설명하고 있을 뿐이다.

다섯째, 이 책의 수요곡선과 공급곡선은 인간 행위의 단순한 공리에서 유도된다. 이것은 극대화 행위를 가정하는 일반 경제학 교과서의 논리와는 다르다.

시장가격 결정에 관한 설명에 있어서, 이 책이 일반 경제학 교과서와 다른 점들을 〈표 10-12〉에 정리했다.

표 10-12 이 책의 수요곡선과 공급곡선이 일반 경제학 교과서와 다른 점

	일반 경제학 교과서	이 책의 경우
효용과 비용	수요곡선은 개인의 효용에 바탕을 두고, 공급곡선은 생산과 비용에 바탕을 둔다.	수요곡선뿐만 아니라 공급곡선도 개인의 선호에 바탕을 둔다.
기간의 구분	생산요소의 고정성에 따라 단기와 장기로 구분한다.	시장가격을 나타내는 즉시와 균형가격을 나타내는 최종의 장기만 있을 뿐이다.
생산량과 판매량	공급곡선은 가격과 생산량의 관계를 나타낸다.	공급곡선은 가격과 판매량의 관계를 나타낸다.
시간	생산에는 시간이 소요되기 때문에, 수요곡선과 공급곡선을 통한 가격결정 설명에 시간 문제가 제기된다.	공급이 생산량이 아니라 재고량을 대상으로 하기 때문에, 가격결정 설명에 있어서 시간과 관련된 문제는 존재하지 않는다.
가정의 현실성	인간은 자신의 만족과 이윤을 극대화한다는 비현실적인 가정에서 출발한다.	인간은 자원을 긴요한 곳부터 사용한다는 단순한 인간 행위의 공리로부터 출발한다.

생각하기

01. 시장에서 노트북을 100만원에 구입했다. 노트북과 교환한 것은 무엇이며, 이때 노트북의 가격과 가치를 구분해 설명하라.

02. 샤프연필의 가격은 3천원이고, 볼펜의 가격은 2천원이다. 그러므로 샤프연필 한 단위의 교환비율은 볼펜 $\frac{3,000}{2,000}$단위이다. 이것은 올바른 설명인가?

03. 빵 시장에는 판매자 4명과 구매자 4명만 있으며, 이들 각자는 빵 1개만을 사고판다. 이들의 선호순위가 아래 표와 같이 주어졌을 때, 아래 질문에 답하라.

선호순위	판매자				구매자			
	S_1	S_2	S_3	S_4	B_1	B_2	B_3	B_4
1	700원	800원	500원	500원	500원	500원	500원	빵 1개
2	600원	빵 1개	400원	400원	400원	빵 1개	400원	500원
3	500원	700원	빵 1개	300원	300원	400원	300원	400원
4	빵 1개	600원	300원	200원	200원	300원	빵 1개	300원
5	400원	500원	200원	빵 1개	빵 1개	200원	200원	200원
6	300원	400원	100원	100원	100원	100원	100원	100원

(1) 빵의 매매에 있어서 판매자 각자의 최저 판매가격과 구매자 각자의 최고 구매가격은 얼마인가?

(2) 빵의 개별 가격에 대응하는 수요량과 공급량을 표로 나타내라.

(3) 빵의 시장수요곡선과 빵의 시장공급곡선을 그려보아라.

(4) 빵의 균형가격과 빵의 균형수량은 얼마인가?

(5) 빵의 판매와 구매에서 제외되는 사람들은 누구인가?

04. 구매자잉여와 판매자잉여란 무엇인가?

05. 위의 [문제 3]의 판매자와 구매자의 선호순위로부터 시장균형가격을 보유-재고 개념을 통해 알아보고자 한다. 아래 질문에 답하라.

(1) 빵 시장의 재고량은 몇 개인가?

(2) 빵의 개별 가격에 대응하는 구매자의 수요량과 판매자의 유보량, 그리고 이 시

장의 빵에 대한 보유량을 표로 나타내라.

(3) 위의 (1)과 (2)의 답으로부터 보유곡선과 재고곡선을 그려보고 빵 시장의 균형가격을 알아보라. 이를 문제 3의 결과와 비교하라.

»» 시장균형 분석

Human centered

Principles of Economics

ch. eleven

1

1

이 장에서는 균형가격과 관련된 다양한 현실 문제를 살펴본다. 먼저 시장가격이 균형으로 수렴하려는 경향을 갖고 있는지를 검토한 후, 우리가 현실에서 부닥치는 시장가격은 균형가격이 아님을 밝힌다. 시장가격과 균형가격의 괴리가 개인에게 거래의 성공과 실패를 가져오게 하며, 이 과정에서 투기를 긍정적인 시각에서 평가한다. 이어서 시장수요곡선을 이동하게 하여 균형가격을 변하게 하는 요인들을 검토한다. 이때 수요량의 변화와 수요의 변화를 구분하고, 수요량이 가격변화에 얼마나 민감하게 변하는지를 수요탄력성이라는 개념으로 설명한다. 마지막으로 가격이 시장에서 행하는 주요한 기능들을 정리한다.

1. 시장균형의 의미와 안정성

1.1 균형 개념

균형이란 외부의 충격이 없는 한, 일정한 상태에서 머물고자 하는 성질이다. 균형상태에서는 더 이상의 조정이 일어나지 않는다. 외부의 충격에 의해 균형이 깨졌을 때, 다시 균형으로 회복하는 힘이 존재할 경우 균형이 안정적이라 하고 그 힘이 존재하지 않을 경우 균형이 불안정적이라 한다.

[그림 11-1]은 사발에 놓여 있는 구슬의 움직임을 통해 균형의 안정성을 비유적으로 설명한다. 그림 (a)처럼 사발을 엎어놓고 그 위에 구슬을 억지로 놓는다면 사발 위에 구슬을 정지시킬 수 있다. 사발을 흔들지 않으면, 구슬은 그 상태로 거기에 멈추어 있다. 이 구슬은 일단 균형상태에 있다. 외력이 없으면 구슬은 계속해서 사발 위에 머물 것이기 때문이다. 그런데 누군가가 사발을 조금만 밀치면 구슬은 밑으로 향하면서 땅에 떨어지고 만다. 구슬은 직전 균형점인 사발의 꼭대기로는 결코 거슬러 올라가지 못한다. 그래서 사발 위에 놓인 이 구슬은 균형상태에 있지만 불안정하다고 말한다.

반면에 그림 (b)와 같이 사발이 정상적으로 하늘로 향해 놓여 있으면, 구슬을 사발 바닥에 쉽게 멈추어 있도록 할 수 있다. 외력이 없으면 구슬이 이 상태로

그림 11-1

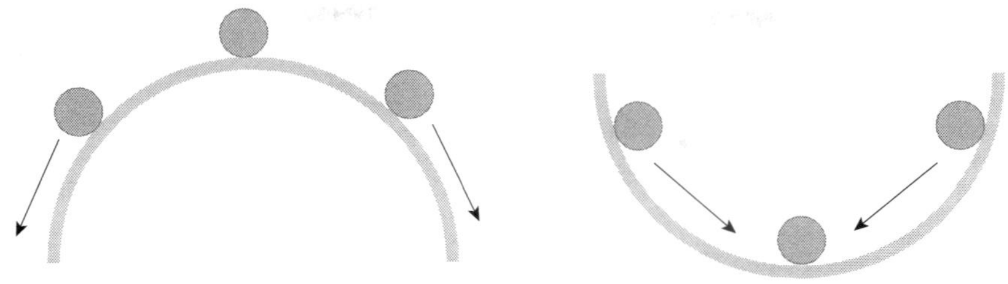

균형의 안정성

균형이란 일정한 상태에서 머물고자 하는 성질을 말한다. 균형이 깨졌을 때, 다시 균형으로 회복하는 힘이 존재할 경우 균형이 안정적이라 하고 그렇지 않으면 불안정적이라 한다.

계속 있을 것이기 때문에, 이 구슬은 균형상태에 있다. 사발을 흔들면 사발 바닥에 멈추어 있던 구슬은 위 · 아래로 움직이다 다시 사발의 가장 아래 점에서 안착한다. 외부로부터 충격이 있더라도 이 구슬은 잠시 흔들리다 다시 원위치로 회복한다는 점에서, 이 균형은 안정적이라고 말한다.

시장에서 균형은 수요량과 공급량이 일치해 초과수요나 초과공급이 존재하지 않는 상태를 말한다. 이때의 시장가격을 균형가격이라 한다. 균형가격에서 시장의 조정은 더 이상 일어나지 않는다. 종종 시장은 자동적으로 균형을 달성시켜 준다고 한다. 그러나 시장에는 그런 기계적인 자동성은 없다. 시장은 누군가에 의해 창조된 인위적인 기구가 아니다. 시장은 실체 없는 존재이며 교환의 상징적인 표현이라는 점에 유의해야 한다. 균형으로 수렴하게 하는 것은 시장 그 자체가 아니라 시장에서 행동하는 개인들의 경제행위이다. 그것도 개인들이 균형을 달성하게 하는 것이 아니라 균형으로 수렴하게 하는 경향을 갖게 할 뿐이다. 더욱이 외부환경이 끊임없이 변하는 현실의 경제에서 균형점은 늘 변한다. 그래서 균형이 우연히 달성되더라도 그것은 한순간에 불과하다.

시장에서 균형은 수요량과 공급량이 일치하는 경우를 말한다. 균형은 시장에 의해 자동적으로 달성되는 것이 아니라 개인의 행위에 의해 그런 경향을 가질 뿐이다.

1.2 시장균형의 의미

구매자들이나 판매자들이 호가(呼價) 조정을 통해 초과수요나 초과공급을 제거하는 과정을 시장과정(market process)이라 한다. 어떤 시장에서도 시장과정은 구매자들이나 판매자들이 호가 조정을 통해 초과수요나 초과공급을 제거하는 과정을 시장과정이라 한다.

존재한다. 시장과정은 판매자에게는 가격 조정으로 나타나며, 구매자에게는 판매자가 새롭게 제시한 가격에 구매 수락 또는 외면으로 나타난다. 겉으로는 가격 조정이 판매자에게만 나타나지만 구매자들이 이에 구매 수락 여부로 반응하기 때문에, 가격에 의한 초과수요와 초과공급의 해소과정은 양측 동시에 일어난다. 반대로 구매자가 호가하는 시장도 있을 수 있다. 이 경우 구매자가 가격을 조정하고 판매자는 이에 판매의 수락 또는 거부로 응답한다. 그러면서 초과수요와 초과공급이 해소되면서 시장은 균형으로 수렴한다. 시장균형은 수요량과 공급량이 일치해 더 이상의 조정이 일어나지 않을 때 달성된다.

균형으로의 수렴 속도는 시장참여자들이 조정된 가격에 얼마나 신속히 반응하느냐에 달려 있다. 이것이 빠르면 빠를수록 그 과정은 신속히 일어날 것이고, 그렇지 않으면 균형으로의 진행 시간이 길어질 것이다. 실패와 성공의 경험이 잦고 이에 따른 조정이 계속되면서 결국은 균형에 안착해 더 이상의 조정이 일어나지 않는 때가 올 수 있다. 외부 조건이 변하지 않는다면 균형가격에서 균형수량만큼 매매가 영원히 체결된다. 그러나 실제에 있어서는 새로운 시장참여자들이 끊임없이 들락날락거릴 것이고, 사람들의 선호는 변덕스러울 정도로 수시로 바뀔 것이며, 생산의 기술수준도 변할 것이기 때문에 외부 조건은 한시도 가만 있지 않다고 보아야 한다. 그러면 자연히 균형가격도 바뀌게 된다. 균형이 한시도 고정되어 있지 않은 것이 시장의 참모습이다.

시장은 끊임없이 요동치는 바다와 같다. 시장참여자들이 균형점을 추정하는 것은 움직이는 과녁을 향해 활을 쏘는 것과 같다.

이것은 시장참여자들에게 중요한 시사점을 준다. 그것은 시장이란 아주 잠잠한 호수의 물결이 아니라 끊임없이 요동치는 바다와 같다는 점이다. 시장참여자들은 요동치는 시장에서 균형점을 가능한 한 정확히 예측할 수 있어야, 매매를 위해 더 기다릴 수도 있고 재빨리 매매 결정을 내릴 수도 있다. 시장참여자들이 균형점을 추정하는 것은 고정된 과녁을 향해 활을 쏘는 것이 아니라 움직이는 과녁을 향해 활을 쏘는 것과 같다.

시장과정은 모든 구매자들과 판매자들이 어우러져서 수행된다는 점에서 사회적 과정이다.

시장균형으로의 수렴과정은 모든 구매자들과 판매자들이 어우러져서 수행된다는 점에서 사회적 과정이다. 이 과정에서 모든 사람들은 노동 분업의 틀 속에서 스스로 선택한 역할을 수행하면서 서로 경쟁하고 협력한다. 그래서 시장, 노동 분업, 그리고 분배는 서로 독립적인 메커니즘에 의해 개별적으로 움직이는 것이 아니라, 행위의 결과로 나타나는 동일한 결과물을 세 가지 다른 각도에서 본 것에 불과하다.

1.3 시장균형의 안정성

시장수요곡선과 시장공급곡선은 개인의 선호로부터 유도된다. 개인의 선호에는 항상 한계효용체감의 법칙이 적용되기 때문에 수요곡선은 반드시 우하향하고 공급곡선은 반드시 우상향한다. 수요곡선이 우하향하고 공급곡선이 우상향하기 때문에 균형가격을 기준으로 해서 위쪽으로는 공급량이 수요량보다 많아 항상 초과공급 상태에 놓이고, 아래쪽은 수요량이 공급량보다 많아 항상 초과수요 상태에 있다.

초과수요 상태에서는 구매자들이 공급물량을 구매하기 위해 경쟁한다. 이것이 가격상승의 압력으로 작용한다. 가격이 상승하면 한편으로는 구매자의 구매하고자 하는 수량이 줄어들고, 다른 한편으로는 판매자의 판매하고자 하는 수량이 증가한다. 이렇게 해서 초과수요량이 점차 줄어든다. 초과수요가 있는 불균형 상태에서 가격상승 압력은 균형상태로 향하게 한다.

반대로 균형가격 위쪽은 공급이 수요를 초과해 초과공급 상태에 놓여 있다. 이 상태에서 판매자들은 팔고자 하는 물량을 처리하기 위해 판매자들끼리 경쟁한다. 이것이 가격을 하락시키는 힘으로 작용한다. 가격이 하락하면 한편으로는 구매를 꺼리던 사람들이 구매하고자 시장에 나타나기 시작하고, 다른 한편으로는 판매자들 중에 일부가 팔려고 내놓은 물량을 거두어들이기 시작한다. 이러면서 초과공급량이 줄어든다. 초과공급의 불균형상태에서 가격하락 압력은 균형상태로 향하게 한다.

한계효용체감의 법칙이 시장수요곡선을 우하향하게 하고 시장공급곡선을 우상향하도록 하기 때문에 시장균형은 항상 안정적이다.

한계효용체감의 법칙은 어느 누구에게나 적용되는 원리이고 이로 인해 언제나 수요곡선은 우하향하고 공급곡선은 우상향하기 때문에 시장은 언제나 균형상태로 수렴하는 경향이 있다. 시장균형은 안정적이다.

2. 시장가격과 투기

2.1 균형가격과 시장가격

개인이 시장에서 만나는 가격은 결코 균형가격이 아니다. 우리가 시장균형을 말할 때, 그것은 단지 시장과정을 통해 가격들이 하나의 균형가격으로 수렴하는 경향을 보인다는 것을 말할 뿐이다. 현실에서 균형가격으로의 수렴을 가로막는 것에는 개인의 인지능력 한계, 개인 간의 인지능력 차이, 그리고 제도적인 장애물이 있다. 이것들은 초과수요와 초과공급을 해소하는 시장의 조정과정을 어렵게 해서 시장에 여러 가격들을 존재하게 한다.

균형가격으로의 수렴을 방해하는 것에는 개인의 인지능력 한계, 개인 간의 인지능력 차이, 그리고 제도적인 장애물이 있다.

개인이 한 제품에 대해 시장에 존재하는 모든 가격들을 알 수 없다는 사실은 근본적으로 시장에는 가격차이가 존재할 수밖에 없음을 말한다. 오늘날 전자통신 기술의 혁신적 발전은 이런 문제를 상당히 해소시켜 주고 있지만 인지능력의 한계를 완전히 해소시킬 수는 없다. 개인 간의 인지능력 차이도 가격차이를 존재하게 한다. 인터넷을 통한 가격비교 능력을 가진 사람과 그렇지 못한 사람, PC나 스마트폰과 같이 인터넷을 가능하게 하는 기기를 가진 사람과 그렇지 못한 사람의 존재는 가격의 다양함에 관한 지식을 개인마다 다르게 한다. 가격차이는 보호무역, 농어민 소득보존 정책, 중소기업 육성책, 전통시장 보호 등과 같이 다양한 차별적 조치들에 의해서도 항시적으로 존재한다. 정부의 개입은 가격에 의한 시장의 조정과정을 근원적으로 차단한다. 가격차이가 존재할 때는 우선적으로 제도적 문제를 검토해야 한다.

균형가격으로의 수렴을 방해하는 이런 요인들 때문이 아니더라도, 동일한 제품의 가격을 공간적 · 시간적으로 달리할 수 있다. 동일한 생수라도 평지에 있는 생수가격과 산꼭대기에 있는 생수가격은 다르다. 평지에서 살아가는 사람의 관점에서 볼 때, 평지의 생수와 산꼭대기의 생수는 다른 제품이다. 다른 제품에 다른 가격을 책정하는 것은 당연한 일이다. 동일한 제품이라도 시기별로 다른 가격을 매기는 경우도 있다. 해운대 바닷가의 겨울철 숙박비와 한여름철의 숙박비는 다르다. 피서를 즐기려고 가는 사람들에게 바가지 요금은 아주 부당하게 보일지 모른다. 그러나 겨울철 해운대와 여름철 해운대는 다른 해운대로 다른 제품으로

동일한 제품이라도 시간적 · 공간적 위치가 다르면 다른 제품으로 보아야 한다. 이 때문에 여기에 다른 가격을 책정하는 것은 당연한 시장의 원리이다.

보아야 한다.

2.2 거래의 성공과 실패

현실의 매매는 균형가격보다 아래 또는 위에서 체결되는 경우가 일반적이다. 시장에 관한 정보와 경험이 그다지 많지 않거나 성질이 조급한 또는 위험 기피적인 사람들에게 특히 그런 경우가 많다. 교환은 누구에게나 이득을 내포하기 때문에 균형가격보다 높은 가격에 구매한다고 해서 구매자가 심적 손해를 보는 것은 아니다. 단지 균형가격이나 그 아래에서 거래하면 더 많은 심적 이득을 얻을 수 있음에도 그렇게 하지 못했을 뿐이다. 만약 구매자가 균형가격보다 아래에서 제품을 구매한다면 그는 아주 큰 심적 이득을 거둘 뿐만 아니라 재정거래(arbitrage)를 통해 이 이득을 직접 손에 쥘 수도 있다. 균형가격보다 높은 가격에 구매했다고 해서 재정거래를 통해 물질적인 이득을 얻을 수 없는 것은 아니다. 자신의 구매가격보다 더 비싸게라도 구매하겠다는 사람이 나타나기만 하면 된다. 사실 균형가격이 어느 수준인지 아는 사람은 없다.

어떤 경우에도 거래는 모두에게 심적 이득을 주며, 재정거래를 통한 이득을 얻을 수 있는 가능성이 상존한다.

마찬가지로 판매자가 균형가격보다 낮은 가격에 물건을 팔더라도 그는 심적 이득을 얻는다. 단지 균형가격이나 이보다 더 높은 가격에 판다면 더 많은 심적 이득을 얻을 수 있을 텐데 그렇게 하지 못했을 뿐이다. 판매자가 균형가격보다 높은 가격에 물건을 판다면 큰 심적 이득을 얻을 뿐만 아니라 재정거래를 통해 이득을 올릴 가능성도 커진다. 물론 균형가격 아래에서 팔았다고 해서 재정거래 이득을 남길 수 없는 것은 아니다. 단지 이 확률이 그다지 높지 않다는 것뿐이다.

어떤 경우에도 거래는 심적 이득을 준다. 그렇지만 실제에 있어서 재정거래로 금전적 손해를 본 사람들은 크게 낙담하고 억울해 한다. 부동산이나 주식 거래인 경우 그 타격은 다시 일어설 수 없을 정도이다. 반대로 재정거래로 금전적 이득을 얻었다면, 그는 몹시 기뻐할 것이다. 부동산이나 주식의 경우 더욱더 그럴 것이다. 전자를 거래에 실패한 사람이라고 하면, 후자는 거래에 성공한 사람이라 할 수 있다.

재정거래에서 손해를 입은 사람을 거래실패자라 하면, 이득을 얻은 사람은 거래성공자라 할 수 있다.

거래에서 성공한 자와 실패한 자가 존재한다는 것은 시장의 조정과정이 끝나지 않았음을 의미한다. 조정의 결과는 사후(事後)에 알 수 있기 때문에 균형가격에 정확히 매매하는 것은 우연에 불과하다. 균형으로의 수렴과정에서 성급하거나 망설이는 매매가 계속 일어날 것이고 거래에 성공하는 자와 실패하는 자가 끊임없이 등장한다. 여기에다 경제여건은 쉼없이 변하기 때문에 시장의 조정과정이 멈추는 순간은 없다.

2.3 거래의 성공 조건

거래의 성공 조건을 구매의 경우에 한정해서 보도록 하자. 판매의 경우에도 구매의 성공 조건을 그대로 적용하면 된다. 구매가 성공적이기 위해서는 다음과 같은 조건들이 맞아떨어져야 한다. 먼저 낮은 가격에 판매해도 이득이 된다고 생각하는 판매자가 존재해야 하며, 그가 실제로 그 가격에 팔아야 한다. 또한 구매자는 다음과 같은 요건들 중 적어도 하나 이상을 충족해야 한다. 첫째, 다른 구매경쟁자들이 알지 못하는 시장 정보를 갖고 있어야 한다. 낮은 가격에 팔겠다는 사람이 있다는 정보를 구매경쟁자들 중 소수만 알고 있고 그가 이 소수에 속한다면 그는 매매에 성공할 확률이 높아진다. 혼자만 알고 있다면 두말할 나위 없다. 둘째, 시장 예측을 잘해야 한다. 예측력의 정도가 다른 시장 경쟁자들보다 조금 더 높기만 하면 된다. 완전하게 예측하라는 것이 아니다. 예를 들어 특정 부동산의 시세가 정확히 얼마인지를 알아야 매매에서 성공을 거둘 수 있는 것은 아니다. 이 부동산을 구매하고자 하는 사람이 현재 시세에서 가격이 더 떨어질 여지가 있는지를 예측할 수 있으면 된다. 그래야 그는 매입에 주저하지 않을 것이다. 셋째, 다른 경쟁자들보다 운이 따라주어야 한다. 부동산 시세에 관한 그의 예측이 맞았다면, 그것은 자신의 예측 능력에다 어느 정도의 행운이 따랐기 때문이다. 넷째, 모험을 감수하는 도전의식이 있어야 한다. 행위의 결과는 성공적일 수도 있고 실패로 끝날 수도 있다. 하지만 성공의 과실이 존재하기 위해서는 당연히 일을 저질러야 한다. 즉, 불확실한 미래에 대해 얼마나 도전의식이 있는가도 성공의 필수조건이다.

성공적 상품구매를 위해서는 첫째, 낮은 가격에 파는 사람이 존재해야 한다. 둘째, 다른 구매 경쟁자들이 알지 못하는 시장 정보를 갖고 있어야 한다. 셋째, 시장 예측을 잘해야 한다. 넷째, 예측능력에다 어느 정도의 행운이 따라주어야 한다. 다섯째, 불확실한 미래에 대한 도전의식이 있어야 한다.

2.4 시장에서 투기의 역할

재화를 구매하는 목적은 두 가지이다. 하나는 직접 사용하기 위해서이다. 일반 경제학 교과서는 주로 이에 대해서만 다룬다. 다른 하나는 해당 재화의 가격이 앞으로 상승할 것이라고 믿고서 되팔아 수익을 남기기 위해서이다. 현실에서는 이를 종종 투기(speculation)라 부른다. 이런 목적의 대표적인 구매는 사재기

그림 11-2

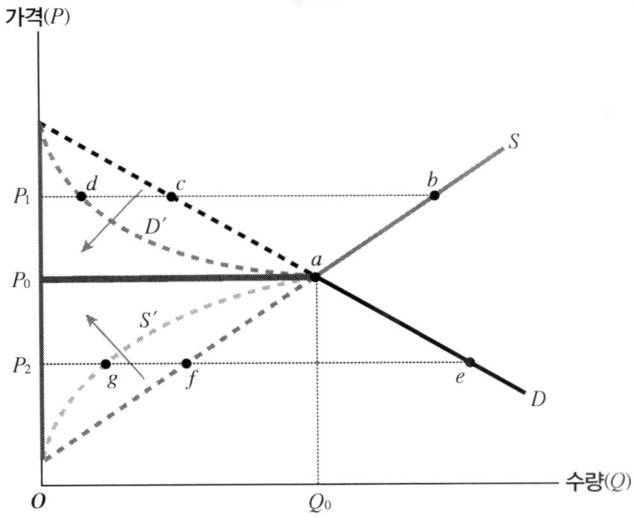

균형가격을 정확히 예측하는 경우의 수요곡선과 공급곡선

투기자들이 많을수록 수요곡선과 공급곡선은 균형가격을 향해 더욱 볼록해질 가능성이 높다. 이것은 투기적 행위가 초과수요와 초과공급의 가격에 의한 조정을 신속히 진행시켜 거래를 균형가격 근처에서 일어나게 해 줄 수 있음을 시사한다.

와 재테크를 위한 부동산 및 주식의 거래이다. 이 거래를 통한 차익은 순전히 거래를 통해서만 발생하기 때문에 많은 사람들은 탐욕이란 이름으로 이를 추구하는 사람을 질시하고 질타한다. 그렇지만 그들도 이런 차익을 은근히 바라는 것은 마찬가지이다. 단지 이를 하지 못했거나 실패했을 뿐이다.

투기하고자 하는 사람들은 재정거래를 통한 이득을 얻기 위해 시장의 균형가격을 예측해야 한다. 이런 예측을 통해 판매자는 균형가격보다 높은 가격에 팔려고 하고, 구매자는 균형가격보다 낮은 가격에 구매하고자 할 것이다. 만약 판매자나 구매자가 모두 균형가격을 정확히 예측한다면, 균형가격보다 낮은 가격에서는 어느 누구도 물건을 팔려고 하지 않을 것이고 균형가격보다 높은 가격에서는 누구도 이를 구매하려 하지 않을 것이다. 이 결과 시장수요곡선과 시장공급곡선은 일반적인 우하향과 우상향의 모양이 아니라 [그림 11-2]와 같이 균형가격에서 균형점까지 수평선의 형태를 띤다. 거래는 항상 균형가격에서 일어난다. 물론 재정거래 목적으로 시장에 들어오는 투기자들도 균형가격을 정확히 예측하지는 못한다. 그러나 이들이 많을수록 수요곡선과 공급곡선은 그림에서 보는 바와 같이 균형가격을 향해 볼록해질 가능성이 크다.

재정거래 목적으로 시장에 들어오는 투기자들이 많을수록 수요곡선과 공급곡선은 균형가격을 향해 더욱 볼록해질 가능성이 높다.

이렇게 되면 균형가격에서 벗어난 시장가격에서 발생하는 초과수요와 초과공급이 커져 가격에 의한 조정과정이 격렬하게 일어나면서 균형가격을 향한 수렴과정이 더 빠른 속도로 진행된다. 예를 들어 [그림 11-2]에서 구매자와 판매자가 투기 목적으로 균형가격을 예측해 수요곡선은 D'로, 공급곡선은 S'로 바뀌었다고 하자. 시장가격이 P_1이라면 투기가 없을 경우 초과공급이 bc인 데 반해 투기가 있을 경우 그것은 bd가 되어 가격하락 압력이 커진다. 시장가격이 P_2라면 투기가 있을 경우 초과수요가 eg로 투기가 없을 경우인 ef보다 커 가격상승 압력이 높아진다. 이는 투기적인 성격의 거래가 시장에 많이 들어갈수록 시장가격이 더 신속히 균형으로 향할 것임을 의미한다. 따라서 판매자와 구매자의 투기적 행위는 시장의 흐름을 왜곡하고 시장기능을 저해하는 것이 아니라 오히려 초과수요와 초과공급의 가격에 의한 조정을 신속히 진행시켜 거래를 균형가격 근처에서 일어나게 해준다.

투기적인 성격의 거래가 시장에 많이 들어갈수록, 거래를 균형가격 근처에서 신속히 일어나게 한다.

싸게 사서 비싸게 팔려는, 또는 비싸게 팔고 싸게 사려는 마음, 즉 투기하려는 마음은 누구나 갖고 있다. 물론 현실에서는 누구도 시장의 균형을 정확히 예측하지 못하기 때문에 투기에 의해 이득을 보는 사람도 있고 손해를 보는 사람도 있다. 분명한 것은 사람들이 투기하려는 마음을 통해 균형가격을 예측한다는 사실이다. 투기는 이런 예측을 바탕으로 균형가격으로의 수렴을 신속하게 하는 역할을 한다. 투기의 이런 기능을 일반인들은 잘 이해하지 못하거나 애써 무시하려 하기 때문에 현실에서는 투기에 의한 거래이득만이 사회문제로 부각된다.

3. 수요곡선의 이동과 시장균형의 변화

3.1 수요량의 변화와 수요의 변화

시장수요곡선은 주어진 가격에 시장에서 사람들이 수요하고자 하는 수량을 나타내는 곡선이다. 수요량의 변화는 주어진 수요곡선 상에서 가격의 변화에 따른 수요량의 변화를 말하며, 수요의 변화는 주어진 가격이 변하지 않는 상태에서 수요량이 변하는 것이다. 이를 위해서는 수요곡선 자체가 이동하거나 기울기가 변하든지 해서 형태가 바뀌어야 한다. 따라서 수요의 변화는 수요곡선의 변경에 의해서 수요량이 변하는 것을 말한다.

수요량의 변화는 주어진 수요곡선 상에서 가격의 변화에 따른 수요량의 변화를 말하며, 수요의 변화는 주어진 가격에서 수요곡선의 형태 변화나 이동에 의한 수요량의 변화를 말한다.

[그림 11-3]에서 수요량이 Q_0에서 Q_1으로 증가하는 방법에는 세 가지가 있

그림 11-3

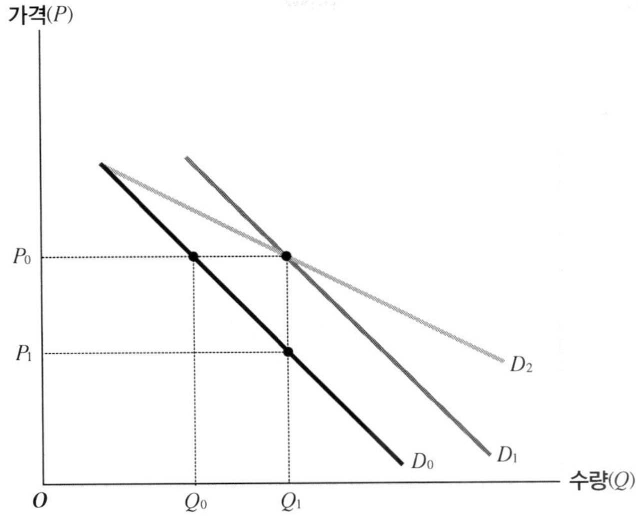

수요량의 변화와 수요의 변화
수요량이 Q_0에서 Q_1으로 증가하기 위해서는 가격이 하락하거나 수요곡선의 이동 또는 기울기 변화가 있어야 한다. 전자를 수요량의 변화라 하고, 후자를 수요의 변화라 한다.

다. 하나는 가격이 P_0에서 P_1으로 하락하는 것이다. 이것은 동일한 수요곡선에서 가격 하락으로 수요량이 증가하는 경우이다. 이것을 수요량의 변화라고 한다. 반면에 수요곡선이 D_2처럼 기울기가 변하거나 D_1처럼 수요곡선 자체가 이동하면, 가격이 P_0로 변하지 않은 상태에서도 수요량이 Q_0에서 Q_1으로 증가한다. 이것을 수요의 변화라고 한다.

3.2 수요곡선의 이동

시장수요곡선은 구매자의 선호순위에서 유도되기 때문에 개별 구매자의 선호에 변화가 일어나거나 시장에 참여하는 구매자의 수가 변할 때 이동하거나 형태가 변한다. 개인은 구매하고자 하는 재화 한 단위의 순위가 이를 위해 내놓아야 하는 재화의 순위보다 높으면 그 재화를 구매한다. 만약 구매자의 선호순위에 변화가 생기면 재화의 구매 여부도 당연히 달라지고 이에 따라 수요도 변한다. 선호순위의 변화를 가져오게 하는 첫 번째 요인은 구매할 재화에 대한 구매자의 가치변화이고, 두 번째 요인은 구매할 재화와 교환하기 위해 내놓을 재화에 대한 구매자의 가치변화이며, 세 번째 요인은 대체재나 보완재의 가격변화에 의한 구매자의 가치변화이다.

시장수요곡선은 구매자의 선호에 변화가 있거나 구매자의 수가 변할 때 이동하거나 그 형태가 변한다. 구매자의 선호는 재화에 대한 그의 가치가 변하거나, 대체재나 보완재 가격이 변할 경우 변한다.

3.2.1 구매할 재화의 가치변화

재화의 가치는 구매자나 판매자의 주관적 판단에 의해 결정된다. 따라서 주관적 판단에 영향을 미치는 제반 요인들이 재화의 가치변화를 가져온다. 인간의 주관적 가치매김은 자신이 갖고 있는 나름의 인지규칙에 따라 행해진다. 개인의 인지규칙은 자신의 과거 경험과 축적된 지식, 그리고 유전적 · 심리적인 요인에 의해 형성된다. 경제학에서는 개인의 인지 형성과정에 대해서 설명하려 하지 않는다. 그러나 인지 형성과정의 변화에서 생긴 경제현상은 경제학의 대상이다.

가치변화에 따른 수요의 변화는 현실에서 끊임없이 일어난다. 예를 들어 피겨 선수 김연아가 세계선수권 대회에서 우승한 데다 그의 날씬한 몸매와 귀여운 얼굴로 인해 한국에 피겨 열풍이 일어났다면, 사람들은 피겨 대회나 피겨 쇼의 관람 같은 피겨와 관련된 상품의 가치를 전보다 높게 평가할 것이다. 〈표 11-1〉에서와 같이 윤지의 선호순위에서 피겨 쇼 관람의 세 번째 한 단위[1]가 종전에는 쌀 1말 위에 있던 것이 이제 김연아 열풍으로 인해 쌀 3말 위로 올라가게 되었다고 하자. 그래서 종전에 이 쇼의 관람을 기껏해야 쌀 1말과 교환하려고 했으나, 이제는 쌀 3말과도 기꺼이 교환하려 한다. 이것은 윤지의 개인 수요곡선이 [그림 11-4]와 같이 오른쪽으로 이동했음을 의미한다. 이런 사람들이 시장에 많이 나타나면 피겨 쇼 관람에 대한 시장수요곡선은 분명히 오른쪽으로 이동한다.

표 11-1 구매할 재화의 가치변화

<table>
<tr><th colspan="4">윤지의 선호순위</th></tr>
<tr><th>선호 변화 전</th><th colspan="3">선호 변화 후</th></tr>
<tr><td>•
•
쌀 1.1말
피겨 쇼 관람 세 번째 한 단위
쌀 1말
•
•</td><td>a
↑</td><td>•
•
쌀 3.1말
피겨 쇼 관람 세 번째 한 단위
쌀 3말
•
•</td><td>b
↓</td></tr>
</table>

a) 피겨 쇼 관람의 가치가 상승해 선호순위가 상단으로 이동

b) 쌀의 가치가 하락해 쌀의 선호순위가 하단으로 이동

1. 피겨 쇼 관람의 세 번째 한 단위는 윤지가 피겨 쇼를 이미 두 번 관람했음을 의미한다.

그림 11-4

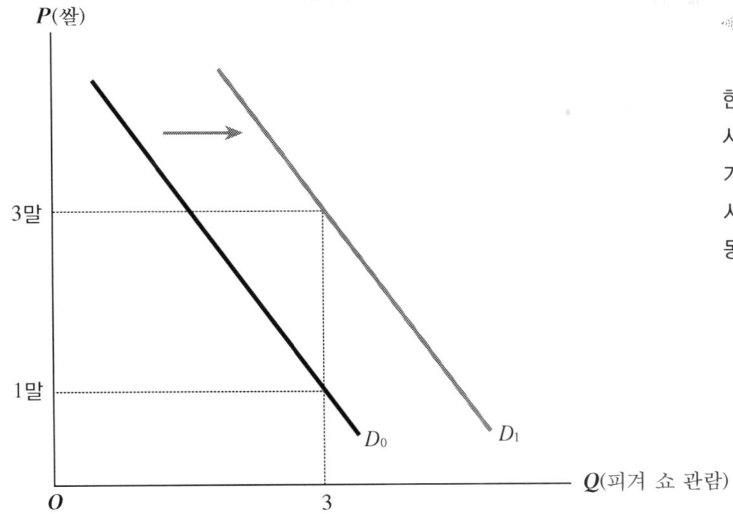

구매할 재화에 대한 선호 변화와 수요곡선의 이동
한국에 피겨 열풍이 일어난다면 사람들이 피겨와 관련된 상품의 가치를 전보다 높게 평가해서 시장수요곡선은 오른쪽으로 이동한다.

3.2.2 구매를 위해 내놓아야 할 재화의 가치변화

특정 재화를 구매하기 위해 내놓아야 하는 재화의 가치에 변화가 있을 경우에도 구매자의 수요곡선은 이동한다. 예를 들어 대부분 사람들이 이제 쌀밥을 주식으로 삼지 않고 쌀의 여타 용도도 적어지면, 쌀은 〈표 11-1〉처럼 윤지의 선호순위에서 아래로 내려간다. 이 결과 피겨 쇼 관람의 세 번째 1단위를 쌀 1말에 구매하려 했던 윤지는 이제 쌀 3말을 주고서라도 구매하려 할지 모른다. 이것은 그녀의 피겨 쇼 관람 상품의 수요곡선이 우측으로 이동했음을 의미한다. 대부분 사람들이 이런 경향을 갖게 되면 피겨 쇼 관람에 대한 시장수요곡선은 오른쪽으로 이동한다. 쌀이 주로 교환의 매개물로 사용되는 사회에서 쌀의 가치가 떨어졌다는 것은 화폐의 가치가 하락했다는 것을 의미한다. 화폐가치의 하락은 제품의 시장수요곡선을 우측으로 이동하게 함을 알 수 있다.

구매할 재화의 가치가 상승하면, 이 재화의 수요곡선은 우측으로 이동한다.

구매를 위해 내놓아야 할 재화의 가치가 하락하면, 구매할 재화의 수요곡선이 우측으로 이동한다.

3.2.3 보완이나 대체 관계에 있는 재화들의 가격변화

재화의 수요곡선은 교환하는 두 재화 외에 보완이나 대체 관계에 있는 다른 재화들의 가격이 변하더라도 이동한다. 예를 들어 소주와 막걸리, 그리고 맥주는 서로 대체관계에 있다. 소주에 대한 수요는 막걸리나 맥주 한 병의 가격이 변하면 영향을 받는다. 소주 한 병을 구입하기 위해서는 쌀 0.8되가 필요하고 막걸리 한 병을 구입하기 위해서는 쌀 1.2되가 필요하다고 하자. 그런데 어떤 이유로 막걸리 한 병을 구입하기 위해 쌀 1.5되가 필요하다면, 즉 막걸리의 가격이 오르면 사람들은 막걸리를 소주로 대체하려는 경향이 나타난다. 이것은 소주에 대한 선호가 높아졌음을 의미한다. 이에 따라 소주의 수요곡선은 오른쪽으로 이동할 것이다. 어떤 재화의 가격이 상승(하락)하면 이에 영향을 받아 다른 재화의 수요가 증가(감소)하는 경우, 이 두 재화를 대체재(substitutes)라 한다. 소주와 막걸리는 대체재의 한 예이다.

어떤 재화의 가격이 상승(하락)하면 이에 영향을 받아 다른 재화의 수요가 증가(감소)하는 경우, 이 두 재화를 대체재라 한다. 이와는 반대의 관계가 성립하면, 이 두 재화는 보완관계에 있다고 한다.

반대로 프린트기와 잉크 카트리지와 같이 서로 보완적인 관계에 있는 재화를 보완재(complements)라 한다. 어떤 이유로 잉크 카트리지의 가격이 하락하면, 프린트기의 구매를 주저하던 사람들이 프린트기를 구매해야겠다는 마음을 가질 수 있다. 즉, 프린트기에 대한 선호가 높아질 수 있다. 이것은 프린트기의 수요곡선을 오른쪽으로 이동하게 한다. 어떤 재화의 가격이 상승(하락)하면 이에 영향을 받아 다른 재화의 수요가 감소(증가)하는 경우, 이 두 재화는 보완관계에 있다고 한다. 프린트기와 잉크 카트리지, 커피와 커피프림, 야구공과 야구글러브, 스케이트화와 스케이트장 이용 등이 서로 보완관계에 있는 재화들이다.

4. 수요탄력성

4.1 수요탄력성 측정과 의미

탄력성은 물체가 외부로부터 힘을 받았을 때 튕기는 정도를 말한다. 우리가 탄력성을 공부하는 이유는 외부의 변화에 대응하는 개인의 행위로부터 재화의 특성을 이해하기 위해서이다. 외부의 힘을 가격변화라 하고 튕기는 대상이 수요량이라 할 때, 수요량이 가격변화에 얼마나 민감하게 반응하는가를 나타내는 정도를 수요의 가격탄력성이라 부른다. 우리는 주로 가격 변화에 반응하는 수요량에 관심을 갖기 때문에 수요의 가격탄력성을 그저 수요탄력성이라 부르기도 한다. 수요탄력성은 가격이 1% 변할 때 수요량이 몇 % 변하는가를 나타내는 척도이다.

수요탄력성은 가격이 1% 변할 때 수요량이 몇 % 변하는가를 나타내는 척도이다.

즉, 수요탄력성은 다음과 같이 나타낸다.

$$\text{수요탄력성}(\varepsilon_s) = \frac{\text{수요량의 \%변화율}}{\text{가격의 \%변화율}}$$

수요곡선은 우하향하기 때문에 가격변화의 방향과 수요량 변화의 방향은 서로 반대이다. 따라서 수요의 가격탄력성은 마이너스 수치로 표현된다. 그러나 탄력성은 절대치를 사용해 플러스로 나타내는 것이 관례이다. 예를 들어 연필의 가격이 10% 상승했을 때 연필의 수요량이 20% 감소했다면, 수요탄력성은 $\frac{-20\%}{10\%} = -2$가 된다. 그러나 관례적으로 탄력성은 절대치로 나타내기 때문에 그 값은 2이다. 이는 연필이 가격 변화율에 비해 수요량 변화율이 2배나 되는 특성을 갖고 있음을 뜻한다.

수요탄력성이 1보다 클 때 탄력적이라 하며, 1보다 작을 때 비탄력적이라 한다. 탄력적인 수요는 가격변화율보다 더 높은 수요량 변화율을 보이는 반면, 비탄력적인 수요는 수요량의 변화율이 가격변화율에 미치지 못한다. 대체로 생필품은 가격이 오르거나 내리더라도 일정한 수량을 소비해야 하기 때문에 수요탄력성은 낮다. 그러나 여가나 문화와 같이 그다지 긴요하지 않은 소비에 대해서는 가격변화에 사람들이 민감하게 반응하는 것이 일반적이다. 그래서 이들 재화의 수요탄력성은 대체로 높다.

수요탄력성이 1보다 클 때 탄력적이라 하며, 1보다 작을 때 비탄력적이라 한다. 생필품의 수요는 대체로 비탄력적이다.

4.2 수요탄력성에 영향을 주는 요인

어느 한 재화의 수요탄력성은 대체재의 유무에 따라, 재화를 어떻게 정의하느냐에 따라, 그리고 가격변화에 따른 수요량 변화의 관찰기간을 언제까지로 하느냐에 따라 달라진다.

수요탄력성은 대체재의 유무, 재화의 정의, 그리고 측정기간에 따라 달라진다.

4.2.1 대체재의 유무

수요탄력성은 대체재의 유무에 의해서 영향을 받는다. 커피와 녹차, 버터와 마가린 등이 자주 등장하는 대체재의 예이다. 커피 값이 상승하면 사람들은 커피를 줄이고 녹차를 마실 것이기 때문에 커피 또는 녹차의 수요탄력성은 높은 것이 대체재의 존재는 재화의 수요탄력성을 높인다.

일반적이다. 그러나 이런 판단은 선부른 측면이 있다. 사람의 취향은 쉽게 변하지 않기 때문이다. 커피를 마시는 사람이 쉽게 녹차로 전환하지 않는다면, 커피의 수요탄력성은 그렇게 높지 않을 수 있다. 그렇다면 커피와 녹차는 대체관계에 있다고 말할 수 없다.

과학과 기술의 발전으로 대체관계에 있는 새로운 재화가 등장하면, 이 재화가 기존의 재화를 사라지게 하기도 한다. 주판과 계산기, 턴테이블과 워크맨, CD 플레이어와 MP3 또는 MP4, 브라운관 TV와 Projector 내지 LED TV, 플로피 디스크와 USB 등이 이런 예들이다. 이 재화들은 대체 정도가 너무 강해 가격변화에 따른 수요량의 변화 차원을 넘어 시장에 누가 살아남는지의 문제로 이어지게 한다. 과학과 기술이 발전함에 따라 상품 간에는 이런 현상이 빈번히 나타난다.

4.2.2 재화의 정의

재화의 범위를 어떻게 정의하느냐에 따라 탄력성 값은 달라진다. 재화의 범위를 넓게 잡을 때, 어느 한 재화는 다른 재화와의 구분이 보다 분명해진다. 연필의 범위를 나무연필뿐만 아니라 샤프와 같이 흑연을 심의 재료로 사용하는 모든 종류를 포함하면, 연필은 다른 종류의 필기구, 예를 들어 볼펜과 같이 잉크로 사용되는 필기구와의 구분이 뚜렷해진다. 그렇게 되면 연필을 대체하는 재화의 범위가 줄어들어 연필의 수요탄력성은 작아질 것이다. 이에 반해 연필의 범위를 나무연필로 한정하면, 강력한 대체재인 샤프가 있어서 나무연필의 수요탄력성 값은 커진다.

재화를 넓게 정의하면 재화의 수요탄력성은 작아진다. 그 반대면 커진다.

오늘날 젊은이들에게 커피는 거의 생활필수품이 되었다. 그래서 커피의 수요탄력성은 그다지 높지 않다고 생각할 수 있다. 그러나 커피라는 이름으로 출시되는 여러 종류의 커피 각각에 대해 수요탄력성을 살펴보면 그 값은 상당히 클 수 있다. 특정 제품의 커피만을 선호하는 커피애호가가 아니라면, 대부분의 사람들은 커피 종류 간의 가격변화에 민감하게 반응할 것이기 때문이다.

4.2.3 측정기간

사람들은 가격이 변하더라도 처음에는 소비 관성으로 자신의 소비패턴을 그대로 유지하려 하지만, 시간이 지나감에 따라 점차 가격변화에 대응하려는 의지가 커진다고 생각할 수 있다. 예를 들어 휘발유 가격이 상승하면, 처음에는 차를 이용하는 횟수를 크게 줄이지 않다가 가격인상으로 인한 생계 압박이 점차 피부에 와 닿으면 다른 대안을 생각하기 시작할 것이다. 자가 운전자들은 불편하지만 대중교통을 이용한다든지 아니면 필요 없는 외출을 자제한다든지 할 것이다. 이렇게 생각하면 휘발유의 수요탄력성은 관찰기간이 길수록 커진다.

그런데 우리는 이를 정반대로 생각할 수도 있다. 휘발유 가격이 인상되면 처음에는 가격인상에 놀라 부산하게 다른 대안을 찾으려 하겠지만 시간이 지나면서 이 대안이 불편해져 다시 원래의 소비패턴으로 돌아갈지 모른다. 이렇게 생각하면 휘발유의 수요탄력성은 관찰기간이 길수록 작아진다.

그러므로 측정기간에 따른 수요탄력성 값의 변화에 대해서 경제학은 어떤 이야기도 들려줄 수 없다. 경제학은 사람의 심리 변화를 관찰의 대상으로 삼는 학문이 아니라는 점을 명심해야 한다.

측정기간이 수요탄력성에 미치는 영향은 일의적으로 말할 수 없다.

4.3 수요탄력성과 지출액

가격이 상승하면 수요량이 감소하고 그 반대면 수요량이 증가하기 때문에, 가격변화로 인해 지출액이 증가할지 아니면 줄어들지는 확실하지 않다. 우리가 수요탄력성에 관심을 갖는 것은 가격변화로 인한 지출액의 변화가 바로 수요탄력성과 직접 관련이 있기 때문이다. 지출액은 아래와 같다.

$$\text{지출액}(E) = \text{가격}(P) \times \text{수요량}(Q^d)$$

수요량은 가격의 함수이기 때문에 가격변화와 그에 따른 수요량 변화가 가져오는 지출액의 총 변화($\frac{\Delta E}{\Delta P}$)는 아래와 같이 표현된다.

지출액의 총 변화(ΔE) =

가격변화로 인한 지출액 변화($Q^d \times \Delta P$) +

가격변화에 의한 수요량 변화로 인한 지출액 변화[2]($P \times \frac{\partial Q^d}{\partial P} \Delta P$)

2. 인간의 경제행위를 설명하는 데 있어서 미분이라는 수학적 기법을 사용하는 것은 사실 우스운 일

양변을 ΔP로 나누면,

$$\frac{\Delta E}{\Delta P} = Q^d + (P \times \frac{\partial Q^d}{\partial P})$$

가 된다. 가격이 상승해 지출이 증가하기 위해서는 $\frac{\Delta E}{\Delta P}$가 0보다 커야 한다. 즉,

$$Q^d + (P \times \frac{\partial Q^d}{\partial P}) > 0$$

이어야 한다. 이 식의 양변을 Q^d로 나누어 정리하면,

$$(\frac{P}{Q^d} \times \frac{\partial Q^d}{\partial P}) > -1$$

이 된다. 위 식의 왼편은 음수이며 수요탄력성은 절대치로 표현된다는 것을 적용하기 위해 양변을 −1로 곱해 정리하면,

$$-(\frac{P}{Q^d} \times \frac{\partial Q^d}{\partial P}) < 1$$

이 된다. 위 식의 왼편은 수요의 가격탄력성(ε_d)을 나타낸다. 그러므로 가격이 상승할 때 지출액이 증가하기 위해서는 탄력성이 1보다 작아야 한다. 즉, 수요탄력성이 1보다 작은 제품의 가격이 상승하면 지출액은 증가한다.

가격이 하락할 경우 지출액이 증가하기 위해서는 $\frac{\Delta E}{\Delta P}$가 0보다 작아야 한다. 이를 가격이 상승할 경우와 동일한 방법으로 유도하면, 가격하락에서 지출액이 증가하기 위한 조건은 아래와 같다.

$$-(\frac{P}{Q^d} \times \frac{\partial Q^d}{\partial P}) > 1$$

수요탄력성이 1보다 큰 제품의 가격이 하락하면 지출액은 증가한다.

이다. 인간의 행위는 결코 가격이나 수량과 같은 변수의 극한적인 증감에 관련된 것이 아니기 때문이다. 여기에서 수학적 기법을 이용하는 것은 단지 탄력성과 지출의 일반적인 관계를 유도하기 위함뿐이다. 참고로 일반 경제학 교과서는 이런 미분 기법을 통해 수요곡선 위의 한 점에서의 탄력도를 정의하고 이를 점탄력도라 부른다.

지금까지의 논의를 정리하면 가격변화에 따라 지출액이 증가하기 위해서는 수요탄력성이 다음과 같아야 한다.

가격상승에 지출액이 증가하는 재화는 수요탄력성이 비탄력적이다. 가격이 하락하더라도 지출액이 증가하는 재화는 수요탄력성이 탄력적이다.

$$가격상승\ 시 : \varepsilon_d < 1$$
$$가격하락\ 시 : \varepsilon_d > 1$$

4.4 수요탄력성 측정의 문제

수요탄력성 값은 수요곡선 상의 기술적인 문제로서 수요곡선의 형태가 어떠한지, 가격변화의 폭을 어떻게 잡을 것인지, 가격변화의 기준을 변화되기 전의 가격으로 할 것인지 아니면 변화된 가격으로 할 것인지, 수요곡선 상의 어떤 점에서 측정할 것인지에 따라 달라진다. 이것은 공급탄력성 값의 경우도 마찬가지이다. 아래에서는 수요탄력성의 경우만을 갖고 설명한다.

4.4.1 수요곡선 형태와 수요탄력성

수요탄력성을 정의하는 식을 보면, 수요곡선의 형태와 어떤 가격에서 측정하느냐에 따라 수요탄력성의 값이 달라짐을 알 수 있다. 수요탄력성을 정의하는 식을 다시 적으면 다음과 같다.

$$\varepsilon_d = -\left(\frac{P}{Q^d} \times \frac{\partial Q^d}{\partial P}\right)$$

수요곡선은 언제나 우하향하기 때문에 낮은 가격에서 측정할수록 $\frac{P}{Q^d}$의 값은 작아진다. 그러나 $\frac{\partial Q^d}{\partial P}$에 대해서는 그 값이 음수라는 것 외에는 경제학이 말해 줄 수 있는 것은 아무것도 없다. $\frac{\partial Q^d}{\partial P}$는 수요곡선의 기울기를 나타낸다. 교과서는 수요곡선의 여러 모양새를 갖고 이 값을 지정한다. 수요곡선이 직선이라면, 이 값이 일정하기 때문에 높은 가격에서는 수요탄력성이 커지고 낮은 가격에서는 수요탄력성이 작아진다. 수요곡선이 직각쌍곡선이라면 수학적 특성상 곡선의 어느 점에서도 수요탄력성 값이 1이다. 수요곡선이 원점을 향해 볼록한 곡선이라면, 가격이 낮아질수록 곡선의 기울기는 커지는 반면 $\frac{P}{Q^d}$의 값은 작아지기 때문에 가격의 변화에 따른 수요탄력성의 값은 알 수 없다. 그러나 가격이 아주 낮을 경우 기울기의 값이 무한대에 가까워지기 때문에 수요탄력성의 값은 아주 클 것이다.

그러므로 수요곡선 상에서의 위치와 수요탄력성에 관한 진술들은 수요곡선의 형태를 모르는 한 경제학적으로 어떤 의미도 지니지 못한다. 수요곡선이 우하향하는 것은 분명하지만 실제로 어떤 형태인지는 누구도 알지 못하기 때문이다. 수요곡선의 형태를 가정하고서 수요탄력성 값이 어떠니 하는 것은 경제학 공부가 아니라 수학 공부이다.

4.4.2 가격변화 폭과 수요탄력성

탄력성 개념을 서로 근접한 두 가격에 한정할 이유는 없다. 수요곡선 상의 어떤 두 가격이라도 비교될 수 있다. 가격변화의 폭이 좁다면, 수요가 탄력적일 수도 있고 비탄력적일 수도 있어서 지출액은 증가하거나 감소할 수 있다. 앞에서 수요탄력성과 지출액의 관계를 살펴보았다. 그 식으로부터 수요탄력성과 가격변화에 따른 지출액 변화의 관계를 아래와 같이 유도해낼 수 있다.

$$\begin{aligned}\frac{\Delta E}{\Delta P} &= Q^d + (P \times \frac{\partial Q^d}{\partial P}) \\ &= Q^d + (\frac{P}{Q^d} \times \frac{\partial Q^d}{\partial P}) \times Q^d \\ &= Q^d + (-\varepsilon_d \times Q^d) = Q^d(1-\varepsilon_d)^{3}\end{aligned}$$

이 식으로부터 다음과 같은 사실을 발견한다. 수요가 탄력적인 구간에서 가격이 하락하면 지출액이 증가하고, 비탄력적인 구간에서 가격이 하락하면 지출액이 감소한다. 이것을 지출액의 관점에서 설명하면, 가격하락으로 인해 지출액이 증가하면 이 재화는 탄력적이고, 그 반대면 비탄력적이다.

특정 재화의 가격과 지출액의 관계를 나타내는 곡선을 지출액곡선이라 한다. 지출액곡선은 시장수요곡선으로부터 유도된다. 지출액곡선이 주어지면 가격변화에 따른 수요탄력성을 알 수 있다. 예를 들어 그 곡선이 [그림 11－5]에서 ED와 같다고 하자. 가격이 P_a에서 P_b로 하락했지만 구매자들의 지출액은 E_a에서 E_b로 증대했다. 그러므로 이 재화는 이 가격구간에서 탄력적이다. P_b보다 높은 가격 범위에 있는 이 재화의 가격이 P_b까지만 하락하면 언제나 탄력적이다. 그러나 가

3. 수요탄력성은 절대치로 나타내기 때문에 $(\frac{P}{Q^d} \times \frac{\partial Q^d}{\partial P})$를 $-\varepsilon_d$로 나타내었다.

그림 11-5

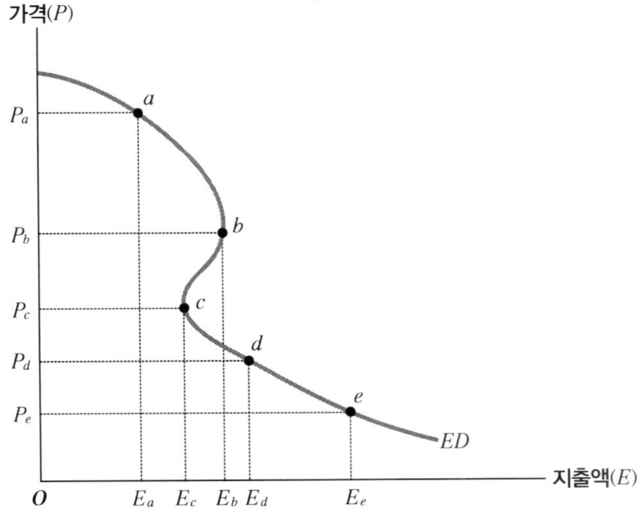

지출액곡선과 수요탄력성

가격하락($P_b \rightarrow P_c$) 시 지출액이 감소하면, 이 가격 구간은 비탄력적이다. 그 반대면($P_b \rightarrow P_d$), 가격 구간은 탄력적이다

격이 P_b에서 P_c로 하락하면 구매자들의 지출액은 E_b에서 E_c로 감소한다. 높은 가격 구간에서 탄력적이던 이 재화는 이 가격 구간에서 비탄력적으로 변한다. 그렇지만 P_b의 가격이 P_d까지 하락하면 지출액이 증대하기 때문에, 이 재화는 여전히 탄력적으로 판명된다. 이처럼 가격변화 구간을 어떻게 잡느냐에 따라 탄력적인 재화가 비탄력적이 되기도 하고, 그 반대가 되기도 한다.

가격변화 구간을 어떻게 잡느냐에 따라 탄력적인 재화가 비탄력적이 되기도 하고, 그 반대가 되기도 한다.

4.4.3 측정 기준점과 수요탄력성

수요탄력성은 가격변화 전과 후 중 어떤 것을 기준으로 하느냐에 따라 그 값이 달라진다. [그림 11-6]의 수요곡선 D에서 기준점을 a로 잡으면 탄력성 값은 $-\{(Q_1 - Q_0)/Q_0\}/\{(P_1 - P_0)/P_0\}$가 되며, b로 잡으면 그 값은 $-\{(Q_1 - Q_0)/Q_1\}/\{(P_1 - P_0)/P_1\}$이 되어 서로의 값이 달라진다. 그래서 이 문제를 극복하기 위해 일반적으로 기준점을 두 점의 중간을 취해서 구한다. 즉, 아래와 같이 수요탄력성 값을 구한다.

측정 기준점을 무엇으로 하느냐에 따라 수요탄력성의 값은 달라진다.

$$\text{수요탄력성} = -\frac{(Q_1 - Q_0)/\{(Q_1 + Q_0)/2\}}{(P_1 - P_0)/\{(P_1 + P_0)/2\}}$$

그림 11-6

측정 기준점과 수요탄력성
측정 기준점을 가격변화 전의 a로 하느냐 아니면 가격변화 후의 b로 하느냐에 따라 수요탄력성의 값은 달라진다.

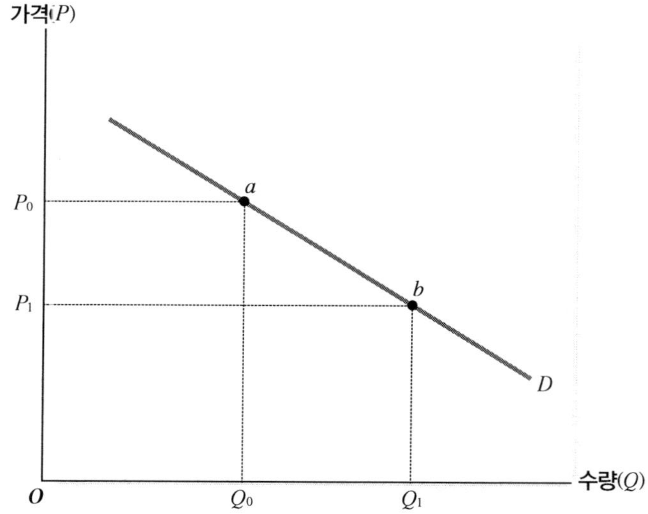

5. 공급탄력성

공급탄력성은 가격변화의 방향과 공급량 변화의 방향이 같기 때문에, 가격이 오르면 판매수입이 항상 증대하고 가격이 내리면 판매수입이 항상 감소한다.

공급의 가격탄력성은 가격변화율에 대한 공급량의 변화율을 말한다. 공급의 가격탄력성도 간단히 공급탄력성이라 부르기도 한다. 공급탄력성은 수요탄력성과는 달리 가격변화의 방향과 공급량 변화의 방향이 동일하기 때문에, 가격이 오르면 판매수입이 항상 증대하고 가격이 내리면 판매수입이 항상 감소한다.

$$\text{공급탄력성}(\varepsilon_s) = \frac{\text{공급량의 \%변화율}}{\text{가격의 \%변화율}}$$

토지와 같은 생산요소의 공급곡선은 탄력적일까, 비탄력적일까? 경제학 교과서는 토지의 공급곡선이 [그림 11-7]의 S_A처럼 완전히 비탄력적이라고 한다. 토지는 추가적으로 생산될 수 없어 땅의 공급량이 Q_0로 고정되어 있기 때문이라는 것이 그 이유이다. 완전히 비탄력적이라면 공급자는 땅의 평(3.3m²)당 가격이 거의 공짜라도 팔아야 한다. [그림 11-7]의 S_A는 분명히 그러해야 함을 말한다. 시골의 한적한 곳의 토지에 대해서는 이것이 경험상으로 설득력을 지닌다. 토지

그림 11-7

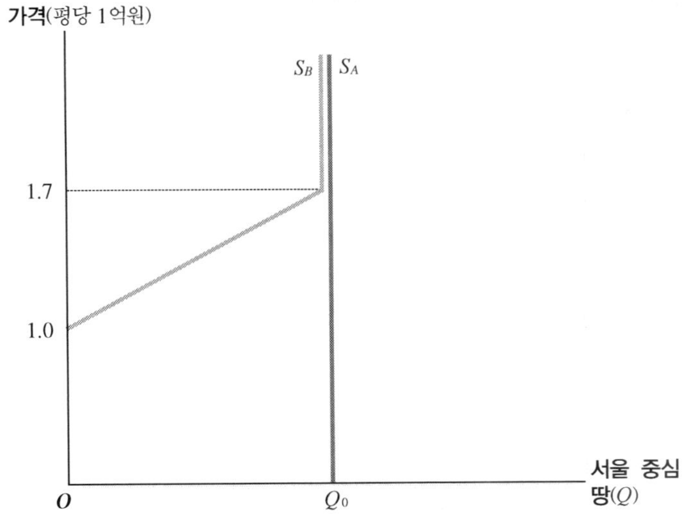

토지의 공급곡선

토지와 같이 추가로 생산될 수 없는 재화의 공급곡선은 완전 비탄력적이라고(S_A) 하나, 이를 생산자 관점이 아니라 판매자 관점에서 보면 완전 비탄력적이지 않다(S_B).

의 가격이 오를 것을 기대해 토지를 그냥 방치해 놓을 수도 있겠지만, 어떤 경우에도 그냥 놀리는 것보다 조그만 소득이라도 거두는 것이 토지소유자에게 유리하기 때문이다.

그런데 명동과 같이 서울 한복판에 위치한 땅의 공급곡선은 S_A와 같이 되지는 않을 것이다. 이곳의 토지소유자들은 현재 평당 1억원을 호가하는 땅을 아주 낮은 가격, 예를 들어 평당 5천만원에 팔려고 하지는 않을 것이다.[4] 이들은 이 땅을 그냥 방치하더라도 그 가격에 팔지 않을 것이다. 이 지역 토지의 공급곡선은 S_A가 아니라 S_B라고 생각하는 것이 옳다. 공급곡선 S_B는 이 땅의 소유자들이 평당 가격 1억원 아래에서는 한 평의 땅도 팔지 않으려 하며 평당 1.7억원일 경우 모든 땅을 매각하려 함을 말한다. 공급을 생산자 중심이 아니라 판매자의 선호로 생각하는 이 책의 입장에서는 당연한 귀결이다.

4. 이를 판매유보라 한다. 이에 관해서는 이 책의 제10장(시장가격의 결정)을 참조하라.

6. 시장가격의 기능

6.1 지식문제의 해결

개인이 변화하는 환경에 적절히 대응하기 위해서는 자신을 둘러싸고 있는 환경에 관한 정보를 숙지해야 한다. 그러나 환경의 복잡함과 인간 인지능력의 한계로 관련 정보를 모두 숙지하는 것은 가능하지 않다. 이것이 가능하더라도 수시로 변하는 모든 여건의 변화를 고려해 최적의 결정을 끊임없이 내리는 것은 불가능하다.

그렇다면 시장경제에서 개인이 경제계획을 적절하게 세우기 위해서는 어느 정도의 정보가 필요한가?(Hay. IEO, 84～86) 세상의 어떤 일도 자신과 무관한 것은 하나도 없지만, 우리는 그 모두를 알 수도 없고 알 필요도 없다. 시장에서 개인이 필요로 하는 지식은 얻고자 하는 것이 다른 것들과 비교해서 얼마나 구매하기 어려운지, 그리고 팔고자 하는 것이 다른 것들에 비해 얼마나 높게 평가받는지에 관한 정보이면 충분하다. 즉, 그에게 주어져야 하는 지식은 사거나 팔고자 하는 것들의 시장에서의 상대적 중요성에 관한 정보이다. 개인은 이 정보를 바탕으로 자신의 경제계획을 수립할 수 있다.

시장경제에서 개인에게 필요한 정보는 사거나 팔고자 하는 것들의 시장에서의 상대적 중요성에 관한 정보이다.

시장경제에서 자원의 상대적 중요성은 시장가격에 반영된다.

시장경제에서 자원의 상대적 중요성은 해당 자원의 교환에 참여하는 모든 사람들의 정보가 녹아 있는 시장가격에 온전히 반영된다. 시장가격은 개인이 경제계획을 수립할 때 자원의 과부족을 계산할 수 있게 해주는 계산자 역할을 한다. 그러나 개인의 경제계획이 시장에서 완전히 실현되는 것은 아니다. 어떤 물건을 사고자 했지만 사지 못하는 사람들도 있을 것이고, 팔고자 했지만 팔지 못하는 사람들도 있을 것이다. 이것은 시장에서 해당 제품의 과부족으로 나타난다. 시장에서 자신의 계획을 완수하지 못한 사람들은 자신의 계획을 평가하고 수정해 다시 시장 결과에 대응할 것이다. 이런 계획 수정은 이와 관련된 경제 전체에 연쇄적으로 영향을 미친다. 그 영향선상에 놓인 사람들은 변화된 여건에 따라 자신의 계획을 수정할 것이고, 이것이 다시 시장에 변화를 가져온다. 이 변화는 경제 전체에 또 다른 연쇄적 파급으로 이어진다. 이 모든 과정이 어느 한 사람이나 어느 한 집단에 의해 추진되는 것이 아니다. 각자의 제한된 지식이 시장가격에 반영되면서 이 모든 과정이 전개된다. 이것은 마치 모든 지식을 갖고 있는 한 사람이 해결한 것과 유사한 결과를 만들어낸다.

시장가격은 아주 작은 지식만 갖고 있는 개인들의 행위들이 시장에서 서로 어우러지면서 응축되어 나타난 결과이다. 즉, 한정된 개인의 지식들이 시장을 통해 모든 이들의 이해가 반영된 정보로 만들어져 다시 개인에게 가장 핵심적인 정보로 전달된다. 개인이 결정을 올바르게 내리기 위해서 세상의 모든 것을 알 필요 없이 시장가격의 움직임만 알면 된다는 것은 우리가 세상을 살아가는 데 있어서 아주 작은 지식만 있으면 됨을 말해 준다. 하이에크는 이를 마치 엔지니어들이 몇몇 지침만을 쳐다보아도 기계가 올바르게 작동되고 있는지를 알 수 있는 것과 같은 이치라고 했다(Hay. IEO, 87). 이것은 시장가격 체계가 개인들로 하여금 모두에게 흩어져 있는 지식을 아주 값싸게 활용할 수 있도록 해줌을 의미한다.

가격기구만큼 효과적이고 값싼 정보전달 체계는 없다.

그렇다고 해서 자원배분에 있어서 가격체계가 완벽하다는 것은 아니다. 가격체계가 경이롭다고 하는 것은 가격의 변화가 마치 한 사람이 지시한 것처럼 개인 모두를 움직이게 하기 때문이다. 예를 들어 특정 제품의 가격이 상승하면, 사람들로 하여금 이 제품을 절약하게 한다. 하이에크는 이 경이로움을 다음과 같이 말하고 있다.

> "이것이 누군가의 섬세한 디자인에 의한 결과라면, ……, 이 메커니즘은 인간 정신의 가장 위대한 승리 중의 하나라고 칭송받았을 것이다. 그것의 불행은 그것이 인간에 의해 디자인된 결과물이 아니고 그것에 의해 인도되는 사람들이 그들이 행하는 것을 왜 하게 되는지를 모른다는 이중적 불행이다. …… 우리는 그 의미를 이해하지 못하는 방식들과 상징들, 그리고 규칙들을 끊임없이 사용하고 이로부터 우리가 개별적으로 갖고 있지 못하는 지식의 도움을 활용한다. 우리는 이러한 관례와 제도를 그들의 영역에서 성공으로 증명했고 그것이 다시 우리가 이룩해 온 문화의 기초가 된 습관과 제도 위에 구축함으로써 발전시켜 왔다. 가격체계도 사람들이 이것을 이해하지 않고 우연히 경험한 후 …… 사용하게 되면서 형성된 것들 중의 하나이다. 이를 통해 노동의 분업뿐만 아니라 고르게 나뉘어져 있는 지식에 근거한 조화로운 자원 이용도 가능하게 되었다." (Hay. IEO, 87～88)

시장가격이 개인이 행위를 할 때 직면하는 지식문제를 이처럼 해결해 줌으로써, 시장 전체의 불일치를 조정하고 자원을 가장 원하는 사람에게 먼저 갈 수 있도록 해준다. 또한 그것은 자원을 보다 효율적으로 사용하는 사람만이 시장에서 살아남을 수 있도록 한다. 이 과정에서 자신의 몫이 결정된다. 이를 가격의 조정 · 배분 · 분배 기능이라 한다.

6.2 조정기능

판매자와 구매자가 시장가격의 변화에 반응하면서 시장수요와 시장공급의 불일치가 조정되는 것을 가격의 조정기능이라 한다.

판매자와 구매자가 시장가격의 변화에 반응하면서 시장수요와 시장공급의 불일치가 조정된다. 이것을 가격의 조정기능이라 한다. 가격에 의한 조정은 개인의 경제계획이 시장에 실제로 옮겨져 그 결과가 나타난 뒤 사후적으로 이루어진다. 균형에서 시장여건의 변화가 없다면 시장에서의 조정은 더 이상 일어나지 않고 모든 경제활동은 동일한 수준에서 순환한다. 여건이 변하면 모든 시장참여자들은 자신의 경제계획을 수정해야 한다. 이렇게 되면 기존의 균형가격에서 수요와 공급이 일치하지 않게 되고 균형은 깨진다. 가격의 조정과정은 시장에서 다시 균형이 달성될 때까지 계속된다. 시장여건은 한시도 가만히 있지 않고 변하기 때문에 시장은 항상 불균형에 놓이고, 이에 따라 시장의 조정과정은 끊임없이 진행된다고 말할 수 있다. 이 모든 조정과정은 개인에 의해 자발적으로 이루어진다. 자신의 이해를 관철시키고자 하는 노력이 사라지지 않는 한, 이런 조정 작업은 계속된다.

시장에서 가격의 조정기능은 쉼없이 발휘된다.

가격에 의한 조정은 실제에 있어서 수요와 공급이 일치할 때까지 진행될 수 있고, 여러 이유로 일치하지 않은 상태에서 머물 수도 있다. 가격변화에 대해 경제주체가 반응하지 않거나 아니면 상당한 시차를 갖고 이에 대응할 경우, 수요와 공급의 불일치는 상당 기간 계속될지 모른다. 만약 이것이 오랫동안 지속된다면 그것도 균형상태에 있다고 말할 수 있다. 균형이란 한 상태에 머물고자 하는 성질이기 때문이다. 그러나 과부족은 결국 가격변화를 이끌고 이에 판매자와 구매자가 반응함으로써 가격의 조정기능은 발휘되기 마련이다.

6.3 배분기능

시장가격은 개별 경제단위의 경제계획과 경제행위를 일치시켜 주는 과정에서 자원의 배분기능을 수행한다. 시장가격은 수요 측면에서 구매력이 뒷받침되는 수요자 중 가장 원하는 자에게 자원이 먼저 공급되도록 한다. 시장가격은 공급 측면에서도 자원을 가장 효율적으로 사용하는 기업들에게 자원이 우선적으로 흘러가도록 한다. 이를 가격의 자원배분 기능이라 한다. 현대경제는 대부분의 제품이 판매 목적으로 생산되기 때문에 시장가격보다 높은 비용으로 생산하는 기업은 시장에서 살아남지 못한다. 이것은 시장가격이 자원을 비효율적으로 사용하는 기업을 해당 시장에서 더 이상 생산활동을 하지 못하도록 함을 의미한다. 시장가격은 이처럼 해당 제품을 적은 비용으로 생산할 수 있는 기업들에게 자원이 흘러가도록 하고 생산된 제품은 긴요한 곳부터 사용되도록 한다.

가격은 수요자 중 가장 원하는 자에게 자원이 먼저 공급되도록 하고, 자원을 가장 효율적으로 사용하는 기업들에게 자원이 우선적으로 흘러가도록 한다. 이를 가격의 자원배분 기능이라 한다.

6.4 분배기능

시장가격은 또한 분배기능을 수행한다. 생산요소에 대한 대가는 투입된 시간이나 땀의 양에 따라 나눠는 것이 아니다. 각 요소는 요소들이 만들어낸 제품의 시장평가액에서 자신이 기여한 부분만큼 분배받는다. 그러므로 자원의 배분과 이를 통해 만들어낸 것들의 분배는 동전의 양면과 같아서 별개로 취급될 수 없다. 분배를 인위적으로 건드리면 자원배분의 왜곡이 일어나고, 배분에 제3자가 개입하면 분배가 뒤틀릴 수밖에 없다. 가격의 분배기능은 시장경제의 냉엄한 일면을 보여준다. 시장참여자는 아무리 많은 시간과 땀을 투입해 생산행위를 하더라도 이것이 시장에 의해서 평가받지 못하면 낮은 대접을 받을 수밖에 없다. 반면에 아주 적은 시간을 투입하더라도 시장성이 있는 제품을 생산하는 자는 높은 평가를 받는다. 시장경제의 분배기능이 냉정한 것은 분배가 인간에 의해서 수행되는 것이 아니라 시장을 통해 이루어지기 때문이다. 비록 냉정하기는 하지만 시장가격에 의한 분배는 인간이기 때문에 저지르는 부정, 부패, 비리, 그리고 이로 인해 억울해 하는 많은 것들을 사라지게 한다.

가격은 생산요소들이 만들어낸 제품이 시장에서 평가받는 것에 기초해 제품에 기여한 부분만큼 각 생산요소가 분배받도록 한다. 이를 가격의 분배기능이라 한다.

시장경제에서 배분과 분배는 별개로 취급될 수 없다. 분배를 인위적으로 건드리면 자원배분의 왜곡이 일어나고, 배분에 제3자가 개입하면 분배가 뒤틀릴 수밖에 없다.

생각하기

01. 균형이란 무엇이며, 어떤 경우 균형이 안정적이라 말할 수 있는가?

02. 우리는 종종 "시장은 균형을 자동적으로 달성해 준다"라고 한다. 이런 진술이 시장을 올바로 설명한 말인지 시장과 인간 행위의 관계를 되새기면서 설명하라.

03. 시장에서 어느 한 재화에 대해 다양한 가격이 존재하는 이유는 무엇인가?

04. 여름철 피서지의 바가지 요금에 대해 여러분은 어떻게 생각하는가?

05. 인간이 경제생활을 하는 데 있어서 필요한 핵심적인 지식은 무엇이며, 이를 시장은 어떻게 해결해 주는가?

06. 거래에서 성공을 거두기 위한 조건들을 생각해 보아라.

07. 투기는 마냥 비난받아야 할 일인지 토론하라.

08. 수요량의 변화와 수요의 변화는 어떻게 다른 개념이며, 수요의 변화를 가져오게 하는 요인들에는 어떤 것이 있는지 설명하라.

09. 동일한 시장현상에 대해 수요탄력성이 다양하게 측정될 수 있는 이유를 설명하라.

10. 사회주의 국가의 계획경제 체제에서도 정부당국은 가격을 설정해 자원배분에 활용한다. 북한은 2012년 8월부터 '새 경제관리체계'를 도입했다. '새 경제관리체계'는 국가가 생산계획을 정해 주지 않고 기업소들이 독자적으로 생산한 뒤 생산물의 가격과 판매방법을 스스로 정하는 것이라고 한다(한겨레, 2012년 8월 9일). 그러나 시장이 없는 상태에서 생산물의 가격설정은 어렵기 때문에 북한의 이 조치는 성공하지 못할 것이다. 오늘날 시장경제 국가에서도 공기업은 많은 경우 가격을 시장과는 관계없이 계산해 설정한다. 한국전력공사는 전기요금을 낮게 책정하면서 매년 위태위태한 예비전력으로 곤욕을 치루고 있다. 이와 관련해 1920~1930년대의 가격계산 논쟁은 유명하다. 사회주의 경제학자로 대표되는 랑게(O. R. Lange)와 러너(A. Lerner)는 이론적으로 최적화(optimization) 계산을 통해 가격계산이

가능하다고 주장한 반면, 자유주의 경제학자로 대표되는 미제스(L. v. Mises)와 하이에크(F. A. v. Hayek)는 이것이 불가능하다고 주장했다. 계산가격(shadow price or imputed price)과 시장가격(market price)과의 자원배분 효율성에 관해 토론하라.

시장에 관한 오해

Human centered

Principles of Economics

ch. twelve

1

경제학 교과서들을 접하다 보면, 시장을 오해하게 할 내용들이 많이 담겨져 있다. 이 장에서는 그런 내용들을 모아본다. 먼저 소비자잉여와 생산자잉여에 관해 잘못 생각할 수 있는 부분을 지적한다. 잉여는 그저 얻어지는 것이 아님을 밝힌다. 그리고 시장실패라는 용어 사용이 적절한지를 논의한다. 시장이란 자생적으로 형성된 질서이기 때문에, 여기에 누군가의 어떤 의도도 담겨져 있지 않다는 관점에서 이 문제를 접근한다. 소득증가는 수요에 영향을 미친다고 당연히 생각하는 부분에 관해서도 짚어보고, 일반 경제학 교과서가 시장을 잘못 이해하게 하는 기타 내용 몇몇을 조명해 본다.

1. 잉여의 개념

1.1 구매자잉여와 판매자잉여

경제학 교과서에 나오는 잉여의 개념은 명확한 것 같지만 그렇지 않다. 구매자잉여란 구매자가 지불할 용의가 있는 지출액에서 실제로 지불한 지출액을 뺀 것이다. [그림 12-1]의 왼쪽 그림은 구매자잉여를 보여준다. 그림 속의 구매자는 시장에서 수량 Q_0을 가격 P_0에 구입한다. 판매자가 만약 Q_1을 P_1에 팔겠다면, 그는 이 가격에 Q_1을 구매했을 것이다. 그는 수량 Q_1을 P_1이 아니라 P_0에 구입했기 때문에, $((P_1 - P_0) \times Q_1)$만큼 이득을 얻은 셈이다. 이런 생각을 Q_0까지 수량의 단위별로 생각하면 그림의 청색 부분만큼 이 구매자는 이득을 얻은 것이나 마찬가지이다. 이를 구매자잉여라 한다.

구매자가 지불할 용의가 있는 금액과 실제 지불한 금액과의 차이를 구매자잉여라 한다.

판매자잉여는 판매자가 기꺼이 받아들일 용의가 있는 판매수입보다 더 많은 판매수입을 거두었을 때 이 차액을 판매자잉여라 한다. [그림 12-1]의 오른쪽 그림에서 판매자는 가격 P_1에 Q_1을 팔 용의가 있었으나, 기다렸다가 가격 P_0에 Q_0를 팔았다. 그는 $((P_0 - P_1) \times Q_1)$만큼 이득을 얻은 셈이다. 이런 생각을 Q_0까지 수량의 단위별로 생각하면 그림의 청색 부분만큼 이 판매자는 이득을 얻은 것이나 마찬가지이다. 이를 판매자잉여라 한다.

판매자잉여는 실제의 판매수입과 판매자가 받아들일 용의가 있는 판매수입과의 차이를 말한다.

그림 12-1

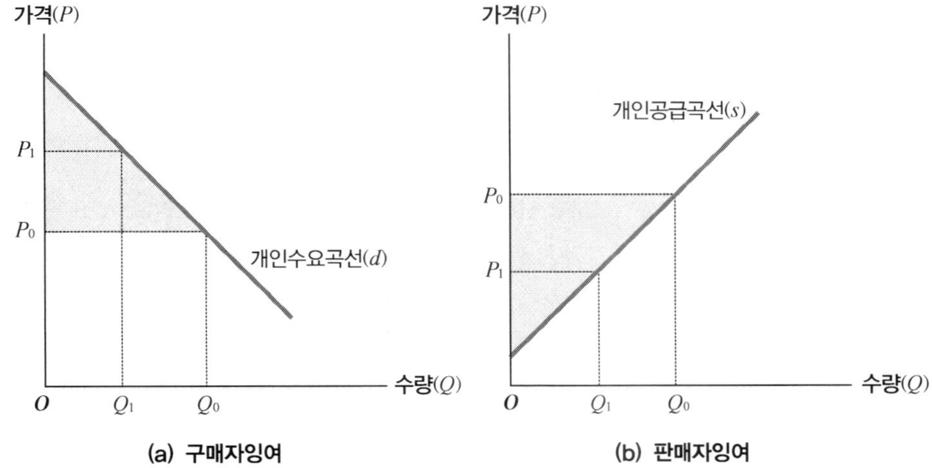

구매자잉여와 판매자잉여에 관한 오해

왼쪽 그림의 색칠한 부분은 구매자잉여를, 오른쪽 그림의 그것은 판매자잉여를 나타낸다. 잉여는 공짜로 얻는 것이 아니라 미래의 불확실성에 도전한 결과이다.

1.2 잉여에 관한 올바른 이해

경제학 교과서는 이런 구매자잉여를 시장의 작동 결과 거저 얻은 것처럼 느끼게 설명한다. 교환은 어떤 경우에도 심적 이득을 준다. 그러므로 그는 재화를 P_1에 Q_1만큼 구매하는 것으로 그칠 수도 있다. 이것이 그에게 손해를 끼치는 것이 아니기 때문이다. 그럼에도 불구하고 그는 가격이 하락할 것으로 예상하고서 기다렸고 이 예상은 운 좋게도 적중했다. 그는 가격 P_0에 Q_0을 구매할 수 있게 되었고 그의 구매자잉여는 [그림 12-1] (a)의 청색 부분만큼 증가했다. 가격이 P_1에서 P_0로 하락할 때까지, 그는 가격 추이가 어떻게 될지 불안감과 두려움 속에 있었을 것이 분명하다. 그의 예상과는 달리 가격이 P_1에서 하락이 아니라 오히려 상승할 수도 있기 때문이다. 그러므로 그가 추가로 거둔 구매자잉여는 결코 거저 얻은 것이 아니다. 그는 미래가 어떻게 될지 모르는 불확실성이라는 두려움을 참고 기다리는 위험을 선택했으며, 이 도전은 성공했고 이것의 결과가 추가적인 구매자잉여로 나타난 것이다.

구매자잉여와 판매자잉여는 거저 얻을 수 있는 것이 아니라 미래의 불확실성에 도전한 결과이다. 그 도전이 실패로 귀결될 수도 있다.

구매자잉여는 이처럼 미래 예측을 위해 투입한 노력과 불확실성의 두려움을 이긴 결과임에도 불구하고, 교과서는 모든 구매자들이 균형가격에서 구매하고 판매하는 것처럼 묘사해 이를 거저 얻은 것처럼 느끼게 한다. 교과서의 이런 묘사는 마치 모든 사람들이 화살을 과녁의 정중앙에 모두 쏠 수 있을 듯이 말하는 것과 같다. 이들이 쏜 화살은 과녁 전체에 널리 퍼지면서 꽂히는 것이 실제의 모습이다. 이 중에는 과녁도 맞추지 못하는 사람들도 더러 있다. 화살을 과녁의 정중앙에 쏘는 사람이 이를 위해 얼마나 피나는 노력과 연습을 했을지에 관해서 교과서는 어떤 설명도 하지 않는다. 우리가 알아야 하는 것은 화살을 과녁의 정중앙에 쏠 수도 있다는 것이 아니라, 그렇지 않을 가능성이 훨씬 많으며 정중앙에 쏘기 위해서는 피나는 노력을 경주해야 한다는 사실이다.

세상살이도 마찬가지이다. 세상살이라는 과녁의 정중앙을 맞추는 사람이 얼마나 되겠는가? 그럼에도 교과서는 시장참여자들이 어떻게 균형에 이르는지에 관한 실제의 모습을 전혀 보여주지 않는다. 교과서의 잉여에 관한 이야기는 단지 구매자가 균형가격의 윗부분의 가격에서도 기꺼이 구입하고자 하는 수량이 있었는데 그보다 낮은 균형가격에서 구입하기 때문에, 더 많은 이득, 즉 잉여를 얻는다는 것으로 끝난다. 교과서는 구매자잉여를 이처럼 공짜로 얻을 수 있는 것으로 묘사함으로써 시장의 이치를 근본적으로 오해하게 만든다. 세상 사람들이 이런 이득을 취한 사람을 탐욕적이라고 비난을 퍼붓는 데는 교과서의 이런 묘사가 일조한 측면도 있다.

교과서는 구매자잉여를 공짜로 얻을 수 있는 것으로 느끼게 묘사함으로써 시장의 이치를 근본적으로 오해하게 만든다.

사실 화살과녁의 정중앙이야 눈에 보이는 것이지만, 시장의 균형가격을 아는 사람은 아무도 없다. 시장참여자들은 그저 판매대에 붙어 있는 가격만을 보고서 자신의 선호순위와 미래의 가격 추이에 관한 자신의 예상에 따라 구매를 결정할 따름이다. 구매자들 중에는 운 좋게도 균형가격 이하에서 구매하는 사람들도 있게 마련이다. 판매자들 중에 균형가격보다 낮은 가격에 팔려고 하는 사람들이 있을 수 있기 때문이다.

판매자잉여도 구매자잉여와 마찬가지로 공짜로 얻은 것이 아니라 판매자의 시장에 대한 판단력과 기다림의 위험을 감수한 대가이다. 판매가격보다 더 받을 수 있음에도 불구하고 미래의 불확실성을 피하고 싶은 마음 때문에 낮은 가격에 팔아버리는 경우를 우리는 주변에서 어렵지 않게 볼 수 있다. 물론 기다린다고 해서 항상 잉여를 더 많이 얻는 것은 결코 아니다. 예를 들어 [그림 12-1]의 (b)에서 가격 P_0에 Q_0을 팔 수 있음에도 불구하고 가격이 더 오를 것으로 예상하고서 기다리다 가격이 P_1까지 내려가서야 Q_1만큼만 파는 경우도 발생할 수 있다. 그는

($(P_0 - P_1) \times Q_1$)만큼 이득을 더 많이 획득할 수 있었음에도 불구하고 욕심을 부리다 이 이득을 놓치고 만 것이다. 주식시장에서 개미투자자들의 90%가 손실을 본다는 사실은 잉여가 결코 공짜로 얻을 수 있는 것이 아님을 극명하게 보여준다.

2. 시장실패

2.1 시장의 의도와 탐욕

정부가 시장에 개입해야 한다는 가장 주된 논리는 시장이 실패한다는 것이다. 시장은 자원을 효율적으로 배분하지 못할뿐더러 공동체 모두를 골고루 잘살게 하지도 못한다고 한다. 게다가 시장은 종종 일할 수 있고 일하고 싶은 사람들을 대량실업 상태로 내몰기도 하고, 물가는 하루가 멀다 하고 크게 뛰어 모두의 삶을 힘들게 만든다고도 한다. 경제학 교과서는 이를 시장의 자원배분 실패, 분배 실패, 그리고 경기안정 실패라고 한다. 이 실패들 때문에 정부는 시장에 개입해야 한다고 한다.

우리는 이러한 시장실패가 일어나지 않기를 바란다. 그러나 시장실패가 시장 때문이라는 논리는 받아들이기 힘들다. 왜냐하면 인간의 모든 행위는 교환을 전제로 하며 시장은 교환의 상징적 표현에 불과하기 때문이다. 그런 점에서 시장은 본질적으로 실체도 없으며 더욱이 무엇을 의도하지도 않는다. 시장은 묵묵히 인간의 역사와 함께 할 뿐이다. 아무것도 의도하지 않은 시장이 실패한다고 주장하는 것은 마치 자신의 잘못과 무능은 생각지 않고 이를 조상 탓으로 돌리는 것과 다를 바 없다.

시장은 교환의 상징적 표현에 불과하다. 아무것도 의도하지 않는 시장이 실패한다고 말하는 것은 마치 자신의 잘못과 무능은 생각지 않고 이를 조상 탓으로 돌리는 것과 다를 바 없다.

시장실패를 종종 인간의 탐욕에서 찾기도 한다. 막스 베버가 『프로테스탄티즘의 윤리와 자본주의 정신』에서 갈파했듯이 어느 시대에도 인간의 탐욕은 존재해 왔다(막스 베버, 41). 탐욕은 나쁘게 비쳐지지만 그것은 인간의 욕구일 뿐이다. 욕망이 없는 인간, 미래지향적이지 않은 행위를 상상할 수 없듯이 교환이 없고 시장이 없는 세상도 상상할 수 없다. 인간의 탐욕으로 인해 시장실패가 초래한다는 것은 우즈(T. E. Woods Jr.)가 비유했듯이 '비행기 추락이 지구의 중력 때문' 이라고 말하는 것과 같다(우즈, 24).

2.2 배분실패

완전경쟁 조건 하에서 이루어진 시장 전체의 일반 균형은 파레토 효율적이다. 이것이 후생경제학의 제1정리이다. 자원배분 실패는 시장이 자원을 효율적으로 배분하지 못하는 경우를 일컫는 말인데, 이때의 효율은 파레토 효율을 염두에 두고 있다. 현실 경제는 결코 완전경쟁시장이 아니기 때문에, 시장의 자원배분 실패는 당연한 결과이다. 문제는 우스꽝스럽게도 그렇기 때문에 현실의 시장을 완전경쟁에 가깝게 만들어야 한다는 억지 논리이다. 시장의 효율성을 보여주기 위해 가정된 완전경쟁과 파레토 최적 개념이야말로 시장을 잘못 이해하게 하고 필요 없는 또는 잘못된 경제정책을 수립하게 했다. 이 개념들로 인해 시장경쟁이 만들어내는 쫓아감과 추월함, 그리고 이로 인한 시장의 역동성과 혁신, 그리고 끊임없이 깨어지는 균형상태라는 본연의 시장 모습을 설명할 길을 잃게 되었다. 시장의 효율성은 완전경쟁이나 파레토 최적의 개념이 아니라 시장과정으로 설명되어야 한다.

시장의 효율성은 완전경쟁이나 파레토 최적의 개념이 아니라 시장과정으로 설명되어야 한다.

2.3 분배실패

분배실패는 사회적 합의와 관련된 문제이기 때문에 시장기능의 성패와는 본질적으로 관계가 없다.

분배실패는 시장이 만들어내는 자원배분의 결과를 사회가 받아들이지 못하겠다는 데서 나온 것이다. 따라서 분배실패는 사회적 합의와 관련된 문제이기 때문에 시장기능의 성패와는 본질적으로 전혀 관계가 없는 사안이다. 오늘날 우리 사회에서 어느 누구도 대놓고 시장기능의 중요성을 부인하지 못한다. 그러면서 시장기능이 만들어내는 사회의 모습에 대해서는 극렬하게 비판하곤 한다. 그럴 바에야 차라리 시장기능의 폐기를 주장하는 편이 오히려 덜 모순적이다.

시장경제에서 배분의 결과는 분배를 낳는다. 각자의 소득수준은 근본적으로 그가 시장과정 속에서 선택한 결과이다. 이 결과를 부정한다는 것은 곧 개인의 자발적 선택과 시장기능을 폐기하겠다는 것과 마찬가지이다. 사회주의 경제에서 완전한 지시경제가 불가능한 것도 가격과 소득을 분리할 수 없기 때문이다 (Friedman, 2005, 33~34). 경쟁에서의 패자나 경쟁에 뛰어들 수 없는 약자에 대한 배려는 시장과는 완전히 별개의 문제이다.

2.4 경기안정 실패

시장이 경기안정화를 달성해 주지 못한다는 안정화 실패는 화폐와 시간시장, 그리고 경기변동을 논의한 후 자세히 반박될 수 있다. 여기에서는 이것을 간략히 설명하는 것으로 그치기로 한다. 경제 불안정은 기본적으로 유동성 증가에 의한 잘못된 투자들에 기인한다. 이것은 2008년의 경제위기뿐만 아니라 1920년대의 대공황도 마찬가지이다(Rothbard, 1963, 186~193 ; 프리드만, 2003, 110~124 ; French, 2009. 3. 26 ; Rockwell, 2009. 9. 27 ; 민경국, 2008). 여기에다 최근의 경제위기에서 보는 바와 같이 다양한 사회정책들에 의한 도덕적 해이가 위기의 뇌관으로 작용한다(김이석, 4~7).

1920년대 대공황과 최근의 세계금융위기와 같은 경제 불안정은 유동성 증가와 사회정책에 의해 초래되었다.

문제를 악화시키는 것은 경제위기를 초래한 정부가 이를 극복한다는 명목으로 위기를 초래한 정책들을 처방으로 다시 내놓는 것이다. 안타까운 것은 대중과 여론들은 정부의 이런 정책에 지지를 보낸다는 점이다. 위기에 봉착한 자들에게 구원의 손을 내밀어 주기 때문이다. 그러나 시장경제의 변화와 정부의 대응에 익숙한 자들은 이미 위기가 닥쳤을 때 정부의 정책방향을 꿰뚫고서 자신의 투자처를 선제적으로 찾아 나서면서 경제위기 상황 속에서도 부를 키워나갈 기회를 포착한다. 이 과정에서 정책은 잠시 효과를 발휘할지 모르지만 결국은 이들의 대응에 의해 무력화된다. 그러므로 시장경제에 잘 적응하는 자들은 경기가 좋거나 나쁘거나 상관없이 지속적으로 부를 확대해 나가는 반면, 그렇지 못한 자들은 제자리에 머물기 마련이다. 아니, 제자리에 머무는 데 그치지 않고 물가상승과 정책의 차별성으로 인해 자산가치의 하락을 감수해야만 하는 경우가 일반적이다. 이 결과 부자는 더욱 부자가 되고 가난한 자는 더욱 가난해질 개연성이 높아진다. 부익부 빈익빈은 시장이 아니라 정부와 이를 기회로 포착하는 사람들에 의해 조장되는 것이다.

경제불안정에 의한 부익부 빈익빈은 시장이 아니라 정부와 이를 기회로 포착하는 사람들에 의해 조장된다.

3. 소득변화와 수요곡선 이동

경제학 교과서는 소득이 증가하면 수요곡선은 오른쪽으로 이동하기도 하고 왼쪽으로 이동하기도 한다고 가르친다. 전자의 재화를 정상재(normal good)라 일반 경제학 교과서에서는 소득이 증대하면 수요곡선이 이동한다. 그러나 이 책의 설명 속에는 소득이 증대한다고 해서 수요곡선이 이동해야 할 논리적 근거는 없다.

하고 후자의 재화를 열등재(inferior good)라 한다. 교과서는 수요곡선을 예산선과 무차별곡선으로부터 유도하기 때문에 소득증대가 수요에 영향을 미치는 메커니즘이 존재한다. 소득증대가 예산선을 상방으로 이동시키고 무차별곡선의 형태에 따라 해당 재화의 수요가 증대하기도 하고 감소하기도 한다.

이 책의 설명으로부터도 소득이 증가하면 수요량이 증가할 수 있음을 보여줄 수 있다. 소득이 적을 경우 종전에는 선호순위 아래에 놓여 있어서 선택할 수 없던 것들을 소득이 증대하면서 구매할 수 있기 때문이다. 그러나 이것은 소득증대에 의한 수요곡선 이동의 결과가 아니라 기존의 수요곡선 위에서 관찰될 수 있는 결과이다.

소득증대가 개별 재화의 수요에 영향을 미칠 메커니즘은 이 책의 논리 속에는 존재하지 않는다. 이 책에서는 수요곡선을 단순히 개인의 선호에서 유도하기 때문이다. 개인의 선호는 소득증대나 소득감소와는 상관이 없다. 이것이 저것보다 좋고 싫다는 것이 소득수준과는 관계가 없기 때문이다. 물론 소득이 증대하거나 감소하면 자신의 선호가 변경될 수 있을지 모른다. 이것은 개인의 심리적인 문제이기 때문에, 경제학이 이에 관해 진술하는 것은 적절하지 못하다. 이를 〈표 12-1〉의 철수라는 한 젊은이의 선호순위로부터 살펴보자.

표 12-1　소득변화와 개인의 선호순위

선호순위	재화	선호순위	재화	선호순위	재화
1	1st 사과	7	800원	13	3rd 사과
2	1,200원	8	700원	14	3rd 빵
3	1,100원	9	1st 빵	15	400원
4	1,000원	10	600원	16	4th 빵
5	900원	11	2nd 빵	17	300원
6	2nd 사과	12	500원	18	200원

철수의 하루 용돈은 3,000원이고 이 돈으로 구입할 수 있는 모든 것을 구입한다고 하자. 그의 선호순위에 의하면, 그는 3,000원 중 2,000(1,200 + 800)원을 지불하고 사과 2개를, 600원을 지불하고 빵 1개를 구매할 용의가 있으며 나머지 400원은 현금으로 남겨둘 생각이다. 만약 그의 용돈이 4,000원으로 증가하면, 선호순위가 낮아 전에 구입하지 못한 물품들을 구입할 것이다. 그는 사과 1개와 빵 2개를 추가로 구매하고 100원을 현금으로 남겨두고자 할 것이다.

그림 12-2

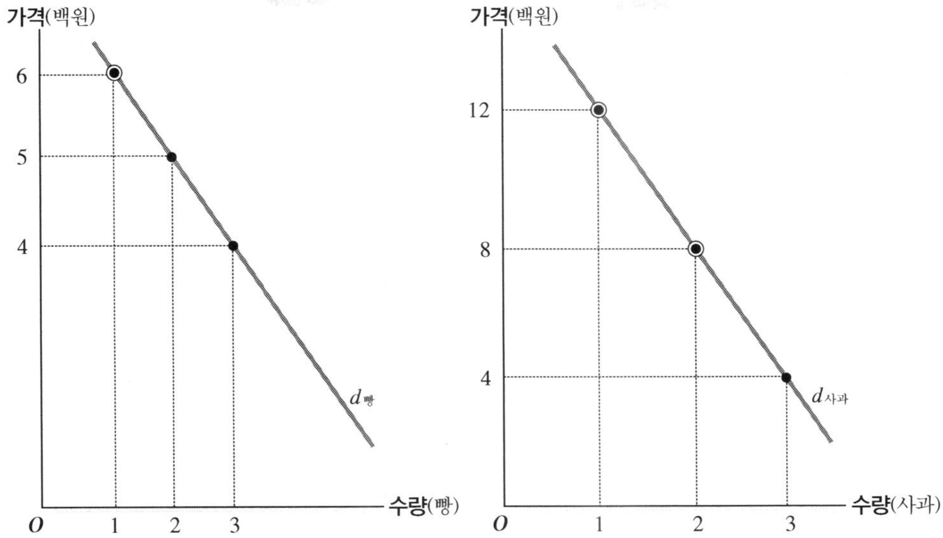

(a) 빵 수요곡선　　(b) 사과 수요곡선

소득변화와 수요곡선

수요곡선은 단순히 소비자의 선호에서 유도되기 때문에, 소득변화가 수요곡선에 영향을 미칠 근거는 없다.

지금까지의 설명을 그림으로 나타낸 것이 [그림 12-2]이다. 철수의 용돈이 3,000원일 경우, 그가 구입하고자 하는 빵과 사과의 가격-수요량의 관계를 그림에서 이중점으로 나타냈다. 그는 빵 1개와 사과 2개를 수요하고자 한다. 그림에 있는 단일점은 용돈 3,000원에서는 수요할 수 없는 점들이다. 용돈이 1,000원 증가해 4,000원일 경우, 그는 추가로 빵 2개를 그리고 사과 1개를 더 수요하고자 한다. 이를 단일점으로 표시했다. 물론 이중점도 용돈 4,000원에서의 가격-수요량 관계에 포함된다. 단일점들은 용돈이 증가해 낮은 가격에서 수요하는 점들이다.

이 그림에서 분명한 것은 소득이 증가한다고 해서 수요곡선이 이동하는 것이 아니라는 점이다. 수요곡선은 그대로이며, 소득이 적어 수요할 수 없던 점들이 소득이 증가하면서 수요곡선 아래를 따라가면서 추가될 뿐이다. 이것은 수요가 오직 개인의 선호에 의해서만 결정되기 때문이다. 소득이 증대했다고 해서 그의 선호가 변경되어야 할 논리적 이유는 하등 없으며, 그래서 수요곡선이 소득증대에 의해 영향을 받을 여지는 없다.

4. 기타 오해

4.1 생산자와 소비자 vs. 판매자와 구매자

소비자는 소비하는 사람이고 생산자는 생산하는 사람이다. 시장에서 물건을 사고파는 사람은 소비자와 생산자가 아니라 구매자와 판매자이다. 제품을 생산하고 동일인이 판매까지 할 경우에는 그를 생산자라 불러야 한다. 생산에 이어 판매까지 한다면, 판매도 생산 행위에 포함되기 때문이다. 제품을 구매하는 사람은 대체로 그것을 소비하기 위함이다. 그러나 그것을 되팔기 위해 구매하는 사람도 있다. 또는 소비하다 중고로 그것을 다시 팔려고 내놓는 사람도 있다. 물론 중고 제품이 처음 생산된 제품과 같지는 않다. 그것은 막 생산된 제품과는 완전히 다른 제품으로 취급되어야 한다. 그러나 주택과 같이 내구기간이 길고 생산되어 나오는 것보다 이미 공급되어 있는 것이 훨씬 많은 제품들은 신상품과 중고 상품을

그림 12-3

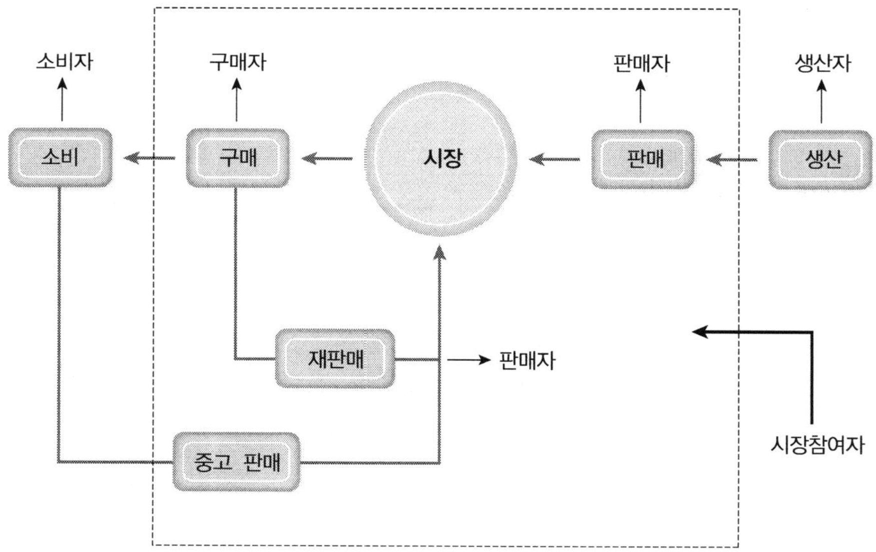

소비자와 생산자, 그리고 구매자와 판매자
구매자들 중에는 구매한 제품을 시장에 다시 되파는 경우가 있기 때문에, 판매자를 생산자와 동일시하면 안 된다.

동일한 제품으로 취급하는 것이 시장을 이해하는 데 도움이 된다.

어쨌든 구매자들 중에는 구매한 제품을 시장에 다시 되파는 경우가 있기 때문에, 판매자를 생산자와 동일시하면 안 된다. 생산자는 판매자의 일부일 뿐이다. [그림 12-3]에 생산자와 판매자, 그리고 소비자와 구매자의 관계를 시장을 중심으로 하여 나타냈다.

시장에서 물건을 사고파는 사람은 소비자와 생산자가 아니라 구매자와 판매자이다. 생산자는 판매자의 일부일 뿐이다.

4.2 시장가격

4.2.1 시장가격과 균형가격

교환이 일어나는 곳이 시장이므로, 시장에서 보는 가격은 언제나 시장가격을 의미한다. 교과서는 시장의 조정과정과 이에 의해 결정되는 균형가격을 주로 가르치기 때문에 학생들로 하여금 시장가격이라 하면 으레 균형가격만을 생각하게 할 수 있다. 그러나 시장에서 개인이 만나는 모든 가격들은 시장가격이며, 그것은 시장마다 다를 수 있다. 그 다른 시장가격들이 시장과정을 통해 어느 한 가격으로 수렴하는 경향을 보일 뿐이다.

시장에서 만나는 모든 가격들은 시장가격이다. 시장가격이 균형가격을 의미하지 않는다.

4.2.2 시장가격을 산정할 수 있다는 오만

가격은 시장에서 수요와 공급의 상호 작용의 결과이다. 수요와 공급은 구매자와 판매자의 가치평가에 의해 유도된다. 누구도 구매자와 판매자의 가치평가를 알 수 없고, 구매자 본인과 판매자 본인만이 알 수 있다. 그러므로 가격은 구매자들과 판매자들이 서로 어우러지는 시장에서만 결정될 수 있지, 정부나 공공기관과 같은 제3의 기관에서 알 수 있는 사안이 아니다. 제3의 기관이 만들어낸 어떤 가격도 가짜이며 자원을 시장처럼 효율적으로 배치시킬 수 없다.

누구도 시장가격을 계산해 낼 수 없다. 가격을 산정할 수 있다는 믿음은 비용을 객관적으로 산출해 낼 수 있다는 생각에서 비롯된다.

가격을 산정할 수 있다는 어리석고 헛된 믿음은 비용을 객관적으로 산출해 낼 수 있다는 생각에서 비롯된다(미, 777). 그러나 비용과 이로부터 알 수 있는 이윤은 객관적인 개념이 아니라 주관적인 가치판단의 대상이라는 점을 이미 앞에서 설명한 바 있다.

4.3 예산제약선과 무차별곡선

경제학 교과서가 재화의 수요곡선을 유도하기 위해 가장 널리 사용하는 방법은 예산제약선(budget constraint)과 무차별곡선(indifference curve)을 통한 유도이다. 교과서는 효용이나 만족은 주관적이기 때문에 측정될 수도 없으며 개인 간에 비교될 수도 없음을 받아들인다. 그러나 교과서는 이를 일관되게 다루고 있지 못한다. 소비자이론에서 선택을 설명하기 위한 무차별곡선 지도가 바로 그것이다. 무차별곡선 지도는 서수적 순위를 말한다고 자랑하지만(조순, 106~133 ; Mankiew, 522~545), 한 상품군과 다른 상품군의 만족이 똑같다는 것은 인간 행위에 있어서 있을 수 없다. 선택할 수밖에 없다면 어떤 경우에도 우선순위가 매겨질 수밖에 없다. 무차별적인 마음의 연구는 단지 심리학에서 다룰 수 있는 주제일 뿐이다. 경제학은 행위의 결과를 갖고 연역적으로 추론하는 학문이다. 모든 선택 대상은 동점 없이 서수적으로 순위를 매길 수밖에 없다. 특히 무한히 많은 상품군을 부드러운 선으로 연결해 이 위에 있는 모든 점들이 동일한 만족을 준다는 것은, 가치가 주관적이라는 사실에 너무도 배치된다(Ro, 307~311).

선택할 수밖에 없다면 어떤 경우에도 선호의 순위가 매겨질 수밖에 없다. 선호의 무차별이라는 개념은 성립하지 않는다.

예산제약선은 그 개념에는 어떤 문제도 없다. 그러나 제품들 중에는 제품 1단위의 가격이 자신의 소득을 넘는 제품들이 많다. 이 제품들이 상품군에 포함되면 예산제약선과 무차별곡선을 통해 소비자균형을 찾을 길이 없다. 예산제약 안에서 이 제품들에 대한 소비자균형을 찾으려면 그 제품을 아주 잘게 분할할 수 있어야 한다. 고가의 제품인 냉장고나 TV를 분할한다는 것이 말이 되겠는가?

4.4 정지(靜止)와 움직임

경제학 교과서는 비교정학적인 균형 분석에 초점을 맞추고 있다. 이를 배우는 학생들은 균형의 정지상태가 불균형 상태보다 더 좋다는 선입견을 갖고 있다. 주어진 조건에서 균형보다 더 나은 상태는 존재하지 않기 때문이다. 그러다 보니 움직임은 무언가 모자라고 부족하기 때문에 움직인다고 생각하기 쉽다. 그러나 인간은 더 나은 상태와 더 높은 균형을 위해 부단하게 움직인다. 이것이 인간의 자연스러운 모습이다. 행동하는 인간에게 균형은 존재하지 않는다. 균형은 정지요, 불균형은 움직임인 것이다.

불균형은 균형보다 무언가 모자라고 부족한 것으로 생각하기 쉽다. 그러나 인간은 더 나은 균형을 위해 끊임없이 행동하고 도전하기 때문에, 항상 불균형 상태에 놓여 있다.

인간에게 주어진 세계는 간단없이 변하는 세계이며, 인간은 이 세계에서 행동하고 도전하며 성취한다. 변화하는 여건에 적응하고 여기에 더 나아가 다른 사람들보다 앞서기 위해 주어진 여건을 스스로 파괴하면서 자신을 개발한다. 이 모든 것은 더 나은 삶을 위함이다. 인생은 정지가 아니라 움직임이다. 경제학은 여기에 초점을 맞추어야 한다.

생각하기

01. 구매자잉여 또는 판매자잉여라 할 때, 잉여라 하면 거저 얻는 듯한 느낌을 준다. 그러나 시장 거래에서 실패해 눈물을 흘리는 사람들을 주변에서 많이 본다. 어느 연예인은 집을 세 채나 샀고, 이 중 두 채는 되팔아 큰 이익을 남겼지만 이를 주식투자로 다 날렸다고 한다. 나머지 한 채의 집값도 하염없이 떨어지고 있고 이를 내놔도 아무도 안 사간다고 깊은 한숨을 내쉰다. 거래잉여가 얼마나 허망한 개념인가를 생각하라.

02. 히말라야 근처의 조그마한 나라인 부탄이 세계인의 주목을 받고 있다. 부탄이 세계에서 가장 행복한 나라로 소개되면서부터이다. 부탄 사람들은 부자를 꿈꾸지 않으며 행복해지기 위해 서두르지 않는다고 한다. 그리고 "생명을 해치지 않고, 남의 것을 탐내지 않으며 가진 것을 베풀고 만족함을 알라"는 부처님의 가르침을 실천한다고 한다.(사이토 도시야/오하라 미치오, 2012) 시장경제를 비판하는 자들은 부탄 사람들의 행복을 보라고 하면서 시장의 탐욕과 무한 경쟁을 질책한다. 부탄 사람들의 삶이 시장을 거역했기 때문에 이처럼 행복한 것인가? 시장의 원리는 부처님의 가르침을 거역하는 것인가? 이에 대해 토론하라.

03. 분배정의에는 균등원칙과 필요원칙, 그리고 공헌원칙이 있다(안두순, 86~88). 균등원칙은 무엇을 균등하게 취급하는가에 따라 결과균등과 기회균등으로 나뉜다. 필요원칙은 어떤 욕구의 충족이 필요한가에 따라 개인욕구의 필요와 공동욕구의 필요로 나뉜다. 공헌원칙은 공헌을 무엇으로 보느냐에 따라 희생보상과 성과보상으로 나뉜다.

(1) 여러분은 어떤 분배정의가 이 사회에 구현되기를 원하는지를 토론하라.

(2) 여러분이 사는 이 사회에 균등원칙, 필요원칙, 공헌원칙이 적용되고 있는 사례들을 각각 들어보라.

04. 일반 경제학 교과서들은 소득수준의 변화는 재화의 수요곡선을 이동시킨다고 한다. 그러나 이 책의 수요곡선은 소득수준의 변화가 수요곡선을 이동시키지 못한다. 어떤 이유 때문에 그런가?

05. 인간행위의 공리(公理)로 볼 때, 선호가 무차별하다는 논리가 성립되는가? 성립된다면 왜 그런지를, 그리고 성립되지 않는다면 왜 그런지를 설명하라.

Part Four

IV 경쟁과 독점

»» 완전경쟁과 시장경쟁

※ 이 장은 『자유와 시장』에 게재된 필자의 논문, 배진영(2011)을 일부 수정한 후 옮긴 것이다.

Human centered

Principles of Economics

ch. thirteen

1

3

시장 개념을 올바르게 이해하기 위해서는 시장에서 전개되는 경쟁에 대한 정확한 이해가 전제되어야 한다. 경쟁이라는 용어는 일상적이지만 많은 사람들에 의해 다양하게 해석되고 사용된다. 특히 경제학자들은 다양한 경쟁모델을 제시해 경쟁의 개념을 구체화해 주기도 했으나, 그것이 오히려 시장의 작동을 오해하게 하고 왜곡하기도 한다. 시장경제의 작동과 생산의 효율성을 위해서 경쟁이 중요하다는 데는 그 누구도 이의를 달지 않는다. 그럼에도 불구하고 경쟁 그 자체에 대한 개념 정립, 그리고 시장경쟁의 의미와 기능에 대해 체계적으로 다룬 글은 그다지 많지 않다. 아마도 경쟁이라는 개념이 너무도 당연히 받아들여지기 때문일 것이다.

경쟁은 19세기 말 이후 경제학에서 가장 핵심적인 연구 대상이 되어 왔고, '완전경쟁'이 경제이론의 표준 모형으로 등장했다.

사실 경쟁은 19세기 말 이후 경제학에서 가장 핵심적인 연구대상이 되어 왔다. 이로부터 '완전경쟁'이 경제이론의 표준 모형으로 등장했고, 그것은 응용 미시경제학을 위한 분석의 시발점이 되었다(Stigler, 2008). 주류 경제학은 개인의 이기적 행위와 사회 전체와의 조화를 묘사하고 있는 일반경쟁 균형을 완전경쟁의 가정에서 설명한다. 그에 따라 완전경쟁이 모든 경쟁 개념의 원형으로 사용되었다. 이 장에서 던지는 경쟁에 대한 본질적인 질문과 이에 대한 대답은 완전경쟁의 비판으로부터 시작한다. 이어서 시장 과정에서 전개되는 경쟁의 의미를 설명하고, 기업의 시장경쟁 과정을 다룬다. 마지막으로 시장 기구를 작동하게 하는 경쟁의 역할과 경쟁이 가져다주는 효과들, 즉 경쟁의 시장기능을 정리한다.

1. 완전경쟁에 의한 경쟁 개념의 왜곡

1.1 완전경쟁의 의미

완전경쟁시장은 시장참여자들이 시장에서 결정된 가격을 주어진 것으로 받아들일 수밖에 없는 시장을 말한다. 시장참여자들이 가격수용자(price-taker)가 되기 위해서는 시장에 다음과 같은 네 가지 아주 비현실적인 조건들이 구비되어야 한다. 첫째, 시장에 다수의 구매자와 판매자가 존재하고, 각자는 시장 전체 거래량의 극히 적은 부분만을 소비하거나 판매한다. 이것은 수요자와 공급자가 시장가격 형성에 영향을 미칠 수 없음을 의미한다.[1] 둘째, 시장에서 매매되는 제품은 동질적이어야 한다. 이것은 구매자가 이 제품을 누가 생산했는지에 관심을 둘 필요가 없음을 의미한다. 셋째, 자원을 완전히 자유롭게 시장에 진입시키거나 퇴출시킬 수 있다. 이것은 모든 자원들의 이동이 행정적으로나 법률적으로, 그리고 시간적으로나 공간적으로 제한을 받지 않음을 의미한다. 넷째, 모든 경제주체들은 시장에 대한 현재나 과거, 그리고 미래에 관한 모든 것을 안다. 이것은 모든 사람들이 전지(全知)할 필요는 없지만[2] 행위의 결정을 내리는 데 필요한 모든 것을 안다는 것을 의미한다.

완전경쟁을 위한 조건은 다음과 같다. 첫째, 시장가격에 영향을 미치지 못할 정도로 많은 수요자와 공급자, 둘째, 동질적인 제품, 셋째, 완전히 자유로운 시장의 진입과 퇴출, 넷째, 완비된 지식.

1.2 완전경쟁 조건에 대한 비판

완전경쟁이라는 개념으로부터 일반인들이 일차적으로 받아들이는 느낌은 경쟁이 완전하다는 것이다. 그래서 완전경쟁시장은 사람들로 하여금 가장 치열한 경쟁이 이루어지는 시장으로 이해하게 한다. 주류 경제학자들은 완전경쟁 모델이 현실의 시장을 잘 설명해 준다는 이유로, 현실의 시장 묘사를 위한 출발 도구로 유용하다는 이유로, 또는 경쟁이 얼마나 효과적으로 작동되고 있는지를 판단하는 잣대로 적절하다는 이유로 이 모델을 전가(傳家)의 보도(寶刀)처럼 휘두른다. 그러나 이 모델은 완전경쟁의 조건이 달성되면 이루어지는 상태를 설명하고 있을 뿐이다. 완전경쟁 상태에 도달하는 과정에 대한 설명은 전혀 없다. 없을 수밖에 없는 것이 완전경쟁을 위한 네 가지 조건들 하나하나에는 경쟁의 과정을 설명할 수 있는 여지가 전혀 없기 때문이다.

완전경쟁이라는 개념으로부터 받는 느낌은 경쟁이 완전하다는 것이다. 그러나 완전경쟁을 위한 네 가지 조건들 하나하나에는 경쟁의 과정을 설명할 수 있는 여지가 전혀 없다.

공급자가 시장에서 주어진 가격을 그대로 받아들일 수밖에 없다는 것은 그의 수요곡선이 무한 탄력적이라는 뜻이다. 그런데 자신의 공급량이 시장 전체에서 차지하는 비중이 아무리 작다고 하더라도, 그가 직면하는 수요곡선이 무한 탄력적일 수는 없다. 왜냐하면 모든 수요자들의 개별 수요곡선은 우하향하기 때문이다. 이것은 아무리 작은 비중의 기업이라도 그 기업이 가격을 조정하면 이에 반

1. 완전경쟁 모델은 수요자나 공급자가 아주 소규모이거나 무수히 많아야 함을 전제하지 않으며, 중요한 것은 완전경쟁 시장참여자들이 시장가격에 영향을 미칠 수 없다는 것일 뿐이다(Ferguson and Gould, 224).

2. 정보 경제학자들은 이 이유를 들면서 완전한(perfect) 지식과 완비된(complete) 지식을 구분하나, 의사결정을 내리는 데 필요한 모든 지식을 안다는 것은 전지(全知)한 신과 다를 바 없다. 완전한 지식과 완비된 지식의 실질적인 구분은 무의미하다.

어떤 경우라도 공급자는 현실에서 스스로 가격을 설정한다.

응하는 수요자가 반드시 나타난다는 것을 의미한다. 그래서 현실에서는 어떤 경우라도 공급자는 가격을 조정하면서 자신의 공급량을 조절할 수 있다. 완전경쟁에서 기업의 이윤은 영(零)이기 때문에, 기업이 시장가격보다 낮추어 호가할 수 없다는 주장은 가정에서 연역된 결론을 갖고 다시 가정을 정당화한 것으로 잘못된 논리적 구성이다.

시장 제품이 모두 동질하다는 두 번째 가정은 이보다 더 나은 제품이 더 이상 생산될 수 없음을 함축한다. 이것은 네 번째 가정인 완비된 지식에 이미 함축되어 있다. 더 이상 나은 제품이 존재하지 않는다는 것은 차별적인 제품을 생산할 수 있는 여지가 전혀 없다는 것을 의미한다. 이 가정은 품질경쟁을 배제하고 가격경쟁만을 갖고 완전경쟁을 설명하려는 의도에서 출발했지만, 경쟁 자체의 의미를 사라지게 했다.

제품의 동질성은 경쟁 자체의 의미를 사라지게 한다.

세 번째 가정인 완전히 자유로운 자원의 진입 및 퇴출은 시공간적인 어떤 제한 없이 자기가 원하기만 하면 즉각 자원을 투입할 수 있고 필요하다면 그것을 즉각 빼낼 수 있다는 것을 의미한다. 이것은 인위적인 장벽이 없다는 것을 말할 뿐만 아니라 자원의 진출입 또는 모든 거래에 있어서 거래비용이 전혀 들지 않음을 함축한다. 어떤 사업을 도모해도 진출입에 따르는 위험이 존재하지 않는다면, 행위의 결과에 대한 두려움을 그다지 가지지 않아도 된다. 손실을 보면 즉시 그 자원을 빼내서 다른 곳에 투입하면 되기 때문이다. 다른 곳에 투입한 것이 또 손실을 입으면 또 다른 곳으로 옮기면 된다. 이처럼 자원의 완전한 진출입의 자유가 가능할 경우, 경쟁의 의미는 크게 퇴색된다. 게다가 현실에 있어서 거래비용의 규모는 실제로 아주 크다. 노스(D. North)에 의하면 미국의 국민소득 중 45%가 거래와 관련된 소득이라고 했다(김적교, 228). 거의 반이 거래와 관련되었다는 것은 완전경쟁 모델이 현실을 얼마나 왜곡시키고 있는지를 말해 준다.

완전한 진출입의 자유는 거래비용이 0이라는 것을 의미한다. 거래비용이 0인 경우 경쟁의 의미는 크게 퇴색된다.

네 번째 가정인 완비된 지식은 이미 우리의 현실을 반영하고 있지 않음을 극명하게 보여준다. 시장참여자들이 제품과 생산요소의 가격결정에 관한 정보를 완전하게 알지 못하면 차별적인 가격이 형성될 수 있기 때문에 이 가정이 필요하다. 그러나 시장참여자들은 결코 어떤 경우에도 완비된 지식을 가질 수 없다는 사실은 거꾸로 시장에 참여하는 사람은 누구라도 현실에서 가격수용자가 아니라 가격설정자(price-setter)로 행동함을 말해 준다. 구매자나 판매자라면 누구든지 시장에서 자신의 가격을 부를 수 있다. 물론 이 가정이 이들로 하여금 호가(呼價)를 하지 못하게 하는 것은 아니지만 그럴 필요가 전혀 없게 만드는 가정이다. 완전경

완비된 지식의 가정은 가격경쟁을 완전히 매몰시켜 버리고 시장과정을 전혀 보여줄 수 없게 만든다.

쟁 모델은 치열한 가격경쟁을 보여주기 위함이었으나 결과적으로는 완비된 지식의 가정이 가격경쟁을 완전히 매몰시켜 버리고 실질적인 시장과정을 전혀 보여줄 수 없게 만들었다.

완전경쟁 모델은 이 네 가지 전제조건 하에서 효용 및 이윤 극대화와 파레토 최적인 일반균형을 이끌어낸다. 이것이 미시경제학이 다루는 핵심이다. 그런데 미시경제학 전반에 걸쳐 다루는 이런 내용은 애당초 전제한 완비된 지식이라는 조건에 이미 다 내포되어 있지 않은가? 완비된 지식은 모든 경제주체들이 의사결정과 관련된 것들을 다 안다는 가정이다. 그러므로 이들은 효용 및 이윤 극대점과 일반균형 하에서의 생산요소와 제품의 수요량과 공급량, 그리고 제반 가격체계에 관해서도 이미 다 알고 있다고 보아야 한다. 그러므로 완비된 지식이라는 가정과 이로부터 유도된 모든 일반균형의 결과들은 '동어반복(tautology)'에 불과하다. 경제학 교과서는 완전경쟁을 통해 마치 균형의 존재를 밝혀낸 것처럼 학생들에게 가르치고 있지만, 거기서의 균형의 존재는 이미 가정한 것을 증명해 보이는 것에 불과하다. 완비된 지식을 가정하면, 여기에 남는 것은 순전히 논리적 문제뿐이다(Hay. IEO, 33). 그래서 완전경쟁은 경제학을 순수 논리의 학문으로, 즉 수학과 같이 자명한 명제들로 만들어 버렸다. 순수 논리학은 내적 일관성만 유지하면 되지, 어떤 실증분석을 요구하지 않는다(Hay. IEO, 35).

완비된 지식이라는 가정과 이로부터 유도된 모든 일반균형의 결과들은 '동어반복'에 불과하다.

완전경쟁 모델에서 장기적으로 이윤이 없어진다는 것도 모든 시장참여자들이 완비된 지식을 갖고 있다는 것을 생각하면 당연한 논리이다. 이윤이란 미래의 불확실성 속에 존재하는 개념인데, 미래의 불확실성이 전혀 없는 완비된 지식에서는 당연히 이윤이 존재하지 않는다. 뿐만 아니라 완전경쟁 모델에서 단기와 장기를 나누어 분석하는 것은 무의미하다. 현재 시점에서 미래의 모든 것까지 알고 있고 자원의 진출입이 완전히 자유로운 마당에 시간의 흐름에 따라 경쟁의 결과가 달라질 이유는 없다. 사실 완비된 지식은 균형상태에서 개인이 가질 수 있는 지식이다. 그런데 균형이 달성되기 전에 그가 이런 지식을 갖고 있다는 것은 잘못이다. 개인 앞에 놓여 있는 다양한 대안들에 관한 지식은 시장과정의 결과일 뿐이다(Hay. IEO, 95~96).

완비된 지식 속에 이윤이 존재하지 않는 것은 당연하며, 단기와 장기의 구분도 무의미하다.

1.3 완전경쟁 모델의 과학성과 행위의 사회적 성격

이론이 주어진 전제 조건 하에서 단지 논리적이고 완결성을 갖추었다고 해서 그것이 과학적이라고 말할 수 있는지는 논란의 대상이다. 물론 자연과학에서도 진공상태와 같은 비현실적인 상태에서 실험을 행한다. 그러나 자연과학은 진공상태의 환경을 인간이 실제로 실험실에서 조성할 수 있기 때문에, 진공상태라는 비현실적인 환경을 전제로 해서 조금씩 그 조건을 완화하면서 가설을 수립할 수 있다. 그렇지만 사회과학은 자연과학과 같은 실험조건을 갖출 수 없다. 완비된 지식을 가진 사람은 상상 속에서나 존재하기 때문에 전지(全知)한 경제인의 가정에서 유도되는 가설을 과학적이라고 말하기는 어렵다. 사회과학은 사람들 간의 상호작용과 그 결과를 다루기 때문에 어떤 경우에도 사람이 분석의 중심이 되어야 한다.(배진영, 2009)

전지(全知)한 경제인의 가정에서 유도되는 가설을 과학적이라고 말하기는 어렵다.

완전경쟁 모델은 개인을 합리적이고 홀로 독립된 대표 인간으로 가정한다. 하이에크는 개인은 결코 독립적인 혼자만의 인간이 아니며, 합리적이지도 못하다고 했다(Hay. IEO, I장). 개인의 행위는 다른 개인들과의 어떤 영향을 주고받음 없이 홀로 독립적으로 이루어지는 것이 아니다. 개인의 행위는 다른 사람들을 향한 것이고 자신의 행위에 대한 다른 사람들의 반응을 기대하면서 일어난다. 그렇기 때문에 개인의 행위는 사회적이다. 개인을 혼자만의 독립적인 대표 인간으로 간주해 분석하는 것은 잘못된 출발점이다.

완비된 지식을 가진 개인은 경제동물이라는 상상의 괴물에 불과하다. 개인을 혼자만의 독립적인 대표 인간으로 간주해 분석하는 것은 잘못된 출발점이다.

특히 인간이 최적으로 행동한다는 가정은 인간 이성에 대한 절대적 신뢰를 전제로 한다. 완비된 지식을 전제로 해서 개인이 최적의 균형상태에 이르는 과정을 보여주는 것이야말로 시장경제를 가장 오도하게 만든다. 완비된 지식을 가진 개인은 경제동물(economic man)이라는 상상의 괴물에 불과하다. 어떤 때는 선하다가도 악하기도 하며 어떤 때는 지적이나 또 다른 어떤 때는 바보스럽기도 한 인간들이 어우러져 있는 곳이 이 사회의 진실한 모습이다.(Hay. IEO, 6~13)

1.4 어떤 경쟁도 의미가 없는 완전경쟁

완전경쟁을 위한 가정들 속에는 인간이 할 수 있는 일은 더 이상 없다.

완전경쟁을 위한 가정들 속에는 인간이 할 수 있는 일은 더 이상 없다. 뿐만 아니라 그 조건들이 충족되어 달성된 균형상태에서는 어떤 경쟁도 의미가 없다. 여기에는 '모자를 푹 덮어쓰고 잠자는 경쟁(Schlafmützenwettbewerb)'만 있을 뿐이다(Streit, 36). 여기에는 더 이상의 변동도 없으며 균형상태의 이동도 없다. 왜냐하면 완비된 지식의 가정 속에, 미래에 있을 모든 여건변화에 의한 시장 변동이 이미 고려되었기 때문이다. 완전경쟁 모델을 신봉하는 자들이 이 균형상태를 인간이 도달할 수 있는 최고 경지의 행복을 가져다주는 상태라고 하면서 이것을 현실의 모습을 설명·비교하는 출발점으로 삼는 것은 터무니없다. 완전경쟁의 이런 모습은 정적이고 목가적이라기보다는 한 장의 스냅사진과 같이 모든 것이 정지된 상태라는 것이 오히려 더 적절한 표현이다. 더 이상의 발전도 없고, 더 이상의 경쟁도 없고, 더 이상의 이윤도 존재하지 않고, 더 이상의 불확실성과 위험도 없으며, 그래서 결국 더 이상의 인간도 존재하지 않는 그곳이 바로 완전경쟁의 세상이다. 그러나 현실은 이와는 정반대의 세상이다. 불확실성과 위험이 가득 차서 언제나 이윤이 존재하고, 불완전한 지식을 지닌 인간이 조금이라도 더 많은 이윤을 차지하려고 바동거리며, 치열한 경쟁을 마다하지 않으면서 시장의 역동성과 발전을 이끄는 곳이 바로 인간의 세상이다. 모든 것이 정지된 상태인 완전경쟁 상태를 인간 세상사의 원형(原形)으로 삼는 것은 터무니없다.

2. 시장경쟁의 의미

2.1 과정으로서의 경쟁과 상태로서의 경쟁

아담 스미스(A. Smith)는 경쟁이란 상태(situation)가 아니라 행동하는 과정(active process)이라고 했다(Kirzner, 90). 그럼에도 불구하고 일반 경제학 교과서는 과정으로서의 경쟁이 아니라 상태로서의 경쟁만을 장황하게 담고 있다. 과정으로서의 경쟁과 상태로서의 경쟁이 의미하는 바는 다르다. 전자는 경쟁으로 인한 변화가 여전히 일어나고 있는 세계이지만, 후자는 과정으로서의 경쟁이 일으키는 모든 변화들이 끝난 후의 균형상태를 말한다. 그래서 후자로부터 경쟁에 관해 말할 수 있는 것은 어떤 것도 없다.[3]

'과정으로서의 경쟁'은 경쟁으로 인한 변화가 일어나고 있는 세계이지만, '상태로서의 경쟁'은 과정으로서의 경쟁이 일으키는 모든 변화들이 끝난 후의 균형상태를 말한다.

경쟁은 각자의 목표를 달성하기 위해 모인 사람들로 형성된 시장에서 그들의 행위에 관한 것이다. 인간 행위가 경쟁의 핵심이며, 행위는 시장과정 속에서 구

3. 슘페터의 '창조적 파괴' 과정은 일견 과정으로서의 경쟁을 설명하고 있는 것처럼 보이지만, 전혀 그렇지 않다. 그는 경쟁을 시장과정으로 파악하려는 시도를 전혀 하지 않았다. 왜냐하면 창조적 파괴를 단지 경쟁과정의 결과로서만 설명하고 있지, 그것에 이르는 과정은 묘사하고 있지 않기 때문이다.(Kirzner, 91~92)

현된다. 인간 행위가 중심이 되지 않는 그 어떤 경쟁이론도 공허할 수밖에 없다. 그러므로 경쟁의 본질적 개념은 시장과정에서 전개되는 인간 행위에 관한 것이어야 한다. 상태로서의 경쟁은 단지 논리적으로 추론되는 경쟁의 결과일 뿐이다.

경쟁을 시장과정의 관점에서 고찰해야 개인의 행위와 사회의 관계를 규명할 수 있다. 스미스가 『국부론』에서 '이기심(self-interest)'과 사회의 관계를 밝힌 후, 어떤 구조와 질서 속에서 이 관계가 조화롭게 구현될 수 있는지를 규명하는 것이 경제학 역사의 핵심 과제가 되었다. 자유로운 선택행위가 허용되는 시장경제에서 개인과 사회의 연결고리는 경쟁이다. 경쟁이 시장경제의 과정으로서 이해되어야 한다는 것은 개인과 사회의 관계도 균형상태가 아니라 시장과정으로 보아야 한다는 것을 의미한다.

시장경제에서 개인과 사회의 연결고리는 경쟁이다. 경쟁을 과정으로 이해해야 한다는 것은 개인과 사회의 관계도 과정으로 보아야 한다는 것을 의미한다.

많은 경제학자들도 과정으로서의 경쟁이 실질적인 경쟁의 모습이라고 인정한다(Vickers, 7). 특히 오스트리안 학파의 경제학자들은 경제를 시장과정으로 보는 것에 익숙하다. 이 중에서도 하이에크의 경쟁에 관한 설명은 돋보인다. 하이에크가 두드러지게 보이는 것은 그가 시장과정으로서 지식의 진화를 다루고 있기 때문이다. 로스비(Loasby, 112)가 지적했듯이 경제과정의 일부로서 지식의 진화를 다루지 않는다면 경제의 작동에 관한 어떤 설명도 불완전하다. 하이에크는 그의 저서 『개인주의와 경제질서(*Individualism and Economic Order*)』에서 완전경쟁의 허상을 지적하면서 경쟁의 본질적 의미인 과정으로서의 경쟁을 지식의 관점에서 통찰력 있게 밝히고 있다. '과정으로서의 경쟁'과 '상태로서의 경쟁'이라는 용어를 명시적으로 사용하면서 이 두 개념의 차이점을 드러나게 한 경제학자는 커즈너(I. M. Kirzner)이다. 그는 『경쟁과 기업가정신(*Competition and Entrepreneurship*)』에서 과정으로서의 경쟁의 주체는 기업가라고 했다.

2.2 시장경쟁의 개념

경쟁이란 참여자 모두가 성취할 수 없는 동일한 목표를 두고서 두 명 이상 또는 두 집단 이상이 다투는(rivalry) 현상을 말한다(Stigler, 2008 ; Hay. IEO, 96). 목표가 먹이라면 그것은 동물세계에서의 생존이 달린 경쟁일 것이고, 목표가 달리기와 같은 스포츠 경기라면 1등만이 우승의 영광을 누리는 경쟁일 것이다. 이것은 경쟁을 통한 서로 간의 격렬한 경합을 연상하게 한다. 이것이 우리가 상식적으로 생각하는 경쟁의 개념이다. 사실 오늘도 시장경제의 한편에서는 일자리를 찾지 못한 채 거리를 배회하고, 사업에 실패한 후 재기하지 못한 채 고통에 시달리는 사람들이 있다. 이들을 경쟁의 낙오자 또는 실패자라고 말한다. 이것 역시 분명히 시장경제의 실질적인 한 모습이다. 그렇다고 해서 그것이 시장경제에서 일어나는 일반적인 경쟁의 모습이라고 단정할 수는 없다. 왜냐하면 그보다 수십 배 많은 사람들이 생업에 종사하면서 살아가고 있기 때문이다. 시장경쟁의 개념은 일상적인 개념과는 달리 시장 전체의 모습에서 정의 내려야 한다.

시장경쟁의 개념은 일상적인 개념과는 달리 시장 전체의 모습에서 정의 내려야 된다.

시장경쟁은 동일한 하나의 목표를 놓고 많은 사람들이나 집단들이 다투는 것이 아니라, 각자가 스스로 설정한 목표를 달성하기 위해 시도하는 모든 행위를 말한다. 미제스(Ludwig V. Mises)는 이를 동물세계에서의 경쟁과 구별되는 사회적 경쟁이라고 했다. 분업체계는 사회적 협력구조를 전제로 하기 때문에, 시장에서의 경쟁은 사회적 협력구조 속에서 이해되어야 한다. 시장경쟁은 각자가 사회적 협력구조 속에서 자신에게 가장 알맞은 위치를 얻기 위해 애쓰는 행위이다. 물론 당초 원하는 위치가 있었으나 그것을 성취하지 못할 수 있다. 대체로 그 위치는 대부분 사람들이 원하지만 아주 적은 숫자의 사람들에게만 허용되기 때문이다. 사람 사는 세상에서 이것이 보편적인 현상이다. 그 위치를 얻지 못했다고 해서, 그 사회에서 도태되는 것은 아니다. 그 위치에 한 번 더 도전할 수 있고, 그렇지 않으면 다른 위치들에 도전할 수도 있다. 비교우위이론은 분업경제의 사회협력체계 속에서 누구에게나 자신을 필요로 하는 역할이 있음을 말해 준다(Callaham, 203). 사람들은 그 역할을 얻기 위해 애쓰며, 이것이 시장경쟁이다(Mi. HA, 273～274).

시장경쟁은 투쟁이나 전쟁과 같이 이기고 지는 것이 아니라, 각자가 사회적 협력구조 속에서 자신에게 가장 알맞은 위치를 얻기 위해 애쓰는 행위이다.

따라서 시장경쟁 그 자체는 남이나 다른 집단을 물리치거나 올라서기 위한 것이 아니다. 이것은 시장의 의미를 이해하면 쉽게 수긍된다. 시장은 교환의 상징적 표현에 불과하며 교환은 모두에게 사전적으로 이득을 준다. 서로가 이득을 얻을 것이라고 기대되지 않는 상황에서는 결코 교환이 일어나지 않는다. 시장경쟁은 투쟁이나 전쟁과 같이 이기고 지는 것이 아니라 시장참여자 간의 상호 협력적이고 조화로운 과정이다(Mi. HA, 117). 그러므로 교환이 일어나는 시장과정은 본질적으로 경합적이지 않다.

시장경쟁에 참여하는 사람들이 자신의 위치를 유지 · 확장하기 위해서는, 그들이 소비자의 만족에 기여할 수 있어야 한다. 미제스는 시장경쟁은 기업가의 역할과 밀접한 관련이 있다고 했다. 미제스에 의하면, 기업가는 산출물의 판매가격을 예상해 생산요소를 적절하게 배열 · 결합하는 주체로서 시장을 이끄는 실질적인 추진체이다. 그러나 기업가의 모든 과정과 결과는 소비자로부터 나오는 명령에 의한 것이다(Mi. HA, 269～270, 275～276). 이런 점에서 분업구조 내지 사회협력 구조는 소비자에 의해 결정되며, 그 속에서 자신의 위치도 소비자에 의해 지정된다. 이것은 무엇을 얼마만큼 어떻게 생산해야 할지, 그리고 이로부터 파생되는 개인 간의 소득분배도 결국 소비자에 의해 결정됨을 의미한다. 그러므로 시장경쟁은 게임이나 콘테스트에서와 같이 '최고'를 찾는 과정이 아니라, 주어진 여건 하에 소비자의 만족을 최대한 충족시키기 위해 애쓰면서 분업구조 속에서 자신의 위치를 차지하고 확장시키려는 과정이다.

시장경쟁은 게임이나 콘테스트에서와 같이 '최고'를 찾는 과정이 아니라, 주어진 여건 하에 분업구조 속에서 자신의 위치를 차지하고 확장시키는 과정이다.

겉으로 드러나는 경쟁의 중심이 기업가라고 해서, 경쟁이 기업가들 사이에만 전개되는 것은 아니다. 시장경제에 참여하는 모든 개인들도 경쟁한다(Streit, 36). 소비자들은 비록 다른 소비자들의 눈치를 보면서 경쟁하는 것은 아니지만, 스스로 보다 합리적인 행위를 함으로써 다른 소비자들에 비해 자신의 소비가능성을 확대하고 개선하려 한다. 생산요소 공급자들도 마찬가지다. 시장의 움직임과 기업이 원하는 것을 보다 잘 파악해 이에 대응하는 요소공급자들은 다른 요소공급자들보다 더 유리한 보수를 받을 가능성이 있다. 요소공급자들 간의 경쟁은 기업 간의 경쟁 못지않게 치열하게 전개된다. 소비자들 간의 경쟁과 요소공급자들 간의 경쟁으로부터, 시장에서의 경쟁은 하나의 먹잇감을 놓고서 서로 다투는 것이 아니라는 점을 보다 분명히 알 수 있다.

3. 시장경쟁의 성격과 기업의 경쟁과정

3.1 시장경쟁의 성격

3.1.1 다름을 찾는 과정으로서의 시장경쟁

시장경쟁은 분업경제의 사회적 협력구조 속에서 이해되어야 하며 시장경제에서 자신의 자리는 소비자에 의해 매김된다는 미제스의 지적은, 시장경쟁의 성격을 말해 준다. 분업경제에 의한 사회적 협력구조는 다양한 업종과 그 업종 내의 다양한 일자리들로 구성되며, 그 구조의 형태와 성격은 구매력을 뒷받침하는 소비자의 선호에 의해 결정된다. 동물들은 폭력이라는 한 종류의 수단만으로 하나의 먹잇감을 놓고 서로 다툰다. 이것이 동물세계의 경쟁 모습이다. 이에 반해 시장경제에서의 경쟁은 다툼의 모습이라기보다 분업경제에서의 협력의 모습으로 나타난다.

어떤 제품에 대한 소비자의 선호가 크면 클수록 그 시장을 점유하고자 하는 기업들 간의 경쟁은 더욱 치열해진다. 경쟁은 자사의 제품이 다른 기업의 제품에 비해 가격이나 품질에서 또는 판매 조건과 판매 후 서비스에서 다르다는 것을 소비자들에게 호소하고, 그 호소가 소비자들의 마음을 움직여 자사의 제품을 구매하도록 하는 형태로 나타난다. 그러므로 제품이 동질적이라는 완전경쟁의 가정은 경쟁의 본질에 비추어보면 터무니없다. 자유로운 경쟁이란 다른 사람이 했던 것을 똑같이 만들어내면 성공할 수 있다는 것을 의미하는 것이 아니다(Butler, 214).

자유로운 경쟁이란 다른 사람이 했던 것을 똑같이 만들어내면 성공할 수 있다는 것을 의미하는 것이 아니다. 경쟁의 본질은 다름을 찾는 과정이다.

시장 점유율을 높이려는 기업가들의 경쟁은 어떻게 하면 경쟁기업들의 제품과 다르게 만들거나 다르게 판매해 소비자들의 마음을 사로잡을지에 집중된다. 그러므로 경쟁은 본질적으로 다름을 찾는 과정이다. 우리는 매 순간 선택에 직면한다. 선택한다는 것은 선택의 대상이 제공하는 서비스가 결코 같지 않기 때문이다. 다르다는 것, 바로 그 자체 때문에 경쟁이 일어난다(Hay. IEO, 97). 그렇기 때문에 기업은 어떤 형태든지, 제품이 아니라면 가격에서 그것도 아니라면 판매방법에서, 경쟁기업들과 다른 무엇을 찾으려고 한다. 이것이 바로 경쟁이다. 소비자가 자신이 원하는 서비스를 제공받을 수 있는 것도 이런 경쟁 때문이다.

3.1.2 시장경쟁과 자유

시장의 틈새를 발견한다는 것은 다름을 찾아내는 일이다. 그러나 소비자가 공감하지 않는 또는 소비자를 만족시키지 못하는 '다름'은 시장에서 배척될 수밖에 없다. 소비자가 공감하는 '다름'을 찾도록 내모는 시장의 힘이 크면 클수록 기업들 간의 경쟁은 치열해진다. 그러므로 시장경쟁이 치열해지기 위해서 소비자는 자유롭게 선택할 수 있어야 하며, 소비자의 선택에 부응하려는 기업가의 열정이 팽배해야 한다. 그래서 소비자의 선택과 기업가의 다름을 찾고자 하는 행위를 저해하는 정부의 어떤 정책도 중단되어야 한다. 경쟁의 본질은 다름에 있기 때문에, 시장이 불완전해야만 경쟁이 존재한다. 이런 점에서 완전경쟁을 지향해야 한다는 것은 경쟁의 본질을 잘못 이해한 것이다. 경쟁의 문제는 경쟁이 완전한가 아

경쟁의 문제는 경쟁이 완전한가 아니면 불완전한가가 아니라, 경쟁을 위한 자유가 어떻게 억압받고 있는가 하는 점이다.

니면 불완전한가가 아니라, 경쟁을 위한 자유가 어떤 분야에서 어떻게 억압받고 있는가 하는 점이다(Hay. IEO, 105).

경쟁을 위한 자유가 없다면 그곳에는 명령과 복종만 존재하기 때문에, 다름을 찾아야 하는 이유가 없을 뿐만 아니라 찾을 수도 없다. 지시에 따르는 일밖에 주어지지 않는다. 인간을 둘러싸고 있는 환경은 끊임없이 변한다. 환경이 어떻게 변할지는 누구도 모른다. 모두가 다르게 태어난 개인의 다양성을 허용하지 않으면 환경변화에 적응할 수 있는 여지는 없어진다. 환경변화에 모두가 공멸할 가능성이 충분히 있는 이유이다. 과거의 사회주의 국가들은 이것을 실제 모습으로 보여주었으며, 현재의 북한은 지금도 이를 생생하게 보여주고 있다. 개인의 다양성이 허용되고 발휘되기 위해서는 자유가 주어져야 한다. 자유로운 시장경제 안에서 개인은 환경변화에 적응하고 자신을 개발해 나갈 수 있다.

개인의 다양성을 허용하지 않으면 환경변화에 적응할 수 있는 여지는 없어진다. 환경변화에 모두가 공멸할 가능성이 충분히 있는 이유이다.

그러므로 경쟁 앞에 자유라는 수식어 외에 다른 그럴듯한 수식어는 모두 가짜다(미, 552). 공정, 공평, 정당한, 착한, 과당, 중복 등과 같은 수식어들은 결국 특권을 만들어 자유로운 경쟁을 침해한다. 외부권력이 능률적인 사람들을 밀어내고 덜 능률적인 사람들을 보호함으로써, 첨단기술을 밀어내고 후진적인 기술을 보호함으로써, 그래서 값싸고 질 좋은 상품을 생산하는 기업을 밀어내고 비싸고 질 낮은 상품을 생산하는 기업을 보호함으로써, 외부권력에 쉽게 다가서는 성향이 있는 사람들을 보호하고 자신의 삶만 쳐다보면서 성실하게 살아가는 사람들을 밀어냄으로써, 사회 전체의 효율성은 저하되고 개인의 삶의 수준은 떨어진다.

경쟁 앞에 자유라는 수식어 외에 다른 그럴듯한 수식어는 모두 가짜다.

3.1.3 시장경쟁과 게임의 차이

시장경쟁은 콘테스트나 게임과는 근본적으로 다르다. 게임에는 분명하고 동일한 하나의 목표가 주어져 있고 그 목표를 놓고 많은 사람 또는 집단이 정해진 규칙 하에서 최선을 다한다. 게임에 도전한 사람들 중에 승자만이 그 목표를 쟁취한다. 게임의 목표와 규칙이 동일하게 주어진 상태에서 단지 참가자의 능력만으로 하나의 목표를 향해 서로 질주하기 때문에 그것의 경합은 격렬해질 수밖에 없다. 100m 달리기 선수들은 0.1초를 줄이기 위해 밤낮을 가리지 않고 오랜 기간 갖은 훈련을 다한다. 경기의 승패는 대략 0.1초 차이로 결정된다. 0.1초 차이가 선수의 꿈을 이루게 하기도 하고 그의 고개를 떨구게 하기도 한다. 게임의 경쟁이 치열하다는 것은 100m 달리기 경기와 같이 짧은 시간 안에 한 명의 승자와

게임이나 콘테스트는 동일한 규칙 속에서 하나의 목표를 향해 서로 질주하게 하기 때문에 그것의 경합은 격렬해질 수밖에 없다.

나머지의 패자들로 나뉘기 때문이다. 그래서 사람들은 그 다툼에서 오는 희열을 맛보기 위해 관람료를 지불하는 것이다.

이에 반해 시장경쟁은 소비자의 만족을 놓고 하는 경쟁이다. 소비자의 만족은 다양하기 때문에, 시장경쟁은 사람들에게 하나의 능력만을 요구하는 것이 아니다. 게임에서처럼 1등만이 승자가 되는 것이 아니다. 소비자에게 만족을 준 만큼 대가를 받는 것이 시장경쟁이다. 그래서 기업가는 시장에서 자신의 이윤추구 목표치를 스스로 설정해 시장의 틈새를 찾는다. 기업가가 어떤 틈새를 찾는가에 따라 시장에서 주어지는 여건들은 모두 다를 수 있다. 그래서 시장경쟁에 참여하는 기업가는 게임과 같이 동일한 규칙 하에 움직이는 것이 아니다. 기업가들이 다름을 찾아내거나 그 다름이 없어질 경우 새로운 다름을 만들 수 있다면, 그들에게 이윤 획득의 길은 언제나 열려 있다. 그 길이 소비자들로부터 호응을 얻는다면 그들 모두는 승자가 될 수 있다. 시장경쟁은 한 사람 또는 일정한 순위에 든 사람들에게만 승자의 월계관을 씌어주는 게임과는 확연히 다르다.

시장경쟁은 소비자의 만족을 놓고 하는 경쟁이기 때문에, 한 사람 또는 일정한 순위에 든 사람들에게만 승자의 월계관을 씌어주는 게임과는 확연히 다르다.

게임이나 콘테스트는 모든 경기자들이 한 종류의 경기력만을 갖고 동일한 조건에서 시합을 해야 하기 때문에 게임의 규칙이 구체적으로 사전에 제시되어야 한다. 그러나 시장경쟁에서는 규칙이 사전에 규정되어서는 안 된다. 왜냐하면 시장경쟁의 참여자들은 자신만이 갖고 있는 다양한 능력의 발휘를 통해 이득을 얻기 때문이다. 개인의 다양한 능력이 발휘되기 위해서는 어떤 형태로든지 개인을 구속하는 규칙이 없어야 한다. 이것이 규칙을 전제로 하는 게임과 근본적으로 다른 점이다. 물론 자발적인 시장경쟁 과정에서 이들 상호 간에 암묵적일 수도 있고 명시적일 수도 있는 규칙이 생길 수 있다. 이것은 게임의 규칙과는 달리 시장 참여자들 간에 자발적으로 형성된 규칙이다. 게임에서의 규칙은 누군가에 의해 만들어진 인위적인 규칙이다.

게임에서는 규칙이 사전에 구체적으로 주어지지만, 시장경쟁에서 규칙은 사전에 규정되어서는 안 된다.

게임의 결과는 분명히 승자와 패자로 나뉘며 승자만이 게임이 내건 모든 것을 가져간다. 그렇지만 게임도 영-합(zero-sum) 게임은 아니다. 왜냐하면 게임에서 승자는 패자가 갖고 있던 것을 빼앗아 가는 것이 아니라 게임이 내건 것을 가져갈 뿐이다. 물론 패자의 경우, 게임의 승리를 위해 그동안 쏟아부었던 시간과 노력이 물거품으로 돌아가는 것은 그에게 손해로 해석될 수 있다. 그렇다고 해서 그것을 영-합의 게임이라고 말할 수는 없다. 영-합의 게임이라 말할 수 있는 것은 도박이나 폭력에 의한 탈취의 경우에 한정된다. 이에 반해 시장경쟁에서 그다지 좋은 성과를 내지 못했다고 해서 그가 제거되지는 않는다. 시장경제에서 실시장경쟁은 포지티브-합의 과정이다.

패는 자신의 능력에 맞는, 보다 더 적절한 곳으로 옮겨가라는 신호일 뿐이다(Butler, 216). 시장경쟁은 모두에게 승자가 될 수 있는 기회를 주기 때문에 그 경쟁은 가치가 불어나는 포지티브-합(positive-sum)의 과정이다.

3.2 기업의 경쟁과정

3.2.1 따라잡기 과정

현실에서 시장경쟁은 마냥 다름을 찾는 과정으로만 나타나는 것은 아니다. 오히려 경쟁에 관한 시장의 실제 모습에서는 제품의 평준화와 표준화 또는 동일함과 유사함의 과정이 지배한다. 브랜드만 달리할 뿐 커피의 맛이 엇비슷해지고, 패스트푸드 음식점 사이에도 점차 차별이 없어지며, 프라이드치킨의 맛도 유사해지고, 자동차와 가전제품 등이 품질에서 그다지 큰 차별을 보여주지 못한다. 경쟁이 다름이 아니라 유사함으로 나아가는 것은 역설적이다. 특정 제품을 만드는 기업이 많아질수록, 즉 브랜드의 가짓수가 많아질수록 다름의 차이가 커지는 것이 아니라 오히려 그 반대다. 제품들 간의 차이가 점점 좁아지다가 나중에는 구별하기가 힘들 지경에 이른다(문, 24~25). 품질의 표준화와 평준화이다. 이것은 기업들이 앞서가는 경쟁기업들을 따라잡으려는 과정에서 일어나는 현상이다.

품질의 표준화와 유사함은 제품의 시장보고서 속에 있는 평가지표에 의해 주도된다. 오늘날 자동차, 휴대전화, 태블릿 PC, TV, 냉장고 등 주요 제품에 대해서, 심지어 대학을 비롯한 중요 기관들에 관해 시장이 평가한 보고서가 쏟아져 나온다. 소비자들은 제품을 선택할 때 시장 조사보고서에 크게 의존하기 때문에, 보고서의 영향력은 매우 크다. 소비자들의 마음을 사로잡으려는 기업들은 당연히 보고서의 평가지표에 민감하지 않을 수 없으며, 이 지표에 제품의 품질을 맞추려다 보니 제품들 사이의 품질 경계가 거의 사라지다시피 한다. 기업들의 품질 표준화 유혹은 아주 강력하다(문, 43~52).

기업의 따라잡기 과정에서 다양한 브랜드들의 품질이 유사함으로 나아간다. 그렇다고 해서, 경쟁의 본질인 다름을 찾는 노력이 사라진 것은 아니다. 이 경우에도 기업은 판매 전략의 차별화로 승부를 건다.

다양한 브랜드들의 품질이 유사함으로 나아간다고 해서, 경쟁의 본질인 다름을 찾는 노력이 사라진 것은 아니다. 왜냐하면 소비자들이 자사 제품을 구매하도록 하기 위해서 기업은 어떤 형태로든지 경쟁기업들과는 다른 무엇을 찾아내야 하기 때문이다. 제품이 유사할 경우, 기업은 차별화된 다양한 판매 전략으로 승부를 건다. 다름을 찾는 노력이 제품의 생산에서가 아니라 판매에서 일어나는 것이다. 기업들은 판매의 시점과 공간을 달리하거나, 소비자의 마음을 사로잡기 위해 매장의 분위기를 바꾸거나, 양질의 판매서비스를 제공하는 등의 전략을 취한다. 그러므로 비록 제품의 표준화 내지 평준화의 과정이 진행된다고 할지라도, 경쟁의 본질인 다름을 찾는 과정은 계속된다.

3.2.2 앞서기 과정

시장의 평가지표에 의해 촉진되고 주도되는 제품의 표준화는 대체로 평준화 또는 그저 그런 제품으로 나아가게 한다. 기업들은 자사 제품의 강점을 더 살리기보다는 시장보고서에서 지적된 약점만을 보완하려는 경향이 있기 때문이다. 브랜드 간의 구분이 거의 없어질 정도로 품질의 차이가 사라지게 될 때쯤, 기존의 표준화에 도전하는 아웃사이더들이 등장한다. 이들은 시장의 표준지표와 시장보고서를 무시하고 기존의 경쟁이나 비교에 관심이 없으며 시장과 소비자들의 눈치를 보지 않는다. 이들은 예전에 없던 독창적인 제품을 내보임으로써, 소비자들의 감성에 도전한다. 이들은 제품의 평준화와는 정반대의 길로 나아간다. 이것이 소비자들의 마음을 사로잡게 되면, 업계의 최고가 되는 것이다. 선발주자가 만들어 놓은 산업의 표준을 거부하고 새로운 산업의 표준을 제시해 시장을 창조하는 것이다. 이것이 미래의 불확실성에 도전하는 기업가의 정신이다. 새로운 산업의 표준이 등장하면 이 표준에 맞추려는 다른 기업들의 움직임이 다시 치열하게 나타난다. 그러면서 경쟁은 품질의 유사함으로 나아가게 한다(문, 21~70).

표준화에 도전하는 아웃사이더들은 시장의 표준지표를 무시하며 시장과 소비자들의 눈치를 보지 않는다.

3.2.3 불균형 과정으로서의 경쟁

기업들의 이런 경쟁이 '따라잡기와 앞서기' 과정이다. 기업이 해당 업종에서 최고가 되기 위해서는 먼저 해당 업종의 선두주자를 따라잡아야 하며, 그 다음으로는 선두주자를 추월해야 한다. 따라잡기 경쟁은 주로 기존 정보의 모방과정에 의해서 촉발되기 때문에, 이 단계에서는 정보의 확산이 일어난다. 이에 반해, 앞서기 경쟁에서는 기술혁신이 일어나게 되는데, 이것은 새로운 정보 창출을 의미한다. 기업 간의 경쟁이 따라잡기 후 앞지르기와 같이 순차적으로 진행되는 것은 아니며, 따라잡기의 단계 없이 혁신적인 기술개발로 단숨에 해당 업종에서 선두주자가 될 수도 있다. 이런 점에서 기업가의 창조적 활동이 무엇보다 중요하

기업 간의 경쟁이 따라잡기 후 앞지르기와 같이 순차적으로 진행되는 것은 아니며, 따라잡기의 단계 없이 혁신적인 기술개발로 단숨에 해당 업종에서 선두주자가 될 수도 있다.

다(Loasby, 118～119).

어느 한 경쟁자가 기술혁신을 일으켜 업종의 선두주자가 되면, 또 다른 경쟁자는 다시 그 선두 자리를 탈환하기 위해 따라잡기와 앞서기 경쟁을 한다. 기업 간 경쟁은 이처럼 연속적인 모방과 혁신을 가능하게 하는데, 그것은 각 기업에게 경쟁력 향상을 위한 경쟁으로 귀결된다. 슘페터(J. A. Schumpeter)는 이것을 '창조적 파괴과정'이라 했다. 경쟁에 의한 이러한 창조적 파괴과정은 곧 새로운 정보의 창출과정이다. 경쟁은 이처럼 정보의 확산과 창조를 가능하게 한다.

기업의 따라잡기와 앞서기 경쟁을 슘페터는 '창조적 파괴과정'이라 했다.

경쟁에 의한 창조적 파괴과정은 끊임없이 균형에서 이탈해 가는 과정이다. 이 과정을 통해 시장경제는 내적 다양성과 복잡성이 증대하면서 발전해 간다. 시장경쟁의 본질은 차별화이며, 차별화는 불균형의 상황을 더욱 불균형하게 만드는 과정에서 얻어진다. 이것이 가능한 것은 시장경제가 닫힌계가 아니라 열린계이기 때문이다. 열린계에서 중요한 것은 시스템의 균형이 아니라 안정이다. 균형에서 끊임없이 이탈한다는 것은 시장경제 질서가 안정적이지 못한 듯 보이게 한다. 그러나 경쟁에 의한 불균형은 그 질서에 참여하는 모든 참여자들에게 살아남기 위한 적응과 개발을 강요한다. 적응과 개발의 강요는 균형 이탈이 지속적으로 발생하는 한 계속된다. 이에 따라 시장에 적응하고 새로운 것을 찾아내고 개발하는 것은 이들에게 그다지 낯설지 않은 경제행위가 되며, 시장경제는 그러면서 변화에 매우 유연한 시스템이 되어 간다. 이것이 시장경제 질서가 역동적이면서 안정성을 유지하는 이유이다.(배진영, 2003, 213～214)

경쟁에 의한 창조적 파괴과정은 끊임없이 균형에서 이탈해 가는 과정이다.

4. 시장경쟁의 기능

4.1 시장의 발견적 절차

하이에크에 따르면, 분업경제가 해결해야 할 가장 중요한 과제는 자원의 효율적 배분이 아니라 모든 개인이 갖고 있는 지식을 사회 전체의 관점에서 어떻게 하면 보다 효과적으로 이용하게 하느냐 하는 것이다(Hay. IEO, 78, 95). 기업가가 시장에서 성공을 거두기 위해서는, 소비자들이 무엇을 원하는지를 알아야 한다. 수없이 많은 소비자들로 구성된 현실에서 소비자들에 관한 모든 정보는 누구에게도 알려져 있지 않다. 분업경제에서 기업가는 이 모든 지식을 다 알 필요는 없다(Hay. IEO, 84). 무엇이 얼마만큼 수요되고, 그 수요가 얼마나 긴요한지에 관한 지식만 갖고 있으면 된다(Hayek, 1978, 182). 시장에서 이에 관한 지식은 사전적으로 주어져 있지 않다. 그것은 경쟁의 과정으로 드러날 뿐이다. 하이에크는 이를 '발견적 절차로서의 경쟁(competition as a discovery procedure)'이라 했다.

경쟁은 '발견적 절차'로서 시장참여자들에게 필요한 정보를 제공한다. 경쟁을 통해 형성된 시장가격이야말로 개인의 지식을 가장 값싸고 효과적으로 이용할 수 있게 해준다.

이 지식은 경쟁이 없다면 결코 드러나지 않는다. 어떤 인간도 이에 관한 지식을 사전적으로 가질 수 없다. 왜냐하면 이것은 경쟁의 결과로서 사후적으로 드러나는 것이기 때문이다. 그것은 시장가격의 형태로 나타난다. 하이에크는 경쟁의 결과로서 드러나는 가격체계야말로 분업경제에서 흩어져 있는 개인의 지식을 가장 값싸고 효과적으로 이용할 수 있게 해준다고 했다(Hay. IEO, 85~89). 사후적으로 드러나는 이 지식은 기업가들이 시장에서 가장 필요로 하는 정보를 제공한다. 기업가는 시장에서 제공하는 가격체계를 갖고 자신의 능력에 비추어 시장에서 성공할 수 있는 길을 찾는다. 기업가는 경쟁 제품보다 품질에서 더 우수하거나 또는 가격에서 더 저렴하게 제품을 생산할 수 있는 가능성을 발견하면, 그 제품의 생산에 뛰어든다.

그렇다고 경쟁이 최고의 제조방법과 최저 비용으로 생산하는 기업가를 발견하게 하고 소비자에게 최고의 만족을 주는 제품을 생산하도록 하는 과정은 아니다. 시장경쟁은 주어진 여건에서 단지 그런 방향으로 나아가는 최적의 기업가를 발견하게 하는 과정에 불과하다. 그래서 시장경쟁은 최고의 지식을 구비한 사람이 아니라, 특정 임무에 가장 잘 맞는 지식을 구비한 사람이 그 임무를 수행하도록 해줄 뿐이다(Hay. IEO, 95, 100).

경쟁은 변하는 여건 속에서 최고의 지식이 아니라 최적의 지식을 구비한 사람이 자신의 임무를 수행하게 한다.

하이에크는 개인이 시장에서 일어나는 경제문제를 해결하는 것은 항상 미지를 탐구하는 여행과도 같다고 했다(Hay. IEO, 101). 예측할 수 없는 여건변화는 끊임없이 일어나고, 이에 대처하기 위한 지식도 늘 달라야 하기 때문이다. 그 어떤 기구도 이에 적절한 정보를 제공해 줄 수 없다. 경쟁만이 변화하는 여건 속에서 개인의 경제계획 수립에 필요한 가장 중요한 지식을 제공할 수 있다. 그래서 발견적 절차로서의 경쟁은 시장경제에 더욱 중요한 의미를 지닌다.

호프만(E. Hoppmann)과 수트라이트(M. Streit)는 지식의 교환과정과 평행과정이라는 개념을 통해 하이에크의 발견적 절차로서의 경쟁이 시장경제에서 어떻게 구체적으로 작동되는지를 설명한다.

4.2 지식의 전달과 창조

호프만은 경쟁을 경쟁자유로 보았고 그 자유를 교환과정과 평행과정으로 설명했다.

경쟁을 통해 시장에 참여하고 있는 모든 사람들은 기존의 정보를 알고자 하고, 새로운 정보를 만들어내기도 한다. 호프만은 경쟁을 경쟁자유로 보았고 그 자유를 교환과정과 평행과정으로 설명했다. 호프만은 경쟁의 정도는 자유로움이 많이 주어질수록 높아진다고 보았다. 독일의 또 다른 경제학자인 수트라이트는 이 개념을 갖고 경쟁을 통한 지식의 전달과 창조 과정을 제시했다(민경국, 1997, 242).

4.2.1 교환과정을 통한 지식의 전달과 창조

교환과정을 통한 경쟁자유는 교환에서 일어나는 흥정과정에서 나타난다. 이때 경쟁자유가 높다는 것은 선택거리가 많다는 것을 의미한다.

교환과정을 통한 경쟁자유는 교환에서 일어나는 흥정(bargaining)과정에서 나타난다. 이때 경쟁자유가 높다는 것은 선택할 거리가 많다는 것을 의미한다. 소비자들에게는 대체재가 많을수록, 생산자들에게는 대체할 수 있는 생산과정이 많을수록 경쟁자유는 높아진다.(Hoppmann, 88~89) 소비자들은 저렴한 가격으로 질 좋은 제품을 구입하고자 하고, 생산자들은 적은 비용으로 양질의 제품을 생산하고자 한다. 이를 위해 그들은 남보다 나은 제품과 생산과정의 세계를 인지하고 있어야 한다. 그들이 인지해야 하는 제품과 생산과정의 세계란 곧 이에 관한 여러 대체 가능성에 관한 지식을 말한다.

선택거리에 관한 지식은 소비자들 간의 경쟁을 통해, 그리고 생산자들 간의 경쟁을 통해 확대된다.

그러므로 소비자들과 생산자들의 경쟁자유는 대체재들과 대체 생산과정들이 실제로 얼마나 많이 있는가에 못지않게 그들이 이를 얼마나 인식하고 있는가에 달려 있다. 이에 관한 지식은 저렴한 가격으로 질 좋은 제품을 구입하고자 하는 소비자들 간의 경쟁을 통해, 그리고 적은 비용으로 양질의 제품을 생산하고자 하는 생산자들 간의 경쟁을 통해 확대되고 깊어진다.

선택거리에 관한 지식이 개인마다 다른 것은 탐색성향과 의욕, 탐색비용의 지불용의, 탐색능력이 개인마다 다르기 때문이다.

선택거리에 관한 지식이 개인마다 다른 것은 이것의 존재를 탐색하고자 하는 의욕과 성향, 이를 위해 기꺼이 지불하고자 하는 탐색비용의 크기, 그리고 탐색능력이 개인마다 다르기 때문이다. 지식을 얼마나 효율적이고 효과적으로 탐색하는가에는 개인의 탐색능력 못지않게 그 사회의 제도도 매우 중요하다. 제도는 개인의 행위반경을 설정하기 때문에 선택거리에 관한 정보를 탐색하고자 하는 의욕, 탐색비용 지불용의, 그리고 그 결과에 영향을 미친다(Streit, 194).

4.2.2 평행과정을 통한 지식의 전달과 창조

평행과정을 통한 경쟁자유는 수요자들의 요구에 공급자들이 맞추어 가는 과정에서 관찰되는 자유이다. 진입장벽이 없어야 하고 가격이나 품질 경쟁이 자유로워야 한다. 이 과정에서 정보가 확산되고 창출된다.

평행과정을 통한 경쟁자유는 수요자들의 요구에 공급자들이 맞추어 가는 과정에서 관찰되는 자유이다. 평행은 경쟁해야 할 대상들 간에 서로 평행적인 경쟁관계를 유지하고자 하는 의미를 담고 있다. 그 대상은 경쟁자들일 수도 있고 행위변수일 수도 있다. 경쟁자일 경우, 시장 안에 있는 경쟁자들과 시장 밖에 있는 잠재적인 경쟁자들이 자유롭게 들어오고 나갈 수 있는 자유가 중요하다. 그래서 소비나 생산에 있어서 진입장벽이 중요한 문제로 대두된다. 경쟁의 대상이 행위변수일 경우, 가격과 품질 경쟁의 자유가 중요하다. 평행과정의 대상이 되는 또 다른 것이 있는데, 그것은 공급자들이 따라가기와 앞지르기를 위해 얼마나 자유롭게 경쟁할 수 있는가 하는 내용이다. 이것은 여러 평행과정들 중에 역동적인 경쟁과정을 묘사하고 있는 것으로 경쟁을 통한 지식의 전달과 창조 과정에서 무엇보다 중요한 대상이다(Hoppmann, 88∼90).

더 많은 소비자들이 특정 제품을 자신의 대체재 세계에 포함할수록 그 제품의 생산자는 판매를 증대시킬 수 있는 기회를 갖게 되는 동시에 대체관계에 있는 다른 제품의 생산자는 판매 침식을 당할 위험에 처하게 된다. 그래서 소비자들이 인식하는 대체재의 세계가 넓을수록 생산자들의 경쟁은 치열해진다. 공급자들은 소비자들의 대체재 확대에서 오는 압박과 이에 따른 생존의 위기를 완화하기 위해 갖은 노력을 기울인다. 이것이 호프만이 말하는 공급 측면에서 관찰되는 공급자들의 평행과정이다(Streit, 195). 즉, 평행과정은 공급자들이 수요자들을 끌어들이기 위한 경쟁과정 속에서 일어난다. 소비자들의 요구에 맞추고자 하는 생산자들 간의 경쟁 속에서 그들이 갖고 있는 생산과 기업경영, 그리고 판매와 유통에 관한 지식을 확대하고 또 다른 지식을 새롭게 만들어내려는 과정이 생기게 된다. 이 과정에서 정보가 확산되고 창출된다.

실제에 있어서 지식의 전달과 창조는 교환과정과 평행과정이 분리되어 나타나는 것은 아니다. 평행과정과 교환과정은 서로가 서로를 전제로 하기 때문에, 이 두 과정이 함께 어우러져서 경쟁이 일어난다. 예를 들어 대체재의 수가 많다는 것만으로 경쟁자유가 높다고 말할 수 없다. 추가적으로 공급자들의 평행과정을 위한 경쟁자유가 얼마나 보장되는가에 달려 있다(Hoppmann, 90∼91).

4.3 선별과정

시장경쟁을 통해 각자는 분업경제에서 자신이 맡아야 할 임무를 부여받는다. 이를 경쟁을 통한 선별과정이라 한다

시장경쟁은 시장참여자들로 하여금 최고는 아니더라도 최선을 다하도록 강요한다. 이 과정에서 각자는 분업경제에서 자신이 맡아야 할 임무를 부여받으며, 이를 통해 사회구조가 형성된다. 이것을 경쟁을 통한 선별과정이라 한다(Mi. HA, 311). 시장경제에서 각자의 임무는 조직이나 다른 사람에 의해 부여된 것이 아니라 스스로의 결정에 의한 것이다. 한번 결정된 각자의 임무는 시장경제에서 영원히 고정되는 것이 아니다. 자신의 임무가 마음에 들지 않으면, 그것을 그만두고 다른 임무를 시도할 수 있다. 이런 시도가 소비자들에 의해 인정을 받으면 임무 변경은 성공을 거둔 것이다. 사회 속에 있는 모든 이들에게 자신의 임무를 변경하고자 하는 시도가 열려 있기 때문에 사회구조는 끊임없이 변한다. 이것이 시장경제의 특징이며 경쟁에 의한 선별과정도 계속해서 일어난다.

경쟁에 의한 선별과정은 시장여건의 변화에 적극적으로 자신을 적응시키고 그 속에서 자신을 개발하는 자만이 시장에서 성공을 거두게 한다.

각자에게 부여된 임무는 자신의 의지와는 상관없이 여건변화에 의해 변경을 강요받기도 한다. 시장여건의 변화는 한시도 쉬지 않고 일어나는데, 이것은 시장참여자들로 하여금 자신의 임무에 그냥 머물러 있게 내버려두지 않음을 의미한다. 시장여건의 변화에 적극적으로 자신을 적응시키고 그 속에서 자신을 개발하면서 자신의 임무를 변화시키는 자만이 시장에서 성공을 거둔다. 경쟁에 의한 선별과정은 이처럼 자발적인 자신의 의지에 의해, 그리고 시장여건의 변화에 의한 외부적 강요에 의해 한시도 멈추지 않고 일어난다.

이런 점에서 "생산수단의 소유권은 특권이 아니라 사회적 책임이다(Mi. HA, 311)"라는 미제스의 주장은 시장경제와 경쟁을 관통하는 그의 통찰력을 보여준다. 어떤 재력가나 자본가도 시장여건의 변화에 적응하지 못하면 손실을 입고 부를 잃고 만다. 소비자들의 욕구를 충족시키지 못하면서 게으름 피우고 부의 탐닉에만 빠져 있다면 시장경제에서 이들을 위한 자리는 사라지고 만다. 시장의 힘은 우리가 생각하는 것보다 훨씬 강력하다. 경쟁에 의한 선별과정은 재력가나 자본가뿐만 아니라 노동자나 농민, 부자와 빈자 등 어떤 계층의 사람에게도 차별 없이 적용된다. 노동자도 소비자에게 가장 잘 봉사할 수 있는 임무를 부여받는다. 그가 한시라도 자신의 임무를 소홀히 하거나 게으름을 피우면, 그리고 시장변화에 자신을 적응시키고 개발하지 않으면 그의 소득은 줄어들거나 그 임무를 박탈당하는 벌을 받는다.

시장의 선별과정은 이처럼 한시도 멈추지 않고 계속되기 때문에, 사회구조의

형태도 이에 맞추어 끊임없이 변한다. 이것은 경쟁이 경제질서를 지속적으로 진화하게 하는 원동력인 동시에 개인의 사회적 신분을 변화시키고 이동시킨다는 것을 의미한다. 통제 또는 조직 사회에서는 권력자라는 사람의 손에 의해 개인의 사회적 신분이 결정되지만, 시장경제에서는 경쟁의 선별과정을 통한 개인의 능력에 의해 결정된다. 시장경제에서 개인의 능력은 시장변화를 판단하고 예측하는 능력이다. 이 능력은 시장경쟁을 통해 강화된다. 사회적 신분이 자신의 능력과 운에 의해 결정되는 경쟁사회는 태어날 때 신분이 결정되는 계급사회나 권력자의 손에 의해 신분이 정해지는 통제사회보다 분명히 자유를 향한 진보된 사회시스템이다.

4.4 자아의 발견과 개발의 절차

경쟁은 우선 자신이 남과의 다른 점을 찾아내고 개발하는 것부터 시작된다. 많은 사람들이 시장경쟁에 실패하는 것은 모두에게 좋아 보이는 목표를 향해 뛰어가기 때문이다.

다른 것을 발견하고 창조해 나가는 경쟁은 우선 자신이 남과의 다른 점을 찾는 것부터 시작된다. 사람은 모두가 다르게 태어난다. 건강, 지적 · 육체적 능력, 외모, 카리스마, 부모의 조건, 그리고 사회의 환경 등 모든 면에서 사람들은 각자의 고유성을 갖는다. 시장의 틈새를 발견한다는 것은 남과는 다른 자신을 바탕으로 그 시장에서 자신의 목표추구 가능성을 찾아내는 것이다. 그 과정에서 자신만의 고유한 능력을 찾을 수 있고 그 능력이 자신의 목표 추구에 미치지 못한다면 그것을 키우려 할 것이다. 그 다름을 찾아내고 이를 개발하면, 그리고 여기에 약간의 운이 따라준다면 누구나 시장의 틈새를 발견하고 그것을 자신의 것으로 만들어낼 수 있다. 남을 짓밟지 않아도 자신이 추구하는 목표를 달성할 수 있다. 이것이 시장에서 개인의 적응과 개발 과정이며, 분업경제 속에서 협력체계가 구축되는 동력이다.

그렇지만 대부분의 사람들은 모두에게 좋아 보이는 동일한 목표를 향해 똑같이 뛰어가는 경향이 있다. 이들 중 극소수만 그 목표를 성취할 뿐이며, 나머지 사람들은 자신의 능력의 한계를 절감하면서 좌절하고 불평한다. 이것이 보통 사람들의 모습이다. 그러나 그 좌절하는 자들 중에는 다시 일어나 남들이 보지 않는 시장의 틈새를 찾아내려 하고 그 틈새를 활용할 수 있는 방법을 궁리해 자신만의 능력을 새롭게 발견하거나 개발하여 재기에 성공하는 사람들도 있다. 이 과정에서 기존의 시장이 보다 차별화되거나 아예 새로운 시장이 나타나기도 한다.

시장의 다양함과 역동성을 보면 시장경쟁을 통한 자아의 발견과 개발과정을 시장의 다양함과 역동성은 시장경쟁을 통한 자아의 발견과 개발과정에서 나온다. 이것이 시장경쟁의 가장 중요한 기능이다.

쉽게 이해할 수 있다. 농업과 가내수공업 위주였던 해방 직후, 직업의 종류는 그다지 많지 않았다. 그러나 2011년 경제활동인구 중 농림어업에 취업해 있는 사람의 비중은 7.2%에 불과하다. 나머지 사람들은 다양한 직종과 직업에 종사하고 있다. 지금 직업의 종류는 대략 15,000개나 되며 각 직업 내에서도 생산되는 다양한 품목들을 생각한다면 그 수는 헤아릴 수 없이 많다.

시장경쟁 속에서 남과는 다른 자신을 발견하고 개발하는 과정이 없었다면 이런 결과를 가져올 수 없었을 것이다. 직업의 종류와 각 직종의 곁가지들이 수없이 많다는 점은 그만큼 새로움에 도전해 그곳에서 최고가 되려는 기업가들이 많았다는 것을 의미한다. 시장경쟁의 가장 큰 기능은 이처럼 개인의 능력을 찾아내고 개발하게 해준다는 점이다. 그래서 시장에서는 누구든지 최고가 될 수 있으며, 그 최고의 수는 도전하는 자들의 수만큼 많을 수 있다.

4.5 개인의 자발적 통제

경쟁은 누구의 강제 없이도 경제주체로 하여금 스스로를 통제하게 한다. 개인이 경쟁 속에 놓여 있지 않고 누구의 지시나 명령에 의해 움직인다면, 그는 스스로를 통제하면서 좀더 잘 살아보겠다는 의지를 결코 갖지 않을 것이다(Mi. HA, 273). 그럴 필요가 없기 때문이다. 경쟁할 수 있다는 그 자체가 개인으로 하여금 자신의 삶을 좀더 나은 방향으로 나아가게 하는 동력이다.

소비자는 자신이 갖고 있는 제한된 생산요소로부터 소득을 최대한 얻으려 하고, 그 소득을 최대한 효과적으로 사용하려 한다. 소비자들의 이런 행위는 누구의 강요 없이 스스로의 의지에서 나온다. 그 의지는 소득 창출과 지출 과정의 경쟁에서 비롯된다. 개인이 경쟁을 통해 스스로를 통제함으로써 얻는 대가는 자신의 소비가능성을 확대하고 만족을 증대시키는 형태로 나타난다.

경쟁은 소비자나 생산자로 하여금 스스로를 통제하게 해서 더 나은 삶으로 나아가게 해준다.

기업가의 자발적 통제는 경쟁과정에 관한 설명에서 이미 언급되었다. 기업가는 자신의 이윤 목표치를 달성하기 위해 시장에 적응하고 시장의 틈새를 찾으며, 남과는 다른 자신의 능력을 발견하고 개발한다. 생산공정의 혁신을 통한 생산비 절감, 경영혁신을 통한 판로 확대와 새로운 판로의 개척, 제품 혁신을 통한 품종 개발과 품질 개선 등은 모두 경쟁과정에서 비롯된다. 이것은 누구의 강요나 지시가 아니라 단지 자신의 목표치를 실현시키고자 하는 자발적 동기에서 비롯된다.

4.6 기업의 소비자에 대한 봉사

모든 제품의 생산은 결국 소비자를 대상으로 한다. 생산자는 소비자의 취향과 욕구에 부응하지 않고서는 시장에서 버텨낼 수 없다. 특히 소비자가 제품의 품질과 가격을 꼼꼼히 살필수록, 생산자는 소비자의 선호를 민감하게 살펴야 한다. 생산자가 소비자의 기대를 충족시킨다는 것은 그만큼 생산자가 소비자에게 봉사함을 의미한다. 결국, 생산자가 소비자에게 봉사를 많이 하면 할수록, 생산자는 시장에서 더 많은 대가를 받는다. 경쟁은 이처럼 누구의 강요가 없더라도 소비자를 섬기도록 한다(배진영, 2003, 273~274).

생산자가 소비자에게 봉사를 많이 하면 할수록, 그는 시장에서 더 많은 대가를 받는다. 경쟁은 이처럼 누구의 강요가 없더라도 소비자를 섬기도록 한다.

생산자의 소비자에 대한 봉사는 먼저 변화무쌍한 소비자의 욕구에 부응하는 과정에서 나타나고, 다음으로는 소비자로부터 새로운 욕구를 이끌어내는 과정에서 나타난다. 소비자들이 의식주의 해결에 급급할 때, 그들의 욕구는 시간이 흘러도 그다지 크게 변하지 않는다. 먹고 살기만 하면 족한 것이다. 그들이 의식주 해결에서 벗어나면, 그들은 보다 새롭고 다양한 제품의 세상에 점차 눈뜨게 되고 이에 대한 욕구를 충족시키고자 한다. 생산자는 소비자들의 변화된 욕구에 부응하는 제품 개발에 매진하지 않고서는 살아남기 어려워진다. 소비자는 다루기 힘든 상사(上司)와 같다(Butler, 216).

생산자의 소비자에 대한 봉사는 먼저 소비자의 욕구에 부응하는 과정에서 나타나고, 다음으로는 소비자로부터 새로운 욕구를 이끌어내는 과정에서 나타난다.

생산자는 소비자들의 욕구에 부응하고자만 하는 것이 아니라, 소비자의 욕구변화를 주도적으로 이끌어 나가기도 한다. 소비자들은 소득수준이 높아짐에 따라 보다 나은 생활과 새로운 경험을 가지려 한다. 이 때문에 소비자들은 시장에서 새로운 제품들을 찾는 노력을 게을리 하지 않는다. 모험심이 강한 기업가들은 이러한 소비자의 심리를 한발 앞서 이용하기 위해 새로운 제품의 개발과 기존 제품의 고급화에 혼신의 힘을 기울인다. 이 제품들은 대체로 창의성과 높은 기술로 체화되어 있고 시장에 아직 경쟁자도 없기 때문에, 소비자의 관심을 끄는 데 성공하면 생산자에게 돌아오는 대가는 크다.

제품의 모방과 확산이 빠르게 일어나고 기술이 급속히 발전하는 현대사회에서 제품들의 생명주기는 그다지 길지 않다. 이것은 다른 한편으로 소비자의 욕구변화와 다양화를 더욱 재촉한다. 소비자들의 욕구변화와 다양화는 생산자들에게 기회를 제공하기도 하지만, 안일한 생산자에게는 참으로 피곤한 일이 아닐 수 없다. 시장변화에 대해 조그마한 판단 착오나 실수로도 그동안 쌓아올린 시장에서의 부와 명성을 한순간에 무너뜨릴 수 있다. 그러므로 경쟁은 혁신을 통해 더 좋

소비자들의 욕구변화와 다양화는 생산자들에게 기회를 제공하기도 하지만, 안일한 생산자에게는 참으로 피곤한 일이 아닐 수 없다.

은 아이디어와 생산방식으로 더 싸고 더 질 좋은 제품들을 제공함으로써 소비자들에게 봉사하게 한다.

4.7 시장경제의 확대와 영구적 존속

누구의 강요 없이 단지 자신의 이해 관철을 위한 행위가 자신이 전혀 모르는 누구의 행복과 이윤으로 이어진다는 사실은 시장경제가 자생적으로 형성되고 영구적으로 존속할 수 있는 내적 기반을 갖추고 있음을 말한다.

시장경쟁은 소비자로 하여금 누구의 강요 없이도 스스로를 통제해 자신의 행복을 증진하도록 하고, 이것이 다시 생산자로 하여금 소비자의 요구에 부응하도록 한다. 소비자의 만족을 충족시키지 않고서는 생산자가 이윤을 확보하거나 새로운 이윤을 창출할 수 있는 길이 없기 때문이다. 이처럼 누구의 강요 없이 단지 자신의 이해 관철을 위한 행위가 자신이 전혀 모르는 누구의 행복과 이윤으로 이어진다는 사실은 시장경제가 자생적으로 형성되고 발전될 수 있음을 의미한다. 개인의 행복추구가 다른 사람들에게 피해를 주지 않고 이득을 줄 수 있다는 사실은, 개별 목표추구가 전체 목표와 조화로울 수 있음을 시사한다. 이것은 시장경제가 확대 재생산되며 영구적으로 존속할 수 있는 내적 기반을 갖추고 있음을 말한다.

이에 반해 특정 이념 또는 가치 실현을 목표로 해서 인위적으로 조직된 질서는 개별 구성원에게 강압적인 명령과 지시를 통해 운영된다. 개인은 이에 복종할 수밖에 없다. 개인의 행위는 결코 자발적인 것이 아니기 때문에, 개인적인 이해 관철은 철저히 외면된다. 이것은 구성원들의 조직에 대한 불만과 불평으로 이어지게 할 것이다. 조직을 지배하는 자들은 이런 불만을 잠재우기 위해 더욱 강압적인 체제를 구축하려 한다. 조직이 강압에 견딜 수 있는 것에도 한계가 있기 때문에, 이것은 결국 조직의 붕괴를 촉발한다. 20세기 말 베를린 장벽의 붕괴와 동구권 국가들의 시장경제로의 체제 전환은 이의 단적인 예이다.

4.8 이윤의 분산과 소멸

경쟁질서에서 기업의 이윤은 경쟁자들에 의해 사라지는 경향을 갖는다. 이윤의 존재는 한편으로 다른 기업가들로 하여금 이 시장에 진입하게 함으로써 공급량 증대와 이로 인한 생산물 가격의 하락을 가져와 이윤을 줄어들게 한다. 다른 한편으로 공급량 증대과정에서 생산요소들에 대한 수요가 증대함에 따라 요소가격이 상승하고 이것이 생산비 상승을 가져와 이윤을 축소시킨다.

그러나 현실에서 적지 않은 기업들이 오랫동안 번성하는 경우를 볼 수 있다. 즉, 이윤이 오래 유지될 뿐만 아니라 그 크기도 확대된다. 그것은 현실의 시장경제가 결코 정태적이지 않고 외부환경에 의해 끊임없이 변하면서 살아 움직이기 때문이다. 외부환경이 끊임없이 변한다는 것은 새로운 균형점이 계속해서 생긴다는 것을 의미한다. 이윤은 균형에서 이탈한 상태에서만 존재하기 때문에, 시장경제는 항상 이윤을 창출할 수 있는 기회를 제공한다. 이것은 변화무쌍한 시장경제에 잘 적응하는 기업가에게 이윤을 지속적으로 확보해 주고 확대해 줄 수 있음을 말해 준다. 환경의 변화는 외부에서 주어질 수도 있지만, 기업가 스스로 주어진 환경을 혁신함으로써 변화시킬 수도 있다. 외부환경의 변화 속에서 이윤의 기회를 포착하는 것이 수동적인 이윤창출이라면, 외부환경을 스스로 변화시키면서 이윤의 기회를 만들어내는 것은 적극적인 이윤창출이라 할 수 있다.

요약하면, 경쟁은 기업가의 이윤을 다른 기업가들과 나누어 가지게 하고, 그 과정에서 토지소유자와 노동자의 소득을 증대시킨다. 그러면서 경쟁은 한 기업의 이윤을 오래가지 않게 한다. 그러나 현실에서 어느 한 기업가가 오랫동안 번성하는 이유는 그가 시장의 변화에 잘 적응하고 창조적이며 도전적이어서 새로운 이윤을 끊임없이 창출해 내기 때문이다.

경쟁은 기업의 이윤을 오래가지 않게 한다. 그러나 현실에서 어느 한 기업이 오랫동안 번성하는 이유는 그가 시장의 변화에 잘 적응하고 창조적이며 도전적이어서 새로운 이윤을 끊임없이 창출해 내기 때문이다.

생각하기

01. 완전경쟁의 조건 하에서 유도된 일반균형은 '동어반복(tautology)'에 불과하다고 한다. 왜 동어반복이라고 하는지 그 이유를 설명하라.

02. 완전경쟁에는 경쟁이 존재하는가? 과정으로서의 경쟁과 상태로서의 경쟁 관점에서 설명하라.

03. 시장의 경쟁과 게임이나 콘테스트에서의 경쟁의 차이를 설명하라.

04. 우리는 경쟁 앞에 공정한, 착한, 과당, 중복과 같이 여러 수식어를 붙인다. 여러분은 이런 용어들에 익숙해 있고, 경쟁을 비판할 때 자주 동원한다. 아래 질문에 대해 토론하라.

(1) 어떤 경쟁이 공정한지, 어떤 경쟁이 착한지, 어떤 경쟁이 과당 또는 중복인지 그 기준에 관해서 토론하라.

(2) 이런 수식어들이 경쟁 앞에 붙음으로써 이것이 오히려 경쟁을 침해하고 특권이 자리 잡게 된다고 한다. 왜 그런가?

05. 여러 종류의 과일나무들을 한 장소에 함께 심으면, 어떤 과일도 탐스럽게 열리지 못한다. 꽃들도 마찬가지라고 한다. 채송화 밭에 해바라기를 심으면 아주 작은 해바라기가 자라나고, 해바라기 밭에 채송화를 심으면 원래 채송화보다 두 배쯤 더 크게 자라지만 비실비실 크다가 오래가지 못하고 죽는다고 한다(엄을순, 2012. 6. 28). 사람도 마찬가지이다. 각자의 특성이 적절한 환경 속에서 발현되어야, 누구나 잘 자라게 된다. 이로부터 다름을 찾는 과정으로서의 시장경쟁을 설명하라.

06. 영원한 1위 기업은 없다. 스티브 잡스(Steve Jobs) 시절의 애플은 창의성과 혁신으로 기적의 신화를 썼다. 시장에 내놓는 신제품마다 시장의 기대를 뛰어넘는 감동을 불러왔다. 그러나 2013년 들어서면서 애플은 수모를 당하고 있다. 2013년 1월 24일 애플의 시가총액은 2012년 9월 21일의 시가총액에 비교하면 2/3수준에 불과하다. 불과 4개월 만에 시가총액의 3분의 1 이상이 날아갔다. 어느 한 회사가 기술혁신으로 성공하면, 후발 기업들이 뒤쫓아 오면서 끝을 알 수 없는 산업재편이 일어난다. 그런 혼전 속에서 또 다른 기술혁신이 나타나며, 새로운 기술혁신의 등장 속도는 점차 빨라진다. 그러면서 거대한 산업의 역사가 쓰여진다.(중앙일보, 2013. 1. 26) 기업의 경쟁과정은 따라잡기와 앞서기 과정으로 요약된다. 이 과정에서 균형으로 나아가는 힘과 불균형으로 나아가는 힘 중 어느 쪽이 더 강한지를 토론하라.

독점과 담합

Human centered

Principles of Economics

ch. fourteen

1

4

독점과 담합을 규제하지 않는 국가들은 거의 없다. 그것은 독점과 담합이 경쟁을 저해한다는 이유에서이다. 이 장에서는 시장경쟁의 기본 개념 위에서 독점과 담합의 경쟁저해 문제를 논의한다. 먼저 독점을 정의하고, 시장경제에서 문제가 되는 독점은 무엇인지를 지적한다. 이를 위해 먼저 시장에서 경쟁을 통해 형성되는 독점은 붕괴될 가능성이 있음을 살펴보고, 독점은 비효율적인 자원배분을 이끌어 사회적 후생을 감소시킨다는 주장에 대해 비판한다. 이와 함께 독점가격에 관한 일반인의 편견을 지적한다. 그러면서 일반인이 갖고 있는 독점에 관한 상식이 그다지 근거가 없음을 다양한 논리로 지적한다. 이어서 기업 간의 담합을 어떻게 보아야 하는지를 시장경쟁 관점에서 조명하고, 특허권과 저작권 문제를 짚어본다.

1. 독점

1.1 독점의 정의와 독점기업 발생의 원인

독점기업은 시장에서 유일한 존재인지의 여부보다 독점가격을 출현시킬 수 있는지의 여부에 의해 정의된다.

경제학 교과서는 밀접한 대체재가 없는 특정 제품을 오직 한 사람 또는 한 집단만이 시장에서 공급 또는 수요하는 경우를 독점이라고 정의한다. 그 공급자를 독점기업이라 한다. 독점기업에 관한 보다 더 정확한 정의는 그 기업이 시장에서 유일한 존재인지의 여부보다 자신의 순수익을 증가시키기 위해 공급량을 의도적으로 줄여 판매가격을 올릴 수 있는 위치에 있는가 하는 점이다. 즉, 독점가격을 출현시킬 수 있는지의 여부이다. 시장에서 유일한 존재라도 그럴 능력이 없다면 그런 독점은 문제될 것이 없다. 그리고 그 기업을 독점기업이라 할 수도 없다. 독점이 독점기업의 출현조건은 되지만 유일한 전제조건은 아니다.

독점이 생기는 근본적인 이유는 다른 기업이 그 시장에 들어갈 수 없기 때문이다. 이런 진입장벽은 어느 한 기업만이 중요한 생산요소를 소유하거나 정부가 특정 기업에게만 독점적으로 생산할 수 있는 권한을 줄 때 생겨난다. 이런 진입장벽 외에도 독점은 규모경제를 야기하는 생산기술의 특성에 의해서도 발생한다.

기술적 특성에 의해 생산을 하면 할수록 평균비용이 감소되는 경우이다. 이 경우, 하나의 기업이 시장 전체의 수요를 차지하면서 생산하는 것이 여러 기업이 나누어서 생산하는 것보다 평균비용이 적게 든다. 이처럼 자연스럽게 형성되는 독점을 자연독점이라 한다. 요약하면 독점은 ① 어느 한 기업만이 특정 생산요소를 독점하거나, ② 정부의 권력에 의해, 또는 ③ 규모의 경제가 실현되는 생산기술에 의해 발생한다. 먼저 요소독점에 의한 독점의 경우를 살펴본다.

독점기업은 요소독점에 의해, 정부에 의해, 그리고 자연독점에 의해 발생한다.

1.2 요소독점에 의한 독점

생산에서 특정 요소를 독점할 경우, 기업은 그 요소의 이용을 다른 기업들의 접근으로부터 차단할 수 있다. 이 기업은 그 요소를 자신의 전략에 맞추어 마음대로 이용할 수 있다. 그런 특정 요소는 원자재나 자본재 또는 특정 인력일 수도 있고 생산기술일 수도 있다. 생산기술은 일단 공급되고 나면 그 이용에 있어서 추가적인 비용이 들지 않는다는 점에서 자유재이다. 그러나 그 기술은 정부의 보호나 기업의 철저한 보안에 의해 해당 기업에만 독점적으로 사용될 수 있다. 그 기술 없이는 해당 제품이 생산될 수 없다면, 해당 기업은 그 제품을 독점적으로 생산할 수 있다.

원자재나 자본재, 기술을 다른 기업들의 접근으로부터 차단할 수 있다면 독점기업이 될 수 있다.

1.3 자연독점

규모의 경제가 실현되는 생산기술에 의해 자연적으로 발생하는 독점을 자연독점이라 한다. [그림 14-1]은 자연독점이 발생되는 경우를 보여준다. 생산을 많이 하면 할수록 평균비용이 떨어지기 때문에 n개의 기업들이 각각 AC_1의 비용으로 q_0씩 생산해 시장 규모 Q_0에 대응하는 것보다 한 개의 기업이 그보다 낮은 AC_0의 비용으로 시장 전체를 감당하는 것이 훨씬 경쟁력을 갖게 해서 자연히 이 기업만 시장에 존재하게 한다. 이렇게 해서 생긴 독점을 생산기술상 어쩔 수 없이 발생할 수밖에 없다는 의미로 자연독점이라 한다. 평균비용이 감소하는 경우를 경제학 용어로 규모의 경제라 하기 때문에, 자연독점은 규모의 경제를 가져다주는 생산기술을 채용하는 산업에서 볼 수 있다.

자연독점은 평균비용이 감소하는 규모의 경제를 실현하는 기술에서 나타난다.

자연독점의 예로 전기, 가스, 통신과 같이 소위 국가의 주요 기간산업을 든다. 집집마다 전기를 공급하기 위해서는 전봇대를 비롯한 전기 공급망을 마을 구

그림 14-1

자연독점

시장규모 Q_0에 대응하기 위해서는 n개의 기업들이 각각 AC_1의 비용으로 q_0씩 생산해야 한다. 그러나 평균비용이 감소하면, 한 개의 기업이 그보다 낮은 AC_0의 비용으로 시장 전체를 감당할 수 있다. 이것이 자연독점으로 이어지게 한다.

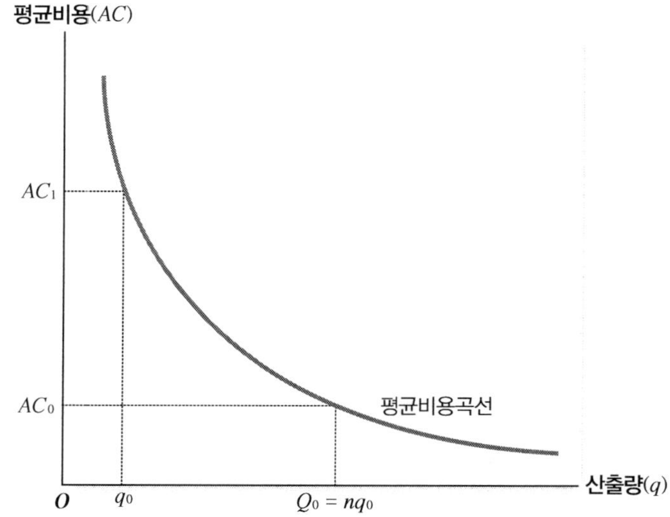

석구석 모두 갖추어야 하고 이를 위한 설치비용도 막대하다. 그러나 발전소와 전기 공급망이 일단 설치되었다면, 이들의 용량 범위 안에서 전기를 추가적으로 공급하기 위해 소요되는 비용은 거의 없다. 그래서 전기 산출량에 따른 평균비용은 계속 감소할 것이다. 전기를 경쟁적으로 여러 공급자가 공급한다면, 공급자마다 발전소와 전기 공급망을 새롭게 설치해야 한다. 이 경우 공급자들은 시장수요를 나누어 가질 수밖에 없다. 이들의 평균 생산비용은 한 공급자가 시장 전체에 전기를 독점적으로 공급할 때보다 높을 것은 당연하다. 규모의 경제가 시현되는 산업의 경우, 후발 경쟁자가 기존의 독점기업보다 더 많은 양을 생산하지 않는 한 후발 경쟁자의 평균비용은 독점기업보다 낮을 수 없다.

2. 독점의 형성과 붕괴 가능성

2.1 요소독점의 형성 가능성

요소독점에 의한 독점기업은 현실에서 자연적으로 생산이 한정된 천연자원에서 간혹 볼 수 있다. 그러나 이런 경우가 세계시장에서 차지하는 비중은 높지 않기 때문에, 경제적 중요성은 그다지 크지 않다(Mi. HA, 363). 사실, 현실에서 특정 기업이 특정 생산요소를 독점하기란 결코 쉽지 않다. 시·공간의 경계가 거의 없는 요즈음 거의 모든 생산요소들이 국내는 말할 것 없이 국가 간에도 비교적 자유롭게 이동하기 때문에, 요소독점에 의한 독점은 거의 없다. 특정 원자재나 부품의 독점이 가능하다고 하더라도, 이들 자원과 부품을 대체할 수 있는 대체재가 개발되어 요소독점이 무너지는 것이 일반적이다. 자연독점을 가능하게 하는 기술적 특성 말고, 기술의 독점적 사용에 의한 독점은 정부의 특허권과 같은 제도 때문인 경우가 대부분이다. 따라서 독점은 정부에 의한 독점과 자연독점의 두 경우만 현실에서 찾아볼 수 있다.

거의 모든 생산요소들이 국내는 말할 것 없이 국가 간에도 비교적 자유롭게 이동하기 때문에, 요소독점에 의한 독점은 거의 없다.

2.2 자연독점의 붕괴 가능성

자연독점도 영원히 지속될 수 있는 것은 아니다. 시장수요가 크게 증대해 그것이 자연독점 기업의 생산 용량을 넘어설 경우, 자연독점은 붕괴되고 그 시장은 경쟁적으로 바뀔 수 있다. 예를 들어 마을에 우물 하나만으로 물 수요를 충족시키고 있을 경우, 그 우물을 파서 물을 공급하는 생산업자는 자연독점의 지위를 누릴 수 있다. 그러나 그 마을의 인구가 크게 증대해 우물 하나만으로는 부족할 경우 새로운 우물들을 파야 할 필요가 생기고 자연스럽게 경쟁기업이 진입할 기회가 생기면서 물 시장은 경쟁적으로 바뀐다.

위의 전기 공급의 예에서도, 어떤 이유로 전기 수요가 크게 증대해 하나의 기업만으로는 증대한 시장 수요를 감당하지 못하게 되면 다른 공급자에 의한 전기 공급이 필요해질 것이고 그러면 자연히 전기 시장도 경쟁적이 된다. 만약 정부에 의해 다른 전기 공급업자의 등장이 제도적으로 막힌다면, 기존의 전기 공급업체가 새로운 발전소를 짓고 공급망을 확충하면서 독점적 지위를 계속 누릴 수 있다. 그러나 경제가 성장함에 따라 전기 수요가 폭발적으로 증대한다는 점을 고려할 때, 정부의 개입이 없다면 이 시장이 경쟁적이지 않을 이유는 없다. 지금의 전기 시장이 한 기업에 의해 독점적으로 공급되고 있는 것은 생산기술에 의한 자연독점 때문이 아니라 국가에 의해 부여된 독점지위권의 결과일 가능성이 높다.

이런 사실은 한국의 통신시장에서 충분히 증명된다. 한국에서 통신 공급업자는 과거 한국통신(Korea Telecom)이 유일했고 주요 국가 기간산업으로서 이

기업만이 통신시장을 독점했다. 그러던 것이 지금 SK Telecom, LG Telecom 등 여러 통신업체들이 통신시장에 뛰어들어 서로 치열한 경쟁을 벌이고 있다. 그런 과정에서 통신이라는 제품의 종류는 유선을 통한 통신, 기지국을 통한 무선 통신, 인터넷 케이블을 통한 통신, 화상 통신 등 아주 다양해졌고, 통신가격은 파격적으로 인하되어 소비자들이 큰 혜택을 보고 있다. 그렇다고 해서 이 통신업체들이 손실을 보고 있는 것은 아니다. 이 기업들은 기능을 조금씩 첨가하면서 다양한 통신 품종을 개발하고 품질 및 서비스를 개선했다. 그 결과 이들은 소비자들의 새로운 수요를 창출하면서 큰 이득을 올리고 있다. 새로운 기술에 의해 유선 외에 다양한 방법의 통신공급이 가능해졌고 이를 통해 통신 수요가 과거에 비해 엄청나게 증가했기 때문에, 통신시장이 자연독점에서 경쟁적으로 바뀔 수 있었다.

자연독점은 수요증대와 기술적 한계로 붕괴될 수 있다.

자연독점은 수요증대에 의해 붕괴될 수 있을 뿐만 아니라 생산기술에 의해서도 붕괴될 수 있다. 왜냐하면 끝없이 평균비용이 감소해 규모의 경제를 보이는 생산기술은 거의 없기 때문이다. 그 어떤 기업도 결코 무제한으로 성장할 수 없으며 규모 확장을 저해하는 방해물도 나타나기 마련이다. 평균비용이 계속 떨어져 어느 한 기업이 '자연독점' 기업이 되어 경쟁이 붕괴되지 않겠는가 하는 것은 지나친 기우이다. 기술적인 이유로, 그리고 수요 증대에 의해 자연독점은 붕괴될 수 있다.

만약 자연독점이 계속된다고 하더라도 소비자에게 결코 나쁜 것이 아니다. 그것은 낮은 가격과 많은 생산량으로 소비자들에게 혜택을 주기 때문이다. 그러므로 자연독점이 존재하더라도 그것은 자연스러운 시장의 결과이며, 그 독점 역시 수요와 기술적인 이유로 붕괴되어 경쟁시장으로 돌아갈 수 있다고 받아들여야 한다.

문제는 정부가 자연독점 기업을 비호하거나 직접 운영하는 경우이다. 자연독점을 정부가 관리해야 한다는 측의 논리는 자연독점을 그냥 내버려두면 독점가격을 책정해 소비자들이 피해를 보기 때문이라는 것이다. 자연독점이 대체로 전기나 수도와 같이 전 국민이 소비해야 하는 기간산업에서 발생하기 때문에 특히 정부가 관리해야 한다는 논리를 편다. 그러나 아래에서 보겠지만 우리는 경쟁시장의 가격을 전혀 알 수 없기 때문에 그것이 경쟁가격보다 높은지를 판가름할 잣대를 갖고 있지 않다. 무엇보다 자연독점이 가격을 높게 책정해 높은 이윤을 얻고 있다면, 언제든지 새로운 기업이 이 시장에 진입할 여지를 남긴다. 왜냐하면 자연독점 기업을 유지할 수 있는 이유가 새롭게 진입하려는 기업이 자연독점 기업보다 가격을 더 낮게 책정할 수 없기 때문이다. 그런데 자연독점 기업이 가격을 높게 책정한다면 그것은 자연독점이 붕괴될 계기가 된다. 독점이라고 해서 함부로 가격을 높이지는 못한다. 더구나 공익이라는 이름으로 정부가 관리한다는 것은 실제 공익적이지 못한 결과를 초래할 수 있다. 많은 사람들이 소비한다는 것이 정부가 반드시 그것에 개입해야 된다는 이유가 될 수는 없다.

많은 사람들이 소비한다는 것이 정부가 자연독점 기업을 직접 운영해야 된다는 이유가 될 수는 없다.

2.3 정부에 의한 독점

생산요소에 의한 독점은 정부의 보호가 없다면 유지되기 어렵고, 자연독점도 수요증대에 의해 붕괴될 수 있기 때문에, 현실에서 독점이 형성되고 유지되는 것은 국가의 공권력에 의한 경우뿐이다. 그래서 독점은 정부가 특정 제품의 생산이나 판매를 특정 개인이나 그룹에 주는 특혜에 불과하다. 정부에 의해 형성되는 독점 외의 다른 어떤 시장을 독점이라고 규정하는 데에는 특정 집단과 이를 비호하는 정치 세력의 비경제적 의도가 깔려 있음을 경계해야 한다.

현실에서 독점이 형성되고 유지되는 것은 국가의 공권력에 의한 경우뿐이다.

정부의 특혜에 의해 독점적 지위를 누리고 있을 경우에는 그 제품의 시장에 하나의 공급자만이 아니라 2개 이상의 공급자가 존재하더라도 그 시장은 독점이라고 규정할 수 있다. 즉, 정부가 몇몇 공급자들만이 특정 시장에서 제품을 생산·판매하도록 허용했다면, 이들 공급자 모두는 독점기업이며 그 시장은 독점시장이다. 따라서 독점은 시장에 기업이 하나인지의 여부에 의해서 결정되는 것이 아니라, 정부의 특권이나 특혜에 의해서 독점적 지위를 누리고 있는지에 따라 판단되어야 한다. 독점은 정부의 특권이나 특혜에 의해 시장에서 독점적 지위를 누리는 경우라고 새롭게 정의되어야 한다(Ro, 669). 이 특권은 국가의 사법·경찰기구를 통한 공권력에 의해 강제로 보호된다. 다른 이들은 그 분야로의 진입이 금지된다. 순수한 시장경제라면 이러한 독점은 절대 존재할 수 없다.

그러므로 독점은 시장경제 자체에 내재하는 악이 아니라, 시장경제에 적대적인 보호정책, 특허권, 저작권, 면허, 인허가와 같은 제도와 정책의 결과이다. 또한 수도, 전기, 담배, 우편과 같이 정부가 직접 기업을 소유해서 운영하기 때문에 독점현상이 나타난다. 우리는 독점문제를 다룰 때 무엇보다 우선해서 살펴봐야 할 일은 경쟁자들이 독점기업에 도전하지 못하게 하는 것이 무엇인가를 찾아내는 일이다. 거기에는 거의 언제나 정부와 제도가 있음을 발견하게 될 것이다.(Mi. HA, 363～368)

경쟁자들이 독점기업에 도전하지 못하게 하는 데에는 거의 언제나 정부와 제도가 있다.

3. 독점의 비효율성 논쟁

3.1 정태적 비교에 의한 독점의 비효율성

독점에 대한 일반적 비판은 독점기업이 산출량을 줄여 높은 가격에 제품을 팔아 큰 이윤을 남기기 때문에 소비자의 후생을 감소시킨다는 것이다. 경제학 교과서는 이를 [그림 14-2]와 같이 설명한다. 완전경쟁시장에서의 공급곡선은 개별 기업이 이윤을 남길 수 있는 구간의 한계비용곡선을 수평적으로 합한 것이다. 이제 이 시장이 하나의 기업에 의해 독점되었고, 완전경쟁시장의 공급곡선이 그대로 독점기업의 한계비용곡선이 된다고 가정하자.

완전경쟁시장이라면 균형은 수요곡선 D와 공급곡선이 만나는 a점에서 이루어지고 가격과 산출량은 각각 P_*와 Q_*가 된다. 그러나 독점기업은 산출량을 Q_0로 줄이고 가격은 P_0로 높여 자신의 이윤을 최대화한다. 총수입이 P_0bQ_0O가 되고 총비용은 $OjiQ_0$가 되어, 그는 $bijP_0$만큼의 이윤을 남긴다. 독점기업이 이윤을 남기기 위해 산출량을 줄여 가격을 올린다는 일반인의 선입관을 그대로 반영하고 있다. 그래서 [그림 14-2]는 한동안, 그리고 지금도 매우 설득력 있는 논리로 경제학 교과서에 실려 있다.

이 그림을 통해 독점에 관한 일반 경제학 교과서의 비판을 좀더 이어나가자. 독점은 생산자에게 이득을 주지만 사회 전체로 보았을 때는 잉여를 줄여 사회적 후생을 감소시킨다고 한다. [그림 14-2]에서 소비자가 추가적인 한 단위에 대해 지불할 용의를 나타내는 곡선은 수요곡선이며, 생산자가 추가적인 한 단위를 생산하기 위해 최소한 지불해야 하는 비용은 한계비용곡선으로 나타나 있다. 완전경쟁 상태에서 소비자잉여는 기꺼이 지불할 용의가 있는 전체 금액 faQ_*O에서 실제로 지불한 금액 P_*aQ_*O를 뺀 faP_*가 된다. 생산자잉여는 판매금액 P_*aQ_*O에서 생산을 위해 지불한 총비용 gaQ_*O를 뺀 P_*ag이다. 따라서 이 제품이 생산되어 소비됨으로써 얻는 사회적 총잉여, 즉 사회적 후생은 소비자잉여[1]와 생산자잉여를 합한 fag이다.

1. 일반 경제학 교과서의 설명을 따르기 위해 구매자잉여를 소비자잉여로, 판매자잉여를 생산자잉여로 표현했다.

그림 14-2

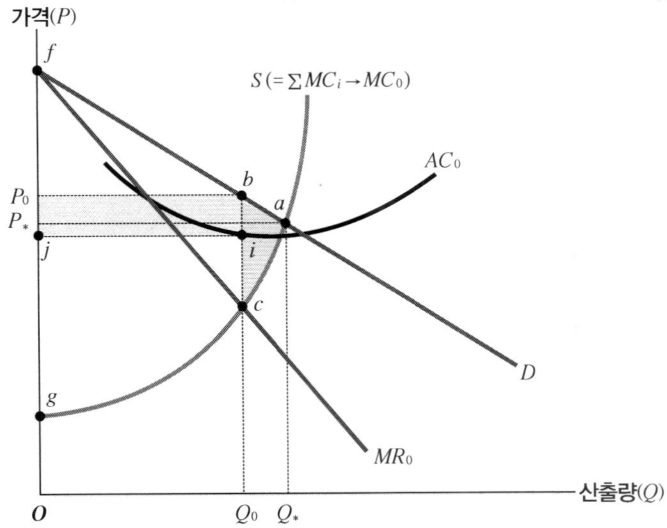

일반 경제학 교과서에 나오는 독점의 비효율성
독점기업은 이윤을 극대화하기 위해 MC_0와 MR_0가 만나는 c점에서 완전경쟁 때의 Q_*보다 적은 Q_0를 더 높은 가격 P_0에서 생산한다. 이 결과 사회적 후생이 abc만큼 감소한다. 이것이 일반 경제학 교과서가 설명하는 독점의 사회적 비효율성이다.

그러나 시장이 한 기업에 의해 독점될 경우에는 가격은 P_0, 산출량은 Q_0가 되어 사회적 후생은 $fbcg$가 된다. 그러므로 독점으로 인해 사회적 후생은 abc만큼 감소한다. 교과서는 이것이 산출량 감소라는 자원의 비효율적 배분 때문에 발생하는 사회적 후생의 감소라고 한다.

많은 경제학 교과서는 독점이 자원을 비효율적으로 배분하고 사회적 후생을 감소시킨다고 한다.

3.2 동태적 비교에 의한 독점의 효율성

독점의 비효율성을 설명하는 교과서의 고전적인 [그림 14-2]는 완전경쟁과 독점에서 기업의 비용곡선이 동일하다는 가정에서 두 시장을 비교한 것이다. 완전경쟁이라는 상황에서 독점이라는 세계로 가는 길을 이 그림은 전혀 논의하지 않고 있다. 한 시장에 여러 기업들이 서로 더 많은 시장을 확보하려고 치열한 경쟁을 벌여 결국 한 기업만이 남게 되었다면, 그 기업은 분명 다른 기업보다 여러 혁신을 통한 효율적인 생산공정으로 생산비용을 낮추었거나 어떤 형태로든지 자사 제품이 소비자들에게 더 큰 호응을 받았기 때문이다. 다른 기업들은 이런 선두 기업을 따라가지 못해 시장에서 퇴출되었을 뿐이다. 그래서 이 기업의 생산비용곡선이 여러 기업들이 경쟁할 때에 비해 오른쪽으로 이동했을 것이라고 생각하는 것이 자연스럽다. 그렇게 되면 여러 기업이 존재할 때보다 오히려 더 낮은 가

독점기업이 독점에 이르는 과정에서 생산비용을 낮추게 되면 완전경쟁 때보다 더 높은 사회적 후생을 남길 수 있다.

그림 14-3

생산비용 절감에 따른 독점의 효율성

어느 한 기업이 생산비 절감을 통해 독점적 지위를 누린다면, 이 기업의 평균비용곡선은 [그림 14-2]의 AC_0에서 AC_1으로 이동할 수 있다. 이 경우 독점기업은 완전경쟁 때보다 더 많은 Q_1을 더 낮은 가격 P_1에 생산함으로써 $adheg$만큼 더 많은 사회적 후생을 남길 수 있다.

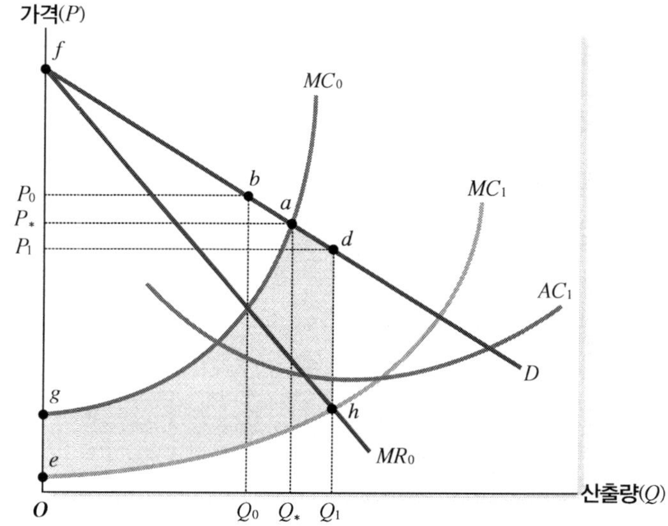

격에 더 많은 산출량에서 시장균형이 이루어져 사회적 후생은 더 크게 증대할지도 모른다.

[그림 14-3]은 [그림 14-2]를 이어서 그린 것인데 이를 담고 있다. 치열한 경쟁을 거쳐 독점이 된 기업의 생산비용곡선은 AC_0에서 AC_1으로, MC_0에서 MC_1으로 처음보다 우하향으로 이동할 개연성이 높다. 이렇게 되면 독점기업이 이윤을 최대한 남기기 위한 전략을 쓰더라도 생산비용의 절감으로 인해 가격은 완전경쟁 때의 가격인 P_*보다 오히려 낮은 P_1으로 Q_*Q_1만큼 더 많은 산출량을 생산한다. 이 결과 소비자잉여와 생산자잉여를 합친 사회적 후생은 $fdhe$가 된다. 이것은 완전경쟁 때의 사회적 후생인 fag보다 $adheg$만큼 더 큰 사회적 후생을 남긴다. 독점기업의 비효율성을 드러내보이기 위해 그려진 [그림 14-2]는 시장 과정을 오도하게 하는 전형적인 그림이다. 최근 들어 이에 대한 비판이 고조되자 많은 경제학 교과서들은 이런 식의 독점기업에 대한 비판의 강도를 조금씩 낮추는 경향이다. 선의의 독점기업이라는 해괴한 논리[2]를 등장시키기도 하고 말미에 이

2. 『맨큐의 경제학원론』은 완전경쟁과 독점을 한 그림에서 비교하는 모순을 의식해서인지, 이를 완전경쟁이라 하지 않고 사회 전체의 경제적 총잉여를 극대화하는 선의의 독점기업이라고 가정하고서 동일한 내용을 전개하고 있다(Mankiw, 369～371). 기업이 사회 전체의 이익을 위해 애쓴다는 그 자체가 경제학의 기본 전제를 부정하는 것이다. 아니면 독점이라는 것이 국가에 의한 독점뿐이며 국가는 항상 경제적으로 최선의 정책을 수행하고 있음을 전제한다고 보아야 한다.

런 비판이 있다는 것을 첨가하기도[3] 한다.

4. 독점가격에 관한 편견과 경쟁가격 존재의 환상

4.1 가격설정자와 가격수용자 개념의 허구

일반인들은 독점기업이 설정한 가격에 소비자들이 따를 수밖에 없기 때문에 독점기업이 가격을 통제할 수 있는 힘을 가진다고 생각한다. 즉, 독점기업은 자기 마음대로 가격을 책정할 수 있는 힘이 있다고 생각한다. 그러나 어떤 기업이라도 그 기업이 경쟁시장에 놓여 있든지 아니면 독과점시장에 놓여 있든지 간에 자기가 생산한 제품에 대해 판매가격을 부를 수 있다. 문제는 그 가격에 구매자를 찾을 수 있는가 하는 것이다. 이것은 그 어떤 기업에도 타당하다. 구매자도 마찬가지이다. 구매자도 자기가 원하는 가격을 마음대로 설정할 수 있다. 문제는 그가 원하는 가격에 팔고자 하는 판매자를 찾을 수 있느냐이다.

그 어떤 경우에도 시장가격은 생산자와 소비자의 자발적 합의에 의해서 결정될 수 있을 뿐이다. 시장가격 형성과정을 통제할 수 있는 권한은 누구에게도 주어져 있지 않다(Ro, 662). 자유시장에서 유일한 통제는 개인의 자기 자신에 대한 통제뿐이다. 그래서 독점이라 하더라도 생산자가 마음대로 하거나 그것이 경쟁시장이라고 해서 시장에서 결정된 것을 주어진 것으로 받아들일 수밖에 없는 것이 아니다. 시장에서는 그 누구도 가격수용자가 되려 하지 않으며 가격설정자가 되려 한다. 모든 인간은 시장에서 자신에게 가장 유리한 가격을 책정하려고 한다. 가격수용자나 가격설정자라는 개념은 시장과정의 참모습을 오도하게 하며, 인간 행위와는 관계없는 용어이다.

시장에서는 그 누구도 가격수용자가 되려 하지 않는다. 가격수용자나 가격설정자라는 개념은 시장과정의 참모습을 오도하게 하며, 인간 행위와는 관계없는 용어이다.

4.2 독점기업의 가격인상에 관한 편견

독점기업이 반드시 가격을 인상할 것이라는 생각은 편견이다. [그림 14-4]

3. 조순 · 정운찬 · 전성인 · 김영식의 최근 개정판에서는 독점에 이르는 과정에서의 비용감소라는 논리를 받아들이고 있다(조순 · 정운찬 · 전성인 · 김영식, 2011, 206).

그림 14-4

독점기업의 가격인상에 관한 편견

수요곡선이 D_A와 같이 탄력적인 경우, 가격인상은 판매수입을 크게 줄이기 때문에 독점기업이라도 함부로 가격을 인상할 수 없다.

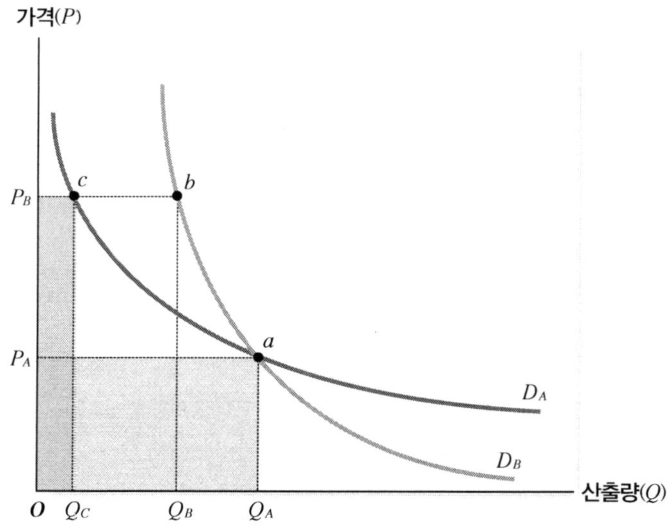

는 이를 쉽게 보여준다. 가격의 변화에 대해 수요량은 반대로 움직인다. 따라서 가격변화를 통한 기업의 수입은 증가할 수도 있고 감소할 수도 있다. 이것은 순전히 수요곡선의 가격탄력도에 달려 있다. 만약 제품이 탄력적이라면 가격인상 시 그 제품의 수요는 크게 감소할 것이기 때문에 기업의 수입은 오히려 감소한다. [그림 14-4]에서 보듯이 수요곡선이 D_A와 같이 탄력적일 때, 가격을 P_A에서 P_B로 올리면 기업의 수입이 aP_AOQ_A에서 cP_BOQ_C로 크게 감소한다. 이윤극대화 과정의 논의를 떠나서라도 독점기업은 이 경우 선불리 가격인상을 시도하지 않을 것이다. 오히려 이 경우 기업은 가격을 낮추어 가격인하율보다 더 높은 수요증가율로 수입을 늘리려 할 것이다. 이것이 더 상식적이다. 그러므로 독점기업이 항상 가격을 인상할 것이라는 것은 편견에 불과하다. 그러나 수요곡선이 비탄력적인 D_B일 경우 독점기업은 가격을 올려 더 많은 수입($aP_AOQ_A \rightarrow bP_BOQ_B$)을 올리려 할 것이다.

독점기업이라 하더라도 가격인상에 의해 판매수입이 크게 감소하면, 쉽게 가격을 인상할 수 없다.

시장이 확대되고 제품에 대한 대체재가 증가하면, 제품의 수요곡선은 점차 탄력적으로 변한다. 그러므로 시장경제가 발전하고 확대되어 가면, 독점기업이 가격을 인상하려는 경향이 오히려 줄어들 수 있다.(Ro, 676)

사람들은 독점기업에 관해 이렇게도 이야기한다. "피나는 가격경쟁으로 독점기업이 되면 그 기업은 이제 아무도 없기 때문에 쉽게 가격을 올릴 것이다." 그러나 이런 생각 역시 편견일 수 있다. 가격경쟁으로 독점이 되었는데 가격을 올리게 되면 또다시 피나는 가격경쟁을 해야 하기 때문에 가격인상을 시도할 것이라고 쉽게 단정할 수 없다. 독점기업은 그런 힘들고 피곤한 길을 다시 걸으려 하지 않을 것이다. 떨어져 나간 기업이 다시 이 시장에 들어가기 위해 때를 기다릴 수 있고, 신규 기업이 경쟁에서 진 기업들을 인수해 시장진입의 때를 노릴지도 모르기 때문이다. 그때는 독점기업이 가격을 인상할 때일 것이다. 따라서 독점으로 남아 있기 위해서 실제로 오랜 시간 낮은 가격에 제품을 판매할지 모른다. 치열한 가격경쟁은 소비자에게 독점가격에 직면하게 하기보다 저렴한 가격에 직면하게 할 가능성이 더 크다(Ro, 685).

가격경쟁은 소비자에게 독점가격에 직면하게 하기보다 저렴한 가격에 직면하게 할 가능성이 더 크다.

4.3 독점가격 존재의 본질적 문제

독점기업이 자신의 이윤을 최대화시켜 주는 생산량과 가격을 설정하기 위해서는 그 생산량과 그 가격을 알 수 있어야 한다. 즉, [그림 14-2]에서 b점을 알고 있어야 한다. 여기에다 독점가격 설정에 소비자들이 어떻게 반응할지도 예상할 수 있어야 하고, 이에 따른 독점이윤의 변화도 추정할 수 있어야 한다. 그러나 이 모든 것들을 알고 있는 독점기업은 없으며, 독점기업이 독점이윤을 확보하기 위해서는 시행착오를 겪을 수밖에 없다.

독점기업의 인식 한계를 넘어 더 본질적인 문제는 경쟁가격을 누가 알 수 있는가 하는 점이다(Ro, 688). 독점기업은 경쟁시장의 가격보다 높게 책정한다고 한다. 이를 [그림 14-2]와 같은 논리로 뒷받침한다고 하자. 그런데 현실에서 독점가격이 경쟁가격보다 높다는 것을 어떻게 알 수 있는가? 이를 판단하기 위해서는 경쟁가격을 먼저 알아야 한다. 그러나 시장에서 확인 가능한 경쟁가격은 존재하지 않는다. 경쟁가격은 경제학 교과서의 그림에서만 나타날 뿐이다. 어떤 경우에도 독점가격이 경쟁가격보다 더 높다는 것을 확인할 길은 없다. 우리는 막연히 그럴 것이라고 짐작할 뿐이다.

어떤 경우에도 독점가격이 경쟁가격보다 높다는 것을 확인할 길은 없다. 우리는 막연히 그럴 것이라고 짐작할 뿐이다.

그래서 독점기업이 생산량을 줄이고 가격을 올리면 더 많은 돈을 벌 수 있다고 판단해 가격을 올린다고 해서, 그것이 경쟁가격보다 높다고 결코 단정할 수 없다. 인상된 가격이 여전히 경쟁가격보다 낮을 수 있다. 독점기업의 행동에 대해 우리가 말할 수 있는 모든 것은 산출량을 줄이거나 늘리는 것에 관한 것뿐이다. 그렇지만 산출량의 변화를 독점기업과 경쟁가격을 테스트하는 잣대로 결코 삼을 수 없다.

자유시장에서는 오직 시장가격만 존재한다. 독점가격이나 경쟁가격은 교과서의 그림에서만 존재하는 개념이다.

자유로운 교환경제에서 우리가 말할 수 있는 가격은 시장가격뿐이다. 자유로운 시장에서는 오직 시장가격만 존재한다. 독점가격이나 경쟁가격은 교과서의 그림에서만 존재하는 개념이다. 사실, 시장경제에서 독점의 존재는 오직 정부의 공권력에 의한 특권이나 특혜 부여에서만 가능하기 때문에 독점가격은 자유시장에서는 존재할 수 없다.

5. 독점비판에 관한 근원적 의문

5.1 모든 제품의 독점 가능성

사실 '어떤 재화의 유일한 판매자라면, 그 시장은 독점이다' 는 정의가 잘못된 것은 아니다. 문제는 이것이 지나치게 광범위한 정의라는 데 있다. 왜냐하면 동종의 제품이라도 기업들이 생산하는 제품은 품질이나 디자인 또는 기능 면에서 각각 조금씩 다르기 때문이다. 어떤 경우에도 생산자를 달리하는 제품이 동일하지는 않다. 더 나아가 한 공장에서 생산되는 제품이라도 그것은 반드시 동일한 제품이라고 말할 수 없다. 물질적으로 동일한 제품이라도 그 제품을 언제, 어디서 파느냐에 따라 소비자들에게는 다른 제품으로 다가오기 때문이다. 이처럼 모든 제품이 다르다면 개별 제품의 생산자는 그 시장에서 유일한 판매자가 되기 때문에 모든 제품에 대해 '독점' 이라는 이름을 붙일 수 있다.

모든 제품은 조금씩 다르기 때문에, 어떤 제품 생산자라도 그는 시장에서 유일한 판매자이다.

5.2 경쟁자가 없다는 잘못된 인식

독점기업은 시장에 그 자신 외에 아무도 없어서 마음대로 해도 되는 것일까? 독점에 대한 비판의 핵심은 독점에는 경쟁자가 없다는 점이다. 그래서 독점기업이 이윤을 영구적으로 가져가며, 이것은 이윤이 사라지는 경쟁시장과 비교된다는 것이다. 그러나 독점기업에게 경쟁자가 없는 것이 아니다. 독점기업도 경쟁시장에서와 마찬가지로 항상 소비자의 눈치를 봐야 하고, 잠재적 경쟁자를 두려워해야 하며, 대체재의 존재와 등장에 항상 긴장을 늦추지 말아야 한다. 이것이 독점

독점기업이라고 해서 시장에 경쟁자가 없는 것은 아니다. 소비자와 잠재적 경쟁자의 눈치를 봐야 하고 대체재의 등장에 긴장을 늦추지 말아야 한다.

기업에게도 엄연한 현실이다.

모든 기업이 궁극적으로 두려워하는 대상은 경쟁자보다 소비자이다. 모든 제품의 생산은 결국 소비자를 대상으로 하기 때문이다. 독점기업이 자신의 제품 가격을 인상했을 때 소비자가 이 제품의 소비를 외면한다면 독점기업은 가격 인상을 철회할 수밖에 없다. [그림 14-4]에서와 같이 가격에 대한 수요탄력도가 큰 제품일수록 이런 경향이 나타날 것이다. 독점기업이 시장에 혼자만 있다는 것은 다른 경쟁자를 신경 쓸 필요 없이 소비자의 눈치만 보면 된다는 것을 의미한다. 그래서 독점기업이 경쟁시장의 기업들보다 오히려 소비자의 선호와 그 변화에 더욱 민감하게 반응하고 소비자의 욕구를 충족시키려 노력할지 모른다. 분명한 것은 어떤 기업도 결국은 소비자의 주머니에 들어 있는 돈을 두고 경쟁한다는 사실이다. 독점기업도 예외는 아니다. 그래서 독점기업도 함부로 가격인상을 할 수는 없다.

독점기업은 경쟁시장의 기업들과 마찬가지로 시장 밖의 잠재적 경쟁자의 존재와 대체재의 등장에도 항상 경계해야 한다. 잠재적 경쟁자들은 시장 밖에서 기회가 된다고 판단하면 언제든지 이 시장에 뛰어들어 기존의 독점기업과 경쟁하려 한다. 그래서 독점기업의 전략은 가격인상보다 기존의 시장을 확대하거나 유지하려는 데 더 초점을 맞추는 경향이 있다. 왜냐하면 새로운 경쟁자가 진입할 때, 시장 선점의 효과를 누릴 수 있기 때문이다. 자사의 제품에 대한 보다 호의적인 반응을 소비자에게 각인시켜 놓고 기능이나 익숙함에 있어서 자사의 제품에 얽매이게 해놓았다면, 새로운 시장 진입자가 등장하더라도 시장을 쉽게 빼앗기지 않을 것이다. 그래서 독점기업은 현재 시장에 경쟁자가 없다고 해서 마음대로 가격을 인상하지는 않는다.

대체재의 존재 역시 독점기업으로 하여금 가격인상을 함부로 하지 못하게 하는 요인이다. 밀접한 대체재가 존재할수록 독점기업의 가격정책이 큰 제한을 받게 되는 것은 당연하다. 대체재의 종류가 많아지고 그것의 동질성이 높아지면 독점기업 제품의 수요곡선은 탄력적이 된다. 그렇게 되면 독점기업이 직면하는 수요곡선은 [그림 14-4]의 D_B에서 D_A로 되면서 가격인상이 오히려 수입을 크게 줄이는 결과를 초래할 수 있다. 그래서 독점기업이라 하더라도 대체재의 존재로 인해 가격을 함부로 인상하지는 못한다.

기술혁신이 급속히 일어나는 현대사회에서는 하루가 멀다 하고 새로운 대체재가 등장한다. 특히 PC(Personal Computer)와 IT(Information Technology)를 매개로 해서 일어나는 급속한 정보·통신 혁명과 생명공학의 혁신적인 진전, 그리고 교통시설의 확충과 개발은 현대인을 대체재의 지속적인 교환으로 보다 편리한 삶으로 이끈다. 새로운 대체재의 급속한 등장은 독점기업으로 하여금 가격인상보다 품질을 좋게 하고 기능 개선으로 소비자의 선호에 부응하게 하며 보다 세련된 디자인으로 소비자의 관심을 끌게 한다. 대체재의 종류가 많고 그것의 생멸(生滅)의 주기가 짧을수록, 독점기업이라 하더라도 한시도 방심할 수 없게 된다. 가격 인상을 함부로 하지 못하는 것은 두말할 필요도 없다. 자신의 제품 성능이 다른 대체재들보다 앞서지 않는 한, 독점기업이라 하더라도 역사의 뒤안길로 사라지는 경우가 허다하다. 대체재의 존재는 독점기업으로 하여금 현실에 안주할 수 없게 하는 가혹한 채찍일 수밖에 없다.

5.3 동일한 행위 공리에서 나오는 독점이윤

기업의 이윤과 손실은 미래의 불확실성에 도전하는 기업가에게 돌아가는 대가이다. 이것은 경쟁기업이나 독점기업이나 상관없이 동일하다

인간 행위에 있어서 어떤 행위는 독점행위이고 또 다른 어떤 행위는 경쟁행위인 것은 아니다. 자신의 목표를 관철하려는 모든 행위는 경제행위인 동시에 경쟁행위이다. 시장에서 기업의 목표는 이윤을 가능한 한 많이 올리는 것이다. 기업의 이윤과 손실은 미래의 불확실성 때문에 발생하는 것이고, 이윤은 곧 이런 불확실성에 도전하는 기업가에게 돌아가는 대가이다. 이것은 경쟁기업이나 독점기업 상관없이 동일하다. 미래가 확실한 세상에서 이윤이나 손실은 발생하지 않는다. 기업의 이윤과 손실은 판매수입과 생산 및 판매 비용의 차이이다.

경쟁기업이든지 독점기업이든지 기업가는 사업을 시작하기 전에 나름대로 예측한다. 사업은 현재시점에서 생산요소와 원자재 및 부품을 구입해 제품을 생산해 미래의 어느 시점에 이를 팔면 이득이 생길 것이라고 예상하기 때문에 수행된다. 사업이 아무리 작더라도 또는 아무리 크더라도 기업을 소유해 이득을 남기려는 자는 모두 이런 예상을 한 후 사업을 시작한다. 이득을 남긴 자는 예상이 들어맞았기 때문이고 손실을 입는 자는 예상이 틀렸기 때문이다.

이윤을 얻으려는 기업들이 모두 부딪히면서 경쟁하는 것은 결코 아니다. 제품별로, 지역별로, 규모별로, 소비자 대상별로, 시기별로, 기업의 능력별로 다양한 이윤획득 경로가 존재한다. 그것은 기업을 소유하고 경영하는 자들의 전략과 아이디어에 달려 있다. 그러므로 기업의 수만큼 이윤획득 경로의 수가 나올 수 있다. 그래서 모든 기업이 그 나름의 독점적 지위를 누린다.

5.4 영구적이지 않은 독점이윤[4]

경쟁시장에서의 이윤은 경쟁자들로 인해 결국 사라지지만, 독점이윤은 독점이라는 특별한 지위로 인해 영구히 남아 있는다고 한다. 그러나 독점기업의 이윤은 결코 영구적이 아니며 그것은 경쟁시장과 별반 다를 바 없다(Ro, 677). 독점기업이 국가의 독점권 부여에 의해 형성되고 그 독점권이 영원히 유지된다면, 독점기업은 독점이윤을 영원히 누릴 것이다. 그렇지 않다면 그것은 결코 영원하지 않다. 독점이윤도 경쟁이윤과 동일한 인간 행위의 공리에서 나오는 것이기 때문이다. 독점이윤은 한편으로는 새로운 기업의 시장 진입과 대체재의 존재로, 다른 한편으로는 생산비용의 증대로 줄어드는 경향을 갖는다.

독점이 정부에 의해 형성된 경우가 아니라면, 그리고 독점기업이 끊임없는 혁신을 시도하지 않는다면, 독점이윤은 결코 영원하지 않다.

독점이윤이 존재하면 어떤 형태로든 새로운 경쟁자가 호시탐탐 시장의 기회를 노린다. 그가 결국 시장에 뛰어들어 성공하게 되면, 독점기업이 혁신을 통한 새로운 변신을 시도하지 않는 한 독점이윤은 줄어든다. 새로운 대체재가 등장할 경우에도 마찬가지이다. 그 대체재가 시장에 큰 반향을 일으킬 정도로 강력하다면, 그 이윤은 한순간에 사라질 수도 있다.

독점이윤은 생산요소 구입비용의 증대에 의해서도 사라지는 경향을 갖는다. 생산요소 소유자들이 자신의 요소들이 투입되어 만들어진 제품이 큰 이윤을 남긴다는 것을 알게 되면 자신이 받는 요소서비스의 대가가 낮다고 생각할 수 있다. 그렇다면 그들은 다음 기에 가서 자신들의 요소서비스 가격을 좀더 높게 부를 것이고 그 과정에서 이윤은 줄어든다.

물론 독점기업은 그들의 요구를 받아들이지 않을 수 있다. 독점기업에 고용된 요소와 동일한 요소가 다른 시장에서 낮은 가격으로 고용되어 있든지 아니면 이 요소들 중 적지 않은 요소들이 아직 고용되지 못하고 있다면 말이다. 이런 상황에서 생산요소 소유자들은 더 높은 가격을 요구할 형편이 아님을 인식할 것이다. 그러나 독점기업의 이윤이 지속되면 언젠가는 잠재적 기업가들이 이 시장에 진입할 것이고, 그러다 보면 해당 생산요소가 거의 고용되면서 요소소유자들은 자신의 대가를 높게 요구할 것이다. 그러면서 독점이윤은 점차 사라진다.

독점이윤이 영구화되기 위해서는 국가의 공권력에 의해 독점적 지위를 계속

4. 이윤(profits)과 이득(gains)은 일반적으로 구분하지 않고 동일한 개념으로 사용된다. 그러나 이를 엄밀히 구분하면 이윤은 미래의 불확실성에만 관련된 대가인 반면, 이득은 불확실성뿐만 아니라 국가의 공권력에 의한 독점과 같이 지대에 의한 대가 등도 포함한다.

누릴 수 있거나 제품 생산에 반드시 필요한 생산요소를 독점적으로 사용할 수 있어야 가능하다. 그러나 앞에서도 설명했듯이 오늘날 요소독점은 국가의 공권력이 아니라면 찾아보기 어렵다. 그러므로 독점이윤의 영구화는 오직 국가의 공권력에 의해서만 가능한 일이다.

5.5 생산자주권의 인정

소비자가 제품을 자유롭게 선택할 수 있는 권한을 소비자주권이라 한다. 모든 제품은 결국 소비자에 의해 평가를 받기 때문에, 기업들은 소비자의 취향이나 성향, 그리고 그것의 변화에 따르지 않을 수 없다. 그래서 소비자주권은 소비자가 결국 시장을 지배한다는 의미로 사용되기도 한다. 그러나 자유로운 시장에서는 소비자주권만 있는 것이 아니라 생산자주권도 당연히 있다. 자유국가라면 모든 사람은 태어나면서 자연권으로서의 자유를 부여받는다. 이것은 소비자뿐만 아니라 생산자도 자유롭게 자신의 행위를 행할 수 있음을 의미한다.

소비자주권이 있다면 생산자주권도 있어야 한다. 이것이 자유세계이다. 이 두 주권을 합쳐서 자기주권이라 한다.

소비자주권과 생산자주권을 통틀어 자기주권이라 한다. 따라서 자유세계에서는 소비자주권이 아니라 자기주권이 있다는 것이 보다 더 적절한 표현이다(Ro, 629~630). 소비자주권이 강조되는 것은 모든 생산행위가 결국 소비로 향해 있기 때문이다. 생산행위가 소비로 향하는 것은 단지 생산자들이 그렇게 하는 것이 생산자 자신의 목표를 달성할 수 있는 길이기 때문이다. 이것은 생산자가 소비자주권에 따라 움직이는 것이 아니라 생산자 자신의 자기주권에 의해서 움직인다는 평범한 사실을 말해 준다.

생산자가 소비자주권에 반하는 행위를 한다고 해서 결코 비난받을 일이 아니다. 예를 들어 기업이 산출량을 줄여 가격을 올리는 것이 소비자가 원하는 것이 아니기 때문에 생산자는 비난받아야 한다는 논리는 잘못이다. 소비자는 그런 기업의 제품을 구매하지 않든지 아니면 다른 제품이나 대체재를 구입하는 것으로 저항할 수 있다. 이 저항으로 독점기업의 수요곡선이 탄력적으로 변하면 이 기업의 수입은 크게 떨어지거나 결국 손실을 입을 수 있다. 그러면 자연스럽게 이 기업은 시장에서 퇴출되거나 가격을 인하할 수밖에 없다. 이것이 바로 소비자의 주권이고 소비자의 힘이다. 머리에 띠를 두르고 반대할 이유가 전혀 없다. 그것은 타인의 주권을 물리적인 힘으로 제압하려는 행동이다.

독점기업이 가격을 올리는 것은 소비자들이 가격인상에도 불구하고 자신의 제품을 구매할 것이라는 확신이 있기 때문이다. 가격인상에도 불구하고 소비자가 구매했다면, 이것은 소비자의 자발적인 의사에 의한 것이고 그것이 그 소비자에게 이득을 주기 때문이다. 물론 소비자는 언제나 더 낮은 가격에 더 좋은 제품을 구매하고 싶어한다. 이 이유가 독점기업의 가격인상이 소비자주권과 배치된다는 논리적 이유를 제공하는 것은 아니다. 이 둘은 아무런 관계가 없다. 어떤 경우이든지 시장가격은 소비자주권과 생산자주권의 합의에 의해서 이루어진다. 여기에 어떤 강압이 개입되어서는 안 된다. 국가나 이익단체 내지 시민단체의 폭력적인 간섭은 소비자와 생산자 양 당사자의 자발적 거래를 불가능하게 한다. 여기에는 자발이 아니라 폭력이 존재하고 사람에 의해 인위적으로 만들어진 질서가 제도화될 뿐이다.

소비자주권과 독점기업의 가격인상은 아무런 관련이 없다.

시장에는 경쟁가격이나 독점가격이 존재하지 않고 시장가격만 존재한다(Ro, 698). 시장에서 자발적인 거래에 의해 형성된 가격이라면, 그것은 거래 쌍방의 이득을 전제한 시장가격이다. 시장가격이 높거나 낮다고 해서, 그것이 비윤리적이거나 비도덕적이라 비난받을 하등의 이유가 없다. 자발적 거래에서 윤리나 도덕이라는 잣대가 개입되는 순간 개인의 자유 또는 자기주권이 사망하고 폭력이 등장할 수 있다.

6. 특허권과 저작권 문제[5]

시장경제에서 문제되는 독점은 정부의 강제력에 의해 만들어지는 독점뿐이다. 그렇지만 이 중에서 특허권과 저작권은 시장경제 질서와 정합적일 수 있다는 점에서 오랜 논란의 주제이다. 특허권과 저작권은 정부에 의해 주어지는 배타적 재산권이다. 특허권은 기술이나 기계발명에 주어지는 재산권인 반면, 저작권은 글로 된 창작 분야에 주어지는 재산권이다. 이 두 재산권은 일정 기간 동안 국가의 강제력에 의해 독점적 지위를 누리게 한다.

특허권과 저작권은 일정 기간 동안 국가의 강제력에 의해 독점적 지위를 누리게 한다.

개인의 발명품이나 정신적 창작물은 그 개인이 배타적으로 사용하거나 처분할 수 있어야 한다. 이것들을 제3자가 도용(盜用)하거나 복사하면 그것은 절도와

5. Ro, 745~754 내용을 요약했다.

개인의 발명품이나 정신적 창작물을 제3자가 도용하거나 복사하면 그것은 절도와 같은 행위이다. 이런 점에서 국가에 의한 특허권과 저작권 부여는 시장경제 원리에 위배되지 않는다.

같은 행위이다. 그러므로 이를 처벌하는 것은 시장경제 질서에 정합적이다. 이런 점에서 국가에 의한 특허권과 저작권 부여는 시장경제 원리에 위배되지 않는다. 특히 발명품과 창작물이 일단 발명이나 창작되고 나면 더 이상의 비용이 들지 않기 때문에, 특허권과 저작권은 자유재가 된다. 그래서 누구나 이를 공짜로 사용할 수 있다. 그렇게 되면 누구도 이런 것들을 발명하거나 창작하려 하지 않을 것이고, 소비자들은 이것들을 소비할 수 없게 된다. 그만큼 소비자들의 후생이 감소할 것이다. 이것이 국가가 발명품이나 창작품을 특허권이나 저작권을 통해 독점적 지위를 부여하고자 하는 또 다른 이유이다.

특허권과 저작권이 시장경제와 정합적이지 않을 수도 있다. 제3자가 우연히 동일한 것을 발명하거나 창작할 수 있으며, 특허권과 저작권이 또 다른 발명이나 창작 활동을 위축시킬 수 있기 때문이다.

그러나 특허권과 저작권이 시장경제와 정합적이지 않는 측면도 있다. 이것은 두 가지 문제 때문에서다. 하나는 제3자가 우연히 동일한 것을 발명하거나 창작할 수 있다는 점이다. 다른 하나는 특허권과 저작권에 의한 독점적 지위 부여는 또 다른 발명이나 창작 활동을 위축시킬 수 있다는 점이다.

특허권과 저작권이 부여된 것들과 전체적으로 또는 부분적으로 동일한 것을 제3자가 우연히 발명하거나 창작했다면, 그것은 결코 절도행위가 아니다. 이것 역시 제3자의 고유한 발명과 창작 활동의 결과이다. 그러므로 이를 처벌한다면 그것은 자유시장경제에 위배되며 시장경제 질서에 대한 국가의 간섭이다. 이런 이유로 제3자가 자신의 작품에 복사나 도용으로 접근했다는 것을 저작권 소유자가 입증하지 못하면 저작권 침해로 처벌을 가할 수 없다. 즉, 저작권의 경우 우연히 동일한 작품을 만들면 그것을 저작권 침해라고 보지 않는다. 그러나 특허권은 제3자가 우연히 동일한 기술이나 기계를 발명하더라도 그것을 특허권 침해로 처벌한다. 그러므로 특허권은 저작권을 넘어서는 권한을 부여받는 만큼 자유시장경제에 위배된다. 저작권은 시장경제에서 재산권의 논리적 속성에 부합되는 반면, 특허권은 국가에 의한 배타적인 독점특권의 부여로서 사적재산권을 보호하는 것이 아니라 침해한다.

특허권과 저작권에 있어서 두 번째 문제는 첫 번째 문제와 직접 관련된다. 창작물이나 발명품은 영원히 자신의 소유물이기 때문에, 그것의 배타적인 사용과 처분의 권한은 영원히 주어져야 한다. 국가가 이것들의 배타적 재산권을 특정 날짜에 강제적으로 종료시킨다면 그것 역시 국가의 시장 간섭이다. 그래서 저작권과 특허권에 유효기간을 설정하는 것은 자유시장 원리에 배치된다. 단지 특허권은 저작권을 넘어서는 권한을 부여받는 만큼, 특허권에 유효기간을 설정하는 것은 정당한 측면이 있다.

더 나아가, 특허권을 저작권에 포함시켜 저작권과 특허권의 구분 없이 저작권 하나로 통일시킬 필요가 있다. 그것이 시장경제 원리에 부합한다. 특히 특허권이라는 제도적 장치가 있어야 연구·발명이 촉진된다는 것은 입증된 사실이 아니다. 특허권으로 인해 경쟁자를 해당 시장에서 오랫동안 배제시키는 것은 새로운 연구개발의 의욕을 위축시키고 연구개발을 위한 지출을 제한할 수 있다. 연구·발명을 위한 합리적인 자원투입은 시장에 의해 결정되어야지 특허권 부여에 의해 좌우되어서는 안 된다.

7. 담합과 결합

7.1 카르텔의 정의와 자유와의 관계

7.1.1 카르텔의 정의

기업 간 담합이란 법적으로 독립된 기업들이 계약에 의해 또는 묵시적으로 생산과 판매에 걸친 여러 분야 중 일부에 대해서 합의하는 것을 말한다. 담합에 참여한 기업들의 모임을 카르텔이라 한다.

기업 간 담합(collusion)이란 법적으로 독립된 기업들이 계약에 의해 또는 묵시적으로 생산과 판매에 걸친 여러 분야 중 일부에 대해서 합의하는 것을 말한다. 담합에 참여한 기업들의 모임을 카르텔(cartel)이라 한다. 담합은 행위이며, 그 결과가 카르텔이다. 주로 가격이나 수량 또는 판매조건에서 담합이 행해지지만, 그 핵심은 수량통제에 있다. 기업결합과는 달리 카르텔 회원기업은 경제적·법률적으로 독립된 상태를 유지한다. 제품이 동질적이고 생산비용의 구조가 유사할수록, 그리고 산업 내 기업의 수가 적을수록 카르텔을 체결하려는 동기가 커진다. 공식적인 계약에 의한 카르텔은 모든 국가들이 법적으로 금지하고 있기 때문에, OPEC(Organization of the Petroleum Exporting Countries : 석유수출기구)과 같이 국가 간에 체결되는 경우 말고는 없다. 묵시적 동의에 의한 비공식적인 카르텔은 우리 주변에 일상적으로 관찰된다. 주유소의 휘발유 가격이나 프라이드치킨의 가격, 항공사 간의 항공요금 등 담합 여부에 관한 기사가 신문 지상에 자주 오르내리는 것을 봐도 기업 간의 담합행위가 광범위한 것임을 알 수 있다.

카르텔은 법적으로 금지하고 있을 만큼 카르텔 자체에 대해 부정적인 견해가 압도적이다. 카르텔에 대해 비난하는 이유는 기업들이 정상적인 경쟁을 회피하고 상호 간의 안정적인 이익을 확보하기 위해 산출량을 제한한다든지 가격을 높인다든지 아니면 지역을 할당한다든지 해서, 기업 간 경쟁이 사라진다는 점이다. 기업 간의 경쟁을 통해 소비자들이 누릴 수 있는 혜택들이 사라지고 기업들 간의 경쟁을 스스로 차단해 역동적(dynamic)이고 혁신적(innovative)인 경제를 기대할 수 없게 한다는 점에서 이에 대한 비판이 수긍이 가지 않는 것은 아니다.

7.1.2 카르텔과 자유

그런데 기업들이 자발적으로 합의해 생산 및 판매에 있어서 공동 전략을 수립한다는 점에서, 카르텔은 개인의 자유로운 행위에 전혀 위배되지 않는다. 물론 경쟁의 효과들이 적잖이 훼손될 수 있다는 점에서 아쉬우나, 그렇다고 해서 그들의 행위가 자유경쟁 사회에 위배되는 것은 아니다. 소비자들도 특정 제품에 대해 불매운동을 하기 위해 결속하는 경우가 더러 있지 않은가? 소비자들의 불매운동이 폭력적이지 않는 한 그것을 누가 탓할 수 없듯이, 기업 간의 자발적인 합의에 의한 카르텔 역시 탓할 수 없다. 카르텔이나 불매운동은 동일한 논리 속에 있다. 누구나 태어나면서 형식적인 자유를 부여받는다고 할 때, 그 누구에는 소비자뿐만 아니라 생산자도 포함된다. 소비자는 다수인 반면 생산자는 소수이기 때문에, 카르텔에 의한 피해의 범위가 불매운동보다 훨씬 넓다. 그렇다고 하더라도 카르텔을 소비자들의 불매운동과는 다르게 취급해야 한다는 것은 또 다른 폭력적인 논리임이 분명하다.

더러는 카르텔이 소비자주권을 훼손한다고 한다. 공급자에게도 생산자주권이 있다는 논리를 펼치지 않더라도, 카르텔은 소비자주권과 관계없는 일이다. 소비자주권은 누구의 간섭을 받지 않고 제품을 내 마음대로 선택할 수 있는 권리를 말할 뿐이다. 이것을 넘어 어떤 권리도 소비자에게 주어지지 않는다. 소비자주권은 그가 선택할 수 있는 권리이다. 생산자들이 자기네들의 이해를 관철하기 위해 담합해 선택할 수 있는 제품의 수를 줄였다고 해서, 그것이 소비자주권을 해치는 것은 아니다. 소비자에게는 카르텔에 의해 생산된 제품을 구매하거나 구매하지 않을 권리만 주어졌을 뿐이다. 소비자주권에 선택할 수 있는 제품의 종류나 수에까지 관여할 수 있는 권리가 주어진 것은 아니다. 카르텔이 선택할 수 있는 제품의 수를 줄여 소비자주권을 훼손한다는 주장은 자유가 선택범위를 확대시켜 주어야 한다는 주장과 다를 바 없는 오류이다. 자유는 인간 행위에 관해서만 이야기

> 소비자주권은 누구의 간섭을 받지 않고 제품을 내 마음대로 선택할 수 있는 권리를 말할 뿐이다. 이것을 넘어 어떤 권리도 소비자에게 주어지지 않는다. 담합해 선택할 수 있는 제품의 수를 줄였다고 해서 그것이 소비자주권을 해치는 것은 아니다.

할 수 있을 뿐이다.

시장경제는 인간이 고안한 어떤 경제질서보다 소비자의 욕구에 부응하고 역동적이고 효율적인 경제를 만들어준다. 이것은 개인 간의 자유로운 경쟁을 보장해 준 결과이다. 자유로운 시장경제에서 경쟁할 것인가 아니면 경쟁하지 않을 것인가는 순전히 개인의 의지문제이다. 카르텔이 다른 사람의 자유를 침해하지 않는 한, 비난받을 이유가 전혀 없다. 경쟁하기보다 안정적으로 살아가고 싶은 마음은 누구에게나 다 있다. 기업가도 사람인 이상 다를 바 없다. 사람은 누구에게나 경쟁할 권리가 있는 만큼 경쟁하지 않을 권리나 협동할 권리도 있다(터커(B. Tucker), 인용 : 라스바드, 767～768). 시장경제의 힘을 가르치면서, 독점이나 카르텔을 비판하는 것은 논리적 모순이다.

경쟁하기보다 안정적으로 살아가고 싶은 마음은 누구에게나 다 있다. 사람은 누구에게나 경쟁할 권리가 있는 만큼 경쟁하지 않을 권리나 협동할 권리도 있다.

이 책에서 경쟁을 자신의 목표를 달성하기 위해 애쓰는 모든 행위라고 정의했고, 이를 위해서 자유로운 행위가 보장되어야 한다고 했다. 그것이 이 사회에 자유와 경쟁사회를 뿌리내리게 하는 길이다. 나와 기업가는 다른 사람이 아니다. 나의 자유가 구속받지 말아야 하듯이 자유롭게 담합하고자 하는 기업들의 자유도 보장받아야 한다.

7.2 카르텔 붕괴의 가능성과 게임이론

7.2.1 카르텔의 생산축소 논란

카르텔은 흔히 생산량을 줄이고 가격을 높인다고 한다. 이 주장이 일견 일리가 있는 것처럼 보이지만, 반드시 그렇지는 않다. 카르텔 회원기업이 산출량을 줄인다면 줄인 산출량을 위해 투입된 생산요소는 결국 다른 어디로 옮겨져서 다른 제품을 생산하든지 해야 한다. 유휴 자원을 결코 오랫동안 그대로 방치해 놓지 않을 것이다. 이것이 새로운 제품들을 선보이게 하고 다른 제품의 생산 확대로 이어지게 한다면, 카르텔에 의한 생산축소가 오히려 사회 전체의 후생을 증대시키는 방향으로 나아가게 할 수 있다.(Ro, 637～638)

카르텔의 생산축소는 회원기업으로 하여금 협약 위반의 유혹을 갖게 하기 때문에, 생산축소가 오래갈 수 있을지는 의문이다. 생산축소가 오히려 사회적 후생을 증대시킬 수도 있다.

예를 들어 커피나 석유와 같은 원자재 생산은 생산자들 간의 시장 확보를 위한 지나친 경쟁으로 종종 과잉생산되는 경우가 있다. 이 경우, 카르텔 체결과 남는 생산요소들의 재배치는 오히려 국민경제를 발전시킬 수 있다. 철강 생산업자는 철강만 생산하고 커피 생산업자는 영원히 커피만을 생산해야 한다면 그것은

또 다른 계급 사회를 낳는 것과 다를 바 없다.(Ro, 640~642)

물론 우리 주변에서 흔히 보는 소규모 기업 간 담합에서는 생산자들이 남는 생산요소를 다른 부문의 생산으로 옮길 수 없어서 그대로 남겨두는 경우도 흔하다. 이럴 경우 국민경제의 후생은 쓸모없이 방치해 놓는 것만큼 손해지 않느냐고 반박할 수 있다. 그러나 여러분이 카르텔의 회원이라고 생각해 보아라. 다른 부문으로 생산요소를 옮길 수 없어서 생산능력을 그대로 오랫동안 방치해 놓아야 한다면, 카르텔의 협약 조건을 어기려고 하는 유혹이 들지 않겠는가? 만약 그것을 몰래 할 수 없다면 공식적으로 카르텔을 탈퇴하려는 생각까지 들 것이다.

7.2.2 가격담합의 붕괴 가능성

카르텔에 대한 비난의 핵심은 가격담합이다. 카르텔은 독점의 경우처럼 가격을 경쟁 가격보다 높이 책정한다는 점이다. 동네 주유소마다 거의 비슷한 가격으로 휘발유를 판매하는 것을 보고 짜증내지 않을 운전자는 드물다. 이들은 아마도 가격담합을 하고 있을 것이다. 이들이 담합하지 않았다면 보다 낮은 가격에 휘발유를 구매할 수 있었을 텐데 하는 생각에 이르면, 이들의 행위가 횡포로 비쳐진다. 그러나 나에게 주어진 자유를 생각한다면 이들의 행위에 대한 분노도 수그러질 수 있다.

카르텔 가격은 내부적·외부적인 요인들에 의해 붕괴될 수 있다. 내부적으로는, 회원기업이 자신에게 할당된 판매량 이상으로 판매함으로써 또는 카르텔 가격보다 낮은 가격에 판매함으로써, 카르텔 가격이 무너질 수 있다.

가격담합에 관한 일반적인 비판에 대한 재비판은 독점가격에서와 동일하다. 이에 더해 카르텔이 마냥 높은 가격을 책정할 수 없는 것은 카르텔이 내부적·외부적인 요인들에 의해 붕괴될 가능성이 크기 때문이다. 그것은 카르텔이 독립적인 기업들로 구성되어 있어서 개별 회원기업에 대한 통제가 완벽하게 이루어지기가 쉽지 않기 때문이다. 내부적으로는 회원기업이 자신에게 할당된 판매량 이상으로 판매함으로써 카르텔 가격을 붕괴시킬 수 있다. 뿐만 아니라 그는 감독이 소홀한 틈을 타서 자신의 시장을 확대하기 위해 카르텔 가격보다 낮은 가격에 판매함으로써 협정 자체를 위반할 수 있다. 회원기업들은 겉으로는 만족한 듯하지만, 자신만의 이득을 키우려는 유혹을 항상 갖고 있다. 이런 유혹은 시장이 전국적으로 광범위하고 카르텔 구성원의 크기가 전체 시장에 비해 작아 감독이 느슨할 수밖에 없을 때 더욱 강해진다. 특히 카르텔 가격이 높을수록 회원기업들의 협정위반 유혹은 강하다.

외부적으로는 시장 안에 비회원기업들이 존재할 뿐만 아니라, 시장 밖에 이 시장에 진입하려는 잠재적 기업들도 있기 때문이다. 카르텔은 이들의 존재 때문에 마음대로 가격을 높이 책정할 수 없다. 카르텔은 경쟁 세력들을 다양한 형태로 견제한다. 예를 들어 원자재나 부품 공급업자가 비회원기업에 납품할 경우 그와의 거래를 중단하는 것이다. 납품업자는 주 거래처가 상실된다는 두려움 때문에 함부로 비회원기업에 물품을 공급하지 못할 것이다. 그러나 이런 위협이 잘 통할 수 있을지 의문이다. 왜냐하면 기존의 납품업자와의 거래를 중단하고 다른 납품업자로 변경할 경우, 이것은 카르텔 회원들에게도 타격을 주기 때문이다.

외부적으로는, 시장 안에 있는 비회원기업들과 시장 밖의 잠재적 기업들 때문에 카르텔은 마음대로 가격을 높이 책정할 수 없다.

카르텔의 명령이 너무 강제적이라면 회원기업들은 회원으로 남는 것보다 카르텔을 탈퇴하는 것이 유리하다고 판단할 수 있다. 특히 회원기업들은 카르텔에 매여서 자체적인 전략을 수립할 수 없는 반면, 비회원기업들은 자체 전략으로 시장에 공격적으로 사업을 운영할 수 있다. 이런 이유로 몇몇 회원이 탈퇴하기 시작하면 남아 있는 회원들도 크게 동요하게 되고 카르텔은 급속히 붕괴의 길로 접어들 수 있다.

2010년 말 대한민국은 '통큰치킨' 으로 떠들썩했다. 해외 유수 언론에서도 취급할 정도로 큰 사회문제가 되었다. 특정 대기업이 자사 백화점에서 '통큰치킨' 이라는 이름으로 시중에서 15,000~20,000원에 팔리는 튀긴 닭을 5,000원에 팔면서 일어난 문제이다. 대부분의 프라이드치킨 판매점은 프렌차이즈(franchise) 형태로 운영된다. 프랜차이즈는 프렌차이저(franchisor : 본부회사)와 프렌차이지(franchisee : 가맹점) 사이에 체결된 계약을 말한다. 프렌차이저는 자기의 상표·상호의 사용권이나, 제품의 임대 또는 매매 권리 등을 프렌차이지에게 주고 그에 따른 적정의 수수료를 받는다. 사실 프랜차이즈와 카르텔은 그 행위에서 서로 다를 바 없다. 카르텔이 독립된 기업들이 먼저 설립된 후 이 기업들이 밑에서 담합을 시도한 것이라면, 프렌차이즈는 위에서 본부 회사를 미리 설립한 후 법적으로 독립된 기업을 가맹점이라는 형태로 운영하게 하는 것이다. 가맹점의 영업 전략은 많은 부분에서 본부 회사의 지침을 따른다.

프렌차이즈들은 협회를 결성해 그들의 이해를 대변한다. 이 협회를 통해 일종의 가격담합이 이루어지고 있는지는 알 수 없어도 어쨌든 시중의 가격은 거의 15,000~20,000원 사이로 비슷하다. 문제의 대기업 측도 손해를 보면서 소위 미끼 상품으로 그것을 팔았는지는 모르지만, 이것의 파장은 대단했다. 프렌차이즈 협회는 즉시 골목의 소상인마저 문을 닫게 하는 대기업의 횡포라고 정치적인 폭력을 휘둘렀고, 정부는 해당 대기업 측에 은근히 압력을 넣어 더 이상 '통큰치킨' 을 팔지 못하도록 했다. 해당 대기업 측이 '통큰 치킨' 을 팔지 않자 이제 많은 시민들이 진정으로 누가 더 서민을 위하는지를 놓고 왈가불가하며 나섰다. 그러자 대통령이 나서서 프라이드치킨 가격에 대한 자신의 입장을 은근히 밝혔고, 공정거래위원회가 프라이드치킨 가격의 담합 여부를 조사하고 있다고 했다. 일이 이렇게 전개되자 프렌차이즈 협회는 스스로 프라이드치킨의 원가를 공개하고 나섰다. 정부가 시장에서 처음부터 여러 이익단체에 휘둘리지 않았다면, 시장에서는 자연스럽게 프라이드치킨의 가격 조정이 일어났을지 모른다.

대규모 자본이 필요한 산업에 몇몇 대기업들이 카르텔을 형성하고 있을 경우, 이 시장에 진입하기란 자본력 때문에 쉽지 않다고 한다. 그래서 카르텔은 오랫동안 독점적 지위를 누리기 때문에 사악하다는 비판을 받는다. 그러나 오늘날 개인이 소유하고 있는 자본이 없더라도 주식이라는 형태로 자본을 모을 수 있기 때문에 소수 개인들의 시장 진입이 마냥 어려운 것만은 아니다(Ro, 656). 게다가 외국과의 자유로운 상품 거래와 완전한 자본자유화가 이루어지면 대규모 자본을 필요로 하는 국내 산업에서 형성된 카르텔일지라도 카르텔 유지가 결코 쉽지 않다.

국내 카르텔은 외국과의 자유로운 거래 허용과 자본자유화가 이루어지면 카르텔 유지가 결코 쉽지 않다.

7.2.3 카르텔 붕괴와 게임이론

카르텔 회원들이 내부적으로 협정을 어기려는 유혹은 전형적인 게임이론으로 설명된다. 협정위반 유혹 자체가 사실 회원기업들 간의 눈치 싸움이기 때문이다. [그림 14-5]는 카르텔의 붕괴가능성을 보여준다. 생수 시장에는 A와 B 두 기업만 존재하고 이 두 기업의 추가 비용, 즉 한계비용은 전혀 소요되지 않는다고 하자. 제품과 생산여건은 동일하며, 이들은 현재 서로 경쟁하는 대신 하나의 독점기업처럼 행동하기로 담합했다.

담합한 두 기업은 한계수입과 한계비용이 만나는 점에서 생수 한 병당 500원에 하루 500병을 팔아, 각 기업은 판매수입으로 하루 12.5만원의 수입을 거둔다. 그런데 A가 협정가격 500원 대신 400원으로 팔고 다른 기업 B는 협정을 준수해 500원에 판다면, A기업은 이 시장 모두를 차지하게 될 것이다. 소비자들은 보다 싼 생수를 구매할 것이기 때문이다. A기업은 협정 준수 때 12.5만원의 수입에서 협정을 어길 때 24만원의 수입을 올리게 된다. 이에 B기업은 당연히 가만히 있으려 하지 않을 것이고 가격인하를 시도할 것이다. 그러다 보면 카르텔은 깨지고 만

그림 14-5

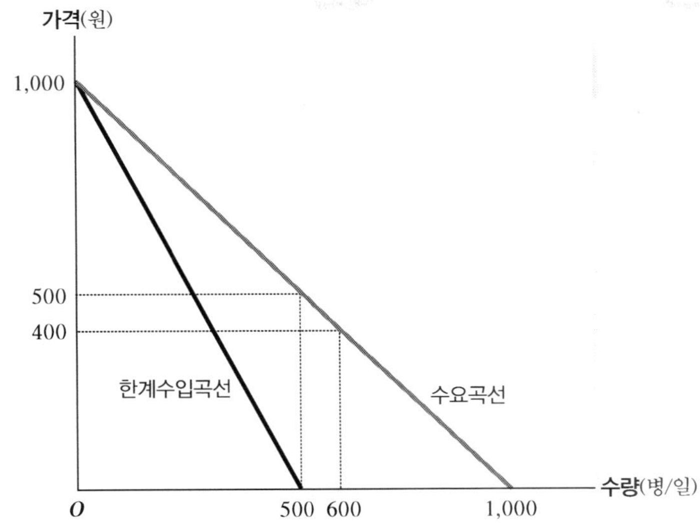

카르텔 회원기업의 협정 위반 유혹

제품과 생산여건이 동일하고 한계비용이 0인 생수업자 A, B가 가격담합을 하면, 각 생수업자는 12.5만원의 수입을 거둔다. 만약 어느 한 기업이 담합을 깨고 400원에 생수 한 병을 판매하면, 판매수입 24만원을 모두 가질 수 있다.

다. 만약 B기업도 생수 한 병의 가격을 400원으로 인하하면 이 두 기업 각각은 협정 준수 때의 수입 12.5만원보다 낮은 12만원의 수입을 올리게 된다.

A, B 두 기업의 카르텔 체결 후 이런 치열한 눈치 싸움은 각 기업에게 세 가지 경우를 초래한다. 두 기업 모두 협정을 준수할 경우, 상대기업 모르게 가격을 인하하는 것이 성공할 경우, 두 기업 모두 협정을 위반하고 카르텔을 깰 경우이다. 이들 각각의 보수행렬(payoff matrix)을 〈표 14-1〉에 나타냈다. 보수행렬이란 각 기업이 특정 전략을 선택했을 경우 얻을 수 있는 보수를 행렬 형태로 체계적으로 정리해 놓은 표이다.

보수행렬은 A, B 두 기업에 의해 체결된 카르텔이 왜 불안정한지를 보여준다. 이것은 용의자 딜레마 게임에 내재해 있는 용의자들의 심리와 동일하다. A기

카르텔의 불안정성은 용의자 딜레마 게임에 내재해 있는 용의자들의 심리와 동일하다.

표 14-1 **카르텔 회원들의 보수행렬**

		A기업	
		협정 준수	협정 위반
B기업	협정 준수	(12.5만원, 12.5만원)*	(24만원, 0원)
	협정 위반	(0원, 24만원)	(12만원, 12만원)

* (A기업의 보수, B기업의 보수)를 나타낸다.

업은 협정을 위반하는 것이 B기업이 어떤 전략을 쓰더라도 협정을 준수하는 것보다 더 큰 보수를 얻는다. B기업이 협정을 준수하면, 그 보수가 24만원으로 12.5만원보다 11.5만원 증가한다. B기업이 협정을 위반하면, 그 보수가 12만원으로 0원보다 12만원 많아진다. A기업의 입장에서 보면, 협정을 어기는 것이 우월전략(dominant strategy)이다. 우월전략이란 상대방이 어떤 전략을 선택하더라도 자신에게 유리한 전략을 말한다. B기업에게도 같은 이유로 협정 위반이 우월전략이다. A, B 두 기업 각각의 우월전략은 협정을 위반하는 것이다. A, B 모두가 자신의 우월전략을 선택하다 보면 이 협정은 깨지고 만다. 카르텔 붕괴는 이 게임에서 우월전략의 결과이다. 카르텔 붕괴는 협조 게임(cooperative game)에서 비협조 게임(non-cooperative game)으로의 전환과 동일하다.

그런데 현실에서는 적지 않은 경우 카르텔이 비교적 오랫동안 지속되는 경우를 본다. OPEC의 경우를 예로 들지 않더라도 우리나라에서도 과거 시멘트 업계가 30년 넘게 카르텔을 형성해 왔다. 공정거래위원회는 2010년 레미콘 업계가 제출한 원재료 공동 구매와 물량 배분 등 영업의 공동 수행을 불허했고 공동의 품질관리 및 연구개발만 허용했다. 카르텔이 지속되는 것은 카르텔 회원 간의 감독이 철저하든지, 아니면 회원 간의 결속이 강할 경우 가능하다. 또한 나의 위반이 상대방의 보복을 불러와 결국 모든 회원들이 협정 준수할 때보다 나쁜 결과를 초래한다는 경험을 공유하고 있다면, 회원기업들은 쉽게 협정 위반을 하지 않으려고 할 것이다.

그러나 회원 수가 서로 간의 견제가 힘들 정도로 많을 경우 한두 회원이 협정을 위반하기 시작하면 협정은 언제든지 깨어질 개연성이 높다. 마치 공연장에서 앞의 한 사람이 좀더 잘 보기 위해 일어설 경우 그 뒤의 사람들이 따라 일어서서 모두가 공연을 보기 힘들어지는 것과 같다. 또는 모임에서 대화를 잘하기 위해 몇몇 사람들이 큰 소리로 말하기 시작하다 보면 거기에 있는 모든 사람들이 큰 소리로 말하게 되어 결국은 모두가 대화에 더 어려운 경우를 맞이하는 것과 같은 이치이다.

7.3 기업결합

기업결합이란 독립된 기업들을 인적 · 물적 또는 자본의 결합을 통해 동일한 지휘체제 하에 놓이게 하는 것을 말한다(이규억 · 박병형, 21 ; 김적교, 129 인용).

기업 간의 결합은 동종 업종들끼리 결합하기도 하고 생산과정에 놓여 있는 기업들 간에 결합하는 경우도 있다. 일반적으로 전자를 수평적 결합이라 하고, 후자를 수직적 결합이라 한다. 자동차 생산업자들끼리 결합하면 그것은 수평적 결합이고, 자동차 생산업자와 자동차의 소재가 되는 철강 생산업자와 결합하면 그것은 수직적 결합이다. 수평적 결합과 수직적 결합이 동시에 일어날 경우 그것을 복합적 기업결합이라 한다.

기업결합이란 독립된 기업들을 인적·물적 또는 자본의 결합을 통해 동일한 지휘체제 하에 놓이게 하는 것을 말한다.

기업이 결합하면 참가기업이 법률적으로 독립성을 유지하는 사례도 있으나 최소한 경제적으로는 독립성이 상실된다. 결국에 가서는 기업결합이 합병의 수순을 밟게 되며, 이 경우 새로운 기업이 탄생한다. 기업들이 결합해 시장에서 유일한 거대기업이 되면, 그것은 독점기업과 다를 바 없다. 그러므로 기업결합에 대한 논란은 독점의 논란과 동일하다.

기업이 결합하는 것을 두고 경쟁 제한이라고 비판하는 것은 기업 형성 자체를 비난하는 것과 동일하다. 기업은 거래비용을 줄이기 위해 인적 · 물적 자원들이 결합된 것이다. 기업결합 역시 결합당사자들의 이해관계가 일치해 서로의 인적 · 물적 자원들을 합친 것으로 하나의 기업 설립과 다른 점이 없다. 기업의 최적 규모는 오직 기업가들만이 판단할 수 있을 뿐이다(Ro, 640~642). 최적 규모는 시장 규모와 생산기술의 관계 속에서, 그리고 이 관계의 변화에 대한 예측을 통해서 결정될 수 있다. 최적은 최고를 추구하는 것이 아님을 명심해야 한다. 최적은 주어진 조건 하에서 최선을 다하는 것이고, 최고는 상상할 수 있는 가장 유리한 조건 하에서 최선을 다하는 것이다. 그러므로 그 결정은 순전히 기업가들의 판단에 속한다. 여기에 경제학자나 기술자 그 누구도 개입할 수 없다. 그들의 판단이 결합이라면 결합하도록 내버려 두어야 한다. 여기에 제3자가 옳고 그름의 잣대를 대어서는 안 된다. 그래서 기업결합에 대한 현실세계에서의 비난은 기업담합보다 강하지 않다(Ro, 643~644).

기업결합은 하나의 기업 설립과 다른 점이 없다. 기업들이 합칠지의 여부는 순전히 기업가들의 몫이다. 여기에 제3자가 옳고 그름의 잣대를 대어서는 안 된다.

뿐만 아니라 기업의 결합으로 거대한 기업이 탄생하면 소비자와 생산요소를 착취할 것이라는 우려도 선동적인 측면이 강하다. 특히 착취라는 용어는 자기의 선택권이 강압에 의해서 완전 차단되었을 경우 사용할 수 있는 단어이다(Ro, 636). 자유세계에서 착취란 용어는 아주 조심스럽게 사용되어야 한다. 게다가 규모가 확대되어 감에 따라 언젠가는 규모의 불경제(diseconomies of scale)가 나타나기 때문에, 유일한 거대기업이 탄생하기란 쉽지 않다.

생각하기

01. 독점은 무엇이고, 우리 사회가 우려하는 독점기업의 문제는 무엇인가?

02. 자연독점은 전기, 가스, 통신과 같은 국가의 주요 기간산업에서 볼 수 있다. 한국에서는 과거 한국전기통신공사가 통신사업을 독점했다. 30~40년 전만 하더라도 한국통신이 국가 기간사업체로 남아 있는 것이 당연한 것처럼 생각되었다. 그러나 정부는 정보통신시장에 경쟁을 과감히 도입한 결과 여러 통신업체가 현재 경쟁중이다. 1974년 한국통신의 거리중간 · 시간차 종량요금제를 보면, 400~600km의 통화료가 그 당시 돈으로 1.5초당 6원이었다. 따라서 부산에서 서울로 전화통화를 3분 하면 요금이 무려 720원이었다. 2013년 2월 기준 이 요금은 261(31km 이상 구역 간 통화료 10초당 14.5원을 적용)원에 불과하다. 지난 40년 동안 전반적인 가격상승을 고려하면, 이 요금은 엄청나게 저렴해졌음을 알 수 있다. 참고로 1974년 한국 최초로 개통된 서울~청량리 간 지하철 요금은 30원이었으며, 2013년 현재 이 요금은 1,050원으로 무려 35배 인상되었다. 지하철 요금 인상을 기준으로 하면, 서울-부산 간 전화통화료는 거의 1/100로 인하된 셈이다. 이로부터 자연독점도 경쟁체제를 통해 소멸될 가능성이 있으며, 그 혜택은 소비자에게로 돌아감을 이해하도록 하라.

03. 어느 국가이든지 독과점기업을 제재하는 법이 있고 이를 실행에 옮기기 위한 정부기관도 존재한다. 한국의 경우, 공정거래법에 따라 공정거래위원회가 독점 및 불공정 거래에 관한 사안을 심의 · 의결한다. 그러나 독점을 판단하는 기준은 국가마다 다르며, 독과점 제재기관의 수장이 어떤 인물인가에 따라 또는 재판관의 성향에 따라 그 해석을 달리한다. 그만큼 독점의 일방적 비판에는 인간의 자유로운 경제행위와 충돌하는 부분이 많기 때문이다. 유명한 마이크로소프트(Microsoft)사의 끼워팔기의 독점 여부 판결에서도 이를 엿볼 수 있다. 1997년 10월, 미국 정부는 윈도95 라이선스 계약 조건으로 익스플로러를 PC에 설치하도록 강제하는 것이 반독점행위에 해당한다고 판단했다. 이듬해인 1998년 5월 18일, 연방정부가 마이크로소프트사를 기소했다. 2000년 6월 8일 법원은 마이크로소프트사의 분할 판결을 내렸다. 윈도 운영체제를 담당하는 회사와 MS워드 · 엑셀 · 웹 브라우저 등을 포함한 오피스 회사 2개로 나누는 판결을 내린 것이다. 빌 게이츠는 즉시 항소했다. 2001년 6월 연방항소법원은 MS 분할 조치가 부적절하다고 판결했고, 미국 법무부도 2001년 9월 6일 마이크로소프트사를 두 개로 분할하려는 노력을 중단했다.

미국 볼티모어 연방법원은 2002년 11월 4일 AOL타임워너(American Online Inc., Time Warner)의 계열사인 넷스케이프 커뮤니케이션(Netscape Communications)을 비롯한 경쟁사들과 다수의 소비자들이 제기한 마이크로소프트사의 불법적인 독점혐의와 이로 인한 피해 소송에 대해 이유 없다며 기각했다.(참조 : 김익현, 2009 ; 조선일보, 2001. 9. 7 ; 조선일보, 2002. 11. 5) 마이크로소프트사의 끼워팔기와 독점 판결로부터 독점이라는 것이 자의적일 수 있음을 이해하도록 하라.

04. 우리는 독점에 관해 무작정 비판하는 경우가 많다. 이것은 많은 것을 가진 그래서 힘이 있다고 생각하는 자에 대해 품을 수 있는 일반적인 정서일 수 있다. 그러나 하나의 현상을 바라보고 이를 비판할 때, 비판의 기준은 모든 사물에 대해 동일해야 한다. 이 장을 공부한 여러분은 독점에 관해 어떤 생각을 하게 되었는지 서로 토론해 보도록 하라.

05. 특허권과 저작권을 구분하고, 어느 쪽이 시장경제 원리에 부합한다고 생각하는가?

»» 과점과 독점적경쟁

Human centered

Principles of Economics

ch. fifteen

5

경제학 교과서에서 설명되고 있는 과점과 독점적경쟁 모델들은 완전경쟁의 비현실성을 보완하거나 비판하기 위함이다. 이 모델들은 완전경쟁시장을 분석의 출발점으로 삼고 있기 때문에 역시 시장의 경쟁 모습을 보여주는 데는 한계가 있다. 이 장은 불완전경쟁 모델들을 제13장에서 다룬 경쟁의 의미와 기능의 관점에서 비판한다.

1. 불완전경쟁의 의미

일반 경제학 교과서에서는 완전경쟁과 불완전경쟁의 구분을 시장에 참여하는 기업들이 가격수용자인지 아니면 가격설정자인지에서 찾고 있다.

일반 경제학 교과서는 완전경쟁의 조건이 성립되지 않는 경쟁 상태를 불완전경쟁이라 부른다. 교과서는 경쟁에 있어서 완전과 불완전의 구분을 시장참여자가 가격수용자(price-taker)인지 아니면 가격설정자(price-setter)인지에서 찾고 있다. 가격설정자라는 것은 개별 기업이 직면하는 수요곡선이 우하향함을 의미한다. 다른 가격을 책정할 수 있다는 것은 그가 자신의 제품에 대해 독점적 지위를 누리고 있음을 함축한다. 사실 자기가 생산한 제품에 대해 자신이 마음대로 가격을 책정할 수 없다는 자체가 아주 이상한 논리이다(Ro, 720~721). 그래서 불완전경쟁이론은 완전경쟁이론에 비해 현실을 어느 정도 반영한 이론이다. 그렇지만 경쟁이 완전하거나 불완전한 경우는 없다. 시장에 외부의 개입이 없다면 그 자체가 경쟁의 토대를 완전히 마련해 준다.

경쟁이 완전하거나 불완전한 경우는 없다. 시장에 외부의 개입이 없다면 그 자체가 경쟁의 토대를 완전히 마련해 준다.

일반 교과서의 기준에 의하면 독점도 불완전경쟁에 속하지만, 일반적으로 불완전경쟁이라 하면 독점적경쟁과 과점을 말한다. 그래서 교과서는 시장을 완전경쟁, 독점, 그리고 그 사이의 불완전경쟁으로 나누어 설명한다. 독점적경쟁은 기본적으로 시장참여자들이 많으나 개별 공급자는 약간의 제품 차별화가 가능해 독점적 지위를 누리고 있는 상황이다. 이에 반해 과점(oligopoly)은 공급자 수가 둘 이상이지만 그다지 많지 않은 수의 공급자가 존재하는 시장을 말한다. 특히 과점이론은 완전경쟁과는 달리 상대기업의 반응을 고려하면서 자신의 전략을 수립한다. 즉, 과점 모델은 홀로 독립된 기업이 아니라 기업들 간의 반응이 서로 오가면서 이루어지는 모델이다.

독점적경쟁과 과점 이론은 완전경쟁의 비현실적인 조건을 일부 완화해 가격

설정자로서의 생산자라는 보다 현실적인 시장경쟁의 모습을 설명하고 있다. 하지만 이 모델들은 여전히 경쟁의 과정보다는 경쟁의 결과인 균형상태를 묘사하고 이를 완전경쟁의 그것과 비교한다. 그래서 이 모델들도 완전경쟁처럼 경쟁의 실제 모습과 경쟁을 통한 시장과정의 모습을 보여주지 못한다. 불완전경쟁이론은 완전경쟁의 비현실성을 보완한다는 차원에서 반론으로 제기되었지만, 이것은 오히려 완전경쟁의 지위를 더욱 강화시켜 주었다. 왜냐하면 불완전경쟁 모델들의 이론 전개가 완전경쟁에서 출발하기 때문이다. 이로 인해 완전경쟁이 자원배분의 효율성을 판단하는 기준으로서 더욱 광범위하게 받아들여지게 되었다.(Kirzner, 92~93)

불완전경쟁의 모델들이 완전경쟁에서 출발하기 때문에, 완전경쟁이 자원배분의 효율성을 판단하는 기준으로서 더욱 광범위하게 받아들여지게 되었다.

2. 과점시장의 경쟁 모델

과점시장 안의 기업들은 상호의존성이 강하다. 그래서 과점 모델은 전략 수립에 상대방의 전략을 어떻게 고려하느냐에 따라 여러 모형으로 나뉘는데, 꾸르노 모형과 슈타겔버그 모형, 베르뜨랑 모형과 스위지 모형이 대표적이다.[1] 전자의 둘은 산출량, 후자의 둘은 가격에 대한 경쟁기업의 반응을 기초로 해서 만든 모형들이다.

2.1 산출량경쟁 모델

꾸르노(A. Cournot) 모형은 시장수요곡선이 변하지 않고 경쟁자의 전략이 자신의 전략에 반응하지 않으며 동질적인 제품을 생산한다는 가정 하에서, 상대방의 산출량에 따른 자신의 이윤극대화 산출량을 찾아내고 이로부터 안정된 시장균형의 모습을 그린다. 그러나 제품이 동질적이고 상대방 전략에 반응하지 않는다는 가정은 완전경쟁 모델의 가정과 동일하다. 거기에서 가한 비판이 여기에도 그대로 적용된다.

제품이 동질적이고 상대방 전략에 반응하지 않는다는 꾸르노 모형의 가정은 완전경쟁 모델처럼 비현실적이다.

둘밖에 없는 복점상태에서 상대기업이 자신의 행동을 고려하지 않을 것이라

1. 이 모형들에 대한 자세한 내용은 이준구, 2008을 참조하라.

고 생각하면서 기업을 운영하는 어리석은 기업가는 없다. 수많은 공급자들이 존재하는 경우에는 구태여 다른 공급업자를 고려하지 않고 운영하더라도 큰 문제는 없다. 그러나 두 기업만 존재하는 시장이라면 문제는 완전히 달라진다. 예를 들어 세계 태블릿(tablet) 시장에서 치열한 각축전을 벌이는 삼성과 애플이 상대방의 전략을 고려하지 않고 자신의 전략을 수립한다는 것이 말이 되겠는가?

게다가 경쟁이 치열한 과점기업들은 주어진 시장을 서로 쟁탈하려고 하기보다 새로운 수요를 창출해 시장을 개척하려는 전략을 더 중요시하기도 한다. 이를 위해 끊임없이 새로운 디자인이나 기능을 도입해 제품을 차별화하려는 것이 이들 기업의 핵심 전략이다. 그래서 과점기업의 제품이 동질적이라는 가정은 과점기업의 특성과는 거리가 멀다.

특히 꾸르노 모형에서 시장수요곡선은 개별 기업이 직면하는 수요곡선에서 유도되어야 하는데, 여기서는 먼저 시장수요곡선이 주어지고 이를 토대로 개별 기업의 반응곡선을 유도하고 있어서 논리적으로 거꾸로다. 이처럼 꾸르노 이론은 단지 이론을 위한 이론에 불과하지 이로부터 과점기업의 실제 모습을 찾을 수 있는 것은 아무것도 없다.

꾸르노 모형에서 기업은 상대기업의 생산량이 주어지면 자신의 반응곡선에 따라 생산량을 결정한다. 상대기업의 추종자인 셈이다. 그래서 이 모델을 산출량-추종자(追從者) 모델이라고 한다. 슈타겔버그(H. von Stackelberg)는 현실의 기업은 경쟁기업을 추종하기보다 스스로 전략을 수립하는 것이 일반적이기 때문에 꾸르노 모델은 비현실적이라 했다. 그에 의하면, 기업은 상대기업의 반응곡선을 미리 짐작하고서 그 반응곡선 상에서 자신에게 최대의 이윤을 가져다주는 점을 선택해 자신의 산출량을 결정한다. 먼저 산출량을 선택한다는 점에서 그 기업은 상대기업의 선도자이다. 그래서 이 모델을 산출량-선도자(先導者) 모델이라고 한다.

슈타겔버그 모형은 꾸르노 모형에 비해 보다 현실적인 냄새를 풍긴다. 하지만 이 모델 역시 시장수요곡선과 상대 전략을 주어진 것으로 보고 복점의 경쟁상태를 그리고 있기 때문에, 꾸르노 모델에서 크게 진일보했다고 평가하기는 어렵다. 특히 모델 속에 있는 기업들이 모두 선도자로 나서려고 할 때 이 시장은 불균형에 이른다. 슈타겔버그는 서로가 선도자가 되려 하는 과정에서 벌어지는 이 불균형을 전쟁으로 묘사하고 있다. 아마도 실제의 과점기업들이 경쟁이 치열하다는 것을 염두에 두고서 이런 불균형을 전쟁으로 표현한 듯하다. 그렇지만 현실에서 기업들은 과점시장 내 다른 기업들과 게임이나 전쟁을 하듯이 또는 생존투쟁을 하듯이 기업을 경영하는 것은 아니다. 기업들은 단지 이득을 조금이라도 더 남기기 위한 생산과 판매 행위를 할 뿐이다. 이것은 경쟁시장에서도 마찬가지이다. 기업의 수가 많으면 개별 기업의 가격 및 산출량 조정이 눈에 띄지 않아 그것이 비개성적이고 기계적으로 보일 뿐이다.

기업행위는 슈타겔버그 모형이 묘사하는 것과 같이 전쟁과 같은 것이 아니다. 단지 기업들은 이득을 조금이라도 더 남기기 위한 생산과 판매 행위를 할 뿐이다. 이것은 경쟁시장이나 과점시장이나 마찬가지이다.

슈타겔버그 모형에서 유도된 시장 불안정의 가설은 파시즘(fascism)[2]의 미시경제학적인 정책을 이론적으로 뒷받침해 주었다(Konow, 1994). 슈타겔버그는 마르크스와 같이 자본주의는 그냥 내버려두면 근본적으로 불안정하기 때문에 국가의 강력한 개입을 필요로 한다고 했다. 그러나 그는 마르크스와는 달리 자본주의의 불안정이 계급투쟁 때문이 아니라 그의 모형에서 보는 바와 같이 시장참여자들 사이의 갈등 때문이라고 보았다. 그는 국가의 강력한 개입에 의한 카르텔의 결성과 이의 통제에 의해서 시장의 불안정함을 해결할 수 있다고 했다. 그의 모형은 이처럼 국가의 시장개입을 정당화시키는 논리로 활용되었다. 슈타겔버그의 모형에서처럼 기업 간의 치열한 경쟁을 통해 어느 한 기업만이 살아남는다고 하더라도, 그것이 시장의 결과라면 이것을 그대로 받아들이는 것이 옳다. 더욱이 소비자의 관점에서 보면, 기업 간의 치열한 경쟁은 축복일 뿐이다(Ro, 682).

슈타겔버그 모형에서 유도된 시장 불안정의 가설은 파시즘(fascism)의 미시경제학적인 정책을 이론적으로 뒷받침해 주었다.

2.2 가격경쟁 모델

꾸르노와 슈타겔버그 모형이 산출량을 통한 기업들 간의 경쟁을 그리고 있다면, 베르뜨랑(J. Bertrand)과 스위지(P. Sweezy)는 과점기업들의 가격경쟁을 묘사한다. 현실에서 과점기업들 간의 경쟁은 산출량보다 가격에 의해 주로 이루어진다는 점에서 이 모델들은 산출량경쟁 모델들보다 한발 더 현실에 다가섰다고 평가할 수 있다. 그러나 이 모델들 역시 앞의 과점 모델들에 가한 비판에서 자유롭지 못하다. 베르뜨랑 모델은 공급자 수가 적은 과점이라는 것을 제외하고는 완전경쟁 조건을 그대로 받아들인다. 동일한 제품을 동일한 비용조건으로 생산하는 두 기업이 서로 소비자들을 끌어들이기 위해 상대기업보다 조금 낮은 가격을 서로 책정하려 하고 그러다 보면 완전경쟁 모델처럼 한계비용과 가격이 같은 점에서 시장균형이 이루어진다는 것이 이 모델의 줄거리이다.

베르뜨랑 모델은 공급자 수가 적은 과점이라는 것을 제외하고는 완전경쟁 조건을 그대로 받아들인다.

2. 일반적으로 파시즘이라 하면, 그것은 이탈리아의 파시즘, 독일의 나치즘, 일본의 파시즘과 같이 국수적이고 권위적인 국가 중심의 이념을 말한다.

동일한 제품을 생산한다면 시장에서 두 기업의 가격이 동일화되는 과정은 이 모델이 아니라도 자연스러운 현상이다. 더구나 이 시장은 완전경쟁시장의 조건들을 그대로 유지하고 있기 때문에, 두 기업의 가격 동일화는 즉시 이루어진다. 이 모델에 완전경쟁 모델과는 다른 새로운 것은 없으며, 굳이 다른 것이 있다면 균형상태를 상대기업의 가격에 대한 반응곡선을 갖고 설명하고 있다는 점뿐이다.

스위지는 과점시장의 가격이 다른 시장에 비해 안정적으로 유지되고 있는 것을 굴절수요곡선을 통해 보여준다. 그래서 스위지 모형을 굴절수요곡선 모형이라고 한다. 스위지는 과점시장에서의 기업들이 서로 시장을 확보하려고 가격 경쟁을 하며, 수요곡선이 굴절하는 것은 가격변화에 대한 상대기업의 반응이 비대칭적으로 이루어지기 때문이라고 했다. 자신이 가격을 낮추면 과점 내 다른 기업들 역시 시장을 빼앗기지 않기 위해 가격을 인하하지만, 자신이 가격을 올리면 다른 기업들은 이참에 시장을 더 확보하려고 덩달아 함께 가격을 올리지는 않는다는 것이다.

그래서 각 기업이 직면하는 수요곡선의 기울기가 현재가격의 하단 부분에서는 가파르지만 그 상단 부분에서는 완만하게 되어 현재의 가격에서 수요곡선이 꺾이게 된다. 수요곡선이 굴절하면 한계수입곡선은 수요곡선이 꺾이는 곳에서 일정 구간 단절된다. 그렇게 되면 과점 내 기업들의 생산비용 구조가 각자 조금씩 다르더라도 이들 모두가 한계수입곡선의 단절구간을 통과하면 이 기업들은 동일한 산출량-가격 전략을 구사하게 된다. 이것이 과점시장의 가격이 안정적으로 유지되는 이유이다.

굴절수요곡선 모델처럼 과점시장의 가격이 실제에 있어서도 일정 수준에서 안정적인지는 명확하지 않다.

굴절수요곡선 모형은 과점시장에서 가격이 안정적으로 유지되고 있다는 것을 멋지게 보여준다. 그러나 과점시장의 가격이 실제에 있어서도 일정 수준에서 안정적인지는 명확하지 않다. 과점시장에서 기업들이 제품의 기능과 디자인을 경쟁기업들의 제품과는 조금씩 차별화해 가격경쟁을 치열하게 하는 것을 드물지 않게 볼 수 있기 때문이다. 현실에서 많은 경우 과점시장에서의 가격이 일정 수준에서 유지되는 것은 공식적이든 비공식적이든 담합에 의한 경우가 대부분이다. 게다가 이 모델에서 과점시장의 가격이 안정적으로 유지되기 위해서는 절대적으로 기업의 개별 수요곡선이 굴절되어야 한다. 그러나 스티글러(G. Stigler)의 실증분석에 의하면, 과점기업이 직면하는 수요곡선이 굴절한다는 사실을 발견하기 어렵다(이준구, 387). 현실이 그렇지 않다면 이 모델이 설 자리는 없다.

과점시장 모델들은 한결같이 상대기업의 반응을 고려해 자신의 반응곡선 내지 수요곡선을 유도해 이론을 전개하는 것이 특별하고 고유한 방법론인 양 말한다. 그런데 개별 기업이 자신의 수요곡선을 예측할 때 처음부터 시장 내 상대기업들의 반응을 고려하지 않는 경우가 어디에 있겠는가? 이것은 경쟁시장이든 과점시장이든 다를 바 없다. 상대기업의 반응을 고려한 수요곡선은 결코 특별하고 고유한 것이 아니다. 어떤 기업의 수요곡선에서도 이미 경쟁기업들의 반응이 포함되어 있다.

3. 독점적경쟁 모델

챔벌린(E. Chamberlin)은 불완전경쟁의 또 다른 모델인 독점적경쟁(monopolistic competition) 이론을 개발했다. 이 이론은 한때 경제학자들 사이에서 큰 관심의 대상이었다. 한 산업 내에 있더라도 기업의 제품이 사실 동질적이 아니란 점에서 이 모델은 현실을 반영하고 있다고 높은 평가를 받았다. 그러나 그 후 많은 학자들의 비판에 의해 그 관심이 크게 수그러들었다. 독점적경쟁은 한 산업 내에 많은 기업들이 존재한다는 점에서 과점과는 다르면서, 기업들 각각은 제품의 차별화를 통해 독점적 지위를 누리기 때문에 개별 기업이 직면하는 수요곡선은 우하향한다는 점에서 완전경쟁과 다르다.

독점적경쟁에 대한 비판은 여러 곳에서 제기되었다. 물론 완전경쟁에서 제기된 비판은 여기에서도 여전히 유효하며, 이외의 비판들을 요약하면 다음과 같다(Ro, 722~738). 독점적경쟁에 대한 첫 번째 비판은 제품들 간에 아무리 밀접한 대체성이 있다고 하더라도 제품이 동질적이지 않으면 그것은 같은 제품이라고 말할 수 없다는 것이다. 그래서 독점적경쟁에 있는 기업은 경쟁기업이 아니라 독점기업으로 다루어야 한다. 아무리 작은 차별이라도 조금씩 다른 제품을 생산하는 기업들을 하나로 묶어 동일한 제품의 수요곡선으로 다루는 것은 결코 합리적이지 못하며 정당하지도 못하다. 삼성의 스마트폰 제품인 '갤럭시 탭' 은 시장에서 독점력을 지니고 있다. 갤럭시 탭이 다른 스마트폰 제품들과 경쟁하기 때문에 독점적경쟁의 경향을 갖는 것이 아니라 그 자체로 완전한 독점(monopole)이다. 따라서 독점적경쟁이라는 용어로 별도의 이론은 존재하지 않는다. 기업들은 서로 독립적으로 경쟁하면서 독점의 지위를 누리든가 아니면 결합해 카르텔을 형성하

독점적경쟁 이론은 기업의 제품이 동질적이 아니란 점에서 현실을 반영하고 있다. 그러나 이에 대한 비판이 여러 곳에서 제기되었다. 이를 요약하면 첫째, 제품이 동질적이지 않으면 그것은 같은 제품이라고 말할 수 없다. 둘째, 산업 내의 모든 기업들이 과잉설비라는 것은 비현실적이다. 셋째, 하나의 비용곡선을 통해 완전경쟁과 독점적경쟁을 비교하는 것은 논리적이지 못하다.

그림 15-1

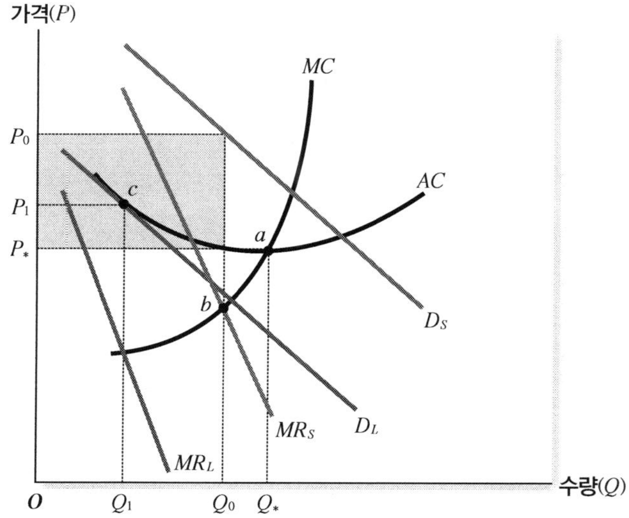

독점적경쟁의 균형

독점적경쟁에서 개별 기업이 직면하는 수요곡선은 D_S와 같이 우하향한다. 단기에서는 MR_S와 MC가 만나는 b점에서 균형을 이룬다. 이윤의 존재로 새로운 기업들이 이 시장에 진입하면서 이윤이 사라질 때까지 D_S는 D_L로 이동한다. c점은 완전경쟁의 a 점에 비해 과잉설비의 문제를 낳는다.

든가 두 형태뿐이지 독점적경쟁과 같은 제3의 경쟁 형태는 존재하지 않는다.

둘째, 독점적경쟁 이론에서 유도된 핵심적 가설은 장기에서 개별 기업의 균형은 평균비용곡선의 최저점이 아니라 그보다 왼쪽에서 이루어진다는 것이다. 이 결과 기업은 완전경쟁에 비해 보다 적은 산출량에서 보다 높은 가격으로 제품을 생산하면서 자신의 공장 설비를 다 이용하지 못한다. 이런 가설이 성립하기 위해서는 기업의 평균비용곡선이 [그림 15-1]의 AC와 같이 U자형이어야 한다. 단기에서 균형은 단기의 한계수입곡선 MR_S와 한계비용곡선 MC가 만나는 b점에서 이루어지고, 이 기업은 청색 부분만큼 이윤을 남긴다. 이 이윤을 보고 다른 기업들이 이 시장에 진입하면 개별 기업들이 직면하는 수요곡선은 D_S에서 D_L로 이동한다. 이에 따라 한계수입곡선도 MR_S에서 MR_L로 좌로 이동한다. 그 이동은 시장에 참여하는 모든 기업들의 이윤이 0이 될 때 멈춘다. 그래서 모든 기업들은 평균비용곡선 AC의 최저점인 a점이 아니라 그보다 왼쪽인 c점에서 기업을 운영해 과잉설비 문제가 제기된다. 그러나 평균비용곡선이 그림처럼 U자 형태가 아니라 거의 직선에 가깝다면 평균비용의 최저점은 존재하지 않게 되며 자연히 독점적경쟁 이론의 과잉설비 문제는 사라진다. 클락(J. M. Clark)은 실제의 비용곡선은 단기보다 장기에 있어서 보다 완만한 기울기를 갖고 있으며, 장·단기와 관계없이 현실적인 산출량 구간에서는 평평하다고 했다(Ro, 730). 비용곡선이 거의 평평하다면 독점적경쟁에서와 같은 과잉설비의 문제는 존재하지 않는다.

독점적경쟁 이론의 가설처럼, 모든 기업들이 과잉생산을 하는 공장을 세우는 것은 현실적이지 않다. 이 이론의 창안자 가운데 한 사람인 해로드(R. Harrod)조차 공장 설비를 다 이용하지 못하면서 공장을 추가로 건설하는 것은 정신분열증을 앓는 것과 마찬가지라고 했다(Ro, 732～733). 더욱이 유휴설비로 인해 남아도는 생산요소들은 어디론가 가야 한다. 이윤이 존재하지 않기 때문에 새로운 기업들이 들어오지 않는 상황에서 이들이 경쟁적인 다른 기업으로 가기 위해서는 그들이 받고자 하는 요소 가격을 낮추어서 갈 수밖에 없다. 이렇게 되면 산업 내 기업들의 비용곡선이 달라지고, 과점 내 기업의 비용곡선이 모두 동일하다는 가정에서 출발하는 이 이론은 자기모순으로 스스로 붕괴하고 만다.

셋째, 독점에서도 지적했지만, 독점적경쟁의 균형(그림의 *c*점)을 완전경쟁의 균형(그림의 *a*점)과 동일한 그림 속에서 비교하면서 독점적경쟁에 의한 유휴시설 문제를 제기하는 것은 잘못이다. 기업이 독점적 지위를 누리려고 할 때의 비용곡선은 완전경쟁일 때의 비용곡선과는 다르기 때문이다. 그래서 완전경쟁의 가정에서 그려진 기업의 비용곡선을 독점적 지위를 누리고 있을 때의 비용곡선과 동일하다는 가정 하에서 유도된 가설은 그다지 의미가 없다.

4. 유효경쟁

완전경쟁으로부터 경쟁에 관한 어떤 의미도 찾을 수 없게 되자 시장이 경쟁적인지의 여부를 판단하기 위한 여러 잣대가 개발되기 시작했다. 이 잣대는 정부의 시장개입을 정당화해 주기 위해 이용되었다. 정부는 이 잣대를 갖고 시장이 경쟁적이어야 한다는 명분으로 시장참여자들의 행위에 간여했다. 이 잣대의 대표적인 기준이 유효경쟁(workable competition) 개념이다. 유효경쟁 개념은 클락(J. M. Clark)에 의해 처음 제시되었으며, 그 후 주로 하버드대학교 교수들에 의해 발전되었다(김적교, 111).

유효경쟁은 시장구조나 시장행태, 그리고 시장결과를 갖고 시장이 경쟁적인지를 판단한다는 개념이다. 시장이 경쟁적인지는 곧 그 시장이 독점적인지의 여부에 관한 판단과 동일하다. 이를 통해 독과점 규제라는 명분으로, 또는 시장을

유효경쟁은 시장구조나 시장행태, 그리고 시장의 결과를 갖고 시장이 경쟁적인지를 판단한다는 개념이다.

경쟁적으로 작동시켜야 한다는 이유로 정부는 시장에 간여한다. 시장구조 지표로는 특정 시장에서의 수요자나 공급자의 수, 제품의 차별 정도, 기업의 규모 등이 사용된다. 시장행태의 지표로는 개별 기업의 생산 및 판매에 관한 전략, 경쟁제한 행위의 성향, 그리고 기술혁신 활동 등이 사용된다. 기업의 시장결과는 기업이 책정한 가격이나 판매량, 그리고 시장점유율 등을 통해 판단된다.

호프만은 유효경쟁의 개념을 도구화하기 어려우며, 경쟁 여부는 자유로움의 정도에서 파악되어야 한다고 했다.

그러나 시장구조, 시장행태, 시장결과에 관한 이런 잣대는 현실 적용에서 명확한 기준이 되어주지 못하며, 경제학자들이나 전문가들 간에 의견일치를 본 것도 아니다. 무엇보다 이 세 기준은 서로 중복되어 있으며 상호 간에 인과관계를 맺고 있다. 호프만(E. Hoppmann)은 유효경쟁의 개념을 도구화하기 어려운 것은 어쩌면 당연하다고 했다. 왜냐하면 이 개념들은 현실과는 동떨어진 개별 시장의 경쟁모델에서 나온 개념들인 반면, 우리가 관심을 갖는 경쟁은 얼마나 많은 자유로움이 경제 전체에 주어지고 이것이 부문들 간에 나뉘어 있는가에 관한 것이기 때문이다. 그러므로 경쟁 여부는 자유로움의 정도에서 파악해야 하고, 이를 위해 자유와 자유로움의 정도를 어떻게 규범화할 것인가가 중요한 문제라고 했다(Hoppmann, 86～87). 호프만에 의하면, 경제활동의 자유가 보장되면 개인은 자신의 이익을 위해 최선을 다하게 되고, 이것은 결국 국민경제 전체의 이익으로 이어진다. 그러므로 자유로운 경제활동의 보장이 바로 경쟁적인 시장을 제공한다.

뿐만 아니라 유효경쟁 여부를 판단하기 위한 기준들이 너무 많으며 각 기준의 개념이 그것의 측정에 있어서 애매모호하다. 이 점은 정부가 마음만 먹으면 자의적으로 시장을 독과점이라고 재단해 기업에 제재를 가할 수 있음을 함축한다. 특히 수많은 기준들이 상호 일관적인 결과를 내놓을 수 있는 것도 아니다. 어떤 기준을 적용할 경우에는 경쟁적일 수도 있지만, 다른 기준을 적용할 경우에는 독과점이라는 결론이 나올 수도 있다. '코에 걸면 코걸이, 귀에 걸면 귀걸이' 와 같은 이런 기준들은 불필요한 정부의 시장개입을 정당화시켜 줄 뿐이다.(김적교, 112～113)

무엇보다 유효경쟁 개념은 앞에서 비판한 다양한 경쟁모델처럼 실질적인 경쟁과정에 관해서는 어떤 것도 말해 주지 못한다. 특정 시장에서 기업의 수나 기업의 크기, 제품의 차별 정도, 판매량과 시장점유율과 같은 시장 상황은 기업의 능력과 그 시장의 구체적인 조건들에 의해서 전적으로 결정되는 것이지, 시장의 경쟁 작동 여부와는 상관이 없다. 경쟁 작동 여부는 개인이 자신의 능력을 최대한 발휘할 수 있는 자유로움이 주어졌는지에 달려 있을 뿐이다.

개별 기업의 경제행위에 대해 정부가 이러쿵저러쿵 간섭하는 것은 기업으로 하여금 최선을 다하는 행위를 차단하는 것과 다를 바 없다. 기업이 자유롭게 책정한 가격에 대해 정부가 경쟁 작동이라는 이유로, 또는 더 나아가 공정이라는 잣대로 높니, 낮니 하면서 간섭하는 것은 전형적인 시장의 자유로움을 파괴하는 짓이다. 끼워팔기와 같은 기업의 다양한 판매전략에 대해서도 정부가 칼날을 들이대는 것은 자유로운 경쟁을 해치는 일이다. 독과점이라는 정부의 자의적인 판단에 의해 정부가 경제여건을 변경하고자 하는 시도는 개인의 자유로운 경제활동을 해치기 때문에, 그것은 오히려 비경쟁적인 요소들을 시장에 심는 결과를 낳는다.

유효경쟁은 정부의 시장 개입을 정당화해 주는 개념으로 이용되었다.

생각하기

01. 일반 경제학 교과서는 불완전경쟁을 어떻게 정의하며, 시장에 외부 개입이 없음에도 불구하고 경쟁이 완전하다 또는 불완전하다고 말하는 것이 옳은지 설명하라.

02. 많은 불완전경쟁 모델들은 과정으로서의 경쟁을 보여주는 모델인가, 아니면 상태로서의 경쟁을 보여주는 모델인가?

03. 슈타겔버그 모형은 파시즘(fascism)을 이론적으로 뒷받침해 준 측면이 있다. 그의 모형의 어떤 측면이 국가의 시장개입을 정당화시켜 주는 논리로 활용되었는지를 설명하고, 이것이 마르크스 이론의 국가 개입의 정당화와는 어떤 면에서 다른지를 설명하라.

04. 과점기업들은 담합을 하지 않더라도 가격을 안정적으로 유지한다는 것을 보여주는 모델이 스위지(P. Sweezy)의 굴절수요곡선 모델이다. 이 모델은 한동안 인기를 끌었으나 실증적으로 문제가 있음이 밝혀졌다. 이 문제점을 구체적으로 설명하라.

05. 독점적경쟁 모델의 유휴설비 이론을 비판하라.

06. 독과점금지법을 둘러싼 대표적인 논쟁은 자유주의와 유효경쟁의 개념에 입각한 구조주의의 대립이다. 1890년 제정된 미국의 셔먼법(Sherman Antitrust Act)에 따라 대형 석유회사 스탠다드오일(Standard Oil Co.)과 통신회사 AT&T(American

Telephone and Telegraph Co.)가 여러 개의 자회사로 분할되었다. 이것은 유효경쟁 개념을 배경으로 한 것이다. 자유주의는 독과점기업이 다른 기업들보다 우월한 경쟁력을 갖고 있다면 문제삼아서는 안 된다고 한다. 많은 신기술 · 신제품의 독점지위(시장점유율)를 일일이 계산하기 어려울 뿐 아니라 무엇보다 기업의 기술개발 의욕을 꺾어서는 안 된다는 논리에 힘입어, 1990년대의 자유주의 바람은 탈규제 정책을 몰고왔다.(참조 : 박주병, 2007. 10. 19) 구조주의와 자유주의에서 여러분의 입장은 어느 쪽인가?

Part Five

V 생산과 시간시장

⋙ 생산과 생산구조

Human centered

Principles of Economics

ch. sixteen

1

6

이제까지 우리는 시장에서 생산 측면을 의도적으로 배제했다. 시장의 의미를 온전히 유지하면서 시장에서 일어나는 제반 경제적 현상을 살펴보기 위함이었다. 지금부터 생산 문제를 시간시장의 테두리 안에서 설명한다. 시간시장이 광범위하게 스며들어 있는 곳이 생산이기 때문이다. 먼저 생산과 관련된 기본 용어를 정의한다. 생산, 생산요소, 생산기간이 그것이다. 여기에서 생산이란 가치를 창출하는 행위가 아님을 강조한다. 이어서 다양한 생산방식을 요소서비스의 소유권을 누가 가지고 있는가 하는 관점에서 구분한다. 이로부터 자본가의 역할이 설명되고, 시간문제가 생산에서 핵심적으로 분석되어야 할 내용임을 지적한다. 마지막으로 자본가가 존재하지 않는 생산방식에서의, 즉 공동소유 기업방식에서의 생산구조와 소득분배의 흐름을 살펴본다. 이것은 제18장에서 설명될 자본가가 존재하는 생산방식에서의 생산구조와 대비될 것이다.

1. 생산과 생산요소

1.1 생산

생산은 생산요소를 투입해 자연이나 또 다른 생산물을 가공하거나 변형해 소비로 나아가게 하는 일체의 과정이다. 생산은 물질적이고 외부적인 것이 아니라 인간의 정신적이고 지적인 행위이다.

생산요소는 생산과정에 투입되는 요소 또는 그것의 서비스를 지칭한다.

생산행위에는 생산뿐만 아니라 판매에 이르기까지의 행위도 포함된다.

생산은 생산요소를 투입해 자연이나 또 다른 생산물을 가공하거나 변형해 소비로 나아가게 하는 일체의 과정으로 정의된다. 생산은 이전에 존재하지 않았던 것을 창조하는 행위가 아니라, 이전에 존재했던 것들을 새로운 배열과 결합을 통해 변형시키는 행위이다. 생산요소는 이 과정에 투입되는 모든 요소들을 지칭한다. 생산은 생산요소들을 목적달성을 위한 수단으로 사용하겠다는 마음의 결정에서 시작된다. 그래서 생산은 물질적이고 외부적인 것이 아니라 인간의 정신적이고 지적인 행위이다(Mi. HA, 141). 물질적 변화는 정신적 변화의 결과일 뿐이다.

소비단계로 나아간다는 것은 생산단계뿐만 아니라 생산에서 판매에 이르기까지의 행위도 생산행위에 포함시켜야 함을 의미한다. 마케팅이나 광고도 생산행위이다. 미제스에 의하면, 보다 나은 생산요소를 투입해 생산하려 하는 것이나 마케팅이나 광고를 강화하려 하는 것이나 모두 소비자의 수요를 끌어들이기 위함

그림 16-1

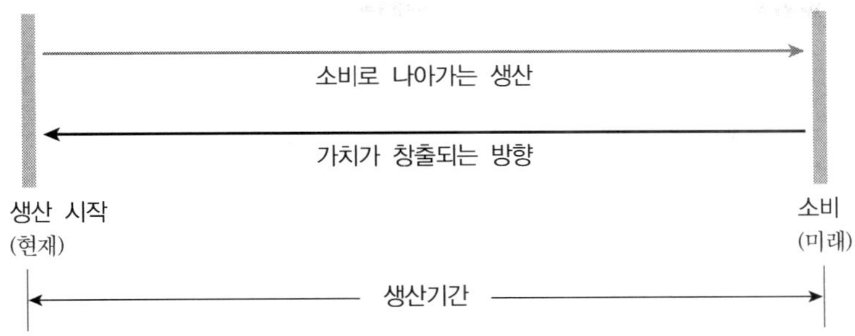

생산의 방향과 가치 창출의 방향
생산은 소비로 나아가는 일체의 과정을 말한다. 가치는 생산에 의해 창출되는 것이 아니라 소비로부터 나온다.

에는 차이가 없다(Mi. HA, 322).

앞 장들에서는 생산과 판매를 구분하고 시장에서 벌어지는 일을 구매자와 판매자의 이름으로 한정했다. 시장은 구매자와 판매자가 활동하는 공간이지, 소비자와 생산자가 머무는 공간이 아니기 때문이다. 판매자는 생산자와 동일인일 수 있다. 현대경제에서 기업을 조직해 판매를 목적하지 않는 생산은 거의 없기 때문이다. 그렇지만 판매자 중에는 오직 판매만을 목적으로 하는 사람들도 있다. 이 책에서 생산이라 할 때, 그것은 자연이나 또 다른 생산물을 가공하거나 변형하는 실질적인 생산을 전제로 한다. 물론 판매도 생산행위의 한 부분이지만, 이는 실질적인 생산을 전제로 한 경우이다. 만약 시장에서 판매자를 생산자로 동일시해 버리면, 실질적인 생산과는 관계가 없고 판매만을 목적으로 하는 사람들은 제외될 수밖에 없다. 시장에서 생산과 판매를 구분하는 것이 생산에서 판매를 생산과정에 포함시키는 것과 배치되지 않는다.

생산은 가치를 창출하는 행위가 아니다.

생산을 소비자의 만족을 증대시키는 또는 가치를 창출하는 일체의 행위라고 말하는 것은 잘못된 정의이다. 왜냐하면 생산물이 소비를 통해 만족이 증대되었는지 또는 가치를 창출했는지의 여부는 소비자의 평가에 의해 결정되기 때문이다([그림 16-1] 참조). 어떤 생산물이 소비자에게 전혀 만족을 주지 못했다고 해서, 즉 어떤 가치도 창출하지 못했다고 해서, 그것이 생산되지 않았다고 말할 수는 없다. 그것 역시 생산되었으나 소비자에 의해 가치가 없는 것으로 평가받았을 뿐이다. 서비스를 제공해 소비로 나아가게 했다면, 그것은 소비자의 평가와는 관계없이 생산행위이다.

소비의 대상은 유형의 재화일 수도 있고 무형의 서비스일 수도 있다. 재화든 소비자의 만족을 증대시키는 모든 행위는 생산이다.

서비스든 소비자가 소비할 수 있도록 행했다면, 그것은 생산행위이다. 자식이 학교를 마치고 집으로 돌아왔을 때 부모가 반갑게 맞이했다면, 아이는 무척 행복해 할 것이다. 부모는 집에 있다는 그 자체만으로도 생산행위를 한 것이다. 맞벌이 부부는 직장생활로 자식의 하굣길을 맞이해 주지 못해 가슴 아파하면서 자식에게 학교에 다녀오면 간식거리라도 사 먹으라고 종종 용돈을 준다. 이를 생각하면 부모가 집에 있는 것이 생산행위임을 쉽게 이해할 수 있다. 생산은 소비자가 누구인지도 상관하지 않는다. 주부가 자식을 위해 식사를 마련하는 것이나, 파출부로 일하면서 남을 위해 식사를 마련하는 것이나 동일한 생산행위이다.

1.2 생산요소

생산자재에는 기계나 장비와 같이 생산에 기여하면서 생산과정에서 점점 마모되어 결국은 완전히 소진되거나 폐기되고 마는 생산자재가 있는 반면, 원자재나 부품과 같이 생산과정에 투입되어 가공 또는 변형되는 생산자재도 있다. 현행 경제학 교과서는 전자를 자본재(capital goods)로, 후자를 중간재(intermediate goods)로 구분하면서 생산에 있어서 다른 특성을 지닌 재화로 정의한다. 그러면서 많은 경제학 교과서들은 중간재를 생산요소(factor of production)와 관련해 모호하게 처리한다.

대부분의 교과서들(조순 · 정운찬 · 전성인 · 김영식, 2011, 122, 410 ; 맨큐, 468)은 생산에 투입되는 모든 것들을 생산요소라 하면서 원자재나 부품과 같은 중간재가 생산요소에 포함되는지에 대해 명료하게 설명하지 않는다. 생산요소는 노동과 토지, 그리고 자본으로만 정의한다. 이 교과서들의 정의에 따르면 중간재는 자본재가 아니기 때문에 중간재가 생산요소로서 들어갈 자리가 없다. 추측하건대, 중간재의 생산과정을 거슬러 올라가다 보면 결국 남는 것은 노동과 토지뿐이기 때문에 그러한 듯하다. 어쨌든 중간재 설명은 분명하지 않다. 중간재를 생산요소에서 분명하게 제외하는 교과서도 있다(이영환 · 김진욱, 278). 이 교과서가 중간재를 제외하는 이유는 생산과정에 투입해 반복적으로 소득을 올릴 수 있는 것만이 생산요소로 정의할 수 있는데, 중간재는 그렇지 않다는 것이다.

이 교과서들은 생산요소의 기준으로서 단순히 생산에 포함되는지의 여부보다 생산에 기여하는지를 더 중요하게 보는 듯하다. 이들에 의하면 자본재는 스스로 가공되거나 변형되지 않으면서 중간재를 새로운 생산물로 다시 태어나게 하기 때문에, 즉 생산에 기여하기 때문에 생산요소이다. 그러나 중간재는 생산요소의 도움을 받아 그 자체가 가공 또는 변형되는 것에 불과하기 때문에, 즉 생산에 기여하는 것이 없기 때문에 생산요소에 포함시키지 않는 듯하다.

교과서의 이런 구분에 따를 경우 항상 이어지는 의문이 원자재나 부품 없이 어떻게 생산물을 만들어낼 수 있는가 하는 점이다. 일반적인 상식으로는 눈에 보이는 중간재나 원자재를 가장 먼저 생산요소로 떠올리는 반면, 생산에 동원된 서비스들에 대해서는 눈에 보이지 않기 때문에 쉽게 생산요소로 연결 짓지 못한다. 가구의 생산요소가 무엇이냐 물으면 일반적으로 눈에 보이는 널빤지나 각목, 그리고 못이나 니스를 지칭한다. 그러나 교과서에 의하면, 이들은 생산에 투입되기 때문에 생산자재라 말할 수는 있어도 생산에 기여하지는 않기 때문에 생산요소가 아니다. 교과서는 가구를 만드는 데 동원되는 톱이나 대패가 원자재나 부품을 가공하거나 변형하는 서비스를 제공하기 때문에 생산요소라 지칭하며, 이 생산물들을 자본재라 부른다.

그렇지만 널빤지나 못 없이 가구를 만들 수 있는가? 널빤지와 같은 원자재와 못과 같은 부품은 가구라는 생산물을 만드는 데 없어서는 안 되는 내용물들이다. 이들은 하나의 가구를 만드는 데 원자재나 부품으로서 그들의 서비스를 완전히 소진한다. 이들은 단지 한 번만의 생산서비스를 제공하고 완전히 소진될 뿐이다. 가구라는 소비자재로 한발짝 더 나아가게 하는 데 있어서 그들의 역할은 결정적이다. 그러므로 원자재나 부품 역시 생산요소임이 분명하다.

원자재나 부품은 톱이나 대패와 같은 자본재와 다를 바 없다. 톱이나 대패는 널빤지나 각목을 자르거나 문질러서 가구의 형태를 만들어내는 도구로 사용된다. 이들 도구 역시 가구로 나아가게 하는 데 기여하는 생산요소이다. 그런데 이들이 원자재나 부품과 다른 점은 이들의 생산서비스가 단지 한 용도에만 제공되지 않고 또 다른 가구나 다른 생산물을 만드는 데 사용된다는 점이다. 즉, 여러 기간에 걸쳐, 그리고 다양한 용도에 생산서비스를 제공한다는 점이다.

원자재나 부품은 생산서비스가 단지 한 용도에만 제공된다는 점이 도구나 기계와 다를 뿐이다. 생산서비스를 제공한다는 점에서 원자재, 부품, 도구, 기계와 같은 생산자재들 사이에는 어떤 차이도 존재하지 않는다. 그래서 모든 생산자재들은 생산요소인 동시에 자본재이기도 하다. 본원적 생산요소인 노동, 토지, 시간과 소비자재 사이에 있는 모든 재화는 중간재이다.[1] 그러므로 자본재, 생산자

자본재, 생산자재, 중간재는 모두 동일한 의미이다. 생산요소라 하면 본원적 생산요소뿐만 아니라 중간재도 포함된다.

1. 미제스(Mi. HA, 93～94, 632)와 라스바드(Ro, 8, 33～38)는 소비자재가 아닌 모든 재화를 생

재, 중간재는 모두 동일한 의미이다. 생산요소라 하면 본원적 생산요소뿐만 아니라 중간재도 포함된다.

1.3 생산기간

모든 생산과정에는 시간이 스며들어 있다. 그래서 시간은 생산의 결정적 요소이다. 소비자재 생산에 자본재가 동원된다면 그 자본재의 생산기간과 그 자본재로 소비자재를 만드는 데 소요되는 시간이 생산기간이 된다. 어떤 소비자재의 생산기간은 그 소비자재 생산에 필요한 자본재들을 생산하는 시점부터 소비자재가 생산될 때까지의 기간이다. 그러나 소비자재 그 자체의 관점이 아니라 행동하는 개인의 입장에서 볼 때, 소비자재의 생산기간은 그가 행위를 시작하는 시점부터 소비자재가 생산될 때까지의 기간이다.

행동하는 개인의 입장에서 볼 때, 소비자재의 생산기간은 그가 행위를 시작하는 시점부터 소비자재가 생산될 때까지의 기간이다.

예를 들어 농부가 모를 심기 위해 이앙기를 만들어야 한다면, 이앙기를 만드는 시점부터 생산기간이 시작되며, 이것을 갖고 모를 심고 쌀이라는 소비자재가 수확되는 시점까지가 쌀의 생산기간이 된다. 만약 농부가 운 좋게도 누구로부터 이앙기를 선물받든지 아니면 이를 즉시 구입할 수 있다면 쌀 생산기간은 이앙기를 생산해야 하는 기간만큼 단축된다. 농부는 이앙기가 어떻게 만들어졌는지를 알 필요가 없다.

행동하는 인간에게 현재 주어진 상황이 어떻게 기원되었는지 하는 역사적 회고는 어떤 의미도 갖지 못한다. 그에게 중요한 것은 현재 주어진 상황을 이용해 최선을 다해 현재의 불편함을 제거하고 미래의 목표로 나아가는 것이다. 행동하는 시점에서 그가 해야 할 일들 중의 하나는 다양한 생산기간들 중 하나를 선택

산요소로 일컫는다. 이들은 생산요소를 본원적 생산요소와 생산된 생산요소로 나눈다. 생산된 생산요소가 생산자재이다. 또 이들은 중간재를 자본재 또는 생산자재라 명시하고 있다(Mi. HA, 481 ; Ro, 368). 그러므로 미제스와 라스바드에게 있어서 생산자재는 생산요소의 일부이며, 그것은 자본재, 중간재와 동일한 의미의 용어이다. 그러나 하이에크(Hay, PP, 37)는 임금, 지대, 이자의 형태로 소득을 창출하는 요소들만을 생산요소라 부른다. 그러므로 그에게 있어서 생산요소는 노동과 토지의 본원적 생산요소와 자본만을 지칭한다. 이에 반해 소비자재의 생산에 직·간접적으로 동원되는 모든 재화들을 그는 생산자재라 부른다. 그리고 본원적 생산요소와 소비자재 사이에 있는 생산자재를 중간재라 했다. 그러므로 그에게 있어서 생산요소와 중간재는 다른 의미의 용어이며, 생산요소와 중간재를 통틀어서 생산자재가 된다. 하이에크의 정의에 따르면 중간재와 자본재가 어떻게 다른지 분명하지 않다. 그의 정의를 유추하면 중간재가 곧 자본재인 듯하다. 그렇게 되면 생산요소와 생산자재가 뒤엉켜지면서 그 구분이 모호해진다. 그래서 이 책에서는 미제스와 라스바드의 정의에 따른다.

하는 것이다.(Mi. HA, 477) 그러므로 행동하는 인간의 관점에서 볼 때 소비자재의 생산기간은 소비자재를 만들기 위한 어떤 행위가 시작되는 시점부터 소비자재가 만들어질 때까지의 기간이다.

소비자재 생산에 이르는 생산과정(production process)에 자본재 생산이 추가되기 때문에 생산구조(production structure)는 길어진다. 소비자재 생산에 자본재가 투입되면 자본재 생산에 시간이 소요되기 때문에, 자본재 투입 없이 동일한 소비자재를 생산하는 것보다 더 긴 시간이 소요될 수 있다. 그러나 자본재가 일단 제조되어 생산에 투입되면, 생산자로 하여금 도달하고자 하는 목표점에 더 가깝게 위치하게 한다. 이것은 자본재가 목표로 향하게 하는 방식들 중 가장 짧고, 그래서 가장 빠르게 도달하게 해주는 방식이 됨을 의미한다.(Mi. HA, 478~479 ; Ro, 537~538)

자본재는 생산구조를 길게 하지만, 생산자로 하여금 도달하고자 하는 목표점에 더 가깝게 위치하게 한다.

1.4 생산구조

시장경제의 생산구조는 수많은 생산자들이 헤아릴 수 없이 많은 생산공정으로 서로 얽혀 있다. 이들은 상호 의존적이고 보완적이면서 경쟁을 한다. 다양한 생산공정들은 서로 다른 생산기간을 갖고 있다. 시중에 파는 보잘것없어 보이는 연필 한 자루를 보아도 현대의 생산구조가 얼마나 복잡한지를 알 수 있다. 연필은 겉으로 보면 그 제조가 아주 단순해 보인다. 그러나 제조과정을 모두 추적해 보면 연필 한 자루가 생산되기 위해서 많은 자본재들과 사람들이 동원되었는지를 알 수 있다(프리드만, 34~36). 하나의 소비자재가 생산되기까지의 모든 생산단계들의 얼개를 이 소비자재의 생산구조라 한다.

연필 한 자루가 생산되는 과정을 상상하면, 현대경제의 생산구조가 얼마나 복잡다기한지를 짐작할 수 있다.

경제가 발전할수록 제품 생산에 동원되는 자본재들이 무수히 많아져 아주 복잡한 생산구조를 갖는다. 이것이 현대경제의 특징이다. 연필을 사용하고 있는 나와 벌목공이 얼마나 멀리 떨어져 있는지를 상상하면, 현대경제의 복잡한 생산구조를 실감할 수 있다.

2. 생산방식과 시간문제

2.1 요소서비스의 소유 주체에 따른 생산방식

생산요소들의 생산 참여는 요소소유자들이 기업을 공동소유하거나 자본가에게 자신의 생산요소 또는 요소서비스를 판매하는 방식으로 이루어진다.

생산요소는 노동, 토지, 자본재로 나뉜다. 생산요소들은 모두 그들의 서비스 제공으로 생산에 참여한다. 생산요소들이 생산에 참여하는 형태는 다음과 같이 세 가지로 나뉜다. 첫째, 자본가가 생산요소 자체를 구입해 이를 직접 소유하고서 이것의 요소서비스를 생산에 투입한다. 둘째, 자본가가 생산요소가 아니라 생산요소의 서비스를 구입하고서 이를 생산에 투입한다. 셋째, 요소소유자들 각자가 자신의 요소서비스에 대한 소유권을 유지한 채 이를 생산에 투입한다. 실제의 생산은 대체로 이 세 가지 방법이 어우러져서 이루어진다. 첫째와 둘째 방식에는 생산요소 또는 요소서비스를 구입하는 별도의 자본가가 존재해야 하지만, 셋째 방식에서는 모든 생산요소들이 기업을 공동소유하면서 직접 생산에 참여하기 때문에 자본가의 존재는 필요하지 않다.

노동은 노예제도가 실시되지 않는 한 자신을 제외한 어느 누구에게도 소유될 수 없다. 자유시장경제에서는 노동자가 자본가에게 자신의 노동서비스를 상호계약에 의해 제공하거나 직접 생산자로 참여하는 두 경우뿐이다. 전자는 노동자가 자본가에게 자신의 노동서비스를 판매하는 경우이다. 후자는 자신이 직접 사업을 독자적으로, 또는 다른 사람들과 함께 하는 경우이다. 이 두 경우는 현실 어디에서나 쉽게 찾아볼 수 있다.

토지와 자본재는 앞의 세 가지 방법 모두에 의해 생산에 참여할 수 있다. 자본가가 직접 토지와 자본재를 구입해 그것의 서비스를 생산에 투입할 수 있고, 토지 또는 자본 소유자가 그것을 그대로 소유하면서 자본가에게 그것의 서비스를 판매해 생산에 참여할 수 있다. 또는 토지 및 자본재 소유자가 스스로 시장을 전망하고서 생산제품에 대한 공동소유자로 생산에 직접 참여할 수도 있다. 자신의 장비를 소개하거나 좀더 적극적으로 많은 공장에서 사용되기를 바라는 마음에서, 장비를 직접 제공한 후 매출액에 따라 소득을 받겠다는 것이 바로 이런 경우이다.

2.2 생산과 시간문제

요소서비스를 누가 소유해 생산에 참여하는가에 따라 세 가지 형태의 생산방식이 가능하다고 했다. 생산방식을 이렇게 나누는 것은 경제학에서 이해하기 가장 어려우며 논쟁적인, 그렇지만 현대경제를 이해하는 데 핵심적인 시간문제를 본격적으로 도입하기 위함이다. 생산과 관련된 시간문제를 이해하는 것은 현대경제의 생산구조를 파악하고 분석하는 데 있어서 처음이자 끝이라 해도 과언이 아니다.

생산과 관련된 시간문제를 이해하는 것은 현대경제의 생산구조를 파악하는 핵심 열쇠이다.

요소서비스의 제공자는 자신의 서비스가 생산에 기여한 만큼 또는 사전에 이루어진 합의에 따라 화폐소득을 얻는다. 그러나 요소서비스를 누가 소유하느냐에 따라 요소소유자들이 소득을 받는 시점은 아래와 같이 달라지기 때문에, 여기에서 시간과 관련된 문제가 발생한다.

첫째, 요소소유자들이 생산요소 자체나 그것의 서비스를 자본가에게 판매하는 경우(아래에서 전자로 표현), 이들은 화폐소득을 생산이 시작되기 전에 자본가로부터 선불로 받는다. 이에 반해 요소소유자들이 요소서비스를 자본가에게 판매하지 않고 생산제품에 대한 공동소유자로 생산에 직접 참여하는 경우(아래에서 후자로 표현), 이들은 생산된 제품이 판매된 후 화폐소득을 받는다. 후자는 자본가가 존재하지 않는 경우이다.

둘째, 전자의 경우 요소소유자들은 현재소비를 제한해 저축할 필요가 없지만, 자본가는 현재에 노동과 토지, 그리고 자본재의 서비스를 구매하기 위해 현재의 소비를 억제하고 저축을 해야 한다. 반면에 후자의 경우에는 모든 요소소유자들이 직접 생산에 참여하기 때문에, 이들 모두는 현재소비를 제한하고 저축해야 한다. 왜냐하면, 생산에는 시간이 소요되고 자신이 갖고 있는 요소서비스를 생산에 투입하기 위해서는 그 시간에 이를 갖고 할 수 있는 것을 포기해야 하기 때문이다.

셋째, 전자의 경우 요소소유자는 일정 금액의 소득을 현재시점에서 자본가로부터 확실하게 받는다. 그러나 자본가는 선불한 금액을 보상받고도 자신의 대가를 받을 수 있을지 확실하지 않다. 왜냐하면 자본가는 생산된 제품이 팔릴지, 그리고 팔린다면 얼마에 팔릴지 현재시점에서는 모르기 때문이다. 만약 생산된 제품이 팔리지 않는다면 그는 적어도 요소서비스 구입을 위해 선불한 금액조차 전혀 보상받지 못한다. 여기에서 생산에서의 핵심적인 시간문제가 대두한다. 그것은 자본가는 요소서비스 구입비용을 현재 지불하고 미래에 제품을 판매한 후 소득을 획득한다는 점이다. 즉, 이 경우 요소소유자들에게는 시간문제가 발생하지 않지만 자본가에게는 시간문제가 발생한다.

후자의 경우 요소소유자들은 자신의 서비스를 소유한 채로 생산에 참여하고, 생산된 제품이 판매된 후 사전에 정해진 계약에 따라 자신의 몫을 받는다. 생산에 참여한 모든 요소소유자들은 자신의 소득을 제품판매 시점 이후에 획득하기 때문에, 전자의 경우처럼 자본가에게만 시간문제가 일어나는 것이 아니라 모든 요소서비스 소유자들에게 시간문제가 발생한다.

생산에서 시간문제의 핵심은 비용이 발생하는 시점과 수입을 거두는 시점이 다르다는 데 있다.

요약하면, 생산에서의 시간문제는 비용은 생산과 판매 과정에서 발생하고 수입은 판매가 완료되는 시점에서 일어나기 때문에 비용이 발생하는 시점과 수입을 거두는 시점이 다르다는 데 있다. 자본가가 존재하는 경우는 생산에 있어서 발생하는 시간문제를 자본가가 모두 떠안는 반면, 공동소유 기업의 경우는 생산의 시간문제를 모든 요소소유자들이 조금씩 나누어 떠안는다.

이 장에서는 먼저 공동소유 기업의 방식만을 취하는 경제의 생산구조와 소득흐름 과정을 살펴본다. 이것은 현실에서 그다지 있음직한 경우는 아니지만 생산구조와 소득분배의 흐름을 분명히 그리고 보다 쉽게 드러내 보여준다. 생산구조의 설명을 위해 공동소유 기업방식을 먼저 살펴보는 또 다른 이유는 이자율이라는 개념을 명시적으로[2] 도입하지 않아도 되기 때문이다. 현실에서 대체로 볼 수 있는 자본가가 존재하는 생산방식에서는 시간선호와 이자율이라는 생산에 있어서 핵심적인 내용을 다루어야 한다. 제18장에서 이를 자세히 다룰 것이다.

2. 자본가가 존재하지 않는 공동소유 기업에도 이자 개념은 존재한다. 제17장에서 이자에 관해 자세히 설명되겠지만, 이자란 현재소비를 억제하고 미래소득을 기다린 대가이다. 공동소유 기업에 참여하고 있는 요소소유자는 자신의 요소서비스를 자본가가 존재하는 다른 생산현장에 투입한다면, 현재 시점에서 화폐소득을 획득할 수 있다. 그는 이를 포기하고 자신의 공동소유 기업에 요소서비스를 투입하기 때문에, 그만큼의 현재소비를 포기한 것이나 마찬가지이다. 그는 현재소비를 포기하고 제품이 생산 · 판매되어 수입이 발생할 때까지 기다린 것이다. 그러므로 그가 판매수입 후 나누어 가진 소득에는 그만큼의 이자수입이 포함되어 있다고 보아야 한다. 단지 자본가가 없기 때문에 명시적으로 이자라는 개념이 등장하지 않을 뿐이다.

3. 공동소유 기업의 생산구조와 소득분배

3.1 공동소유 기업의 생산구조

요소소유자들이 각 생산단계에서 기업을 공동소유하면서 직접 가구 생산에 참여하는 [그림 16-2]의 예를 통해 생산구조와 소득분배의 흐름을 살펴보자. 가구라는 소비자재가 생산되는 과정을 가구로부터 거꾸로 짚어나가 보자. 가구를 만드는 데는 널빤지, 각목, 못, 나사, 니스, 톱, 대패, 망치, 노동자, 가구생산 장소 등이 필요하다. 이 모든 생산요소들의 소유자는 각기 다르다. 생산요소 소유자들은 모두 개별적으로 직접 생산에 참여하고 그 대가는 가구가 판매된 후 그들이 생산물에 기여한 만큼 화폐소득으로 받는다. 가구 생산요소들 중 널빤지, 각

그림 16-2

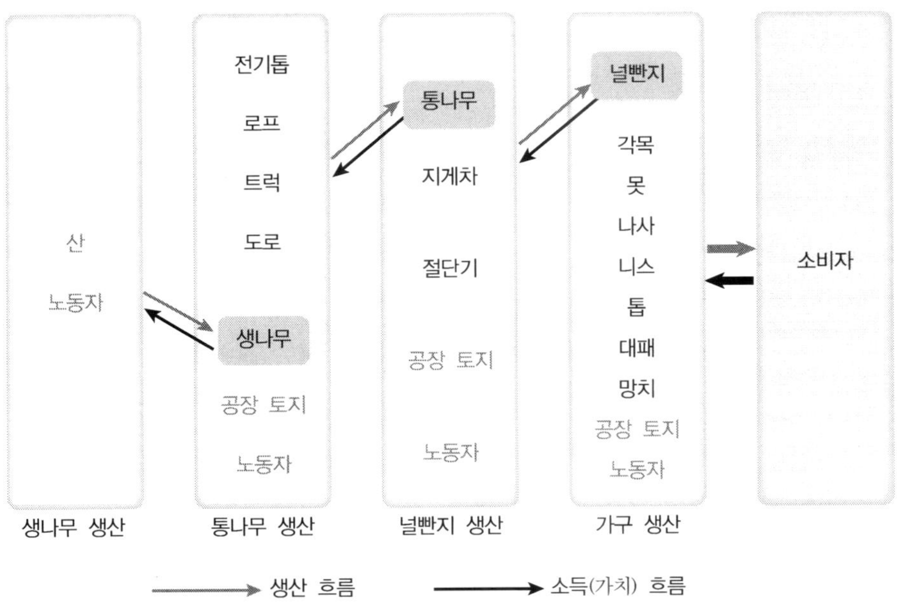

가구의 생산과정

그림은 가구 생산에 동원되는 모든 요소들 중 널빤지, 통나무, 그리고 생나무가 만들어지는 과정을 보여준다. 청색은 생산흐름을, 검은색은 소득흐름을 나타낸다.

목, 못, 나사, 니스는 가구 생산에 단 한 번의 서비스 제공으로 소진된다. 반면에 톱, 대패, 망치, 노동자, 생산 장소의 서비스는 한 번의 가구 생산에 완전히 소진되지 않고 여러 기간과 여러 용도에 걸쳐 반복적으로 사용될 수 있다.

가구 생산에 필요한 널빤지를 만드는 데는 통나무, 통나무를 운반하는 지게차, 전기톱이 설치된 절단기, 노동자, 제재소가 있어야 한다. 이 모든 생산요소들의 소유자는 각기 다르며, 개별적으로 널빤지 생산에 참여한다. 만들어진 널빤지는 가구의 원재료로 사용된다. 이 널빤지로 가구가 만들어지고 이 가구가 판매된 후에야, 요소소유자들은 역으로 거슬러 올라가면서 널빤지 생산에 기여한 만큼 또는 사전에 정해진 합의에 따라 화폐소득을 받는다.

널빤지 생산에 필요한 통나무를 만드는 데는 생나무, 전기톱, 로프, 노동자, 노동자의 기거를 위한 건물, 산에서 자연 그대로 자란 나무를 벌목해 제재소로 운반하기 위한 대형 트럭을 필요로 한다. 이 모든 생산요소들의 소유자들은 각기 다르며 개별적으로 생산에 참여한다. 그들의 대가는 가구가 만들어지고 판매된 후에야, 역으로 거슬러 올라가면서 통나무 생산에 기여한 만큼 또는 사전 계약에 따라 화폐소득을 받는다. 통나무 생산에 필요한 생나무를 키우는 데는 산과 산을 관리하기 위한 노동자만 있으면 된다. 더 이상의 자본재는 필요 없다고 가정한다. 그러면 이런 생산흐름의 추적은 생나무에서 그친다.

지금까지 본 것은 가구를 만들기 위한 생산요소들 중에서 널빤지만을, 널빤지를 위한 생산요소들 중에서 통나무만을, 그리고 통나무의 생산요소들 중에서 생나무만을 본 것이다. 우리는 생산요소에 관한 이런 추적을 모든 생산과정에 있는 모든 생산요소들에 대해서도 동일하게 적용할 수 있다. 예를 들어 널빤지의 생산에 투입되는 전기톱이 부착된 원목 절단기를 만드는 데 필요한 모든 생산요소들을 거슬러 추적할 수 있을 것이고, 가구의 생산요소인 망치가 만들어지는 전 과정들도 추적할 수 있다. 가구 생산에 필요한 모든 생산요소들의 과거를 이처럼 추적해 보면, 거기에는 연필의 제조과정과 마찬가지로 수많은 생산요소들이 얼기설기 엮여 간여되어 있음을 발견할 것이다.

생산요소들 중에는 과거로의 추적이 더 이상 필요 없는 생산요소가 있다. 그것은 본원적 생산요소인 노동과 토지이다. [그림 16-2]에서는 이를 청색으로 표시했다. [그림 16-2]에서 보는 바와 같이 가구라는 소비자재는 여러 생산단계를 거쳐서 생산된다. 이는 어떤 소비자재도 마찬가지이다. 따라서 소비자재는 여러 생산단계들의 누적으로 이루어진 결과물임을 알 수 있다. 각 생산단계는 과거로

소비자재는 여러 생산단계들의 누적으로 이루어진 결과물이다. 각 생산단계는 자본재와 본원적 생산요소로 분리해 살펴볼 수 있다.

그림 16-3

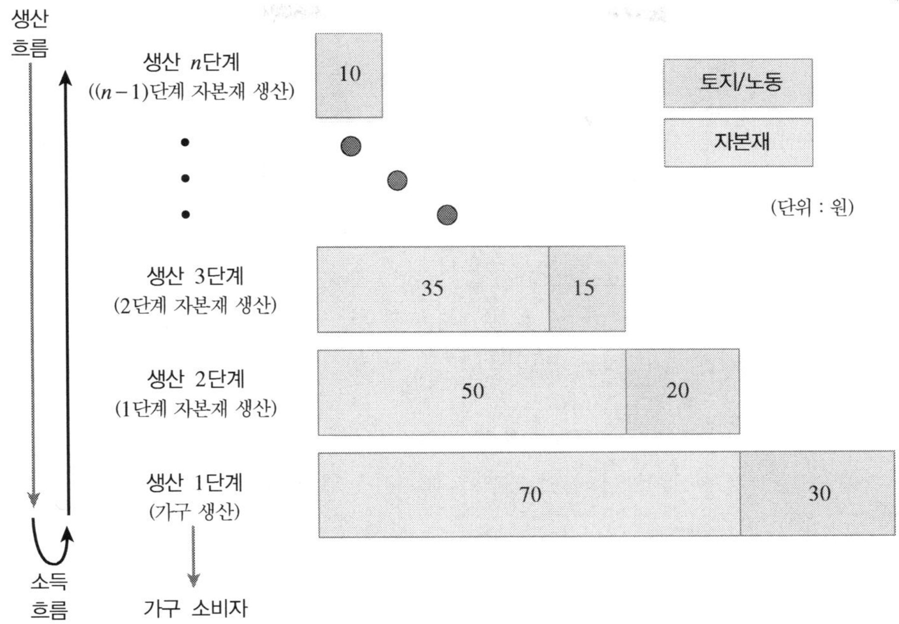

공동소유 기업의 생산구조에서 생산 및 소득의 흐름

소비자재가 생산되는 단계를 생산 1단계라 한다. 소비자재에 이르는 생산단계들을 거슬러 올라가면 논리적으로 노동과 토지만으로 자본재를 생산하는 단계에 이른다. 이 단계를 생산 n단계라 부른다.

부터의 누적된 결과인 자본재와 본원적 생산요소로 분리해서 살펴볼 수 있다. 각 생산단계를 통합하면 가구라는 소비자재가 생산되는 생산구조를 [그림 16-3]과 같이 일반화시켜 나타낼 수 있다.

최종적으로 소비자에게 판매되는 제품을 생산하는 단계를 생산 1단계라 한다. 그래서 소비자재를 일차재(一次財)라 부르기도 한다. 소비자재가 생산되기 위해 투입된 자본재를 생산하기 위한 단계를 생산 2단계라 하며, 2단계에서 투입된 자본재를 생산하는 단계를 생산 3단계라 한다. 생산 3단계에도 자본재가 투입되어야 한다면 이 자본재를 생산해야 하는 생산 4단계가 있을 것이다. 이 과정은 생산단계에 자본재가 투입되는 한 계속될 것이고, 그러면서 생산단계들이 위로 계속 쌓여갈 것이다. 이렇게 거슬러 올라가다 보면 논리적으로 노동과 토지에 의해서만 생산되는 자본재가 나타날 것이고, 생산단계는 여기에서 멈추게 된다. 그 단계를 생산 n단계라 한다. 소비자재를 일차재라 부른 것과 대응해, 소비자재를 생산하기 위해 쓰이는 모든 자본재들을 고차재(高次財)라 부른다. 고차재 중에서 소비자재의 근접성에 따라 2차재, 3차재 등으로 부른다. n차재는 소비자재에서 가장 멀리 떨어진 생산의 n단계에서 본원적 생산요소인 토지와 노동에 의해서만 생산되는 자본재이다. 모든 재화에 대해 이런 차수를 부여하는 것은 소비자재와 생산요소의 가치를 설명할 수 있는 이론적 토대를 갖추기 위함이다.

소비자재가 생산되기까지의 단계들을 계단식의 얼개로 나타낸 것이 해당 소비자재의 생산구조이다.

모든 소비자재들은 이런 생산단계들을 거쳐 생산된다. 생산단계들을 계단식의 얼개로 나타낸 것이 해당 소비자재의 생산구조이다. 생산 1단계를 제외한 모든 단계들에서 생산되는 것은 자본재이다. 그래서 생산구조를 자본구조라 말하기도 한다. $(n-1)$단계에 투입되는 자본재가 n단계에서 먼저 생산되고 그 자본재는 아래로 내려오면서 낮은 단계의 자본재 생산에 기여하며 이것이 궁극적으로 최종생산물인 소비자재 생산에 기여한다. 소비자재에 이르는 생산기간은 생산 n단계에서 1단계에 이를 때까지의 기간을 말한다.

생산 n단계와 1단계 사이의 모든 단계들에서 생산되는 것이 자본재이기 때문에, 생산구조를 자본구조라 말하기도 한다.

지금까지 요소소유자들이 각 생산단계에서 기업을 공동소유하면서 자신의 요소서비스를 직접 생산에 투입하는 경우의 생산구조를 살펴보았다. 위에서 보았듯이 하나의 가구 생산에는 토지와 노동만으로 생산하는 생산 n단계와 소비자재를 생산하는 생산 1단계 사이에 자본재 생산을 위한 단계들이 놓여 있다. 그런데 각 생산단계가 자본가 없이 생산이 이루어지기 위해서는 모든 생산단계들이 거대한 하나의 공동기업으로 통합되어야만 가능하다. 그래야만 모든 요소소유자들이 가구 생산에 직접 참여할 수 있다. 즉, 이 모든 생산단계들이 공동의 하나의 기업으로 수직적으로 통합되어 있어야 한다. 중간의 어느 생산단계에 있는 생산자가 바로 직전 단계의 자본재를 구매해 이를 생산에 투입한다면, 모든 요소소유자들이 가구 생산에 생산자로서 직접 참여하는 방식이 어그러진다. 그러므로 완전히 이런 생산방식으로 생산되는 소비자재는 현대경제에서 거의 찾아보기 어렵다.

각 생산단계가 자본가 없이 생산이 이루어지기 위해서는 모든 단계들이 거대한 하나의 공동기업으로 존재해야만 가능하다.

[그림 16-4]는 이를 그림으로 형상화했다. 왼편에 생산단계를 입체적으로 그린 주름진 플라스틱 용기는 하나의 공동기업이다. 이를 위에서 누르면 오른편 그림처럼 평면으로 납작해진다. 가장 바깥 원은 최종생산물인 소비자재를 나타내며 이를 제외한 모든 원들은 자본재이다. 그러나 자본재를 소유한 사람은 아무도 없다. 납작해진 각 주름 부분은 다양한 청색의 톤으로 채워져 있는데, 이는 생산에 참여한 본원적 생산요소인 토지와 노동의 서비스들이 생산에 기여한 부분이다. 이 서비스의 소유자들은 최종생산물인 소비자재의 공동 소유자이며 이들은 하나의 공동기업에서 함께 생산에 참여한다. 따라서 이 경우 생산구조는 그림의

그림 16-4

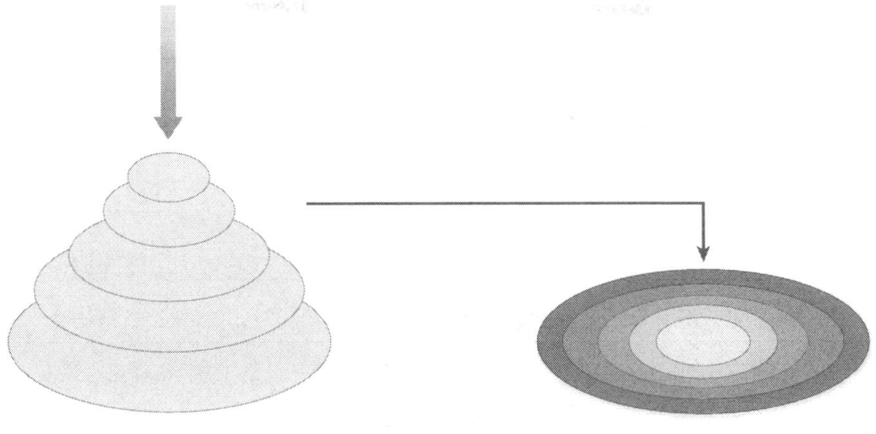

자본가가 존재하지 않는 생산구조의 형상화

생산요소 소유자들이 기업을 공동소유할 경우, 생산구조 단계들에 있는 각각의 기업들(오른편 그림)은 결국 하나의 거대한 공동소유 기업(왼편 그림)이 될 수밖에 없다.

왼편처럼 생산단계들이 여러 겹으로 쌓여 있는 것보다 오른편 그림처럼 하나의 단계로 보는 것이 더 적합하다.

3.2 공동소유 기업의 소득흐름

가구라는 하나의 소비자재가 생산되는 데 필요한 모든 생산단계들에 직접 참여한 모든 요소소유자들은 최종적으로 생산된 소비자재의 공동소유자가 된다. 이들은 가구가 소비자에게 팔린 후에야 비로소 그들이 생산에 기여한 만큼 대가를 화폐소득으로 받는다. 그 대가의 배분은 사전에 모든 요소소유자들 간에 이루어진 계약에 따를 것이다. 계약이 소비자재 생산에 가까운 순서대로 판매수입을 분배하도록 체결되었다면, 요소소유자들에게 분배되는 소득의 흐름은 생산의 흐름과 반대 방향이 된다. 소비자재가 팔리면 먼저 생산 1단계의 생산요소 소유자들이 제일 먼저 소득을 수령한다. 이 단계에 있는 노동과 토지 소유자들은 자신의 소득을 그대로 챙겨간다. 그러나 자본재는 이것을 생산한 요소소유자들, 즉 그 위의 생산단계인 2단계의 요소소유자들과의 공동소유물이다. 자본재에 돌아간 몫은 사전의 합의에 따라 이들에게 나눠게 된다. 2단계에 있는 자본재는 다시 상위의 3단계 요소소유자들과의 공동소유물이기 때문에 자본재에 돌아간 몫이 그들에게 또 나뉜다. 이렇게 거슬러 올라가면서 모든 요소소유자들은 사전의 합의에 따라 자신의 몫을 갖게 된다. 생산구조의 최초 단계인 n단계에는 노동과 토지 소유자들만이 존재하고, 이들에게 $(n-1)$단계에서 주어진 자본재 몫이 합의에 따라 나뉘면서 소비자재 판매수입의 소득분배는 끝난다.

[그림 16-3]에 금액을 예로 들어 이런 소득흐름을 나타내었다. 가구가 100만원에 팔렸다. 판매대금 100만원은 먼저 생산 1단계에 있는 노동과 토지 소유자들에게 30만원이 돌아가고 나머지 70만원은 이 단계에 투입된 자본재 소유자들에게 돌아간다. 1단계의 자본재 소유자들은 그들이 받은 화폐소득을 이 자본재를 생산하기 위해 투입된 생산 2단계의 요소소유자들에게 분배한다. 70만원에서 본원요소 소유자들에게 20만원, 이 자본재를 생산하기 위해 동원된 2단계의 자본재 소유자들에게 나머지 50만원이 지불된다. 50만원을 받은 자본재 소유자들은 이 자본재가 생산되기 위해 투입된 생산 3단계의 요소소유자들에게 이 돈을 분배한다. 본원요소 소유자들에게 15만원, 자본재 소유자들에게 35만원이 분배된다. 이렇게 해서 거슬러 올라가다 보면 마지막 생산 n단계에 이른다. 여기에는 본원적 생산요소만 남아 있고 이 소유자들에게 모든 소득이 분배된다. 그림에서 이 금액은 10만원이다.

소비자재의 판매수입은 모든 생산단계들에 참여한 본원적 요소소유자들에게 귀속된다. 그러므로 소비자재가 팔리지 않는다면 이들의 소득은 0이 된다.

가구가 소비자에게 판매된 후 판매대금이 요소소유자들에게 분배되는 과정을 보면, 자본재에 분배된 소득이 결국 본원적 생산요소인 노동과 토지 소유자들에게 모두 귀속됨을 알 수 있다. 그래서 자본재 소유자들에게 돌아가는 몫은 전혀 없다. [그림 16-3]에서 생산 3단계와 n단계 사이를 나타내지는 않았지만 그 단계들을 추적하면, 각 생산단계의 노동과 토지 소유자들에게 분배된 금액들의 합계가 가구 판매대금과 일치한다. 즉,

$$30\text{만원} + 20\text{만원} + 15\text{만원} + \cdots\cdots + 10\text{만원} = 100\text{만원}$$

생산구조와 소득흐름에서 보았듯이, 소비자재의 판매수입은 상위의 자본재 수입으로 거슬러 올라가면서 본원적 생산요소인 노동과 토지로 모두 귀속된다. 원시경제나 현대경제의 서비스산업에서 간혹 볼 수 있는 바와 같이 자본재의 도움을 거의 받지 않은 채 소비자재가 생산되는 경우, 소비자재 판매수입의 대부분은 소비자재 생산단계에 있는 노동과 토지 소유자들의 소득으로 돌아간다. 그러

나 현대경제에서 자본재의 도움 없이 생산되는 소비자재는 거의 찾아볼 수 없다. 예를 들어 전문직에 종사하는 의사나 변호사와 같은 개인을 보더라도 이들은 벌거벗은 인간 그 자체가 아니다. 우리는 이들이 원자재를 거의 투입하지 않고 돈을 벌기 때문에 수입 대부분을 소득으로 가져간다고 생각한다. 그들은 고소득자로 많은 사람들의 부러움을 산다. 그러나 그들은 전문적인 지식을 획득하기 위해서 많은 자본재들을 미리[3] 구입했고 그들이 벌어들이는 소득의 상당부분은 미리 구입한 자본재들의 소득으로 흘러들어 간 것으로 보아야 한다.

소득은 소비자재가 판매되고 난 후, 생산단계를 거슬러 올라가면서 요소소유자들에게 순차적으로 분배된다. 이렇게 분배되는 것은 요소소유자들 모두가 공동소유자로 생산에 직접 참여했기 때문이다. 소비자재 생산에 참여한 모든 요소소유자들은 소비자재가 팔릴 때까지 그들의 대가에 대한 불확실성과 기다림 속에 놓이게 된다. 특히 소비자로부터 멀리 떨어진 생산단계의 요소일수록 자신의 대가에 대한 불확실성과 기다림이 더욱 커진다. 불확실한 미래를 더 오래 기다려야 자신의 대가를 받기 때문이다. 만약 생산된 소비자재가 소비자에게 팔리지 않는다면 여기에 참여한 모든 요소소유자들은 돈 한푼도 받지 못한다.

이것은 제17장에서 설명될 시간선호 및 이자와 관련해 매우 중요한 사실을 함축한다. 현대경제에서 요소소유자들은 생산자로 직접 생산에 참여하기보다 그들의 생산요소 또는 요소서비스를 자본가에게 판매하고, 자본가는 이 요소들을 결합해 생산한다. 이 경우, 각 생산단계에서 생산된 제품이 다음 단계의 생산자에게 판매됨으로써 거래가 그 단계에서 종결된다. 요소소유자들은 소비자재가 판매되기 전에 현금으로 그들의 생산요소에 대한 대가를 받는다.

현대경제는 생산을 어떤 방식으로 하든지 자본재가 생산되며, 자본재가 축적되는 과정이다. 자본재가 생산된다고 해서 자본가 계층도 항상 존재해야 하는 것은 아니다. 이 장에서 보았듯이, 모든 요소소유자들이 생산자로 직접 참여하는 경우 자본가의 존재가 필요 없다. 그러나 이것은 현실에 그다지 존재하지 않는 생산방식이다. 요소 자체나 요소서비스를 구입하는 생산방식에서는 이를 위한 주체가 있어야 하고, 그 주체를 우리는 자본가라 한다. 이와 함께 여기에서는 이자 개념이 명시적으로 등장한다. 자본가와 이자가 등장하는 현실의 경제는 이어지는 제17장과 제18장에서 자세히 설명된다.

3. 이것은 의사나 변호사가 자본가 역할을 함을 의미한다. 이에 대해서는 제17장에서 상술될 것이다.

생각하기

01. 방학을 맞아 많은 대학생들은 이런저런 이유로 편의점이나 음식점 등에서 아르바이트를 한다. 이들은 하루 8시간을 일하더라도 4만원 받기가 어렵다. 이에 반해 해외에서 큰 활약을 한 야구선수 박찬호나 축구선수 박지성은 일주일 두 시간 정도 그라운드에 나서도 1억원이 넘는 금액을 손에 쥘 수 있었다. 이로부터 가치는 누구로부터 창출된다고 생각되는가? 소비자인가, 생산자인가?

02. 생산요소와 관련된 아래 질문에 답하라.

(1) 우리는 생산요소를 자본재, 생산자재, 중간재와 함께 어지럽게 사용하고 있다. 이들 개념을 각각 비교하면서 생산요소를 정의하라.
(2) 요소서비스를 누가 소유하느냐에 따라, 생산방식을 3가지 유형으로 구분한다. 이 3가지 유형을 설명하라.
(3) 생산에서의 시간문제란 무엇인가?

03. 생산구조란 무엇이며, 이를 자본구조라 부르기도 하는 이유를 설명하라.

04. 자본가가 존재하지 않는 생산구조에서는 생산흐름과 소득흐름이 일치하는가?

05. 경제학의 오랜 논쟁들 중의 하나가 임금의 원천에 관한 것이다. 고전파 이론은 임금의 원천은 자본이라고 보고 있는 반면, 헨리 조지(Henry Georgy), 클락(B. Clark) 등은 임금은 소비에서 나온다고 했다(Ro, 479). 여러분은 어느 쪽을 지지하는가?

시간시장의 기초 개념

Human centered

Principles of Economics

ch. seventeen

1

7

일반적으로 시장에서는 어느 한 개인이나 한 집단이 생산요소들 또는 이것들의 서비스를 구매하고 자신의 생산요소들을 함께 투입해 생산활동을 한다. 이 개인이나 집단이 자본가이다. 자본가가 존재할 때 요소소유자들의 소득획득 시점은 기업을 공동소유할 때와는 다르다. 이것이 두 생산방식을 구분짓는 핵심이다. 요소소유자들이 기업을 공동소유하면서 생산에 직접 참여할 때, 이들은 제품이 생산되어 판매된 후에야 비로소 소득을 가져갈 수 있다. 그러나 자본가가 생산을 주도할 때, 이들은 생산요소 또는 그것의 서비스를 생산이 시작될 무렵에 자본가에게 팔고 소득을 획득한다. 이들은 제품이 생산되어 판매되기 이전에 소득을 획득하기 때문에, 소득 획득과 관련된 제품의 생산 및 판매에 대한 불확실성이 전혀 없다. 그 불확실성은 제품이 생산되기 전에 요소소유자들에게 현금으로 소득을 지불해야 하는 자본가가 모두 떠안는다. 그러므로 자본가에게는 현재(요소소득 지불시점)와 미래(제품 판매시점)라는 시간의 문제가 대두된다. 이 시간의 문제는 현대경제를 올바르게 이해하는 데 가장 중요한 열쇠이다.

이 장에서는 먼저 시간시장과 관련된 기초적인 개념들을 설명하고, 제18장에서는 자본가가 요소서비스를 구매해 제품을 생산하는 일반적인 생산구조를 설명한다. 이를 통해 요소소득이 분배되는 과정을 살펴본다. 그리고 제19장에서는 이 장들을 기초로 해서 이자율 결정과정을 설명한다.

1. 항등순환경제

1.1 항등순환경제의 개념

모든 부문이 경쟁과정을 통해 최종적으로 균형을 이루어 외부의 충격이 없는 한 그 상태에서 매 기간 동일하게 순환하는 경제를 항등(恒等, always evenly)순환(循環, rotating)경제라 한다.[1] 동일하게 순환한다는 것은 동일한 행위가 동일한 결과를 만들어냄을 말한다. 동일하게 순환하는 만큼 이런 경제에서 미래의 불확

1. 항등순환경제에 대한 추가적인 개념은 (Hay, PP, 40)을 참조하라.

실성이란 존재하지 않는다. 미래의 불확실성이 존재하지 않기 때문에, 불확실성에서 오는 위험과 기회도 없다. 외부의 충격이 없다는 것은 경제 내의 모든 환경, 즉 기술수준이나 제도, 개인의 선호구조, 부존자원 등뿐만 아니라 경제 외의 정치적·사회적 환경이 변하지 않는다는 것을 말한다. 항등순환경제는 균형에 도달할 때까지 경쟁과정을 거쳤고, 이 상태에 도달하면 더 이상의 경쟁은 불필요하다. 항등순환경제에서의 각 요소들은 경쟁을 통해 자신의 능력을 마음껏 발현했음을 전제로 한다.

모든 부문이 경쟁과정을 통해 최종적으로 균형을 이루어 외부의 충격이 없는 한 그 상태에서 매기간 동일하게 순환하는 경제를 항등순환경제라 한다.

1.2 항등순환경제 개념 도입의 이유

현실 세계에서는 최종 균형상태의 항등순환경제는 존재하지 않는다. 주어진 조건들이 변하지 않는 순간이란 상상할 수 없기 때문이다. 조건의 변화는 최종 균형상태의 도착지를 변경시킨다. 환경의 변화가 쉼없다는 것은 결국 최종 균형상태가 없다는 말과 다를 바 없다. 그럼에도 불구하고 우리는 현실경제를 설명하기 위해 항등순환경제의 개념을 사용할 것이다. 모든 변화가 빠져나간 세상을 가정함으로써 그 세상의 사실을 발견할 수 있기 때문이다.

항등순환경제의 개념은 비현실적인 가정들 위에 세워진 '완전경쟁' 이라든지, '무한히 작은', '무차별(indifferent)' 이라는 개념들과는 다르다. 이런 개념들이 인간 행위와는 전혀 관련이 없는 것들인 데 반해, 항등순환경제의 개념은 인간 행위로부터 나오는 시장의 힘 속에서 세워진 개념이다. 왜냐하면 항등순환경제로 향하고자 하는 시장 내의 힘은 항상 존재하기 때문이다. 단지 항등순환경제가 존재하지 않는 것은 환경의 변화로 인한 최종 균형의 도착지가 계속 변하기 때문이다. 그러므로 이 개념은 현실적으로 중요한 개념이다. 우리는 종종 완전경쟁의 상태를 이상적인 상태로 간주한다. 그러나 항등순환경제는 결코 이상적인 경제 상태를 의미하는 것이 아니며, 단지 주어진 여건이 변하지 않는다면 나타나는 하나의 균형상태에 불과하다.

항등순환경제라는 개념을 도입하는 것은 미래의 핵심 속성인 기다림과 불확실 중에 불확실성 요인을 제쳐놓고 기다림만을 들여다보기 위함이다.

항등순환경제는 외부의 충격이 없는 한 더 변화될 여지가 없는 세계이다. 이곳에서는 모든 것들이 동일하게 반복되기 때문에 불확실성이 없다. 우리가 항등순환경제를 설명하는 것은 생산과정과 시간시장, 그리고 이자율의 개념을 설명하기 위해 이를 보조적인 도구로 사용하기 위함이다. 미래는 기다림과 불확실성의 두 가지 시간적 속성을 갖고 있다. 기다림은 이자의 요소를 낳고, 불확실성은 이윤과 손실의 요소를 잉태한다. 전자는 시간시장과 관련되어 있고, 후자는 기업가 정신으로 이어진다. 미래는 기다림과 불확실성의 두 요소로 뒤얽혀 있어 명료하게 분석하기 어렵다. 그래서 우리는 시간시장만을 분석하기 위해 항등순환경제를 가정하는 것이다. 항등순환경제에는 불확실성이 존재하지 않기 때문에, 미래의 핵심적인 두 속성인 기다림과 불확실성 중에 불확실성 요인을 일단 제쳐놓고 기다림만을 들여다볼 수 있다. 기다림의 속성을 분석함으로써 시간시장과 이자율의 관계를 명료하게 이해할 수 있게 된다.

1.3 자본가와 기업가의 구분

자본가와 기업가는 함축하고 있는 의미에서 다르다. 자본가는 노동과 토지, 그리고 자본을 규합해 다음 단계의 생산자재 또는 소비자재를 만들어내는 사람이다. 그렇기 때문에 그는 최종 생산물의 소유자이고 이를 생산하기 위해 투입되어야 할 생산요소의 서비스들을 구매하는 사람이다. 이를 위해 그는 현재 소비를 억제해 화폐자본을 축적해야 하는 자이기도 하다. 요소서비스는 다음에 곧 설명되겠지만 미래재이다. 자본가는 미래재인 요소서비스를 현재에 구매해 이를 생산에 투입하고서 미래에 제품을 만들어내고 이를 판매한다. 이 대가로 그는 이자를 소득으로 받는다. 요약하면, 자본가는 미래재인 요소서비스를 현재에 구매해 제품의 생산과 판매 때까지 기다린 대가로 이자를 받는 사람이다. 그러므로 자본가를 자본재를 소유한 사람으로 정의하는 것은, 그리고 자본재의 대가가 이자라는 것은 자본가의 핵심 기능을 좁게 해석하거나 이자 개념을 잘못 이해하는 데서 비롯된 것이다.

자본가는 미래재인 요소서비스를 현재에 구매해 제품의 생산과 판매 때까지 기다린 대가로 이자를 받는 사람이다.

자본가는 생산요소 자체를 구매할 수도 있다. 이것은 생산요소가 제공할 수 있는 서비스 전체를 소유함을 의미한다. 자본가가 생산요소 서비스만을 구매하든 아니면 그 자체를 구매하든 자본가의 본질에는 변함이 없다. 이 장에서는 자본가가 요소 자체가 아니라 요소서비스만을 구입하는 것을 가정해 생산구조를 설명한다. 자본재, 노동, 토지 중 자본재는 그 자체로 구입하고 노동과 토지는 그것의 서비스로 구매해 생산하는 자본가를 순수자본가(pure capitalist)라고 한다. 그래서 자본재를 소유한 자를 자본가라 할 때, 그때의 자본가는 순수자본가를 말한다. 현실에서 쉽게 볼 수 있는 자본가는 자본재와 토지를 구입하고 노동에 대해서는 그것의 서비스를 구입하는 자이다.

자본가는 실제에 있어서 자신이 소유하고 있는 생산요소들도 생산에 투입한다. 그러나 여기에서는 자본가가 생산에 필요한 요소서비스들을 구매하지만 자신의 생산요소는 갖고 있지 않다고 가정한다. 자신의 생산요소도 생산에 투입하는 일반적인 자본가를 가정하더라도 분석의 결과는 전혀 다를 바 없다. 단지, 자본가 자신의 생산요소 서비스는 생산에 직접 투입되기 때문에, 이에 대한 소득은 앞 장의 생산구조와 비슷하게 제품이 생산되어 판매된 후에 그에게 분배된다는 점만을 고려하면 된다.

누군가가 혼자서 자신의 요소서비스만을 투입해 기업을 설립할 경우, 그를 자본가라고 할 수 있는가? 아니면, 그가 요소서비스를 구매하기 위해 현재재를 선불(先拂, advance the money)하는 행위를 하지 않기 때문에 그를 자본가라고 할 수 없는가? 그도 자본가로 보는 것이 옳다. 왜냐하면 그는 자신의 요소들을 규합해 제품을 생산하기 때문이다. 자신의 요소들이기 때문에, 생산 시작 시점에 이것들의 구매를 위해 현재재를 지급하는 과정을 거치지 않았을 뿐이다. 그는 생산된 제품이 판매된 후, 이자와 함께 생산 시작 시점에 받지 않은 현재재를 받는다. 이것은 소비를 억제하며, 비록 자신의 요소서비스이긴 하지만 이를 현재에 구매해서 제품을 생산 · 판매한 후 이자를 받는 것과 마찬가지이다. 1인 경제인 로빈슨 크루소의 경우, 소비를 억제하고 자신의 노동을 투입해 낚싯대를 만든다면 그 역시 자본가이다.

누군가가 자신의 요소만으로 기업을 설립할 경우, 그는 자본가이다. 그러나 여러 요소소유자들이 공동으로 기업을 설립할 경우, 이들 각자를 자본가라고 할 수 없다.

여러 요소소유자들이 공동으로 기업을 설립할 경우, 이들 모두를 자본가라고 할 수 있을까? 이들 각자는 생산에 투입하는 자신의 요소서비스만큼 소비를 억제했고 이에 따라 그만큼의 이자의 개념이 존재한다. 그러나 어떤 경우에도 자본가는 요소서비스들을 규합해 생산에 임하는 사람이며, 이를 위해 요소서비스들을 선불로 구매해 요소소유자들이 겪을 수 있는 시간문제를 떠안는 사람이다. 이런 점에서 이 경우의 요소소유자들 각자는 자본가라고 할 수 없다.

현실에서는 토지소유자, 노동자, 자본가와 같이 어떤 독립적인 계급이 존재하지 않는다. 토지소유자와 노동자로부터 분리된 자본가라는 특별한 계급은 없다. 모든 자본가는 노동자나 토지소유자일 수 있다. 이것은 또한 토지소유자나 노동자는 원하기만 하면 자본가가 될 수 있으며 그 반대도 될 수 있음을 의미한다. 뿐만 아니라 생산주체인 토지소유자와 노동자, 그리고 자본가 모두는 삶을 영위하는 소비자이기도 하다.

기업가는 기업가정신을 가진 자본가이다. 기업가정신은 미래의 불확실성 속

기업가는 기업가정신을 가진 자본가이다. 기업가정신은 미래의 불확실성 속에 존재하는 기회를 추구하는 정신이다.

에 존재하는 기회를 추구하는 정신이다. 그 속에서 이윤과 손실이 발생한다. 그러므로 이윤과 손실은 기업가에게 해당되는 개념이다. 기업가는 자본가의 역할을 당연히 수행하면서, 불확실성 속에 존재하는 기회를 노리는 사람이다. 따라서 모든 불확실성이 사라지는 항등순환경제에서는 기업가 또는 기업가정신은 사라지지만, 자본가는 여전히 존재한다. 항등순환경제를 전제로 하면서 생산구조를 설명하는 이 장에서는 자연히 기업가는 없고 자본가만 있다. 물론 미래의 불확실성이 항상 존재하는 현실경제에서의 자본가는 동시에 기업가이다. 요약하면, 자본가는 현재의 소비를 억제해 축적한 현금을 갖고 생산요소 서비스들을 구매해 제품을 생산하는 사람이다. 기업가는 여기에서 더 나아가 미래의 불확실성에 도전하는 사람이다. 그러므로 자본가는 현재소비를 억제한 대가만을 받는 반면, 기업가는 여기에다 불확실성에 도전한 대가도 받게 된다.

2. 시간시장

2.1 현재재와 미래재

현재재란 현재소비를 위해 처분 가능한 재화를 말한다. 미래재는 미래의 어떤 시점에 가서 현재재로 될 것이라고 지금 기대되는 재화이다.

시간시장은 다른 재화의 시장과 마찬가지로 시간을 사고파는 시장이다. 시간을 사고판다는 것이 의아하게 들릴지 모르나, 그것은 시간과 연계되는 재화를 사고판다는 것을 의미한다. 시간과 연계된 재화는 현재재(present goods)와 미래재(future goods)로 나뉜다. 현재재란 현재[2]소비를 위해 처분 가능한 재화를 말한다. 미래재는 미래의 어떤 시점에 가서 현재재가 될 것이라고 기대되는 재화이다. 대부시장에서의 차용증서나 자본가에게 판매된 생산요소 서비스는 미래재이다. 차용증서는 미래의 어떤 시점에 그것을 제시하면 빌려준 돈이나 물건을 돌려받는다는 약속증서로서 미래재이다. 자본재를 비롯한 모든 생산요소들의 서비스는 미래에 산출물로 구체화되기 때문에 미래재이다. 그러므로 소비는 현재재를 수요하는 행위이고 투자는 미래재를 수요하는 행위이다. 미래재를 수요하는 것은 곧

2. 시간 배열에서 현재란 과거와 미래의 경계를 설정하기 위한 가상적인 개념에 불과하다. 현재의 지금은 연속적으로 과거로 이행하는 순간에 불과하며 단지 기억 속에 남아 있을 뿐이다. 그러나 행동은 순간을 활용해 현실을 구체화시키기 때문에 현재 속에서의 행위 그 자체를 말한다. 어떤 행동도 현재를 개선해 보다 나은 미래를 얻기 위함이기 때문에, 현재는 행위자에게 실질적인 기회와 과제를 제공한다.(Mi, HA, 100~101)

현재재를 공급하는 것과 동일한 의미이기 때문에, 투자는 현재재를 공급하는 행위이기도 하다.

2.2 시간시장과 화폐시장의 구분

화폐는 이것의 소유자가 원하는 때에 언제라도 그것을 소비자재와 교환할 수 있기 때문에 가장 대표적인 현재재이다. 그렇다고 해서 현재재를 화폐와 동일시해서는 안 된다. 현재재는 현재의 소비와 관련된 개념이다. 화폐소득은 소비와 투자, 그리고 현금잔고로 지출된다. 항등순환경제에서 미래의 불확실성에 대비하고자 하는 현금잔고는 존재하지 않기 때문에, 현재재로서의 화폐수요는 소비와 일치하고 현재재로서의 화폐공급은 투자와 일치한다. 그러나 현실의 경제에서는 현금잔고가 존재한다. 현금잔고의 존재는 시간시장을 바라보는 논리를 혼동하게 만든다. 현금잔고의 수요가 마치 현재재의 수요로 비쳐지기 때문이다. 그러나 현금잔고는 현재의 소비와는 관련이 없기 때문에, 현금잔고의 수요는 현재재의 수요가 아니다. 그것은 화폐수요로 취급되며 시간시장이 아니라 화폐시장에서 다루어질 문제이다. 현재의 소비와 관련된 화폐만이 현재재이다.

화폐는 이것의 소유자가 원하는 때에 언제라도 그것을 소비자재와 교환할 수 있기 때문에 가장 대표적인 현재재이다.

현금잔고는 현재의 소비와는 관련이 없기 때문에, 현금잔고에 대한 수요는 현재재의 수요가 아니라 화폐수요로 취급된다.

모든 거래가 화폐를 매개로 해서 이루어지는 화폐경제는 모든 재화나 용역의 가격을 화폐 단위로 표현한다. 현재재와 미래재도 화폐 단위로 표현될 수 있기 때문에, 화폐는 시간시장의 분석을 용이하게 해준다. 현재재와 미래재를 화폐 단위로 표현한다고 해서, 시간시장이 화폐가 거래되는 시장이 아님을 유의해야 한다. 시간시장은 현재재와 미래재가 교환되는 시장이며, 이것은 뒤에서 자세히 살펴보겠지만 결국 현재재와 미래재에 관련된 시간을 사고파는 시장이다. 화폐를 사고파는 곳은 화폐시장이다. 그래서 미래재를 화폐 단위로 표현할 때, 우리는 일정 시점을 화폐 단위로 나타낸 미래재 앞에 붙인다. 예를 들어 '1년 뒤 백만원' 과 같은 표현을 사용한다. 이것은 백만원의 처분 가능한 시점이 1년 뒤란 뜻이다.

2.3 시간시장의 구성

2.3.1 대부와 생산

현재재와 미래재의 교환이 이루어지는 곳이 시간시장이라고 하면, 먼저 떠오

시간시장은 대부시장과 생산의 시간시장으로 구성된다.

르는 것이 돈을 빌리고 빌려주는 대부시장(loan market)이다. 대부시장은 돈을 빌려주는 사람(대부자, 채권자)이 차용증서를 받고서 돈을 빌리려는 사람(차입자, 채무자)에게 사용기간이 한정된 현금을 빌려주는 시장이다. 즉, 현금이라는 현재재와 차용증서라는 미래재가 교환되는 시간시장이 대부시장이다. 대부자는 현금이라는 현재재의 공급자이고, 차입자는 차용증서라는 미래재를 공급하는 사람이다. 이를 수요자 입장에서 보면, 대부자는 미래재인 차용증서의 수요자이고 차입자는 현재재인 현금의 수요자이다.

대부시장은 대부자와 차입자 사이에 일어나는 시간시장이고, 생산의 시간시장은 요소소유자와 자본가 사이에 일어나는 시간시장이다. 생산의 시간시장이 시간시장을 지배한다.

대부시장 말고도 경제에 광범위하게 스며들어 있는 시간시장이 있다. 그것은 생산 자체에 존재하는 시간시장이다. 자본가는 요소서비스를 규합해 생산에 임한다. 이를 위해 그는 제품이 생산되어 판매수입을 거두기 전에, 요소서비스를 구매해야 한다. 요소소유자들은 소득을 선불(先拂)받고 자신의 요소서비스를 자본가에게 제공한다. 생산을 시간시장이라 하는 것은, 이처럼 요소소유자들은 현재재를 수요하고 미래재를 공급하며, 자본가는 현재재를 공급하고 미래재를 수요하기 때문이다. 요소소유자들은 미래재인 자신의 요소서비스들(자본재서비스, 노동서비스, 토지서비스)을 내놓고 현재재인 현금을 소득(자본재임대료, 임금, 토지임대료)으로 수령한다. 반면에 자본가는 그의 현금을 내놓고 미래재인 요소서비스들을 구매한다. 자본가가 요소소유자들에게 선불하는 현금은 투자이다. 자본가의 투자는 어떤 형태로든 저축자로부터 나온다. 그것이 자본가 자신의 저축이든, 아니면 다른 사람들의 저축이든 상관없다.[3]

그러므로 현실의 시간시장은 대부과정과 생산과정에서 형성된다. 생산의 시간시장은 대부시장과 같이 포착하기 쉬운 시간시장이 아니다. 그래서 시간시장이라 하면 으레 대부시장만을 생각한다. 그러나 규모면에서 생산의 시간시장이 대부의 시간시장을 압도한다. 복잡한 경제의 모든 생산구조에 시간시장이 스며있기 때문이다. 일반인들은 눈에 띄는 대부시장만을 시간거래로 인식하지만, 눈에 띄지 않는 생산구조야말로 시간시장을 지배하는 시간거래가 일어나는 곳이다.

3. 시간시장에서 저축은 미래의 수익을 위해 현재재인 현금을 포기하는 행위이다. 미래의 수익을 내기 위해서 그것은 어떤 형태로든 투자되어야 한다. 저축된 돈이 대부시장으로 흘러들어 가든, 생산을 위해 요소서비스 구입을 위해 사용되든 그것은 미래 수익을 위한 것이기 때문에 투자이다.

2.3.2 대부시장과 생산의 시간시장의 차이

대부시장과 생산의 시간시장에는 다음과 같은 세 가지 큰 차이가 있다. 첫째, 대부시장에서의 현금(현재재)과 차용증서(미래재)의 거래는 돈을 빌린 사람이 빌려준 사람에게 그 돈을 갚아야만, 이 두 사람 간의 거래가 종결된다. 그러나 생산에 스며들어 있는 시간시장에서는 대부시장과는 달리 자본가가 요소소유자들에게 그들의 소득을 선불하는 순간 거래가 종결된다. 생산에는 대부시장의 경우처럼 신용거래가 없기 때문이다. 둘째, 대부시장에서는 채무자가 돈을 갚을 때까지 채권자는 막연히 기다리는 일뿐이지만, 생산의 시간시장에서는 자본가가 판매수입을 거두어들이기 전까지 요소서비스들을 결합하여 생산행위를 한다.

대부시장에서 시간거래는 차입자가 대부자에게 빌린 현금을 갚아야만 거래가 종료되나, 생산의 시간시장에서는 자본가가 요소소유자에게 현금을 소득으로 지불하는 순간 거래가 종결된다.

셋째, 대부시장에서의 불확실성은 돈을 빌려준 사람에게만 존재한다. 그것은 빌린 사람이 그 현금을 갚지 않을지도 모른다는 불확실성이다. 생산에서의 불확실성은 요소서비스의 대가로서 현금을 이미 확보한 요소소유자들에게는 없다. 불확실성은 요소서비스라는 미래재를 구입한 자본가에게만 있다. 그것은 구입한 요소서비스로 생산이 잘 진행될지, 생산된 제품이 판매될지, 판매된다면 얼마에 팔릴지를 요소서비스의 구입단계에서는 알 수가 없는 데서 오는 불확실성이다. 생산된 제품이 판매되지 않거나 생산요소에 이미 지불한 비용을 회수하지 못할 정도로 낮은 가격으로 판매될 경우 자본가는 손해를 본다. 물론 그 반대일 경우에는 이득을 본다. 항등순환경제에서는 대부시장이나 생산구조에서나 미래의 불확실성은 존재하지 않는다. 그곳에서는 기업가의 이윤이나 손실은 사라지고 자본가의 이자만 남는다.

대부시장에서 대부자가 직면하는 불확실성이 차입자가 돈을 갚을지에 관한 불확실성이라면, 생산의 시간시장에서 자본가가 직면하는 불확실성은 생산된 제품이 어떻게 팔릴지에 관한 불확실성이다.

또 다른 조그마한 두 가지 차이점이 있다. 첫째, 소비자대부시장에서는 선불의 개념이 없다. 생산에서 자본가는 판매수입을 거두어들이기 이전에 요소소유자들에게 그들의 소득을 선불하지만, 소비자대부시장에서는 소비자들이 소득을 획득한 후 이 소득의 일부를 소비자대부시장에 공급한다. 둘째, 시간시장의 주체가 다르다. 생산구조의 시간시장에는 자본가와 요소소유자들이 참여하는 반면 소비자대부시장에는 일반 소비자들이 참여한다. 물론 요소소유자들이나 자본가들이 소비를 목적으로 소비자대부시장에 참여할 때 이들은 소비자가 된다. 반대로 일반 소비자들이 생산에 참여할 때 이들은 요소소유자 또는 자본가가 된다.

2.3.3 생산자대부시장과 생산의 시간시장

현실의 대부시장에서 소비자들은 소비 목적으로 돈을 빌리거나 그들이 절약한 돈을 빌려준다.[4] 자본가들도 생산 목적으로 대부시장에서 돈을 빌리거나 그들이 벌어들인 돈을 대부시장을 통해 빌려준다. 이들의 이런 행위는 겉으로 보기에 생산과 무관한 듯하다. 그러나 자본가들이 대부시장에서 돈을 빌리거나 돈을 빌려주는 행위는 결코 생산과 무관하지 않다. 이들이 대부시장에서 돈을 빌릴 것인지 또는 빌려줄 것인지의 여부는 생산과정에서 결정되는 수익에 전적으로 의존한다. 생산과정에서 발생하는 수익이 대부시장에서의 이자소득보다 적다면, 자본가는 생산을 중단하고 자신의 현재재를 대부시장에 투자할 것이다. 그 반대면 자본가는 생산에 뛰어들 것이다. 이런 과정을 통해 두 시간시장에서의 이자율은 같아지는 경향을 보인다. 항등순환경제에서는 당연히 이 두 이자는 동일하고 두 시간시장의 구분은 무의미하다. 자본가에게 있어서 대부시장은 생산구조에 종속적인 실체이다. 그러므로 여기에서 언급되는 대부시장은 자본가가 아닌 일반 소비자가 이용하는 소비자대부시장으로 한정한다(Ro, 378~379).

자본가에게 있어서 대부시장은 생산구조에 종속적인 실체이다.

2.4 시간거래의 의미

2.4.1 대부시장에서의 시간거래

시간시장에서 현재재의 수요는 미래재의 공급이고 현재재의 공급은 미래재의 수요이다.

시간시장은 현재재와 미래재만이 거래되는 곳이기 때문에, 현재재의 수요는 곧 미래재의 공급이고, 미래재의 수요는 현재재의 공급이 된다. 그래서 시간시장은 현재재의 수요와 공급 관점에서 볼 수도 있고, 미래재의 수급 관점에서도 볼 수 있다.[5]

---

4. 물론 자본가들도 소비 목적으로 대부시장에서 돈을 빌리기도 한다. 그때의 그는 자본가가 아니라 소비자이다.

5. 이것은 일반 재화, 예를 들어 빵과 사과의 거래에서 빵의 수요 뒤편에는 사과의 공급이 있고 사과의 수요 뒤편에는 빵의 공급이 있는 것과 같다. 빵과 사과의 거래에서 빵의 수요와 공급만을 본 것이 빵 시장이고, 사과의 수요와 공급만을 본 것이 사과시장이다. 빵과 사과 외의 어떤 거래도 없다면, 빵의 수요는 곧 사과의 공급이고 빵의 공급은 사과의 수요가 된다. 빵 시장은 사과의 가격으로 표현되고, 사과 시장은 빵의 가격으로 표현된다. 현실의 화폐경제에서 일반 재화의 시장은 화폐가격으로 표현되는데, 이 뒷면에는 해당 재화와 화폐의 거래가 있었음을 이해해야 한다.

시간시장에서 현재재와 미래재가 거래되는 상황을 좀더 구체적인 예를 들어 살펴보자. 대부시장에서 차입자가 연 5%의 이자율로 대부자로부터 1천만원을 빌렸다. 이를 경제학적인 용어로 표현하면 다음과 같다. '차입자는 연 5%의 이자를 지불하고 1년 만기의 현재재 1천만원을 구매(수요)했고, 대부자는 연 5%의 이자를 받고 1년 만기의 현재재 1천만원을 판매(공급)했다.' 이를 미래재의 관점에서도 다음과 같이 말할 수 있다. '차입자는 연 5%의 할인율로 1년 뒤 상환하는 미래재 1,050만원의 차용증서를 판매(공급)했고, 대부자는 연 5%의 할인율로 1년 뒤 돌려받는 1,050만원의 차용증서를 구매(수요)했다.'

현재재의 관점에서 볼 때 차입자는 '1천만원' 을 구매한 것이 아니라 '1년 만기의 1천만원' 을 구매한 것이다. 마찬가지로 대부자도 '1천만원' 을 판매한 것이 아니라 '1년 만기의 1천만원' 을 판매한 것이다. 연 50만원의 이자는 1천만원의 가격[6]이 아니라 차입자가 1천만원을 마음대로 처분할 수 있는 시간 1년의 가격, 또는 대부자가 1천만원을 처분할 수 없는 시간 1년의 대가이다. 미래재를 기준으로 볼 때, 연 50만원의 할인액은 대부자가 미래재 1,050만원을 구매(수요)해 이를 현재화할 때까지 기다려야 하는 시간 1년의 가격이다. 또는 그것은 차입자가 1년 뒤 처분할 수 있는 미래재 1,050만원을 현재 처분할 수 있도록 앞당긴 시간 1년의 가격이다. 이로부터 우리는 시간시장이 현재재와 미래재를 교환하는 시장이지만, 이것은 결국 시간을 사고파는 시장이며, 이자는 시간시장의 가격임을 이해할 수 있다.

시간시장은 현재재와 미래재를 교환하는 시장이지만, 이것은 결국 시간을 사고파는 시장이며, 이자율은 시간시장의 가격임을 알 수 있다.

2.4.2 생산에서의 시간거래

시간시장의 또 다른 축인 생산의 예를 보자. 자본가가 1년 뒤 산출되는 제품 생산을 위해 현재 1억원어치의 요소서비스를 구매했다. 즉, 그는 제품 생산을 위해 1억원을 투자했다. 그는 생산된 제품을 1억 500만원에 판매해 500만원의 수익을 거두었다. 그의 연 수익률은 5%이다. 수익률 5%는 그가 생산요소를 구매해 투입한 후 제품이 생산될 때까지 1년이라는 시간을 기다린 대가이다.

이것을 현금이라는 현재재 관점에서 해석하면 다음과 같다. 자본가는 연 5%의 수익률을 기대하고 현재재 1억원을 요소소유자에게 판매(공급)했다. 반면에

6. 1천만원을 1단위로 보았다.

요소소유자는 연 5%의 이자를 지불하고 현재재 1억원을 자본가로부터 구매(수요)했다. 이를 생산요소라는 미래재의 입장에서 해석하면, 요소소유자는 연 5%의 할인율에 미래재인 1억 500만원어치의 요소서비스를 자본가에게 판매(공급)했다. 그리고 자본가는 연 5%의 할인율에 미래재인 1억 500만원어치의 요소서비스를 요소소유자들로부터 구매(수요)했다.

요소소유자들이 연 5%의 이자를 지불한다는 것은 사실 이해하기 힘들다. 왜냐하면 자본가가 요소소유자들에게 소득으로 현금 1억원을 지급할 때, 1억원은 요소소유자들에게 영원히 주어지기 때문이다. 그러나 우리가 자본가가 없는 공동기업을 생각하면 이것은 쉽게 이해된다. 공동기업에서 생산된 제품의 소유권은 요소소유자들에게 공동으로 있다. 그래서 요소소유자들은 제품을 생산하여 판매한 뒤 벌어들인 1억 500만원을 각자가 생산에 기여한 것에 따라 아니면 사전계약에 따라 나누어 가진다. 이를 다음과 같이 해석할 수 있다. 요소소유자들이 생산 시작 시점에 누군가로부터 연 5%의 이자율로 현재재 1억원을 빌렸고, 1년 뒤 제품을 생산하여 판매한 뒤 그에게 원금 1억원에다 이자 500만원을 붙여 상환하는 것이다. 이자 500만원은 1년 전 누군가가 요소소유자들로 하여금 1년이라는 시간을 기다리지 않고 1억원을 처분할 수 있도록 해준 대가이다.

요소소유자들이 제품의 판매수입으로 미리 받은 소득과 이자를 갚는다고 생각하면, 생산의 시간시장에서 일어나는 일은 대부시장의 그것과 같아진다.

그 누군가가 자본가라면, 요소소유자들은 자신의 미래 화폐소득 1억 500만원을 5% 할인율로 할인한 현재재 1억원을 생산 시작 시점에 자본가로부터 선불로 받고 그들이 생산한 제품의 소유권을 자본가에게 넘긴 것과 같다. 자본가와 요소소유자들 사이에 일어나는 시간거래를 이렇게 해석하면, 생산의 시간시장은 정확히 대부시장과 일치한다.

물론 앞에서 설명한 바와 같이, 생산의 시간시장은 대부시장과는 달리 요소소유자에게 현금을 주고 요소서비스를 구입할 때 거래가 종결된다. 그래서 1년 뒤 자본가가 1억 500만원보다 더 벌 때 그는 이윤을 얻는 것이고, 그보다 적게 벌 때는 현재의 1억원 모두를 돌려받지 못하는 것과 같기 때문에 손실을 입는다. 이것은 불확실성이 존재하는 현실의 모습이다. 그러나 항등순환경제에서 자본가는 1년 전 지불한 1억원과 1년간 기다림의 보상 500만원을 합친 1억 500만원을 정확히 받는다. 거기에서는 거래의 종결 시점만 다를 뿐 대부의 시간시장과 생산의 시간시장은 완전히 동일하다.

따라서 연 5%의 수익률은 현재재의 관점에서 보면 요소소유자가 1억원을 1년 앞당겨 현재 처분할 수 있는 시간 1년의 대가 또는 자본가가 1억원을 처분하기 위해서 기다려야 하는 시간 1년의 대가이다. 미래재의 관점에서 보면, 그것은 자본가가 미래재 1억 500만원을 구매(수요)해 이를 갖고 생산해 판매할 때까지 기다려야 하는 시간 1년의 대가이다. 또는 요소소유자가 1년 뒤 처분할 수 있는 미래재 1억 500만원을 판매(공급)하고서 그것을 현재 처분할 수 있도록 앞당긴 시간 1년의 대가이다.

3. 시간선호

3.1 시간선호의 개념

시간에 대한 선호가 시간선호이다. 시간선호가 다른 선호와 다른 점은 현재의 만족이 미래의 만족보다 항상 선호된다는 사실뿐이다.

시간선호는 인간의 행위 속에 나타나는 일반적인 선호의 한 부분이다. 재화나 서비스 또는 생산요소에 대한 선호와 마찬가지로 시간에 대한 선호가 시간선호이다. 그러므로 시간선호는 일반 재화에 대한 선호와 다른 유별난 개념이 결코 아니다. 이것은 어떤 선택이라도 철저히 개인의 선호에 의해 이루어짐을 다시 한 번 확인시켜 준다. 시간선호가 재화나 서비스 또는 생산요소에 대한 선호와 다른 점은 현재의 만족이 미래의 만족보다 항상 선호된다는 사실뿐이다. 이 사실은 인간 행위의 공리이다. 현재의 만원보다 미래의 만원을 더 선호하는 사람이 어디에 있겠는가? 미래의 만족을 현재의 만족보다 선호한다면, 인간은 결코 현재 소비하지 않을 것이다. 이런 일은 상상할 수 없다.

시간선호는 여느 선호와 마찬가지로 개인마다 주관적으로 다르며 측정될 수도 없다. 현재의 100만원을 1년 후의 110만원과 교환할 수 있다고 할 때, 1년 후의 110만원을 선택하는 사람도 있을 수 있고, 현재의 100만원을 선택하는 사람도 있을 수 있다.

3.2 시간선호에 영향을 미치는 요인

시간선호를 포함한 인간의 모든 선호는 개인의 심리적인 문제이기 때문에, 이에 관해 경제학이 말할 수 있는 것은 아무것도 없다. 경제행위와 관련해 우리가 말할 수 있는 것은 단지 다른 모든 것들이 일정하다면 개인의 선호는 선호의 대상이 되는 재화나 서비스의 재고에 의해 영향을 받는다는 사실뿐이다. 그래서 일반 재화나 서비스에 대한 개인의 선호와 마찬가지로 현재재나 미래재에 대한 개인의 시간선호율은 이들 재화의 재고수준에 영향을 받는다. 현재재를 대표하는 것이 화폐이기 때문에, 개인의 시간선호율은 화폐의 재고수준에 영향을 받는다. 화폐도 다른 모든 재화나 용역처럼 그것의 한계효용이 체감하기 때문에,[7] 개인은 화폐를 많이 보유할수록 현재재인 화폐보다 미래재를 점차 더 가치 있게 생각한다. 이것은 개인의 화폐재고량이 많아질수록 그의 미래재에 대한 현재재의 시간선호율이 낮아짐을 의미한다. 반대로 화폐재고량이 적어질수록 그의 시간선호율은 높아진다.(Ro, 444)

시간선호율은 현재재의 재고에 영향을 받으나, 부(富)의 크기나 미래의 불확실성 정도와는 관련이 없다.

그렇지만 개인의 시간선호는 자신의 부(富)의 크기와는 상관이 없다(Mi. HA, 530~531). 부자인 사람이나 돈을 많이 버는 사람들이 미래를 더 잘 준비한다는, 즉 시간선호가 낮다는 주장은 심리학적인 관찰일 뿐이지 인간 행동의 보편적인 인과관계는 아니다. 부유층의 자녀들이 방탕한 생활로 지탄을 받는 경우도 많으며, 가난하지만 자신의 가족과 미래를 위해 알뜰하게 살려는 사람도 아주 많다.

시간선호는 미래의 불확실성 정도와도 관련이 없다. 불확실성은 현실경제에서 기업가의 이윤과 관련되어 있을 뿐이다. 미래가 불확실하다고 해서 개인의 시간선호가 더 높아지고, 미래가 상당히 확실하다고 해서 그것이 낮아지는 것은 아니다. 예를 들어 사람들이 가까운 미래에 지구가 종말할 것이라고 확신한다면, 미래재는 거의 가치가 없어질 것이므로 그의 시간선호는 무한대로 높아질 것이다. 반대로 사람들이 생명공학과 의학의 발달로 수명이 연장될 것으로 확신한다면, 그에게 있어서 미래재는 상당히 중요하게 될 것이다. 이것은 그에게 있어서 시간선호가 아주 낮아짐을 의미한다.(Ro, 444) 많은 사람들의 수명이 늘어난 오늘날, 그들이 미래를 대비하기 위해 비교적 낮은 이자율에도 기꺼이 저축하고자 하는 것은 이를 반영한 것이다. 이처럼 미래가 확실하더라도 어떤 경우에는 시간선호가 높아지고 또 다른 어떤 경우에는 낮아진다. 그러므로 시간선호의 높낮이가 미래의 확실함과 불확실성의 정도에 의해 결정되는 것은 아니다. 무엇보다 불확실성과 같은 심리적인 요소는 경제학의 대상이 아니다. 개인의 시간선호와 불확실성에 관한 일반론적인 관계를 끄집어낼 수 없다.

7. 이 책의 제21장(화폐의 가치와 화폐의 가격)을 참조하라.

3.3 시간선호와 시간가격

3.3.1 시간선호와 시간선호율

어느 한 시점에 개인의 화폐재고량이 주어지면, 개인은 그 화폐재고량을 기준으로 해 현재재와 미래재의 선호순위를 표로 나타낼 수 있다. 이를 시간선호표(time preference schedule)라 한다. 우리가 그저 시간선호라 할 때, 이것은 시간선호표를 의미한다. 시간선호율(time preference rate)은 주어진 시간선호표 내에서 현재재를 미래재보다 선호하는 정도를 말한다. 시간선호율은 마치 하나의 비율로 측정될 수 있는 것처럼 이해되기 쉽다. 그러나 시간선호율도 현재의 만족과 미래의 만족을 비교하는 것이기 때문에 개인마다 주관적으로 다르고 측정될 수 없다. 우리는 시간선호율을 개인의 시간선호표에서 현재재를 미래재보다 선호하는 정도의 범위라고 말할 수 있을 뿐이다. 다른 재화나 서비스와는 달리 시간에 대해서만 선호의 비율을 말하는 것은 시간시장의 가격인 이자율과 대비하기 위해서다.

시간선호와 일반 재화에 대한 선호는 인간의 주관적 심리라는 동일한 뿌리에서 나온다.

3.3.2 시간선호와 재화선호의 비교

시간선호표는 특정 재화의 개인수요곡선과 개인공급곡선을 유도하기 위해 제시했던 개인의 선호순위표와 동일한 개념이다. 이 두 개념은 개인의 선호라는 동일한 뿌리에서 나온다. 〈표 17-1〉은 이를 보여주기 위해 어느 특정인의 선호순위를 예시한 표이다. 이 표의 재화 난에는 빵의 재고량이 주어졌을 때 연필과 추가되는 빵에 대한 이 사람의 선호순위를 나타내었고, 시간 난에는 화폐재고량이 주어졌을 때 그의 미래재와 추가되는 현재재에 대한 선호순위를 나타내었다.

먼저 재화에 대한 그의 선호부터 보자. 그는 첫 번째 빵 1개를 연필 9자루보다 선호하나 연필 10자루보다는 선호하지 않는다. 첫 번째 빵 1개의 연필에 대한 정확한 선호 정도는 측정될 수 없다. 그저 "첫 번째 빵 1개를 연필 9자루보다 선호하나 연필 10자루보다는 선호하지 않는다" 라고 말할 수 있을 뿐이다. 시장에서 그가 실제로 첫 번째 빵 1개를 연필 9자루와 교환한다면, 빵 1개의 교환비율인 연필 9자루는 빵 1개의 가격이 된다.

시간에 대한 선호도 재화에 대한 선호와 동일하게 해석된다. 이제 〈표 17-

표 17-1 재화선호와 시간선호

선호순위	재화	시간
1	연필 10자루	1년 후 미래재 1,080원
2	1st 빵 1개	1st 현재재 1,000원
3	연필 9자루	1년 후 미래재 1,070원
4	2nd 빵 1개	2nd 현재재 1,000원
5	3rd 빵 1개	3rd 현재재 1,000원
6	연필 8자루	1년 후 미래재 1,060원

1〉의 오른편에 있는 시간선호표를 읽어보자. 그는 첫 번째 현재재 1천원을 미래재인 1년 후의 1,070원보다 선호하나 미래재 1,080원보다는 선호하지 않는다. 첫 번째 현재재 1천원이 1년 후의 미래재보다 정확히 얼마나 더 선호되는지는 측정할 수 없다. 그저 "첫 번째 현재재 1천원을 1년 후의 1,070원보다 선호하나 1년 후의 1,080원보다는 선호하지 않는다"라고 말할 수 있을 뿐이다. 이것이 첫 번째 현재재 한 단위에 대한 그의 시간선호율이다. 시장에서 그가 첫 번째 현재재 1천원을 실제로 미래재 1,070원과 교환했다면, 미래재 1,070원이 현재재 1천원 한 단위의 가격이 된다. 그렇지만 이것이 현재재 1천원의 구매자와 판매자의 시간선호율을 의미하는 것은 아니다.

현재재와 미래재의 교환비율이 현재재의 가격이지만, 이것이 개인의 시간선호율을 의미하는 것은 아니다.

3.3.3 시간가격

이를 다음과 같이 생각할 수도 있다. 현재재 1천원을 1년 후의 미래재와 교환하는 것은 1년 만기의 현재재 1천원을 수요하고 공급하는 것이다. 이때의 1천원은 화폐 그대로의 1천원이 아니라 1년 만기의 1천원이다. 1년 후 돌려주어야 하는 1천원이다. 그래서 시간시장에서 1년 만기의 현재재 1천원을 사고판다는 것은 1천원 사용 기간 1년이라는 시간을 사고파는 것을 의미한다. 현재재를 파는 쪽은 1년이라는 시간을 기다려야 하고, 사는 쪽은 1년이라는 시간을 기다리지 않아도 된다. 기다리지 않아도 되는 효용을 얻기 위해 현재재를 구매하며, 이를 위해 내놓는 것이 시간의 가격이다. 이를 현재재의 판매자 쪽에서 보면, 기다려야 하는 비효용을 감수하는 대가로 받는 것이 시간의 가격이다. 여기에서 그것은 70원이다. 70원은 현재재 1,000원을 한 단위로 할 때의 가격이다. 현재재 1원을 한 단위로 할 때, 그것의 가격은 0.07($=\frac{70}{1,000}$)원이 된다. 현재재 1원의 가격을 백분

기다리지 않아도 되는 효용을 얻기 위해 내놓는 것이 시간의 가격이다. 1원에 대한 시간가격을 이자율이라 부른다.

율로 나타낸 것을 이자율이라 부른다. 이것이 시간시장의 가격으로 사용된다. 백분율로 나타내는 것은 현재재가 반드시 현금이 아닐 수도 있고, 일정 금액의 현재재에 대한 이자를 환산하기 위해서이기도 하다.

4. 이자율

4.1 순수이자율

미래는 불확실성과 기다림의 두 요소가 섞여 있다. 현실의 이자율에는 이 두 요소를 모두 반영한다. 이 중 미래의 불확실성 부분을 제거하고 오직 기다림에서 오는 이자율만을 순수(pure)이자율(Ro, 351) 또는 근원(originary)이자율(Mi. HA, 521~522, 530)이라 부른다. '근원'과 '순수'라는 수식어를 이자율 앞에 붙인 것은 이자율의 진정한 의미가 기다림의 대가이기 때문이다. 따라서 순수이자율은 시간시장에서의 현재재와 미래재의 순수한 교환비율을 나타낸 것으로 시간선호만이 고려된 이자율이다. 미래의 불확실성이 없는 항등순환경제에서 이자율은 언제나 순수이자율이다.

미래는 불확실성과 기다림의 두 요소가 섞여 있다. 미래의 불확실성 부분을 제거하고 오직 기다림에서 오는 이자율만을 순수이자율 또는 근원이자율이라 부른다.

인간 행위의 공리로서 미래의 만족을 현재의 만족보다 결코 더 높게 평가할 수 없기 때문에, 순수이자율은 언제 어디에서나 존재하며 결코 사라지지 않는다. 그러나 순수이자율이 무한정 상승하지는 않을 것이다. 그것은 우리에게 미래가 없다는 것을 의미하며, 그래서 저축은 전혀 일어나지 않을 것이기 때문이다. 또한 순수이자율은 인간의 시간선호에서 나올 뿐, 그 외의 어떤 원천에서도 나오지 않는다. 예를 들어 이자가 자본재 이용의 대가라는 것은 잘못된 주장이다.(Mi. HA, 521~522 ; Ro, 375)

현실에서 이자는 대부시장(loan market)에서 상호계약을 통해 발생하기도 하고, 자본가의 경우처럼 생산과정에서 발생하기도 한다. 전자를 계약이자율이라 하고, 후자를 자연이자율이라 부른다. 자연이자율은 기업의 수익률을 의미한다. 계약이자율과 자연이자율은 경쟁과정을 거치면서 동일해지는 경향을 갖는다. 왜냐하면 저축자나 투자자는 대부시장과 생산과정을 구분하지 않고 이 중 이자를 많이 받을 수 있는 곳에 투자할 것이고, 그 과정을 통해 두 이자는 같아지는 경향

대부시장에서의 상호계약을 통한 이자율을 계약이자율이라 하고,, 생산과정에서 발생하는 이자율을 자연이자율이라 부른다. 자연이자율은 기업의 수익률을 의미한다.

을 갖기 때문이다. 항등순환경제에서 모든 시간 단위, 그리고 모든 부문의 이자율은 균일해지며, 자본가의 수익률은 이자율과 같아진다. 그러므로 항등순환경제에서 계약이자율은 자연이자율을 단순히 반영한 것에 불과하다.

고전학파 경제학자들은 임금을 노동의 대가, 지대를 토지의 대가로 정의했다. 이자 역시 그 연장에서 자본재에서 나오는 부가가치, 즉 소득으로 간주했다. 그러나 자본재는 노동과 토지처럼 결코 독립적으로 또는 본원적으로 부가가치를 창출할 수 있는 생산요소가 아니다. 그것은 노동과 토지에 의해 만들어진 것이기 때문에, 자본재의 소득은 모두 노동과 토지로 귀속된다. 그러므로 자본재 자체는 소득을 창출하지 못한다. 따라서 이자를 자본재가 창출하는 소득으로 간주하는 것은 잘못된 해석이다. 이자는 자본가가 현재에 미래재인 요소서비스를 구입해 미래에 제품을 만들어 판매할 때까지의 기다림의 대가이다. 이자는 자본가의 시간선호가 현실에서 실제의 모습으로 드러난 것으로 미래재 구입의 대가이다.

이자는 자본재가 창출하는 소득이 아니다.

4.2 현재재와 미래재의 화폐적 표현

화폐경제에서 화폐는 모든 시장에 걸쳐 완전한 시장성을 갖기 때문에, 현재재와 미래재의 시간시장도 화폐 단위로 표현된다. 미래재의 현재가치는 미래재를 시간선호율로 할인함으로써 구해진다. 이때 시간선호율이 시장에서 드러난 비율이 할인율(discount rate)이다. 반면에 현재재의 미래가치는 현재재에 시간선호율로 이자를 가산함으로써 구해진다. 이때 시간선호율이 시장에서 드러난 비율을 이자율(interest rate)이라 부른다. 따라서 할인율과 이자율은 동일인의 시간선호율을 하나는 현재의 관점에서 다른 하나는 미래의 관점에서 본 것으로, 같은 개념이다.

예를 들어 연이자율이 10%일 경우 현재의 100원이 시간시장에서 1년 후 얼마로 평가될지를 알기 위해서는 100원에 이자율 10%를 가산하면 된다. 현재 100원은 1년 후 110($= 100 \times (1 + 0.1)$)원이다. 반대로 1년 후의 110원이 시간시장에서 현재 얼마로 평가되는지 알기 위해서는 110원에 할인율 10%를 적용하면 된다. 1년 후 110원은 현재 100($= \frac{110}{1+0.1}$)원이다.

4.3 사회적 할인율

소비자대부시장에서 일반 개인들은 자신의 시간선호표에 따라 현재재를 공급하기도 하고 수요하기도 한다. 개인은 이자율[8]이 자신의 시간선호표에 있는 시간선호율보다 높으면 현재재를 공급하고자 할 것이고, 그 반대면 현재재를 수요하고자 할 것이다. 자본가들의 투자결정도 마찬가지이다. 자본가의 수익은 판매수입에서 생산요소들에 미리 지불한 금액을 제한 것이다. 자본가는 기대수익률을 자신의 시간선호율과 비교해 생산활동을 할 것인지 말 것인지를 결정한다. 기대수익률이 자신의 시간선호율보다 높다고 생각하면 그는 생산에 뛰어들 것이고, 낮다고 생각하면 생산활동을 하지 않으려 할 것이다. 따라서 이자율이나 기대수익률이 개인의 투자를 결정하는 것이 아니라, 자신의 시간선호가 투자결정의 기준이 된다.

이자율이나 기대수익률이 개인의 투자를 결정하는 것이 아니라, 자신의 시간선호가 투자결정의 기준이 된다.

항등순환경제에 도달하기 전에는 부문 · 기간 · 생산단계마다 수익률이 다를 수 있다. 이 경우 낮은 수익률을 시현한 자본가는 기대수익률이 높은 부문 또는 생산단계로 옮겨가려 할 것이다. 이것은 자본가가 옮겨간 부문과 떠나간 부문 모두에 수익률 변화를 초래한다. 옮겨간 부문에서는 자본가가 추가되어 한편으로는 그곳에 투입된 생산요소의 가격이 상승하고 다른 한편으로는 그곳의 생산량 증대로 인한 제품가격이 하락해, 수익률이 떨어진다. 반대로 자본가가 빠져나간 부문은 한편으로는 남아도는 생산요소가 발생해 요소가격이 하락하고 다른 한편으로는 생산량 감소로 인해 제품가격이 상승해, 수익률이 높아진다. 이런 경쟁과정을 통해 경제가 항등순환경제에 도달하면 수익률은 모든 생산단계뿐만 아니라 전 부문에 걸쳐 균일해진다. 이 균일해진 수익률이 균형이자율이다. 균형이자율은 항등순환경제에서 모든 개인들이 갖고 있는 각자의 시간선호가 조정된 결과로서 나타나는 시간시장의 균형가격이다. 이 균형이자율을 사회적 할인율이라 부른다.[9]

시간시장의 균형이자율을 사회적 할인율이라 부른다.

개인의 시간선호표는 사람마다 다르지만, 항등순환경제에서 개인이 직면하는 순수이자율은 사회적 할인율이다. 항등순환경제에서 자본가가 계속 생산하고 있다는 것은 그의 시간선호표에 사회적 할인율과 최소한 같거나 이보다 낮은 시간선호율의 영역이 존재함을 의미한다. 어떤 자본가도 자신의 시간선호율에 비

8. 미래의 불확실성을 제거한 항등순환경제를 전제로 하기 때문에 순수이자율을 의미한다.
9. 라스바드는 이를 사회적 시간선호율(social rate of time preference)이라 부른다.(Ro, 353)

추어 낮은 수익률을 시현하는 부문에서는 생산활동을 하지 않으려 할 것이기 때문이다. 수익률이 생산행위의 결과로 겉으로 드러난 것이라면, 시간선호율은 개인의 주관적 요인에 의해 결정되는 것으로 겉으로 나타나지 않는다. 기업 간의 경쟁은 겉으로 드러나는 수익률에 의해 이루어지기 때문에, 경쟁을 통해 같아지는 경향을 가지는 것은 개인의 시간선호율이 아니라 수익률이다.

생산에 있어서 경쟁을 통해 균일해지려는 경향을 갖는 것은 수익률이지 개인의 시간선호율이 아니다.

5. 자본가의 소득

Human centered Principles of Economics, c.t. seventeen

5.1 항등순환경제에서 자본가의 소득

모든 것이 확실하고 일정하게 반복되는 항등순환경제에서 자본가는 어떤 이득을 얻고자 생산요소들을 규합해 제품을 생산하는가? 자본가는 생산요소의 서비스들을 현재에 구매해 제품을 미래에 생산하고 판매해 수입을 얻는 사람이다. 그 차액이 수익률인데, 이것은 경쟁과정을 거치면서 모든 부문과 단계에서 균일해진다. 이 수익률을 사회적 할인율이라 했다. 판매대금을 사회적 할인율로 할인하면, 이것은 요소서비스들의 구매에 지불한 금액과 일치한다. 이것이 남거나 모자라면 그곳은 항등순환경제가 아니다. 항등순환경제에서 자본가에게 남는 것은 소비를 억제해 모은 돈으로 요소서비스들을 구매해 제품을 생산하고 판매할 때까지의 기다림의 대가인 이자뿐이다. 그러므로 자본가는 요소소유자들이 미래를 기다리지도 않아도 되게 하는 또는 이들의 기다림을 그가 떠맡는 시간기능(time function)을 수행하고, 그 대가로 이자를 받는다. 자본가는 시간기능을 수행하기 위해서 현재소비를 억제해야 하기 때문에, 그 대가는 소비억제의 대가라고도 볼 수 있다. 따라서 판매된 자본재서비스의 수입은 노동서비스의 대가로, 토지서비스의 대가로, 그리고 시간요소의 대가인 이자로 귀속된다.

자본가가 생산에 자신의 요소서비스들을 투입하지 않는다면, 항등순환경제에서 그의 소득은 이자뿐이다.

이때 자본가가 요소서비스들을 규합해 생산활동을 하는 것은 그의 노동서비스 행위이지 자본가의 행위는 아니다. 요소서비스들의 규합에 대한 대가는 그의 노동소득으로 귀속된다. 자본가는 자신의 노동뿐만 아니라 자신의 소유인 토지와 자본재를 생산에 투입할 수도 있다. 그의 소유인 생산요소들이 생산에 참여한 대가는 제품이 판매된 후 받게 된다. 그 대가를 귀속소득(imputed income)이라 한다. 그러므로 항등순환경제에서 자본가가 벌어들이는 소득은 이자에다 귀속소득을 합한 금액이다. 자본가의 귀속소득이 있다면, 자본가가 요소서비스들을 구매하기 위해 선불한 금액은 아래와 같이 나타낼 수 있다.

$$\text{요소서비스 구매금액} = \frac{\text{제품판매금액} - \text{귀속소득}}{1 + \text{사회적 할인율}}$$

자본가의 귀속소득이 없더라도, 그는 여전히 미래재인 요소서비스를 현재재인 현금과 교환한 대가로 이자를 받는다. 이 책은 설명의 단순화를 위해 자본가가 소유한 생산요소는 전혀 없다고 가정해 생산구조와 시간시장을 설명한다.

5.2 현실경제에서 자본가의 소득

현실경제에서 자본가는 기다림의 대가인 이자뿐만 아니라 미래의 불확실성에서 오는 이득과 손해도 함께 본다. 그러므로 전체적으로 그는 이자보다 더 많은 수익을 올릴 수도 있고 이자에 미치지 못하는 수익을 얻을 수도 있다. 어떤 경우에는 이자는 고사하고 요소서비스 구입을 위해 선불한 금액을 거두어들이지 못하는 일도 발생한다. 제품이 팔리지 않는 경우, 선불금액을 한 푼도 건지지 못하는 사태도 일어날 수 있다. 이것은 자본가가 요소소유자들에게 소득을 선불하고서 생산된 제품의 소유권을 단독으로 가지기 때문이다. 그만이 생산물에 대한 모든 권리를 가지고 이에 대한 책임을 진다. 반면에 요소서비스 소유자들은 생산된 제품의 소비자 호응에 대해 전혀 걱정하거나 책임지지 않아도 된다. 이들은 미래의 불확실성 대신에 현재의 확실함을 선택한 사람들이다. 그들은 단지 다음 기(期)에 자신의 요소서비스를 자본가에게 다시 팔 수 있을지를 걱정하기만 하면 된다. 이런 점에서 자본가가 여러 기에 걸쳐 지속적으로 존재하거나 성장한다는 것은 요소소유자들에게 요소서비스의 안정적인 제공과 이를 통한 삶의 안정을 확보해 준다는 점에서 사회에 큰 기여를 하고 있음을 의미한다. 자본가의 지속적인 존재와 성장은 요소소유자들과의 공생을 위한 가장 기초적인 토대인 셈이다.

그래서 자본가가 현실에서 엄청난 힘을 가진 것처럼 비치고, 요소소유자 특히 노동자에게 해악을 끼치는 존재로 부각되는 것은 잘못이다. 자본가는 생산물의 단독 소유권자라는 권리를 행사하지만 그 책임은 혼자서 져야 하는 존재이기 때문에, 미래에 대한 걱정과 근심을 매 순간 안고 살아가야 한다. 많은 사람들은 자본가라 하면 대기업의 소유자를 떠올리지만, 주변에 있는 조그마한 사업장의 주인도 어떤 형태로든 자본재나 노동, 그리고 토지의 서비스를 소유하면서 사업을 운영하기 때문에, 이들 모두가 자본가이다. 대한민국의 자영업자들 중 3년 이상 버티는 비율이 50%도 안 된다는 것은 이들이 얼마나 큰 위험을 감수하고서 사업에 뛰어드는지를 말해 준다(현대경제연구원, 2012. 7. 29).

현실의 자본가에게 돌아가는 것은 이 외에도 화폐구매력의 변화과정에서 그리고 거래경로에서도 발생한다. 이에 관해서는 제25장과 제26장에서 설명될 것이다. 그러므로 현실경제의 이자율은 결코 항등순환경제에서처럼 시간의 대가인 순수이자율 형태로만 나타나지 않는다. 미래 불확실성, 화폐구매력 변화, 거래경로에서 발생하는 대가가 순수이자율에 섞여서 현실의 이자율로 나타난다. 우리가 항등순환경제의 모형을 도입할 수밖에 없는 것은 이처럼 많은 요소들이 섞여 있는 현실의 이자율로부터 시간의 대가인 순수이자율만을 분리해 내어 그 의미를 정확히 이해하기 위함이다(Mi. HA, 532~533). 이런 이자소득 외에도 자본가는 자신의 요소들을 생산에 투입하면 이것들에 대한 귀속소득도 당연히 거두게 된다.

현실의 이자율은 시간의 대가인 순수이자율 형태로만 나타나지 않는다. 미래 불확실성, 화폐구매력 변화, 거래경로에서 발생하는 대가가 순수이자율에 섞여서 현실의 이자율로 나타난다.

생각하기

01. 미제스가 말하는 근원이자율 또는 라스바드의 순수이자율은 우리가 현실에서 만나는 이자율과 무엇이 다른가? 이들은 왜 이자율 앞에 근원(originary) 또는 순수(pure)라는 수식어를 붙였는가?

02. 자본가와 기업가는 어떻게 다른가?

03. 시간시장은 시간을 사고파는 시장이다. 시간을 사고판다는 것이 의아하게 들릴 수 있다. 현실에서 겉으로 드러나는 일이 아니기 때문이다. 그렇지만 이것은 시간시장을 이해하는 데 핵심적인 사항이다. 시간을 사고판다는 것이 무엇을 의미하는지를 설명하라.

04. 시간선호의 개념과 관련된 아래 질문에 답하라.

(1) 시간선호와 시간선호율을 구분하라.

(2) 시간선호율은 측정될 수 있는 개념인가?

(3) 생명공학과 의학의 발달로 수명 연장이 확실하고, 죽음의 불확실성이 많이 거두어졌다. 이 경우 사람들의 시간선호는 상승하겠는가, 아니면 하락하겠는가?

05. 항등순환경제에서 자본가의 소득은 무엇인가?

06. 생산을 시간시장의 현상으로 볼 수 있는가? 볼 수 있다면 그 이유는 무엇인가?

07. 대부시장과 생산의 시간시장에는 어떤 차이가 있는가?

생산의 시간시장과 생산구조

Human centered

Principles of Economics

ch. eighteen

1

8

이 장에서는 제16장과는 달리 보다 현실에 부합하는 경제에서의 생산구조와 소득 분배 과정을 설명한다. 각 생산단계마다 다른 자본가가 존재하며, 자본가는 자신의 생산요소를 갖고 있지 않고 모든 요소서비스들을 외부로부터 구매한다. 자본가는 외부로부터 구매한 요소서비스들을 갖고 제품을 생산하고 이를 바로 아래 단계의 다른 자본가에게 또는 최종 단계에서는 소비자에게 판매한다. 경제는 항등순환경제를 가정하기 때문에 기업가의 이윤과 손실은 존재하지 않으며 기업가는 자본가 역할밖에 하지 않는다.

1. 자본가소유 기업의 생산구조

1.1 자본가의 역할

생산에 있어서 자본가의 역할을 알아보기 위해 제16장의 가구 생산의 예를 이어나가도록 한다. [그림 18-1]은 [그림 16-3]에 자본가의 존재를 고려한 생산구조이다. 그림에 t로 나타낸 각 생산단계의 기간은 동일하다. 그래야만 각 과정의 수익률이 같은 유량(flow)[1]의 기준으로 비교될 수 있다. 그러나 그 기간이 달라도 수익률을 동일 기간으로 환산하면 되기 때문에 문제될 것은 없다. 가구 생산은 5단계의 생산과정을 거치며, 마지막 생산단계인 5단계는 마지막이라는 의미를 강조하기 위해 n단계로 표현한다.

가구 생산업자는 t_1시점에 노동과 토지의 서비스를 27.9만원에, 자본재서비스를 63만원에 구입해 가구를 생산하기 시작한다. 그는 t_1시점에서 소비할 수 있었던 90.9(= 27.9 + 63)만원을 저축해 요소서비스들을 구입하기 위해 지출했다. 즉, 이 요소서비스들을 소유하고 있던 사람들에게 90.9만원을 선불했다. 자본가는 요소소유자들이 제품의 생산과 판매가 이루어지는 미래에 가서야 소득을 거두어들일 수 있는 기다림의 불편함을 생산이 시작될 때 제거해 주었다. 대신에

1. 유량(flow)은 기간의 개념이며, 저량(stock)은 시점의 개념이다. 소득과 수익은 유량 개념이다. 소득이라 할 때 그것은 특정 기간 동안 흘러들어 온 소득의 합계를 말한다.

그림 18-1

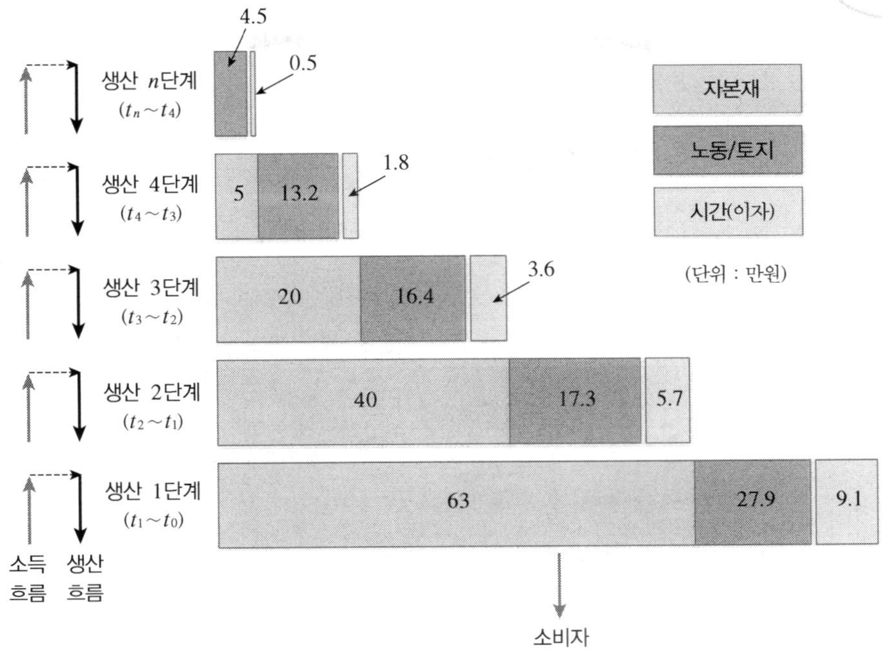

자본가가 존재하는 소비자재의 생산 및 소득의 흐름

자본가가 존재하는 생산구조에서 소득흐름은 생산의 각 단계에서 완료된다. 자본가는 요소소유자들에게 소득을 선불하고, 생산된 제품을 판매한 후 기다림의 대가인 이자소득을 획득한다.

자본가만이 생산된 제품의 소유자가 된다. 모든 요소소유자들이 자본가 없이 직접 생산에 참여하는 경우 생산된 제품은 모든 요소소유자들의 공동소유가 되는 것과는 대비된다. 자본가는 생산된 가구를 t_0시점에 소비자들에게 100만원을 받고 판매한다. 요소서비스를 구매할 때 지불한 90.9만원을 제하면 9.1만원이 남는다. 항등순환경제에서 이윤은 존재하지 않는다. 그렇다면 9.1만원은 무엇인가? 이것은 자본가가 소비를 억제하고 저축한 현재재인 현금 90.9만원을 t_1시점에 요소소유자들에게 미리 지불하고 미래재인 요소서비스를 구매해 t_0시점까지 기다린 대가이다. 이 대가가 그의 이자소득이다. 그것은 자본가가 자본재서비스를 소유해서 얻은 대가가 아니다. 9.1만원은 미리 지불한 현재재 90.9만원의 이자이기 때문에, 이자율은 약 10%이다.

자본재를 소유한 것만으로 자본가는 아니며, 현재소비를 억제하고 저축한 현금으로 요소서비스를 구매해 생산을 행하는 사람이 자본가이다. 이것이 모든 요소소유자들이 생산자로서 직접 생산에 참여할 때와 근본적으로 다른 점이다. 거기에서는 자본재소유자는 있어도 자본가는 없었다. 자본재소유자도 토지소유자나 노동자와 마찬가지로 하나의 생산요소 소유자로 생산에 참여했을 뿐이다. 모든 요소소유자들은 제품 생산에서 판매에 이를 때까지 자신의 지분만큼 소비를 억제해야 했다. 자본가가 있었다면 그에게만 돌아갈 이자 몫을 요소소유자들이 소비를 억제한 만큼 나누어 가져간 셈이다. 자본가는 존재하지 않아도 현재소비를 억제하고 미래소득을 기다렸다는 점에서 이 경우에도 이자 개념은 유효하다.

자본가에게 이자는 자본재서비스의 대가가 아니라, 그가 요소서비스를 구입하고 생산과 판매가 이루어질 때까지 기다린 대가이다.

[그림 18-1]의 생산 *n*단계에서와 같이 자본재 없이 본원적 생산요소인 토지와 노동 서비스만이 직접 생산에 참여하는 경우에도, 자본가가 본원요소들의 서비스를 구매해 생산하기 때문에 이자가 발생한다. 이 이자소득은 본원요소 서비스라는 미래재를 구매한 자본가에게 돌아간다. 이자란 자본재서비스의 대가가 아님이 생산 *n*단계에서 더욱 분명해진다.

1.2 자본가소유 기업의 소득흐름

자본가가 존재하는 생산구조에서 소득흐름은 생산의 각 단계에서 완료된다.

자본가가 존재하는 생산구조에서 소득흐름은 생산의 각 단계에서 완료된다. 이것은 제16장의 공동소유 기업에서의 소득흐름과는 다르다. 공동소유 기업의 경우 요소소유자들은 최종제품이 소비자에 팔린 후 거슬러 올라가면서 자신의 소득을 받는다. 자본가가 존재하는 생산구조를 나타낸 [그림 18-1]에서는 소득흐름이 생산의 각 단계에서 완료되는 모습으로 그려져 있다. 각 생산단계마다 소득흐름을 완결짓는 사람이 자본가이다. 그는 생산 시작 시점에 요소소유자들에게 미리 소득을 지불함으로써 이 역할을 수행한다. 생산 2단계의 자본가를 중심으로 해서 소득흐름을 살펴보자.

생산 1단계에 투입된 자본재는 생산 2단계에서 만들어졌다. 생산 2단계의 자본가는 t_2시점에 노동 및 토지 소유자에게 17.3만원, 그리고 3단계에서 생산된 자본재의 소유자에게 40만원을 미리 지불하고 생산하기 시작했다. t_1시점에 2단계의 자본재가 생산되어 생산 1단계의 자본가에게 이 자본재의 서비스를 63만원에 판매했다. 미리 지불한 요소 구입비용을 제하면 그에게 남는 것은 5.7(= 63 - 40 - 17.3)만원이다. 이것이 2단계 자본가의 이자소득이다. 항등순환경제인 만큼 그에게 적용된 이자율($\frac{5.7만원}{57.3만원}$)은 1단계 자본가의 이자율과 동일한 10%이다. 이것이 항등순환경제에서의 순수이자율로서 다른 생산단계의 모든 이자율도 이 이자율과 동일하다.[2] 항등순환경제가 아니라 하더라도 모든 경제는 경쟁을 통해 수익률이 동일해지려는 경향을 보인다.

자본재와 노동, 그리고 토지를 소유한 사람은 자신의 서비스를 자본가에게 판매함으로써 제품이 생산되어 다음 단계의 자본가에게 판매될 때까지 기다릴 필요가 없다. 그들은 서비스 제공의 대가를 현재에 수취함으로써 제품이 팔릴 때까지 불안하게 기다릴 필요도 없으며 현재의 소비 욕구를 억제하지 않아도 된다. 자본가만이 자신의 현재소비를 억제해 저축하고 저축한 돈을 요소서비스들 구매에 지출해야 한다. 그리고 자본가는 불안한 마음으로 제품을 생산하고 판매할 때까지 기다린다. 그것의 대가가 이자이다. 항등순환경제가 아니라면 요소소유자들이 감당해야 할 미래의 모든 불확실성도 기업가가 떠안는다. 요소소유자들은 제품의 생산과 판매, 그리고 제품가격에 대한 모든 불확실성과 판매 때까지의 기다림을 기업가에게 떠넘기는 것이다.

현실에서 자본가는 미래의 기다림과 불확실성을 떠안는다. 그 대가로 이자와 이윤을 획득한다.

1.3 총소득과 순소득

[그림 18-1]의 생산 1단계에서 자본가 1은 가구를 생산해 소비자에게 팔아 100만원의 소득을 거두었다. 100만원에는 그가 요소소유자들에게 미리 지불한 90.9만원이 포함되어 있다. 이를 고려하지 않은 100만원 그 자체를 자본가 1의 총(gross)소득이라고 한다. 총소득은 수입과 같은 개념이다. 생산 2단계에 있는 자본가 2는 그의 자본재서비스를 자본가 1에 판매해 63만원의 총소득을, 생산 3단계의 자본가 3은 40만원, 생산 4단계의 자본가 4는 20만원, 그리고 생산 n단계의 자본가 n은 5만원의 총소득을 거두었다. 그래서 자본가들이 받은 전체 총소득은

총(gross)소득은 개인이 생산을 통해 획득하는 수입이다.

$$\text{총소득}_{\text{자본가}} = 100 + 63 + 40 + 20 + 5 = 228\text{만원}$$

---

2. 항등순환경제에서도 화폐로 나타낸 수익률이 항상 동일해지는 것은 아니다. 왜냐하면 자유시장경제에서 개인들은 화폐소득이 아니라 자신의 행복, 즉 심적 소득의 극대화에 더 큰 관심을 갖기 때문이다. 대다수 사람들이 혐오하거나 특별한 이유가 있는 업종이 있다면, 이 업종에서 생산활동을 하는 것에 대한 대가로 이들은 다른 부문보다 더 높은 수익률을 요구할 수 있다. 그것이 다른 업종에 종사하는 사람들로 하여금 그 산업으로 진입하는 유인책이 되지 못하면, 즉 그 업종의 수익률이 좀더 높은 것을 당연하게 받아들이면, 수익률이 균일하지 않은 상태에서도 균형을 유지하고 항등순환경제에 이를 수 있다. 이 상태에서도 경제는 외부의 특별한 충격이 가해지지 않는 한 항상 균형상태로 순환한다.(라, 509~511).

이 된다. 다음으로 노동자 및 토지소유자들이 받은 총소득은 생산 1단계에서 27.9만원, 2단계에서 17.3만원, 3단계에서 16.4만원, 4단계에서 13.2만원, 그리고 n단계에서 4.5만원이다. 그래서 이들의 전체 총소득은

$$총소득_{노동자\ 및\ 토지소유자} = 27.9 + 17.3 + 16.4 + 13.2 + 4.5 = 79.3만원$$

이다. 그래서 가구 생산에 동원된 개인들의 전체 총소득은

$$총소득_{사회\ 전체} = 총소득_{자본가} + 총소득_{노동자\ 및\ 토지소유자} = 228 + 79.3 = 307.3만원$$

이 된다.

순(net)소득은 개인이 획득한 총소득에서 비용을 공제한 금액이다. 사회 전체의 순소득은 소비지출액과 같다.

순(net)소득은 개인이 획득한 소득에서 그가 소득을 얻기 위해 지불한 비용을 공제한 금액이다. 자본가 1이 얻은 순소득은 그의 총소득 100만원에서 요소(자본재, 노동, 토지)서비스 구입에 지출한 비용 90.9만원을 제한 9.1만원이다. 그의 이자수입이 곧 그의 순소득이다. 자본가 2의 순소득 역시 그의 총소득에서 요소서비스 구입비용을 제한 것이며, 그 금액은 그의 이자수입인 5.7만원이다. 이런 방법으로 자본가 3의 순소득은 3.6만원, 자본가 4의 순소득은 1.8만원, 그리고 자본가 n의 순소득은 0.5만원이다. 따라서 자본가들이 거두어들인 순소득의 합은

$$순소득_{자본가} = 9.1 + 5.7 + 3.6 + 1.8 + 0.5 = 20.7만원$$

이 된다. 이것은 그들의 이자수입의 합과 같다. 토지소유자와 노동자의 순소득에는 이들이 소득을 획득하는 과정에서 지불해야 할 비용이 없기 때문에, 그들의 총소득은 곧 순소득이다. 즉, 79.3만원이 이들의 순소득이다. 그래서 이 사회 전체의 순소득은

$$순소득_{사회\ 전체} = 순소득_{자본가} + 순소득_{노동자\ 및\ 토지소유자} = 20.7 + 79.3 = 100만원$$

이 된다. 전체 순소득의 합은 이 사회의 전체 소비지출 100만원과 같다. 순소득이 모두 소비로 지출되기 때문에 저축은 없다. 이때의 저축은 순저축으로 총저축과 구분되는 개념이다.[3] 순저축이 없기 때문에 이 경제는 매년 항등순환한다.

1.4 자본가의 기능과 착취 논란

[그림 18-1]에서 알 수 있듯이, 자본가들에게 귀속되는 순소득은 이자수입 20.7만원에 불과하다. 이자는 자본 소유의 대가가 아니라 자본가가 소비를 억제해 저축한 것을 갖고 요소서비스를 구매해 제품을 만들어 판매할 때까지 기다린 대가이다. 즉, 이자는 시간에 대한 투자의 대가인 셈이며, 시간에 대해 투자하는 자가 바로 자본가이다. 그러므로 자본가는 자원을 시간에 배분하는 기능을 수행한다고 말할 수 있다. 이자는 또한 자본가가 생산요소 소유자들에게 돈이라는 현재재를 먼저 지불해 주어 그들이 제품이 판매될 때까지 기다리는 고통을 덜게 하는 대가로 그들이 자본가에게 자발적으로 지불하는 수수료라고도 해석할 수 있다.

자본가는 자원을 시간에 배분하는 기능을 수행한다.

자본재는 노동과 토지처럼 독립된 생산요소가 아니다. 자본재는 반드시 노동을 수반해야만 작동된다. 그리고 자본재는 그 자체로 자연에서 나온 것이 아니며, 노동과 토지에 의해 생산된 생산요소이다. 그래서 자본재의 판매수입은 모두 노동 및 토지 소유자의 소득과 자본가의 이자소득으로 귀속된다. 자본가에게 남는 것은 이자소득밖에 없다.

자본에 관한 이런 사실들은 자본가가 노동을 착취한다는 주장이 잘못되고 선동적임을 말해 준다. 노동과 토지의 소유자는 임금과 지대라는 형태로 소득을 가지게 되나 자본가가 소유하는 자본재로부터는 어떤 소득도 얻어내지 못한다. 이자는 결코 자본재 소유의 대가가 아니다. 단지 소비를 억제해서 자본을 축적할 때까지 기다린 것에 대한 보상일 뿐이다. 항등순환경제에서 자본가가 수익률을 넘는 순소득을 획득했다면, 그것은 그가 자신의 노동과 토지, 그리고 자본 서비스를 생산에 투입하고 이것의 대가를 받았기 때문이다.

자본가의 총소득은 이자소득을 제외하고는 모두 본원요소 소유자들에게 귀속된다. 자본가가 노동자를 착취한다는 것은 선동적인 주장이다.

1.5 하이에키언 삼각형

하이에크(F. v. A. Hayek)는 1931년 그의 저서 『가격과 생산(*Prices and Production*)』에서 경기변동을 야기하는 근본적인 원인을 이론적으로 규명하고자 했다. 그는 이를 위해 훗날 '하이에키언 삼각형(Hayekian Triangle)' 이라 불리는

3. 순저축과 총저축에 대해서는 이 장의 2.2절에서 설명된다.

그림 18-2

항등순환경제와 하이에키언 삼각형

모든 생산단계의 기간이 동일하고 연속적이며 매 단계에 투입되는 본원적 생산요소의 소득이 동일하다면, 그리고 이자를 고려하지 않으면 생산구조는 그림의 *ebO*와 같은 직각삼각형의 모양을 띤다. 이를 '하이에키언 삼각형'이라 한다.

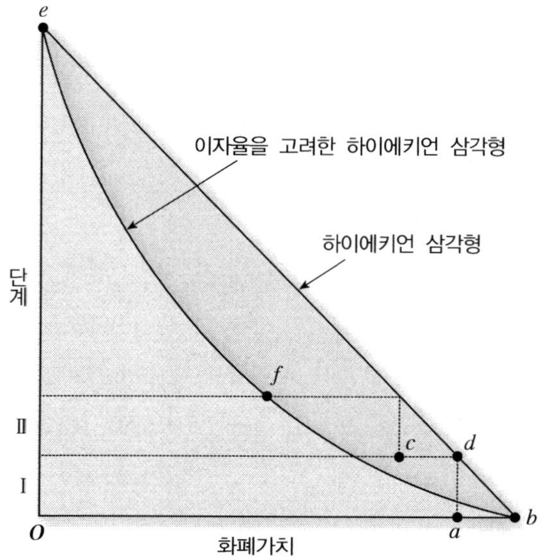

'하이에키언 삼각형'은 하이에크가 생산구조를 아주 단순화해 도식화한 그림이다.

분석도구를 도입했다. 하이에키언 삼각형은 [그림 18-1]의 생산구조를 아주 단순화해 도식화한 그림이다. 만약 모든 생산단계의 기간이 동일하고 연속적이며 매 단계에 투입되는 본원적 생산요소의 소득이 동일하다면, 그리고 자본가의 소득이라 할 수 있는 이자를 고려하지 않는다면 생산구조는 [그림 18-2]의 *ebO*와 같은 직각삼각형의 모양을 띤다.[4]

하이에키언 삼각형은 본원적 생산수단인 노동과 토지가 투입되어 경제 전체의 소비자재가 생산되는 과정을 압축적으로 나타낸 그림이다. 그림에서 수직축은 각 시점에서 본원적 생산수단이 투입되어 소비자재에 이르는 시간 또는 단계를 나타내며, 수평축은 자본재나 소비자재의 화폐로 표현된 가치를 나타낸다. 소비자재의 가치는 본원적 생산수단인 토지와 노동의 순소득과 일치한다. 순소득은 모두 소비자재 구입을 위해 지출되며 새로운 순저축은 없다.

이제 여기에 이자를 고려하면, 하이에키언 삼각형은 어떤 형태를 갖는가? 항등순환경제에서 각 단계의 이자율은 같다. 이자율이란 투자금액 대비 이자이기 때문에, 생산구조가 직각삼각형일 때는 각 단계의 이자율이 같아지지 않는다. 단지 이자액만 같아질 뿐이다. 그 이유는 다음과 같다. 그림에서 각 단계의 생산기

4. (Hay, 32~68), 특히 39쪽과 138쪽의 그림을 참조하라. 하이에키언 삼각형에 대한 비판은 Barnet & Block과 Aguilar를 참조하라.

간이 1로 동일하다고 가정하면, 생산 I단계의 $\overline{ab}$는 본원요소 서비스 구매금액에 다 이자를 합한 금액이다. 생산 II단계의 $\overline{cd}$도 마찬가지이다. 직각삼각형이기 때문에, $\overline{ab}$와 $\overline{cd}$는 같다. 모든 단계들에서 본원요소 서비스 구매금액이 같다고 가정했기 때문에, $\overline{ab}$와 $\overline{cd}$가 같아지기 위해서는 각 단계의 이자액도 같아야 한다. 그런데 생산단계가 아래로 내려갈수록 자본재서비스 구매금액이 높아지므로, 투자금액은 증대한다. 투자금액은 증대하는데 이자액이 같다면 이자율은 떨어진다. 따라서 이자율이 같아지기 위해서는 생산단계가 아래로 내려갈수록 이자액이 증대해야 한다. 각 단계의 본원요소 서비스 구매금액이 동일하기 때문에, 이자율이 같기 위해서는 $\overline{ab}$는 $\overline{cd}$보다 커야 하며, 그러기 위해서는 생산구조가 그림의 *eObf*와 같이 원점을 향해 볼록해질 수밖에 없다.

이자를 고려하면, '하이에키언 삼각형'의 빗변은 원점을 향해 볼록해진다.

2. 생산에서 소비와 저축의 역할

2.1 소비의 역할

요소소유자가 생산과정에서 소득을 획득한 후 소비과정에 들어서면, 그는 소비자가 된다. [그림 18-1]에서 자본가들의 총 순소득은 20.7만원이며, 노동과 토지 소유자들의 총소득은 79.3만원이다. 이것은 소비자의 지출액 100만원과 정확히 일치한다. 소득으로 벌어들인 100만원이 모두 소비로 지출되었다. 새롭게 증대된 저축은 하나도 없다. 즉, 순(net)저축은 0이다. 순소득이 모두 소비되었기 때문에 순투자도 0이다. 항등순환경제가 지속되기 위해서는 일단 모든 소득은 소비되어야 한다. 그래야만 그 경제는 영원히 동일한 규모의 생산과정과 소득분배, 그리고 소비로 순환될 수 있다.

1930년대의 대공황과 2000년대의 세계적 경제위기에서와 같이 경제가 아주 불확실해지면, 사람들은 소비를 줄이고 투자의 때를 기다리면서 줄인 현금을 저축하지 않고 현금잔고[5]에 쌓아두려는 경향이 있다. 소득의 일부가 소비되지 않고 현금잔고로 남는다면 항등순환경제에 어떤 일이 발생하겠는가?

5. 현금잔고의 정의와 기능에 관해서는 이 책의 제23장을 참조하라.

모든 소비자들이 어떤 이유로 소비를 일률적으로 10% 줄였으며, 줄인 소비는 투자로 생산구조에 다시 들어오는 것이 아니라 현금잔고에 쌓여만 있다고 하자. [그림 18-1]에서 가구(소비자재)를 생산하는 생산 1단계의 자본가는 가구를 90만원어치만 팔고, 그의 공장에는 재고가 10만원어치 쌓이게 된다. 그에게 돌아가는 이자소득을 제외하면 그는 요소소유자들에게 이미 지불한 90.9만원에서 10만원을 회수하지 못하는 결과를 맞이한다. 자본가는 10만원의 손해를 보고, 전체 순소득 100만원짜리의 항등순환경제는 깨지고 만다. 모든 경제주체들은 예상치 못한 소비자들의 소비지출 축소로 인해 깨진 항등순환경제 속에서 조정의 과정을 겪는다. 그러면서 생산구조는 재편되고 경제는 새로운 항등순환경제로 나아간다. 그 과정을 보도록 하자.

자본가 1의 수중에는 이제 90만원밖에 없다. 자본가 1은 생산 1단계에 있는 자본가를 지칭한다. 경제 내의 모든 소비자들이 소비를 일률적으로 10% 줄였기 때문에 자본가도 소비를 위해 그의 이자소득에서 10% 감소한 수준에서 지출한다. 그래서 그가 다음 기에 요소서비스의 구입으로 사용할 수 있는 현금은 81.8(= 90 - (9.1 × 0.9))만원이다. 이것은 앞선 기에 요소서비스 구입으로 지출한 90.9만원에 비하면 10% 감소한 금액이다. 81.8만원으로 그는 다음 기에 요소서비스들을 구입한다. 그가 줄어든 금액으로 요소서비스들을 어떤 비율로 구입할지에 따라 조정의 과정은 전 생산단계에 걸쳐 일어날 수도 있고 소비자재 생산에 가까운 단계에서 멈출 수도 있다.

생산기술이 허락한다면, 극단적으로 생산 1단계의 조정으로 끝날 수도 있다. 즉, 자본가 1은 81.8만원으로 자본재서비스 구입에 63만원을 지출하고 노동과 토지 서비스의 구매에 18.8만원을 지출한다. 그가 감소한 9.1만원을 모두 노동 및 토지 서비스의 투입 감소로 조정하는 것이다. 자본가 2는 다음 기에도 앞선 기와 동일하게 자본서비스 판매의 대가로 63만원을 받기 때문에 생산단계를 거슬러 올라가면서 추가적인 조정은 일어나지 않는다. 소비지출 감소의 충격을 모두 자본가 1이 흡수한 것이다. 그러나 기술적으로 이런 극단적인 생산요소 배합 비율의 변경은 예상할 수 없다. 왜냐하면 항등순환경제에서 모든 자본가들은 최선의 요소 투입비율로 제품을 생산하고 있었기 때문이다. 그러므로 소비지출 감소에 의한 생산 1단계에서의 파급은 모든 생산단계들에 골고루 미칠 것이다. 그 결과 소비지출 감소의 충격은 생산 2단계로 파급될 것이고, 그러면서 전 생산단계에 걸쳐 조정의 과정을 거치게 할 것이다.

그림 18-3

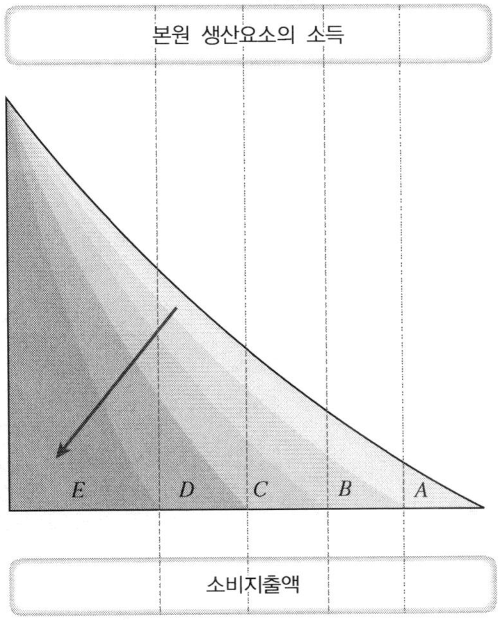

소비지출이 축소될 때의 생산구조 변화
소비지출이 감소하면, 하이에키언 삼각형은 $A \to B \to C \to D \to E$로 위축된다.

그것의 파급과정이 어떻든지 간에 항등순환경제의 규모와 순소득의 크기는 90만원으로 줄어든다. 매기 소비지출이 10%씩 줄어든다면, 경제 규모는 계속 축소되고 이에 맞추어 자본재서비스의 투입도 계속 줄어든다. [그림 18-3]은 이를 나타낸다. 소비가 줄어들기 전의 생산구조는 A였다. 매기 소비가 줄어듦에 따라 생산구조는 점점 $A \to B \to C \to D \to E$로 위축된다. 줄어든 소비는 다시 순투자로 생산구조에 들어오지 않기 때문에, 소비자재 생산량도 감소한다. 소비자재 생산량의 감소 속도는 자본재 생산량의 감소 속도보다 빠를 것이다. 왜냐하면 자본축적이 줄어들면 생산성이 하락하고, 이것이 소비자재 생산을 더욱 위축시킬 것이기 때문이다.

소비지출이 감소하면, 생산구조는 감소한 만큼 위축된다. 그러나 행위의 궁극적인 목적은 소비에 있는 만큼 생산구조의 붕괴는 결코 일어나지 않는다.

물론 극단적인 소비절약을 통한 생산구조의 붕괴는 결코 일어나지 않는다. 경제행위의 궁극적인 목적은 소비에 있기 때문이다. 아무리 구두쇠라고 하더라도 현재 먹고 입기 위한 소비를 해야만 인색한 생활을 계속할 수 있다. 이것은 미래의 만족보다 현재의 만족을 선호하는 인간 공리가 저축량 또는 현금잔고의 무한한 증대를 반드시 멈추게 함을 의미한다. 그리고 한계효용체감의 원칙에 따라 현금잔고가 쌓일수록 이것의 가치는 떨어지는 반면, 투자의 한계효용은 증대한다. 그러므로 소비절약을 통한 현금잔고의 누적은 언젠가는 생산구조에 순투자의 형태로 들어올 것이다. 소비절약과 현금잔고의 증대로 깨진 항등순환경제는 현금잔고가 다시 온전히 생산구조에 들어오게 되면, 다시 소비절약이 일어나기 전으로 돌아간다.

2.2 저축의 역할

[그림 18-1]에서 생산요소 소유자들의 전체 순소득 100만원은 소비 100만원과 일치한다. 그들이 벌어들인 모든 순소득은 소비로 지출되기 때문에 이 경제 전체의 저축은 0이고, 그래서 일견 투자가 전혀 일어나지 않는 것처럼 보인다. 자본가 역시 어떤 저축도 하지 않는 듯하다. 그들이 벌어들인 이자소득은 모두 소비로 지출되기 때문이다. 100만원짜리 항등순환경제가 유지되기 위해서는 모든 순소득이 소비로 지출되어야 한다. 소비야말로 경제가 동일한 규모로 순환하게 하는 모든 것이라고 생각할 수 있다. 그러나 이것은 단순한 생각이며 겉으로만 보이는 현상일 뿐이다. 항등순환경제가 돌아가게 하는 본질은 소비가 아니라 저축이다(Ro, 397~399 ; Hay. PP, 48~49).

이를 확인하기 위해 경제를 순소득이 아니라 총소득의 관점에서 보자. 노동 및 토지 소유자들의 순소득은 총소득과 일치하기 때문에, 총소득의 관점에서 보자는 것은 자본가의 입장에서 보자는 말과 동일하다. [그림 18-1]에서 자본가들이 벌어들인 총소득은 228만원이다. 이 중 순소득 20.7만원은 소비지출로 사용되며, 나머지 207.3만원은 다음 기의 요소서비스 구입비용으로 지출된다.

자본가들은 자신이 벌어들인 총소득 228만원을 거의 소비하지 않고 다음 기의 생산을 위한 요소서비스를 구매하는 데 사용한다. 요소서비스 구입에 지출한 207.3만원은 그들이 투자한 금액이며, 그들이 현재소비를 억제하고 저축한 금액이다.[6] 이때의 저축은 총(gross)저축을 말한다. 총저축은 순(net)저축에 대비되는 개념이다. 순저축은 순소득에서 저축한 것이고, 총저축은 총소득에서 저축한 것

6. [그림 18-1]에서 노동 및 토지 소유자들은 아무런 저축을 하지 않는 것처럼 나타나 있다. 그러나 이들도 현실에서는 일반적으로 소비하고 남은 것을 저축한다. 이들이 자신의 소득 중 일부를 저축한다면 그들도 그만큼 자본가가 된다. 그림은 저축 또는 투자하는 사람들을 통칭해서 자본가로, 그 외의 사람들을 노동 및 토지 소유자로 분류해 표현했을 뿐이다. 현실에서는 결코 모든 사람들을 자본가, 토지소유자, 노동자로 명확히 분류할 수 없다. 모두는 조금은 자본가로, 조금은 노동자로, 조금은 토지소유자로 살아간다. 그 조금의 비중은 개인이 갖고 있는 시간선호에 따른다.

그림 18-4

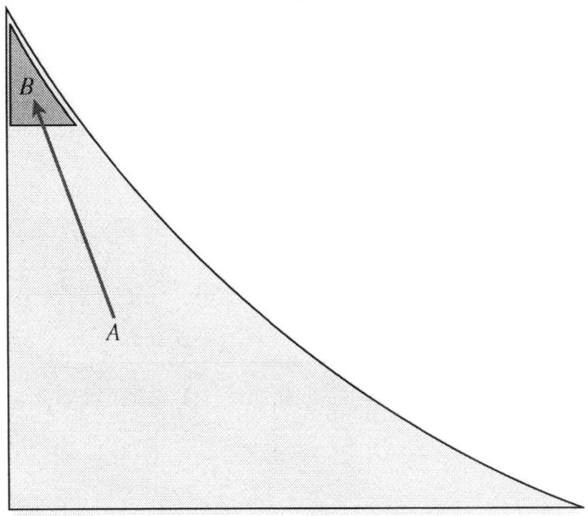

자본가가 저축하지 않는 경우의 생산구조 변화
자본가가 저축하지 않는다면, 경제구조는 A에서 B로 쭈그러들고 만다.

이다. 즉, 자본가가 생산을 위해 자신의 총소득에서 요소서비스를 구매하기 위해 저축한 것이 총저축이다.

만약 그들이 총소득의 상당 부분을 투자하지 않고 현금잔고로 보관해 둔다면 어떤 일이 발생하겠는가? [그림 18-1]에서 자본가 1은 90.9만원, 자본가 2는 57.3만원, 자본가 3은 36.4만원, 자본가 4는 18.2만원, 그리고 자본가 5는 4.5만원이 투자되어야, 비로소 이 경제는 항등순환할 수 있다. 이 생산구조에 있는 자본가들 중 한 명이라도 요소서비스의 구매를 줄이면, 이 생산구조는 축소될 수밖에 없다. 이 경제가 100만원어치의 소비를 할 수 있는 규모로 계속 유지되기 위해서는 이들이 207.3만원을 저축해 투자해야 한다.

자본가들의 저축 의지가 조금이라도 꺾여 207.3만원의 저축이 일어나지 않으면, 이 경제는 더 이상 100만원어치의 소비를 할 수 있는 경제가 되지 못한다. 자본가들은 그들의 이자소득을 모두 소비해 일견 저축하지 않는 것처럼 보이지만, 벌어들인 총소득 중 90%나 저축하고 있음을 알아야 한다. 이 저축이야말로 항등순환경제를 유지하는 원동력이다. 경제학 교과서나 많은 논자들은 이것이 자본가들에 의해 당연히 투자되는 것으로 가정하지만, 그것이 당연해야 할 이유는 전혀 없다. 극단적인 경우로 [그림 18-4]에서처럼 자본가 1이 다음 기 요소서비스 구입을 위해 전혀 저축하지 않는다면, 즉 그가 공장의 문을 닫는다면, 그 위의 수직선상에 있는 모든 자본가들도 다음 기에 문을 닫을 수밖에 없다. 이 사회는

A의 생산구조에서 B의 생산구조로 회귀해 다시 자본이 존재하지 않는 원시사회로 돌아간다.

항등순환경제에서 저축은 일견 일어나지 않는 것처럼 보인다. 그러나 자본가가 다음 기에도 요소서비스 구입을 위한 저축(또는 투자)을 당연히 한다고는 누구도 보장할 수 없다. 그가 자신의 총소득에서 일부를 저축하지 않는다면, 경제는 원시경제로 돌아가고 만다.

자본가는 소비를 억제하고 이로부터 저축된 현금을 미래재인 생산요소를 구매하는 사람이다. 자본가 역할의 핵심은 저축하는 행위이다. 그들의 저축이 줄어들면 투자할 여력이 줄어들어 경제 규모는 축소될 수밖에 없다. 이것은 저축이야말로 현재의 생산구조가 유지되기 위해서 반드시 있어야 할 전제조건임을 의미한다. 생산구조를 그대로 유지하기 위해서는 소비에 지출되는 액수보다 매우 큰 저축(= 투자)이 있어야 한다. [그림 18-1]에서 저축은 소비보다 거의 두 배(207.3만원 ÷ 100만원)가 많다. 실제의 경제에서 그 배수는 이보다 훨씬 더 클 것이다. 생산구조의 유지에 있어서 소비보다 더 중요한 것은 자본가의 저축임을 알 수 있다.

현실의 일반적인 기업은 자본재 서비스를 구입하는 것이 아니라 자본재 그 자체를 구매한다. 이 때문에 많은 사람들은 자본가들이 투자하지 않더라도 기존의 생산구조가 그대로 유지된다고 생각한다. 생산구조가 그대로 유지된다는 것은 겉으로 보이는 현상일 뿐이다. 마모되지 않는 자본재란 존재하지 않기 때문에, 자본가는 감가상각을 기존의 생산구조를 유지하기 위한 재투자로 항상 고려한다. 자본가가 이 재투자를 하지 않는다면 현재의 생산구조는 조만간 허물어지고 만다. 소비를 줄이고자 하는 것이나 이 부분의 투자를 축소하고자 하는 것은 한 개인의 동일한 선택상에 놓여 있다. 그가 공장 문을 닫고자 하는 선택은 소비를 줄이고자 하는 선택과 하등 다를 바 없다. 그러므로 한 나라의 경제에서 소비보다 더 큰 중요성을 지닌 것은 저축하고자 하는 자본가의 의지이다. 이 의지가 없다면, 자본축적은 한순간에 허물어지고 생산구조는 축소되어 경제는 원시상태로 돌아간다.

한 나라의 총저축 규모는 소비를 압도하기 때문에, 경제에서 소비보다 더 큰 중요성을 지닌 것은 저축하고자 하는 자본가의 의지이다.

3. 경제 전체의 생산구조

3.1 개별 생산구조들의 집계 가능성

모든 소비자재들 각각에 대해서 [그림 18-1]과 같은 생산구조와 소득흐름을 그릴 수 있다. 이 모든 소비자재들의 생산구조를 단순히 집계하면 경제 전체[7]의

그림 18-5

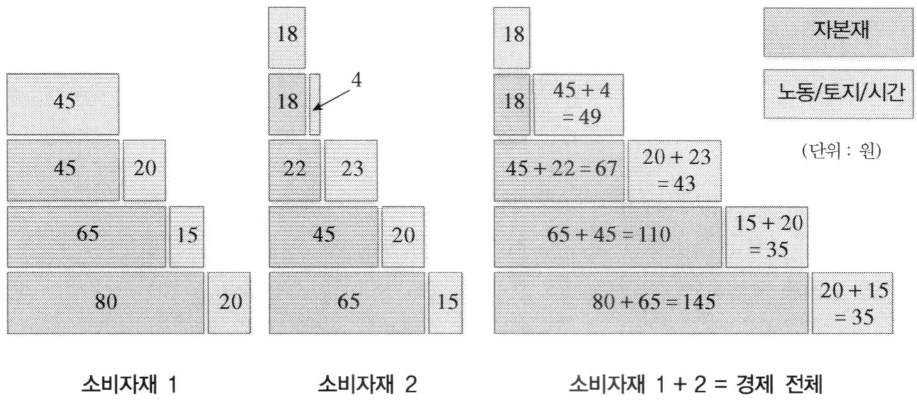

경제 전체의 생산구조를 위한 개별 생산구조의 집계

개별 소비자재의 각 단계끼리 단순 집계하면, 한 나라 전체의 생산구조가 유도된다.

생산구조가 된다. [그림 18-5]에는 경제 전체의 생산구조를 유도하기 위한 개별 소비자재의 단순한 집계(aggregation)과정이 나타나 있다. 경제 전체의 생산구조는 개별 소비자재의 각 단계의 화폐소득끼리 합하면 된다. 개별 소비자재의 생산구조가 직각삼각형과 유사한 만큼, 단순한 이들의 집계인 경제 전체의 생산구조도 이와 비슷한 직각삼각형 모양일 것이다. 개별 소비자재의 생산구조를 이처럼 단순히 통합하는 데 있어서 제기될 수 있는 문제점들에 대해서 생각해 보자.

개별 소비자재의 각 단계끼리 단순 집계하면 한 나라 전체의 생산구조가 유도된다. 생산단계 개수의 차이, 단계별 생산기간의 차이, 요소의 전용 정도의 차이, 요소자체 구매 여부, 그리고 생산의 통합 정도의 차이는 단순 집계에서 문제가 되지 않는다.

첫째, 소비자재 중에는 생산단계가 많은 것도 있고 적은 것도 있다. 전자를 생산구조의 길이가 길다고 하고 후자를 짧다고 한다. [그림 18-5]에서 소비자재 1은 생산구조가 짧은 반면 소비자재 2는 1에 비해 길다. 개별 소비자재들의 생산구조의 길이가 서로 다르더라도 이들을 경제 전체 생산구조로 통합하는 데는 문제될 것이 없다. 개별 소비자재의 생산구조에 있는 생산 1단계들을 모두 단순히 집계하면 경제 전체 생산구조의 1단계가 된다. 모든 2단계들이 통합되어 경제 전체 생산구조의 2단계가 된다. 이런 식으로 경제 전체의 생산구조는 다층화가

7. 이를 국민경제의 생산구조라 부를 수 있다. 그러나 시장이 자생적으로 형성된 것처럼 사회 전체도 지역적으로 한정될 수 없다. 그래서 지역을 한정하는 국민경제라는 용어는 시장의 개념에 비추어 볼 때 적절하지 않다(Ro, 397). 하지만 통념적으로 국민경제란 용어가 널리 사용되고 있고 이를 통해 다른 지역과의 비교가 광범위하게 이루어지고 있기 때문에, 사회 전체의 경제를 국민경제라는 용어로 사용해도 큰 문제는 없다.

된다.

둘째, 소비자재나 자본재는 기술적인 이유로 전용요소에 의해 생산되기도 하고 일반요소에 의해 생산되기도 한다. 이런 다양한 생산요소들이 경제 전체의 생산구조로 통합되는 데 문제는 없는가? 이들을 통합하면 생산요소와 생산물 간의 기술적 관계는 당연히 사라진다. 그렇지만 우리가 보고자 하는 것은 이런 기술적 관계가 아니라 소비자재 생산에 이르는 단계와 이로 인한 시간문제이기 때문에, 이것이 통합의 문제로 제기되지는 않는다. 예를 들어 철강은 자동차의 뼈대에 사용되기도 하고 최종 소비자재인 건축물에 사용되기도 한다. 자동차의 경우 그것의 제조과정을 '철강 → 자동차 뼈대 → 자동차'로 생각한다면 철강은 생산의 3단계에 놓이게 되고, 건축물의 경우 그것의 제조과정을 '철강 → 건축물'이라고 한다면 철강은 생산의 2단계에 놓인다. 즉, 철강이라는 자본재는 생산 2단계일 수도 있고 3단계일 수도 있다. 집계에서 건축물에 사용된 철강의 판매액을 2단계의 집계에 포함시키고 자동차의 생산에 투입된 철강을 3단계에 포함시켜 집계하면 그만이다.

셋째, 개별 소비자재의 각 생산단계의 소요시간은 소비자재마다 다를 뿐만 아니라, 개별 소비자재 자체 내에서도 단계마다 다르다. 그러나 이것이 집계에 문제를 일으키는 것은 아니다. 예를 들어 [그림 18-5]에 있는 소비자재 1의 3단계의 생산기간은 6개월인 반면, 소비자재 2의 3단계의 생산기간은 18개월이라고 하자. 우리는 이를 생산기술로는 1년 단위로 환산할 수 없지만, 생산된 제품의 판매액으로는 환산할 수 있다. 소비자재 1의 생산단계 2에 있는 65원은 6개월 단위로 자본재를 생산하는 단계 3의 자본재 판매액을 2배수한 것이다. 반면 소비자재 2의 생산단계 2의 45원은 18개월 단위로 생산된 단계 3의 자본재 판매액을 2/3배수한 것이다. 기준을 1년으로 할지 6개월로 할지는 생산 1단계에 있는 소비자재의 생산기간을 기준으로 하면 된다. 생산구조는 소비자재를 기점으로 해 거기에 투입된 자본재들을 위로 거슬러 올라가는 구조물이다. 그러므로 가장 밑에 있는 소비자재의 생산기간만 동일하면 모든 소비자재들의 각 단계들끼리 단순 집계해 경제 전체의 생산구조를 유도할 수 있다.

넷째, 자본재나 토지의 구매에 있어서 그것의 서비스를 구매하지 않고 제품 자체를 구매하는 경우, 이것은 통합의 문제를 복잡하게 하기는 하지만 통합의 본질에는 영향을 미치지 않는다. 왜냐하면 자본재나 토지의 가격은 그것이 매 기간 제공할 것으로 예상되는 서비스를 자본화한 것이기 때문이다. 그래서 우리는 자

본재나 토지의 가격이 주어지면, 매 기간 그것의 서비스 가격을 환산할 수 있다.[8]

다섯째, 어떤 소비자재의 경우는 생산단계들의 일부가 수직으로 통합되어 생산단계별로 자본재서비스의 매매가 이루어지지 않는 경우가 있다. 예를 들어 생산의 2, 3단계가 수직적으로 통합되었다고 하자. 생산 3단계에서 생산된 자본재 3은 통합되지 않았다면 생산 2단계에 판매되었을 것이다. 이 경우 자본재 3이 생산되기 위해서 투입된 생산요소들이 받은 소득의 선불(先拂)기간은 3단계의 생산시점에서 2단계에 판매된 시점까지이다. 그러나 통합으로 인해 자본재 3은 생산 2단계에서 요소서비스로 투입되어 자본재 2가 되어 생산 1단계에 판매된다. 이 경우 자본재 3을 생산하기 위해 투입된 요소소유자들이 받은 소득의 선불기간은 3단계의 생산시점에서 1단계에 판매된 시점까지로 더 길어진다. 그러므로 생산단계들의 수직적 통합은 단지 생산기간을 길게 할 뿐이다. 생산기간 3개월의 2단계와 생산기간 6개월의 3단계가 통합되었다면 이것은 생산기간 9개월의 생산 2단계가 될 뿐이다. 생산기간의 연장은 단지 생산기간 차이의 문제로서 앞의 셋째에서 보았듯이 집계에 별다른 문제를 야기하지 않는다.

3.2 경제 전체의 생산구조와 소득분배

이렇게 해서 집계된 경제 전체의 생산구조가 [그림 18-6]과 같다면, 생산 1단계는 경제 전체에서 생산되는 전체 소비자재의 화폐 금액을 나타낸다. 그리고 그 금액은 경제 전체의 순소득과 같다. 소비자재를 생산하기 위해 자본재들과 본원 생산요소들이 투입되는데, 그 자본재들은 생산 2단계에서 또 다른 생산요소들을 취합해 생산한다. 그 속에는 또 다른 자본재들이 있고 그것들의 생산을 위해서 계속 위로 고차의 생산단계가 이어진다. 그래서 결국 생산 n단계에서는 자본재 없이 본원적 생산요소들만 자본가에 의해 생산에 투입된다. 생산 n단계에도 자본가가 있는 만큼 이자는 존재한다.

각 생산단계에 투입된 요소들의 소득흐름은 그 단계에서 완료된다. 단지 요소소유자들의 소득은 생산이 시작되기 직전 자본가로부터 선불되고, 자본가의 시

8. 자본재의 매매가격(P_K^0)은 매 기간 그것이 제공하는 서비스의 가격을 사회적 할인율로 할인해 모든 기간을 합한 것이다. 항등순환경제에서 매 기간의 사회적 할인율(r)과 그것의 서비스 가격(P_{KS})은 일정하기 때문에, $P_K^0 = P_{KS} + \frac{P_{KS}}{1+r} + \frac{P_{KS}}{(1+r)^2} + \cdots\cdots + \frac{P_{KS}}{(1+r)^n}$이다. 이 식으로부터 $P_{KS} = \frac{r(1+r)^n}{(1+r)^{n+1}-1} \times P_K^0$를 구할 수 있다.

그림 18-6

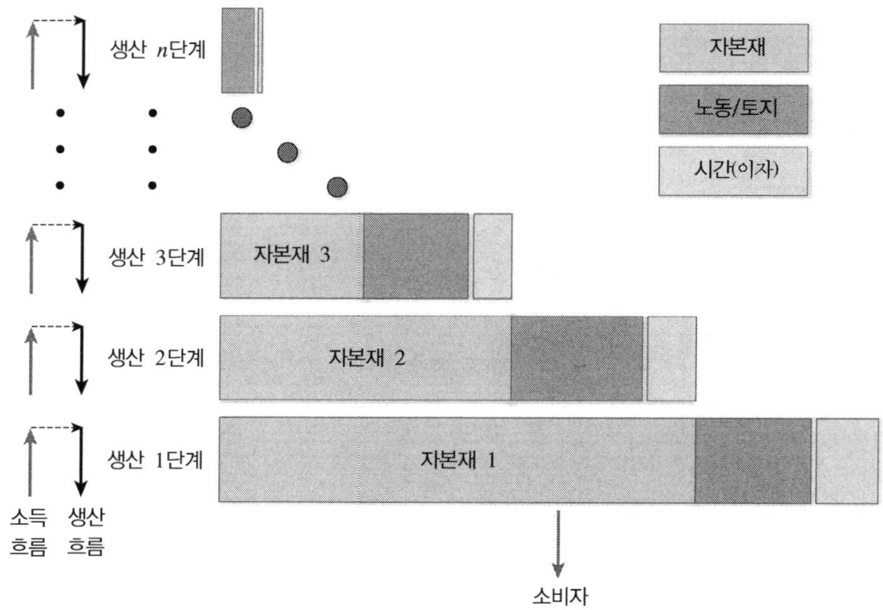

자본가가 존재하는 경제 전체의 생산구조와 생산 및 소득의 흐름
모든 소비자재들의 생산구조를 각 단계별로 합하면, 경제 전체의 생산구조가 유도된다. 각 생산단계의 소득흐름은 그 단계에서 완료된다.

한 나라 전체의 생산구조로부터 자본가, 노동자, 토지소유자의 전체 총소득과 순소득의 규모, 그리고 그 흐름을 읽을 수 있다.

간기능에 대한 대가인 이자는 생산된 자본재가 다음 단계의 자본가에게 판매된 후 수취된다. 소비자재 생산단계에서의 이자는 생산된 소비자재가 소비자에게 판매된 후 지급된다. 소비자재의 판매금액은 모든 생산단계들의 본원요소 소유자들의 소득과 이자소득으로 전액 돌아간다. 한 나라 전체의 생산구조로부터 자본가, 노동자, 토지소유자의 전체 총소득과 순소득의 규모, 그리고 그 흐름을 읽을 수 있다.

생각하기

01. 생산에 참여한 사람들의 총소득과 순소득을 구분해 설명하라.

02. 자본가가 노동자를 착취한다는 주장에 대해 항등순환경제와 현실경제로 나누어 토

론하라.

03. 1990년대 말 한국에 외환위기가 닥쳤을 때, 어느 한 연예인이 TV 공익광고에 나와 허리띠를 졸라매는 모습을 보이면서 소비를 줄이면 외환위기를 극복하지 못한다고 했다. 한 나라의 경제를 위한 길로서 소비 장려와 저축 증대 중 어느 것이 더 중요한지를 놓고 토론하라.

04. 빙산의 일각이라는 말이 있다. 눈에 보이는 빙산은 해수면 위의 빙산뿐이지만, 빙산을 떠받치는 본체는 해수면 아래에 있다. 마찬가지로 주가(株價)는 하루 거래되는 주식에 의해 결정되지만, 그날 거래하지 않은 90% 이상의 주식 소유자들이 사실 그날의 주가를 결정한 것이나 다름이 없다. 대선이나 총선에서도 여러 작은 이슈에 의해 선거의 결과가 결정된 것처럼 말하나, 그 밑에 말 없는 대부분의 유권자들이 그 결과를 결정한 것이다. 국민경제도 마찬가지이다. 공장이 매일 가동된다는 것은 자본가가 자신의 판매수입의 상당 부분을 매일 저축해 요소서비스를 구매했기 때문이다. 자본가들이 생산을 전(前) 수준으로 유지하는 것만도 국민경제에 얼마나 중요한지를 빙산, 주가, 선거 등과 비교하면서 생각하라.

05. 빌 게이츠(William H. Gates), 마크 주커버그(Mark Zuckerberg), 세르게이 브린(Sergey Brin) 등 글로벌 IT 기업의 창업자들은 모두 쪽방에서 창업해 대박을 터뜨렸다. 그러나 창업을 시도한 사람들 중 이처럼 성공을 거둔 사람들은 극소수이고 실패와 좌절을 겪은 사람들이 대부분이다. 벤처 창업은 꿈처럼 신나는 일이지만 재미는 딱 6개월뿐이라고 한다(김길연, 2012. 10. 12). 그렇다고 좋은 일자리를 찾기도 쉽지 않다. 많은 대학 졸업생들은 오늘도 좋은 일자리를 얻기 위해 공부를 하거나 경험을 쌓는다. 좋은 일자리는 한정되어 있는 반면 좋은 일자리를 구하는 이들은 넘쳐나기 때문이다. 우리나라의 고등학생이 대학에 진학하는 비율은 80%에 육박한다. OECD 평균(56%)과 비교하면 20% 포인트 이상 높다. 경기개발연구원에 따르면, 대학 졸업 학력을 필요로 하는 일자리는 115만 개에 불과하지만 청년 취업자 중 대학 졸업자는 215만 명이다. 이들을 위한 100만 개 정도의 일자리가 모자라는 셈이다.(이지은, 2013. 1. 10) 여러분은 자본가와 임금노동자 중 어떤 길을 택하고 싶은가? 토론하라.

시간시장과 이자율 결정

Human centered

Principles of Economics

ch. nineteen

1

9

이 장에서는 이자율이 결정되는 과정을 살펴본다. 이자율은 시간의 가격이기 때문에 시간시장에서 결정된다. 이것이 신고전학파의 대부자금이론 및 케인지안의 유동성선호이론과 근본적으로 다른 점이다. 이를 위해 먼저 현재재의 수요곡선과 공급곡선을 개인의 시간선호를 바탕으로 하여 유도한다. 이것은 시장과 관련된 모든 설명이 개인의 선호에서 시작되는 것과 일관된다. 이로부터 이자율이 투자를 결정하는 것이 아니라, 시간선호가 이자율과 투자수준을 결정함을 보여준다. 시간선호에 의한 이자율결정 이론이 신고전학파의 이론과 대비되는 점을 분명하게 하기 위해, 신고전학파의 이자율결정 이론을 비판함으로써 이 장을 마무리한다. 유동성선호 이론에 관한 비판은 이 책의 마지막 장에서 다룬다.

1. 시간시장 분석의 대상

시간시장은 크게 대부시장과 생산의 시간시장으로 나뉘며, 각 시장에 현재재 시장과 미래재 시장이 존재한다.

시간시장은 4개로 구성된다. 대부시장과 생산의 시간시장으로 나뉘며, 각 시장에 현재재 시장과 미래재 시장이 존재한다. 대부시장에는 사용기간이 한정된 현금의 거래가 일어나는 현재재 시장과 차용증서의 거래가 일어나는 미래재 시장이 존재한다. 생산에는 현금소득의 선지급과 선수취(先受取)가 일어나는 현재재 시장과 요소서비스의 거래가 일어나는 미래재 시장이 존재한다. 시간시장에는 현재재와 미래재라는 두 재화만 존재하고, 이 두 재화 간의 교환만 일어나기 때문에, 현재재 시장의 뒤편에는 언제나 그림자처럼 미래재 시장이 따라오고, 미래재 시장의 뒤편에는 항상 현재재 시장이 따라온다. 그래서 현재재의 수요가 미래재의 공급이며, 현재재의 공급이 미래재의 수요가 된다. 이에 따라 현재재의 시장만을 보면 그것이 곧 미래재의 시장이기도 하다. 여기에서는 현재재 시장을 중심으로 이자율이 결정되는 과정을 살펴본다.

대부시장에서의 현재재 거래이든 생산구조 속에서의 현재재 거래이든 그 거래를 결정하는 것은 개인의 미래재에 대한 현재재의 선호, 즉 시간선호이다. 개인의 선호는 모든 거래의 배경이며 열쇠라는 점은 시간시장에서도 다시 확인되는 사실이다. 아래에서는 시간선호에 의해 유도되는 현재재의 공급곡선과 수요곡선을 설명하고, 이로부터 이자율이 결정되는 과정을 살펴본다. 이를 마치 대부시장에서 일어나는 시간거래처럼 설명하지만, 설명의 예가 그렇다는 것뿐이다. 이는 항등순환경제의 생산에서도 그대로 적용된다. 항등순환경제의 시간시장에서 대부와 생산의 차이는 거래가 종결되는 시점 말고는 완전히 동일하다는 점을 제17장에서 이미 설명한 바 있다. 독자들이 직관적으로 이해하기 쉽게 하기 위해, 대부시장에서 전개되는 시간거래처럼 했을 뿐이다. 설명 속에 나오는 이자율은 여전히 항등순환경제의 시간시장을 다루기 때문에 순수이자율을 의미한다.

2. 현재재의 공급곡선

2.1 시간선호와 현재재의 공급

모든 개인은 현재의 화폐와 미래의 화폐에 대한 선호를 갖고 있다. 예를 들어 지금부터 1년 동안 별다른 소득이 없는 윤호라는 개인이 현재에 1만원짜리 화폐를 10장 갖고 있다고 하자. 10만원의 화폐재고량에서, 그의 현재 1만원과 1년 후 사용할 수 있는 1만원 간의 시간선호가 〈표 19-1〉처럼 주어졌다. 이 표는 특정 시점에서의 현재재와 미래재에 대한 윤호의 시간선호표이며, 현재재인 화폐의 한계효용이 체감한다는 사실을 반영하고 있다. 한계효용체감의 법칙은 어떤 재화나 서비스에서도 적용되며, 현재재와 미래재에도 예외가 아니다. 그러므로 화폐의 한계효용체감은 윤호뿐만 아니라 누구에게도 적용된다. 이 표의 선호순위난에 표시된 서수는 윤호가 10만원에서 포기할 1만원의 순서를 나타낸다. 〈표 19-1〉을 통해 윤호의 시간선호를 읽어보자.

윤호의 금고에는 현재 10만원이 화폐재고로 들어 있다. 윤호는 연 이자율 2%에서는 10만원 중 한푼도 저축할 마음이 없다. 저축한다는 것은 시간시장에서 현재재를 판매(공급)하고 미래재를 구입(수요)하는 것을 의미한다. 연 이자율 2%에서 그가 저축하지 않고자 하는 이유는 1년 후의 10,200원이라는 미래재가 그의 선호순위에 있어서 18번째이지만, 그가 첫 번째로 포기할 현재재 한 단위인 1만원의 순위는 17번째이기 때문이다. 이것은 윤호에게 있어서 1년 뒤 10,200원의 미래재가 현재의 1만원보다 선호되지 못함을 의미한다. 1년 후의 미래재와 현

표 19-1 현재재를 공급하는 개인의 시간선호표

선호 순위	현재재 재고량	시간선호		순수이자율(연, %)
		현재재(원)	1년 후의 미래재(원)	
1	2만원		12,000	20
2	2만원		11,800	18
3	2만원		11,600	16
4	2만원		11,400	14
5	3만원	8th 10,000		
6	3만원		11,200	12
7	3만원		11,000	10
8	5만원	7th 10,000		
9	5만원	6th 10,000		
10	5만원		10,800	8
11	8만원	5th 10,000		
12	8만원	4th 10,000		
13	8만원	3rd 10,000		
14	8만원		10,600	6
15	8만원		10,400	4
16	10만원	2nd 10,000		
17	10만원	1st 10,000		
18	10만원		10,200	2

재재 사이에서 그의 시간선호율은 최소 2%보다는 높다고 말할 수 있다. 이처럼 이자율이 아주 낮을 때, 그는 전혀 저축하지 않고 10만원을 소비하고자 한다. 물론 항등순환경제가 아니라면 그는 10만원 중 일부를 소비하지 않고 현금잔고로 저장(hoarding)할지도 모른다. 현실의 경제에서 개인이 현금잔고로 저장하는 이유는 적절한 시점에 소비나 투자로 언제나 이용 가능하도록 하기 위함이다.

저축을 전혀 하지 않게 하는 이자율은 개인마다 다르다. 윤호의 경우는 4% 미만이다. 분명한 것은 이자율이 0% 이하일 때 그 누구도 저축하지 않는다는 점이다. 이는 화폐로 표현된 현재재와 미래재의 금액이 동일할 때에는 누구나 미래재보다 현재재를 선호하기 때문이다. 그러므로 미래의 불확실성이 없어서 현금잔고의 기능이 필요 없는 항등순환경제에서는 영 또는 음의 순수이자율은 존재할 수 없다.

현재의 욕구가 미래의 욕구보다 선호되는 한, 순수이자율은 0보다 작을 수 없다.

이자율이 4%라면 그는 10만원에서 1만원 2단위를 1년 뒤 10,400원이라는 미래재 2단위와 교환할 용의가 있다. 즉, 2만원을 저축할 용의가 있다. 그러나 더 이상의 저축은 생각하지 않는다. 이것은 현재재의 재고량이 10만원일 경우 시간선호율이 최소한 2% 이상이지만 4%는 초과하지 않음을 의미한다. 이제 그의 현재재 재고량은 8만원으로 줄어들었다. 현재재 재고량이 8만원일 때, 이자율이 4%에서 6%로 오른다 하더라도 그는 현재재 재고량을 줄일 용의가 없다. 즉, 그는 현재재 재고량이 8만원일 때 1년 뒤 10,600원보다 현재의 1만원을 선호한다. 그러나 이자율이 2% 포인트 더 올라 8%라면 그는 기꺼이 3만원을 더 저축할 용의가 있다. 이것은 그의 시간선호율이 8만원의 현재재 재고량에서 최소 6% 이상이지만 8%를 초과하지 않음을 의미한다.

이런 이치로 현재재 재고량이 5만원일 경우 그의 시간선호율은 8% 이상, 10% 미만이며, 현재재 재고량이 3만원일 경우 시간선호율은 12% 이상, 14% 미만이다. 이자율 14%에서 그의 금고에는 현재재로 화폐 2만원만 남아 있다. 이마저 그가 저축하면 그는 소비할 것이 없기 때문에 살아갈 수 없다. 2만원은 그에게 있어서 1년 동안 생존을 위한 최소한의 금액이다. 그러므로 그는 아무리 높은 이자율을 제공하더라도 더 이상 저축하지 않을 것이다. 이것은 그의 시간선호율이 현재재 재고량 2만원에서 무한대 가까이로 높아짐을 의미한다. 누구에게나 아무리 이자율이 높다고 하더라도 현재재를 더 이상 공급하려 하지 않는 이자율이 존재한다. 생존을 위한 최소한의 소비는 반드시 필요하기 때문이다.

어떤 경우에도 시간선호율이 무한대로 상승할 수는 없다. 생존을 위한 최소한의 소비는 반드시 필요하기 때문이다.

2.2 현재재 공급곡선의 유도

〈표 19-1〉로부터 이자율에 따른 윤호의 현금이라는 현재재의 공급량을 유도할 수 있다. 이를 〈표 19-2〉에 나타내었다. 이자율 2%에서 그의 시간선호는 전혀 저축할 의향이 없기 때문에 현재재의 공급량은 0이다. 이자율 4%에서 그의 시간선호는 2만원을 저축한다. 그의 현재재 공급량은 1만원짜리 2단위이다. 금고에 있는 화폐가 조금씩 줄어듦에 따라 그의 시간선호율은 점차 상승한다. 그래서 이자율도 함께 올라가지 않는 한 그는 화폐를 추가적으로 내놓으려 하지 않는

표 19-2 이자율에 따른 개인의 현재재 공급량

순수이자율(연, %)	2	4	6	8	10	12	14	16	18	20
현재재 공급량	0	2	2	5	7	7	8	8	8	8

다. 이자율이 상승하고 나서야 그는 현재재를 추가 공급한다. 그러다 금고에 2만 원밖에 남지 않으면, 그는 이자율이 아무리 높더라도 이 2만원을 더 이상 저축하지 않으려 한다. 모든 인간은 생존하기 위해 소비해야 하기 때문이다. 이 이자율부터는 이자율이 아무리 높다고 하더라도 현재재의 공급량은 더 이상 늘지 않는다.

개인의 현재재 공급곡선은 시간선호율에 따라 주어진 이자율에 공급하고자 하는 현재재의 공급량을 나타낸다.

〈표 19-2〉를 통해 시간시장에서 현재재에 대한 윤호의 공급곡선을 [그림 19-1]처럼 그릴 수 있다. 공급곡선은 윤호의 시간선호에 따라 주어진 이자율에 그가 공급하고자 하는 현재재의 공급량을 나타낸다. 현재재의 공급곡선은 우상향한다. 이것은 현재재가 공급됨에 따라 그의 시간선호율은 높아지고, 추가적으로 현재재를 공급하기 위해서는 시장이자율이 높아져야 함을 반영하고 있다. 최소한의 생계수준에 필요한 현재재 재고량수준에서 개인의 시간선호율은 무한대로 되기 때문에, 우상향은 거기에서 멈추고 공급곡선은 수직이 된다.

현재재 공급곡선이 우상향하는 것은 한계효용체감의 법칙이 적용되기 때문이다. 이 법칙은 어떤 경제재에 대해서도 타당하다.

현재재 공급곡선이 우상향하는 것은 한계효용체감의 법칙이 적용되기 때문이다. 현재재의 재고량이 줄어들고 미래재의 재고량이 늘어남에 따라, 현재재(소비)의 한계효용은 증가하고 미래재(저축)의 한계효용은 감소한다. 이 상태에서 개인의 추가적인 저축을 유도하기 위해서는, 즉 개인으로 하여금 현재재를 추가적

그림 19-1

개인의 현재재 공급곡선

개인의 현재재 공급곡선 S_p는 시간선호에 따라 주어진 이자율에 그가 공급하고자 하는 현재재의 공급량을 나타낸다.

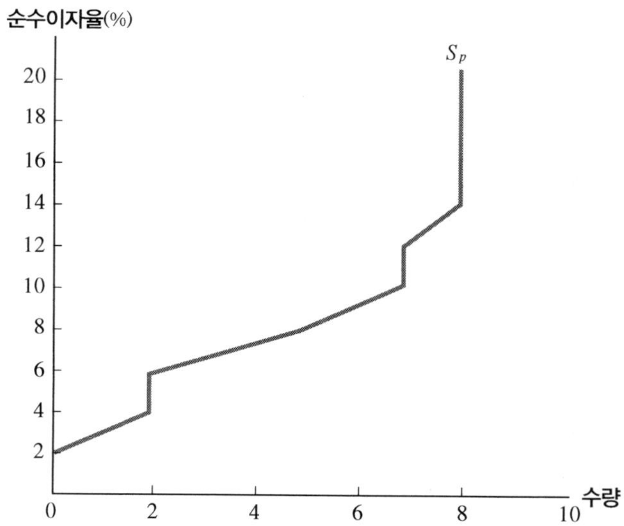

으로 공급하도록 하기 위해서는 이자율이 상승해야 한다. 한계효용체감의 법칙은 현재재나 미래재를 포함해 모든 재화나 서비스에 적용되기 때문에, 어떤 경제재에 대해서도 공급곡선은 항상 우상향하고 수요곡선은 항상 우하향한다. 현재재와 미래재도 마찬가지임을 [그림 19-1]은 보여준다.

현재재 공급곡선은 개인이 자신의 시간선호율에 비추어 해당 이자율에 현재재를 얼마만큼 공급하고자 하는지를 나타낸다. 현재재 공급자는 소비자대부시장에서 또는 생산과정에서 미래의 수익을 보고 현재재를 공급하는 사람이기 때문에, 그는 투자자이다. 그래서 그의 현재재 공급량은 투자량을 나타내며, 소비자대부시장에서 소비 목적으로 또는 생산시장에서 생산 목적으로 투자된다.

3. 현재재의 수요곡선

3.1 시간선호와 현재재의 수요

현재재의 수요곡선도 현재재의 공급곡선처럼 개인의 시간선호로부터 유도된다. 〈표 19-3〉은 민수라는 한 개인의 시간선호이다. 민수는 현재 2만원의 돈을 갖고 생활한다. 이 돈은 그가 근근이 생활할 정도라서, 그는 기회가 오면 돈을 빌리려는 마음을 갖고 있다. 한계효용체감의 법칙에 따라 현재재 재고량이 증가할수록 현재재에 대한 그의 선호는 떨어진다. 이 표의 현재재 난에 표시된 서수가 이를 나타낸다. 이 서수는 현재재의 공급에서 예로 든 윤호의 시간선호와는 달리 위에서부터 첫 번째, 두 번째로 내려가고 있다. 이것은 민수가 윤호와는 달리 현재재를 수요하는 사람, 즉 돈을 빌리는 사람이기 때문이다. 민수는 그의 현재재 재고량에다 현금을 한 단위씩 추가하려는 사람이고, 윤호는 그의 현재재 재고량에서 현금을 한 단위씩 포기하려는 사람이다.

현재재의 수요곡선도 현재재의 공급곡선처럼 개인의 시간선호로부터 유도된다.

이제 〈표 19-3〉을 통해 민수의 시간선호를 읽어보자. 민수는 현재 2만원만 갖고 있기 때문에, 추가적인 현금을 절실히 원한다. 이것은 1년 후의 미래화폐에 대한 현재화폐의 시간선호율이 매우 높다는 것을 의미한다. 그래서 이자율이 어느 정도 높더라도 돈을 빌리려 한다. 그렇지만 1년 만기의 만원을 빌린 대가로 이자를 1,600원 이상 지불해야 한다면, 그는 돈을 빌릴 마음이 없다. 즉, 그가 지금

표 19-3 현재재를 수요하는 개인의 시간선호표

선호 순위	현재재 재고량	시간선호		순수이자율(연, %)
		현재재(원)	1년 후의 미래재(원)	
1	2만원		12,000	20
2	2만원		11,800	18
3	2만원		11,600	16
4	2만원	1st 10,000		
5	2만원	2nd 10,000		
6	2만원	3rd 10,000		
7	5만원		11,400	14
8	5만원		11,200	12
9	5만원	4th 10,000		
10	5만원	5th 10,000		
11	5만원	6th 10,000		
12	5만원	7th 10,000		
13	9만원		11,000	10
14	9만원	8th 10,000		
15	9만원	9th 10,000		
16	11만원		10,800	8
17	11만원		10,600	6
18	11만원		10,400	4
19	11만원		10,200	2

아무리 현금이 필요하다고 할지라도 16% 이상의 이자를 주고서는 아직 1만원을 빌릴 생각이 없다. 이것은 현재 그의 시간선호율이 높다고 하지만 16% 이상은 아니라는 것을 의미한다.

만약 이자율이 14%라면 이제야 그는 1만원짜리 3단위를 빌릴 용의가 있다. 그의 현재재 재고량은 이제 5만원으로 늘어난다. 3만원을 빌리기 전에는 그의 시간선호율이 14% 이상, 16% 미만이었다. 현금이 5만원으로 증대함에 따라 그의 시간선호율은 떨어져, 이자율이 12%이더라도 추가적으로 돈을 빌릴 의향이 없다. 이것은 그의 시간선호율이 12% 아래로 떨어졌음을 의미한다. 이자율이 10%가 되어서야 비로소 그는 추가적으로 돈을 빌릴 의향이 생긴다. 그는 이자율 10%에서 비교적 많은 돈 4만원을 빌려 그의 현재재 재고량은 이제 9만원이 된다. 현재재 재고량이 5만원일 때, 그의 시간선호율은 10% 이상, 12% 미만임이 분명하다. 그는 이자율이 8%일 때 추가적으로 2만원을 더 빌릴 생각이다. 현재재 재고량이 11만원에 이르게 되면, 이자율이 아주 낮은 2%라도 돈을 추가적으로 대출할 생각은 없다. 이것은 그의 시간선호율이 거의 0으로까지 떨어졌음을 의미한다. 그는 거의 공짜로 돈을 빌릴 수 없는 한 더 이상의 돈은 빌리지 않을 것이다.

2% 이하의 이자율에서 민수가 어떻게 했는지는 〈표 19-3〉에서 알 수 없다. 분명한 것은 이제 그의 현재재 재고량이 2만원에서 11만원으로 증가해 그의 시간선호율이 매우 낮아졌다는 사실이다. 현재재의 재고량이 증가할수록 현재재의 한계효용은 감소해 그의 시간선호율도 하락한다. 그러나 개인의 시간선호율은 결코 0으로까지 떨어지지 않는다. 어떤 경우에도 미래재보다 현재재가 선호되기 때문이다. 어떤 이자율에서 더 이상 대출하지 않을지는 각자의 시간선호에 달려 있다.

3.2 현재재 수요곡선의 유도

〈표 19-4〉는 〈표 19-3〉으로부터 이자율에 따른 민수의 현재재 수요를 정리한 것이다. 이자율이 16% 이상일 때, 그는 현재재인 현금을 빌릴 의향이 없다. 이자율이 14%이어야 현재재 3단위를 수요할 의향이 있고, 이자율이 10%라면 7단위, 8%라면 9단위를 빌릴 생각이다. 현금이 11만원에 이르면, 그는 이자율이 8% 아래로 내려가더라도 더 이상 추가로 돈을 빌릴 의향이 없다.

[그림 19-2]는 이를 그림으로 나타낸 것이며, 이것이 민수의 현재재 수요곡선이다. 개인의 현재재 수요곡선은 시간선호율에 따라 주어진 이자율에 수요하고자 하는 현재재의 수요량을 나타낸다. 현재재 수요곡선은 우하향한다. 이것은 여느 재화의 수요곡선과 같다. 그것은 시간시장에서 현재재를 수요함에 따라 현재재의 재고가 쌓이게 되고, 그래서 그것의 한계효용이 감소하기 때문이다. 현재재의 한계효용이 감소한다는 것은 현재재 재고량이 증대함에 따라 민수의 시간선호율이 하락함을 의미한다.

개인의 현재재 수요곡선은 시간선호율에 따라 주어진 이자율에 수요하고자 하는 현재재의 수요량을 나타낸다.

현재재 수요곡선은 개인이 자신의 시간선호율과 현재의 이자율을 비교해 해

표 19-4 **이자율에 따른 개인의 현재재 수요량**

순수이자율(연, %)	2	4	6	8	10	12	14	16	18	20
현재재 수요량	9	9	9	9	7	3	3	0	0	0

그림 19-2

개인의 현재재 수요곡선

개인의 현재재의 수요곡선 D_p는 시간선호에 따라 주어진 이자율에 그가 수요하고자 하는 현재재의 수요량을 나타낸다.

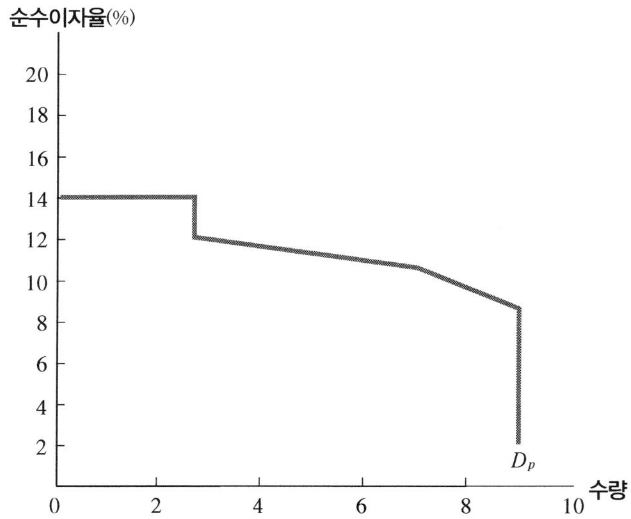

당 이자율에서 현재재를 소비자대부시장, 그리고(또는) 생산의 시간시장을 통해 얼마만큼 수요하고자 하는지를 나타낸다. 시간시장에서 소비자대부시장이 차지하는 비중이 생산의 시간시장에 비해 아주 미미하다면, 현재재의 수요량은 소비 목적이 아니라 생산 목적으로 요소소유자들이 생산에 참여하기 때문에 발생한 것이다.

3.3 현재재의 시장수요곡선과 시장공급곡선

현재재의 시장수요곡선과 시장공급곡선은 개인의 현재재 수요곡선들과 공급곡선들을 각각 수평으로 더하면 된다.

이자율이 주어지면 자신의 시간선호에 비추어 개인의 현재재 수요곡선과 공급곡선이 유도된다. 시장 전체의 현재재 수요곡선은 시간시장에 참여하는 모든 개인의 현재재 수요곡선들을 수평으로 합치면 된다. 현재재의 개인수요곡선이 우하향하기 때문에 현재재의 시장수요곡선도 우하향한다. 현재재의 시장공급곡선도 시간시장에 참여하는 모든 개인의 공급곡선들을 수평으로 더하면 된다. 현재재의 개인공급곡선이 우상향하기 때문에 현재재의 시장공급곡선도 우상향한다 ([그림 19-3] 참조).

4. 경제주체별 이자율 탄력도

시간시장에 참여하는 개인은 소비자대부시장에서의 소비자들과 생산구조 속에서의 자본가들과 요소소유자들이다. 아래에서는 시간시장에 참여하는 주체별로 이들의 이자율에 대한 현재재의 수요량 및 공급량의 탄력도를 검토한다. 이를 통해 현재재의 시장수요곡선과 시장공급곡선의 이자율 탄력도를 살펴볼 것이다.

4.1 소비자와 저축자의 이자율 탄력도

소비자대부시장은 소비자들이 돈을 꾸어서 현재 소비할 것인지 아니면 돈을 빌려주어 현재의 소비를 억제하고 미래에 소비할지의 여부를 결정하는 시간시장이다. 이들은 자신의 시간선호율에 전적으로 의존해 주어진 이자율에 대차(貸借) 여부를 결정한다. 그러므로 소비자대부시장에서의 채권자와 채무자는 이자율 변화에 민감하게 반응한다. 이것은 소비자대부시장에서 현재재의 시장수요곡선과 시장공급곡선이 이자율에 탄력적임을 의미한다.

소비자대부시장에서 현재재의 시장수요곡선과 시장공급곡선은 이자율에 탄력적이다.

4.2 요소소유자의 이자율 탄력도

4.2.1 자본가

생산구조에서 현재재를 공급하는 주체는 자본가이다. 자본가의 순소득은 현재소비를 억제하고서 요소서비스를 구매해 생산과 판매가 이루어질 때까지 기다린 대가로 얻는 이자소득이다. 항등순환경제에서 그가 얻는 순소득은 이자뿐이기 때문에, 그는 시장이자율에 민감할 수밖에 없다. 그러므로 자본가의 현재재 공급곡선은 이자율에 탄력적이다.

그런데 자본가의 역할은 현재재를 공급하는 자이기도 하고 수요하는 자이기도 하다. 요소서비스를 구매하기 위해 현금을 지불할 때 그는 현재재의 공급자이나, 생산된 제품을 바로 아래 단계의 자본가에게 판매할 때 그는 판매수입이라는 현재재를 수요하는 자이기도 하다. 생산된 자본재를 다음 단계의 자본가에게 판매하는 것은 노동과 토지와 마찬가지로 다음 단계의 자본가로부터 그 단계의 제품이 생산되기까지 선불받는 것과 마찬가지이다.

자본가의 현재재 공급은 이자율에 탄력적이지만, 그의 현재재 수요는 이자율에 비탄력적일 것으로 충분히 예상할 수 있다. 왜냐하면 자본가가 생산한 자본재는 다음 단계의 자본가나 소비자에게 판매되기 위해 생산된 것이기 때문이다. 물론 자본재의 판매가격이 낮다면 그는 판매하지 않고 유보하면서 적절한 시점을 기다릴지도 모른다. 그러나 모든 것이 확실한 항등순환경제에서 자본재의 유보수요는 존재하지 않는다. 그러므로 자본가의 현재재 수요는 이자율에 완전히 비탄력적이다.

자본가의 현재재 공급은 이자율에 탄력적이지만, 그의 현재재 수요는 이자율에 비탄력적이다.

자본가는 이처럼 현재재의 공급자이기도 하고 수요자이기도 하지만, 생산구조에서의 주된 역할은 현재재의 공급자이다. 그것은 자본가의 현재재 수요는 그의 현재재 공급에서 파생된 수요일 뿐이기 때문이다. 자본가는 요소서비스들을 선불로 구매해 제품 생산과 판매 때까지 기다려 그 선불 금액을 회수하고 그 기다림의 대가인 이자소득을 획득한다. 자본가의 핵심적 역할은 요소소유자들의 기다림의 불편함을 대신해서 기다려주는 시간기능을 떠맡는 것이다. 그가 생산한 제품을 판매하는 것은 자본가로서 그의 역할을 마무리하는 것에 불과하다.

4.2.2 노동자와 토지소유자

생산의 시간시장에서 노동자와 토지소유자의 역할은 생산 시작 시점에 화폐소득을 자본가로부터 선불 받음으로써 현재재인 화폐를 수요하는 것이다. 이자율에 노동과 토지서비스의 공급이 영향을 크게 받으면 이들의 현재재 수요는 이자율에 탄력적일 것이고, 그렇지 않다면 비탄력적일 것이다.

탄력성의 여부를 먼저 토지서비스의 공급부터 살펴보자. 토지는 목초지, 농지, 공장부지, 주택부지 등 어떤 형태로든지 소득을 창출해 내기 위해 사용될 것이다. 물론 토지 그 자체의 경관이 뛰어나 그것을 감상할 목적으로 그대로 내버려 두고자 하는 경우도 있겠지만, 그것은 그다지 흔한 경우가 아니다(Ro, 406). 이것은 토지가 생산용도로 사용되거나 적절한 판매시점을 기다리기 위해 유보되는 것 외에는 그것의 사용처가 없다는 것을 의미한다. 항등순환경제에서 토지의 유보수요는 존재하지 않기 때문에 토지는 생산용도로만 사용된다. 생산용도로 사용될 수밖에 없다면 이자율이 토지서비스 공급을 결정하는 데 있어서 고려될 여지는 전혀 없다. 토지소유자들은 이자율에 상관없이 토지서비스를 생산에 투입할 것이기 때문이다. 그러므로 토지서비스의 공급을 통한 현재재의 수요곡선은 이자율에 완전히 비탄력적이다.

그러나 노동은 토지의 경우와는 조금 다르다. 토지는 생산용도 외에는 사용처가 없지만, 노동은 생산용도 외에도 여가를 위한 용도로 사용될 수 있기 때문이다. 개인은 여가를 즐기기 위해 생산용도에 자신의 노동서비스를 제공하는 양을 줄일 수 있다. 토지소유자에게 토지의 기회비용은 0에 가깝지만, 노동자에게 노동의 기회비용은 여가라는 또 다른 사용처로 인해 존재한다. 그래서 그의 노동서비스 공급량은 토지와는 달리 임금수준에 영향을 받을 수 있다. 그러나 매기마다 자신의 노동서비스 공급량을 이자율로 할인된 임금수준으로 평가하면서 노동과 여가의 공급량을 조정한다는 것은 현실에서 생각하기 어렵다. 게다가 노동 외의 다른 요소들을 전혀 갖고 있지 못하거나 적게 갖고 있는 사람들에게는 생계를 유지하기 위한 최소한의 노동서비스 공급량이 있을 수밖에 없다. 그래서 우리는 노동서비스의 공급을 통한 현재재 수요곡선은 이자율에 완전히 비탄력적이지는 않지만 상당히 비탄력적이라고 말할 수 있다.

토지서비스의 공급을 통한 현재재의 수요는 이자율에 거의 완전히 비탄력적이지만, 노동의 경우 그것은 비교적 비탄력적이라고 말할 수 있다.

4.3 현재재의 시장수요곡선과 시장공급곡선의 이자율 탄력도

지금까지 현재재의 시장수요곡선과 시장공급곡선의 이자율 탄력도를 수요와 공급의 주체별로 살펴보았다. 이를 〈표 19-5〉에 요약했다. 현재재의 공급은 소비자대부시장에서의 채권자와 생산구조에서의 자본가에 의해 수행되며, 이들은 저축자이다. 이들의 현재재 공급량은 모두 이자율 변화에 민감하게 반응한다. 그래서 현재재의 시장공급곡선은 이자율에 탄력적이다.

현재재의 수요는 소비자대부시장에서의 채무자와 생산구조에서의 자본가, 토지소유자, 노동자에 의해서 발생한다. 소비자대부시장에서 소비 목적으로 현금을 대출받으려는 사람들은 이자율에 민감하다. 그러나 생산구조에서 자본가와

표 19-5 시간시장에서 현재재 수요의 주체별 탄력도

	소비자대부시장	생산의 시간시장
현재재 수요(미래재 공급)	채무자	자본가, 노동자, 토지소유자
현재재 공급(미래재 수요)	채권자	자본가

※ 흰색 칸은 이자율에 탄력적이고, 회색 칸은 이자율에 비탄력적이다.

현재재의 시장공급곡선은 이자율에 탄력적이고, 시장수요곡선은 비탄력적이다.

토지소유자들은 이자율에 완전히 비탄력적이며 노동자도 상당히 비탄력적이다. 그래서 현재재의 시장수요곡선의 이자율 탄력도는 분명하지 않지만, 생산의 시간시장이 소비자대부시장을 압도하기 때문에 전체적으로 현재재의 시장수요곡선은 이자율에 비탄력적일 것이다.

5. 시간시장의 균형

5.1 균형이자율과 총저축액 결정

현재재의 시장수요곡선과 시장공급곡선이 만나는 점에서 균형이자율과 총저축액(= 총투자액)이 결정된다. 이 이자율을 사회적 할인율이라 부른다.

[그림 19-3]에 현재재의 시장수요곡선과 시장공급곡선을 나타냈다. 경제주체별 이자율 탄력도를 반영하여 현재재의 시장수요곡선은 비탄력적으로, 그리고 현재재의 시장공급곡선은 탄력적으로 그려져 있다. 균형은 현재재의 시장수요곡선과 시장공급곡선이 만나는 점 a에서 이루어진다. 이 점에서 소비자들과 요소소유자들의 현재재 수요량이 저축자와 자본가들의 현재재 공급량과 일치한다. 이때의 이자율 r^*가 균형이자율이며 이를 사회적 할인율이라 부른다. 균형이자율에서 거래되는 현재재의 수량은 PM^*이며, 이것이 이 사회의 총저축액(= 총투자액)이다. 총저축액은 소비 또는 생산 목적으로 사용된다.

5.2 시간시장의 안정성

시간시장에서 이자율이 균형에서 벗어나면, 균형으로 수렴하는 경향이 있는지를 [그림 19-3]을 통해 살펴보자. 이자율이 균형이자율보다 높은 r_1일 때, 현재재를 공급하고자 하는 양은 수요하고자 하는 양을 bc만큼 초과한다. 그러면 저축자와 자본가들은 남아도는 저축액을 공급하기 위해 서로 이자율이 낮은 곳을 찾아 나선다. 그러면서 이자율이 하락한다. 이자율 하락은 한편으로는 현재재 공급을 줄이고 다른 한편으로는 소비 목적과 생산 목적의 현재재 수요를 늘린다. 그러면서 초과 저축액은 줄어든다. 그 축소는 균형이 a점에 도달할 때까지 계속된다.

생산의 시간시장이 소비자대부시장을 압도한다는 점을 감안할 때, 현재재의

그림 19-3

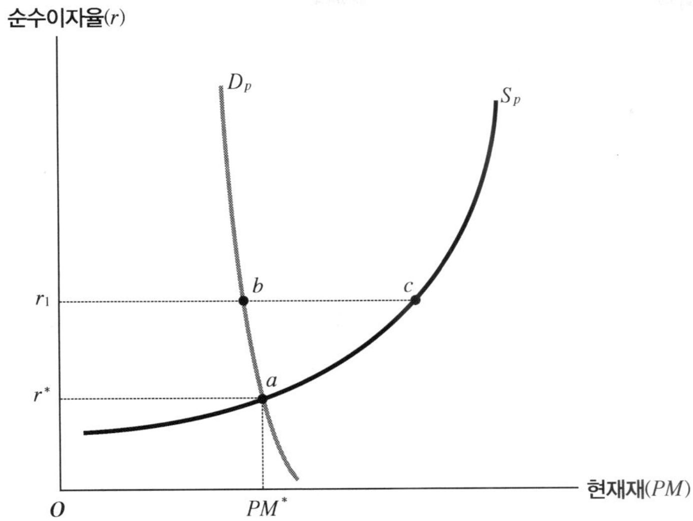

균형이자율과 총저축액의 결정
현재재의 시장수요곡선(D_p)과 시장공급곡선(S_p)이 만나는 a점에서 균형이자율 r^*와 균형저축액(투자액) PM^*가 결정된다. 시간시장의 균형은 안정적이다.

초과공급은 대체로 자본가에 의한 시장조정에 의해 해소된다. 자본가에 의한 시장조정 과정을 보다 자세히 설명하면 다음과 같다. 현재재의 공급이 초과하면 남아도는 저축액은 투자자들 간의 경쟁을 유발한다. 경쟁은 이미 고용되어 있는 요소들에 더 높은 임금이나 토지임대료를 지불하면서 요소서비스들을 수요하고자 하는 형태로 나타난다. 요소가격은 한계생산물의 시장평가액을 이자율로 할인한 것과 같기 때문에, 한계생산물의 시장평가액이 변하지 않는다는 조건 하에서 요소가격이 상승하려면 이자율이 하락할 수밖에 없다. 이자율이 하락한다는 것은 자본가가 수익률이 낮아 종전에는 뛰어들지 않았던 사업에 투자한다는 것을 의미한다.

만약 이자율이 균형보다 낮다면, 위와는 반대의 과정을 거치면서 이자율이 균형이자율에 도달할 때까지 상승할 것이다. 경쟁을 통한 이런 조정은 시장의 모든 다른 영역들에서도 관찰되는 과정이다. 그러나 시간시장의 조정과정은 그 대상이 화폐이기 때문에 보다 신속히 진행된다. 화폐는 교환의 매개수단으로 모든 생산부문에 투자되기 때문이다. 그래서 경제 전체의 이자율은 균형이자율로 신속히 균일해지는 경향을 보인다. 항등순환경제에서 이자율은 전 부문에 걸쳐 단 하나의 균형이자율로만 나타난다.

시간시장의 이자율들은 균형이자율로 비교적 신속히 조정되는 경향을 보인다. 시간시장의 대상이 가장 대표적인 현재재인 화폐이기 때문이다.

5.3 이자율과 시간선호율의 인과관계

지금까지의 설명으로부터 균형이자율은 개인의 시간선호에 의해 결정됨을 알 수 있다. 이자율이 주어지면 개인은 자신의 시간선호에 비추어 자신의 현재재 수요와 공급을 결정한다. 자신의 시간선호율에 비해 이자율이 높으면 현재재를 공급하고, 그 반대면 수요한다. 이로부터 현재재의 시장수요곡선과 시장공급곡선이 유도되고 균형이자율이 결정된다. 이와 함께 총저축액이 결정된다.

따라서 균형이자율과 총저축은 개인의 시간선호에 의해서만 전적으로 결정된다. 이것은 개인의 선호에 의해 일반 재화나 용역의 수요곡선과 공급곡선이 유도되고 이 두 곡선에 의해 시장가격이 결정되는 것과 똑같은 이치이다. 그러므로 이자율이 투자수준을 결정하는 것이 아니라, 시간선호율이 전적으로 이자율과 투자수준을 결정한다. 시간선호에 영향을 미치는 요소들이 이자율과 투자의 변화를 초래한다.

이자율이 시간선호율과 투자수준을 결정하는 것이 아니라, 시간선호율이 이자율과 투자수준을 결정한다.

5.4 총저축액의 배분

한 사회의 총저축액이 생산부문과 소비자대부시장으로 얼마씩 흘러들어 가는지를 보기 위해 소비자대부시장과 생산의 시간시장을 분리해 [그림 19-4]에 나타내었다. 소비자대부시장의 이자율은 현재 r_0^c이고, 생산의 시간시장은 r_0^p이다. 소비자대부시장의 이자율이 생산의 시간시장에서보다 높다. 생산에 참여하고 있는 자본가는 생산하기보다 소비자대부시장에서 개인에게 돈을 꾸어주는 것이 더 많은 이자수입을 얻을 수 있음을 안다. 그는 생산시장을 떠나 소비자대부시장으로 갈 것이다. 이런 자본가들이 많이 나타나게 되면, 소비자대부시장에서의 현재재 공급곡선은 오른쪽으로($S_c^0 \rightarrow S_c^1$) 이동하고, 생산구조의 시간시장에서 현재재 공급곡선은 왼쪽으로($S_p^0 \rightarrow S_p^1$) 이동한다. 그러면 소비자대부시장의 이자율은 하락하고($r_0^c \rightarrow r_1^c$), 생산의 시간시장에서는 이자율이 상승한다($r_0^p \rightarrow r_1^p$). 그런 과정을 거치면서 양 시장의 이자율이 각각 r_1^c와 r_1^p에 이르러 같아지면 더 이상의 자본이동은 없어진다. 경제는 균형이 달성되면서 항등순환경제에 이른다. 균형에서 경제 전체의 총저축(PM_1)은

$$PM_1 = PM_1^c + PM_1^p$$

그림 19-4

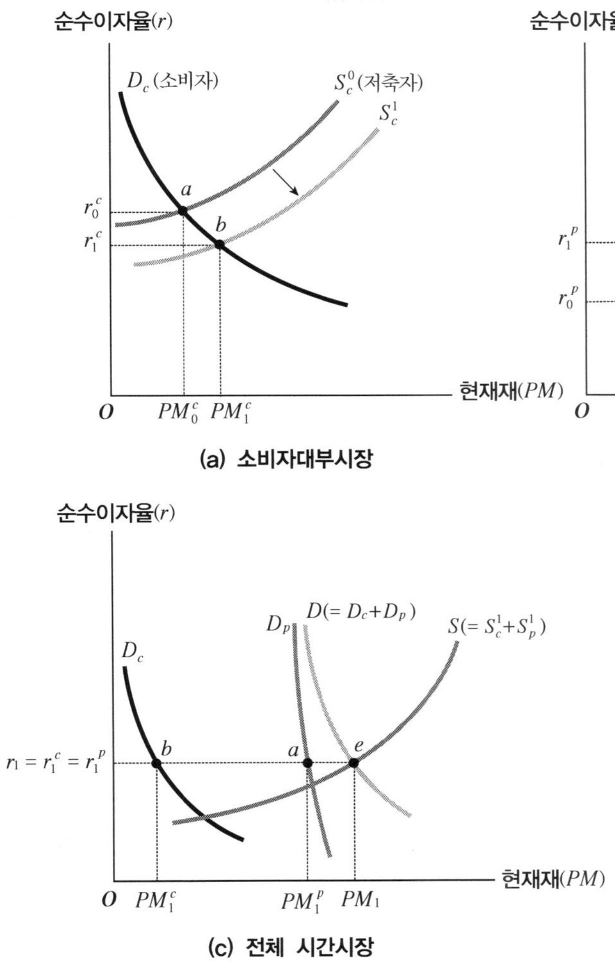

총저축액의 생산과 소비로의 배분

소비자대부시장과 생산의 시간시장의 이자율 차이는 현재재가 이자율이 낮은 곳에서 높은 곳으로 이동하면서 없어진다. 균형에서 총저축액 PM_1은 소비 목적으로 PM_1^c만큼, 생산 목적으로 PM_1^p만큼 투자된다.

이다. PM_1 중 PM_1^c는 소비자대부시장으로, PM_1^p는 생산부문으로 투자된다.

[그림 19-4]에서는 시간시장을 두 시장((a)와 (b))으로 나누어 그려 놓았으나, 현실에서는 이 두 시장의 경계는 없다. 두 시장의 이자율 차이로 총저축이 이동하는 과정을 보았지만 시간시장의 전체 테두리 내에서 균형과정이 전개된다. 그림의 (c)는 이 두 시장을 합친 전체 시간시장의 균형을 보여준다. 균형은 e점에서 이루어지고, 균형이자율은 r_1이다. 균형이자율 r_1은 소비자대부시장의 이자율

r_1^c와 생산의 시간시장 r_1^p와 같다. 총저축 PM_1 중 PM_1^c는 소비로, 그리고 PM_1^p는 생산으로 배분된다.

6. 신고전학파의 이자율결정 이론과 비판

6.1 신고전학파의 시장이자율 결정

지금까지 시장이자율이 시간시장에서 개인의 시간선호에 의해 결정되는 과정을 살펴보았다. 이것은 인간의 모든 선택이 개인의 선호에 의해 이루어진다는 공리와 일치한다. 그러나 신고전학파의 이자율 결정과정은 이 책의 설명과 다르다. 이자율은 생산자대부시장에서 투자자와 저축자의 경쟁관계 속에서 결정된다. 이는 우리가 투자자와 저축자를 동일 주체로, 그리고 생산자대부시장을 생산과정의 종속으로 보고 이를 명시적으로 다루지 않은 것과는 아주 다르다. 신고전학파의 이론은 그럴 듯하다. 왜냐하면 사람들은 단지 돈을 빌리고 빌려주는 과정에서 이자율이 결정된다는 것을 당연하게 받아들이기 때문이다. 게다가 오늘날 기업가 내지 자본가들이 온전히 자기 돈으로 기업활동을 하는 경우는 거의 드물기 때문이다. 그래서 일반 경제학자들이나 칼럼리스트들이 이자율에 관해 말할 때, 그들은 생산자대부시장의 이자율만을 생각한다.

신고전학파의 이론에 의하면, 이자율은 생산자대부시장에서 투자곡선과 저축곡선이 만나는 점에서 결정된다. 투자와 저축은 이자율의 함수이다. 신고전학파가 말하는 투자와 이자율의 관계는 다음과 같다. 어떤 투자계획의 현재가치로 평가된 수익이 0보다 크면, 이것을 실행에 옮기는 것이 합리적이다. 자본가들은 자신이 직접 저축한 돈으로 또는 대부시장에서 빌린 돈으로 투자한다. 투자재원이 어디에서 나왔는지는 그다지 중요하지 않다. 기회비용을 생각하면 이 둘 모두 생산자대부시장에서 빌린 것으로 간주해도 무방하다. 생산자대부시장에서 자본가들은 투자하기 위해 화폐를 수요한다. 이것은 자본가들의 주된 역할이 현재재인 화폐의 공급자라는 이 책의 논리와 정면으로 배치된다. 이들의 투자수요는 이자율의 함수이며, 투자수요와 이자율은 반대로 움직인다. 이자율이 증가하면 투자가 줄어들고, 이자율이 하락하면 투자는 증가한다. 이자율이 하락하면 종전에

이자율결정 이론에서 신고전학파는 자본가들을 현재재의 수요자로 간주하나 이 책의 경우 그들은 현재재의 공급자이다.

는 투자수익의 현재평가액이 0보다 적은 투자대안들 중 일부가 0보다 커지기 때문에 투자가 증가한다. 이자율이 상승하면 그 반대의 현상이 일어나기 때문에 투자가 감소한다. 그래서 투자함수를 곡선으로 나타내면 그것은 우하향하는 형태를 띤다. 이것이 신고전학파 이자율결정 이론의 한 축을 이루는 투자와 이자율의 관계이다.

또 다른 축은 저축과 이자율의 관계이다. 저축은 대부자금의 공급이며, 이는 저축자들에 의해 수행된다. 저축은 이자율이 상승하면 증가하고, 하락하면 감소한다. 그래서 저축은 투자와 마찬가지로 이자율의 함수이다. 명시적으로 언급하고 있지는 않지만, 신고전학파의 저축은 개인의 시간선호에 바탕을 두고 있는 것처럼 보인다. 신고전학파는 이자율이 높으면 일정 기간 동안 돈을 빌려주는 대가가 높으므로 저축자들이 저축을 증가시킨다는 단순한 논리를 피력하고 있기 때문이다. '대가가 높다' 라고 한 것을 보면, 그 이면에는 개인의 시간선호율과 시장이자율을 비교한 듯하다. 그래서 저축함수를 곡선으로 나타내면 그것은 우상향하는 형태를 띤다. 이자율의 함수인 투자함수와 저축함수를 한 그림 속에 나타내고 이 두 곡선이 만나는 점에서 균형이자율과 균형 투자량 및 저축량이 결정된다. 생산자대부시장에서 시장이자율이 결정되고, 그 이자율이 투자와 저축 수준을 결정하는 것이다.

이것이 거의 모든 경제학 교과서가 담고 있는 이자율결정 이론이다. 이것은 피상적으로 아주 그럴듯하게 보인다. 특히 생산자대부시장이 소비자대부시장에 비해 그 규모가 훨씬 크기 때문에, 사람들은 이자율이 생산자와의 관계만으로 결정된다는 설명에 그다지 큰 거부감을 느끼지 않는다.

6.2 신고전학파 이자율이론에 대한 비판[1]

6.2.1 항등순환경제와 신고전학파 투자이론

투자자에게 투자대상은 대부시장에 돈을 빌려주어 이자수입을 획득하거나 생산에 투자해 수익을 거두는 것이다. 대부시장이나 생산을 위한 사업은 투자자에게는 동일한 투자대상이다. 현실에서 투자수익률과 이자율에 차이가 존재하면,

1. Ro, 420～426을 주로 참조했다.

그 차이는 경쟁과정을 거치면서 줄어든다. 뿐만 아니라 생산부문마다 다른 수익률도 경쟁과정을 거치면서 균일해지는 경향을 갖는다. 그 과정은 다음과 같다.

어떤 기업이 이자율을 초과하는 수익을 올리면 이것이 다른 경쟁기업들로 하여금 이 시장에 진입하게 하는 동기를 제공한다. 그래서 이 시장에 기업의 수가 늘어나면 시장 전체의 공급량은 증대해 제품가격이 하락하면서 판매수입은 감소한다. 새로운 기업의 시장진입은 다른 한편으로 생산비용을 증대시킨다. 시장에 기업의 수가 늘어나면, 이것은 요소서비스들의 수요를 증대시켜 이들의 가격을 상승시키기 때문이다.

이렇게 해서 한편으로는 제품가격의 인하에 의해 판매수입이 감소하고, 다른 한편으로는 요소가격의 인상에 의해 생산비용이 증대함으로써 수익률은 떨어진다. 경쟁을 통한 수익률의 감소는 생산의 모든 부문에서 수익률이 같아질 때 멈춘다. 이때 수익률은 대부시장의 이자율과 일치하며, 투자자에게 남는 것은 이자수입뿐이다. 항등순환경제에 도달한 것이다. 신고전학파의 이론이라면 이 경우 투자는 더 이상 일어나지 않는다. 투자가 이자율의 함수라는 신고전학파의 투자이론은 항등순환경제에서 그 이론적 기반을 잃고 만다.

수익률과 이자율의 차이로 이자율 결정을 설명하는 신고전학파 이론은 항등순환경제에서 설 자리를 잃고 만다.

다른 이론들도 마찬가지지만, 인간 행위를 설명하는 이론이 일반법칙이 되기 위해서는 누구나 받아들일 수 있는 행의의 공리에서 출발해야 한다. 항등순환경제에서도 이자율은 존재하고 그 이자율에서 저축 내지 투자가 매기 일어난다. 신고전학파의 투자이론은 이곳에서 일어나는 투자를 설명할 길이 없다. 물론 신고전학파 이론가들이 설명하려는 투자이론은 순투자에 관한 것이지 이 책에서 말하는 총투자는 아니다. 항등순환경제에서 순투자는 일어나지 않고 총투자만 일어나기 때문에, 신고전학파의 투자이론이 일견 문제가 없는 것처럼 보일지 모른다. 그렇지만 미래의 수익을 보고 현재소비를 억제하는 것이 투자이기 때문에, 총투자도 투자행위이기는 마찬가지이다. 투자이론은 보편타당한 투자행위 위에서 설명되어야 한다.

6.2.2 생산자대부시장과 생산의 시간시장

생산자대부시장은 생산에 스며 있는 시간시장에 종속적이며 보완적인 성격만을 가진다.

신고전학파는 전적으로 생산자대부시장에서 전개되는 모습을 보고서 이를 이자율 결정의 전부로 보았다. 그런데 생산자대부시장은 생산에 스며들어 있는 시간시장에 종속적이며 보완적인 존재에 불과하다. 자본가가 사업자금을 스스로 저축해 조달하든, 아니면 대부시장에서 대출받든 간에 그것은 생산에 투입되기 위함이다.

자금을 생산자대부시장에서 조달할 경우 일반인의 피상적인 눈으로는 시간의 문제가 대부자(저축자)와 차용자(자본가) 사이에만 일어나는 것처럼 보인다. 그러나 이 경우 시간문제가 진정으로 일어나는 곳은 생산자대부시장이 아니라 자본가가 차입한 자금으로 요소서비스를 구입해 제품을 생산하고 이를 판매할 때까지의 생산과정이다. 자본가와 생산자대부시장에서 자금을 거래했다고 하는 저축자는 생산 시작점에 함께 서 있으면서 동일한 역할을 하는 존재이다. 그 역할은, 생산된 제품이 판매될 때까지 이 둘이 함께 기다렸다가 자본가가 이자수입을 거두어들이고, 그가 이를 생산자대부시장에서 자금을 빌려준 저축자에게 돌려주는 것이다. 즉, 자본가는 저축자를 대신해서 생산의 시간시장에 간여한 것뿐이다. 그러므로 생산자대부시장은 생산에 스며 있는 시간시장에 종속적이며 보완적인 성격만을 갖는다.

6.2.3 저축자의 역할과 투자자의 역할

저축은 소득에서 소비되지 않는 부분이다. 저축은 현실에서 투자로 사용되기도 하고 현금잔고로 금고에 그대로 보관되기도 하기 때문에, 저축액과 투자액은 다른 것이 일반적이다. 그러나 항등순환경제에서는 현금잔고가 존재하지 않기 때문에 저축액은 투자액과 항상 일치한다. 현실 경제에서도 저축자가 일정 이자를 기대하고 저축한다면, 이때의 저축자는 투자자와 다를 바 없다. 저축자는 단지 계약이자율만을 보고 현금을 대부시장에 공급한다. 저축자는 저축에만이 관심이 있지 자신의 돈이 어디에 투자되는지는 관심이 없다. 그는 분명 투자하는 사람이 아닌 것처럼 보인다. 그래서 저축과 투자가 분리되어 일어나는 것처럼 느껴진다. 그러나 저축과 투자는 결코 분리된 것이 아니다. 왜냐하면 대부시장에서 저축된 자금을 빌려 투자하는 사람은 저축자의 투자 역할을 중개한 것에 불과하기 때문이다. 비록 저축자와 투자자는 다른 사람이지만 그 자금의 용처를 보면 투자자가 투자한 것이나 저축자가 자본가의 중개를 통해 투자한 것이나 동일하다.

저축자와 투자자는 다른 사람이지만 그 자금의 용처를 보면 투자자가 투자한 것이나 저축자가 자본가의 중개를 통해 투자한 것이나 동일하다.

혹자는 저축의 일부가 소비자대부시장으로 흘러들어 가서 소비되기 때문에 이것을 어떻게 투자라 할 수 있는가라고 반문할 수 있다. 이는 투자를 좁은 개념으로 해석했기 때문이다. 생산에 한정해 자본재를 형성하는 행위만이 투자인 것은 아니다. 투자는 오늘 소비하지 않고 미래의 소득을 증대시킬 것으로 기대되는 곳으로 자원을 옮기는 모든 행위를 말한다. 미래의 이자소득을 보고 저축하는 것 역시 투자행위라고 보아야 한다. 그것이 생산자대부시장을 통해 생산부문으로 가든, 소비자대부시장을 통해 소비부문으로 가든 투자이기는 마찬가지이다.

저축자가 받을 수 있는 이자의 크기는 이 자금이 투자된 용처에서 얻게 되는 수익의 크기와 결코 무관하지 않다. 저축이자는 투자수익에서 나오기 때문에, 저축이자는 철저히 투자수익에 지배받을 수밖에 없다. 항등순환경제에서 투자자의 수익과 저축자의 이자수입은 같기 때문에, 저축자와 투자자의 구분은 완전히 무의미해진다.

6.2.4 신고전학파 이자율이론과 소비자대부시장

소비자대부시장을 고려하지 않는 신고전학파의 이자율결정 이론은 반쪽만을 설명하는 이론이다. 무엇보다 생산은 생산자대부시장을 근본적으로 필요로 하지 않는다는 점이 이 이론을 무의미하게 만든다.

뿐만 아니라 신고전학파의 이자율 결정에는 소비자대부시장에서 일어나는 개인들의 대차(貸借)가 포함되어 있지 않다. 소비자대부시장은 소비 목적으로 돈을 빌리고 빌려주는 시간시장이기 때문에 생산에 스며 있는 시간시장과는 아무런 관련이 없다. 그래서 소비자대부시장은 독립적이며, 생산자대부시장에서 결정된 이자율은 전체 대부시장의 반쪽만을 대변한다.

신고전학파 이자율결정 이론에서 이보다 더 큰 문제는 생산은 근본적으로 생산자대부시장을 전혀 필요로 하지 않는다는 점이다. 생산자대부시장이 존재하지 않더라도 개인은 소비를 억제하고 저축을 증대해 모은 자금으로 생산에 투자할 수 있다. 개인의 소비억제와 저축증대가 투자재원의 근원적인 요체이다. 오늘날 자신의 저축만을 갖고 투자하는 기업이 어디에 있는가라고 반문할 수 있다. 그러나 오늘날 대부분의 기업은 주식회사 형태로 존재한다. 주식회사는 많은 투자자들이 공동으로 출자해 만든 기업이고, 이 투자자들은 기업의 공동소유자가 된다. 그들은 기업을 설립하고 운영하기 위한 투자자금을 구태여 생산자대부시장에서 마련하지 않아도 된다. 그들은 요소서비스를 구매하고 제품을 생산 · 판매하는 데 공동의 책임을 지며, 그로부터 얻는 수익을 지분에 따라 공동으로 나누어 가진다.

기업이 생산자대부시장을 이용하지 않아도 투자가 가능하다면, 이자율은 어디에서 결정되어야 하는가? 생산자대부시장이 존재하지 않아도 생산이 전개되는 이런 경우, 이자율 개념이 사라지고 없더라도 괜찮다고 말할 수 있겠는가? 이자율은 철저히 시간시장과 관련해서 이해되어야 하며, 시간시장이 존재하는 곳은 어디든지 이자율 개념이 등장함을 명심해야 한다.

생각하기

01. 창호와 민호만이 사는 사회에서 창호는 현금 10만원을 갖고 있고 민호는 현금 4만원을 갖고 있다. 이들의 시간선호는 다음 표와 같다. 아래 질문에 답하라.

시간 선호	창호		민호	
	현금(원)	1년 후 화폐(원)	현금(원)	1년 후 화폐(원)
1		10,800		10,900
2		10,700		10,800
3	7th 10,000			10,700
4	6th 10,000		1st 10,000	
5	5th 10,000			10,600
6		10,600	2nd 10,000	
7		10,500		10,500
8	4th 10,000		3rd 10,000	
9		10,400		10,400
10	3rd 10,000			10,300
11	2nd 10,000		4th 10,000	
12	1st 10,000		5th 10,000	
13		10,300	6th 10,000	
14		10,200		10,200
15		10,100		10,100

(1) 돈을 빌리려는 사람은 누구이고, 돈을 저축하려는 사람은 누구인가?

(2) 창호가 돈을 4만원 저축한 후, 그의 시간선호율은 어느 정도인가?

(3) 창호와 민호의 이자율에 따른 현금 수요량과 공급량을 표로 나타내라.

(4) 이 표를 이용해 창호와 민호의 현금 수요곡선과 공급곡선을 그려보아라. 균형에서 이자율과 저축액은 얼마인가?

02. 현재재 수요곡선은 현재재 공급곡선에 비해 비탄력적이다. 왜 그런가?

03. 신고전학파의 이자율결정 이론에 대한 오스트리안 학파의 비판을 아래 질문 순서에 따라 답하라.

(1) 신고전학파는 이자율이 어떻게 결정된다고 설명하는가?

(2) 항등순환경제에서 신고전학파의 투자이론이 설 자리가 있는가?

(3) 생산자대부시장은 생산의 시간시장과 별개로 존재할 수 있는가?

(4) 저축자와 투자자는 다른 사람이라고 말할 수 있는가?

(5) 신고전학파의 이자율결정 이론은 소비자대부시장을 포함하고 있는가?

(6) 생산을 위해 생산자대부시장이 반드시 존재해야 하는가?

시간시장의 균형분석

Human centered

Principles of Economics

ch. twenty

1. 현재재의 수요량 증가와 현재재의 수요 증가

2. 시간선호의 변화와 순수이자율의 변화

3. 시간선호의 변화와 사회적 신분의 변화

이 장에서는 현실에서 일어나는 시간시장과 관련된 경제문제를 분석한다. 먼저 일반 재화시장의 균형분석에서와 마찬가지로, 시간시장에서도 현재재의 수요량 증가와 수요 증가를 구분한다. 현재재의 수요량 증가는 이자율 변화에 의해 일어나지만, 현재재의 수요 증가는 개인의 시간선호의 변화에 의해 일어남을 설명한다. 이어서 시간선호의 변화가 있을 때 균형이자율과 총저축이 어떤 영향을 받는지를 분석하고, 개인의 시간선호가 변하면 자신의 사회적 신분도 변할 수 있음을 보여준다.

1. 현재재의 수요량 증가와 현재재의 수요 증가

제11장에서 특정 재화의 수요량의 증가와 수요의 증가를 구분했다. 수요량의 증가는 개인의 선호가 변하지 않은 상태에서 가격이 하락함에 따라 재화의 수요량이 증가하는 것을 말한다. 이것은 수요곡선 상에서 가격하락에 따른 수요량의 증가이다. 이에 반해 수요의 증가는 개인의 선호순위표가 해당 재화를 더 좋아하는 방향으로 변하면[1] 그의 최고구매가격이 전체적으로 높아지고, 이에 따라 그가 구매하고자 하는 재화의 수량이 증가하는 것을 말한다. 즉, 이것은 수요곡선의 오른쪽 이동에 따른 수요량의 증가이다.

시간선호에 있어서도 일반 재화나 서비스의 선호와 마찬가지로 현재재의 수요량 변화와 현재재의 수요변화는 다른 개념이다. 전자는 수요곡선 상의 변화이며, 후자는 수요곡선 이동에 따른 변화이다.

시간선호에 있어서도 마찬가지이다. 어느 개인에게 주어진 시간선호표 상에서 현재재의 재고가 증가함에 따라 그의 시간선호율은 하락한다. 현재재를 추가적으로 수요하기 위해서는 이자율이 이에 따라 하락해야 한다. 이것은 주어진 현재재의 수요곡선 상에서 이자율 하락에 따른 현재재의 수요량 증가이다. 이에 반해 어떤 이유로 시간선호가 높아지면, 즉 현재재를 더 좋아하는 방향으로 변하면, 시간선호표에 있는 시간선호율 전체가 높아진다. 이것은 그의 현재재 최고구매가격의 전체가 높아짐을 의미하며, 이에 따라 그의 현재재 수요곡선 자체가 오른쪽으로 이동한다. 이자율이 하락하지 않더라도 그가 구매하고자 하는 현재재의 수요량이 증가한다.

1. 제11장(시장균형 분석)의 〈표 11-1〉을 참조하라.

그림 20-1

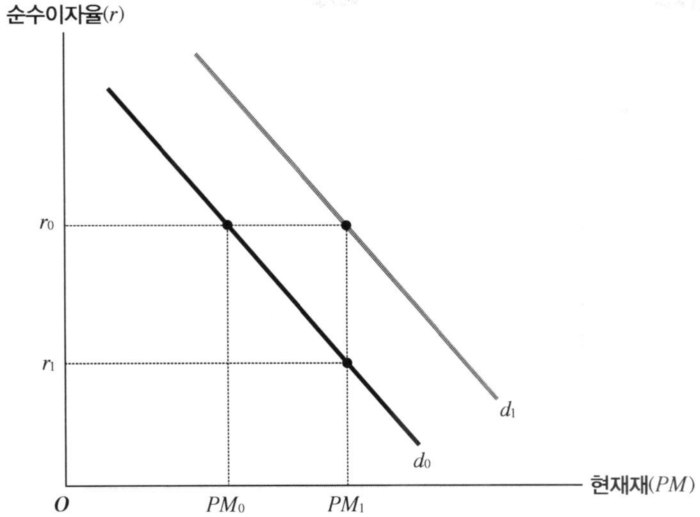

현재재의 수요량 증가와 현재재의 수요 증가

현재재의 수요량이 이자율의 하락($r_0 \rightarrow r_1$)에 따라 동일한 수요곡선 상에서 증가한 경우를 현재재의 수요량 증가라 한다. 그것이 시간선호의 변화에 따라 수요곡선이 이동하며($d_0 \rightarrow d_1$) 증가한 경우를 현재재의 수요증가라 부른다.

[그림 20-1]은 현재재의 수요량 증가와 수요 증가를 보여준다. 개인의 현재재 수요곡선이 d_0로 주어지면, 이자율이 r_0일 때 그는 자신의 시간선호율에 맞추어 현재재를 PM_0만큼 수요한다. 그가 현재재를 수요함에 따라 그의 현재재에 대한 시간선호율은 떨어지고 추가적으로 현재재를 수요하기 위해서는 이자율이 하락해야 한다. 그래서 이자율이 r_1으로 하락하면 그는 추가적으로 현재재를 $(PM_1 - PM_0)$만큼 더 수요한다. 현재재의 증가는 주어진 시간선호에서 이자율이 하락함에 따라 이루어진 것이다. 이에 반해 어떤 이유로 시간선호가 상승하면 현재재의 개인수요곡선은 d_0에서 d_1으로 오른쪽으로 이동한다. 이렇게 되면 그는 종전에 이자율 r_0에서 현재재를 PM_0를 수요했던 것에서 이제는 이자율의 하락 없이도 현재재를 PM_1을 수요하게 된다. $(PM_1 - PM_0)$만큼의 현재재 증가는 이자율 하락에 의한 것이 아니라 그의 시간선호 상승에 기인한 것이다. 이를 현재재의 수요 증가라 한다.

그림 20-2

시간선호의 상승에 따른 이자율과 총저축액의 변화

시간선호가 상승하면, 시장수요곡선 D_0는 오른쪽으로 이동하고 시장공급곡선 S_0는 왼쪽으로 이동한다. 이 결과 이자율은 r_0에서 r_1으로 상승한다. 그러나 총저축액의 변화는 확실하지 않다.

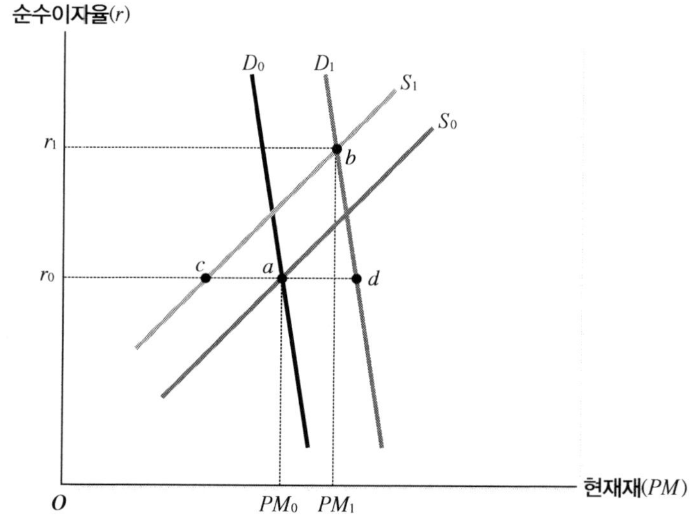

2. 시간선호의 변화와 순수이자율의 변화

시간시장의 현재재 수요곡선과 공급곡선은 개인들의 시간선호에 의해서 유도되기 때문에, 사회 전체의 많은 사람들에게서 동일한 방향의 시간선호 변화가 일어나면 현재재의 시장수요곡선과 시장공급곡선은 이동한다. 그러므로 어떤 사회적 현상에 의해 많은 사람들의 시간선호가 변하면 균형이자율과 균형저축량은 바뀐다. [그림 20-2]는 어떤 이유로 개인들의 시간선호가 상승했을 경우의 시간시장의 균형변화를 나타낸다. 그림에서 현재재 수요곡선은 노동자와 토지소유자의 현재재 수요가 이자율에 비탄력적임을 반영하고 있다.

시간시장의 균형은 현재 a점에서 이루어지고 있고, 이자율 r_0에서 사람들은 PM_0만큼 저축하고 있다. 이제 예상치 못한 사회의 어떤 사건이나 경제여건의 변화로 인해 대부분 사람들의 시간선호가 상승했다고 하자. 이제 사람들은 미래의 만족보다 현재의 만족을 더 선호하게 되어 저축을 줄이고 소비를 늘리려 한다. 이 결과 현재재의 시장수요곡선 D_0는 D_1으로 오른쪽으로 이동하고, 현재재의 시장공급곡선 S_0는 S_1으로 왼쪽으로 이동한다.

시간선호 상승의 결과 종전의 균형이자율 r_0에서 저축(투자)을 통한 현재재 공급은 소비를 위한 현재재 수요에 cd만큼 미치지 못한다. 즉, 이자율 r_0에서 현재재의 초과수요가 cd만큼 발생한다. 이제 초과수요를 해소하려는 시장의 조정과정이 나타난다. 이 조정과정은 현재재의 수요측면에서 먼저 일어난다. 소비자 대부시장에서 시간선호가 상승한 개인들은 더 높은 이자율을 지불하더라도 소비를 위해 현재재를 수요하고자, 즉 돈을 빌리고자 할 것이다. 자본가들 중 일부는 시간선호의 상승으로 요소서비스를 구매해 자본가 역할을 수행하는 것을 포기하고 임금노동자나 토지임대소득자로 신분을 전환하기도 할 것이다. 이들로 인해 요소소유자들의 현재재 수요는 증대한다. 소비자와 요소소유자들의 현재재 수요증대는 이자율을 상승시킨다. 이자율이 상승하면서 현재재 수요는 점차 감소한다.

이자율 상승은 다른 한편으로 개인들로 하여금 저축을 늘리게 해 현재재의 공급을 증대시킨다. 그러므로 시간선호 상승으로 인한 현재재의 초과수요는 이자율을 상승시키고, 이자율 상승은 개인들로 하여금 한편으로는 현재재의 수요를 줄이도록 하고 다른 한편으로는 현재재의 공급을 늘리도록 해 현재재의 초과수요는 해소되어 간다. 초과수요는 이자율이 r_1일 때 완전히 해소되며 시간시장은 b점에서 새로운 균형을 이룬다. 균형이자율은 r_0에서 r_1으로 상승한다. 여기에서도 분명히 알 수 있듯이 시간선호의 변화가 이자율의 변화를 초래하지 그 역은 아니다. 이자율의 변화가 시간선호율을 변화시키는 것이 아니다.

시간선호의 상승은 균형이자율의 상승을 초래하나 총저축액을 증가시킬지, 감소시킬지는 분명하지 않다.

시간선호가 낮아지면 높아질 때와는 반대 과정이 전개된다. 현재재의 시장수요곡선이 왼쪽으로 이동하는 반면 현재재의 시장공급곡선은 오른쪽으로 이동해 시장에는 현재재의 초과공급이 발생한다. 초과공급의 해소는 현재재의 공급측면에서 저축자와 자본가에 의해 주도된다. 이들은 수요자를 찾지 못한 현재재를 공급하기 위해 이자율을 낮추고자 할 것이다. 즉, 남아도는 돈을 빌려주고자 하는 저축자들에 의해 그리고 낮은 이자소득을 감수하더라도 사업에 뛰어들고자 하는 자본가들에 의해 이자율은 떨어진다. 이자율이 낮아지면, 한편에서는 현재재의 시장수요량이 증대하고 다른 한편으로는 현재재의 시장공급량이 감소하면서 초과공급이 해소된다. 그러면서 새로운 균형으로 나아간다. 균형이자율은 시간선호의 하락으로 하락한다.

시간선호의 변화에 따른 총저축액의 변화는 이자율의 변화처럼 분명하지 않다. 시간선호가 상승한 후 이자율 r_0에서 총저축액은 물론 줄어들지만, 균형으로의 조정과정을 통해 이자율이 r_1으로 상승하면서 총저축액의 변화는 알 수 없게 된다. 시간선호의 변화에 따른 현재재의 시장수요곡선과 시장공급곡선이 반대 방향으로 이동하기 때문이다. 시장수요곡선의 이동이 시장공급곡선의 이동을 압도하면 균형에서의 총저축액은 증가할 것이고, 그 반대면 감소할 것이다. 시간선호가 낮아질 경우에도 마찬가지이다. 시간선호가 낮아지면 이자율은 분명히 하락하나 총저축액의 변화는 분명하지 않다. 이 역시 현재재의 시장수요곡선과 시장공급곡선이 시간선호에 어느 정도 반응하느냐에 달려 있다. 시장수요곡선의 이동이 시장공급곡선의 이동을 압도하면 균형에서의 총저축액은 감소할 것이다.

시간선호의 변화에 따른 현재재의 시장수요곡선과 시장공급곡선의 이동 정도가 비슷하더라도, 두 곡선의 탄력성을 감안하면 대략적인 총저축액의 변화를 예측할 수 있다. [그림 20-2]에서처럼 시간선호의 상승에 의해 수요곡선이 *ad*만큼 오른쪽으로 이동하고 공급곡선 역시 그 정도(*ac*)만큼 왼쪽으로 이동하면, 두 곡선의 탄력도의 차이에 의해 균형에서 총저축액이 증가할 것은 분명하다. 그림에서도 총저축액은 증가한 것으로 나타나 있다. 시간선호가 하락할 경우에도 두 곡선의 이동 정도가 동일하다면, 그것은 총저축액을 감소시킨다.

지금까지의 논의를 종합하면, 시간선호의 상승은 이자율을 상승시키고 총저축액을 증가시킨다. 반대로 시간선호가 하락하면, 이자율은 하락하고 총저축액은 감소한다.

3. 시간선호의 변화와 사회적 신분의 변화

자유로운 시장경제를 근간으로 하는 사회에서 개인은 노동을 통해 또는 토지임대를 통해 생활하기도 하고, 여건이 변하면 자본가가 되어 직접 생산에 참여하기도 한다. 반대로 자본가이던 사람이 임금노동자 또는 토지임대자로 사회적 신분이 바뀔 수도 있다. 지금부터는 시간시장을 통해 개인의 사회적 신분의 변화 가능성을 살펴보기로 한다.

앞 장에서는 현재재의 수요와 공급 그 자체만을 보기 위해 민수라는 사람은 현재재를 수요만 하고 윤호라는 사람은 현재재를 공급만 하는 것처럼 그렸다. 그러나 실제에 있어서 한 개인은 높은 이자율에서 돈을 빌려주려 하다 일정 이자율

표 20-1 현재재를 수요 · 공급하는 개인의 시간선호표

선호 순위	현재재 재고량	시간선호		순수이자율(연, %)
		현재재(원)	1년 후의 미래재(원)	
1	4만원		10,900	9
2	4만원		10,800	8
3	4만원		10,700	7
4	8만원	− 6th 10,000		
5	8만원	− 5th 10,000		
6	8만원	− 4th 10,000		
7	8만원	− 3rd 10,000		
8	8만원		10,600	6
9	10만원	− 2nd 10,000		
10	10만원	− 1st 10,000		
11	10만원		10,500	5
12	10만원	+ 1st 10,000		
13	11만원		10,400	4
14	11만원		10,300	3
15	11만원	+ 2nd 10,000		
16	12만원		10,200	2
17	12만원	+ 3rd 10,000		
18	13만원		10,100	1

* '−'는 돈을 빌려주어 화폐재고에서 빠져나감을, '+'는 돈을 빌려서 화폐재고로 들어옴을 의미한다.

이하부터는 오히려 돈을 빌리려는 경향을 보일 수 있다. 이것은 개인의 시간선호표가 이자율에 따라 돈을 빌려주고 빌리는 그런 내용을 담는 것이 일반적임을 의미한다. 이런 일반적인 개인의 시간선호표를 바탕으로 항등순환경제에서 개인의 현재재 수요곡선과 공급곡선을 유도해 보자.

지혜라는 개인의 시간선호는 〈표 20-1〉과 같다. 그녀는 현재 이자율 5%에서 저축이나 대출 없이 소비 목적으로 10만원을 갖고 있다. 그녀는 연(年) 이자율 6%에서 자신의 시간선호율에 비추어 만원짜리 현재재 2장을 빌려줄 용의가 있다. 즉, 그는 이자율이 6%라면 2만원을 저축한다. 이자율이 7%라면 추가로 1년 만기의 4만원을 더 저축할 생각이다. 지혜가 저축함에 따라 그녀의 화폐재고량은 줄어들고, 이에 따라 화폐의 한계효용은 상승하면서 그녀의 시간선호율도 올라간다. 그녀가 이자율 7%에서야 추가로 4만원을 더 저축한다는 것은 화폐재고가 감

소함에 따라 그녀의 시간선호율이 상승했음을 의미한다. 이자율이 7%를 넘더라도 그녀는 이제 더 이상의 저축할 마음은 없다. 만약 4만원이 그녀의 최소한의 소비수준을 유지하기 위한 돈이라면, 그녀의 시간선호율은 급격히 상승할 것이다. 그래서 이 표에서 그녀는 이자율이 8%, 9%라도 더 이상의 저축을 하지 않는다.

지혜의 현금 10만원을 기점으로 해 이제 이자율이 하락하는 경우 지혜의 저축 내지 대출 의사를 보자. 지혜는 현금을 10만원 갖고 있을 때 이자율 5%에서는 저축이나 대출의 마음이 없으나, 이자율이 4%일 때는 만원 한 단위를 빌릴 의향이 있다. 이것은 그녀의 시간선호율이 현금 10만원에서 4%의 이자율보다 높으나 5%의 이자율보다 낮음을 의미한다. 이자율 4%에서 1% 포인트 더 떨어져도 그녀는 추가적으로 돈을 빌릴 마음이 없다. 이것은 화폐재고가 10만원에서 11만원으로 증가함에 따라 그녀의 시간선호율이 4%와 5% 사이에서 3% 아래로 떨어졌음을 의미한다. 하지만 이자율이 2%가 되면 또 다른 만원을 빌릴 용의가 있다. 그녀는 이자율 1%에서 만원을 더 추가해 화폐재고가 13만원이 된다. 이자율이 1% 아래로 떨어져 거의 0에 가까우면 그녀가 어떻게 할지는 이 표에서는 알 수 없다. 그러나 현재의 만족보다 미래의 만족을 더 좋아하는 시간선호는 생각할 수 없기 때문에 마이너스 이자율에 대해서는 논의할 필요가 없다.

〈표 20-1〉을 바탕으로 지혜의 이자율에 따른 현재재의 공급량을 나타낸 것이 〈표 20-2〉이며, 이를 그림으로 나타낸 것이 [그림 20-3]이다. 지혜의 현재재 공급곡선 S_P는 수직축을 가로지르는데, 수직축의 왼편에 있는 그녀의 마이너스 현재재 공급은 그녀가 해당 이자율의 범위(4% 이하)에서 현재재를 수요함을 의미한다. 그러므로 이 왼편 부분을 수직축을 기준으로 해 접어 오른편에 놓아두면 그녀의 현재재 수요곡선이 된다.

[그림 20-3]은 시장이자율에 따라 그녀의 신분이 바뀔 수 있음을 보여준다. 예를 들어 그림에서 시장이자율이 4% 이하이면 그녀는 채무자 또는 생산에 있어서 임금노동자나 토지임대소득자로 남지만, 시장이자율이 6% 이상이면 저축자 또는 자본가가 될 수 있다.

표 20-2 이자율에 따른 개인의 현재재 공급량 및 수요량

순수이자율(연, %)	1	2	3	4	5	6	7	8	9
현재재 공급량(만원)	−3	−2	−1	−1	0	+2	+6	+6	+6

* 현재재 공급을 기준으로 보았기 때문에, '−'는 현재재 수요를 의미한다.

그림 20-3

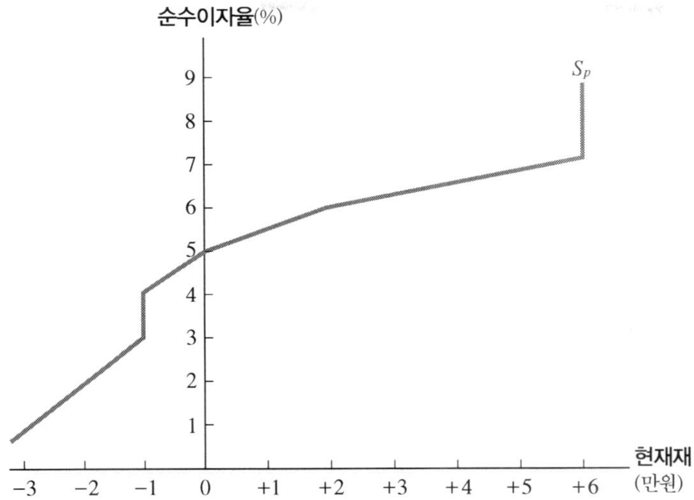

현재재를 수요·공급하는 개인의 현재재 공급곡선
이자율이 4% 이하이면 돈을 빌리거나 임금노동자 또는 토지임대소득자이고자 하며, 6% 이상이면 저축자 또는 자본가로 남고자 한다.

이자율 또는 수익률이 자신의 시간선호율에 비해 높으면, 개인은 자신의 요소서비스를 제공해 소득을 벌기보다 직접 자본가로 나서서 창업을 하고자 하는 마음이 생길 수 있다. 반대로 수익률이 자신의 시간선호율에 비해 낮으면 자본가는 노동이나 토지의 서비스 제공자로 남는 것이 더 좋을 것이라고 판단할 수 있다. 자유로운 경제활동을 영위할 수 있는 시장경제에서는 누구든 지주나 노동자 또는 자본가가 될 수 있다. 그리고 지주나 노동자는 자본가로 변신할 수 있으며, 자본가는 노동자 내지 지주로 바뀔 수도 있다. 시장경제에서 영원한 사회적 신분은 존재하지 않는다. 자본가가 되느냐, 노동자 또는 지주가 되느냐는 그의 시간선호에 달려 있다. 자신의 시간선호에 비추어 시장이자율이 현재재를 공급하도록 하면 저축자나 자본가가 될 것이고, 현재재를 수요하도록 하면 노동자나 지주 또는 채무자가 될 것이다.

개인의 사회적 신분, 즉 자본가(저축자)가 되느냐 아니면 임금노동자나 토지임대소득자로 남느냐는 그의 시간선호에 달려 있다.

그런데 항등순환경제에서 시장이자율은 개인의 시간선호가 바뀌지 않는 한 고정되어 있기 때문에, 이 이자율에서 누구는 요소서비스의 공급자로서, 누구는 요소서비스의 수요자로서 영원히 남는다. 여기에서 유일한 신분이동의 가능성은 개인의 시간선호가 바뀌는 경우뿐이다. 이 가능성을 [그림 20-4]에 나타내었다.

어떤 이유로 어느 한 개인의 시간선호가 낮아지면, 즉 미래의 만족을 더 중시하면 그의 현재재 공급곡선은 S_p^0에서 S_p^1으로 하방 이동한다. 그는 시장이자율

그림 20-4

시간선호의 변화와 사회적 신분의 변화

개인의 시간선호가 하락하면 현재재의 공급곡선은 S_p^0에서 S_p^1으로 하방 이동한다. 그는 이자율 r_0에서 저축자이거나 자본가였으나, 이제는 돈을 빌리거나 임금노동자 내지 토지임대소득자가 되고자 한다.

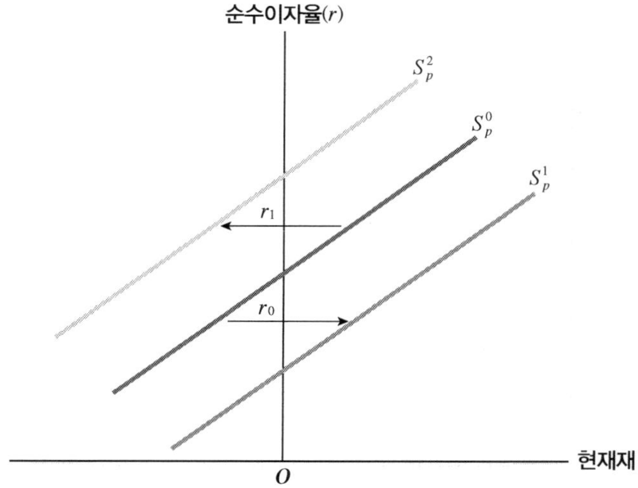

r_0에서 당초 현재재 수요자로서 임금노동자나 토지임대소득자였지만, 시간선호가 낮아진 이후에는 현재재 공급자로서 자본가가 될 수 있다.[2] 반대로 시간선호가 높아지면 그의 현재재 공급곡선은 상방으로 이동한다. 그는 당초 시장이자율 r_1에서 현재재 공급자였는데, 이제 임금노동자나 토지임대소득자로 남는다.

생각하기

01. 현재재의 수요량 증대와 수요증대는 어떻게 다른가? 설명하라.

02. 많은 사람들의 시간선호가 하락하면 시장이자율은 상승할까, 하락할까? 그림으로 설명하라.

03. 하루하루 살기에 바쁜 저개발국가의 사람들은 현금을 손에 쥐는 것에 급급하다. 이들에게 미래를 꿈꾸고 설계한다는 것은 사치스러운 일이며 현재의 생존이 이들

2. 한 사람의 시간선호 변화가 시간시장에 미치는 영향은 너무 미미하기 때문에, 시장이자율에는 변화가 없다고 가정한다.

에게 매일 닥치는 과제이다. 우리는 이것을 이들의 시간선호가 아주 높다는 것으로 가정한다. 이제 이 사회의 구성원들이 점차 미래의 더 나은 삶을 기대하기 시작한다고 하자. 소비를 억제하고 조금이라도 저축하고자 하는 기운이 도처에서 나타난다. 우리는 이것을 이들의 시간선호가 낮아졌다는 것으로 받아들이자. 시간시장의 균형분석을 통해 아래 질문에 답하라.

(1) 시간선호가 아주 높을 때 이들이 만성적인 저축 부족에 시달릴 수 있음을 보여라.

(2) 시간선호가 낮아짐에 따라 시간시장에 일어나는 변화들을 추론해 보아라.

04. 경기침체가 시작되고 침체의 골이 깊어지면 많은 사람들이 자신의 미래를 불안해 한다. 불안에 대응하는 소비자와 자본가의 반응을 다음과 같이 가정한다. 소비자들은 자신의 미래가 어떻게 될지 몰라 불안해 한다. 이들에게는 현재의 생활도 중요하지만 미래의 삶이 더 걱정되고 중요하다. 기업을 운영하는 자본가들도 경기침체 때 미래에 대한 불안감은 마찬가지이다. 이들이 직면한 최대의 과제는 현재의 이 상황에서 어떻게 살아남을 수 있을 것인가이다. 이들에게는 미래의 기업보다 현재의 기업이 더 중요하다. 소비자와 기업가에 관한 이런 가정 하에 아래 질문에 답하라.

(1) 경기침체로 소비자와 기업가의 시간선호는 어떻게 변했다고 보아야 하는가?

(2) 생산의 시간시장에서 현재재의 수요곡선이 변하지 않는다는 가정 하에, 경기침체로 인해 소비자대부시장과 생산의 시간시장에서 어떤 변화가 일어나는가?

(3) 위의 (2)번 질문에서 경기침체로 인해 시장이자율이 상승할지, 아니면 하락할지를 판단하라.

05. 부자인 부모에게서 태어나면 처음부터 가진 것이 많고 저축도 많이 할 것이기 때문에 자본가로 남아 편안하게 살 수 있다고 한다. 여러분은 이런 주장에 동의하는가? 만약 동의하지 않는다면, 시장경제에서 사회신분은 무엇이 결정한다고 보는가?

Part Six

VI

화폐와 화폐시장

화폐의 가치와 화폐의 가격

Human centered

Principles of Economics

ch. twenty-one

2

1

제Ⅵ부와 제Ⅶ부에서는 단기적인 성격을 갖는 경기변동에 관해 설명한다. 경기변동은 주어진 자원을 얼마나 잘 활용하는가 하는 내용을 담고 있다. 경기변동은 한 나라의 화폐수요 및 화폐공급의 변화와 밀접한 관련을 맺고 있다. 경기변동이 왜, 어떻게 화폐관계의 변화와 깊은 관련을 맺고 있는지에 대해서는 앞으로 하나씩 설명될 것이다.

자생적인 제도는 사람들 간의 행위 속에서 서로에게 이득이 되기 때문에 생겨난다. 화폐도 마찬가지이다. 그러므로 화폐 역시 다른 재화나 서비스의 분석 때처럼 인간 행위로부터 설명되어야 한다. 우리는 이미 앞의 제9장에서 화폐의 출현과 그것의 기능에 관해 설명했다. 거기에서 우리는 개인의 행위와 관련된 문제로서 화폐를 조명했으며 이로부터 화폐의 출현과 그것의 기능을 다루었다. 남은 것은 이를 바탕으로 화폐와 실물경제의 관계를 설명함으로써, 화폐가 경제 전체에 미치는 영향을 살펴보는 것이다. 화폐와 실물경제의 관계는 현대경제의 현상과 문제를 바라보는 핵심적인 연결고리이다. 이 책은 인간 행위의 관점에서 화폐를 조명함에 따라 이 연결고리에 관해 일반적으로 알려져 있는 주장과는 다른 많은 내용을 담고 있다.

경기변동은 화폐관계와 밀접한 관련을 맺고 있다. 제Ⅵ부는 화폐가 실물경제에 어떤 영향을 미치는지를 설명한다.

이 장에서는 먼저 화폐가치와 화폐가격에 관한 기본 개념을 설명함으로써 화폐시장 분석의 기초를 제공한다. 다음 장에서는 화폐공급에 결정적인 영향을 미치는 화폐와 은행의 제도발전에 관해서 요약한다. 이어지는 장들에서는 화폐수요와 신용창출에 관해 설명함으로써, 화폐관계의 두 축인 화폐수요와 화폐공급의 변화가 실물경제에 어떤 영향을 미치는지를 설명한다.

1. 사용가치와 교환가치

효용은 재화의 직접적인 사용에서 나올 수도 있고, 그 재화를 갖고 교환할 수 있는 다른 재화로부터 간접적으로 얻을 수도 있다. 전자를 사용가치라 하고 후자를 교환가치라 한다.

재화의 가치는 그 재화가 주는 효용이다. 자급자족 경제에서 재화의 가치는 순전히 그것을 직접 사용하는 사람에 의해 평가된다. 그러나 교환경제로 들어서게 되면, 효용은 이 재화의 직접적인 사용에서 나올 수도 있고 그 재화를 갖고 교환할 수 있는 다른 재화로부터 간접적으로 얻을 수도 있다. 전자를 사용가치라 하고 후자를 교환가치라 한다. 경제행위를 하는 개인에게 있어서, 재화가 갖는 중요성 또는 효용이 그것의 가치라는 가치의 본질적 특성에는 이 둘 사이에 어떤 차

이도 없다.(Menger, 1994, 226~231)

교환경제에서는 어떤 재화라도 사용가치와 교환가치를 동시에 갖는다. 물론 얼핏 보면 사용가치만 갖는 재화도 있을 수 있고 교환가치만 갖는 재화도 있을 수 있다. 오늘날의 거의 모든 생산은 자신이 아니라 타인을 위한 것이기 때문에, 생산자의 입장에서 이 생산물은 교환가치만 갖는다. 그러나 이것이 누군가에 의해 구매되고 나면 그것은 사용가치와 교환가치를 동시에 갖는다. 교환가치는 교환이 가능할 때에만 의미 있는 가치이다. 고립되거나 자급자족인 경제에서 또는 교환을 금지하는 경제에서 교환가치는 의미가 없다. 교환경제에서 제품의 가치는 그것의 사용가치뿐만 아니라 그것의 교환가치에 의해서도 결정된다.(Mi. TMC, 48)

교환경제에서 제품의 가치는 그것의 사용가치와 교환가치에 의해 결정된다.

사용가치와 교환가치는 모두 사람마다 다르게 평가되는 주관적인 가치이며 한 사람에게 있어서도 그것들의 가치는 시간과 장소가 변함에 따라 다르게 평가된다. 예를 들어 어릴 때 갖고 놀던 장난감은 그가 커가면서 사용가치가 점차 떨어지다 성년이 되면 거의 0에 가까워질 것이다. 어떤 재화는 사용가치에는 변함이 없음에도 불구하고 교환가치가 변하는 경우도 흔하다. 유행이 바뀌어 종전에는 거들떠보지도 않던 제품이 큰 인기를 얻는다면 그것의 교환가치는 증가하는 반면, 유행이 시들면 그것의 교환가치는 떨어진다.

교환가치의 변화는 유행의 변화뿐만 아니라 해당 재화의 공급량 변화와 대체상품의 출시에 의해서도 영향을 받는다. 공급량이 증대하면 그것의 교환가치는 하락할 것이다. 또한 새로운 대체상품의 등장에 의해서도 재화의 교환가치는 큰 변화를 겪는다. 음악을 듣기 위한 소형 워크맨은 한때 젊은이들이 가장 갖고 싶어하는 상품이었다. 그것의 교환가치는 CD 플레이어가 나타나자 크게 줄어들었으며 이어서 MP3가 나타나면서 그것의 교환가치는 거의 사라졌다.

우리는 한 재화의 가치를 사용가치와 교환가치로 구분하는 데 익숙하다. 그러나 거의 모든 생산이 판매를 전제로 하고 거의 모든 소비도 구매를 통해 이루어지는 오늘날의 교환경제에서, 경제학은 거의 절대적으로 교환가치만을 다룬다. 이런 사실은 화폐의 가치를 설명할 때 더욱 그렇다. 가치이론의 근본적인 문제를 파고들 때에만 교환가치에 더불어 사용가치를 설명할 뿐이다.(Mi. TMC, 100) 그렇기 때문에 현대경제 질서를 지배하는 것은 사용가치가 아니라 교환가치인 것처럼 보인다.

현대경제 질서를 지배하는 것은 사용가치가 아니라 교환가치인 것처럼 보이나, 최종적으로 중요한 의미를 지니는 가치는 사용가치이다.

그러나 우리가 가치의 근원을 추적하면, 교환가치도 사용가치에서 비롯함을 발견한다. 왜냐하면 모든 재화는 최종적으로 누군가에 의해 사용되기 위해 생산되고 교환되기 때문이다. 최종사용자가 시장에 나타날 때, 그는 주관적으로 평가한 사용가치에 기반을 두고 그 재화를 평가한다. 최종사용자 직전에 이 재화를 판매하고자 하는 사람은 그 최종사용자의 사용가치를 염두에 두고 주관적으로 이 재화의 교환가치를 평가할 것이다. 이 판매자보다 앞선 판매자도 해당 재화에 대한 교환가치를 주관적으로 평가하고서 교환에 임하지만, 그 교환가치도 최종사용자의 사용가치의 평가에 기반에 두고 있을 것임은 분명하다. 교환은 이런 식으로 진행되기 때문에, 교환가치는 최종사용자의 손에 도달하기까지만 적용되는 개념이다. 최종적으로 중요한 의미를 지니는 유일한 가치는 개인의 주관적인 사용가치이다. 그래서 가치를 사용가치와 교환가치로 구분하는 것은 경제학에서 그다지 큰 의미를 지니지 않는다.(Mi. TMC, 102～103)

2. 화폐의 가치와 화폐의 한계효용

2.1 화폐의 가치

현대경제에서 화폐의 유용성은 화폐 자체에서 나오는 것이 아니라 오직 화폐의 교환가치에서 비롯된다. 화폐이론은 화폐의 교환가치만을 논의한다.

앞에서 모든 재화의 교환가치는 결국 그것의 사용가치에 뿌리를 두고 있다고 했다. 그런데 오늘날의 화폐는 법정화폐 또는 신용화폐밖에 존재하지 않기 때문에, 화폐의 비화폐적 용도는 생각할 수 없다. 그래서 현대경제에서 화폐의 유용성은 화폐 자체에서 나오는 것이 아니라 오직 화폐의 교환가치에서 비롯된다. 그러나 금과 같은 상품화폐는 장식용이나 산업용과 같이 비화폐적 용도로도 사용될 수 있기 때문에 사용가치를 지닌다. 이처럼 상품화폐는 비화폐적 용도의 유용성으로부터 나오는 사용가치를 지니고 있지만, 화폐이론은 상품화폐를 다루는 경우에도 화폐의 사용가치를 배제하거나 이를 의미 없는 것으로 간주한다.

화폐이론의 이러한 입장은 다음과 같은 두 가지 이유에서다. 첫째, 우리는 상품화폐뿐만 아니라 비화폐적 용도가 전혀 없는 신용화폐나 법정화폐도 설명해야 한다. 더욱이 현대경제에서 화폐는 신용화폐와 법정화폐가 압도적이다. 둘째, 상품화폐의 물질적 특성으로부터 나오는 비화폐적 용도의 가치는 그것의 화폐적 용도에서 나오는 가치에 비하면 보잘것없다. 화폐로서의 금과 은의 경쟁에서 19세기 후반 은이 패배하자 은의 가격이 급락했다. 금의 가격이 오늘날 고가로 거래될 수 있는 것은 사람들이 금을 화폐대용물로 항상 염두에 두고 있기 때문이다. 만약 금이 화폐로 전혀 사용되지 못하고 오직 산업용이나 장식용으로만 사용된다면 금의 가격은 급락할 것이 분명하다. 화폐이론은 화폐가 무엇이든지 간에, 즉 상품화폐이든, 법정화폐이든 아니면 신용화폐이든 간에 화폐의 교환가치만을 논의한다.(참조 : Mi. TMC, 102～107)

화폐는 그 자체로 어떤 비화폐적 용도가 없기 때문에, 화폐의 가치는 오로지 교환에 있어서 일정량의 화폐를 주고 다른 제품들의 특정 양을 획득할 수 있는 가능성 또는 그 힘에 있다. 이를 화폐의 객관적 교환가치라 한다. 화폐의 객관적 교환가치는 화폐가 그것을 소유하고 있는 사람에 따라 달라지는 가치가 아니라 누구에게나 동일하게 발현되는 가치로서 화폐 한 단위의 구매력을 말한다. 화폐 한 단위의 구매력(purchasing power of the monetary unit)을 간단히 화폐구매력이라고 부른다.

화폐의 객관적 교환가치는 화폐 한 단위의 구매력을 말한다.

여기에서 우리는 주관적 가치이론을 뒤흔들 수 있는 가치의 본질적 개념과 관련된 문제에 봉착한다. 특정 재화의 객관적 교환가치란 그 재화가 교환에 있어서 다른 재화들의 특정 수량을 동등한 것으로 여겨 요구할 수 있는 능력을 말한다. 즉, 교환에서 그 재화의 객관적 중요성이 그것의 객관적 교환가치이다. 교환가치는 최종사용자의 주관적인 사용가치에 기반을 둔다고 했다. 그러므로 재화의 객관적 교환가치는 그 재화 자체의 물질적이고 기술적인 속성에서 나오는 것이 아니라, 그 재화의 최종사용자의 주관적인 평가과정에서 유도된다(Mi. TMC, 100).

그런데 최종사용자의 주관적인 평가는 결국 그 재화 자체의 속성을 통해 이루어진다. 그러므로 어떤 재화라도 그것이 교환가치를 가지려면 물질적이거나 기술적인 속성을 갖고 있어야 한다. 화폐의 경우에도 마찬가지이다. 그것이 객관적인 교환가치인 화폐구매력을 가지려면, 화폐 자체가 어떤 물질적이고 기술적인 속성을 갖고 있어야 한다. 그러나 화폐는 교환의 매개물로만 사용되기 때문에, 화폐 그 자체는 물질적이고 기술적인 속성을 갖고 있지 않다. 그렇다면 화폐경제에서 모든 거래의 반을 차지하는 대상이 화폐인데, 어떻게 주관적인 가치이론과 이에 바탕을 둔 가격이론을 정립할 수 있는가!

많은 경제학자들이 이 문제를 해결하기 위해 도전했지만 실패했다. 미제스(Ludwig von Mises)는 이들의 도전에 대한 실패를 논리적으로 설명하면서[1] 이를

1. 자세한 설명은 (Mi. TMC, 97～123)을 참조하라.

어떤 재화라도 교환가치를 가지려면 물질적이거나 기술적인 속성을 갖고 있어야 한다. 그러나 화폐는 그렇지 않다. 이 것이 주관적 가치이론의 정립을 어렵게 한다.

해결하기 위한 방편으로 회귀정리(regression theorem)를 제시했다. 이 이론에 따르면, 현재 시점의 화폐는 어떤 물질적 · 기술적 속성에서 나오는 객관적 교환가치를 갖고 있지 않다. 그러나 사람들은 화폐를 갖고 다른 물건들과 교환한다. 이들은 화폐가 다른 재화들과 서비스들을 교환할 수 있는 힘, 즉 화폐구매력을 갖고 있다고 믿기 때문이다. 이들은 그 힘을 어제의 화폐시장에서 확인했고 오늘도 화폐가 그런 힘을 발현할 것으로 믿는 것이다. 어제의 사람들도 마찬가지이다. 그들은 이틀 전의 화폐시장에서 발현된 화폐의 힘인 화폐구매력을 보고 화폐를 다른 재화들이나 서비스들과 교환했다. 이틀 전의 사람들은 사흘 전의 화폐구매력을 보고서 화폐시장에 뛰어들었다.

이렇게 계속해서 올라가다 보면, 결국 어느 한 시점에 도달한다. 그 시점은 화폐가 비화폐적 용도인 상품으로 거래되었던 시점이다. 그때 그 화폐는 비화폐적 용도의 상품으로서 물리적 내지 기술적 속성을 갖고 있었고, 그것이 객관적 교환가치가 되었다. 그 당시의 사람들은 그 객관적 교환가치를 통해 그때 그 화폐에 대한 가치를 주관적으로 평가했다. 결국 어떤 화폐도 그것이 화폐로 되기 직전에는 비화폐적 용도의 객관적 교환가치를 지니고 있었고, 그것이 최초 화폐의 객관적 교환가치로 다른 물품들과 교환되었을 것이다. 그 후 그것이 사람들에게 다른 물품들과 교환할 수 있는 힘으로 인식되면서, 그 힘이 현재에 이르렀다고 볼 수 있다.

현재 화폐로 사용되는 재화는 교환의 매개물로 사용되기 시작한 시점까지 거슬러 올라가면 반드시 그 재화의 객관적 교환가치에 도달하게 된다. 이것은 어떤 종류의 화폐에도 선험적으로 추론된다. 이것이 미제스의 회귀정리이다.

비화폐적 용도로서 교환가치를 지니지 못하는, 즉 직접적으로 소비나 생산을 위한 서비스를 제공하지 못하는 재화는 최초에 교환의 매개물로 결코 사용되지 못한다. 따라서 현재 화폐로 사용되는 재화는 교환의 매개물로 사용되기 시작한 시점까지 거슬러 올라가면 반드시 그 재화의 객관적 교환가치에 도달하게 된다. 이것은 어떤 종류의 화폐에도 선험적으로 추론된다(Mi. HA, 407).

그렇다면 종이로 된 법정화폐의 경우에도 이런 추론이 가능한가? 역사적으로 순수한 법정화폐들은 다음과 같은 두 가지 방식으로 출현했다. 먼저, 요구하면 상품화폐로 지불되어야 하는 청구권이 화폐대용물로서 사용되다가, 어느 순간 그 청구권이 국가에 의해 강제로 박탈되었지만 그 청구권이 상거래에서 계속 사용되는 경우이다. 이 경우 가치평가의 출발점은 국가에 의해 청구권이 박탈되던 직전이 된다. 다음으로, 상품화폐로서 자유롭게 주조되었던 주화가 국가에 의해 강제로 금지되고, 이를 태환의 의무가 없는 법정화폐로 대신하는 경우이다. 이 경우 가치평가의 출발점은 자유로운 주조가 중단되던 직전의 시점이다.(Mi. TMC,

110～111)

이런 역사를 갖고 있지 않으면서 국가의 강제력에 의해 도입된 법정화폐의 객관적 교환가치는 어떻게 설명되어야 하는가? 이 경우 국가는 법정화폐에 다른 물품들과 교환할 수 있는 힘을 강제로 보증한다. 모든 국민들은 그 힘을 믿기 때문에 법정화폐는 그 자체로 화폐구매력을 갖고 있다고 볼 수 있다. 국가가 화폐구매력을 유지하는 힘이 약해지든지 아니면 그 힘을 상실하면, 사람들은 물품들을 그 화폐와 교환하려고 하지 않을 것이다. 그 화폐는 어떤 사용가치도 갖고 있지 않기 때문에 국가가 화폐구매력을 보증하는 힘이 없어지는 순간, 순식간에 그 화폐의 객관적 교환가치는 사라지고 만다.

2.2 화폐의 한계효용

화폐 한 단위를 추가할 경우 그것의 한계효용의 증가 정도는 점차 줄어들까, 아니면 커질까? 현대에 있어서 화폐는 장식품과 같이 교환 외의 용도로 사용되는 경우는 거의 없다. 교환의 매개물로서만 사용된다. 장식품과 같이 사용된다면 화폐잔고의 한계효용이 체감한다는 것은 쉽게 이해된다. 그러나 교환의 매개물로서 화폐가 사용될 경우 화폐 한 단위의 한계효용이 어떻게 될지는 분명하지 않다. 사람들은 분명 돈이 많으면 많을수록 좋아한다. 여기까지는 다른 어떤 경제재와 동일하다. 그런데 다른 재화나 서비스와는 달리 돈이라는 재화에 대해서는 경멸하는 비난의 소리가 높다. 부자는 더욱 돈을 밝힌다든지, 돈 맛을 아는 사람이 돈을 더욱 숭상한다는 주변의 험담이 그것이다. 이런 험담만을 보면 화폐 한 단위의 한계효용은 체증할 듯하다.

화폐도 일반 재화나 서비스처럼 한계효용이 체감한다.

인간 행위에 관한 연구[2]에서 한 개인이 돈을 갖고 있을 것인지 아니면 그 돈을 다른 재화나 서비스와 교환할지는 그의 가치 척도에서 그 돈이 어떤 위치에 놓여 있는가에 달려 있다. 화폐 한 단위의 액수가 정해지면 예를 들어 그것이 10만원이라면, 10만원을 갖고 할 수 있는 여러 선택지들이 있을 것이고 이 선택지들을 그의 선호순위에 따라 한 줄로 세울 수 있다. 첫 번째 10만원은 여러 선택지들 속 어느 한 위치에 놓일 것이다. 분명한 것은 다른 모든 재화나 서비스처럼 첫 번째 10만원은 두 번째 10만원보다 높은 순위에 놓일 것이라는 점이다. 이것은

2. 인간 행위를 다루는 경제학은 사람의 심리를 다루지 않는다. 경제행위의 합리적인 측면만을 다룬다. 합리적이란 목적 지향적 수단의 선택에 관한 것이다.

첫 번째 10만원 단위가 두 번째 것보다 더 긴요한 데 사용할 것이라는 인간 행위에 관한 평범한 진리에 근거한 것뿐이다. 두 번째 10만원은 세 번째 10만원보다, 세 번째는 네 번째보다, 이런 순서로 화폐 한 단위인 10만원의 순위가 자리매김된다. 이것은 화폐 한 단위가 추가됨에 따라 그것의 한계효용은 체감한다는 것을 말해 준다.

그런데 화폐의 한계효용 관련 속성을 복잡하게 하고 일반인이 화폐의 한계효용체감을 선뜻 받아들이기 곤란하게 하는 것은 화폐의 단위를 수없이 다르게 정의할 수 있다는 점이다. 예를 들어 집을 구매하기 위해서는 적어도 1억원 이상이 필요하다. 우리가 1억원 상당의 집 구매를 생각한다면, 이때의 화폐 한 단위는 1억원이 된다. 집을 장만할 것인지, 정기예금에 넣어둘 것인지, 고급차를 살 것인지, 아니면 1억원을 그냥 갖고 있을 것인지 등이 1억원으로 할 수 있는 유효한 선택지들이다. 첫 번째 1억원은 분명 두 번째 1억원보다 선호순위에서 우위에 놓인다. 두 번째는 세 번째보다, 세 번째는 네 번째보다 선호된다. 이런 순위로 1억원이라는 화폐 한 단위의 가치가 정해질 것이다. 이 경우에도 분명 1억원이라는 화폐 한 단위의 한계효용은 체감한다.

화폐도 다른 재화와 마찬가지로 동일한 단위들 간에 비교되어야 한계효용체감의 법칙이 성립한다.

제6장의 한계효용 단위에서 설명했듯이, 한계효용을 논할 때 재화나 서비스의 단위는 그것의 물질적이고 기술적인 속성에 있어서 동일해 완전히 대체 가능해야 한다. 화폐도 다른 재화와 마찬가지로 완전히 대체 가능한 동일한 단위들 간에 비교되어야 한다. 화폐의 동일한 한 단위는 동일한 금액의 화폐이다. 화폐의 단위가 클수록 그것의 효용은 커진다. 십만원보다 백만원의 효용이 항상 크다. 그래서 동일하지 않은 금액 간에 화폐의 한계효용 비교는 무의미하다. 십만원은 십만원 단위들 간에, 백만원은 백만원 단위들 간에 비교되어야 그것의 한계효용이 의미를 지닌다. 화폐의 단위는 교환가치에 있어서 그 단위에 속하는 모든 다른 것들과 동질적이다. 예를 들어 십만원이라는 화폐의 한 단위는 다른 모든 십만원의 단위들과 동질적이다.

화폐 단위의 동질성을 해치는 유일한 요소는 화폐구매력의 변화이다. 화폐의 교환가치는 그것의 구매력에 달려 있다. 화폐 단위가 동질적이기 위해서는 이 화폐 단위가 사용되는 순서 동안 그것의 구매력에 변화가 없어야 한다. 예를 들어 한 달 동안 십만원짜리 지폐가 10장이 사용된다고 하자. 긴요함의 순서에 따라 십만원짜리 지폐가 사용될 것이다. 그런데 마지막 십만원짜리 지폐가 사용될 때 그것의 구매력이 증가한다면, 그것의 한계효용은 그 앞의 십만원짜리들보다 클 수 있다. 그렇다고 해서 이것이 한계효용체감의 법칙을 위반하는 경우라고 말할 수는 없다. 왜냐하면 화폐 단위의 구매력이 달라질 경우, 그것은 이제 동일한 교환가치를 지닌 화폐 단위라 할 수 없기 때문이다. 추가되는 십만원의 화폐구매력이 변한다면, 그것은 직전의 화폐 단위와 결코 동등한 화폐 단위가 아니다. 한계효용은 물질적으로나 기술적인 속성에 있어서 동일한 단위들 간에 적용되는 용어이다. 따라서 동일한 화폐 단위의 한계효용을 논할 때, 이 단위들이 사용되는 기간 동안 화폐구매력이 변하지 말아야 한다.

화폐의 한계효용체감 법칙은 비교기간 동안 화폐구매력이 일정해야 한다.

특정 단위의 화폐에 대한 한계효용체감은 인간 행위와 정확히 일치한다. 우리가 선택할 때 고민하는 것은 유효수요(effective demand)가 뒷받침되는 선택지들 간의 비교일 뿐이다. 오천원으로 무엇을 할 것인가를 고민할 때 TV라든지 냉장고 구입을 고민하지는 않는다. 마찬가지로 1억원이 주어져 있을 때 고민하는 것은 이것을 은행에 정기예금으로 넣어둘까, 아니면 주식을 살까, 아니면 집을 사 놓을까 하는 것 등이다. 1억원으로 어디에서 어떤 점심을 먹을까 하는 고민은 하지 않는다.

2.3 화폐의 한계효용과 총효용

일반적으로 사람들은 화폐소득을 획득하면 이것을 먼저 큰 단위로 나누어 사용처를 정하고, 그 다음으로 그것을 다시 작게 나눈 단위로 사용처를 정한다. 예를 들어 [그림 21-1]에서 보는 바와 같이 한 달 수입이 500만원인 사람이 있다고 하자. 그는 먼저 백만원 단위로 5개를 나누어서 첫 번째 단위의 백만원을 생계비에, 두 번째 단위는 교육·문화 및 여가비로, 세 번째 단위는 저축을 위해, 네 번째는 노트북 구입에, 다섯 번째는 만약을 대비하거나 보다 나은 투자시점을 위해 현금잔고로 남겨둔다. 그에게 있어서 첫 번째 사용처인 생계비의 백만원 단위가 가장 큰 효용을 가져다줄 것이고, 다음으로 교육·문화 및 여가비를 위한 백만원, 이어서 저축, 노트북, 그리고 현금잔고 순으로 한계효용이 클 것이다. 효용 크기의 순서는 긴요함의 순서와 다를 바 없다.

이 사람은 이제 교육·문화 및 여가를 위한 백만원을 십만원 단위로 10개 항목으로 나눈다. 자녀의 영어 학원비에 첫 번째 십만원을, 두 번째를 수학 학원비에, 세 번째를 영화 및 연극 관람에 배분하는 등으로 해서 백만원을 사용할 예정이다. 이런 식으로 교육·문화 및 여가를 위해 십만원 단위들이 사용된다면, 십

그림 21-1

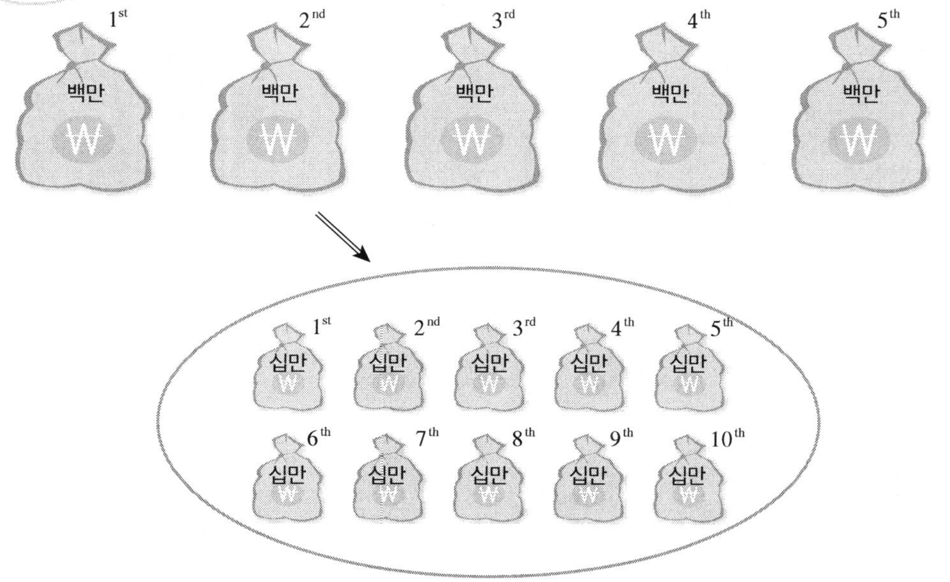

화폐의 한계효용과 총효용

두 번째 백만원의 효용이 그것의 10개의 십만원짜리 용도에서 나오는 효용들을 합한 총효용이 아니다. 총효용이란 것은 없다.

만원이라는 화폐 단위들의 한계효용의 순서는 이 묶음 안에서 그것이 사용되는 긴요함의 순서와 동일하다. 이 경우 이 묶음의 총효용이 얼마인가에 대한 의문은 합당한 것일까? 우리는 그것이 이 묶음에 속하는 각 십만원 단위들의 한계효용의 합이라고 생각할 수 있을까? 그것은 잘못된 질문이고 잘못된 추론이다. 십만원 각 단위의 한계효용은 결코 계측될 수 없으며, 계측된다 하더라도 총효용은 그것의 합이 될 수 없다. 효용은 어떤 경우에도 주관적인 개념이며 긴요함의 순서를 나타낼 뿐이다. 따라서 총효용이라는 용어는 적절하지 않다. 이 묶음의 전체 또는 총효용은 백만원 단위들 간에 비교될 때에만 적용되는 개념이며 그때의 한계효용이다. 단지 말할 수 있는 것은, 십만원 단위의 화폐 10개로 구성된 두 번째 묶음 전체의 한계효용은 백만원 단위의 세 번째인 저축의 한계효용보다 크다는 것뿐이다.

각 단위의 한계효용을 모두 합한 것을 총효용이라 부르는 것은 적절하지 않다. 총효용이라는 개념은 존재하지 않는다. 화폐의 경우에도 마찬가지이다.

2.4 화폐소득과 행복

모든 거래에 화폐가 들어가는 화폐경제에서, 개인은 자신이 소유하고 있는 재화나 서비스를 팔아 화폐를 획득하고, 이 화폐를 갖고 그가 원하는 재화나 서비스를 구매한다. 전자는 그의 화폐소득을 형성하고, 후자는 그의 화폐지출을 구성한다. 화폐소득에는 재화나 서비스의 판매로부터 획득되는 화폐 외에도 남으로부터 증여나 상속 또는 기증으로 거저 얻는 화폐도 있다. 마찬가지로 화폐지출에도 재화나 서비스 구매를 위한 화폐지출 외에 남에게 증여나 상속 또는 기증이라는 이름으로 자신의 화폐를 거저 주는 경우도 있다. 이 역시 그의 화폐지출에 포함된다. 일정 기간 개인의 화폐소득과 화폐지출의 차이를 순(net)화폐소득이라 하며, 그것이 양이면 그의 화폐잔고에 그만큼 쌓이게 되고 그것이 음이면 그의 화폐잔고에서 그만큼 충당하게 된다.

화폐의 가치가 아무리 떨어진다 하더라도 그것이 양인 이상 화폐소득이 많으면 많을수록 좋다. 그렇다고 해서 인간이 화폐소득을 극대화하기 위해, 즉 돈만을 위해 행동하는 것은 아니다. 인간은 자신의 행복이나 만족을 극대화하기 위해 행동하기 때문이다. 화폐경제가 발달해 거의 모든 재화나 서비스가 시장에서 거래된다 하더라도 시장에서 구매할 수 없는 것들이 있다. 사랑과 우정, 명예와 존경, 자긍심과 자존심, 편리함과 안락함 등이 그것들이다. 이런 것들은 종종 자신의 선호순위에서 시장에서 구입할 수 있는 재화나 서비스보다 상위에 놓일 수 있다. 인간의 변함없는 행위 공리는, 인간은 화폐소득을 극대화하기 위해 행동하는 것이 아니라 행복과 만족을 최대화하기 위해 행동한다는 점이다. 따라서 인간은 화폐소득으로부터 얻는 행복과 시장에서 거래되지 않는 여러 심적 요소들의 가치를 합한 것을 극대화하는 방향으로 행동한다.

사람들은 화폐소득을 극대화하기 위해 행동하는 것이 아니라 자신의 행복을 최대화하기 위해 행동한다.

이런 공리로부터 우리는 현대사회에 던지는 통상적인 비난 몇 가지에 대해 재반박할 필요가 있다. 첫째, 시장경제는 인간으로 하여금 돈만 추구하게 하는 체제가 아니다. 행위의 목표는 화폐소득의 극대화가 아니라 행복의 극대화이기 때문이다. 둘째, 시장이 고도로 발달할수록 시장에서 거래되는 재화와 서비스의 종류와 수량이 많아진다. 한계효용체감의 법칙은 그럴수록 시장에서 거래되지 않는 재화나 서비스의 가치는 증대되는 경향이 있음을 말해 준다. 이것은 부자들이 돈만을 밝히는 것이 아니라 시장에서 거래되지 않는 것들을 돈보다 더 소중히 여길 수 있다는 점을 함축한다. 가난한 사람들이 오히려 돈을 더 숭상하는 경우를 자주 발견하는 것은 이런 이치 때문이다. 셋째, 자신이 버는 돈보다 더 많이 지출하는 것이 반드시 비난받을 일은 아니다. 지출에는 소비를 위한 것도 있겠지만, 미래의 소비를 위한 투자도 있을 수 있기 때문이다. 뿐만 아니라 화폐 역시 다른 재화나 서비스와 마찬가지로 하나의 선택대상일 뿐이다. 화폐소득의 적자는 이들 여러 대상들 중 화폐보유보다 다른 재화나 서비스의 보유 비중을 더 늘린 결과일 수 있다. 현금보유 비중의 감소가 합리적 행위가 아니라고 비난받을 일은 아니다.(Ro, 211～216)

3. 화폐의 가격

어떤 한 재화의 시장가격은 그 재화 한 단위의 객관적 교환가치가 교환에서 실제로 드러난 것을 말한다. 즉, 어떤 재화 한 단위가 다른 재화의 일정 수량과 실제로 교환된 비율이 그 재화의 시장가격이다. 화폐경제에서 모든 재화나 서비스는 교환의 매개물인 화폐와 교환되기 때문에, 교환되는 다른 재화는 항상 화폐이다. 그래서 일반 재화나 서비스 한 단위의 가격은 이 한 단위를 획득하기 위해 교환해야 하는 화폐의 수량이다. 우리는 이를 가격을 지불하고 어떤 재화나 서비스를 구매한다고 한다.

화폐의 가격은 화폐 한 단위의 객관적 교환가치가 시장에서 드러난 것으로 화폐 한 단위와 다른 상품의 교환비율이다.

화폐의 가격은 화폐 한 단위의 객관적 교환가치가 시장에서 드러난 것으로 화폐 한 단위와 다른 상품의 교환비율이다. 사과 1개의 가격이 200원이라면, 1원의 가격은 사과 0.005개이다. 그것이 시장에서 드러난 화폐의 실제 가격이다. 그런데 화폐는 모든 상품거래에서 교환의 한쪽 대상이기 때문에, 화폐가격은 거래되는 무수히 많은 다른 상품의 단위로 표현될 수 있다. 만원의 가격은 사과 50개 또는 고등어 2마리 또는 머리손질 서비스 1회 등으로 말이다.

대부자금설과 유동성선호이론이 화폐가격을 이자율로 인식하게 했다. 그러나 이것은 가격이 교환비율이라는 사실에 비추어 보면 터무니없다.

화폐가격이 이처럼 분명하게 존재함에도 불구하고, 사람들은 화폐가격이 존재하는지를 잘 인식하지 못한다. 법정화폐 자체가 아무런 사용가치가 없는 종이로 되어 있기 때문이기도 하지만, 이들은 화폐의 가격을 대체로 이자율로 생각하기 때문이다. 무엇보다 대부자금설과 유동성선호이론이 화폐가격을 이자율로 인식하게 했다. 많은 경제학자들은 대부시장 특히 단기대부시장을 화폐시장으로 간주했다(Mi. HA, 400). 단기대부의 수요를 화폐수요로 보았고 단기대부의 공급을 화폐공급이라 했다. 단기대부의 수요와 공급은 이자율의 함수이며 균형이자율은 단기대부의 수요와 공급에 의해서 결정된다고 했다. 케인즈의 유동성선호이론도 마찬가지이다. 뒤에서 자세히 살펴보겠지만, 투기적 화폐수요(speculative demand of money)를 이자율의 함수로 보면서 화폐수요를 유도하고 여기에 화폐공급을 겹치게 해 균형이자율을 도출한다. 이처럼 대부자금설이나 유동성선호이론을 따르다 보면, 이들이 명시적으로 화폐의 가격이라고 말은 하고 있지 않지만 사람들로 하여금 마치 이자율을 화폐의 가격으로 이해하게 하기에 충분하다.

그러나 가격이 교환비율이라는 사실에 비추어보면, 이것은 터무니없으며 경제현상을 잘못 진단하게 하고 잘못된 정책제안을 하게 하는 위험한 오류이다. 사과 1개의 가격이 200원이란 것은 사과 구매자가 200원을 주고 사과 1개를 얻는다는 것이고, 판매자의 입장에서 보면 사과 1개를 주고 200원을 획득한다는 것이다. 마찬가지로 화폐 1단위인 만원의 가격이 이자율 5%라고 한다면, 이것은 만원과 연 5%의 이자인 500원과 교환한다는 것을 의미한다. 이것이 도대체 말이 되는가?

화폐가격의 존재를 의식하지 못하는 또 다른 이유는 화폐를 제외한 모든 상품들은 화폐 단위로 통일되어 표현되지만 화폐가격은 어떤 하나의 단위로 표현되지 않기 때문이다. 이 점이 대부분의 사람들로 하여금 화폐는 상품이 아니며, 늘 화폐와 교환해서 상품을 구매하고 판매함에도 불구하고 화폐가 교환의 한쪽 대상임을 인식하지 못하게 하는 이유이기도 하다.

화폐경제의 모든 거래에서 항상 존재하는 시장이 바로 화폐시장임에도 불구하고, 사람들은 화폐를 사고파는 그런 시장의 존재 자체를 의식하지 못한다. 화폐는 비록 소비재도 아니고 생산재도 아니지만,[3] 교환의 매개물로서 인간에게 효용을 제공하는 경제재이다. 화폐와 관련된 제반 경제적 현상도 화폐시장을 전제로 하지 않고서는 설명될 수 없다. 모든 재화나 서비스의 시장이 수요와 공급 곡선으로 분석되며 이 곡선들의 움직임을 통해 시장의 변화와 그것의 경제적 의미를 찾는 것과 마찬가지이다. 그러나 화폐시장을 분석하기 위해서는 화폐 단위의 가격을 무엇으로 할 것인가에 대한 근본적인 질문에 답해야 한다. 그래야만 개별 화폐가격에 대한 개인의 화폐 수요량과 공급량을 말할 수 있기 때문이다.

화폐시장이라는 개념 자체가 교과서에서 사라지고 대부자금설 또는 유동성

3. 화폐를 생산재에 포함시킬 수 없는 이유에 대해서는 (Mi. TMC, 1부, 5장)을 참조하라.

선호이론을 마치 화폐시장인 양 설명하는 데에는 화폐가격을 이해하고 규정하기가 어렵다는 이유도 있다. 거의 모든 교환의 반이 화폐시장임에도 불구하고 이를 일관된 경제이론에 포함시키지 않으면, 경제학은 반쪽짜리에 불과하게 된다. 반쪽짜리 경제학으로 학생들에게 또는 일반인에게 경제현상을 설명하는 것은 온전한 논리가 될 수 없으며, 이를 통해 경제문제를 처방하는 것은 위험하기까지 하다.

화폐시장을 화폐와 화폐구매력이 교환되는 시장이라고 정의하면 화폐구매력이 화폐가격이 된다. 이것은 실질적인 개념이 아니라고 말할 수 없다.

화폐시장을 도입하기 위해 화폐가격에 관한 가상의 개념을 도입하는 것이 이 문제 해결을 위한 하나의 길이 될 수 있다. 그것은 화폐시장을 화폐와 화폐의 객관적 교환가치인 화폐구매력이 교환되는 시장이라고 정의하는 것이다. 이 정의는 존재하지 않는 사실을 가정하는 것이 아니다. 실제로 드러나지 않을 뿐 화폐를 수요하고 공급하는 사람들이 화폐와 교환하고자 하는 것이 화폐구매력이기 때문에, 화폐와 화폐구매력을 교환한다는 데는 어떤 논리적 문제도 야기하지 않는다. 그래서 화폐가격으로서의 화폐구매력이 결코 덜 실질적인 개념이라고 말할 수 없다(Ro, 756 ; Mi. HA, 405~406). 이렇게 가정할 때 화폐구매력은 화폐가격이 된다. 화폐가치 이론의 과제는 화폐시장에서 화폐의 가격인 화폐구매력이 어떻게 결정되는지를 보여주는 것이다(Mi. TMC, 119).

화폐구매력은 화폐 한 단위가 여타 상품들과 교환될 수 있는 힘 또는 가치이다.

화폐구매력은 화폐 한 단위가 여타 상품들과 교환될 수 있는 힘이다. 그것은 화폐 한 단위가 화폐 외의 여타 상품들을 구매할 수 있는 정도를 대표하는 개념이지, 화폐 한 단위로 구매할 수 있는 개별 재화 및 용역의 수량을 나타내는 것은 아니다. 그래서 화폐구매력의 역수는 모든 재화들의 가격, 또는 재화 일반의 가격으로 불리기도 한다. 화폐구매력은 일반적인 재화나 서비스의 가격결정과 마찬가지로 화폐의 수요와 공급에 의해 결정된다(Mi. HA, 399~400, 407~408).

화폐구매력은 그것의 절대적 수준에 의미가 있는 것이 아니라 그것의 움직임에 의미가 있다. 즉, 화폐구매력이 높다 또는 낮다고 하는 절대적인 의미가 아니라 그것의 상승 또는 하락의 추세적 의미가 중요하다. 화폐구매력이 상승했다는 것은 화폐로 표현된 다른 상품들의 가격이 전반적으로 하락했다는 것을 의미한다. 반대로 그것이 하락했다는 것은 화폐로 표현된 다른 상품들의 가격이 전반적으로 상승했다는 것을 의미한다.

생각하기

01. 재화의 사용가치와 교환가치를 구분하라.

02. 여러분은 돈이 많으면 많을수록 좋다고 한다. 그렇다면 화폐에는 한계효용체감이 적용되지 않는다고 말할 수 있는가?

03. 현금 1천만원의 한계효용이 현금 1만원의 한계효용의 천 배가 된다고 말할 수 있는가? 그리고 당신이 1천만원을 1백만원씩 나누어 필요한 열 군데에 사용했다면, 1천만원의 효용은 이 열 군데 각각에서 얻은 효용을 합한 것이라고 말할 수 있는가?

04. 경제학은 돈벌이를 가르치는 학문인가 아니면 행복을 가르치는 학문인가? 행복이 한계효용, 시장, 수요, 공급, 시간, 화폐 등과 같은 경제적 용어와 어떤 관계가 있는지를 생각해 보아라.

05. 100원을 화폐 한 단위라 할 때, 사과 20개를 1만원에 샀다면 화폐 한 단위의 가격은 얼마인가? 만약 빵 2개를 4,000원에 구매했다면, 화폐 한 단위의 가격은 얼마인가?

06. 화폐경제에서 사과의 가격은 화폐 단위로 표현된다. 그래서 사과시장은 사과와 화폐가 교환되는 시장이다. 화폐의 가격이 화폐구매력이라면, 화폐시장은 무엇과 무엇이 교환되는 시장인가?

07. 미제스(L. v. Mises)의 회귀정리(regression theorem)는 무엇을 설명하기 위한 정리인가?

화폐와 은행제도의 발달

Human centered

Principles of Economics

ch. twenty-two

2

2

제21장에 이어 이번 장에서도 화폐에 대한 기초를 다진다. 이 장에서는 화폐가 어떻게 진화해 왔는지를 살펴본다. 먼저 시장성이 가장 높은 금과 은이 화폐의 대상이 되었음을 지적하고, 이것이 주조되어 금화나 은화 그리고 법화가 등장하는 과정을 조명한다. 중세 유럽에서는 거래에 있어서 금속화폐에 못지않게 환어음이 국가 간 또는 큰 물량의 거래에서 사용되었기 때문에, 이 장에서는 화폐대용물로서의 환어음에 관해서도 설명한다. 이어서 상업은행의 등장과 은행권의 출현, 이것을 바탕으로 한 신용창출, 그리고 은행권 발행의 국가 독점을 설명한다. 이것은 이어지는 장들에서 설명되는 화폐시장의 교란과 경기변동을 야기하는 배경을 이해하게 하는 기초가 되어준다. 끝으로 금본위제에서 시작된 근대 화폐제도의 변천을 정리한다.

1. 금속화폐로서의 금과 은

Hierarchical Principles of Economics, of ...

금과 은은 분리성, 이동성, 내구성이 뛰어나 오래 전부터 화폐로 사용되었다.

근대 역사에 있어서 가장 널리 사용된 물품화폐는 금과 은이다. 금과 은은 그 자체로 희소한 데다 가치가 높아 모든 사람들이 갖고 싶어하는 물품이다. 게다가 금과 은은 다양한 크기로 분리가 가능하며 휴대하고 이동하기도 아주 용이하다. 특히 금은 그 가치가 뛰어나 소량이라도 값비싼 물품과 교환할 수 있기 때문에, 소량의 금을 가지고도 대부분의 상품과 교환할 수 있다. 더욱이 그것은 내구성이 강해 아무리 사용해도 그 가치가 거의 변하지 않으며, 품질도 일정하게 유지할 수 있다. 이것은 금과 은이 시장성이 매우 높은 제품임을 의미한다. 그래서 아주 이른 시기부터 금과 은은 간접교환의 일반적인 매개수단으로 사용되었다. 금이 처음으로 화폐로 사용된 것은 무려 기원전 2700년 전부터다(번스타인, 47).

그러나 오랜 기간 동안 금과 은 중 어떤 것도 주도적인 화폐로 등장하지는 못했다. 왜냐하면 이 두 금속은 물리적으로나 화학적으로 매우 비슷해 화폐로서의 특성을 거의 비슷하게 갖추고 있었기 때문이다. 금과 은의 경쟁은 기원전 4000년 고대 이집트까지 거슬러 올라가며, 역사의 대부분에 있어서 금과 은은 경쟁관계에 놓여 있었다(번스타인, 46, 208). 그렇지만 국가는 이 두 금속 중 어느 하나만을 화폐로 인정하려고 했을 것이다. 두 금속을 모두 화폐로 사용하면 혼란과 불편함이 따르므로 단일화폐 체계를 구축하려는 국가의 노력은 항상 있어 왔다(Mi. TMC, 33～34).

2. 주화와 법화의 등장

2.1 주화의 등장

금과 은은 시장성이 탁월해 대다수 사람들이 이를 주된 화폐로서 받아들였지만, 화폐로 사용하기에는 여전히 적지 않은 문제가 있었다. 그것은 거래할 때마다 금과 은의 순도와 무게를 확인해야 하는 번거로움이었다. 게다가 이를 위한 정밀한 측정도구가 거래장소마다 구비되어 있어야 했다. 그러나 장소마다 이를 갖추기란 애초에 불가능한 일이었기 때문에, 순도와 함량을 속이는 일이 비일비재했다. 이런 문제를 제거하고 사용하기 편리한 크기와 모양으로 주조된 것이 주화이다. 개인에 의해 만들어진 주화가 기원전 700년경 리디아(지금의 터키)에서 처음 등장했다(번스타인, 50 ; 안재욱, 2008, 49).

금과 은의 함량과 순도를 증명해야 하는 불편함 때문에 주화가 등장했다.

고대 그리스는 은화를 주로 주화로 사용했지만, 다른 지역에서는 금화가 많이 사용되었고 로마제국에서도 금화가 화폐로 인정받았다. 특히 국가가 세금으로 어떤 주화를 받아들이는가는 사회 전체적으로 무엇을 화폐로 통용할 것인지를 결정하는 데 커다란 영향을 미쳤다. 페르시아 정부는 금화를 교역의 주된 수단으로 사용했으며 이를 세금으로 거둔 역사상 최초의 정부이기도 하다. 로마 제국의 팽창과 함께 금화는 주화의 최고 자리에 오르게 되었으며, 금화에 대한 폭발적인 수요는 15세기 금을 차지하려는 학살과 약탈의 신천지 개척을 위한 대항해(大航海) 시대로 이어졌다.(번스타인, 65～78, 176～204) 19세기 후반부터 많은 국가들이 금화를 기축화폐로 받아들임에 따라 은화는 화폐의 지위를 잃게 되었다(Mi. HA, 425).

19세기 후반부터 많은 국가들이 금화를 기축화폐로 받아들임에 따라 은화는 화폐의 지위를 잃게 되었다.

2.2 법화의 등장

주화 덕분에 사람들은 매번 무게와 순도를 측정해야 하는 번거로운 과정 없이 거래할 수 있게 되었다. 그러나 이것은 주화의 금 함량이 진짜일 경우에만 가능한 일이었다. 즉, 금화의 실제가치가 표면에 새겨진 액면가치와 정확히 일치해야, 금화가 화폐로서의 역할을 다할 수 있다. 주화가 개인들 간의 경쟁 속에서 제조된다면, 개인이 주화의 순도와 무게를 속이기는 쉽지 않다. 속일 경우 적발된 주화 제조업자는 즉시 시장에서 외면받을 것이기 때문이다.

그러나 개인에 의한 주화의 제조는 그리 오래 가지 못했다. 국가 권력자들이 주화를 만들어 그들의 통치권이 미치는 영역 내의 모든 사람들에게 이를 강제로 유통하도록 하면 이익이 난다는 것을 간파했기 때문이다. 특히 순도와 무게를 속인 주화를 강압에 의해 사용하게 하면, 엄청난 부가 그들의 곳간으로 들어올 수 있음을 알게 되었다. 게다가 주화에 권력자의 문장이나 초상화를 새겨 넣으면 그가 국가의 주인이라는 의식을 주민들에게 강렬히 심을 수 있다는 사실도 알았다. 그들에게 국가에 의한 주화의 독점적 제조는 매력적인 일이 아닐 수 없었다. 부와 권위, 그리고 명성을 한 손에 움켜질 수 있는 것이 국가에 의한 독점적 화폐주조였다. 권력자들이 이를 놓칠 리가 없었다. 기원전 600년경 리디아 왕인 기게스(Gyges)가 처음으로 주화를 국가 독점으로 주조했다(안재욱, 2008, 50).

국가에 의한 독점적 화폐주조는 권력자들에게 부와 권위, 그리고 명성을 한 손에 움켜질 수 있게 해준다. 이렇게 해서 만들어진 화폐를 법정화폐 또는 이를 줄여서 법화라 한다.

화폐주조를 독점한 국가는 개인에 의해 주조된 주화의 사용을 금지하고 국가가 주조한 주화만 사용하도록 했다. 이렇게 만들어진 화폐를 법정화폐 또는 이를 줄여서 법화(法貨, legal tender)라 한다. 이제 화폐는 국적을 갖게 되었다. 사실 금속 그 자체가 화폐 역할을 할 경우, 화폐의 국적은 있을 수 없다. 그러나 국가가 금이나 은을 일정 단위로 주조해 독점적으로 공급하기 시작하면 화폐는 국적을 갖게 된다.

2.3 법화의 변조

법화를 변조하면 국가는 엄청난 이득을 남길 수 있다. 역사적으로 법화의 변조는 거의 모든 나라에서 관찰된다.

정부가 국가에서 공급되는 화폐를 법화라 선언하면, 사람들은 모든 거래에서 이 화폐를 강제로 받아들여야 한다. 그래서 국가가 주화를 발행할 때 주화에 표시된 가치와는 다르게 무게와 순도를 조정하면, 즉 화폐변조를 하면 엄청난 이득을 남길 수 있다. 실제로 이러한 화폐변조는 중세 유럽의 거의 모든 국가에서 일어났다. 예를 들면 프랑스에서 1795년까지 화폐로 사용되었던 리브르(livre)는 1200년에 1리브르가 은 98그램이었는데, 1600년경에는 그것이 단 11그램에 불과했다. 사라센제국 때의 화폐인 디나르(dinar)가 처음 주조되었던 7세기에는 1

디나르가 금 65그레인(grain)이었는데, 13세기 초에는 14그레인으로 줄어들었다.(안재욱, 2008, 53) 오늘날에는 무게와 순도 조정을 통한 화폐변조를 넘어서, 종이에 일정 금액 단위를 표시하고 정부발행 날인을 한 것을 화폐로 받아들이도록 하는 데까지 이르렀다.

만약 기존의 화폐와 모양이나 크기가 동일하지만 순도가 떨어지거나 무게가 줄어든 금화나 은화가 법화로 새롭게 등장해 종전의 주화와 함께 사용된다면, 개인들은 어떤 행위를 취하겠는가? 개인들은 새로운 주화에 비해 순도나 무게에 있어서 양질인 종전의 주화(양화)를 자신의 금고에 보관해 놓고 새로 발행된 나쁜 주화(악화)만을 교환의 매개수단으로 사용하고자 할 것이다. 거의 모든 사람들이 이런 행동을 취한다면, 시장에서 양질의 주화는 사라지고 무게와 순도에서 뒤떨어진 주화만이 시장에서 통용될 것이다. 이것이 시장에서 악화가 양화를 몰아낸다는 '그레샴(T. Gresham, 1518/19～1579)의 법칙' 이다.

법화의 변조가 있으면, 악화가 양화를 몰아낸다. 이를 '그레샴의 법칙'이라 한다.

게다가 어떤 이가 돈을 빌린 후 새로운 법화가 변조되어 발행되면, 채무자는 채권자에게 양화인 종전의 화폐 대신 악화인 새로운 화폐로 자신의 채무를 갚으려 할 것이다. 그렇게 되면 채권자는 새롭게 발행된 화폐의 변조 부분만큼 자산 손실을 입는다. 이것은 채권자의 손실 부분이 고스란히 국가에 귀속되는 것과 마찬가지이다. 국가의 부채 역시 변조된 화폐로 갚음으로써 국가는 많은 이득을 남길 수 있다. 화폐주조의 독점에 의해서 얻는 이득을 시뇨로지(seigniorage)라 하는데, 시뇨로지는 영주를 뜻하는 시뇨르(seigneur)에서 유래된 말이다(안재욱, 2008, 51). 중세의 영주는 주화 독점권을 갖고 있었고 이를 통해 많은 이득을 챙겼다.

법화의 변조로 인해 채권자는 빌려줄 때의 양화 대신 악화를 받음으로써 손실을 입는다.

3. 환어음의 등장과 환어음 네트워크

3.1 환어음의 등장

16세기 말에 이르러 금화나 은화에 대항하는 강력한 경쟁상대가 등장한다. 16세기에 휩쓸었던 금에 대한 열광은 점차 수그러들고 또 다른 미래가 서서히 떠오르고 있었던 것이다(번스타인, 208). 그것은 정부가 아니라 민간집단이 발행하는 채무증서였다. 다양한 형태의 채무증서가 화폐대용물로서의 역할을 조금씩 하환어음과 금속주화의 보관증이 화폐대용물로 사용되었다.

게 되었다. 그 당시 사람들은 이런 움직임에 대해 그다지 주목하지 않았다. 금화나 은화를 직접 거래에 사용하는 대신 각종 지불약속이 명기된 증서를 화폐대용으로 사용하기 시작한 것이다. 여기에는 금·은 세공업자가 발행한 금속주화의 보관증(손완표, 199)과 무역에서의 환어음(번스타인, 234~241)이 중요한 역할을 했다.

환어음[1]은 금화나 은화 없이도 거래를 가능하게 해주었다. 상인들 간의 거래에 사용된 환어음은 금속화폐를 대신해서 일종의 종이화폐 역할을 했다. 환어음은 13세기 전후 이탈리아인들에 의해 처음 사용되었으며(번스타인, 238), 환어음의 유통에는 중세에 시작된 무역박람회가 큰 역할을 했다. 교통과 통신이 거의 발달하지 못했던 중세에는 제품에 대한 정보와 거래가 시·공간으로 엄청난 제한을 받았다. 그래서 1년에 서너 번 개최되는 무역박람회야말로 새로운 제품들에 대한 정보를 얻고 이들을 거래할 수 있는 소중한 기회였다. 그래서 박람회가 개최되면 유럽 각지에서 많은 상인들이 몰려들었다. 박람회에서는 환어음을 서로 결제하고 청산하는 환어음 교환시장도 함께 열렸기 때문에 금융업자들도 여기에 대거 참가했다.

환어음의 역사적 의미는 그것이 금화나 은화와 같은 실질 화폐 대신에 상품거래의 매개수단으로 사용되었다는 점이다. 이어서 보게 될 금속주화의 보관증과 더불어 환어음은 주화 대신에 종이로 된 화폐의 등장에 기여했다. 중세에는 환어음이 금속주화의 보관증보다 지불수단으로 더 많이 사용되었다(번스타인, 237~238). 무역박람회가 정기적으로 개설되는 지역에 환어음의 교환시장도 함께 열렸기 때문에, 상인들은 환어음 결제를 위해 먼 거리를 여행할 필요가 없었다. 거래당사자들 간의 환어음 액수가 정확히 일치해야 한다든지, 또는 환어음 결제를 위한 또 다른 거래를 찾을 필요도 없게 되었다.

1. 환어음이란 어음 작성자(발행인)가 제3자(지급인)에게 일정 금액을 일정한 기일에 어음상의 권리자(수취인)에게 지급할 것을 무조건 위탁하는 증서이다. 약속어음이 이를 발행하는 사람이 직접 일정한 금액을 일정한 시기와 장소에서 무조건 지급할 것을 약속하는 것과는 다르다. 예를 들어 부산에 사는 A가 서울에 사는 B로부터 물건을 구입하고서 지급인을 제3자, 예를 들어 서울에 있는 은행 C를 지정해 C가 B에게 일정 금액을 지급하도록 약속하는 증서를 발행할 수 있다. 이를 환어음이라 한다. 물론 A는 C은행의 계좌에 일정 금액이 있든지 아니면 신용거래가 가능해야 한다. 약속어음에는 발행인과 수취인만이 존재하지만, 환어음에는 발행인과 수취인 외에 지급인을 따로 두고 있으며 이 지급인이 지급의무를 진다. 그래서 지급인이 환어음의 인수나 지급을 거부하는 경우가 발생할 수 있기 때문에, 거래에 있어서 채권자는 환어음보다 약속어음을 받는 것이 유리하다. 국내거래에서는 약속어음이 주로 이용되는 반면, 환어음은 국제거래에서만 사용된다. 환어음을 이용하면 화폐거래 없이 상품을 거래할 수 있는 길이 열린다.

금속주화의 보관증이나 환어음에는 금화의 개수나 금괴의 무게 대신에 특정 화폐 이름, 예를 들어 리브르, 디나르, 파운드 등이 액면 단위로 사용되었다. 이것은 거래 규모를 파악하고 지역 화폐의 가치를 파악하는 데 편리한 기준이 되었다. 이에 따라 금화의 통용 빈도는 상당히 줄어들었고, 금괴는 금액이 대단히 큰 거래의 결제수단이나 국가 간의 무역 불균형을 메우는 데에만 사용되었다(번스타인, 240~241).

환어음은 종이화폐의 등장에 기여했고, 거래 규모를 파악하고 지역 화폐의 가치를 파악하는 데 편리한 기준이 되었다.

3.2 환어음 네트워크의 형성

16세기 유럽 시골 장터에서는 물물교환이 많았고, 도시에서는 국내 주화들이 주로 사용되었으며, 국제적인 거래로 명성이 높은 큰 도시에서는 환전상을 통해 외국 주화들도 사용되었다. 하지만 대외교역 상인들은 환(換)거래 은행가들의 네트워크를 활용해 다양한 종류의 환어음들을 사용했다. 대외교역 상인이나 은행가들은 이미 13세기부터 무역박람회를 중심으로 이루어진 환어음의 결제를 통해 근대적 형태의 금융기법을 선보이기 시작했다. 그 당시 환어음을 거래하는 은행가들 중 이탈리아 출신이 많은 것은 13세기 이후 이탈리아 도시들이 상업적으로 크게 발전했고 거기에서 신흥 부유 상인집단들이 나타났기 때문이다. 환거래 은행가들은 주로 대외교역 상인들의 송금을 도왔다.

16세기 유럽에서는 환전의 어려움 때문에 대외교역에서 다양한 종류의 환어음들이 사용되었다.

당시 환거래가 활발히 이루어지고 그 기법도 발전한 것은 환전의 어려움 때문이었다. 유럽을 통치하는 여러 단위들(왕국, 공국, 도시)은 비록 근대국가의 수준이라고는 말할 수 없지만 나름의 화폐 단위를 가지고 있었다. 해당 지역에서 일어나는 거래는 대체로 그 지역의 화폐로만 결제되도록 했다. 이 결과 대외교역에는 항상 환전문제가 뒤따랐다. 이런 환전문제를 해결하기 위해 고안된 것이 환어음이었다. 환어음을 사용하면 돈의 오고감이 없이도 대외교역이 가능하기 때문에 환전문제는 걱정하지 않아도 되었다. 돈이 전혀 오고가지 않는 상태에서 어음들이 청산되는 것은 사람들에게 마법과도 같은 일이었다. 17세기 이후 무역박람회가 점차 쇠퇴했지만, 어음교환소나 거래소(bourse)는 더욱 중요해져 갔다. 암스테르담이 유럽의 중심지로 떠오르면서 거래소의 주도적 역할을 담당했다. 무역박람회가 부정기적으로 열렸던 것에 반해, 거래소는 상시적으로 개설되어 환어음 결제를 수행했다.(고병권, 53~77)

4. 은행과 은행권

4.1 금세공업자와 은행의 등장

사람들이 자신이 소유하고 있는 지금(地金)을 주조국(Mint)에 제시하면, 주조국은 이를 금화로 주조해 이들에게 돌려준다. 금화는 도난과 강도의 위험이 항상 도사리고 있기 때문에, 사람들은 금화를 일정한 수수료를 지불하고 안전한 곳에 맡겨두고 싶어할 것이다. 당시 금 · 은 세공업자는 금이나 은으로 장식품을 만들거나 금 · 은을 직접 거래하는 사람들이었기 때문에 안전한 금고를 가지고 있었다. 사람들은 이 금고를 이용하고자 했고, 금 · 은 세공업자는 이들의 금화를 보관해 주고 수수료를 챙기는 것이 큰 이득이 됨을 알았다. 이 수수료는 금세공업자(goldsmith)의 입장에서는 보관서비스의 대가였지만, 위탁자의 입장에서는 금화의 도난 우려를 덜어주고 이것을 휴대하는 데 따른 불편함과 금 성분의 마모로 인한 가치 손실을 막아주는 대가였다.

금세공업자는 수수료를 받고 금화를 보관해 주고, 그 증명서로 보관증을 금화 위탁자에게 주었다.

금세공업자는 수수료를 받고 금화를 보관해 주고, 그 증명서로 보관증을 금화 위탁자에게 주었다. 위탁자가 이 보관증을 제시하면 금세공업자는 그것을 받고 즉시 금화로 바꾸어 주어야 한다. 이를 태환(convertible)이라 한다. 금세공업자가 금화보관 사업만을 전문적으로 하면서, 이 사업은 은행으로 발전한다.[2] 금화보관증을 은행이 발행했다고 해서 이 보관증을 은행권이라 부른다. 이 은행권이 금화와 태환할 수 있다고 해서 이를 태환은행권(convertible notes)이라 한다.

금세공업자는 은행으로 발전한다. 금화보관증을 은행이 발행했다고 해서 이 보관증을 은행권이라 부른다. 은행권을 제시하면 금화로 태환해 줄 경우 이를 태환은행권이라 한다. 은행권은 화폐 대신으로 사용되었다.

거의 모든 사람들이 특정 은행이 발행한 은행권을 언제든지 해당 은행에서 금화와 교환할 수 있다고 믿으면, 구태여 거래에 금화를 사용하기보다 이 은행권을 거래에 사용하고자 할 것이다. 이것이 은행권이 금화를 대신해 화폐로 사용된 경위이다. 은행권은 다양한 액면으로 발행되어 주화보다 고액이나 소액 거래에 아주 큰 편리함을 주었다. 만약 모든 은행권이 금화로의 태환이 가능하면, 즉 태환을 위한 금화 지급준비율이 100%라면, 은행권 발행이 화폐공급량을 증대시키

2. 1609년에 설립된 암스테르담 은행은 귀금속 예치에 대응해 은행권을 발행했다. 이 은행권은 창고보관 영수증이었고, 그 액면 금액은 귀금속 예치량에 일대일 방식으로 대응하게끔 묶여 있었다.(킨들버거/알리버, 124)

지 못한다. 금화는 은행에 보관되어 있고 그 금화만큼만 은행권이 시중에 통용되어 통화량에는 변함이 없기 때문이다.

근대 은행의 탄생과 발전에는 금속세공업자 외에도 환전상의 역할도 무시할 수 없다. 중세에는 잡다한 종류의 화폐가 통용되었기 때문에 원활한 유통을 위해서 이들의 환전이 필요했다. 환전상은 뱅크(bank)로 불리는 환전대(換錢臺) 위에서 환전업을 시작했다. 은행을 뱅크라 부르는 것은 바로 여기에서 기원한다. 환전상도 금속세공업자와 함께 근대 은행가로 발전한다.

환전상도 금속세공업자와 함께 근대 은행가로 발전한다.

4.2 은행권의 형태

은행권이 지폐든 동전이든, 아니면 수표든 신용카드든, 그것의 물리적 형태가 무엇이든 간에 그것의 경제적 의미는 동일하다. 그것은 화폐증명서로서 은행에 대한 서면(書面) 명령이다. 누구든 그것을 은행에 제출하면 은행은 그것의 액면 금액에 해당하는 금 또는 은과 같은 상품화폐로 교환해 주어야 한다. 이는 은행권을 금화나 은화와 동등한 가치로 시장에서 받아들여야 함을 의미한다. 오늘날과 같이 법정불환지폐 제도 하에서 은행권은 중앙은행의 부채로 남으며 국가에 대한 일종의 채권증서이다. 국가가 이에 대한 변제능력이 없다면 채권증서인 은행권은 단지 휴지에 불과하게 된다.

은행권의 물리적 형태가 어떻든 간에 그것의 경제적 의미는 동일하다.

지폐나 주화는 은행이 직접 액면가를 기재한 은행보관증인 반면, 예금주가 직접 액면가를 기재해 사용하는 경우가 수표(check)이다. 수표는 은행에 대한 예금지급의 서면 명령서이다. 이를 위해 예금주는 은행에 현금을 맡겨놓아야 한다. 현금의 보관 및 출납을 은행에 의뢰하기 위해 은행에 맡긴 예금을 요구불예금이라 한다. 요구불은 예금자가 언제든 은행에 지급을 요구할 수 있다는 의미이다.

은행권이 지폐일 경우, 그것은 어음과 같이 종이 한 장으로 되어 있지만 어음과는 그 성격이 다르다. 은행권과 어음의 차이는 전자가 현재 소비로 사용될 수 있는 현재재인 반면, 후자는 미래재라는 점이다. 어음은 그것을 소지하고 있는 자가 미래의 상환일자에 채무자로부터 화폐를 지불받고 그것을 채무자에게 돌려주어야 거래가 완결되며, 그때 가서야 소비할 수 있다. 그래서 금화나 은화를 빌려주고 어음을 받는다면 이것은 시간시장에서 현재재와 미래재의 거래지만, 금화나 은화를 맡기고 이것의 보관증인 은행권을 받으면 이것은 시간시장에서의 교환이 아니다. 금화나 은행권은 등가물로 즉시 제품의 구매에 사용될 수 있기 때문이다.

4.3 은행의 신용창출

많은 사람들이 은행권을 금화로 환전하지 않고 이를 교환의 매개물로 사용하자, 은행들은 매달 은행권을 가져와 환전을 요구하는 금액이 자신들에게 맡겨진 금화의 일부임을 알게 되었다. 이런 현상은 거의 매달 비슷하게 일어났고, 거의 일정량의 금화가 금고 속에 항상 머물러 있었다. 은행들은 환전준비금을 제외한 나머지 금화를 제3자에게 일정한 수수료를 받고 빌려주면 이득이 됨을 알게 되었다.[3] 이것이 금화를 예치하고 이를 제3자에게 대출하는 상업은행 발생의 기원이자 보관된 금화보다 더 많은 태환은행권을 발행하는 부분지급준비제도(fractional reserve system)의 시작이다.[4]

은행은 환전준비금을 제외한 나머지 금화나 이를 바탕으로 한 은행권을 제3자에게 일정한 수수료를 받고 빌려주면 이득이 된다. 이것을 은행의 신용창출이라 한다. 은행이 신용창출하면 시중의 통화량이 증대한다.

이제 은행이 보관된 금화를 제3자에게 빌려줌에 따라, 통용되는 화폐량은 제조된 금화의 수량보다 더 많이 증가했다. 그 이유는 간단하다. 은행으로부터 금화를 빌린 사람들이 그것을 직접 상품거래에 사용하거나 다시 다른 은행에 맡기고 받은 은행권으로 물품을 거래했기 때문이다. 은행이 빌려준 금화의 수량만큼 화폐량이 증대한 것이다. 여기서 우리는 이제 중요한 사실을 발견한다. 처음 주조된 금화만이 상품거래를 위해 통용되는 것이 아니라, 은행으로부터 빌린 금화도 상품거래에 사용된다는 사실이다. 이 부분이 은행의 신용에 의해 창출된 화폐이다. 은행이 고객들이 위탁한 금화를 제3자에게 빌려주어 신용을 창출하고, 은행으로부터 금화를 빌린 사람들이 이를 다시 다른 은행에 맡기고 그 은행이 다시 제3자에게 이를 빌려준다면, 즉 신용을 창출한다면 시중에 통용되는 통화량은 계속해서 증대할 것이다. 이런 과정은 은행이 보관하는 마지막 1단위의 금화까지 계속될 수 있다.

4.4 금속화폐에서 금속본위 화폐로의 전환

이제 시중에는 주조국이 발행하는 금화와 상업은행이 발행하는 은행권이 통용된다. 전자를 외부화폐(outside money), 후자를 내부화폐(inside money)라 하

3. 실제로는 금화 대신에 해당 은행이 발행하는 은행권을 제3자에게 빌려줌으로써, 금화는 은행의 금고 속에 계속해서 남아 있게 된다.

4. 대차결제(貸借決濟, giro) 은행에 불과했던 암스테르담 은행은 18세기에 들어서면서 네덜란드의 동인도 회사를 구제하려는 차원에서 신용을 확대하기 시작했다.(킨들버거/알리버, 125)

며, 내부와 외부는 상업은행을 기준으로 정의한 것이다. 외부화폐는 은행 밖에서 발행되는 화폐이고, 내부화폐는 은행 안에서 발행되는 화폐이다. 금화는 상업은행이 아닌 외부, 즉 국가에서 발행되기 때문에 외부화폐라 한다.

상업은행 안에서 발행되는 화폐를 내부화폐, 은행 밖에서 발행되는 화폐를 외부화폐라 한다. 그래서 국가가 주조하는 금화는 외부화폐이다.

내부화폐가 출현하자 금화는 급속히 은행권으로 대체되어 갔다. 은행권은 금화에 비해 이동성과 휴대성, 그리고 액수의 분할성이 뛰어나다. 반면 국가에서 발행하는 금화는 변조로 인해 사람들에게 실망감과 배신감을 안겨주었을 뿐만 아니라 금화를 소지하고 있을 경우 도난과 금화 마모의 우려를 피할 수도 없었다. 은행이 발행하는 내부화폐 사용의 비중이 증가함에 따라 국가에 의한 금화 독점의 의미도 점차 줄어들었다. 어느 한 은행이 발행한 은행권을 경쟁관계에 있는 다른 은행들도 서로 받아주기 시작하자, 결국 시중에는 금화가 사라지고 은행권만이 유일한 화폐로 남게 되었다.

은행권은 금화에 비해 이동성과 휴대성, 그리고 액수의 분할성이 뛰어나 금화는 급속히 사라지기 시작했다.

내부화폐의 완전한 통용은 화폐제도가 금속화폐에서 금속본위(金屬本位) 화폐로 바뀌었음을 의미한다. 금속이 금이기 때문에 금속본위를 금본위라 한다. 금이 직접교환의 매개수단으로 쓰이는 것이 아니라 그것들을 바탕으로 하여, 즉 본위로 해서 발행된 은행권이 교환의 매개수단으로 사용되게 되었다.(안재욱, 2008, 59～61)

금을 본위로 한 은행권이 화폐로 사용되는 것을 금본위제라 한다.

4.5 결제소의 등장과 역할[5]

4.5.1 결제소의 등장

특정 은행이 자신이 발행하는 은행권의 신인도를 높이기 위해서는 고객들이 언제, 어디에서든 그 은행권을 받아줄 수 있어야 한다. 이를 위해 각 은행은 여러 지점을 설치하기도 했으나, 이것만으로는 충분하지 않았다. 은행 간의 경쟁은 치열했다. 그래서 처음에는 상대 은행이 발행한 은행권을 받아주지 않았다. 그러다 점차 은행권을 서로 받아주기로 제휴를 맺게 되면서 서로의 은행신인도가 높아져 수익이 증대됨을 알게 되었다. 그래서 은행 간의 제휴가 급속히 증가했다. 이렇게 되자 타 은행에서 발행한 은행권을 일정 시점에 서로 건네주고 결제할 필요가 생겼다. 결제는 개별 은행들끼리 진행될 수 있었으나, 은행들 간의 제휴가 급증

5. 4.5절과 이어지는 4.6절은 (안재욱, 2008, 61～74)를 주로 참조했다.

개별 은행이 발행한 은행권을 은행끼리 서로 결제해야 할 필요가 생김에 따라 중앙결제소가 설립되었다.

하자 모든 은행들이 특정 시점에 일정한 장소에 모여서 결제하는 것이 편리하다는 것을 알게 되었다. 그래서 중앙결제소가 설립되었다. 역사상 가장 일찍 설립된 대표적 결제소는 런던, 에딘버그, 뉴욕의 결제소이다.

4.5.2 결제소 설립의 효과

결제소는 화폐경제에 여러 순기능을 제공했다. 무엇보다 결제소로 인해 각 은행은 자신이 발행한 은행권이 시장수요에 비해 더 많이 발행되었는지의 여부를 빨리 알 수 있게 되었다. 결제소가 없었을 때에는 은행은 자신이 발행한 은행권을 소지한 고객들이 태환하기 위해 그 은행에 들릴 때에야 비로소 은행권의 과잉발행 여부의 일부를 판단할 수 있었다. 그러나 결제소가 생기면서, 은행들 간의 상호결제 과정에서 각 은행은 자신의 은행권이 과잉발행되었는지를 추가로 알 수 있게 되었다. 다시 말해서, 고객들의 직접 방문에 의한 태환 요구 외에 추가로 은행들 간의 결제를 통해서 각 은행은 자신의 태환 능력을 알 수 있게 되었다. 일반적으로 은행 간 상호결제의 규모가 고객의 직접방문보다 훨씬 크기 때문에, 결제소는 은행권의 과잉발행 여부를 판단하는 데 중요한 역할을 했다.

결제소는 개별 은행의 은행권 과잉발행 여부를 판단하는 데 중요한 역할을 했다.

결제소는 은행이 태환 요구에 응하지 못할 때 회원 은행들을 돕는 기능을 했다. 은행이 결제 잔고를 일시적으로 맞출 수 없거나 많은 사람들이 한꺼번에 태환을 요구할 때, 결제소는 다른 은행을 통해 문제가 된 은행에 본위화폐(금화나 은화)를 차입하게 해주는 중개 역할을 했다. 이것은 현재 미국의 연방기금시장이나 한국의 콜시장과 같은 은행 간 대차가 이루어지는 단기 화폐시장과 같다. 예상치 못한 은행권의 대량 태환 요구가 있을 때 직면하는 위험을 감소시켜 줌으로써, 결제소는 화폐경제의 안정에 기여했다.

결제소는 위기에 직면한 은행에 본위화폐를 스스로 또는 타 은행을 통해 빌려주는 역할을 했다.

결제소는 이처럼 자금을 중개하는 역할뿐만 아니라 직접 해당 은행에 본위화폐를 대여해 주는 최후대부자 기능도 했다. 실제로 미국의 중앙은행인 연방준비은행(Federal Reserve Bank)이 1913년 설립되기 전 많은 도시의 결제소들이 유동성 위기에 직면한 은행들에게 대출해 주는 최후의 민간대부자 역할을 했다.

이뿐만 아니라 결제소는 회원 은행들이 위험에 빠지지 않도록 여러 역할을 수행했다. 먼저 결제소는 회원 은행들로부터 수집된 고객들의 신용정보를 각 회원 은행에 제공해 신용관리를 강화할 수 있게 해주었다. 이와 동시에 결제소는 회원 은행들을 감시하는 역할도 수행했다. 회원 은행이 도산의 위험에 빠지면 이것

결제소는 회원 은행들에 대해 정보제공과 감시자 역할을 했다.

이 즉시 전 회원 은행들에 연쇄적으로 파급되기 때문에, 회원 은행들은 자율적으로 결제소로 하여금 회원 은행의 건전성과 유동성을 감시하도록 했다. 이를 위해 결제소는 회원 은행들에 최소자본금의 요건을 설정하고 정기적으로 재무제표를 공표하도록 했다. 이를 통해 결제소는 영업상태가 좋은 은행과 그렇지 못한 은행을 가려내고, 문제가 있는 은행을 특별 검사해 그 결과를 회원 은행들에게 보고하고 공표했다. 결제소 협회에서 제명된 은행은 평판에 치명적인 타격을 입고 결국 문을 닫을 수밖에 없기 때문에, 회원 은행들은 협회가 요구하는 요건들을 지키지 않을 수 없었다.

4.6 은행권 발행의 독점과 중앙은행의 출현

4.6.1 은행권 발행의 독점

화폐제도가 금속본위 화폐로 바뀜에 따라 정부는 은행을 주요 자금원천으로 이용할 필요가 생겼다. 정부는 특정 은행으로부터 막대한 자금을 대출받는 대가로 그 은행이 발행하는 은행권만이 시중에서 유통되도록 허용하는 특권을 부여했다. 즉, 법화의 지위를 부여했다. 또한 정부는 은행권 발행을 독점한 은행이 금고에 보관한 금이나 은 이상으로 은행권을 발행해도 파산하지 않도록 보호해 주었다.

정부에 의해 은행권의 독점 발행을 허용받은 최초의 은행은 영국의 영란[6]은행이다. 영란은행은 그 후 세계 각국 중앙은행의 모델이 되었다. 영국의 윌리암 3세는 프랑스와의 전쟁을 위해 막대한 자금이 필요했고, 자금 확보를 위해 윌리엄 패터슨이라는 금융가로부터 대출을 받고 1694년 영란은행(Bank of England) 설립을 인가해 주었다. 그 후 이어지는 대출금 확대를 통해 영란은행은 은행권 발행의 독점적 지위를 획득한다. 1708년 의회법(The Act of Parliament)은 6명 이상의 합자은행은 은행권을 발행할 수 없도록 했다. 그러자 1780년경 민간은행들이 발행하는 은행권이 런던에서 사라졌다.

은행권의 독점 발행을 허용받은 최초의 은행은 영국의 영란은행이다. 영란은행은 각국 중앙은행의 모델이 되었다.

영란은행은 정부에 대한 지속적인 대출로 결국 지불준비금 부족 상태에 이르

6. 영국을 잉글랜드라 발음하는 데서 유래한 것으로 짐작된다. 첫 자와 셋째 자를 따서 영란이라 했으며, 이는 네덜란드를 그 나라에서 가장 큰 지역인 홀랜드(Holland)를 본따서 화란이라 부르는 것과 같다. 이제는 영란은행을 영국은행이라 부르는 것이 바람직하다.

게 되었고 태환 요구에 응할 수 없게 되었다. 그러자 정부는 영란은행의 태환 중지를 허락했다. 영란은행을 파산상태에 빠뜨린 것은 사실상 정부였으며, 정부는 파산을 법으로 보호해 준 것이다. 1833년 영란은행이 발행한 은행권이 법화로 지정되었다. 그러자 영란은행의 은행권은 다른 상업은행들이 발행한 은행권에 대한 보증으로 사용되었다. 이런 관행은 영란은행이 태환성을 회복한 후에도 계속되었다. 이 결과 국가 소유의 금이 영란은행에 더욱 쌓여갔다. 영란은행은 유동성 위기 시 최종 구조자로 간주되었다. 1844년 은행인가법(Bank Charter Act)은 영란은행에 중앙은행의 지위를 부여했다. 영란은행은 상업은행 업무를 의도적으로 하지 않으면서 은행의 은행인 중앙은행 역할을 수행하게 되었다(영국은행 홈페이지, 2013.6).

4.6.2 중앙은행의 출현

오늘날의 모든 국가들은 중앙은행 중심의 은행제도를 갖추고 있다. 중앙은행은 정부의 정치적 목적을 달성하기 위해 인위적으로 만들어진 제도이다.

20세기에 들어와 중앙은행 설립이 전 세계적으로 보편화되었다. 미국의 연방준비제도(Federal Reserve System)는 1913년 설립되었다. 20세기 초 단지 18개뿐이었던 각국의 중앙은행은 1990년 161개로 증가했다. 오늘날 거의 모든 국가들이 중앙은행 중심의 은행제도를 갖추고 있다. 영란은행이 영국의 중앙은행이 되는 과정에서 보았듯이, 중앙은행은 정부가 정치적 목적을 달성하기 위해 특혜와 규제를 통해 인위적으로 만든 제도이다. 중앙은행이 은행권을 독점적으로 발행함에 따라, 이제 은행권의 과잉발행이 일상처럼 되었다. 과거 민간 상업은행들이 은행권을 경쟁적으로 발행했지만, 그 당시의 은행권 과잉발행 문제는 중앙은행의 설립 이후에 비하면 그다지 심각한 것이 아니었다. 결제소가 은행들이 은행권을 지나치게 발행하는 것을 억제하는 기능을 수행했기 때문이다. 결제소는 또한 은행에 대한 최후대부자 역할을 했으며, 은행에 대한 규제와 감시를 자율적으로 수행했다. 그 결과 중앙은행이 설립된 오늘날에 비해 은행권의 가치는 비교적 안정을 유지했고 은행의 건전성도 상당히 높았다.

5. 근대 화폐제도의 변천

5.1 금본위제(pure gold standard, 1879~1914)

순수 금본위제는 은행권을 금으로 태환할 수 있는 화폐제도이다. 순수 금본위제 하에서 국가는 법률로 금의 일정량을 은행권 단위에 연계시켜 놓고 은행권을 제시하면 국가가 금으로 지불할 수 있도록 했다. 금본위제 하에서 은행권의 액면가는 기본적으로 금화를 주조할 때 그것과 같은 가격으로 알려진 것과 동등한 금의 가치로 결정된다(Husted/Melvin, 577). 금본위제 기간 동안 미국 1달러는 약 1/20온스(1온스의 금 = 미국 20.67달러)의 금과 교환되었다. 영국은 1816년부터 금본위제를 실시했고, 전 세계적으로 금본위제도가 실시된 것은 미국이 참여한 1879년부터다. 금본위제는 제1차 세계대전 이전인 1914년까지 실시되었다(안재욱, 2008, 75).

금본위제는 국가가 법률로 금의 일정량을 은행권 단위와 연계시켜 놓고 은행권을 제시하면 금으로 지불할 수 있도록 한 화폐제도이다.

5.2 부분 금환본위제(gold exchange standard, 1922~1939)

1914년 제1차 세계대전 발발로 전쟁에 참여한 대부분의 국가들은 전비 조달을 위해 은행권을 무차별 발행했고 금태환은 중지되었다. 그 결과 통화량은 급증했고, 각국은 전쟁 전후 급격한 인플레이션을 경험했다. 전쟁이 끝난 후에도 이 국가들은 금본위제로 회귀할 수 없었다. 1918년 전쟁이 끝난 후, 전쟁 전의 교환비율로 은행권의 액면가격을 금으로 교환해 주는 것은 불가능했다. 금본위제로 회귀하기 위해서는 전쟁 중에 폭증한 통화량에 대응하는 금이 그만큼 더 있어야 했기 때문이다. 개별 국가들은 애국심에 호소하면서 개인이 갖고 있던 금을 정부에 매도하도록 유도 또는 강요했으나, 그것도 여의치 못했다. 이 국가들은 통화량을 줄이거나 자국 화폐를 평가절하해야만 금본위제로 돌아갈 수 있었으나, 그렇게 하지 못했다.

그 대신 이 국가들은 금환본위제를 통해 금 보유량이 적더라도 간접적으로나마 금과의 연계를 보장하는 제도를 채택했다. 1922년 제노바 회담에서 대외준비자산이 전부 금으로 되어 있는 강대국들의 화폐를 약소국들이 자신의 준비자산

금환본위제는 금본위제 국가의 통화를 태환 준비로 보유함으로써 자국 통화의 안정을 도모하는 화폐제도이다.

의 일부로 가지는 것을 허용했다. 금환본위제는 금본위제를 채용하고 있는 나라의 통화를 태환 준비로 보유함으로써 자국 통화의 안정을 도모하는 화폐제도이다. 이 제도를 채택하면, 개별 국가의 중앙은행은 금을 보유하지 않더라도 다른 나라의 통화와 금과의 연계를 통해 간접적이긴 하지만 자국 통화와 금의 연결을 보증받게 된다. 소국(小國)들은 미국 달러를 기축통화로 간주했다. 미국은 전쟁 중 인플레이션을 거의 경험하지 않았기 때문에, 전쟁 후 얼마간의 준비 끝에 1919년 6월 이전의 금과 은행권의 교환비율로 금본위제도에 복귀할 수 있었다. 영국의 금융상 우위는 종식되고, 미국이 이때부터 세계의 지도적인 금융국가로 등장한다.

5.3 영국의 금본위제 붕괴와 미국 달러화의 평가절하

영국은 금본위제로 복귀했으나, 급증한 금으로의 태환 요구로 이 제도를 포기할 수밖에 없었다.

1925년 영국은 금본위제로 복귀했다. 그러나 많은 영국 국민은 전쟁 중 겪었던 파운드화의 가치절하로 파운드화를 금으로 교환하고자 했다. 영국 정부는 대규모 금 수요를 견디지 못하고 결국 1931년 파운드화의 불태환을 선언할 수밖에 없었다. 영국의 금본위제로의 회귀는 이처럼 간단히 끝나고 말았다. 영국의 금본위제 포기의 불똥은 미국으로 번졌다. 파운드화가 더 이상 금으로 태환되지 못하자, 모든 사람들이 자연스럽게 미국 달러화로 관심을 집중했다. 미국은 금과 달러화를 교환하려는 대규모 수요에 직면하게 되었다. 미국이 보유한 금에 대한 이런 대규모 수요로 인해, 1931년 말 미국의 금 보유고는 15% 하락했다. 미국은 금의 유출을 막기 위해 1933년까지 금의 공식 가격을 온스당 35달러까지 인상했다(허스테드/멜빈, 581~582).

5.4 완전 금환본위제(브레턴우즈 체제, 1944~1971)

브레턴우즈 협정은 금환본위제를 전후 국제통화 질서로 채택했고, 이 질서는 1971년까지 유지되었다.

제2차 세계대전이 연합국 승리로 끝날 것이 확실해지던 1944년, 뉴햄프셔주 브레턴우즈(Bretton Woods)에 연합국 대표들이 모여 전후 국제 통화질서에 대해 논의했다. 여기에서 브레턴우즈 협정이 체결되었고, 이 협정은 1971년까지 유지되었다. 이 기간의 국제 통화질서를 브레턴우즈 체제라 한다. 협정문에는 각국이 자국의 화폐가치를 금에 고정시켜야 하며, 미국 달러화가 기축통화가 된다고 규정했다. 또한 미국의 1달러는 금 1/35온스에 해당된다고 정의했다. 각국은 미국 달러를 기축통화로 삼음으로써 간접적으로 자국 통화와 금의 태환이 연계되었다. 미국만이 금지준(gold reserve)을 준비했고, 그 외의 모든 국가들은 금환본위제를 채택했다. 그러나 실제에 있어서 프랑스가 1958년 비로소 달러 태환을 가능하도록 했기 때문에, 브레턴우즈 체제의 완전한 작동은 1958년부터 시작되었다.

5.5 금태환의 완전 중단(1971년~)

브레턴우즈 체제가 작동되자 미국의 금보유량이 줄어들기 시작했다. 금의 해외유출은 1950년대 말 미국의 대규모 국제수지 적자로 인해 가속화되었다. 미국의 국제수지 적자는 다른 나라의 중앙은행에 달러화가 쌓인다는 것을 의미한다. 이렇게 되자 많은 나라들이 달러화의 대규모 해외 보유에 대한 우려로 자신들이 보유한 달러를 미국의 준비자산인 금[7]으로 교환하고자 했다. 미국의 금지준이 크게 감소하자 각국은 금에 대한 달러화의 평가절하를 우려하게 되었다. 우려는 미국의 만성적인 국제수지 적자와 베트남 전쟁을 위한 전비 조달로 더욱 증폭되었다. 1960년대 말 미국의 해외 달러 부채는 금 보유 규모보다 훨씬 많았다. 달러화의 과잉공급은 미국의 닉슨 대통령으로 하여금 1971년 달러의 불태환을 선언할 수밖에 없게 했다. 이것은 브레턴우즈 체제의 종식을 의미했다.

브레턴우즈 국제 통화질서는 달러의 금으로의 태환 요구가 폭증하자 1971년 닉슨 대통령이 달러의 불태환을 선언함으로써 종식되었다.

5.6 법정불환지폐 제도

화폐를 금으로 태환할 수 없다는 것은 화폐가 이제 더 이상 금속화폐가 아니라는 것을 의미한다. 이제 각국은 중앙은행을 통해 원하는 대로 화폐를 발행할 수 있게 되었다. 이를 법정불환지폐(fiat money)라 한다. 법정불환지폐는 종이의 가치 외에는 어떤 가치도 그 자체로서는 갖지 못한다. 1만원권 지폐 한 장의 생산비용은 70원에 불과하다. 그럼에도 불구하고 왜 사람들은 1만원어치의 상품과 100원의 가치도 되지 않는 1만원짜리 종이 한 장과 교환하는가? 그것은 모든 사람들이 그 종이를 1만원의 가치로 믿기 때문이다. 그 믿음은 국가의 강요에 의해 형성된다. 특히 금본위제가 붕괴된 1972년 이후 모든 나라들의 화폐는 금으로 바

7. 이를 금지준(gold reserve)이라 한다.

꿀 수 없는 불환(不換)화폐이기 때문에, 법화에 대한 믿음은 화폐통용을 위한 처음이자 끝이다. 즉, 믿음이 없으면 화폐는 결코 통용될 수 없다.

한국은행권의 발행액은 한국은행의 대차대조표에 부채로 기재된다. 여기에서도 알 수 있듯이 한국은행권은 일종의 채무증서이다. 즉, 국가는 한국은행권에 기재되어 있는 금액만큼 이를 소유한 사람에게 채무를 진다. 만약 국가가 이에 대해 책임을 지지 못하면, 한국은행권 소유자는 소유한 금액만큼 자산의 완전한 손실을 입는다.

한국은행법 제47조에는 "화폐의 발행권은 한국은행만 가진다"고 명시되어 있고, 이어서 제48조에는 "한국은행권은 법화로서 모든 거래에 무제한 통용된다"고 규정되어 있다. 만약 모든 사람들이 한국은행권 받기를 거부한다면, 어떤 일이 발생하겠는가? 모두 법 위반으로 구속할 수 있겠는가? 한국은행법의 제47조와 제48조는 법 위반에 대한 처벌 규정이라기보다 모든 사람들이 안심하고 한국은행권을 사용해도 된다는 권유의 규정이다.

법정불환지폐가 종이임에도 불구하고 유통되는 것은 사람들이 그것의 액면가만큼의 가치를 어제도, 오늘도, 그리고 내일도 국가의 공권력에 의해 유지될 것으로 믿기 때문이다.

개인에게 있어서 한국은행권은 이처럼 자산가치의 손실 가능성이 있으면서, 통용을 거부한다고 해서 처벌받는 것도 분명하지 않다. 그럼에도 불구하고 모든 사람들은 이를 화폐로 받아들인다. 그것은 한국은행권이 동일한 가치로 어제도 통용되었고, 오늘도 통용되며, 내일도 통용될 것이라고 믿기 때문이다. 이는 마치 직장인이 아침 통근버스 시간에 맞추어 집을 나서는 것은 어제도 그제도 그 시간에 버스가 왔고 오늘도 특별한 사유가 없는 한 그 시간에 올 것이라고 확신하기 때문인 것과 마찬가지이다(니시베 마코토, 39). 법화로서의 한국은행권이 국가의 권위에 의해 뒷받침되고 이를 법률로서 명문화되어 있다는 사실은 개인들로 하여금 그 가치가 국가에 의해 보장된다는 것처럼 인식하게 했다. 현실은 그렇지 않을 수 있음에도 불구하고 말이다.

개인이 법화를 받아들이는 또 다른 이유는 법화가 모든 사람들에 의해 받아들여진다는 그 사실 자체 때문이다. 예를 들어 만원짜리 지폐가 그 자체로서는 어떤 가치도 갖고 있지 않을지라도, 그것을 다른 사람에게 만원의 가치로 건넬 수 있다면 그것을 그 가치로 여기면서 기꺼이 받아들일 수 있다는 것이다. 설사 누군가가 그것은 아무런 가치가 없는 종이쪽지에 불과하다고 외치더라도, 그 외침이 다른 사람들에 의해 받아들여지지 않는다면 만원이 통용되는 현실은 변하지 않는다. 마치 어린아이가 "임금님은 벌거숭이다"라고 외쳐도 많은 사람들이 "임금님은 분명히 옷을 입고 있다"고 계속해서 믿으면, 벌거벗은 임금님은 계속 훌

륭한 옷을 입은 임금님인 것과 마찬가지이다.(니시베 마코토, 41~42)

만약 사람들이 "임금님은 벌거숭이다"라고 믿기 시작하면, 임금님은 그냥 벌거벗은 임금이 되고 만다. 법화도 마찬가지이다. 사람들이 법화의 가치를 믿지 않으면서 이를 받아들이기를 거부하고 이에 동조하는 사람들이 늘어나면, 그 법화의 가치는 곤두박질치면서 화폐로서 누구도 받기를 거부하게 된다.(니시베 마코토, 42) 따라서 임금님이 벌거벗었음에도 벌거숭이가 아니라고 믿는 한 임금님은 벌거숭이가 아니듯이, 법화가 종이쪽지에 불과함에도 해당 금액의 가치가 있다고 믿는 한 그것은 그만한 가치를 갖고 통용된다.

생각하기

01. 주화와 법화 그리고 은행권이 등장하는 배경을 설명하고, 은행의 신용창출 유혹은 어디에 있다고 생각하는가?

02. 영국은 헨리 8세 시절 은화를 화폐로 사용했다. 그는 주화의 은 함유량을 줄이도록 명령했다. 1543년 이전에 92.5%였던 은 함유량은 1545년에는 33.3%로 줄었다. 그 후 사람들은 옛날 은화를 저장해 놓고 새로운 은화만을 사용했다. 헨리 8세의 뒤를 이어 여왕이 된 엘리자베스는 재정고문이었던 토마스 그레샴 경에게 왜 사람들이 두 은화를 다 사용하지 않고 한 가지 은화만을 사용하는지를 물었다. 그의 설명은 "악화가 양화를 몰아낸다(Bad money drives out good)"로 요약되었고, 오늘날 그것은 '그레샴의 법칙(Gresham's law)'이라고 알려졌다.(안재욱, 2012, 178~179, 노택선, 5) 여러분은 그레샴의 법칙이 언제나 성립되는 법칙이라고 생각하는가? 역으로 "양화가 악화를 구축할 수 있다"고 생각할 수는 없는가? 토론하라.

03. 우리나라에서는 한국은행법에 따라 1950년부터 중앙은행인 한국은행이 모든 은행권과 주화를 독점 발행하고 있다. 그러나 17세기 말~20세기 초에 중앙은행을 설립해 현재에 이른 나라들은 우리와는 조금씩 다르다. 영국은 은행권을 중앙은행이라 할 수 있는 영란은행(Bank of England)에서, 주화는 정부를 대신한 왕립조폐국에서 발행한다. 스코틀랜드와 북아일랜드 지역에서는 법화로서의 은행권은 없으며, 지역에 소재한 소수의 상업은행들이 은행권을 발행해 영란은행권과 함께 유통

시키고 있다. 이처럼 영국에는 과거 상업은행들이 자유롭게 은행권을 발행하던 자유은행제도의 발자취가 아직도 남아 있다.(정상덕, 2004. 7. 1) 이로부터 화폐는 중앙은행만이 발행하는 것이 아님을 이해하도록 하라.

04. 19세기 말 국제 통화질서는 금본위제였으나, 20세기 초 금본위제는 붕괴되었다. 제2차 세계대전 후 금환본위제로 돌아갔으나, 1971년 이 제도도 붕괴되었다. 금본위제 또는 금환본위제를 붕괴시킨 배경은 무엇인가?

05. 법정불환지폐는 그 자체로는 아무런 가치가 없다. 개인에게 있어서 이 지폐를 갖는 것은 자산가치의 손실 가능성이 있으며, 통용을 거부한다고 해서 처벌받는 것도 분명하지 않다. 그럼에도 불구하고 왜 모든 사람들은 이를 화폐로 받아들이는가?

화폐시장과 화폐구매력 결정

Human centered

Principles of Economics

ch. twenty-three

2

3

화폐의 가격은 화폐구매력이다. 이 장에서는 화폐시장 분석을 수요-공급 방식이 아니라 보유-재고 방식으로 접근하여 화폐구매력이 결정되는 과정을 보여준다. 먼저 화폐수요와 화폐구매력의 관계를 보기 위해, 화폐수요를 화폐의 교환수요와 유보수요로 구분한다. 이로부터 화폐보유곡선을 유도한다. 이어서 화폐가 어떻게 공급되는지를 금본위 자유은행업 제도와 국가 독점의 법정불환지폐 제도로 나누어 살펴본다. 그리고 화폐공급의 가장 큰 비중을 차지하는 은행의 신용창출 과정을 간단한 예시를 통해 보여준다. 이 과정은 금본위 자유은행업 제도를 전제로 하여 살펴보는데, 이것은 거의 그대로 법정불환지폐 제도에도 적용된다. 지금은 어느 국가도 채택하지 않는 자유은행업 제도를 전제로 하여 살펴보는 것은 인간 행위 중심의 시장경제 원리에 충실하기 위함이다.

1. 화폐시장 분석과 일반 재화시장 분석의 비교

화폐경제에서 사람들은 누구나 화폐를 지불하고 자신이 필요로 하는 것을 구입하면서 살아간다. 화폐가 교환의 매개물로 사용되기 때문에, 일상생활 도처에 화폐가 존재한다. 이 때문에 화폐시장은 일반 재화시장과는 달리 보다 조심스럽게 분석되어야 할 측면이 있다. 그것은 다음과 같다.

화폐시장은 새롭게 공급되는 화폐량보다 개인에 의해 보유되고 있는 화폐량이 훨씬 많기 때문에, 화폐시장 분석은 수요-공급 접근보다 보유-재고 접근이 바람직하다.

첫째, 화폐시장은 새롭게 공급되는 화폐량보다 일반 사람들이 보유하고 있는 화폐로부터 공급되는 양이 압도적으로 많은 시장이다. 새롭게 발행되는 화폐가 없다면, 개인이 지출을 위해 내놓는 화폐량이 화폐시장에 공급되는 화폐량의 전부가 된다. 그래서 화폐시장은 수요-공급 방식보다 보유-재고 방식으로 접근하는 것이 바람직하며, 그것이 화폐시장을 명료하게 이해하도록 해준다.

둘째, 개인의 화폐수요는 소득을 화폐로 획득하는 과정에서, 그리고 화폐소득을 처분하는 과정에서 발생한다. 즉, 돈을 버는 과정과 돈을 쓰는 과정에서 화폐수요가 발생한다. 전자를 화폐의 교환수요(exchange demand for money)라 하고, 후자를 화폐의 유보수요(reservation demand for money)라 한다(Ro, 756).

셋째, 화폐수요는 소득을 획득하기 위한 요소서비스를 판매하는 과정에서 발생하고, 화폐공급은 재화나 서비스를 구매하는 과정에서 일어난다. 그래서 화폐수요자와 화폐공급자가 구분되어 있는 것이 아니라 동일인이 화폐수요자도 되고 화폐공급자도 된다. 제10장에서 설명한 바와 같이 재화가 판매되지 않고 남겨지는 것은 판매자가 판매를 유보하는 것이다. 화폐시장에서도 개인이 갖고 있는 화폐에서 재화나 서비스를 구매하기 위해 화폐를 공급(판매)한 후 남은 화폐는 그의 유보수요가 된다. 그가 화폐의 판매를 유보한 것이다. 그러므로 화폐공급곡선을 다른 면에서 보면 화폐유보수요 곡선이 된다.

화폐수요는 교환수요와 유보수요로 나뉘며, 전자는 화폐소득 획득 과정에서 후자는 화폐소득 처분과정에서 화폐수요가 발생한다.

넷째, 일반 재화나 서비스에 대한 통상적인 수요는 화폐소득 획득 후 발생한다. 이에 반해 화폐의 교환수요는 반드시 화폐소득 발생 전에 일어난다. 화폐의 유보수요는 화폐소득이 발생한 후 이를 처분할 때 일반 재화나 서비스의 수요와 동일한 과정에서 일어난다. 이때 화폐는 일반 재화와 다를 바 없는 하나의 재화로서 개인의 선호순위에서 다른 재화들과 경쟁하는 하나의 선택대상일 뿐이다.

다섯째, 수요는 언제나 유효(effective)수요를 말한다. 막연히 갖고 싶다가 아니라, 원하는 것을 얻기 위해 내놓을 것이 있다는 것을 전제로 하는 수요이다. 화폐에 대한 수요도 마찬가지이다. 화폐의 교환수요를 위해서는 자신이 갖고 있는 요소서비스를 내놓아야 하고, 화폐의 유보수요를 위해서는 그것에 해당하는 만큼의 화폐구매력을 내놓아야(포기해야) 한다.

2. 화폐수요

2.1 화폐의 교환수요

2.1.1 교환수요의 의미

사람들은 생활에 필요한 다양한 재화나 서비스를 구매하기 위해 자신의 생산요소인 노동과 토지, 그리고 자본재의 서비스를 제공하고 소득을 획득한다. 화폐경제에서 소득은 화폐로 지급된다. 우리가 화폐로 소득을 취하는 것은, 화폐가 교환의 매개물이기 때문이다. 즉, 자신이 원하는 재화나 서비스를 돈으로 교환하기 위함이다. 소득 획득의 과정에서 교환의 목적으로 화폐를 수요한다는 점에서, 이를 화폐의 교환수요라 한다. 화폐의 교환수요는 '돈을 벌겠다'는 개인의 의지와 다를 바 없다. '돈을 번다'는 것이 '돈을 산다'는 또 다른 표현에 불과하기 때문이다(Ro, 758).

2.1.2 토지나 자본재의 공급을 통한 화폐의 교환수요

화폐수요에서 우리가 알고자 하는 것은 화폐의 가격인 화폐구매력과 화폐수요의 관계이다. 이로부터 화폐보유곡선을 유도할 수 있다. 화폐수요는 앞에서 설명한 바와 같이 교환수요와 유보수요로 구성되어 있다. 먼저 화폐구매력과 교환수요의 관계를 알아보자. 화폐의 교환수요는 소득을 획득하고자 하는 의지이기 때문에, 화폐구매력이 개인의 소득 획득에 어떤 영향을 미치는지를 살펴보면 그 관계를 파악할 수 있다. 개인은 토지, 노동, 자본재의 서비스를 기업가에게 공급하고서 소득을 획득한다. 그러므로 화폐구매력의 변화가 개인의 요소서비스 공급에 어떤 영향을 미치는지를 살펴보아야 한다.

먼저 토지와 자본재 서비스의 공급을 통한 화폐의 교환수요를 분석한 후 노동공급을 통한 화폐의 교환수요를 별도로 분석한다. 노동서비스의 제공을 통한 화폐의 교환수요를 별도로 분석하는 것은 시간시장 분석의 경우처럼 노동서비스에는 자본재나 토지와는 달리 여가라는 용처가 추가되기 때문이다.

이미 만들어진 자본재나 토지가 제공하는 서비스의 용처는 그것을 직접 사용하거나 팔거나 아니면 보다 나은 판매시점을 기다려 판매를 유보하는 것이다. 분업경제에서 자가소비를 위해 요소서비스들을 동원하는 일은 거의 없기 때문에, 이것들의 용처는 생산을 위한 판매와 판매유보의 두 길뿐이다. 판매유보는 교환가치를 생각하는 개인이 투기목적으로 하는 행위이다. 개인은 가격이 향후 오를 것이라고 생각하면 판매를 유보할 것이다. 요소서비스가 아니라 요소 그 자체의 판매라면, 가격에 따라 판매유보의 가능성은 충분히 존재한다.

토지의 경우가 대표적이다. 토지서비스가 아니라 토지 그 자체를 사고팔 때 교환가치는 중요하다. 토지의 가격이 낮으면 팔지 않고 유보하려 할 것이다. 그러나 토지는 생산용도로 사용하더라도 그다지 마모되지 않는 데다 이동성이 없기 때문에, 토지소유자는 토지 매각을 유보하더라도 토지를 그냥 내버려두려고 하지는 않을 것이다. 아무리 낮은 가격이라도 임대 형태로 토지서비스를 제공하고 이로부터 화폐소득을 획득하는 것이 그에게 유리하다. 그러므로 토지서비스의

토지소유자는 토지서비스의 가격수준과는 상관없이 생산용도에 그것을 판매해 화폐소득을 거두고자 한다.

그림 23-1

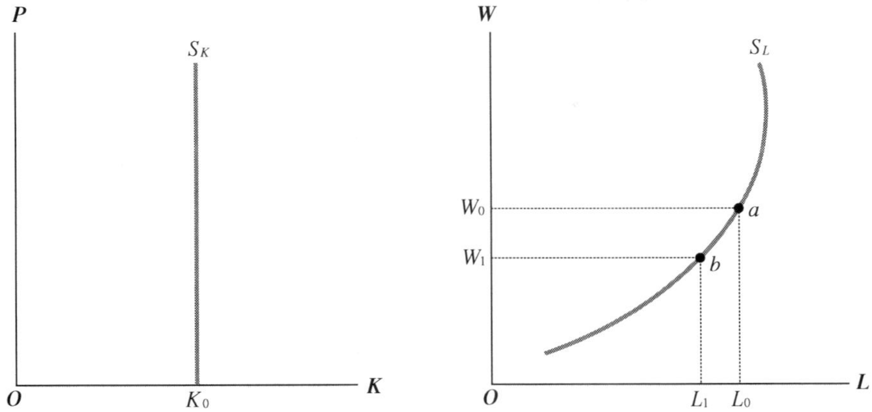

(a) 토지 및 자본재 서비스의 공급곡선

(b) 노동서비스의 공급곡선

요소서비스의 공급곡선

토지와 자본재 서비스의 용처는 판매밖에 없기 때문에 공급곡선 S_K는 가격수준과는 상관없이 공급량 K_0에 고정되어 있다. 이에 반해 노동 L은 여가라는 용처가 추가되기 때문에 노동공급곡선 S_L은 우상향한다.

공급량은 그것의 가격에 상관없이 고정되어 있다고 보아야 한다([그림 23-1(a)] 참조).

자본재는 자본재서비스로 판매되는 경우도 있지만, 대체로 자본재 그 자체로 판매되어 생산에 투입된다. 자본재의 재고 중에는 생산에 투입되고 있는 자본재와 아직 생산에 투입되지 않고 판매를 기다리고 있는 자본재도 있다. 생산용도로 현재 사용되고 있는 자본재는 자본재서비스의 가격이 낮더라도 그것을 그냥 놀려두지 않을 것이다. 일단 자본재를 생산에 투입했다면, 기업이 사업을 중단하지 않는 한 자본재서비스의 가격과는 무관하게 그것을 생산용도로 계속 사용할 것이다. 어느 경제든 전체 재고 중에 판매를 기다리고 있는 자본재보다 생산에 투입되어 있는 자본재의 비중이 훨씬 높기 때문에, 토지서비스처럼 자본재서비스의 공급량은 그것의 가격에 상관없이 고정되어 있다고 간주해도 무방하다([그림 23-1(a)] 참조).

자본재서비스의 공급량도 가격에 상관없이 고정되어 있다고 간주해도 무방하다.

화폐구매력의 변화는 토지와 자본재서비스의 가격변화를 가져온다. 그렇지만 토지서비스와 자본재서비스의 공급량은 가격수준에 상관없이 일정하기 때문에, 이 서비스 소유자들의 화폐교환수요는 화폐구매력 수준에 상관없이 일정하

그림 23-2

화폐교환수요 곡선

토지와 자본재 서비스의 공급은 화폐구매력(PPM)과 상관없이 고정되어 있기 때문에, 이것의 화폐교환수요 곡선 ED_{MA}는 완전 비탄력적이다. 반면에 노동공급곡선은 우상향하기 때문에 노동공급을 통한 화폐교환수요 곡선 ED_{ML}은 우하향한다. 이들을 수평으로 합하면 시장 전체의 화폐교환수요 곡선 ED_M을 유도할 수 있다.

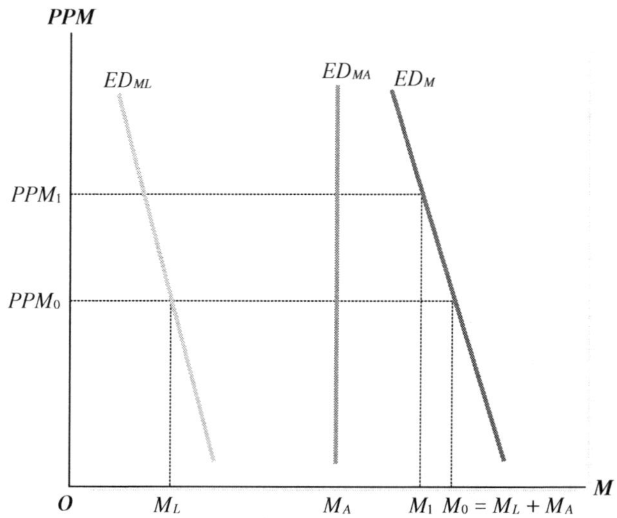

토지와 자본재서비스의 공급을 통한 화폐의 교환수요는 화폐구매력의 수준에 영향을 받지 않는다.

다. 그러므로 토지 및 자본재 서비스의 공급을 통한 화폐의 교환수요곡선은 [그림 23-2]의 ED_{MA}와 같이 통화량의 수평축에 수직선이 된다.

2.1.3 노동공급을 통한 화폐의 교환수요

이미 만들어진 자본재나 토지 서비스와는 달리 노동서비스(아래에서는 단순히 노동으로 표현)는 여가라는 용처가 추가된다. 노동은 노동을 하지 않음으로써 얻는 여가와 경쟁관계에 있다. 개인의 노동공급량은 그가 가용할 수 있는 전체 시간 중에 여가를 제한 시간이다. 개인의 노동공급은 그의 노동 한 단위의 가치와 임금수준의 가치에 따라 결정된다. 노동공급이 증가하면 여가의 효용, 즉 노동의 비효용이 증대하기 때문에 임금이 상승해야만 추가적인 노동공급이 가능해진다. 그래서 노동의 공급곡선은 [그림 23-1(b)]와 같이 우상향한다. 이것이 토지와 자본재 서비스의 경우와 근본적으로 다른 점이다.

노동은 여가라는 또 다른 용처가 있기 때문에 노동공급곡선은 우상향한다.

노동자는 노동의 비효용이 아주 커지게 되면 더 이상 노동을 공급하려 하지 않는다. 휴식이 필요하기 때문이다. 이것은 노동자의 심리와 관련된 것이 아니다. 어느 누구도 임금을 많이 준다고 해서 하루 24시간을 일하려 하지 않기 때문이다. 그래서 개인의 노동공급곡선은 일반적으로 우상향하다가 노동의 비효용이 너무 커지게 되면 [그림 23-1(b)]와 같이 뒤로 꺾인다. 그러나 뒤로 꺾이는 정도는 그다지 크지 않을 것이다. 그 이유는 다음과 같다. 곡선이 뒤로 꺾이는 부분부터는 임금이 상승함에 따라 노동공급량이 줄어들기 때문에, 임금상승이 노동자의 임금소득을 증가시킬지 아니면 감소시킬지가 명확하지 않다. 하지만 어떤 노동자도 자신의 임금소득이 전보다 감소할 정도로 노동량을 줄이지는 않을 것이다(Ro, 757~758). 여가가 소중해져 자신의 노동공급량을 줄이려고 하는 이유는 그가 임금소득이 일정 수준에 도달하면 그것으로 충분하다고 인식하기 때문이다. 이것은 더 높아진 임금에서 더 적은 돈을 벌면서까지 여가를 늘릴 정도로 공급곡선이 뒤로 휘어지지는 않을 것임을 의미한다. 따라서 이 부분부터의 공급곡선은 뒤로는 휘어지지만, 그 기울기는 [그림 23-1(b)]에서 보는 바와 같이 아주 가파를 것이다.

이제 화폐구매력 수준의 변화에 따른 노동자의 화폐교환수요를 생각해 보자. 노동공급곡선은 자본재나 토지 서비스의 경우와는 달리 우상향하기 때문에, 화폐구매력의 변화가 노동자의 화폐교환수요에 영향을 미친다. [그림 23-1(b)]에서 화폐구매력의 상승은 곧 임금수준의 하락($W_0 \rightarrow W_1$)을 의미한다. 노동공급곡선이 우상향하기 때문에, 이것은 노동공급량의 감소($L_0 \rightarrow L_1$)로 이어지면서 임금소득을 감소($W_0 aL_0 O \rightarrow W_1 bL_1 O$)하게 한다. 그러므로 화폐구매력이 상승하면 노동자의 화폐교환수요는 감소한다. 반대로 화폐구매력의 하락은 임금상승을 의미하기 때문에 노동공급량의 증가와 이로 인한 임금소득의 증대로 이어진다. 그러므로 화폐구매력의 하락은 노동자의 화폐교환수요를 증대시킨다.

화폐구매력의 상승은 곧 임금하락을 의미하기 때문에 노동공급을 통한 화폐교환수요 곡선은 우하향한다.

이것은 노동공급을 통한 화폐교환수요 곡선이 [그림 23-2]의 ED_{ML}과 같이 우하향함을 의미한다. 노동공급이 노동공급곡선이 뒤로 휘는 구간에서 이루어지고 있을 때도, 노동자의 화폐교환수요 곡선은 우하향한다. 앞에서 설명한 바와 같이 노동자는 자신의 화폐소득을 감소하면서까지 노동량을 축소하지 않을 것이기 때문이다.

토지나 자본재의 서비스 공급을 통한 화폐교환수요 ED_{MA}와 노동공급을 통한 화폐교환수요 ED_{ML}을 수평으로 합한 ED_M이 개인의 전체 화폐교환수요가 된다. 모든 개인의 화폐교환수요 곡선을 수평으로 합하면, 시장 전체의 화폐교환수요 곡선이 유도된다.

2.2 화폐의 유보수요

2.2.1 화폐소득과 현금잔고

화폐소득을 획득한 후 사람들은 화폐를 포함한 모든 경제재에 이 화폐소득을 배분한다. 이때 발생하는 화폐수요를 화폐에 대한 유보수요라 하며, 유보된 화폐를 현금잔고라 한다.

화폐소득을 획득한 후 사람들은 화폐를 포함한 모든 경제재에 이 화폐소득을 배분한다. 이때 발생하는 화폐수요를 화폐에 대한 유보수요라 하며, 유보된 화폐를 현금잔고(cash holding 또는 cash balance)라 한다. 따라서 어느 한 개인의 현금잔고는 특정 시점에 그의 수중에 있는 화폐재고(stock of money)를 말한다. 화폐에 대한 유보수요는 현금잔고에 대한 수요와 같은 의미로 사용된다(Ro, 759, 761).

경기변동과 관련하여 화폐에 대한 유보수요는 중요한 의미를 지닌다.

일정 시점에 모든 화폐재고는 누군가의 현금잔고에 보유되어 있다. 따라서 화폐가 유통되고 있다는 것은 잘못된 표현이다. 화폐는 결코 저절로 움직이지 않는다. 즉시 현금을 지불할지라도 지불 직전에는 누군가가 현금잔고로 보유한다. 경제 전체에 미치는 영향력, 특히 경기변동과 관련한 측면을 볼 때 화폐에 대한 유보수요는 화폐소득을 획득하는 과정에서 발생하는 교환수요보다 더 중요한 의미를 지닌다.

화폐소득에는 자신의 생산요소를 서비스로 제공해 획득한 것 외에도 증여 등을 통해 남으로부터 받은 것도 포함된다. 물론 증여를 제공하면 그만큼 화폐소득은 감소한다. 화폐소득이 화폐지출보다 많으면 현금잔고는 그 차액만큼 늘어나고, 그 반대면 현금잔고는 그만큼 줄어든다. 화폐가 장식용과 같은 비화폐적 용도로 사용되지 않는다면, 화폐소득은 화폐지출과 현금잔고로 배분된다. 화폐소득의 지출은 소비목적과 투자목적의 지출로 나뉘기 때문에 화폐소득을 다음과 같이 나타낼 수 있다.

화폐소득 = 소비목적의 화폐지출 + 투자목적의 화폐지출 + 현금잔고

소비를 위해 지출할 것인가, 투자를 위해 사용할 것인가, 아니면 현금잔고에 쌓아 놓을 것인가? 합리적인 인간이라면, 이 3가지 영역 중 화폐 1단위가 가져다줄 만족, 즉 화폐의 한계효용이 큰 곳부터 순차적으로 화폐소득을 배분할 것이다. 따라서 화폐에 대한 유보수요는 일반 재화나 서비스에 대한 수요와 마찬가지로 개인의 가치척도에 의해 결정된다. 개인이 현금잔고를 보유하는 것은 그것이 효

용을 제공하기 때문이다. 그러므로 현금이 금고에 잠자고 있다고 하는 것은 현금 보유의 의미를 잘 모르고 하는 말이다. 어떤 경우에도 놀고 있는 현금은 없다.

어떤 경우에도 잠자고 있는 현금은 없다.

2.2.2 현금잔고 존재의 이유

현금잔고는 어떤 효용을 제공하는가?(Ro, 264) 화폐를 보유하고자 하는 이유는 상품과 교환하기 위함이다. 이것이 화폐 존재의 궁극적인 이유이다. 그러나 상품과의 교환은 시간적·공간적으로 항상 일치하는 것이 아니다. 누구든 교환을 위한 적절한 시점을 기다리고 원하는 공간을 찾아간다. 그러므로 개인은 미래의 교환들을 위해 화폐를 보유한다고 말할 수 있다. 이것이 현금잔고의 기능이다.

개인은 미래의 교환들을 위해 화폐를 보유한다. 이것이 현금잔고의 기능이다.

현금잔고를 보유하고자 하는 이유를 좀더 자세히 살펴보면, 그것은 다음과 같은 미래의 불확실성 때문이다. 첫째, 현재의 상품가격이 앞으로 어떻게 전개될지 모르기 때문이다. 만약 구입하고자 하는 상품가격이 떨어질 것이라고 기대하면, 사람들은 그 시점까지 기다리기 위해 화폐를 보유할 것이다. 둘째, 미래가치에 관한 자신의 현재 척도가 미래에 가서는 변할지 모른다고 생각하기 때문이다. 즉, 특정 상품을 지금은 낮게 평가해 구입할 의사가 없지만 미래의 언젠가는 이것을 높이 평가해 구입해야 할지 모르기 때문이다. 셋째, 미래에 어떤 일이 발생할지를 모르기 때문이다.

개인이 현금잔고를 유지하고자 하는 위의 세 가지 이유들을 보면, 화폐를 보유하고 있다는 그 자체가 개인에게 미래에 대한 불안감을 줄여줌을 알 수 있다. 사실, 사람들이 돈을 갖고 있는 것은 어떤 특정 상품과의 교환 때문이라기보다 돈이 없으면 불안해지고 있으면 안전함을 느끼기 때문이다. 자신의 미래에 어떤 변화가 일어날지를 가늠하기가 결코 쉽지 않기 때문에 현금을 보유하는 것이다. 즉, 현금잔고는 불확실성을 대비해 주는 안전함이라는 효용을 제공한다. 현금잔고라고 해서 금고 안에서 쉬고 있는 것이 아니며, 화폐의 기능은 언제 어느 곳에서나 행사된다. 사실 교환의 매개물이라는 화폐의 핵심 기능 외에 화폐가 제공하는 부수적이지만 중요한 기능은 미래의 불확실성을 대비해 주는 것이다.

현금잔고는 미래의 불확실성을 대비해 주는 안전함이라는 효용을 제공한다.

그렇다면 미래의 모든 것이 확실한 항등순환경제에서는 현금잔고가 존재할 이유가 있는가? 항등순환경제에서는 예상하지 못한 소비나 투자 지출이 발생하지 않기 때문에 음이나 양의 화폐저장은 일어나지 않는다. 모든 사람들은 자신의 시간선호 스케줄에 따라 화폐재고를 소비와 투자에 완전히 배분한다. 모든 것이 항등순환경제에서 현금잔고가 존재해야 할 이유는 없다.

확실한 상황에서 화폐를 아무런 이유 없이 현금잔고에 놓아둘 이유가 하등 없다. 예를 들어 6개월 뒤에 어떤 특정 제품을 구매한다면, 6개월 동안 그 돈을 다른 사람에게 빌려준다든지 해서 활용할 것이다. 물론 이 경우에도 화폐를 갖고 있다는 자체가 마음의 평온과 같은 효용을 제공한다면, 즉 돈을 보는 것만으로도 기쁨이라면 항등순환경제에서도 일정한 현금잔고는 존재할 것이다. 그러나 이런 경우를 제외한다면 항등순환경제에서 현금잔고가 존재할 이유는 없다.(Ro, 328, 398, 767)

사실, 모든 것이 확실하다면 어떤 현금도 보유해야 할 하등의 이유가 없다. 화폐의 존재 이유는 경제의 실물 여건이 변한다는 그 자체에 있기 때문에, 경제 여건이 변하지 않고 모든 것이 규칙적으로 움직이는 항등순환경제에서는 화폐를 통한 간접교환이 존재할 이유가 하등 없다. 미래가 불확실하고 세상은 끊임없이 변하기 때문에 화폐가 존재하고 이를 보유하고자 하는 것이다. 화폐수요 또는 화폐공급의 변화는 그 자체로 다시 경제의 실물 여건과 그 구성원의 처지를 변화시킨다. 즉, 실물시장의 불확실성과 변동 때문에 화폐가 존재하며, 화폐 존재 자체가 다시 실물시장의 변동을 이끄는 주체가 된다.(Mi. HA, 414~415)

실물시장의 불확실성과 변동이 현금잔고를 보유하도록 하고, 이것이 다시 실물시장의 변동을 이끄는 주체가 된다.

2.2.3 부(富)와 현금잔고

개인이 보유하고 있는 현금은 물건들을 구매하고 남은 잔여분이 아니다. 우리는 일정한 양의 화폐를 의도적으로 보유하고자 한다. 이는 우리가 다른 재화나 서비스와 마찬가지로 화폐를 개인의 합리적인 경제행위의 일환으로 수요한다는 것을 의미한다. 우리는 종종 돈은 많으면 많을수록 좋다고 한다. 즉, 무한정 돈을 갖고 싶어한다. 그러나 이것은 무제한적인 화폐수요를 의미하지 않는다. 이것은 화폐를 소득이나 부와 혼동해서 나온 오해이다. 소득이나 부는 많으면 많을수록 좋다. 그러나 화폐는 여타 교환대상물 중의 하나일 뿐이다. 화폐수요는 일반적인 수요의 개념처럼 화폐에 대한 유효수요를 말한다.

우리는 종종 돈은 많으면 많을수록 좋다고 한다. 그러나 이것은 화폐를 소득이나 부와 혼동해서 나온 오해이다. 화폐수요는 일반적인 수요의 개념처럼 화폐에 대한 유효수요를 말한다.

우리에게 효용을 제공하는 모든 재화나 서비스를 경제재라 하는데, 사람들은 경제재를 무한정 갖고 싶어한다. 그렇지만 모든 경제재를 갖고 싶어한다고 해서 그것을 수요라고 하지는 않는다. 그것은 단지 갖고 싶다는 욕구일 뿐이다. 특정 제품에 대한 수요란 그것을 얻기 위해 내놓아야 하는 것에 의해 뒷받침되는(유효하게 되는) 욕구를 말한다. 화폐의 경우에도 마찬가지이다. 개인이 갖고자 하는 화폐량은 화폐 가치와 다른 제품들의 가치와의 비교에 의해 결정된다. 따라서 사람들은 화폐를 금고 속에 무한정 쌓아두기보다는 그것을 어떤 형태로든지 다양한 용도에 지출하고자 할 것이다. 화폐가 금고 안에 쌓여 있다고 해서, 그것이 아무런 이유 없이 그저 금고 속에 퇴장되어 있는 것은 아니다. 미래의 불확실성을 대비하거나 개인적인 여러 가지 이유로 적절한 시점을 기다리고 있을 뿐이다. 빈둥빈둥 놀고 있는 화폐는 없다(Mi. HA, 399 ; 라스, 892).

2.2.4 화폐유보수요 곡선

현금잔고를 위한 수요는 화폐구매력이라는 가격을 지불하고 화폐를 획득해 보관하고자 하는 욕구이다. 화폐구매력을 지불한다는 것은 화폐를 갖고 있는 동안 그 화폐가 발휘할 수 있는 화폐구매력을 포기하겠다는 의미이다. 화폐구매력을 내놓고 화폐의 일정량을 보유하고자 하는 이유는 화폐의 일정량을 보유함으로써 얻는 효용이 포기하는 화폐구매력의 가치보다 조금이라도 더 크기 때문이다.

현금잔고도 한계효용체감의 법칙이 적용되기 때문에 화폐유보수요 곡선은 우하향할 수밖에 없다.

현금잔고의 경우에도 여느 다른 재화나 서비스와 마찬가지로 한계효용체감의 법칙이 적용된다. 현금잔고가 추가될수록 현금잔고의 한계효용은 감소하기 때문에, 현금잔고가 쌓일수록 현금잔고 한 단위를 추가적으로 얻으려고 내놓는 화폐구매력의 수준은 낮아진다. 그러므로 화폐구매력과 현금잔고의 관계를 나타내는 화폐유보수요 곡선은 우하향할 수밖에 없다. 화폐유보수요는 아래와 같은 함수형태로 나타낼 수 있다.

$$M^{RD} = f(PPM)$$

M^{RD}는 개인의 현금잔고 수요량을, PPM은 화폐구매력을 나타낸다. 화폐구매력이 증가하면 현금잔고 수요량은 감소하고, 그 반대면 현금잔고 수요량은 증가한다. 이를 그림으로 나타낸 것이 [그림 23-3]이다. 여느 다른 수요곡선과 마찬가지로 화폐유보수요 곡선 RD_M도 우하향한다.

화폐유보수요 곡선의 모양이나 기울기는 전적으로 개별 경제주체의 가치척도에 달려 있다. 화폐소득 중 지출 비중을 어느 정도로 하고 그 나머지를 현금으로 남겨둘 것인지의 여부는 전적으로 한 개인의 가치척도에 따라 진행되기 때문이다. 개인의 화폐유보수요 곡선을 모두 수평으로 합한 것이 시장의 화폐유보수

그림 23-3

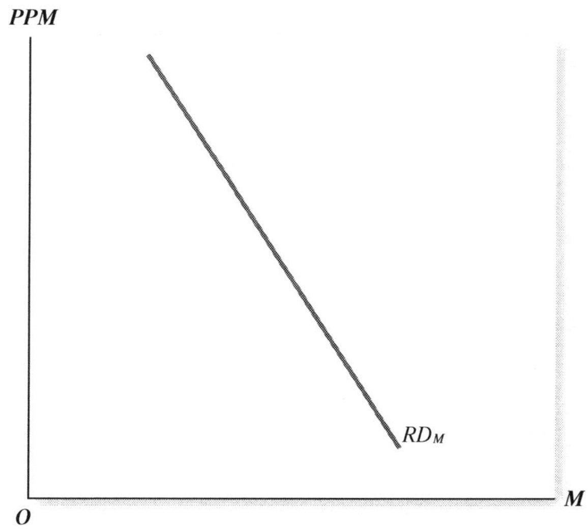

화폐유보수요 곡선
현금잔고(M)와 화폐구매력(PPM)의 관계를 나타내는 화폐유보수요 곡선(RD_M)은 한계효용체감의 법칙에 따라 우하향한다.

요 곡선이다.

현금잔고 수요자는 현금잔고를 수요하고자 하는 욕구가 일어나기 직전 시장에서 결정된 화폐구매력을 보고 현금잔고의 수요량을 결정한다. 현금잔고 수요량은 화폐구매력에 의해 결정되고, 화폐구매력은 다시 현금잔고 수요에 의해 결정된다는 것이 순환논법(vicious circle)의 오류인 듯이 보인다. 사실 이것이 화폐이론을 구축하려고 시도했던 많은 사람들을 좌절과 곤란에 빠뜨리게 하고 이를 다루지 않거나 어물쩍 넘어가게 한 이유이다. 그러나 현금잔고 수요량을 결정하게 한 화폐구매력은 어제의 화폐구매력이고, 현금잔고 수요에 의해 결정되는 화폐구매력은 오늘의 화폐구매력으로서 서로 동일한 것이 아니다. 우리는 이미 이것을 미제스의 회귀정리에서 살펴본 바 있다.

2.3 화폐보유곡선

개인의 화폐보유는 화폐에 대한 교환수요와 유보수요를 수평으로 합한 것이다. [그림 23-4]에서 보는 바와 같이, 화폐의 교환수요곡선 ED_M과 유보수요곡선 RD_M이 모두 우하향하는 만큼, 이 둘을 합한 개인의 화폐보유곡선 H_M도 우하향한다.[1] 개인의 화폐보유곡선을 수평으로 모두 합하면 시장화폐보유곡선이 유

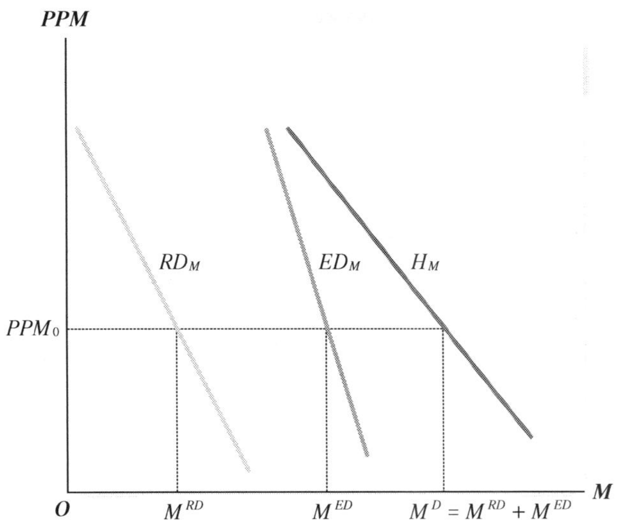

그림 23-4

화폐보유곡선

화폐보유곡선(H_M)은 화폐 교환수요곡선(ED_M)과 화폐 유보수요곡선(RD_M)을 수평으로 합한 것이다.

도된다. 시장화폐보유곡선은 각각의 화폐구매력 수준에 시장 전체가 수요하고자 하는 화폐량을 나타낸다.

3. 화폐공급

3.1 자유은행업 제도에서의 화폐공급

교환의 매개수단으로 현재 통용되고 있는 화폐(money)를 통화(currency)라고 한다. 은행권 발행을 포함한 자유로운 은행업 제도에서 그리고 본위화폐로 금이 통용되고 있다면, 어느 한 시점에서의 총 통화량은 다음과 같이 정의된다.

① 화폐 목적의 금 총량 중 개인이 갖고 있는 금의 양

---

1. 화폐에 대한 수요 중 화폐를 비화폐적 용도로 사용하고자 하는, 예를 들어 장식용으로 사용하고자 하는 수요도 있을 수 있다. 그러나 그 수요는 화폐의 전체 수요에 비해 미미할 것이기 때문에 여기에서는 제외했다.

금본위의 자유은행업에서 통화량은 개인 소유의 금과 화폐증서, 그리고 신용매개물로 구성된다.

② 화폐 목적의 금 총량 중 개인이 은행에 맡긴 금의 양만큼 발행된 은행권(화폐증서[2])

③ 개인이 은행에 맡긴 금의 양을 초과해서 은행이 발행한 은행권(신용매개물)

금을 정화(正貨, specie) 또는 진성(眞性)화폐라 하고 은행권을 대체(代替)화폐라 한다. 은행이 지불준비를 위해 보관 중인 금이나 은행권, 그리고 은행이 발행하여 아직 시중으로 나오지 않은 은행권은 통화량에 포함되지 않는다. 개인이 은행에 맡긴 금의 양을 초과해서 발행한 은행권이 은행이 창출한 신용이다. 그래서 그것을 신용매개물이라 부른다.

3.2 법정불환지폐 제도에서의 화폐공급

국가독점의 법정불환지폐 제도에서 총 통화량은 다음과 같이 구성된다.

법정불환지폐 제도에서, 통화량은 현금통화와 민간부문이 시중은행에 예치한 예금으로 구성된다.

① 중앙은행이 발행하여 시중으로 나온 화폐(본원통화) 중 개인이나 기업 등 민간부문이 소지하고 있는 화폐(현금통화)

② 민간부문이 시중은행에 예치한 결제성 또는 준결제성 예금

중앙은행이 찍어낸 화폐 중 시중으로 나온 화폐를 본원통화라 한다. 본원통화는 민간보유의 현금과 시중은행의 지불준비금으로 사용되며, 통화에는 지불준비금이 제외된다.

중앙은행이 조폐공사에서 찍어낸 화폐 중 시중으로 나온 화폐를 본원통화(reserve money, reserve base)라 한다. 시중에 나오지 못하고 여전히 중앙은행에 보관중인 화폐는 통화량에 포함되지 않는다. 중앙은행 밖에 있는 모든 본원통화를 화폐발행액이라 한다. 시중은행은 예금인출 요구에 대비하기 위해 예금잔고의 일정 비율을 현금으로 보유해야 한다. 이를 지불준비금(reserves)이라 한다. 예금잔고 대비 지불준비금의 비율을 지급준비율이라 한다. 중앙은행의 밖에 있긴 하지만 시중은행의 지불준비금은 통화량에 포함되지 않는다. 교환의 매개수단으로 사용되지 못하기 때문이다. 지불준비금은 중앙은행에 다시 예치하거나 자체 보관한다. 전자를 지불준비예치금이라 하고 후자를 시재금(cash in vault)이라 한다. 시중은행이 보유하고 있는 시재금은 중앙은행 밖에 있다는 점에서 화폐발행액에는 포함되지만, 통화량에는 포함되지 않는다.

2. 화폐증서와 신용매개물의 개념에 대해서는 제24장에서 설명된다.

비록 현금은 아니지만 현금과 같이 즉시 교환의 매개수단으로 사용될 수 있는 결제성 예금은 현금과 동일한 기능을 갖기 때문에 통화에 포함된다. 당좌예금과 요구불예금이 결제성 예금으로 대표적이다. 저축예금 중에서도 자동이체와 즉시결제 기능을 갖춘 수시입출식예금(money market deposit account ; MMDA)과 같은 금융상품도 결제성 예금에 포함될 수 있다. 정기예금과 같이 이자의 손실을 감수한다면, 언제든지 거래수단으로 사용될 수 있는 예금을 준결제성 예금이라 한다. 준결제성 예금을 통화량에 포함할 것인지의 여부는 통화량의 범주를 어디까지 보느냐에 따라 달라진다. 이에 따라 통화 및 유동성 지표를 M_1, M_2, L_f, L 등으로 나눈다.

민간부문이 금융기관에 예치한 각종 예금은 그것의 유동성 정도에 따라 통화량에 포함된다.

중앙정부 역시 경제활동을 한다. 각종 정부지출을 수행하기 때문이다. 중앙정부의 수입과 지출은 한국은행의 정부계좌에 의해 관리된다. 한국은행이 중앙정부의 국고 대리점 역할을 하기 때문이다. 정부지출은 한국은행의 계좌를 통해 시중은행의 계좌로 이체되어 민간부문이 소지하게 된다. 이것 역시 화폐발행이라 할 수 있다.[3] 그래서 중앙정부도 통화 공급기능을 일부 갖고 있다고 보아야 한다. 시중은행으로 이체되지 않고 한국은행의 정부계좌에 남아 있는 국고는 한국은행의 내부에 있기 때문에 당연히 통화량에 포함되지 않는다.

그런데 이체된 정부지출의 일부는 시중은행에 여전히 머물고 있는 것도 있을 것이고 극히 일부는 중앙정부가 현금으로 보유하고 있는 것도 있을 수 있다. 통화의 개념에 비추어 볼 때, 중앙정부가 보유하고 있는 현금과 시중은행에 머물고 있는 중앙정부 예금은 통화량에 포함시켜야 한다. 그렇지만 통화량 지표 산정의 어려움으로 이것은 일반적으로 통화량에 포함되지 않는다. 각종 사회보장기구나 지방정부의 수입과 지출은 중앙은행이 관리하지 않기 때문에, 통화량 취합에 이 기관들은 당연히 포함된다. 한국은 통화량 지표 작성의 기준으로 2002년 3월부터 IMF의 매뉴얼에 따르고 있으며, 2006년부터는 IMF의 새로운 국제기준에 따라 금융기관의 구분 없이 금융자산의 유동성을 기준으로 통화량을 집계한다(권기철 외 5명, 313). 이 기준은 화폐의 매개수단의 기능에 충실한 기준이다.

중앙정부는 통화 공급기능을 갖고 있기 때문에 통화량 지표 산정에 중앙은행과 마찬가지로 제외된다.

법정불환지폐 제도에서의 현금통화는 금본위 자유은행업 제도에서의 민간부문이 갖고 있는 금과 시중은행이 발행한 화폐증서를 합한 것에 해당한다. 현금통화는 항상 민간부문의 누군가의 수중에 있다. 그렇기 때문에 시중은행의 입장에

3. 화폐발행의 시점은 중앙은행에 있는 정부계좌의 변화시점이 아니라 정부계좌에서 시중은행으로 이체되는 시점이다.

그림 23-5

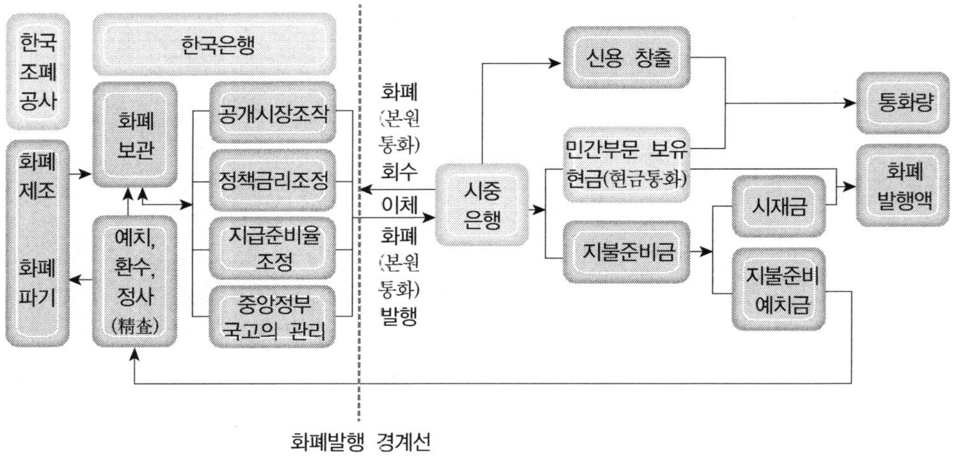

법정불환지폐 제도에서의 화폐발행과 통화

한국은행이 한국조폐공사를 통해 찍어낸 화폐가 시중은행으로 나가게 되면 본원통화가 된다. 이것은 민간부문의 현금통화로 통용되고 시중은행의 지불준비금으로 보유된다. 현금통화와 시중은행이 창출한 신용이 통화량을 구성한다. 지불준비금은 거래에 사용되지 않는다는 점에서 통화는 아니다. 그러나 지불준비예치금을 제외한 시재금은 한국은행 밖에서 보유되고 있다는 점에서 화폐발행액에는 포함된다.

시중은행의 입장에서 볼 때, 예금에서 지불준비금을 제외한 금액은 시중은행이 창출한 신용규모와 일치한다.

서 볼 때, 민간부문이 예치한 예금에서 지불준비금을 제외한 금액은 시중은행이 창출한 신용규모와 일치한다. [그림 23-5]는 법정불환지폐 제도에서의 화폐발행과 통화의 개념을 한국은행의 예를 통해서 정리한 것이다.

3.3 화폐재고곡선

금본위의 자유은행업 제도 하에서 화폐 목적의 금 재고량은 금의 채굴량과 마모량에 의해 변한다. 금을 채굴하면 금 재고량이 증가할 것이고, 금이 마모되면 그만큼 금 재고량이 줄어든다. 그래서 금 마모를 생각하지 않는다면, 통화량은 장기적으로 증가하는 경향을 보인다. 국가독점의 법정불환지폐 제도에서 본원통화의 규모는 개인의 선호가 아니라 국가의 정치적인 논리에 의해 결정된다. 본원통화량의 감소는 개인이나 기업에게 아주 인기 없는 정책이기 때문에, 본원통화량은 지속적으로 증가한다. 신용창출은 은행에 수익을 주기 때문에, 은행은 항상 신용을 창출하고 싶은 유혹에 사로잡힌다. 그래서 은행은 어떤 화폐제도 하

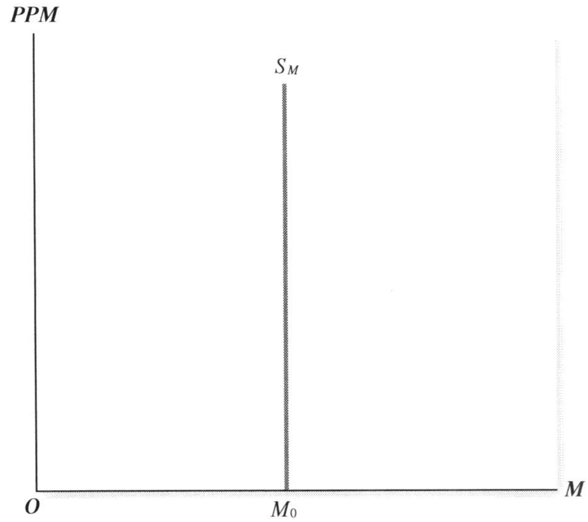

그림 23-6

화폐재고곡선

화폐재고곡선 S_M은 이 사회에 공급된 통화량 M_0에서 수직선이다.

에서도 할 수 있다면 최대한 신용을 창출하려고 한다. 그러므로 한 사회의 전체 통화량은 자유은행업에서든 법정불환지폐에서든 장기적으로 증가하는 경향을 갖는다.

금본위 자유은행업에서나 법정불환지폐에서나 통화량은 장기적으로 증가하는 경향을 갖는다.

그러나 특정 시점에서의 통화량은 화폐제도와는 상관없이 일정하다. 화폐구매력 수준과 통화량의 관계를 나타내는 화폐재고곡선은 [그림 23-6]과 같이 통화량에 수직선이 된다.

4. 예시를 통한 신용창출 과정

은행권 발행을 포함한 자유로운 은행업 제도 하에서, 은행이 신용창출에 의해 통화량을 증대시키는 과정을 살펴보자. 법정불환지폐 제도가 아니라 이제는 어느 국가에서도 채택하지 않는 금본위의 자유은행업에서 신용창출 과정을 살펴보는 것은 인간 행위 중심의 시장경제 원리에 철저하기 위함이다. 법정불환지폐 제도는 국가가 시장에 개입한 것으로 시장경제와 정합적인 화폐제도가 아니다.

그렇지만 법정불환지폐 제도 하에서의 신용창출 과정도 금본위 자유은행업에서의 그것과 동일하다. 단지 금을 본위로 하지 않기 때문에, 개인이 보유하는 금이 처음에 등장하지 않을 뿐이다. 그리고 중앙은행이 독점적으로 은행권을 발행하기 때문에, 시중은행이 발행하는 은행권은 없다. 아래의 설명 속에서 예를 든 은행을 중앙은행으로 이해하면 된다. 중앙은행이 발행한 은행권이 본원통화이다. 본원통화가 시중은행에 처음으로 예치될 때, 그 예금을 본원적 예금(primary deposit)이라고 한다. 시중은행이 본원적 예금을 민간부문에 대출하면서 신용이 창출된다. 이 신용이 다시 시중은행에 예치될 때, 그 예금을 파생적 예금(derivative deposit)이라 한다.

현재 이 사회는 금본위의 자유은행업 제도를 시행하고 있으며, A, B, C, D라는 네 사람과 갑이라는 은행 하나만 존재한다고 하자. 그리고 금 0.01온스(약 0.312그램)는 은행권 1만원과 교환된다고 하자. 이것은 금 0.01온스를 은행에 맡기면 은행은 그 보관증으로 은행권 1만원을 위탁자에게 주는 것과 같다. 이 은행이 절대적인 신뢰를 받고 있다면, 은행이 발행한 은행권 1만원은 모든 사람들에게 금 0.01온스와 동일한 것으로 받아들여질 것이다. 은행권 1만원은 금의 완전한 대체물로서 금과 동일한 가치로 시중에 통용된다.

금을 화폐로 사용할 때, 금을 진성화폐라 하고 은행권을 대체화폐라 한다.

A와 B, C는 각각 금 5온스, 20온스, 10온스를 갖고 있으나 D는 금을 전혀 보유하고 있지 않다고 하자. A, B, C가 금을 은행에 맡기지 않으면, 이 사회의 총 통화량은 금 35온스가 된다.

금 : A의 5온스 + B의 20온스 + C의 10온스 = 35온스

만약 A와 B가 자신의 금을 갑 은행에 모두 맡기고 이 은행에서 발행하는 은행권(일종의 금 보관증)을 받았다고 하자. 이 은행권의 액면가는 1백만원일 수도 있고 1만원일 수도 있다. 액면가의 크기는 어떤 경제적 의미도 지니지 않는다. 액면가가 1백만원이라면 A는 금 5온스를 맡기고 5장의 은행권을 보관증으로 받을 것이고, 액면가가 1만원이라면 500장의 은행권과 교환할 것이다. 이 사회의 총 통화량은 C의 금 10온스와 은행권 2,500만원이 된다.

금 : C의 10온스

은행권 : A의 500만원 + B의 2,000만원 = 2,500만원

은행의 금고 속에 있는 A와 B의 금화는 통화량에 포함되지 않는다. 만약 C도 자신이 갖고 있는 금을 모두 은행에 맡긴다면, 이 사회는 화폐로서 은행권만 통용될 것이다. 총 통화량은 은행권 3,500만원이 된다.

은행권 : A의 500만원 + B의 2,000만원 + C의 1,000만원 = 3,500만원

위의 세 경우 모두 사회의 총 통화량은 동일하다. 그러나 은행이 음모를 꾸미게 되면 총 통화량은 증가한다. 그 음모는 신용창출이라는 그럴듯한 가면으로 나타난다. 지하금고(vault)에 항상 일정량으로 남아 있는 금을 제3자에게 대출하거나 그 금을 바탕으로 보관증인 은행권을 발행하는 것이다. 만약 이 은행이 과거 업적에 의해 많은 사람들로부터 절대적인 신뢰를 얻고 있다면, 지하금고에 있는 금의 양을 초과해 은행권을 발행하더라도 사람들은 이를 화폐로 받아들일 것이다. 화폐증서와 신용매개물은 동일한 은행권으로 시중에 통용되기 때문이다. 은행은 이를 통해 보관 수수료 외에 금이나 은행권을 빌려준 대가를 받게 된다. 은행의 이런 행위를 음모라 하는 것은 위탁인이 보관을 의뢰한 금을 그의 허락도 받지 않고 제3자에게 빌려주기 때문이다.

은행이 이처럼 제3자에게 지하금고에 있는 금을 빌려줄 경우의 총 통화량 변화를 살펴보자. 현재 A, B, C 모두는 자신의 금을 갑 은행에 맡기고 이에 해당하는 은행권을 갖고 있다. 갑 은행은 고객으로부터 위탁받은 금 중 20～30%만이 매 기간 금으로의 태환을 요구받는다는 사실을 알고 있다. 그래서 갑 은행은 30%의 금만 지하창고에 남겨두기로 한다. 갑 은행은 나머지 70%인 24.5(= 35 × 0.7)온스를 D에게 빌려주었다. 이 경우 이 사회의 통화량은 D가 갑 은행으로부터 빌린 금을 화폐로 그대로 사용하는지 아니면 다시 그 돈을 갑 은행에 맡기고 은행권으로 사용하는지에 따라 달라진다. 먼저 빌린 금을 화폐로 그대로 사용한다면, 총 통화량은 아래와 같이 은행권 3,500만원과 금 24.5온스가 된다.

은행권 : A의 500만원 + B의 2,000만원 + C의 1,000만원 = 3,500만원
금 : D의 24.5온스

통화량이 금 24.5온스만큼 증가한 것이다. 통화량 24.5온스는 은행의 음모임에도 불구하고 신용이라는 이름으로 사회에 통용되는 화폐이다. 은행의 금고에 지

불준비금으로 보관 중인 10.5(= 35 × 0.3)온스는 통화량에 포함되지 않는다.

만약 D가 빌린 금 24.5온스를 갑 은행에 맡기고 받은 은행권을 사용한다면, 그리고 갑 은행은 이 중 30%를 남기고 나머지를 이 사회의 누군가에 다시 빌려준다면, 그리고 이 금을 빌린 사람이 이를 그대로 화폐로 사용한다면, 이 사회의 통화량은 아래와 같이 은행권 5,950만원과 금 17.15(= 24.5 × 0.7)온스가 된다.

은행권 : A의 500만원 + B의 2,000만원 + C의 1,000만원 + D의 2,450만원
= 5,950만원
금 : 누군가의 17.15온스

제3자인 누군가가 빌린 금을 다시 은행에 맡기고 은행권을 받으며 은행은 이 금의 70%를 다시 대출하는 과정을 마지막 온스까지 계속한다면, 이 사회의 총 통화량은 아래와 같이 구해진다.

은행권 : 진성화폐 금으로부터 받은 3,500만원
D의 2,450(= 3,500 × 0.7)만원
제3자의 1,715(= (3,500 × 0.7) × 0.7)만원
또 다른 제3자의 1,200.5(= ((3,500 × 0.7) × 0.7) × 0.7)만원
·
·
·

총 통화량 = 은행권 : (3,500 + 3,500 × 0.7 + 3,500 × 0.7² + 3,500 × 0.7³ + ……)만원

총 통화량의 식은 초항이 3,500이고 공비가 0.7인 무한등비급수이므로 그 합은 다음과 같이 계산된다.

$$\text{총 통화량} = \frac{3,500}{1-0.7}\text{만원} = 1\text{억 } 1,666.7\text{만원}$$

이 사회의 총 통화량은 은행의 신용창출로 인해 최초의 금화 35온스(3,500만원의 은행권에 해당)에서 은행권 1억 1,666.7만원으로 늘어났다. 그리고 모든 금

은 지불준비금으로 은행이 보관하게 된다. 시중에는 은행권만 화폐로 통용된다. 지금까지 살펴본 신용창출 과정으로부터 한 사회의 총 통화량을 다음과 같은 수식으로 간단히 나타낼 수 있다.

한 사회가 최대한 공급할 수 있는 총 통화량은 진성화폐량을 지급준비율로 나눈 것이다.

$$\text{총 통화량} = \frac{\text{진성화폐량}}{\text{지급준비율}} \quad \cdots \text{(식 1)}$$

은행이 신용으로 만들어낸 통화량은 총 통화량에서 진성화폐량을 빼면 구할 수 있다.

$$\text{은행의 신용창출에 의한 통화량} = \frac{\text{진성화폐량}}{\text{지급준비율}} - \text{진성화폐량} \quad \cdots \text{(식 2)}$$

특정 시점에서 한 사회가 최대한 만들어낼 수 있는 총 통화량은 (식 1)에서 보듯이 진성화폐량을 지급준비율로 나눈 것이다. 따라서 총 통화량은 진성화폐인 금의 양이 증가하거나 지급준비율을 낮추면 증대한다. 금이 마모되거나 비화폐용으로 사용되어 퇴장된다면, 그리고 은행의 지급준비율을 높이면 한 사회의 총 통화량은 감소한다. 지급준비율이 100%라면 이 사회의 총 통화량은 진성화폐량과 같아지고 신용창출에 의한 화폐량은 전혀 없게 된다.

5. 화폐시장의 균형과 통화량 증대의 의미

5.1 화폐시장의 균형

화폐는 언제나 누군가에 의해 소유되고 있다. 소비나 투자로 곧 지출되기 위해 잠시 머무는 것도 있고, 현금잔고로 남겨진 것도 있다. 모든 사람들의 관점에서 보았을 때 화폐는 어쨌든 누군가의 화폐잔고 속에 머문다. 유통되고 있는, 즉 공중에 떠다니는 화폐는 존재하지 않는다.

화폐시장의 균형은 시장의 화폐보유량과 화폐재고량이 일치하는 데서 이루어지고, 이 균형에서 화폐구매력이 결정된다. 특정 시점에서의 총 통화량은 진성

그림 23-7

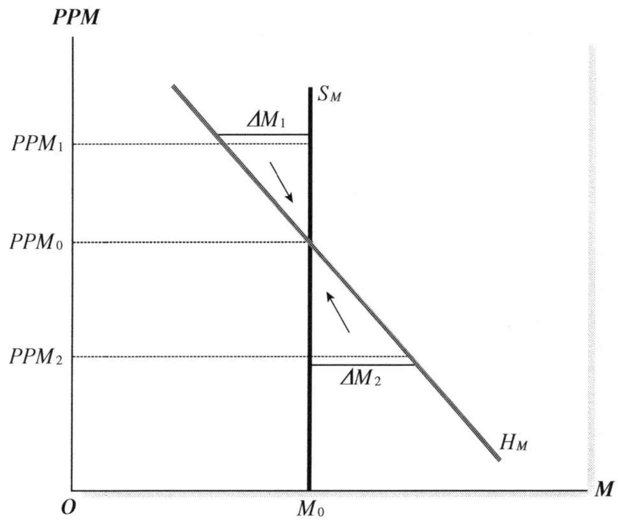

▸ 화폐시장의 균형

화폐시장의 균형은 화폐보유와 화폐재고가 일치하는 데서 이루어지고, 그때의 화폐구매력은 PPM_0가 된다. 화폐가 PPM_1에서는 과잉공급되고 PPM_2에서는 과소공급된다.

화폐인 금의 양을 은행의 지급준비율로 나눈 것이다. 따라서 화폐시장의 균형은 아래 식을 충족하면 이루어진다.

$$\frac{S_M}{\delta} = D_M = ED_M + RD_M$$

여기에서 $\frac{S_M}{\delta}$은 총 통화량을 말하며, S_M은 진성화폐인 금의 재고량, δ는 지급준비율을 나타낸다. ED_M은 시장의 화폐교환수요량, RD_M은 시장의 화폐유보수요량, 그리고 H_M은 이를 합한 시장의 화폐보유량을 나타낸다.

[그림 23-7]은 화폐시장의 균형과정을 보여준다. 균형에서 주어진 화폐의 재고는 누군가에 의해 모두 수요된다. 통화량 M_0가 주어지면 균형에서 화폐구매력은 PPM_0가 된다. 화폐구매력이 PPM_1일 때 사람들은 ΔM_1만큼의 화폐량을 수요하지 않으려 한다. 즉, 화폐량이 ΔM_1만큼 과잉공급되어 있다. 과잉공급된 화폐량을 해소하기 위해서는 통화량을 줄이든지 아니면 화폐수요가 그만큼 늘어나야 한다. 통화량을 줄일 수 없다면 화폐수요가 늘어날 수밖에 없다. 시중에 통용되고 있는 화폐량 M_0는 누군가의 손에 반드시 있어야 하기 때문이다. 사람들은 화폐가격 PPM_1에서 ΔM_1만큼의 화폐를 갖고 있지 않으려 하기 때문에, 이 화폐량을 다른 제품이나 요소서비스와 교환하고자 할 것이다. 즉, 초과공급된 화폐를

지불하고 제품이나 요소서비스를 구매하고자 할 것이다. 이 과정에서 가격[4]은 전반적으로 상승할 것이고, 그 상승은 화폐구매력이 PPM_0에 이를 때 멈춘다. 화폐구매력이 하락하면서 화폐의 교환수요와 유보수요가 증대하고, 이를 통해 과잉공급된 통화량 ΔM_1이 해소된다.

반대로 화폐 단위의 가치가 PPM_2일 때 사람들은 주어진 통화량보다 ΔM_2만큼의 화폐량을 더 수요하려 한다. 즉, 화폐량이 ΔM_2만큼 과소공급되어 있다. 화폐 단위의 가치가 그대로 유지되려면, 화폐가 더 공급되거나 화폐수요가 그만큼 감소되어야 한다. 통화량의 증대가 어렵다면 화폐수요가 감소할 수밖에 없다. 화폐수요가 시중에 유통되는 화폐량보다 ΔM_2만큼 많다는 것은 사람들이 갖고 있는 제품이나 요소서비스를 판매하고 화폐를 가지려 함을 의미한다. 이 과정에서 제품이나 요소서비스들의 가격이 전반적으로 하락할 것이고, 그 하락은 화폐구매력이 PPM_0에 이를 때까지 계속될 것이다. 화폐구매력이 상승하면서 화폐교환수요나 화폐유보수요가 감소하고, 이를 통해 화폐수요의 초과가 해소된다.

화폐시장에 관한 지금까지의 균형분석은, 화폐도 하나의 상품이며 균형가격은 화폐의 수요와 공급에 의해 결정된다는 것을 보여준다. 이것은 여느 상품의 균형분석과 동일하다. 화폐의 보유곡선이나 재고곡선을 이동하게 하는 요인이 발생하면 화폐가격인 화폐구매력도 변할 것이다. 화폐보유곡선을 오른쪽으로 이동하게 하는 일이 발생하면 화폐구매력은 상승할 것이고, 그 반대면 하락할 것이다. 통화량의 변화도 마찬가지이다. 통화량이 증대하면 화폐구매력은 떨어질 것이고, 그 반대면 올라갈 것이다.

5.2 통화량 증대와 사회적 편익

화폐시장에 관한 분석은 이처럼 일반 상품 분석과 다르게 취급될 하등의 이유가 없다. 그러나 그 분석의 결과는 여타 상품과는 근본적으로 다른 내용을 담고 있다. 그것은 일반 상품의 공급량 증대는 언제든지 사회적 편익(social benefit)을 증가시키는 일이지만, 화폐공급량의 증대는 사회적 편익의 증대와는 아무런

4. 이를 일반적으로 물가라고 표현하지만, 전체의 가격을 하나의 지표로 나타내는 것은 불가능하다. 물가는 가공의 개념으로 개별 가격들의 실제 움직임을 오해시킬 개연성이 있다. 물가가 상승 또는 하락하더라도 어떤 가격은 오히려 그 반대로 움직일 수 있으며 이것이 개인의 소득과 부의 재분배를 야기한다. 그러므로 물가라는 용어로 전체를 대표하면 개인의 실질적인 경제문제를 놓칠 수 있다.

상관이 없다는 것이다. 왜냐하면 화폐는 교환의 매개물로서만 사용되며, 화폐 그 자체로는 소비되거나 생산과정에 사용될 수 없기 때문이다.(Ro, 765) 일반 상품은 경제재인 이상 어떤 경우에도 주관적인 가치를 갖지만, 화폐의 가치는 오직 객관적인 교환가치뿐이다. 그래서 일반 상품의 가격이 0이면 반드시 누군가가 그것을 공짜선물로 가져갈 것이다. 그러나 화폐의 경우 그것의 가격이 0이라고 하더라도 누구도 그것을 가져가려 하지 않는다.

화폐는 객관적 교환가치만 갖기 때문에, 그리고 화폐는 그것의 사회 전체 재고가 얼마든 간에 누군가에 의해 보유되기 때문에 교환의 매개물로서 화폐기능은 최대한 활용되고 있다고 보아야 한다. 그러므로 화폐량이 증대 또는 감소했다고 해서 그 변화가 사회에 주는 추가적인 이득의 증가나 감소는 없다. 단지 사람들 사이에 혜택과 희생으로 나뉠 뿐이다. 혜택은 다른 사람의 희생이 있었기 때문에 가능한 일이다.(Ro, 765~766)

화폐공급량의 증대는 오히려 사회적 편익을 감소시킬 가능성이 있다. 화폐공급량이 증대하면 화폐구매력은 하락한다. 화폐구매력의 하락은 가격이 전반적으로 상승함을 의미한다. 그런데 전반적인 가격상승은 모든 부문에서 동시에 동일한 비율로 일어나지 않는다. 증대한 화폐가 사회 여러 계층에 흘러들어 가는 과정에서 혜택을 보는 계층과 손해를 입는 계층으로 나뉜다. 증가한 화폐량은 부의 재분배를 가져와 사회적 갈등을 초래할 뿐이다. 그러므로 화폐공급량의 증대는 어떤 사회적 편익도 주지 않는 것이 아니라, 그것은 오히려 사회적 편익을 감소시킬 개연성이 높다.

화폐구매력이 안정적으로 유지되지 않는다면, 화폐를 교환의 매개물로 사용하는 것은 적합하지 않다. 경제주체들은 화폐를 통해 상품을 거래하기 때문이다. 화폐구매력의 수준이 수시로 바뀌고 또 큰 폭으로 변한다면, 화폐를 갖고 다른 재화나 서비스를 사고파는 개인은 자신의 선호체계에 큰 혼란을 겪을 것이 뻔하다. 그렇기 때문에 정부나 은행에 의해 신용이 팽창될 때 시장경제의 가격기능은 큰 훼손을 입으며, 시장기능으로부터 기대되는 자원의 효율적 배분은 달성되지 못한다. 이로 인해 자원은 크게 낭비될 수 있다.

생각하기

01. 화폐수요가 일반 재화수요와 다른 점은 무엇인가?

02. 용어 사용에 관한 다음 질문에 답하라.

(1) "화폐가 유통되고 있다"는 표현은 잘못이다. 왜 그런가?
(2) 화폐수요는 화폐의 교환수요와 유보수요로 나눈다. 왜 교환수요라 부르는지를 설명하라.

03. 노동공급을 통한 화폐수요는 자본재나 토지 서비스의 경우와는 달리 화폐구매력의 변화에 영향을 받는다. 왜 그런가?

04. 화폐의 유보수요에 관한 다음 질문에 답하라.

(1) 개인이 현금잔고를 갖고 있는 이유는 무엇인가?
(2) 화폐 유보수요곡선은 무조건 우하향한다. 그 이유는 무엇인가?

05. 금본위의 자유은행업 제도 하에서 A, B, C 세 사람과 갑이라는 은행 하나만 존재하는 사회가 있다. A는 금 10온스, B는 금 2온스, 그리고 C는 갑 은행에서 발행한 은행권 500만원과 금 7온스를 갖고 있다. 금 1온스는 100만원과 교환된다. 갑 은행은 현재 C에게 은행권을 발행해 주고서 받은 금 5온스만 갖고 있다. 이제 A는 자신이 소유하고 있는 금 10온스 중 7온스를 갑 은행에 맡기고 700만원의 은행권을 받았다. 갑 은행은 B에게 자신이 보관하고 있는 금 12온스 중 금 10온스를 대출해 주었다. 이 사회의 총 통화량은 얼마인가? 총 통화량 중 진성화폐, 화폐증서, 신용매개물은 각각 얼마인가?

06. 법정불환지폐 제도에서의 통화량에 관한 다음 질문에 답하라.

(1) 중앙은행에 보관중인 화폐는 화폐발행액에 포함되는가?
(2) 은행의 지불준비금은 통화량에 왜 포함되지 않는가?
(3) 통화량은 현금통화와 민간부문이 시중은행에 예치한 결제성 예금으로 구성된다. 통화량 중 은행이 창출한 신용규모를 정의해 보아라.

07. 시장분석의 기법에는 수요-공급으로 접근하는 방법과 보유-재고로 접근하는 방법이 있다. 이 책의 화폐시장 분석은 어떤 접근 방법에 따르고 있으며 그 이유는 어디에 있다고 생각하는가?

08. 화폐가 초과공급되어 있을 때, 화폐구매력이 하락하는 과정을 설명하라.

09. 화폐량이 증대하면 사회적 편익을 가져다준다고 말할 수 있는지를 토론하라.

시장경제와 신용사회

Human centered

Principles of Economics

ch. twenty–four

2

4

한국의 2013년 4월 말 전체 통화량은 M2(광의통화) 기준으로 1,860.9조원에 이른다. 이 중 현금통화는 47.7조원으로 전체 통화량의 2.6%에 불과하다. 거의 모든 통화가 은행이 창출한 신용이다. 그래서 우리 사회를 신용사회라 부른다. 이 장에서는 신용사회라는 그럴듯한 용어 뒤에 숨어 있는 신용의 시장경제 파괴력에 관해 경고함으로써, 신용이 시장경제에 치명적인 타격을 가할 수 있음을 알린다. 먼저 자유은행업 제도에서의 신용문제를 다룬 후, 현대 금융제도에서의 신용문제를 들여다본다. 이것은 제30장(경기변동)의 기초가 되어준다.

1. 신용사회라는 현혹하는 어감(語感)

Human-centered Principles of Economics, ch. twenty-four

우리가 신용사회라 할 때, 그 의미에서 풍기는 느낌은 서로를 신뢰하는 아름다운 사회이다. 그러나 현실은 이와는 정반대이다. 신용사회의 어두운 이면은 남을 믿지 말고 경계하면서 살지 않으면 현대를 살아갈 수 없음을 일깨운다. 신용사회에서 우리는 국가에서 발행하는 화폐를 강제로 신뢰해야 하고, 은행을 믿고 돈을 맡겨야 하며, 은행에서 빌린 돈을 떼먹지 말아야 한다. 그래야만 그 사회는 돌아간다. 돈이라는 신용으로 얽히고설킨 그 연결고리에서 어느 한 곳만이라도 삐걱거리면 그 연결고리는 한순간에 무너진다. 신용사회라는 용어는 신뢰하지 않으면 공멸(共滅)할 수 있다는 무시무시한 경고의 말과 다름이 없다.

신용사회라는 용어는 신뢰하지 않으면 공멸할 수 있다는 무시무시한 경고의 말과 다름이 없다.

신용은 사람들이 일정 기간 후 상환 또는 지불할 수 있는 능력을 갖춘다고 믿는 것을 말한다. 그러므로 신용창출은 은행이 지불능력을 초과해 돈을 빌려주더라도 돈을 빌린 사람이 약속된 기간 안에 돈을 갚을 것이라고 신용한다는 것을 전제하고 있다. 고객이 맡긴 금화는 은행의 입장에서 돌려주어야 할 빚이며, 은행은 이 빚을 갖고 다시 다른 사람을 믿고 빌려줌으로써 화폐를 창출한다. 그래서 은행의 신용창출을 부채의 화폐화(monetization of debt)라 한다. 제23장의 예에서 본 바와 같이, 은행은 부채의 화폐화를 통해 마법과 같이 시중의 통화량을 3,500만원에서 1억 1,666.7만원으로 8,166.7만원 더 증대시킬 수 있었다. 이 금액만큼의 돈은 진성화폐[1]인 금으로 전혀 뒷받침되지 않는 화폐이기 때문에 금으

고객이 맡긴 금화는 은행의 입장에서 빚이며, 은행은 이 빚을 갖고 다시 다른 사람을 믿고 빌려줌으로써 화폐를 창출한다. 그래서 은행의 신용창출을 부채의 화폐화라 한다.

로의 교환이 보장되지 않는다. 은행이 자신의 빚을 통해 신용을 창출할수록 은행에게는 더 이익이 됨은 당연하다.

은행의 신용창출이 가능한 것은 사람들이 한꺼번에 보관증(은행권)을 들고 자신들이 보관한 금을 되찾으려 은행으로 오지 않을 것이라고 은행이 믿기 때문이다. 예를 들어 지급준비율 20%는 은행이 일정 기간 안에 예금자가 상환을 요구할 금액의 비중이 전체 예금액의 20%라고 믿는다는 것을 의미한다. 만약 대출자들이 대출금의 상환을 어길 경우, 은행은 일반 예금자의 지불요구에 대응하기 어려워진다. 이것이 다른 예금자들에게 알려져 이들을 불안하게 하면, 이들도 자신의 예금을 인출하려 할 것이다. 이런 현상이 다른 금융기관들에게도 이어지고 모든 예금자들이 한꺼번에 자신의 예금을 인출하려고 몰려온다면, 모든 은행들은 도산하고 경제는 순식간에 마비될 수밖에 없다. 소위 금융위기가 닥치게 된다. 경제가 국가 간에 서로 얽혀 있는 정도가 심할수록 한 나라의 경제위기는 다른 나라의 경제위기로 급속히 전파된다. 1920～1930년대의 대공황과 2007년의 글로벌 금융위기는 이런 과정을 거쳐 일어났다. 실제 존재하지 않는 가공의 담보금으로 창출하는 은행의 신용은 언제나 이런 금융위기를 배태하고 있는 셈이다. 그래서 신용창출은 시장경제의 경기변동을 야기하는 뇌관으로 항상 작용한다. 경기변동은 제31장에서 자세히 설명된다.

몇몇 은행의 예금지급이 어려워지면, 전 금융기관의 고객들에게 불안감을 안겨준다. 이로 인해 예금자들이 한꺼번에 자신의 예금을 인출하게 되면 금융위기가 일어난다.

2. 화폐증서와 신용매개물

보관된 금화의 일부를 은행권 형태로 제3자에게 빌려주면 시중에 발행된 은행권의 양은 보관된 금화를 초과한다. 금화에 의해 완전히 뒷받침되는 은행권은 화폐임을 입증한다는 의미에서 화폐증서(money-certificate)라 하며, 이를 초과한 은행권은 신용에 근거한다는 점에서 신용매개물(fiduciary media)이라 부른다. 그러므로 시중에 유통되는 은행권의 일부는 화폐증서이고, 나머지는 신용매개물이다. 그러나 화폐증서로서의 은행권과 신용매개물로서의 은행권의 모습은 완전히 동일하기 때문에 시중에서 이를 구분할 방법은 전혀 없다.(Mi. HA, 430)

자유은행업에서 금화에 의해 뒷받침되는 은행권을 화폐증서라 하며, 이를 초과한 은행권은 신용에 근거한다는 점에서 신용매개물이라 부른다.

1. 법정불환지폐 제도 하에서는 진성화폐가 존재하지 않으나 본원화폐가 이 역할을 비슷하게 수행한다고 이해하면 된다.

은행이 금화로 태환해 줄 수 없는 위기에 처할 때 국가가 시장에 개입해 은행으로 하여금 신용매개물의 태환의무를 면제해 주게 되면, 신용매개물은 이제 신용화폐(credit money)가 된다(Mi. HA, 433). 신용화폐를 법정불환지폐(fiat money)라 부르기도 한다. 그래서 법정불환지폐 제도에서는 화폐증서로서의 은행권은 당연히 존재하지 않으며 신용화폐만이 통용된다. 태환의무를 면제받은 은행은 이제 독립성을 완전히 잃게 되고 정부 산하기관이 된다. 신용매개물과 신용화폐는 전자가 민간 상업은행이 발행하는 은행권인 반면 후자는 국가의 독점에 의해 중앙은행이 발행하는 은행권이라는 차이밖에 없다. 화폐 발행의 국가독점하에서는 모든 민간 상업은행들은 은행권을 발행할 수 없으며 중앙은행만이 은행권을 독점적으로 발행한다. 중앙은행이 발행하는 은행권은 본원화폐라 해서 상업은행이 창출하는 신용과 구분된다.

신용매개물의 태환의무가 면제되며, 신용매개물은 이제 신용화폐가 된다. 신용화폐를 법정불환지폐라 부르기도 한다.

3. 자유은행업에서의 신용문제

3.1 위조 은행권 발행의 유혹

은행이 금고에 보관되어 있는 금화를 직접 제3자에게 빌려주거나 이를 금화 대신에 은행권으로 빌려주어도 된다는 사실은 은행으로 하여금 무한한 수익창출의 방법이 있음을 알게 해준다. 사실 은행이 고객으로부터 위탁받은 금화 범위 안에서만 신용을 창출한다면 신용창출은 제한적일 수밖에 없으며, 총 통화량은 진성화폐량을 지급준비율로 나눈 것보다 더 많을 수 없다.

그러나 은행은 이 제한을 넘어서 신용을 무한정 창출하고자 하는 유혹에 언제든 빠질 수 있다. 만약 자신의 은행에서 발행한 은행권이 시중에 통용만 될 수 있다면, 금화의 존재 여부와는 상관없이 은행권을 발행하고 이를 제3자에게 대출해 수입을 올릴 수 있기 때문이다. 그 수입을 위해 소요되는 비용은 종이 한 장에 불과하기 때문에 수입의 전부는 은행의 이득이 된다. 그래서 은행권 발행에 의한 신용창출의 유혹은 아주 매력적이고 강렬하다.

금화에 의해 뒷받침되지 않는 은행권은 위조 은행권이다. 이 은행권이 시중에 통용만 될 수 있다면 큰 수익을 얻을 수 있기 때문에 은행은 언제나 위조 은행권 발행의 유혹에 노출되어 있다.

그러나 이것은 화폐위조와 다를 바 없다. 왜냐하면 그것은 은행이 마치 누군가가 금화를 위탁한 것처럼 금화 보관영수증으로서의 은행권을 발행하는 것이기 때문이다. 위조 은행권의 발행은 그 자체가 사람들을 속인다는 점에서 사기이며, 이를 모르고 수취한 사람들은 재산상의 피해를 입을 수 있다는 점에서 그것은 절도와 마찬가지이다(Ro, 802~803). 현실은 그것을 신용이라는 이름으로 아름답게 포장하고 있지만 말이다. 위조 은행권의 발행은 금화로의 상환이 애당초 불가능하다는 점에서 죄질이 아주 나쁜 범죄행위이다. 물론 위탁받은 금화의 범위 안에서 신용을 창출하더라도, 금화를 위탁한 사람들 모두가 은행권을 들고 와서 금화로 태환해 달라고 요구하는 경우에는 태환해 줄 수 없다는 점에서, 이것 역시 사기이자 절도이다. 그러나 금화 위탁자들이 동시에 태환을 요구하지 않고 금화를 빌린 제3자가 약정기일에 소정의 이자와 함께 금화를 은행에 상환하면, 은행은 위탁자에게 금화를 돌려줄 수 있다. 이런 점에서 이것은 위조 은행권보다 사기의 정도가 훨씬 덜하다.

화폐는 단지 교환의 매개물로서만 사용되기 때문에 은행권이 시중에서 통용되기만 하면 사람들은 이 은행권에 대해 어떤 의심도 하지 않는다. 고객이 은행권을 금화로 교환하러 오지 않는 한 가짜 은행권은 들통 나지 않는다. 위조 은행권과 위탁한 금화를 바탕으로 발행한 은행권은 시중에서 전혀 구분이 되지 않는다. 그래서 화폐는 위조하려는 유혹에 가장 취약한 재화이다(Ro, 802). 어떤 은행이 신용이라는 이름으로 위조 은행권을 남발하면, 사람들은 이 은행이 발행한 은행권이 지나치게 발행되었음을 짐작할 뿐이다. 사람들은 자신의 은행권을 태환하지 못할 때에야 비로소 자신이 사기당했음을 알게 된다. 그러므로 은행이 신용을 창출하는 행위는 순수한 시장경제에 위배된다. 우리가 보통 말하는 신용팽창은 금속본위 화폐제도에서 창출되는 신용팽창이 아니라, 금속화폐가 전혀 뒷받침되지 않는 법정불환지폐 제도에서의 은행권 남발에 의해 창출되는 신용팽창을 일컫는다.

화폐는 위조하려는 유혹에 가장 취약한 재화이다.

3.2 태환의 역할

은행권을 금이나 은으로 바꿀(태환) 수 있다는 것은 화폐경제에서 중요한 의미를 지닌다. 왜냐하면 은행은 항상 은행권 과잉발행의 유혹에 노출되어 있고, 태환은 은행에게 그 유혹에 빠지지 않도록 견제하는 제도적 역할을 하기 때문이다. 특정 은행이 발행한 은행권은 주로 그 은행을 이용하는 사람들 사이에서만 화폐로서 이용된다. 다른 은행을 이용하는 사람들은 태환가능성의 두려움 때문에 그

은행권의 수취를 주저하기 때문이다. 그래서 개인이 보유하고 있는 전체 화폐 중 특정 은행의 은행권이 지나치게[2] 많아지면 해당 은행권을 금화로 태환하고자 할 것이다.

주거래 은행이 아닌 타은행에서 발행된 은행권을 소지한 사람은 해당 은행권을 발행한 은행에 직접 가서 태환을 요구할 수 있다. 그렇지만 대체로 타은행권을 자신의 주거래 은행에 예금함으로써, 은행 간의 정산을 통해 태환 절차가 진행된다(Mi. HA, 435). 은행 간의 약정에 의해, 타은행에서 발행한 은행권도 예금으로 받아주기 때문이다. 은행 간의 정산 과정에서 은행권을 지나치게 발행한 은행은 강도 높은 태환의 요구를 받게 된다.

금으로의 태환이 가능하면 시중은행은 은행권을 함부로 발행할 수 없다.

그러므로 태환이 가능하다면 어떤 경우에도 민간 상업은행은 마음대로 은행권을 발행할 수 없으며 발행한도도 정해져 있다. 만약 이 한도를 넘어서 은행권을 발행하면 해당 은행의 금화 준비금은 태환 요구에 의해 감소할 것이다. 이 은행이 준비금 감소를 무시하고 계속 은행권을 발행하면, 결국 준비금이 고갈되는 지경에 이를 것이고 그 은행은 파산하고 만다. 그래서 은행은 이런 상황에 내몰리기 전에 준비금을 확보하려는 노력을 기울일 것이다. 그러므로 상업은행으로 하여금 은행권을 자유롭게 발행하는 것을 허용하더라도 상업은행은 결코 은행권을 함부로 발행할 수 없다. 은행 간의 자유로운 경쟁이 은행권의 과잉발행을 차단하는 것이다.

시중은행들은 신용을 높여 고객 수를 늘리기 위해 많은 노력을 기울인다. 예를 들어 고객이 은행권을 언제든, 그리고 어느 곳에서든 쉽게 금으로 태환할 수 있도록 은행 점포를 곳곳에 설립한다. 신인도를 높이는 과정은 은행의 많은 노력과 시간을 요한다. 이런 노력으로 신인도가 높아지면 이 은행은 중심 은행으로 자리 잡게 된다. 그러나 신용을 잃고 문을 닫는 것은 하루아침이면 충분하다. 은행권을 태환할 수 없을지도 모른다는 소문이 나면 고객들은 은행권의 태환을 위해 해당 은행으로 몰려갈 것이고, 그러면 준비금은 곧 소진될 것이기 때문이다. 신뢰 획득 과정은 더디지만 신뢰 상실은 한순간에 전개되는 것이 신용사회의 특징이다.

은행이 신뢰를 얻는 것은 더디지만 신뢰상실은 한순간에 진행된다. 이것이 신용사회의 특징이다.

태환의 또 다른 의의는 태환으로 인해 은행권의 가치가 안정적으로 유지될

2. 특정 은행의 은행권이 개인의 전체 화폐액에서 차지하는 비중이 이 사람의 전체 거래액에서 이 은행의 고객들과의 거래액이 차지하는 비중을 넘어서게 되면, 그는 해당 은행권의 보유를 지나치다고 생각할 것이다.

수 있다는 점이다. 고객은 언제든 은행권을 금이나 은으로 태환할 수 있기 때문에 은행권의 가치는 금의 가치와 같다. 생산된 금화나 금괴는 아주 느리게 마모되어 재고량이 줄어들 가능성이 적으며 금 생산량이 갑자기 크게 증가할 가능성도 적기 때문에 금화의 가치는 안정적으로 유지될 수 있다. 금화 가치의 안정은 곧 은행권 가치의 안정으로 이어진다.

금 재고량의 변화가 적기 때문에 태환은 은행권의 가치를 안정적으로 유지하게 한다.

3.3 시장경제와 정합적인 은행의 업무

중앙은행이 은행권을 독점적으로 발행하는 현대경제에서 시중은행의 신용창출은 시장경제에 위배되지 않는다. 교환당사자들 간에 자발적인 신용교환이 이루어지기 때문이다. 단지 은행권을 법정불환지폐로 독점 발행하는 중앙은행의 존재가 시장경제 질서에 위배될 뿐이다.

중앙은행이 존재하지 않는 자유은행업에서 은행의 신용창출은 사기와 절도와 마찬가지이기 때문에, 그것은 시장경제에 위배된다. 이 경우 은행의 신용창출 업무를 금지하면 은행은 어떤 수입원으로 은행 업무를 해나갈 수 있는가? 즉, 은행은 무슨 돈으로 금화를 보관하고 은행권을 발행하는 비용을 충당할 수 있는가? 이 의문은 교환경제의 원리를 적용하면 간단히 해결된다. 은행이 제공하는 서비스에 대해 이를 받는 측으로부터 그 대가를 받으면 그만이다. 금화 보관과 은행권 발행은 보관서비스 제공을 위한 비용이므로 금화를 위탁한 고객으로부터 보관수수료를 징수하면 된다. 은행도 보관서비스를 제공하는 기업인만큼 이에 해당하는 통상적인 이자가 보관수수료에 포함되는 것은 당연하다.

자유은행업에서 은행은 신용창출을 통한 수익을 포기하더라도 보관수수료와 투자자금의 중개수수료만으로 은행 업무를 수행할 수 있다. 이것이 시장경제를 거스르지 않는 은행의 역할이다.

또 다른 문제를 보자. 은행업무가 금화의 보관에만 한정된다면 일반 기업은 모자라는 자금을 어떻게 조달할 것인가? 이 경우 은행은 개인이나 민간단체로부터 금화나 은행권을 빌려 자금을 필요로 하는 기업에 이를 빌려주는 일을 대행할 수 있다. 은행은 돈을 빌릴 때의 이자율과 기업으로부터 돈을 받을 때의 이자율의 차이로 수입을 거둘 수 있다. 즉, 저축자와 투자자의 중개기능을 수행하는 것이다. 이때의 이자율 차이는 은행의 중개수수료라 할 수 있다.(Ro, 810)

은행이 저축자와 투자자를 중개하는 기능은 오늘날의 은행 업무를 생각할 때 얼핏 앞에서 설명한 신용창출 과정과 비슷하다. 고객이 이자수입을 위해 은행에 돈을 맡기고, 은행이 이를 제3자에게 빌려 주는 것은 앞에서 말한 신용창출과 유사하게 보이기 때문이다. 그러나 여기에는 분명한 차이가 있다. 은행의 중개기능은 저축자의 자금을 투자자의 수중으로 옮기는 것이기 때문에, 여기에는 창출되는 신용이 없다. 그래서 시중의 통화량은 변하지 않는다. 반면에 은행이 고객의 예금을 제3자에게 빌려주게 되면 신용이 창출된다. 은행 예금자는 즉시 또는 약간의 과정을 거치면 언제든 자신의 예금을 현금처럼 사용할 수 있기 때문이다. 여기에다 은행으로부터 대출받은 사람은 그 돈을 사용할 것이기 때문에 시중의 통화량은 은행이 제3자에게 빌려준 돈만큼 증가한다.

4. 현대 화폐제도에서의 신용문제

4.1 중앙은행에 의한 은행권 남발

법정불환지폐 제도 하에서 중앙은행에 의한 은행권 발행이 사기라고 말할 수는 없지만, 그것이 금속화폐에 의해 뒷받침되지 않는다는 점에서 과거 시중은행의 위조 은행권과 다를 바 없다.

오늘날 거의 대부분 국가들은 중앙은행을 통해 은행권을 독점적으로 발행한다. 따라서 시중은행이 은행권을 발행할 수 없기 때문에 시중은행에 의한 위조 은행권 발행의 문제는 없다. 중앙은행에 의해 독점적으로 발행되는 은행권은 국가의 공권력에 의해 시중에서 유일한 화폐로 통용되며 금속화폐로의 태환은 아예 불가능하다. 그렇기 때문에 중앙은행은 자신이 발행한 은행권이 시중에 통용되지 않을지도 모른다는 걱정을 전혀 하지 않으며, 은행권의 태환 요구의 두려움에서도 벗어나 있다. 그래서 국가는 중앙은행을 통해 은행권을 남발할 가능성이 아주 높다. 국가가 중앙은행을 설립하고 은행권 발행을 독점하고자 하는 근본적인 이유가 이런 은행권을 남발할 수 있는 권한 때문일지 모른다. 중앙은행이 발행한 은행권은 국가가 보증하기 때문에 중앙은행에 의한 은행권 발행이 사기라고 말할 수는 없지만, 그것이 금속화폐에 의해 뒷받침되지 않는다는 점에서 과거 시중은행의 위조 은행권과 다를 바 없다.

중앙은행이 은행권을 남발하면 화폐구매력이 떨어지기 때문에, 이를 소지하고 있던 사람들은 재산상의 피해를 입는다. 이런 점에서 은행권의 남발은 일종의 절도행위라고 말해도 지나침이 없다. 그렇지만 어떤 국가도, 그리고 어떤 사람도 중앙은행의 은행권 남발을 불법으로 규정하지 않는다. 그러므로 국가가 은행권 발행을 독점하는 시장은 근본적으로 순수한 시장이 아니라 국가에 의해 강력히 간섭받는 시장이다.

4.2 은행예금의 소유권

금화 보관업자로서의 은행이 자신에게 위탁한 화폐량을 초과해서 은행권을 발행한다면, 이것은 소유권 관점에서 어떤 의미를 갖는가? 물품 보관업자는 보관 의뢰자의 물품을 잘 보관한 후 약정기간이 만료되면 온전히 의뢰인에게 그것을 돌려주어야 한다. 이를 위해 그는 위탁자로부터 보관수수료를 받는다. 그 물품의 소유권은 여전히 위탁자에게 있다. 남의 물건을 보관업자 마음대로 사용하는 것은 개인의 소유권을 침해하는 행위이다. 이것은 여름이 되어 거실에 깔아놓은 양탄자를 거두어들여 세탁업자에게 드라이클리닝을 맡기고 여름이 끝날 때까지 보관을 의뢰했는데 세탁업자가 이를 다른 사람에게 빌려주어 수익을 올리는 경우와 다를 바 없다. 세탁업자가 이런 행위를 하면 분명 거의 모든 사람들이 불쾌감을 세탁업자에게 표출하고 불법행위에 대한 배상을 청구할 것이다. 그러므로 초창기 금화나 은화의 보관업자가 보관된 금속주화를 다른 사람에게 빌려주거나 이를 바탕으로 은행권을 추가로 발행한 것은 위탁자의 소유권을 침해하는 것이었다.

보관수수료를 지불하고 금속주화를 은행에 위탁할 경우, 위탁한 금속주화의 소유권은 위탁자에게 있다.

그렇다면 오늘날의 은행제도에서도 이런 논리를 주장할 수 있는가? 오늘날 모든 은행은 대출 업무를 수행한다. 대출 업무는 예금자의 돈을 제3자에게 신용이라는 이름으로 빌려주는 것이기 때문에 은행권을 초과발행하는 것과 다를 바 없다. 은행권의 초과발행을 법적으로 허용하고 있는 셈이다. 그러나 오늘날의 예금자는 은행에 요구불예금과 같이 보관 목적으로 예금하더라도 보관수수료를 은행에 지불하지 않는다. 뿐만 아니라 예금자는 이를 통해 여러 편익을 누린다. 현금 소지에 따른 도난을 우려하지 않아도 되고, 현금 없이도 신용카드나 수표 등으로 상품 거래의 결제가 가능하며, 간혹 약간의 이자수입[3]도 얻을 수 있다.

예금자가 이런 편익을 얻음에도 불구하고 보관수수료를 지불하지 않고 자신의 현금을 은행에 예금하는 것은 그 현금을 은행이 사용하는 것을 허용했다고 보아야 한다. 즉, 예금자는 은행에 예금하는 순간 자신의 현금에 대한 소유권을 은행에 이전했고, 은행은 예금주가 요구할 경우 동일한(동종 · 동질 · 동량의) 현금(대체물)으로 반환할 것을 약정했다고 이해해야 한다. 그래서 예금자는 예금을 통해 은행에 자신의 돈의 소유권을 이전했다고 보는 것이 옳다. 은행은 보관의 의

예금을 통해 은행이 제공하는 서비스를 받으면서도 보관수수료를 지불하지 않고 오히려 이자를 받을 경우, 예금자가 은행에 예금하는 순간 예금에 대한 소유권이 은행으로 이전되었다고 보는 것이 옳다.

3. 약간의 이자가 붙으면서 수시 입출이 가능한 저축성 예금(예를 들어 은행의 저축예금과 MMDA, 자산운영회사의 개인 MMF, CMA)도 현금과 같이 사용될 수 있다.

무가 아니라 반환의 의무를 질 뿐이다. 은행은 예금자가 요구하면 언제든 그 의무를 수행해야 한다. 예금자는 예금을 반환받을 수 있고 예금 때의 화폐와 똑같은 돈은 아니지만 다른(아주 우연히 동일할 수도 있겠지만) 화폐로 원금을 돌려받을 수 있다.(김형배, 1160~1162, 1268~1274)

정기예금의 법적 관계도 요구불예금과 동일하다. 정기예금자가 금리상의 불이익을 감수하면 언제든지 해약이 가능할 뿐만 아니라, 다른 예금으로의 이체도 가능하기 때문이다. 정기예금자는 일정 기간 동안 소정의 돈을 은행에 예금한 후 기간이 만기되는 시점에 원금과 이자를 받는다. 요구불예금과의 차이라면 정기예금을 받은 은행이 일정 기간 동안 반환의 요구를 걱정하지 않고 예금한 돈을 활용할 수 있기 때문에 요구불예금보다 더 높은 이자를 예금자에게 지불한다는 것 뿐이다. 이를 제외하면 정기예금이나 요구불예금은 그 성격이 동일하다. 그러므로 예금자는 은행에 정기예금을 하는 순간 해당 현금의 소유권을 은행에 이전했고, 은행은 보관의무를 지는 것이 아니라 동일한 현금(대체물)으로 반환할 의무만을 지닌다.

은행은 예금의 반환의무를 지지만 그 의무를 지키지 못할 경우가 더러 발생한다. 은행이 파산으로 내몰릴 경우가 그렇다. 이 경우 은행이 예금자의 원금을 돌려주지 못하면 예금자의 권리는 어떻게 되는가? 예금자는 예금하는 순간 원금의 소유권을 은행에 이전했고 그 대가로 이자와 원금의 반환 약속을 받았을 뿐이다. 그렇기 때문에 은행이 반환할 자산을 갖고 있지 않다면 예금주는 기본적으로 원금을 돌려받을 길이 없다. 파산 은행은 남은 자산으로 변제의무의 순서에 따라 채권자의 빚을 갚는다. 한국의 경우처럼 예금자가 최우선 변제 대상자가 아닐 경우 예금자는 원금을 조금이라도 건지기가 어려울 때가 많다.

최근 우리나라의 법은 은행이 여수신 업무 외에도 보험업이나 금융투자업을 할 수 있도록 허용함으로써 동일 금융업종 내에서 뿐만 아니라 타 금융업종들 간에도 경쟁을 촉진하고 있다(송지영, 2008, 265~271). 금융기관들은 다양한 형태의 금융상품을 개발하고 이것을 시장에서 거래한다. 개인이 금융시장을 통해 금융상품을 거래하는 것은 투자행위이다. 이 경우 금융기관은 원금 반환의 의무도 지지 않기 때문에 투자자로서의 개인은 원금 반환을 당연히 보장받지 못한다.

오늘날의 은행제도에서 예금의 소유권은 은행에 있기 때문에, 은행의 신용창출은 사기 행위는 아니다.

그러므로 오늘날의 은행제도에서 예금의 소유권은 은행에 있기 때문에, 시중은행의 신용창출이 사기 행위는 아니다. 그러나 시중은행의 신용창출은 중앙은행의 은행권 발행과 마찬가지로 통화량을 증대시켜 화폐구매력을 떨어뜨리고 이를 소지하고 있던 사람들의 재산에 손실을 입힌다. 이 점에서 시중은행의 신용창출 역시 일종의 절도행위이다.

4.3 신용의 진화

화폐를 대신하는 신용은 시장경제 내부에서 끊임없이 내생적으로 또는 자생적으로 진화해 왔다. 금속주화 시대에 등장한 은행권은 그 중에서 가장 대표적으로 진화한 신용이다. 민간 상업은행에서 발행하기 시작한 은행권은 금속주화를 밀어내고 오늘날까지 '돈(money)'의 대표 자리를 굳건히 지키고 있다. 오늘날 국가가 은행권을 독점적으로 발행하면서, 신용은 한편으로는 국가에 의해, 그리고 다른 한편으로는 국가가 창출한 신용을 바탕으로 시중은행들에 의해 창출된다. 이것이 현대경제에서 주된 신용의 창출과정이다.

신용매개물은 시장경제 내부에서 끊임없이 진화해 왔다. 은행권이 그 대표이며, 어음을 비롯한 다양한 금융기법과 금융상품의 개발, 그리고 금융기관의 확장과 신설은 신용을 크게 팽창시켜 왔다.

시장에서는 이런 공식적인 신용창출 과정 외에 다양한 형태의 신용들이 만들어지고 소멸하면서 진화한다. 화폐 및 금융 제도의 변화가 일어나면, 민간 차원에서 이에 대응하는 새로운 신용이 언제나 나타났다(킨들버거/알리버, 122). 금속주화에 의한 거래의 불편함은 은행권의 발행으로 이어졌고, 또 다른 한편으로는 환어음의 발전으로 이어지게 했다.

환어음의 발전은 매 거래 때마다 금속주화나 은행권을 소지하는 대신 상호 청산이라는 신용을 통해 거래를 완결할 수 있게 해주었다. 환어음은 은행권 못지않게 금융제도의 혁신이라 하지 않을 수 없다. 환어음은 특히 대량의 물량을 거래하는 국가 간의 수출과 수입에서 사용되었다. 환어음이 이용되면서 거래에 소요되는 금속주화나 은행권을 국내에 남겨두어도 되기 때문에 국내통화량은 이것만큼 증가했다. 19세기 미국과 영국에 소재한 은행들에 의한 어음교환소의 설립과 확장은 어음교환소 회원 은행 간의 거래에서 어음을 통한 신용 사용을 확대시켰다(킨들버거/알리버, 122).

제3자에게 자금을 위탁하는 증권이 환어음이라면, 약속어음은 발행인 자신이 지급을 약속하는 유가증권이다. 환어음이 주로 국가 간의 거래에서 사용된다면, 약속어음은 일반 거래에서 널리 사용되는 화폐대체물이다. 약속어음 소유자는 이를 가지고 할인을 받아 자금을 융통할 수 있고 담보로 대출을 받을 수 있기 때문에, 약속어음은 신용창출의 기능을 갖고 있다.

신용의 진화는 금융기관의 확장과 신설을 통해 가속화되었다. 시중은행의 영업망 확대와 새로운 시중은행의 설립은 신용창출의 파이프라인을 넓히고 촘촘하게 하며 새롭게 까는 것이나 다름없다. 시중은행 외에도 저축은행, 보험회사, 증권회사, 신탁회사, 여신금융회사와 같은 제2금융기관들이 우후죽순처럼 설립되고 제도권 밖의 대부업체들도 난립함에 따라 금융기관들 간의 경쟁은 치열해졌다. 이로 인해 할부신용, 프로젝트 파이낸싱(Project Financing)과 같은 다양한 금융기법이 개발되고 양도성 예금증서와 같은 새로운 금융상품들이 시장에 쏟아져 나오고 있다. 이 결과 중앙은행이 정책수단을 통해 신용팽창을 억제하려 해도 통제력에 한계가 있는 것이 오늘날의 화폐경제 모습이다.

4.4 신용팽창의 붕괴와 최근의 세계금융위기

정화(正貨)가 뒷받침되지 않는 은행의 신용창출에 의한 통화량 증대를 신용팽창이라고 했다. 신용팽창은 지출증대를 동반하면서 부동산과 주식, 그리고 상품 가격을 전반적으로 상승하게 한다. 자산과 상품가격의 상승으로 사람들은 자신의 부가 증대한 것으로 인식하고 지출을 더욱 늘린다. 좋은 시절이 계속될 것이라고 믿는 사람들은 투기적인 대열에 동참하기 위해 달려든다. 마치 곧 떠날 막차를 타려는 사람들처럼 말이다. 그러면서 가격은 풍선처럼 부풀어 오르고, 끝이 날카로운 침이 조금이라도 건드리면 또는 신용이 조금이라도 더 주입되면 터질 지경에 이른다.

거품경제는 언제나 신용팽창과 동반했으며, 그것은 결국 금융위기로 이어졌다. 2008년 미국에서 촉발된 세계금융위기도 마찬가지이다.

광기 어린 투기열풍은 언제나 신용팽창과 함께 했다. 지난 100여 년 동안 일어났던 거의 모든 신용팽창은 은행과 금융시스템에 의해 유발되었다.(킨들버거/알리버, 118). 2008년 미국에서 촉발된 세계금융위기 역시 신용팽창에 의한 결과였다. 예금자가 은행에 돈을 예금하면, 은행은 이 돈을 제3자에게 무보증으로 또는 부동산과 같은 담보물이 적힌 차용증서를 받고 빌려준다. 은행은 대출금을 돌려받지 못할 위험에서 벗어나기 위해 이 차용증서를 또 다른 제3자에게 판매한다. 이 제3자는 정부가 보증하는 금융기관이거나 담보물의 가치가 향후 상승하거나 최소한 안정적으로 유지될 것이라고 판단하는 민간 금융기관이다. 이 제3자는 이런 담보물들을 근거로 해서 채권을 발행하고, 이를 국내 투자자들뿐만 아니라 전 세계 투자자들에게 판매한다. 국내 신용시장과 해외 신용시장이 연결되는 순간이다. 채권 판매로 거두어들인 자금은 다시 신용공여로 사용된다.(최혁, 35~41) 채권은, 특히 정부가 보증하는 채권은 채권시장을 통해 언제든 현금으로 바꿀 수 있기 때문에 거래에서 현금처럼 사용될 수 있다. 그러면서 신용은 계속 창출되고 통화량은 그만큼 증가한다.

이 과정에서 최초 담보물을 제공하고 돈을 빌린 제3자가 원리금을 상환하지 못해 연체율이 높아져 가고 그러면서 담보물의 가치가 하락하면, 담보물을 근거로 채권을 발행한 금융기관의 수익은 나빠진다. 이 과정이 급속히 전개되어 해당 금융기관이 파산에 이르면 채권을 구매한 전 세계 금융기관들의 수익률이 연쇄적으로 악화되면서 세계금융위기가 도래한다.

생각하기

01. 화폐증서, 신용매개물, 그리고 신용화폐를 구분해 정의하라. 시중에서 이들을 구분할 수 있는 방법이 있는가?

02. 화폐는 위조하려는 유혹에 가장 취약한 재화이다. 왜 그런가? 금본위 자유은행업의 경우와 중앙은행이 은행권을 독점발행하는 경우, 무엇을 위조화폐라 말할 수 있는가?

03. 신용사회라는 용어는 신뢰하지 않으면 공멸(共滅)할 수 있다는 무시무시한 경고의 말과 다름이 없다. 왜 그런지를 설명하라.

04. 자유은행업에서 정화(正貨)로의 태환(兌換)이 행하는 두 가지 기능을 설명하라.

05. 법정불환지폐 제도 하에서 은행에 예금한 1천만원은 누구에게 소유권이 있다고 보아야 하는가? 토론하라.

06. 시장경제와 정합적이기 위해서는 정화가 뒷받침되지 않는 은행의 신용창출이 금지되어야 한다. 그렇다면 은행은 어떤 방법으로 수입을 거두어 은행을 운영할 수 있는가?

화폐시장의 균형분석

Human centered

Principles of Economics

ch. twenty-five

2

5

이 장에서는 화폐현상과 관련된 현실의 경제문제들을 화폐시장의 분석을 통해 살펴본다. 먼저 통화량 증대가 화폐구매력에 미치는 영향을 살펴보면서, 그것이 인플레이션과 경기변동의 원인임을 지적한다. 이어서 화폐수요의 변화와 관련된 다양한 이슈들을 화폐시장에 적용해 본다. 예상 인플레이션과 투기적인 요소를 고려할 경우 거품경제가 형성되고 그것이 꺼지는 과정을 살펴본다. 통화량 증대의 재분배 효과를 다루면서, 통화량 증대의 위험성을 일깨운다. 마지막으로 청산시스템의 발달이 화폐시장에 어떤 영향을 미치는지를 설명한다.

1. 화폐공급의 변화

1.1 통화량 증대와 화폐구매력

화폐구매력은 화폐시장에서 화폐보유량과 화폐재고량에 의해 결정된다. 이 두 측면에 변화가 생기면 화폐구매력은 영향을 받는다. 금이나 은을 정화(specie)로 채택하는 자유로운 화폐시장에서 금이나 은의 채굴량이 증대하면 통화량은 증대하고 마모가 일어나면 통화량은 감소한다. 이에 의한 통화량의 증감은 재화들의 전반적인 가격변동을 가져온다. 이제 금의 채굴량이 증대했다고 하자.[1] 이 결과 화폐재고곡선 SM_0는 [그림 25-1]에서처럼 SM_1으로 이동한다. 그러면 화폐구매력이 PPM_0에서 PPM_1으로 떨어지면서 가격이 전반적으로 상승한다. 만약 국가가 어떤 이유로 시중에 유통되는 금을 사들여 통화량이 줄어들면 SM_0는 SM_2로 왼쪽으로 이동한다. 화폐구매력은 PPM_0에서 PPM_2로 상승하면서 가격은 전반적으로 하락한다.

통화량이 증대하면 화폐구매력이 떨어지면서 가격이 전반적으로 상승한다.

통화량은 은행의 신용창출 기법과 전략에 의해서도 증가한다. 은행의 기본적인 신용창출은 지급준비율의 조작을 통해서이다. 은행이 지급준비율을 인하하면 은행의 신용창출 규모가 커지기 때문에, 화폐재고곡선은 우측으로 이동해 진

1. 오늘날의 법정불환지폐 제도 하에서 중앙은행이 본원화폐의 발행을 증대했다고 이해하면 된다.

그림 25-1

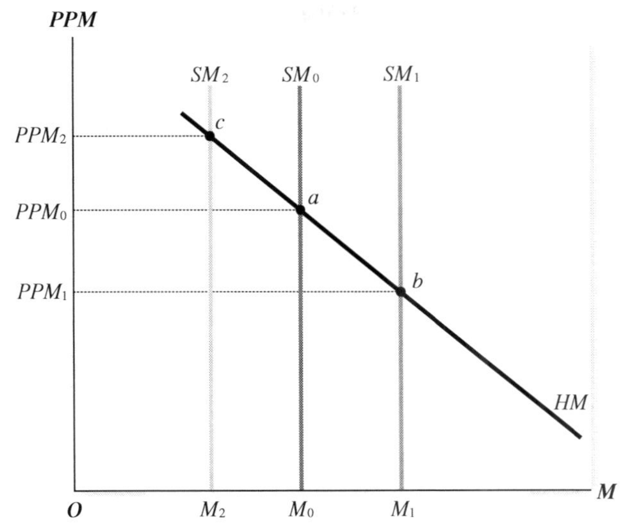

통화량 변화에 의한 화폐구매력의 변화

통화량이 M_0에서 M_1으로 증대하면, 화폐구매력이 PPM_0에서 PPM_1으로 하락하면서 가격이 전반적으로 상승한다. 통화량이 M_0에서 M_2로 감소하면, 가격은 전반적으로 하락한다.

성화폐인 금의 증대와 같은 효과가 나타난다. 즉, 화폐구매력이 감소하면서, 가격이 전반적으로 상승한다. 반대로 지급준비율을 인상하면 통화량의 감소로 화폐재고곡선은 좌측으로 이동한다. 이 결과 화폐구매력이 상승하면서, 가격이 전반적으로 하락한다.

1.2 신용팽창과 인플레이션

가격상승은 통화량의 증가에 의해서 유발되기도 하고, 실물시장의 수요증대와 공급감소에 의해서 초래되기도 한다. 실물시장에서 어떤 재화나 서비스의 가격상승은 다른 재화나 서비스의 수요가 이 재화로 이동한 결과일 때가 종종 있다. 이것은 경제 전반에 걸친 가격상승, 즉 인플레이션[2]과는 무관하다. 인플레이션은 전적으로 통화량 증대에 기인한다. 자유로운 화폐시장에서 통화량 증대는 정화가 증대하거나 은행을 비롯한 금융기관들이 신용을 창출할 때 일어난다. 이 중 인플레이션을 야기하는 것은 정화의 증대가 아니라 은행의 신용창출이다. 물론 새

인플레이션은 신용팽창의 결과이다. 오늘날의 화폐제도에서 중앙은행의 화폐 발행과 모든 은행들의 신용창출은 신용팽창이다.

2. 인플레이션 개념은 비교적 큰 폭의 가격상승이 지속되는 상태를 말하나, 이 개념은 경제학자가 만든 것이 아니라 대중이나 정치가들이 만든 개념이다. 가격이 큰 폭으로 상승하든 작은 폭으로 상승하든, 그것이 지속적이든 단발이든 가격이 상승한다고 말하면 그만이다.(Mi. HA, 419~421)

로운 금광이 개발되면 경제가 호황국면에 접어들고 가격이 상승하기도 한다. 그러나 법정불환지폐 제도 하에서의 정부의 화폐남발[3]에 비하면, 이것은 아무것도 아니다. 더욱이 금은 화폐적 용도뿐만 아니라 비화폐적 용도로도 사용되기 때문에, 금의 채굴량 증대에 의한 가격의 전반적인 상승효과는 무시해도 된다.(Ro, 990)

인플레이션을 야기하는 것은 정화로 뒷받침되지 않는 신용창출뿐이다. 자유은행업 제도에서 신용팽창은 은행이 위탁받은 정화의 규모보다 더 많이 은행권을 발행할 때 일어난다. 법정불환지폐 제도에서는 근본적으로 정화가 존재하지 않기 때문에, 정부의 화폐발행 자체가 신용팽창이며 정부가 발행한 화폐를 근간으로 신용을 공여하는 금융기관들의 신용창출 역시 신용팽창이다.

디플레이션은 인플레이션의 치유과정에서 일어나는 현상이다.

디플레이션은 통화량의 감소에 의해서 일어난다. 통화량의 감소는 정화의 자연적인 마모를 제외하면, 과다한 통화량 증대에 의해 야기된 인플레이션에 대응하기 위한 조치로 취해질 뿐이다. 그러므로 인플레이션이 없는 디플레이션은 생각할 수 없다(Ro, 990).

2. 화폐수요의 변화

2.1 예상 인플레이션율의 고려

정부의 통화량 증대에 의해 가격이 전반적으로 상승하면 많은 사람들의 예상 인플레이션율이 상승한다. 그러면 개인의 화폐유보수요가 감소해 화폐구매력은 더욱 떨어진다.

[그림 25-2]에서 화폐시장은 화폐재고곡선 SM_0와 화폐보유곡선 HM_0가 만나는 a점에서 균형을 이루고 있고, 이때의 화폐구매력은 PPM_0이다. 정부가 화폐를 추가로 발행하면 화폐재고곡선이 SM_1으로 이동해 화폐구매력은 PPM_1으로 하락한다. 정부의 통화량 증대가 지속될 경우 사람들은 화폐구매력의 하락이, 즉 가격의 전반적인 상승이 앞으로 계속될 것으로 예상한다. 많은 사람들이 인플레이션이 지속될 것으로 예상하면, 그들은 자신의 현금잔고의 비중을 줄이고 제품을 더 많이 구입하려 할 것이다. 화폐가치가 앞으로 떨어질 것이라고 예상하면서 금고 속에 화폐를 그냥 놓아두려고 하지 않을 것이기 때문이다. 이것이 많은 사

3. 국가는 화폐를 남발하고자 하는 유혹에 항상 놓여 있으며, 국가의 화폐남발은 현재 도처에서, 그리고 역사적으로 언제나 관찰되는 사실이다.

그림 25-2

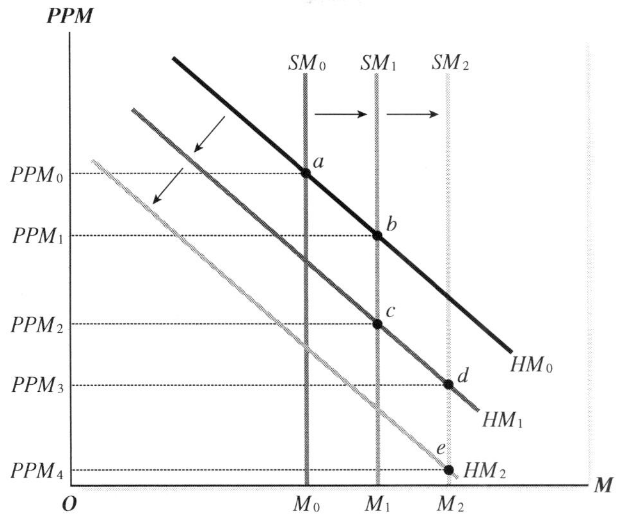

예상 인플레이션율의 상승에 의한 화폐구매력의 하락

정부가 통화량을 M_0에서 M_1으로 증대시키면 화폐구매력은 PPM_0에서 PPM_1으로 하락한다. 정부의 통화량 증대가 지속되면 개인의 예상 인플레이션율의 상승과 함께 화폐보유곡선 HM이 왼쪽으로 이동한다. 그러면 화폐구매력이 PPM_4까지 하락할 수 있다.

람들에 의해 일어나면 화폐의 유보수요가 줄어들면서 화폐보유곡선은 왼쪽($HM_0 \rightarrow HM_1$)으로 이동한다. 그러면 화폐구매력이 PPM_1에서 더욱 떨어져 PPM_2로 하락한다. 정부의 지속적인 통화량 증대는 이처럼 공급측면에서 화폐구매력을 떨어뜨리는 데다 사람들로 하여금 향후 가격들이 전반적으로 상승할 것이라고 예상하게 해서 수요측면에서 화폐구매력을 더욱 하락하게 한다. 화폐구매력의 하락은 가격의 전반적인 상승을 의미하기 때문에, 정부의 지속적인 통화량 증대는 예상 인플레이션율의 상승과 함께 가격의 전반적인 상승을 부추긴다.

통화량이 지속적으로 크게 증대하고 개인의 예상 인플레이션 상승이 급속히 진행되면, 가격은 회오리바람처럼 전 부문에 걸쳐 급격히 상승할 수 있다. 그러면 화폐가치는 거의 소멸하고 화폐체계는 붕괴되고 만다.

가격의 전반적인 상승에도 불구하고 정부가 계속해서 통화량을 증대시키면($M_1 \rightarrow M_2$), 화폐구매력은 더욱 하락한다($PPM_2 \rightarrow PPM_3$). 사람들이 예상 인플레이션율을 크게 높이면서 현금잔고를 더 많이 줄인다면, 화폐보유곡선이 더욱 왼쪽($HM_1 \rightarrow HM_2$)으로 이동해 화폐구매력은 PPM_4까지 하락할 수 있다. 이런 과정이 심하게 진행되면, 가격은 회오리바람처럼 전 부문에 걸쳐 급격히 상승한다. 화폐가치는 거의 완전히 소멸되고 화폐는 종이쪽지에 불과해진다. 그렇게 되면 사람들이 교환의 대가로 화폐를 받으려고 하지 않음에 따라 화폐체계는 붕괴되고 만다. 다시 물물교환으로 돌아갈 수는 없기에, 사람들은 또 다른 교환의 매개수단을 찾으러 나설 것이다. 이런 일이 1781년 미국의 콘티넨탈 통화에서, 1796년 프랑스의 지폐에서, 그리고 1924년 독일의 마르크화에서 일어났다(Mi.

HA, 425).

오늘날에도 후진국들에서 이런 현상을 드물지 않게 찾아볼 수 있다. 이것은 역사적인 특별한 사건이 아니라 동일한 조건이 주어지면 언제든지 일어난다. 아프리카 남부의 국가인 짐바브웨는 2008년 2억 3,100만%의 물가상승률을 기록했다. 이렇게 되자 사람들은 화폐를 통한 거래 대신 물물교환을 선호하게 되었고 화폐경제를 기반으로 한 경제시스템은 완전히 무너졌다. UN세계식량계획(UN World Food Programme)에 따르면, 2013년 4,200만 짐바브웨 국민 중 3분의 1가량이 심각한 식량 부족에 시달리고 있으며, 2013년 1월 정부재산은 217달러밖에 남지 않았다고 한다.(김훈민, 2009. 9. 25 ; 매일경제, 2013. 1. 31)

2.2 투기적인 측면의 고려

투기적 측면은 화폐구매력의 변화에 대한 공격적인 예상으로 현금잔고를 활용해 이득을 얻으려는 데서 찾을 수 있다. 특정 제품의 가격이 오를 것으로 예상하고서 미리 이것을 사두어 나중에 되팔면, 또는 반대로 이 제품의 가격이 하락할 것으로 예상하고서 그것을 일단 팔아 현금을 확보한 뒤 나중에 그것을 되사면 이득을 얻을 수 있다. 이것이 재정거래(arbitrage) 이득이다. 재정거래 이득을 노려 제품을 미리 사두면 현금잔고가 감소하는 반면, 제품을 팔고 일단 현금을 확보하면 현금잔고는 증가한다. 현금잔고는 미래의 불확실성을 대비해 줄 뿐만 아니라 이처럼 이득을 얻는 수단으로 사용된다.[4] 앞으로 가격이 큰 폭으로 상승할 것으로 예상되는 제품을 자신의 현금잔고를 이용해 대량 구입하게 되면, 그것의 가격은 더욱 크게 오른다. 우리는 이런 행위를 하는 자들을 종종 투기꾼이라고 부른다. 이들은 미래 가격의 상승이라는 위험에 대비하려는 동기를 넘어 이 행위를 통해 투기적 이득을 얻기 위한 목적이 더 강하다. 이런 투기적 동기가 도처에서 일어날 경우 화폐구매력에 어떤 영향을 미치는지를 [그림 25-3]을 통해 살펴보자. [그림 25-3]은 [그림 25-2]를 이어서 그린 것이다.

향후 전반적인 가격상승이 예상되는 데다, 여기에 투기적인 요소까지 가세하면 현금잔고가 더욱 감소해 화폐보유곡선은 [그림 25-2]의 HM_0에서 HM_2를 넘

4. 예상 인플레이션율의 상승에 의한 자산비중의 조정도 교환가치를 행위의 기준으로 삼는다는 점에서 투기이다. 이를 2.2절에서 다루지 않는 것은 능동적이고 공격적인 조정에 의해 재정거래 이득을 실제로 얻으려는 투기 행위와 구분하기 위함이다.

그림 25-3

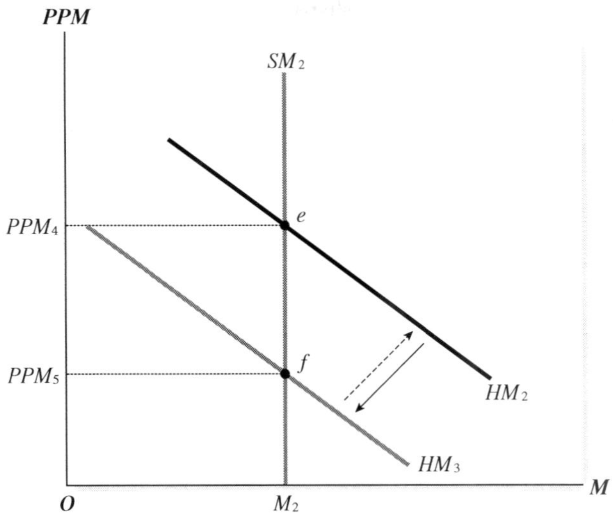

투기에 의한 화폐구매력의 변화

이 그림은 [그림 25-2]를 이어서 그린 것이다. 투기적인 행위가 경제 전반에 걸쳐 일어나게 되면 화폐보유곡선은 HM_2에서 HM_3로 더욱 왼쪽으로 이동하여 가격의 전반적인 상승은 가속화된다. 투기의 광풍이 물러가면 화폐보유곡선은 다시 HM_2로 돌아가고 화폐구매력이 PPM_5에서 PPM_4로 상승하면서 그동안 형성된 거품이 꺼진다.

어 [그림 25-3]의 HM_3까지 왼쪽으로 이동한다. 화폐구매력은 PPM_4에서 PPM_5까지 떨어진다. 화폐구매력이 PPM_0에서 PPM_5까지 하락한 것은 통화량 증대, 예상 인플레이션율의 상승, 그리고 투기에 의한 결과이다. 이 중 PPM_4에서 PPM_5까지만 투기적인 요인에 의한 결과이다. 물론 이 세 가지 요인의 구분은 현실적으로 불가능하다. 실제에 있어서는 이들이 서로 주고받으면서 섞여 진행된다. 여기에서 구분한 것은 순전히 설명의 편의 때문이다.

인플레이션 국면에서 재정거래 이득을 얻기 위해 공격적으로 현금잔고를 이용할 경우, 화폐구매력은 더 크게 하락할 수 있다.

투기적 수요까지 가세해 화폐구매력이 PPM_5까지 하락하면, 투기자들은 이제 아주 비싸진 제품들을 팔고 이득을 챙기면서 현금잔고를 늘리기 시작할 것이다. 그러면 화폐보유곡선은 현금잔고의 증대로 HM_3에서 다시 HM_2로 회복한다.

화폐의 투기적 수요는 다른 제품들에서의 투기적 요인과 동일한 기능을 수행한다. 즉, 미래에 대한 예상이 현실화되는 속도를 빠르게 해준다. 미래에 대한 화폐가치 하락이 예상되면 여기에 투기적 요소가 가미되면서 현재의 화폐가치를 더 빨리 하락하게 하고, 그것이 앞으로 상승할 것이라고 예상되면 투기적 요인은 그것을 더 빨리 상승하게 한다.

투기하는 사람들이 모두 이득을 보는 것은 아니다. 투기에 너무 서둘러 뛰어들든지 아니면 너무 늦게 뛰어들면 손해를 볼 수 있다.

투기하는 사람들이 모두 이득을 볼 수 있는 것은 아니다. 투기가 성공하려면, 자신의 투기에 동참하려는 다른 투기자들과 투기의 목적은 아니지만 가격상승에 불안을 느낀 사람들이 시간차를 두면서 계속 나타나야 한다. [그림 25-3]에는 화폐보유곡선이 HM_2에서 HM_3까지 한숨에 이동한 것처럼 그려져 있지만, 그것은 최초의 투기세력을 좇아가려는 사람들이 계속 나타난 결과이다. 최초의 투기세력은 보다 낮은 가격에서 제품들을 구매해 가격을 조금 올려놓았을 뿐이고, 나머지 가격 상승 부분은 이들을 좇은 사람들에 의한 것이다. 최초의 투기세력은 이제 가격이 충분히 오른 것을 보고, 갖고 있는 제품들을 팔아 이득을 챙긴 후 이 시장을 빠져나간다. 그러나 이 과정에 늦게 참여한 투기자들이나 불안해서 늦게 들어온 순수한 사람들은 투기세력이 빠져나가면서 가격이 하락해 손실을 입을 수 있다. 투기세력들이 항상 이득을 얻는 것은 아니다. 그들의 뒤를 좇는 사람보다 그 시장을 빠져나가는 사람이 더 많다면, 가격이 하락하여 그들은 손실을 입을 수 있다. 이들은 더 큰 손실을 막기 위해 적절한 시점에 그 시장을 빠져나갈 것이다.

투기세력들이 이득을 챙기고 빠져나가든, 시장에 잘못 들어갔다는 판단을 하고서 그 시장에서 나오든 투기의 광풍이 물러가면 화폐보유곡선은 다시 HM_2로 돌아간다. 그러면서 화폐구매력은 PPM_5에서 PPM_4로 상승하고 그동안 형성된 거품이 꺼진다.

2.3 경기침체기에서 현금잔고의 일시적 증대

대공황 시기와 같이 미래가 불확실할 때, 개인은 현금잔고의 비중을 늘린다. 이로 인해 화폐수요가 증대하면서 화폐구매력은 상승한다. 이것이 대공황 때 일어나는 디플레이션이다.

1920년대 대공황이나 최근의 세계적 금융위기에서, 가계나 기업은 경제위기에서 살아남고 미래의 강력한 불확실성에 대비하기 위해 현금잔고의 비중을 확대하려 한다. 이것은 개인의 화폐보유곡선을 [그림 25-4]에서처럼 우측(HM_1)으로 이동하게 해서 화폐구매력을 PPM_0에서 PPM_1으로 상승시킨다. 즉, 가격이 전반적으로 하락한다. 이것이 디플레이션이다.

경기침체 때 정부가 통화량을 증가시켰음에도 가격의 전반적인 상승이 일어나지 않는 것은 미래 불확실성에 대비하기 위한 화폐수요가 증대했기 때문이다.

이때 정부가 화폐공급량을 증가시키면 화폐재고곡선은 SM_0에서 SM_1으로 이동해 화폐구매력이 PPM_0에서 PPM_1으로 상승하는 것을 막을 수 있다. 정부가 화폐량을 증대시키더라도 물가가 오르지 않는 경우이다. 정부의 화폐공급량 증대에도 불구하고 물가가 안정적으로 유지되고 있는 것은 개인들의 화폐수요가 증대했기 때문이다. 사람들은 이런 사실을 잘 인지하지 못하기 때문에, 정부는 통화팽창에도 불구하고 물가를 안정적으로 관리하고 있다고 자랑하는 경우가 허다하다.

사람들은 미래의 불확실함과 예상되는 실물자산 가치의 하락에 대비하기 위해 현금잔고의 비중을 확대했다. 그런데 생각과는 달리 화폐구매력이 안정적으로

그림 25-4

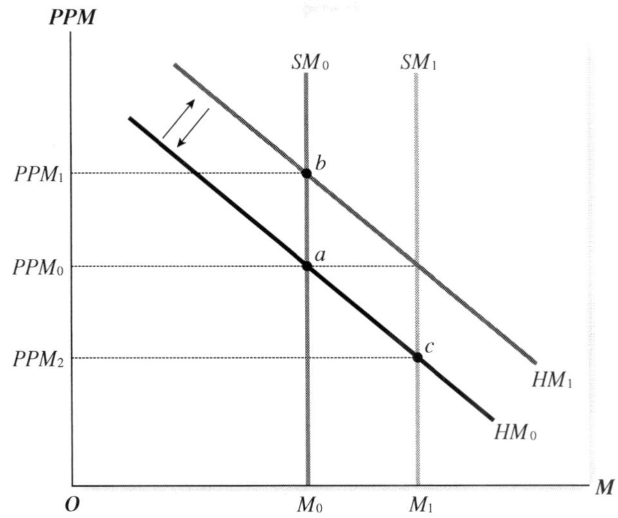

경기침체기 통화량 증대의 효과

미래가 불확실하여 현금잔고의 수요가 증대하면, 화폐보유곡선은 HM_0에서 HM_1으로 이동하면서 화폐구매력은 PPM_0에서 PPM_1으로 상승한다. 이것이 디플레이션이다. 이때 정부가 통화량을 M_0에서 M_1으로 증대하면 종전의 화폐구매력 PPM_0를 유지할 수 있다.

유지되고 경기가 침체국면에서 벗어나고 있는 것을 확인하면, 이들은 더 이상 현금잔고를 늘리려 하지 않고 현금비중을 종전, 즉 경기침체 이전의 수준으로 돌리려 할 것이다. 그러면 화폐수요는 감소하기 시작해 HM_1은 다시 HM_0로 돌아가고, 이것은 화폐의 구매력을 PPM_0에서 PPM_2로 하락하게 한다. 사람들은 자신의 현금잔고 수준을 원상태로 돌린 것뿐인데 가격의 전반적인 상승을 경험하게 된다. 이것은 그 사이 정부가 통화량을 증대시켰기 때문이다.

이때 사람들이 앞으로도 돈이 풀려 전반적인 가격상승이 지속될 것이라고 예상하고 여기에다 투기적인 현상까지 일어나면, 화폐보유곡선은 왼쪽으로 더 이동해 화폐구매력은 더욱 떨어진다. 그래서 경기침체기 때 정부가 경기진작의 목적으로 통화공급량을 증대시킬 경우, 그것이 일시적으로는 전반적인 가격수준에 영향을 미치지 않을지라도 조금만 경기가 회복되기 시작하면 물가를 급속히 상승하게 하는 동력으로 작용한다.

2.4 실물경제의 성장

경제성장은 소득증대를 의미하기 때문에 화폐의 교환수요를 증대시킨다. 그

그림 25-5

경제성장과 화폐구매력의 변화

경제성장은 화폐수요 증대($HM_0 \rightarrow HM_1$)을 유발하기 때문에, 화폐구매력을 PPM_0로 유지하기 위해서는 통화량이 M_0에서 M_1으로 증대해야 한다.

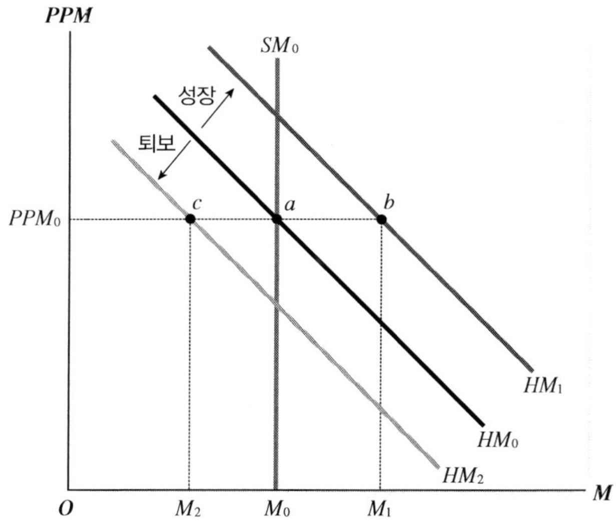

성장하는 경제에서 화폐구매력을 일정하게 유지하기 위해서는 통화량을 화폐수요 증대에 맞추어 증대시켜야 한다.

래서 성장하는 경제에서는 화폐보유곡선이 점진적으로 오른쪽으로 이동한다. 반대로 퇴보하는 경제에서 화폐보유곡선은 왼쪽으로 이동한다. 성장하는 경제에서 화폐구매력을 일정하게 유지하기 위해서는 화폐공급량을 화폐수요량 증가만큼 증대시켜야 한다. 반대로 퇴보하는 경제에서는 화폐공급량을 감소시켜야 화폐구매력을 일정하게 유지할 수 있다. [그림 25-5]는 이를 나타낸 것이다. 경제가 성장함에 따라 화폐보유곡선은 HM_0에서 HM_1으로 이동하기 때문에 화폐구매력을 PPM_0로 유지하기 위해서는 화폐공급량을 M_0에서 M_1으로 증대시켜야 한다. 경제가 퇴보할 때에는 동일한 화폐구매력을 유지하기 위해서 화폐공급량을 M_0에서 M_2로 감소시켜야 한다.

3. 통화량 변화의 재분배 효과

통화량의 증대는 화폐시장의 변화를 통해 개인의 경제활동에 영향을 미친다. 그러나 그 영향은 모든 사람과 부문에 균일하지 않다. 통화량 증대에 의한 화폐시장의 교란이 어디에서부터 일어났고, 그것의 파급 고리에 내가 어디쯤 위치해 있으며, 내가 판매자인지 구매자인지, 그리고 그 파급 속도와 강도에 따라 그것의 파급효과는 사람마다 부문마다 다르게 나타난다. 어떤 정부의 개입도 그것은 사람마다 부문마다 균일하게 영향을 미치지 않는다. 그런데 화폐는 모든 거래에 관여하기 때문에 정부의 화폐시장 개입은 이런 현상을 더욱 뚜렷하게 한다. 그래서 정부의 통화량 조작은 정부의 다른 어떤 정책보다 심각한 분배문제를 야기한다. 아래에서는 통화량 변화의 파급효과(diffusion effect)에 의한 분배문제를 살펴본다.

정부의 통화량 조작은 정부의 다른 어떤 정책보다 심각한 분배문제를 야기한다.

3.1 통화량 증대의 재분배 효과

화폐수요가 일정하다는 가정 하에 화폐공급이 증대하면 화폐시장에서 화폐 구매력은 하락한다. 즉, 가격이 전반적으로 상승한다. 그러나 그 상승과정은 부문별 · 계층별로 결코 일률적이지 않다. 그 과정에서 이득을 보는 자와 손해를 보는 자로 나뉜다. [그림 25-6]은 모든 사람들의 화폐수요가 일정하다는 가정 하에서의 통화량 증가가 가져오는 파급과정을 나타낸 것이다. 정부가 본원통화량을 증대시켰다고 하자. 시중은행이 증대한 통화량을 B에게 대부하고 B가 이것을 C회사의 제품 구매에 지출하면, C회사의 제품 가격은 상승하면서 C의 화폐소득은 증대한다. C 역시 증대한 소득의 일부를 다른 회사 D의 제품 구매에 지출할 것이고 이로 인한 D제품의 가격 인상으로 D의 소득이 증대한다. 이런 과정은 Z회사 제품의 가격 인상 때까지 계속 이어져 나갈 것이다.

문제는 B뿐만 아니라 C, D, E, ……, Z 모두는 자신이 갖고 있는 제품이나 요소서비스의 판매자인 동시에 다양한 제품들과 요소서비스들의 구매자라는 점이다. 이들 각자가 갖고 있는 제품이나 요소서비스의 가격상승 속도와 이들이 구매하고자 하는 것들의 가격상승 속도에 차이가 날 때, 이들은 통화량 증대에 의해 손해를 볼 수도 있고 이득을 볼 수도 있다.

자신이 판매하고자 하고 구매하고자 하는 것들의 가격이 모두 빨리 상승하거나 모두 늦게 상승하면, 가격상승에 의한 판매와 구매의 유불리가 서로 상쇄되어 통화량 증대에 의한 피해나 이득은 없다. 하지만 자신의 판매가격이 구매가격들에 비해 늦게 상승하는 경우, 그는 통화량 증대가 초래한 전반적인 가격상승 국면에서 피해를 입는다. 가격상승 속도의 차이가 크면 클수록 통화량 증대에 의한 피해도 커진다. 이와는 반대로 구매하고자 하는 것들보다 판매하고자 하는 것들

그림 25-6

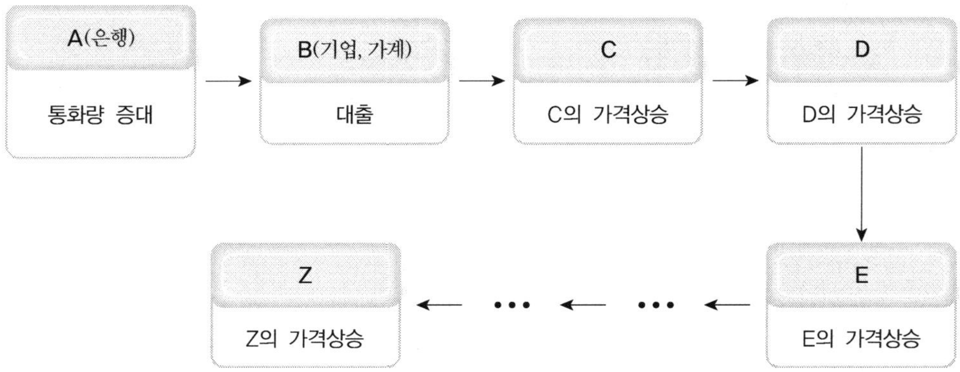

통화량 증대의 재분배 효과

통화량 증대에 의한 가격상승 과정에서 자신의 제품이나 생산요소의 가격이 제일 먼저 오르는 C가 가장 큰 이득을 보며, 가격이 가장 늦게 오르는 Z가 가장 큰 손해를 입는다.

의 가격이 빨리 상승하면, 그는 가격상승 국면에서 유리한 위치에 놓이게 된다.(Ro, 990~991)

증가한 통화량이 가장 먼저 흘러가는 첫 번째 부문의 판매자가 가장 큰 혜택을 본다. 그가 판매하는 제품의 가격은 상승하는 반면, 그가 구매하고자 하는 것들의 가격은 아직 상승하지 않았기 때문이다. [그림 25-6]에서 그는 C이다. 반면에 거의 모든 제품과 요소서비스의 가격이 상승한 후 자신의 제품이나 요소서비스들의 판매가 일어나는 사람이 통화량 증가에 의해 가장 큰 손해를 입는다. [그림 25-6]에서 이 사람은 Z이다. 통화량 증가의 파급과정인 A와 Z 사이 어디에 자신이 위치해 있는가, 자신의 판매 또는 구매 대상의 제품이나 생산요소가 시장에서 어느 정도의 비중을 차지하는가, 그리고 그것의 가격상승률이 어떠한가에 따라 통화량 증대에 의한 혜택과 손해의 정도는 달라진다. C에 가까울수록 통화량 증대의 수혜대상이 될 것이고, Z에 가까울수록 손해대상이 될 것이다.

통화량 증대에 의한 화폐시장의 교란이 어디에서부터 일어났고, 그것의 파급 고리에 내가 어디쯤 위치해 있으며, 내가 판매자인지 구매자인지에 따라 그것의 파급효과는 사람마다 부문마다 다르게 나타난다.

그러므로 통화량 증대에 의한 인플레이션 과정에서 수혜자는 손해를 보는 자의 희생에 의해서 이득을 보는 것이다. 문제는 인플레이션 과정에서 손해를 보는 자들은 광범위하게 퍼져 있지만 그다지 눈에 띄지 않는다는 데 있다. 그래서 사람들은 문제의 심각함을 잘 인식하지 못한다. 이것이 정부로 하여금 화폐를 남발해도 된다는 생각을 갖게 한다.(Ro, 991)

통화량 증대에 의한 소득재분배는 1회로 그치지 않는다. 왜냐하면 모든 가격이 화폐수량설(quantity theory)에서 말하는 것과 같이 균일한 비율로 상승하지 않기 때문이다. 인플레이션에 의해 어떤 이의 화폐소득은 증가하는 반면, 어떤 이의 화폐소득은 감소하여 지출패턴에 다양한 변화가 일어나기 때문이다. 지출패턴의 상대적 변화는 인플레이션에 의해 이득을 본 자와 손해를 입은 자가 자신의 이득과 손해에 대해 가치평가를 달리하고 이것이 시장에서 다른 반응으로 나타나기 때문에도 일어난다. 지출패턴의 상대적 변화에 의해 어떤 사람들은 영구적으로 이득을 보는 반면, 다른 사람들은 영구적으로 손해를 본다.(Ro, 992)

예를 들어 통화량 증대로 식료품 가격과 집값이 먼저 빠른 속도로 상승하는 반면, 임금을 포함한 그 외 부문의 가격은 그다지 상승하지 않거나 상승이 가장 늦게 그것도 약간 상승하는 것으로 그친다고 하자. 이 가정은 통화량이 지속적으로 증대할 경우 일반적으로 관찰되는 현상이다. 그러면 집을 가진 자들은 더 부유해지는 반면, 그렇지 못한 사람들은 더 가난해진다. 집을 가지지 못한 사람들의 소득은 그대로 있는데 전월세 가격이 크게 오르고 여기에다 식료품 가격도 크게 상승함에 따라, 그는 더욱 어려운 처지에 놓이게 된다. 가진 자와 가지지 못한 자의 생활 격차는 더 크게 벌어지는데, 이것은 이들 간의 능력 경쟁이 아니라 정부의 통화량 증대가 만들어 놓은 결과이다.

정부의 화폐정책에 의한 재분배 문제는 개인의 능력 경쟁과는 상관이 없기 때문에 더욱 심각하다. 통화정책은 어떤 경우에도 결코 중립적이지 않으며 계층 간의 틈을 더 벌려놓을 뿐이다.

통화정책은 어떤 경우에도 결코 중립적이지 않으며 계층 간의 틈을 더 벌려놓을 뿐이다. 왜냐하면 인플레이션에 의한 수혜는 자산가들에게 주로 돌아가고 손해는 자산을 그다지 갖고 있지 못한 자들에게 향하기 때문이다. 특히 통화량 증대를 위해 취해지는 모든 조치들은 낭비적이며 공공복지의 증대와는 아무런 상관이 없다. 그렇기 때문에 좀더 현명한 정부라면 더 나은, 통화정책을 실시했을 것이라고 믿는 것은 환상이다. 통화정책에 의지하는 것은 잘못된 길을 계속 가겠다는 의지의 표현에 불과하다. 미제스는 법정불환지폐가 일으키는 경제 · 사회적 해악을 보면 금본위제를 유지하기 위한 금 생산의 비용은 아주 작은 해악이라고 했다. 역사에 있어서 금과 은이 화폐로 자리매김한 것은 시장의 선별과정에 의한 결과이다. 그러나 국가는 200년 넘게 이런 시장의 선택에 간섭해 왔다.(Mi. HA, 418~419)

3.2 통화량 감소의 재분배 효과

통화량이 감소해 전반적인 가격하락이 일어날 때, 이것이 개인에 미치는 영향은 가격상승과 정반대라고 생각하면 된다. 자신이 판매하고자 하는 것의 가격이 늦게 하락할수록, 그리고 구매하고자 하는 것의 가격이 빨리 하락할수록 유리하다. 모든 구매가격이 다 하락한 후 자신의 판매가격이 하락한다면, 가장 큰 이득을 보게 될 것이다. 반대로 판매하고자 하는 제품의 가격이 빨리 하락하는데 자신이 구매하고자 하는 제품의 가격이 느린 속도로 하락한다면, 가격하락 국면에서 불리한 입장에 놓이게 된다. 자신의 판매가격이 늦게 하락하지만 구매가격 역시 늦게 하락한다면, 또는 판매가격과 구매가격 모두 빨리 하락한다면, 전반적인 가격하락에 의한 영향은 그다지 받지 않는다.

3.3 화폐수요 증대에 맞춘 통화량 증대의 재분배 효과

경제가 성장하고 인구수가 증대하면 화폐수요는 증대한다. 화폐구매력의 수준을 일정하게 유지하기 위해서는 화폐수요의 증대에 맞추어 화폐공급량을 증대시켜야 한다.

성장경제에서 통화정책으로 화폐구매력이 일정하게 유지된다고 해서 재분배 문제가 일어나지 않는 것은 아니다.

성장하는 경제에서 이와 같은 방식으로 화폐구매력이 일정하게 유지된다고 해서, 그 내면은 호수처럼 조용할까? 결코 그렇지 않다. 화폐수요의 증대와 화폐공급의 증대가 아무런 생채기를 내지 않고 조용히 상쇄되는 것은 아니다. 화폐수요의 변화는 화폐수요 측면에서, 화폐공급의 변화는 화폐공급 측면에서 각각의 파급경로를 밟아간다. 그 경로에서 어떤 사람과 어떤 부문은 더 부유해지거나 번성하는 반면에, 다른 사람과 다른 부문은 더 가난해지거나 쇠락하기도 한다. 그 과정에서 가격이 상대적으로 오른 부문도 있고 내린 부문도 있을 것이기 때문에 상대가격 체계는 종전과 결코 같아질 수 없다.(Mi. HA, 411~412)

동일한 논리로 인플레이션 후 디플레이션이 일어나 최종적인 가격변화는 크지 않다고 하더라도, 이 두 힘이 개인과 부문에 미치는 영향은 서로 상쇄되는 것이 아니다. 인플레이션 영향에 디플레이션 영향이 덧붙여질 뿐이다.(Mi. HA, 414)

3.4 거시경제 모델의 한계

이처럼 통화량 증가에 의한 가격상승의 과정이나 그 반대로 통화량 감소에 의한 가격하락의 과정은 모든 부문과 개인에게 균등하고 대칭적 또는 비례적으로 진행되는 것이 아니다. 문제는 이것이 개인 간 · 부문 간 소득과 자산의 격차를 확대한다는 점이다. 거시경제 변수를 다룰 때, 그 변수의 뒷면에 자리 잡고 있는 의미와 배경을 아무리 세심하게, 그리고 조심스럽게 해석해도 지나치지 않는 이유가 바로 여기에 있다. 앞 장에서 화폐구매력의 결정과정을 화폐보유곡선과 화폐재고곡선이 교차하는 것으로 아주 단순하게 묘사하고 설명했다. 이에 의하면 화폐공급량의 증대와 감소는 화폐구매력을 감소 또는 증가시킨다는 것 외에는 어떤 것도 말해 주지 못한다. 통화량 변화가 개인과 부문 간에 소득 내지 자산 격차를 확대시킨다는 사실은 숨겨진 채 넘어가 버리는 것이다. 이것이 사회적으로 큰 문제를 야기함에도 불구하고 화폐시장 전체를 다루는 거시적 모델은 단지 통화량 변화가 가져오는 화폐구매력 수준 변화의 방향만을 설명해 줄 뿐이다. 이 비판은 화폐수량설이나 수학적 또는 그래프 기법에 의한 화폐현상 설명에 관해서도 동일하게 가해질 수 있다(Mi. HA, 410).

거시경제 모델은 거시변수의 방향만 제시해 줄 수 있을 뿐 그 내부의 자세한 변화를 설명해 주지 못한다.

통화량 변화가 가져오는 소득 및 자산 격차의 확대는 개인이나 부문의 능력 경쟁에 의해서가 아니라 국가라는 제3자의 행위에 의한 결과이기 때문에, 정부에 의한 통화량 변화는 시장경제 질서를 근본적으로 해친다. 이것은 국가가 화폐공급의 절대적 권한을 지니고 있는 현대경제에 의미하는 바가 매우 크다. 통화량 증대가 초래하는 결과는 대체로 일반인들이 감지하기가 쉽지 않다. 통화량 증대에 의해 자신들의 처지가 상대적으로 취약해지면, 이들은 이를 시장 때문이라고 또는 대기업이나 가진 자의 탐욕 때문이라고 화살을 돌린다. 물론 지나치게 우월적인 시장지위에 의한 것일 수도 있지만, 많은 경우 정부의 통화량 증대에 의한 결과이다.

4. 청산시스템의 발달과 화폐시장

4.1 청산시스템의 발달

청산이란 거래에서 발생하는 서로 간의 채권과 채무 관계를 셈해 정리하는 것을 말한다.

청산(clearing)이란 거래에서 발생하는 서로 간의 채권과 채무 관계를 셈해 정리하는 것을 말한다. 청산시스템이란 이를 위한 제도들을 일컫는다. 일반적으로 청산시스템은 화폐의 매개 없이 거래가 이루어지는 시스템을 말한다. 오늘날 청산시스템은 다양한 형태로 발전하고 있다. 청산은 신용거래뿐만 아니라 현금거래에서도 이루어질 수 있다. 현금거래에서 청산은 상품을 서로 주고받기할 때 발생한다. A가 B로부터 3만원짜리 책을 구입하고 B는 A로부터 4만원짜리 전자사전을 구입한다면, 7만원이 서로 오갈 필요 없이 3만원은 A와 B 사이에 서로 자동 청산되고 나머지 1만원만 B가 A에게 지불하면 된다. 이 경우 A와 B 사이에 동원되는 화폐는 1만원에 불과하다. 그러나 이러한 상호거래가 동시에 일어나는 경우는 흔하지 않기 때문에 현금거래에서의 청산은 자주 일어나지 않는다.

청산은 현금거래보다 신용거래에서 아주 다양한 형태로 활발히 전개된다.

청산은 신용거래에서 아주 다양한 형태로 활발히 전개된다. 이것은 상품을 서로 주고받는 거래가 동시에 일어나지 않아도 되기 때문이다. 일정 기간의 거래 후 그 기간 동안 거래된 서로의 거래내역으로부터 청산이 이루어지면, 청산의 규모는 아주 커질 수 있다. 예를 들어 A는 B라는 음식점에 음식재료를 공급하는 업체이고, A업체 직원들은 점심을 B음식점에서 해결하며, 직원들의 점심식사 비용은 회사가 부담한다고 하자. 음식재료를 공급할 때마다, 그리고 직원들이 식사할 때마다 상대방에게 돈을 지불하지 않고 주어진 기간 말미에 한꺼번에 청산을 하면, 서로의 지불 계산은 간단히 끝나게 된다. 이로 인해 거래 시마다 동원되어야 할 화폐량도 크게 줄어든다.

청산은 상호적 금전채무의 상쇄과정이다. 특히 청산은 은행 간 채무의 상쇄에 활발히 이용된다. 예를 들어 A은행이 B은행에 100억원을 빚지고 있고, B은행은 C은행에 100억원을 빚지고 있으며, C은행은 A은행에 100억원을 빚지고 있다면, 청산시스템에 의해 돈 한 푼 없이 모든 은행의 채권 · 채무 관계는 청산된다. 만약 청산시스템이 없다면 300억원이라는 화폐가 동원되어야 채권 · 채무 관계가 소멸된다. 이런 청산시스템은 연쇄관계에 있는 모든 채권 · 채무 관계에도

그림 25-7

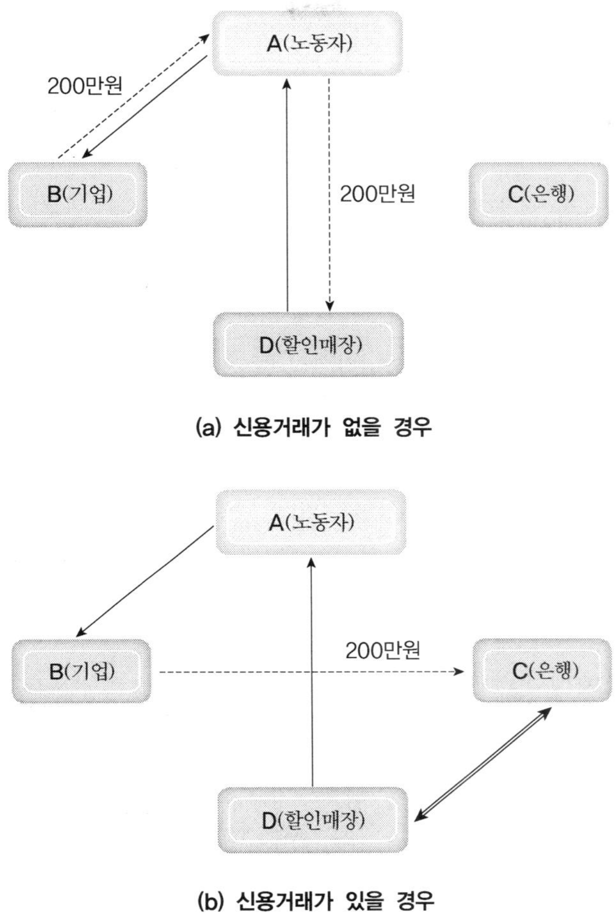

※ 실선 : 실물 흐름, 점선 : 화폐 흐름, 이중실선 : 장부상 거래

신용거래와 화폐수요
신용거래가 없을 경우 A가 200만원의 월급을 B로부터 받아 이를 D에서 소비하면 거래에 400만원의 화폐가 동원된다. 그러나 신용거래 시에는 200만원의 화폐만 동원되면 된다.

활용된다. 환어음은 바로 이러한 청산거래를 위한 대표적인 제도이다.

청산방식에 의한 신용거래는 사람들에게 큰 편리함을 주기 때문에 신용거래는 급속히 확대된다. 신용거래의 눈부신 발달은 사람들이 지갑에 현금을 거의 갖고 다니지 않아도 모든 거래를 가능하게 했다. 신용카드 하나를 통해 거의 모든 상품을 구매할 수 있게 되었기 때문이다. [그림 25-7]은 신용카드를 통한 거래를 예시했다. 그림에서 실선은 요소서비스나 상품과 같은 실물이 흘러가는 것을, 점선은 이것의 대가로 화폐가 흘러가는 것을 나타낸다. 이중선은 화폐가 오고가는 것이 아니라 장부상의 기재로 거래가 끝남을 의미한다. A라는 사람은 B라는 회사에 고용되어 매달 월급을 200만원 받아 D매장에서 이를 모두 소비한다고 하자.

신용거래가 없을 경우 A는 B기업으로부터 소득 200만원을 화폐로 받아 D매장에서 상품을 구입하고 200만원을 화폐로 지불한다. 거래에 동원된 전체 화폐액은 400만원이다.

신용거래가 있을 경우 B는 A의 월급을 C라는 은행에 매달 정해진 날짜에 입금한다. A는 C은행에 입금된 자신의 월급을 바탕으로 C은행으로부터 신용카드를 발급받는다. A는 이 신용카드로 D라는 할인매장에서 상품을 구매한다. D는 할인매장을 개설하기 위해 C은행으로부터 10억원의 융자를 받았다고 하자. D는 A에 의해 발생한 C은행에 대한 200만원의 청구권을 자신의 빚 속에서 청산한다. 이 경우 화폐거래는 B가 C에 입금한 200만원이 전부이다. C와 D는 상호 청산과정을 가질 것이기 때문에, 이들 간에는 화폐거래가 일어나지 않는다. [그림 25-7]은 A라는 한 사람의 신용거래에 의해 일어나는 화폐거래의 감소를 나타낸 것이다. C은행과 거래하고 있는 많은 사람들이 D매장을 찾을 때, 신용거래에 의한 화폐거래의 감소액은 매우 클 것이다.

4.2 청산시스템과 화폐의 수요 및 공급

청산시스템으로 인해 화폐거래액은 크게 감소한다. 이것이 개인의 화폐수요와 화폐공급에 어떤 의미를 가지는가? 화폐 없이 상품을 사고팔 수 있다는 것은 얼핏 개인의 화폐수요를 감소시키는 것처럼 보인다. 화폐 없이도 상품이 거래되기 때문이다. 그러나 청산시스템의 도움으로 매매의 현장에서 화폐를 주고받는 일이 없어졌다고 하더라도, 개인은 그때 상품 거래의 반대편에 있는 화폐의 주고받기를 계산하면서 상품을 거래한다. 즉, 모든 사람들은 거래 때 마음속으로는 자신이 얼마의 돈을 주어야 하는지 또는 얼마의 돈을 받는지를 헤아린다. 이것은 청산시스템으로 거래된다고 하더라도 개인의 화폐수요에는 어떤 영향도 미치지 않음을 뜻한다. 현금잔고 수요와 관련하여, 청산시스템으로 집에 있던 현금잔고가 은행으로 옮겨졌다고 해서 현금잔고 수요가 줄어든 것은 아니다. 개인의 화폐수요는 개인이 현금잔고 서비스를 어느 정도 원하는가에 달려 있을 뿐, 현금이 어디에 보관되어 있는가와는 아무런 관련이 없다. 현금거래이든 아니면 신용거래이든 화폐는 자신의 가치척도에서 다른 상품들과의 선호순위의 한 대상으로 존재하며, 현금잔고 수요는 이런 가치척도에서 결정된다.

그렇다면 청산시스템이 화폐시장에는 어떤 영향도 미치지 않는가? 그렇지만은 않다. 화폐 없이 거래될 수 있다는 것은 개인이 자신의 수중에 화폐를 많이 갖고 있지 않아도 됨을 의미한다. 청산시스템으로 더 많은 본원화폐가 은행에 들어오기 때문에, 은행은 이를 바탕으로 더 많은 신용을 창출할 수 있다. 즉, 청산시스템이 은행이 신용을 창출할 수 있는 여지를 더 많이 제공하는 것이다. 이 결과 시중의 통화량은 증대한다. 그러므로 청산시스템은 우리가 얼핏 느끼는 것과는 달리 화폐수요에는 영향을 미치지 않지만 화폐공급에는 영향을 미친다.

청산시스템은 화폐수요에는 영향을 미치지 않지만 화폐공급에는 영향을 미친다.

생각하기

01. 은행이 지급준비율을 올리면 화폐구매력에 어떤 변화를 초래하는가?

02. 제품가격은 시장에서 어떤 일들이 발생할 때 상승하는가? 이들 중 어떤 경우의 가격상승이 문제가 되는가?

03. 신용팽창이 진행될 때 예상 인플레이션율의 상승과 투기로 인해 가격이 급속히 상승할 수 있다. 그 과정을 설명하라.

04. 신용팽창에 의해 화폐가 종이쪽지에 불과해진 역사적 사례를 하나만 들고 그 과정을 조사해 보아라.

05. 경기침체기에 정부가 경기부양책으로 통화팽창 정책을 실시하더라도, 가격의 전반적인 상승이 일어나지 않는 경우가 있다. 어떤 경우에 그런가?

06. 통화량 팽창이 있을 경우, 어떤 사람이 이득을 보고 어떤 사람이 손해를 보는가?

07. 경제성장기에 정부가 통화정책을 적절히 구사하면 가격상승을 경험하지 않을 수 있다. 그렇다고 해서 이것이 분배문제를 야기하지 않는다고 말할 수 있는가?

08. 청산시스템의 발달은 화폐수요와 화폐공급에 어떤 영향을 미치는가?

화폐시장과 실물시장, 화폐시장과 시간시장의 관계

Human centered

Principles of Economics

ch. twenty-six

2

6

화폐시장의 움직임이 실물시장에 영향을 미치는지는 오랜 논쟁거리이다. 이 장에서는 고전학파의 화폐중립성을 설명하고, 이것이 허구임을 지적한다. 화폐시장의 변화가 실물시장, 특히 기업가의 수익에 영향을 미친다는 사실은 이미 제25장에서 설명했다. 이 장에서는 이를 요약하고 여기에 추가해 화폐구매력의 변화가 기업가의 수익에 영향을 미치는 또 다른 경로를 설명한다. 이어서 화폐시장과 시간시장의 관계를 생각해본다. 이 두 시장을 명료하게 구분지으면서 이해하기란 쉽지 않다. 시간시장의 변화가 화폐시장에 영향을 미칠 수 있는지, 역으로 화폐시장의 변화가 시간시장에 영향을 미칠 수 있는지를 살펴본다.

1. 화폐시장과 실물시장의 상호관계

1.1 고전학파의 화폐중립성

실질변수는 실물 단위로 나타낸 것을 말하며, 명목변수는 실질변수를 화폐 단위로 나타낸 것이다.

실질(real)변수는 실물 단위로 나타낸 것을 말하며, 명목(nominal)변수는 실질변수를 화폐 단위로 나타낸 것이다. 예를 들어 한해 생산된 국내총생산물(GDP)이 사과 2개, 빵 10개, 그리고 우유 5리터라고 할 경우, 그것은 실질(real) GDP이다. 만약 이들 생산량에 사과와 빵, 그리고 우유의 단위당 가격 100원, 200원, 500원을 각각 곱해 화폐 단위로 4,700원이라 할 경우, 그것은 명목(nominal) GDP이다. 노동서비스 한 단위를 한 달간 제공하면 쌀 100kg을 받는다고 할 경우, 그것은 실질임금을 말한다. 반면 쌀 1kg의 가격 1천원을 곱해 10만원을 수령한다면, 그것은 명목임금이 된다. 금 100그램이 1년 뒤 금 120그램과 교환된다면, 실질이자는 금 20그램이다. 금 1그램의 가격 4만원을 곱해 이자가 80만원이라 할 경우, 그것은 명목이자가 된다.

고전학파 경제이론에 의하면, 화폐공급량의 변화는 명목변수에는 영향을 미치지만 실질변수에는 아무런 영향을 미치지 못한다. 이를 화폐중립성(neutrality of money)이라 한다. 화폐중립성은 고전학파의 이분법(classical dichotomy) 사고에서 비롯되었다. 고전학파는 화폐시장과 실물시장이 완전히 분리되어 있다고 주장한다. 이에 의하면 실질변수들은 화폐시장과는 관계없이 실물시장에서 결정되며, 화폐구매력을 비롯한 제품 및 생산요소의 가격은 화폐시장의 움직임에 의해서만 영향을 받는다. 즉, 가격과 화폐구매력은 화폐 현상일 뿐이다. 이것이 실물시장과 화폐시장의 분리(dichotomy)이다. 화폐중립성은 실물시장과 화폐시장의 이런 분리에서 나오는 당연한 귀결이다. 예를 들어 중앙은행이 화폐공급량을 2배로 증대시키더라도 실물시장의 여건에 어떤 변화도 일어나지 않는다면, 상대가격 체계는 변하지 않는다. 이에 따라 화폐구매력은 반으로 떨어지며, 모든 재화나 서비스의 가격은 균일하게 2배로 오른다. 화폐 단위로 표현된 명목변수들의 액수는 2배로 오르지만, 실질변수들에는 어떤 변화도 없다. 실질변수들은 중앙은행의 통화량 증대와 상관없이 이전과 동일하며, 모든 가격들만 2배로 오를 뿐이다.

화폐중립성은 화폐공급량의 변화가 실질변수에 아무런 영향을 미치지 못하는 것을 말한다. 화폐중립성은 고전학파의 이분법 사고에서 비롯되었다.

1.2 화폐중립성의 허구

화폐중립성 또는 실물시장과 화폐시장의 이분법은 현실에서 나타날까? 신이 존재해 모든 사람의 화폐보유량을 2배로 늘리고 상대가격 체계가 변하지 않도록 이들의 계산서에 있는 모든 가격들에 곱하기 2를 하지 않는 한 이런 일은 일어나지 않는다. 화폐중립성은 현실에서 결코 일어나지 않음을 제25장에서 이미 살펴보았다. 통화량 변화가 개인과 부문에 결코 대칭적이고 비례적으로 영향을 미치지 않기 때문이다.

그래서 통화량 증대에 의한 화폐소득의 변화는 개인별 · 부문별로 다르다. 개인의 선호체계가 모두 다른 상태에서 차별적인 화폐소득의 증대는 당연히 개별 제품의 시장수요 구조를 변하게 한다. 이것은 상대가격 체계의 변화를 가져와 새로운 자원배분으로 이끈다.

화폐공급량의 변화는 개인별 소득분배 구조를 변화시킬 뿐만 아니라, 상대가격 체계의 변화를 가져와 자원의 재배분으로 이끈다.

화폐소득이 동일한 비율로 증가하더라도, 즉 어느 날 자고 일어나니 모든 사람의 수중에 동일한 비율로 현금이 증가했다고 하더라도 모든 제품의 가격이 그것과 같은 비율로 상승하는 것은 아니다. 개인의 소득처분 체계인 화폐소득에서 지출과 현금잔고가 차지하는 비중이 사람마다 다르기 때문이다. 그래서 동일한 비율로 화폐소득이 증대하더라도 상품별 지출액은 다른 비율로 증가한다. 이에 따라 가격 변화율은 제품마다 달라지고, 그래서 상대가격 체계는 변하게 된다.

이처럼 통화량이 2배로 증가했다고 해서 모든 제품의 가격이 2배로 오르는 것은 아니다. 어떤 제품의 가격은 2배보다 더 많이, 또 다른 제품의 가격은 2배보다 적게 상승한다. 심지어 어떤 제품의 가격은 오히려 하락하는 경우도 있다. 상대가격 체계의 변화는 자원배분과 분배구조에 영향을 미치게 된다. 그러므로 화폐시장에서 일어난 일이 실물시장에 영향을 미치지 않는다는 고전학파의 화폐 중립성은 결코 성립되지 않는다. 화폐이론의 본질은 화폐가 실물시장에 결코 중립적이지 않다는 사실을 깨닫게 하는 것이다(Mi. HA, 552).

2. 화폐구매력의 변화와 총 시장이자율

2.1 화폐구매력의 변화와 기업가의 수익

지금까지 설명한 바에 따르면, 기업가는 현실경제에서 기다림의 대가로 순수 이자 수익, 미래 불확실성에 대한 도전으로서의 이윤, 그리고 화폐가 중립적이지 않기 때문에 기대되는 수익을 거둘 수 있다. 이 외에도 화폐구매력의 변화로부터 기업가가 거둘 수 있는 수익이 있다. 아래에서는 이에 관해 살펴보기로 한다.

사람들은 화폐가 중립적이거나 가격변화가 없다면 이자수입만을 보고 저축 여부를 결정하면 된다. 그러나 가격이 전반적으로, 그리고 부문별로 균일하지 않게 변하는 경제에서 저축자는 이자수입만을 보고 저축할 수 없다. 연 이자율이 10%지만 전반적인 가격상승률이 연 15%라면, 이자수입은 화폐구매력의 하락을 보전하지 못해 원금 손실을 입는다. 우리는 이자율과 화폐구매력 변화율의 관계를 고려해 이자율을 명목이자율(R)과 실질이자율(r)로 아래와 같이 구분하는 데 익숙하다.

$$r = R - \dot{P}$$

$\dot{P}$는 화폐구매력의 변화로서 전반적인 가격[1]변화율을 나타낸다. 실질이자율은 순수이자율로 이해하면 되며, 명목이자율은 여기에 가격의 전반적인 변화율을 반영

1. 현대 경제학은 이를 물가라고 표현한다.

한 것이다. 항등순환경제에서 가격변화율은 0이기 때문에 실질이자율과 명목이자율은 같다.

위의 관계식은 화폐시장이 시간시장에 영향을 미치는 인과관계의 메커니즘은 아니다. 시간시장에서 결정되는 이자율은 어떤 경우에도 실질이자율이다. 명목이자율의 개념을 도입하는 것은 시장이자율에 순수이자율 외에 포함되는 가격변화 요소를 고려하기 위함이다. 위의 식은 화폐시장의 변화가 순수이자율에 어떤 영향을 미치지 않을지라도 가격변화가 명목이자율을 높이거나 낮출 수 있음을 보여준다. 그래서 순수이자율은 변하지 않았음에도 가격변화로 인한 명목이자율의 변화로 기업가는 자신의 투자결정을 수정할 수 있다. 이것은 통화정책이 전반적인 가격변화를 야기하고 기업가로 하여금 소비자가 가장 절박해 하는 곳에 투자하지 못하게 할 수 있음을 함축한다.

통화량의 증가는 화폐구매력의 변화를 가져오고, 이것은 명목이자율의 변화를 가져와 기업가로 하여금 잘못된 투자로 이끌 수 있다.

통화량 증대에 의한 가격상승 국면에서 가격이 부문별로 균일한 비율로 상승하지 않기 때문에 기업가가 수익을 얻을 수 있음을 제25장에서 설명했다. 기업가는 이때 또 다른 경로를 통해서 수익을 추가할 수 있다. 모든 부문의 가격이 균일한 비율로 상승하더라도 가격상승을 인지하는 능력이 생산주체별로 다르다면 가격상승은 기업가의 수익률에 영향을 미친다. 간단한 예시를 통해 이를 확인해 보자. 기업가가 이자율이 10%인 시간시장에서 100만원을 요소소유자들에게 선불해 생산을 시작했고, 1년 후 판매시점에서 모든 가격들이 100% 상승했다고 하자. 그러면 이 자본가는 자신의 생산물을 220만원에 팔 수 있고, 그러면 그는 이자를 포함해 120만원의 수익을 올린다. 그는 엄청난 수익을 올린 것처럼 생각할 수 있다.

가격의 전반적인 상승국면에서 가격이 부문별로 균일한 비율로 상승하지 않기 때문에, 그리고 균일한 비율로 상승하더라도 가격변화를 인지하는 능력이 생산주체별로 다르기 때문에 기업가는 수익을 올릴 수 있다.

그러나 그가 생산을 전과 같이 유지하고자 하는 한 이 수익은 환상이라는 사실을 즉시 발견하게 된다. 왜냐하면 가격상승으로 인해 요소소유자들에게 선불해야 하는 금액이 이번에는 100만원이 아니라 200만원이 되기 때문이다.[2] 그리고 가격상승을 고려하면 이자수입 20만원의 실질평가액은 10만원에 불과해진다. 그러므로 그에게 화폐구매력의 변화가 시간시장에 미친 영향은 아무것도 없다. 그러나 요소소유자들이 전반적인 가격상승을 기업가보다 늦게, 그리고 잘 인식하지 못해 기업가에게 100% 가격상승에 못 미치는 선불을 요구하면, 기업가는 순수이자를 초과하는 수입을 여전히 획득할 수 있다. 요소소유자들이 가격상승

2. 모든 제품과 요소서비스의 가격상승률이 균일하다고 가정한다.

에 결국 완전히 적응하게 되면 기업가의 수익은 다시 순수이자만 남는다.(Ro, 792∼797)

가격이 전반적으로 하락한 경우에도 마찬가지이다. 전반적인 가격이 100% 하락했다고 하자. 그러면 이 기업가는 자신의 생산물을 55만원에 팔게 되어 엄청난 손실을 입은 것처럼 보인다. 그러나 그가 다음 기에도 동일한 생산을 유지하고자 할 때, 이 손실은 과장되었음을 알게 된다. 그는 요소서비스를 전기(前期)의 반값에 구입하면 되고, 이자 5만원도 화폐구매력의 100% 상승으로 그의 실질이자에 어떤 변화도 야기하지 않았기 때문이다. 이 경우 기업가가 요소소유자에 비해 가격하락을 늦게, 그리고 잘 인지하지 못하면 손실을 입는다. 기업가는 이처럼 변화하는 세상에서 이익을 볼 수도 있지만 손실을 입을 수도 있다.

2.2 총 시장이자율

기업가가 수익을 얻을 수 있는 원천은 4가지이다. 순수이자, 불확실성에 도전한 대가, 중립적이지 않은 가격상승, 가격상승의 인지능력 차이에서다.

현실에서 기업가가 생산행위를 통해 벌어들일 수 있는 수익의 원천을 시간시장과 화폐시장을 다루면서 모두 언급했다. 그 원천은 4가지에서 나온다(Ro, 797∼798). 첫째, 기업가는 요소소유자들이 짊어져야 할 기다림의 불편함을 떠안은 대가로 이자수익을 획득한다. 둘째, 기업가는 미래의 불확실성에 도전한 대가로 이윤 또는 손실이라는 수익을 획득한다. 셋째, 통화량의 증가는 가격의 전반적인 상승을 가져와 기업가에게 수익을 제공할 수 있다. 화폐구매력의 상승이 실물시장에 중립적이지 않기 때문이다. 이 수익은 기업가의 이윤과 손실에 포함된다. 통화량 증가에 의한 가격의 전반적인 상승국면에서, 역사는 대체로 생산물의 가격이 본원적 생산요소의 가격보다 더 빠르게 상승했음을 보여준다(Ro, 798). 이것은 통화량 증가로 인해 기업가가 노동 및 토지 소유자들의 희생을 통해 수익을 거두었음을 의미한다. 넷째, 기업가는 가격변화를 요소소유자들보다 더 이른 시간에, 그리고 더 잘 예상함으로써 수익을 획득한다. 이 수익 역시 기업가의 이윤과 손실에 포함된다. 요소소유자의 가격변화 적응능력이 기업가의 그것보다 뒤떨어지는 한 기업가는 이로부터 수익을 얻을 수 있다. 이 수익은 모든 경제주체들이 가격변화에 완전히 적응하게 되면 사라진다.

기업가의 수익 원천에서 첫째의 기다림의 요소를 제외한 둘째의 기업가적 요소, 셋째의 통화량 증가의 파급경로 요소, 그리고 넷째의 가격상승의 인지능력 차이 요소는 모두 미래의 불확실성에 근거한 것이다. 항등순환경제에서 이 모든 요소들은 사라지고 순수이자만 남는다. 이자의 근본적인 개념은 순수이자이며, 나머지 세 요소들은 이자가 아니라 기업가들이 거두어들일 수 있는 이자 외의 또 다른 수익일 뿐이다. 성공적인 기업가라면 이 모든 수익들을 거두어들일 수 있을 것이다. 미제스는 이 모든 요소들이 이자율에 반영된 시장이자율을 총(gross) 시장이자율 또는 총 화폐이자율이라고 했다(Mi. HA, 535~537). 총 시장이자율은 기업가나 저축자가 거두어들일 수 있는 총 수익을 말한다. 총 시장이자율에서 순수이자율만을 추출해 내는 것은 이론적으로만 가능한 일이다. 총 시장이자율이 아니라 그냥 시장이자율이라 할 때, 그것은 일반적으로 순수이자율에 화폐구매력의 변화율만을 고려한 것을 말한다.

미제스는 기업가의 모든 수익 원천을 포함한 것을 총 시장이자율이라 했다.

3. 화폐시장과 시간시장의 상호관계

3.1 시간시장의 변화와 화폐시장

시간시장과 화폐시장의 작동원리는 일반 재화나 서비스 시장과 하등 다를 바 없다. 그러나 이 두 시장을 명료하게 구분해 이해하기란 쉽지 않다. 분석대상이 이 두 시장 모두 화폐로 보일 수 있기 때문이다. 물론 시간시장에서 다루는 화폐와 화폐시장에서 다루는 화폐는 같은 것이 아니다. 전자에서는 현재재로서의 화폐이다. 이때의 화폐는 현재의 소비와 관련된 화폐일 뿐이다. 이런 점에서 현금잔고 수요는 화폐수요지만 현재재 수요는 아니다. 따라서 화폐시장과 시간시장은 분리되어 각각 독립적으로 움직이기 때문에 시간시장의 변화가 화폐구매력에 영향을 미치는 메커니즘은 존재하지 않는다.

화폐시장과 시간시장은 분리되어 각각 독립적으로 움직이기 때문에, 시간시장의 변화가 화폐구매력에 영향을 미치는 메커니즘은 존재하지 않는다.

어떤 이유로 많은 사람들의 시간선호가 하락했다고 하자. 시간선호의 하락은 시간시장에서 현재재 수요곡선을 왼쪽으로 이동시키고 현재재 공급곡선을 오른쪽으로 이동시켜 순수이자율은 하락한다. 이와 함께 총저축액도 새롭게 결정된다. 총저축액이 줄어들어 현재재 수요가 감소했다고 해서 이것이 화폐수요의 감소를 의미하지는 않는다. 단지 현재 소비의 감소를 의미할 뿐이다.

사회 전반적으로 시간선호가 하락할 경우 많은 사업들이 확장되거나 모험사업을 시도하려는 경향이 나타난다. 금의 채광사업에서도 이런 경향이 나타나면 금의 채굴량이 증가하면서 화폐공급이 증대해 시간선호 하락이 화폐시장에 영향을 미친다. 그러나 사회 전반적으로 시간선호가 하락한다고 해서 금 채광업자의 시간선호가 반드시 하락하는 것도 아니고, 하락한다고 하더라도 이것이 반드시 금 채광사업의 확장으로 이어진다는 보장도 없다. 금 채광업이 아니라 다른 사업을 시도할 수도 있다. 특히 오늘날과 같이 법정불환지폐 제도 하에서 시간선호의 변화는 화폐공급에 어떤 영향도 미치지 못한다.

3.2 화폐시장의 변화와 시간시장

통화량의 증대는 정부의 본원화폐에 의한 것이든 은행의 신용창조에 의한 것이든 화폐시장에서 화폐구매력을 하락시켜 전반적인 가격상승을 야기한다. 가격상승은 총 시장이자율에 영향을 미친다. 그러나 이것이 시간시장의 순수이자율에 영향을 미치는 것은 아니다. 통화량이 증대하면 누군가의 수중에 화폐재고가 늘어난다. 화폐재고 증대는 개인의 시간선호율을 하락시킨다. 그러나 이것은 개인의 시간선호표 위에서의 시간선호율 하락이지 개인의 시간선호 하락을 의미하는 것은 아니다. 물론 개인에게 돈이 어느 날 크게 증대하거나 감소할 때, 그의 시간선호는 바뀔 수 있다. 그러나 이것이 실제로 변할지, 변한다면 어떤 방향으로 변할지에 관해서 경제학이 말해줄 수 있는 것은 아무것도 없다. 이것은 심리학에서나 다룰 영역이다.

통화량의 증대가 개인의 시간선호에 영향을 미칠지에 관해서 경제학이 말해줄 수 있는 것은 아무것도 없다.

벼락부자가 된 사람들 중에는 시간선호가 하락해 저축을 종전에 비해 크게 증대시키는 사람도 있고, 시간선호가 상승해 흥청망청 써버리는 사람도 있다. 로또(lotto)에 1등으로 당첨되어 수십억원을 거머쥔 사람이 얼마 지나지 않아 빈털터리가 되어버렸다는 기사를 신문지상이나 TV 뉴스를 통해 자주 접할 수 있다. 뿐만 아니라 하루아침에 알거지가 된 사람들 중에는 정말 억척스럽게 일하고 번 돈의 거의 모두를 저축하면서 다시 재기하는 사람이 있는가 하면, 자포자기 상태에서 저축 없이 버는 족족 써버리거나 아예 국가의 사회부조에 전적으로 의존하는 사람도 있다. 전자는 화폐재고의 감소로 시간선호가 하락한 사람인 반면, 후자는 그것이 상승한 사람이다.

역사는 통화량의 지속적인 증대에 의해 야기된 인플레이션이 저축률을 상승시키는 경향이 있음을 보여준다. 많은 경제학자들은 이것을 다음과 같이 설명한다.(Mi, HA, 545~547) 가진 자들의 저축성향이 가지지 못한 자들의 그것보다 높

그림 26-1

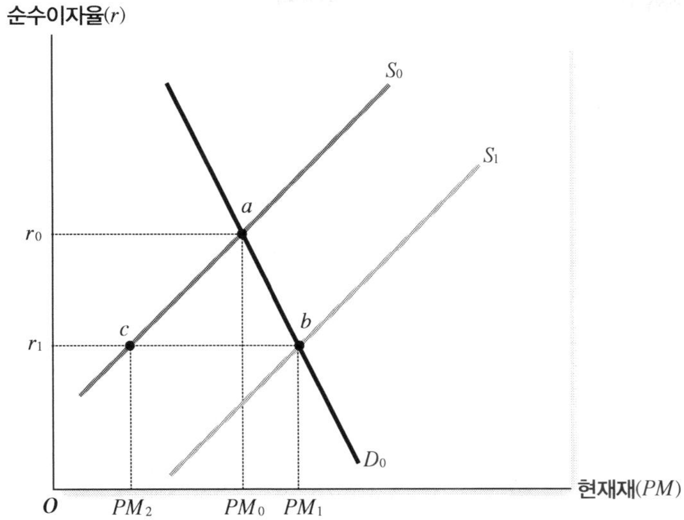

통화량 증대와 시간시장

정부가 통화량을 증대시키면 현재재 공급곡선은 S_0에서 S_1으로 이동해 시장이자율은 r_1이 된다. 그러나 순수이자율 r_0는 변하지 않는다. 투자자들은 $(PM_1 - PM_2)$가 정부의 통화량 증대에 의한 것임에도 개인의 저축증대에 의한 것으로 오인해 투자를 확대한다.

으며, 인플레이션은 가진 자들에게 유리하게 작용하기 때문에 사회의 저축률이 상승한다는 것이다. 이것은 마치 통화량 증대가 개인의 시간선호를 하락시키는 것처럼 보이게 한다. 그러나 위에서 설명한 바와 같이 개인의 수중에 화폐재고가 증대했다고 해서, 이것이 그의 시간선호에 영향을 미치는 것은 아니다.

통화량이 증대했다고 해서 개인의 시간선호가 변해야 할 하등의 이유가 없기 때문에, 통화량 증대가 시간시장에서 현재재의 수요곡선과 공급곡선을 이동시키지 못한다. 이에 따라 순수이자율은 통화량 증대에 의해 영향을 받지 않는다. 화폐시장의 변화가 시간시장에 영향을 미치는 메커니즘은 존재하지 않는다. 시간시장은 화폐시장으로부터 독립되어 있다.

[그림 26-1]은 통화량의 증대가 경기변동의 기폭제가 됨을 보여준다. a점에서 현재 시간시장은 균형을 이루고 있고, 순수이자율은 r_0이며, 총저축액은 PM_0이다. 정부의 화폐 발행이나 은행의 신용창출에 의해 통화량이 증대하면 현재재 공급곡선이 S_0에서 S_1으로 이동한다. 정부 또는 은행이 새로운 현재재 공급자로 등장한 것이다. 균형은 b점에서 이루어지며, 이자율은 r_0에서 r_1으로 하락하고 총저축액은 PM_0에서 PM_1으로 증대한다. 총저축액의 증대는 개인에 의한 것이 아니라 통화량 증대에 의한 것이다. 통화량 증대가 마치 새로운 저축인 양 시장에 들어오기 때문에 지속적인 통화량 증대는 저축증대의 마르지 않는 샘인 것처럼

보이게 한다. 이자율 하락으로 오히려 개인의 총저축액은 PM_0에서 PM_2로 감소했고 $(PM_1 - PM_2)$만큼의 부족분은 통화량 증대에 의해 메워지고 있다.

통화량의 증대는 시장이자율을 하락시킨다. 이로 인해 투자자는 투자를 확대하더라도 이것이 개인의 저축증대에 의해 뒷받침될 것으로 믿는다. 이것이 경기변동의 기폭제가 된다.

순수이자율 r_0는 변함이 없음에도 불구하고 사람들은 시장에서 나타난 이자율 r_1을 보고 마치 순수이자율이 하락한 것처럼 느낀다. 이들은 이것이 투자를 확대하더라도 개인의 저축증대에 의해 뒷받침될 것으로 믿는다. 사실은 총저축액 중 $(PM_1 - PM_2)$는 정부 또는 은행의 통화량 증대에 의한 것인데 말이다. 사람들은 이를 잘 모르며, 구태여 알려고 하지도 않는다. 이것이 경기변동의 기폭제가 된다. 이에 대해서는 제30장(경기변동)에서 자세히 설명된다.

생각하기

01. 고전학파가 말하는 화폐중립성이란 무엇인가? 그러나 화폐는 결코 중립적이지 않다. 왜 그런지를 설명하라.

02. 우리는 앞에서 자본가와 기업가를 구분했다. 항등순환경제에서 자본가가 얻는 소득은 순수이자뿐이다. 그러나 현실경제에서 기업가는 순수이자 외에 다양한 소득을 획득한다. 어떤 소득들을 얻는지 설명하라.

03. 시간선호의 변화가 화폐시장에 영향을 미칠 수 있는 메커니즘이 존재하는가?

04. 통화량 증대에 의한 화폐구매력의 변화가 순수이자율에 영향을 미칠 수 있는가?

Part Seven

VII

경제성장과 경기변동

기업가정신과 기업가의 역할

Human centered

Principles of Economics

ch. twenty-seven

2

7

지금까지 시장경제를 올바르게 이해하기 위해 많은 시간을 할애했다. 시장을 일반재화시장, 시간시장, 그리고 화폐시장으로 구분하고서 시장이란 무엇인지, 그리고 각 시장에서 시장가격이 어떻게 결정되는지를 설명했다. 제Ⅶ부에서는 시장경제의 변화와 변동에 관한 문제를 다룬다. 제27장에서는 시장경제의 변화와 변동의 주체인 기업가를 다룬다. 먼저 현대경제학에서 기업가에 관한 설명이 사라진 이유들을 찾아보고, 기업가와 기업가정신이란 무엇인지를 정의한다. 이어서 기업가를 움직이게 하는 화폐적 이윤을 정의하고, 그것의 사회적 의미와 이윤에 관한 몇 가지 오해들을 정리한다. 기업가와 기업가정신, 그리고 이윤에 관한 설명을 바탕으로 시장과정에서 기업가는 어떤 기능을 수행하는지를 살펴본다.

1. 현대 경제학에서 사라진 기업가

1930년대 이후, 현대 미시경제 이론의 구축과 함께 경제학에서 기업가의 역할이 사라진다. 그것도 점진적으로가 아니라 갑자기 사라졌다.

1920년대까지의 경제학에서는 어떤 의미에서든지 기업가의 역할이 존재했고 강조되었다. 그러나 1930년대 들면서 현대 미시경제 이론의 구축과 함께 경제학에서 기업가의 역할이 사라진다. 그것도 점진적으로가 아니라 갑자기 사라졌다(Baretto, 1). 현대 미시경제학은 소비와 생산 그리고 이들 간의 일반균형의 묘사를 통해 시장경제의 위대함과 가격 기구의 역할을 설명한다. 이를 위해 현대 미시경제학은 인간의 행위가 아니라 전지한 신만이 가능한 가정들을 도입한다. 그것은 모든 경제주체들이 합리적으로 경제행위를 하며 시장에 대해 완전지식을 갖고 있다는 것이다. 개인의 행위는 자신의 효용함수와 생산함수를 통해 그 함수가 만들어낼 수 있는 최대의 결과물을 만들어낸다.

미시경제학에서의 완전지식 가정과 수학적 기법은 기업가의 역할이 들어설 자리를 없앴다.

완전지식 하에서는 당연히 미래의 불확실성이 존재하지 않기 때문에, 기업가의 역할이 들어설 자리가 없다. 경제주체의 합리적 경제행위는 항상 극대의 만족과 이윤을 이끌어내기 때문이다. 효용함수와 생산함수와 같이 수학적 기법의 도입으로, 투입이 함수라는 블랙박스를 통과하면 자동적으로 결과물이 나온다. 생산함수는 기술적으로 생산해 낼 수 있는 최대한의 생산량을 표현해 준다. 효용함수도 마찬가지이다. 이것은 그 자체로 완결된 시스템으로 닫힌계이다. 닫힌계에는 미래 결정론적이고 가역적인 기계적 인과성만 존재한다. 이런 곳에서는 위험을 무릅 쓰고 미래의 불확실성에 도전하는 기업가의 역할이 사라지는 것이 당연하다.

완전지식과 합리성, 그리고 수학적 기법의 토대 위에 구축된 미시경제학에서는 논리적으로는 한 치 빈틈없이 수미일관되고 완벽한 이론 구성이 가능해졌다. 그러나 그곳에는 인간 사회의 모습이 철저히 배제되어 있으며, 단지 전지한 신들의 세상이 그려져 있을 뿐이다. 미래의 불확실성을 두려워하고 위험을 피하고 싶어하며 주저하고 망설이는 그렇지만 도전하고자 하는 인간 의지, 이 의지를 행동에 옮기는 인간, 이 인간들이 어우러져 살아가는 이 세상의 모습은 그 어디에서도 찾아볼 수 없는 것이 현대 미시경제학이다. 여기에 기업가가 차지할 자리가 없는 것은 전혀 이상스럽지 않다.

2. 기업가정신

2.1 모든 행위의 기업가적 특성

미래의 불확실성을 느끼는 정도는 사람마다 다르다. 불확실성에 의한 갈등은 미래에 대한 예측과 그것의 실제와의 간극에서 일어난다. 그래서 사람들은 불확실성을 두려워한다. 미래 예측은 순전히 각자의 주관적 추정에 의존한다. '최적', '최고', '최저' 와 같은 객관적 미래 예측은 인간의 인지 영역 밖의 일이다. 과거의 경험과 지식은 그의 인지 능력을 결정하고 그 능력에 따라 미래 예측의 정확도가 결정될 따름이다. 인지 능력으로 현재 상황을 분석하고 미래에 닥쳐올 여러 조건들을 고려해 미래를 예측하며 이를 행동에 옮겨 자신의 목표에 다가가려는 것은 모든 인간의 행위에서 발견된다. 자신의 목적을 달성하기 위해 미래의 불확실성에 도전하는 자가 바로 기업가이고 그 정신이 기업가정신이다. 그렇기 때문에 모든 사람들의 행위에는 기업가적 성격이 담겨 있다.

행위의 결과는 언제나 미래에 일어나기 때문에, 모든 사람들의 행위에는 기업가적 성격이 담겨 있다.

행위는 현재보다 더 나은 미래를 위한 목적 지향적 몸짓이지만, 행위의 결과에서 성공한 사람이 있는 반면 실패한 사람도 있다. 성공한 사람은 이윤을 남긴 자로서 미래를 보다 잘 예측해 이를 행동에 옮긴 자이고, 손실을 입어 실패한 사람은 그렇지 못한 자이다. 실패한 사람들 중에는 미래를 보다 잘 예측했지만 이를 행동에 옮기지 못한 사람도 있다. 그의 경제적 상태는 행동하지 않았기 때문에 과거와 변함이 없다. 그는 분명 현재보다 더 나아질 기회를 포착했음에도 불구하고, 도전정신이 부족해 행동에 옮기지 못했다. 행동에 옮기지 않는 것도 그의 선택 대상들 중의 하나이다. 행동하지 않은 것은 미래의 불확실성에 대한 두려움이 행동의 결과에 대한 확신보다 컸기 때문이다.

성공하기 위해서 미래의 시장을 아주 정확히 예측할 필요는 없다. 미래의 시장수요와 시장공급에 관한 예측이 경쟁자들보다 조금만 더 정확하고, 이런 예측을 실제 행동으로 옮기려는 도전정신이 있으면 성공할 수 있다. 현실경제에서 미래에 대한 예측의 정확도와 도전정신은 사람마다 다르기 때문에, 기업가의 이윤이나 손실은 항상 존재한다.

2.2 기업가와 기업가정신

2.2.1 기업가 용어의 유래

기업가라는 단어에서 느끼는 감정은 사람마다 다르다. 기업가라 하면 대체로 대기업의 총수를 떠올리며 이들에 대한 감정은 그다지 호의적이지 않다. 사회주의를 신봉하는 자들을 거론할 필요 없이 적지 않은 사람들은 기업가를 노동자를 착취하는 약탈자로 여긴다. 이런 심리는 약자를 동정하고 싶어하는 일반 시민의 정서이기도 하지만 정치인들의 선동에 영향받은 측면도 있다. 정치인들의 선동은 그들의 정치적 야망을 달성하기 위한 전략일 수 있다. 투표권자들의 대다수를 차지하는 서민들에 보다 쉽게 다가서는 방법이 편 가르기이며 이를 위한 한 방편이 서민들로 하여금 기업가에 대해 좋지 않은 감정을 갖게 하는 것이다.[1]

'entrepreneur'는 프랑스어로 '착수하는 사람', '행동에 옮기는 사람'이라는 뜻이다.

기업가를 영어로 'entrepreneur'이라 한다. 이 단어는 프랑스어에서 유래된 것으로 그 어원은 중간 사업자(between taker)의 의미이다. 이 용어를 처음 사용할 때, 기업가는 정부공사나 성당의 건축 공사 등 큰 일을 맡아 하는 청부업자에 불과했기 때문이다(노재구, 196). 지금 기업가는 프랑스어로 '착수하는 사람',

1. 정치가들의 목표는 투표 극대화를 통한 정권 쟁취 또는 재당선이다. 이를 위해 미국의 대통령이었던 존 F. 케네디는 사업가(businessman)를 '개 같은 작자'라고 부르기도 했다.(노재구, 186～187)

'행동에 옮기는 사람' 으로 해석된다. 이로부터 기업가라 하면 어떤 일을 저지르거나 시작하려는 사람으로서 진취적이고 모험적인 정신을 가진 사람임을 알 수 있다.

기업가란 용어가 처음으로 사용된 것은 사바리(J. B. Savary)의 『세계무역사전(*Dictionnaire Universal de Commerce Paris*, 1723)』에서라 하고, 이를 학문적으로 처음 정의를 내린 것은 깡띠옹(R. Cantillon)의 『상업일반론(*Essai sur la nature du commerce en general*, 1755)』에서이다. 깡띠옹은 기업가를, 불확실성 속에서 판매하려는 제품을 생산하기 위해 생산수단을 구입하는 사람으로 정의했다. 그는 기업가의 소득은 토지 임대료나 임금이 아니라 이윤이라고 했다. 세이(J. B. Say)에 이르러 근대사회의 복잡한 기업활동의 기능을 포괄적으로 설명하게 되었다. 그는 『경제학 요론(*A Treatise on Political Economy*, 1803)』에서 조정자로서의 기업가 역할을 강조했다.(노재구, 187～189 ; 김학수, 2010. 12, 49 ; 공병호 ; 이완재) 기업가란 용어를 불어로 그대로 사용하는 것은 그것의 유래에서 구체적인 설명에 이르기까지 기업가에 관한 연구가 프랑스인들에 의해서 주로 진행되었기 때문이다.

세이 후 수많은 학자들이 기업가를 정의했고 기업가정신에 관해서 말했다.[2] 이들은 대체로 기업가에 대해 창의적이고 혁신적이며 조정자로서의 역할을 강조한다. 이들의 정의에 의하면, 기업가는 불확실성에 대처하고, 모험적이고 적극적이며 도전적인 성향을 통해 위험을 감내하고 시장을 개척하며 시장에서 기회를 포착하는 자이다. 이 외에도, 기업가는 생산요소를 결합하는 자, 역동적인 경제로의 이행을 주도하는 자, 새로운 성장조직을 구축하는 자, 성취욕구가 강한 자, 치밀함과 강력한 뚝심을 가진 자 등 다양한 어휘로 묘사된다. 이들의 정의를 요약하면, 기업가는 미래의 불확실성에 도전해 자신의 목적을 달성하고자 혼신의 힘을 바치는 사람이다. 기업가정신(entrepreneurial spirit)은 이런 기업가가 갖추어야 할 정신적 자세를 말한다. 기업가정신은 이미 기업가의 정의에 포함되어 있는 단어들이다. 즉, 창발, 혁신, 조정, 모험, 도전, 위험 감내, 개척, 기회 포착, 성취 욕구, 치밀함, 뚝심 등의 자세가 바로 기업가정신이다.

기업가는 모험적이며 적극적이고 도전적인 성향을 통해 불확실성과 위험을 감내하고 시장을 개척하며 시장에서 기회를 포착하는 자이다.

창발, 혁신, 조정, 모험, 도전, 위험 감내, 개척, 기회 포착, 성취 욕구, 치밀함, 뚝심 등의 자세가 바로 기업가정신이다.

2. 기업가에 관한 다양한 정의에 대해서는 김학수(2010. 12), 노재구(1999), 공병호(1999)를 참조하라.

2.2.2 기업가의 역사적 변천

고대 국가나 중세 유럽 국가들에서의 기업가는 생산요소를 조직하는 구심체로서의 기업가는 아니었다.

인간의 행위는 모두 기업가적 특성을 갖고 있지만, 특히 우리가 관심을 갖는 것은 영리를 목적으로 하면서 생산을 담당하는 조직을 창립하고 이를 유지하며 발전시키는 기업가이다. 고대 국가나 중세 유럽 국가들은 대체로 소가족(Oikos[3]) 경제로서 자급자족경제 형태를 띠고 있다. 그러나 잉여 농산물의 처분과 소규모 단위로 생산되는 공산품의 구입을 위해서 상업이 비교적 활발히 전개되었다. 그러나 그것은 특정 제품을 전문적으로 생산하기 위해 자본과 토지, 그리고 노동을 조직하는 구심체로서의 기업은 아니었다. 새로운 사업을 기획하고 꾸미고자 하는 사람을 그 당시 사람들은 '괴상한 사람(crazy man)'으로 부르기도 했다.

18세기 후반기부터 19세기 중반까지 전개된 산업혁명은 현대적 기업가를 탄생하게 했다.

18세기 후반기부터 19세기 중반까지 전개된 산업혁명은 진정으로 현대적 기업가를 탄생하게 했다. 새로운 발명과 기술혁신이 상품화 과정을 거치면서 모든 산업을 눈부시게 발전시켰다. 먼저 면방직과 철강산업에서의 기술혁신은 나라마다 정도의 차이는 있었지만, 생산비 저하와 대량생산을 가능하게 했고 이를 통해 대규모 기업화에 성공했다. 철강산업의 눈부신 발전은 철도 · 선박 · 자동차 산업 등 산업 전반에 걸쳐 기술혁신을 이어지게 하면서 현대적 기업을 등장하게 했다. 새로운 발명과 기술혁신이 대량생산 체제로 이어지게 해 시장에 다양한 제품이 쏟아지게 한 데는 기업가의 역할이 지대했다. 그 당시 기업가의 모습은 오늘날 거의 모든 사람이 개인용 컴퓨터를 소유하게 한 빌 게이츠나, 스마트폰을 통해 인간의 삶을 또 다른 모습으로 바꾼 스티브 잡스와 하등 다를 바 없다. 이들은 생산요소들을 조직해 새로운 기술을 상품화하는 데 성공한 기업가들이다. 그들은 성공한 자만이 살아남고 그렇지 못한 자는 사라지는 무서운 현실에 과감히 도전한 사람들이다.

현대의 기업은 전문 경영인 체제로 운용되고 있다. 전문 경영인 체제에서는 전문 경영인의 자발적 협력을 이끌어내는 것이 기업가에게 무엇보다 중요한 임무가 되었다. 왜냐하면 기업가가 행했던 시장탐색과 시장개발의 임무 일부가 전문 경영인에 의해 수행되기 때문이다. 그래서 전문 경영인과 노동자를 기업가가 원하는 방향으로 이끌어 가는 리더십이 현대 기업을 이끄는 기업가의 핵심적인 덕목이 되었다.

---

3. 공적(公的) 영역으로서의 폴리스에 대비되는 사적(私的) 생활단위로서의 '집'을 의미하는 그리스어이다.

3. 경제성장과 고용창출 원동력으로서의 기업가

3.1 경제성장 원동력으로서의 기업가

경제성장은 생산요소가 양적으로 확대되고 질적으로 개선되어 가는 과정이다. 경제구조와 사회구조가 낙후되어 있는 후진국의 경제성장에서는 개인의 '잘 살아보겠다는 의지' 가 무엇보다 중요하다. 그 의지를 실천에 옮기는 정신적인 첫 출발은 부(富)의 추구는 상스럽고 천하다는 사회적 인식에서 벗어나는 일이다. 자신의 미래를 위해 더 나아가 내 자식의 미래를 위해 소비를 억제하고 한푼 두푼 모으려는 저축은 그 의지를 현실에서 구현하려는 노력의 시작이다. 그러면서 각자는 자신의 능력향상을 위해 밤낮을 가리지 않고 지식과 기술 습득에 매진하는 것이다.

이것은 현재의 소비를 억제하고 저축하는 행위와 다를 바 없다. 지식과 기술을 습득하는 시간에 일을 하면 소득을 올릴 수 있음에도, 이를 포기하고 미래의 욕구를 선택했기 때문이다. 개인의 이런 의지와 노력은 미래의 불확실성 속에서 현재보다 더 나은 미래를 위해 현재의 희생과 기다림의 불편함을 감내하는 것이다. 이것이 바로 기업가정신이다. 기업가정신이 주민들 사이에 팽배해야만, 경제가 발전의 길로 들어설 수 있다. 특히 저축증대는 사회간접자본의 구축과, 생산 설비와 장비의 구축을 위한 토대를 제공한다. 그러면서 자본축적이 형성되어 간다.

경제성장은 자본축적의 과정이며 자본축적은 기업가에 의해서만 수행된다. 특히 경제성장의 초기에는 주민들 사이에 기업가정신이 팽배해야 한다.

경제성장의 초기에는 생산요소의 양적 확대에 의해 주로 경제성장이 이루어진다. 그러나 경제성장이 진척되면서, 토지와 노동의 양적 확대는 한계에 직면한다. 토지는 부존자원에 의해 한정되기 때문에, 그것의 양적 확대는 근본적으로 제한되어 있다. 노동 역시 산업국가의 경험에 의하면 개인의 삶이 풍요로워지면서 양적으로 정체된다. 지속적인 경제성장은 결국 노동의 질적 향상, 자본의 양적 확대, 그리고 과학기술의 발전에 기댈 수밖에 없다. 그런데 노동의 질적 향상은 자본투자에 의해서만 가능하며, 과학기술 역시 자본축적의 수준에 의해 결정된다. 그러므로 경제성장은 자본축적이 진행되는 과정과 다를 바 없다. 자본축적은 기업가에 의해서만 수행되므로 경제성장의 주역은 기업가라 해도 과언이 아니다. 슘페터가 경제성장의 원동력을 기업가에서 찾은 것은 이와 같은 맥락이다.

3.2 고용창출 원동력으로서의 기업가

일자리는 전문 경영인이 아니라 기업가의 결단에 의해 확대되고 새롭게 창출된다.

일자리는 기업이 존재해야만 가능하다. 기업가정신이 충만한 경제가 더 많은 그리고 양질의 일자리를 창출하는 것은 당연하다. 일자리는 전문 경영인의 업무수행에서가 아니라 기업가의 결단에 의해 확대되고 새롭게 창출된다. 요소소유자들에게 일자리를 제공하고 화폐소득을 지불하는 사람은 전문 경영인이 아니라 기업가이기 때문이다. 대량생산 체제 또는 1970년대 한국의 무역상사 체제에서처럼 전문 경영인의 역할이 강조된다 하더라도, 기업을 이끄는 핵심적 역할은 경영자가 아니라 기업가이다. 오직 기업가만이 기업에 관한 의사결정을 내린다. 경영자는 기업가의 역할을 충실히 따를 뿐이다. 특히 산업시대 초기나 경쟁이 치열한 최근의 경제처럼 새로운 길을 열기 위한 의사결정이 빈번하게 요구될 때, 기업가의 역할이 두드러진다.

피터 드러커(Peter F. Drucker)는 그의『기업가정신』에서 고용창출을 위해 기업가의 역할이 얼마나 중요한지를 미국 경제의 수치로 보여주고 있다. 그에 의하면, 1965~1985년 동안 16세 이상의 미국 인구가 5,100만 명 늘어났음에도, 일자리는 무려 8,900만 개나 증가했다. 평화 시에 미국이 이처럼 많은 일자리를 새롭게 창출한 적은 없었다. 드러커는 이런 경제적 성취를 미국이 1970년대 중반 이후 '관리자적 경제(managerial economy)'에서 '기업가적 경제(entrepreneurial economy)'로 전환한 데서 찾았다(드러커, 9~10). 관리자적 경제가 전문 경영인 중심의 경제라면, 기업가적 경제는 기업가의 자질이 발휘되는 경제이다.

18세기 세계경제를 주도했던 산업혁명의 주역은 기업가였다. 하지만 대량경제 체제 하에서 그 주역은 전문 경영인으로 바뀌었다. 그러다가 20세기 말부터 정보통신 혁명이 가속화되고 동서냉전 체제의 붕괴와 함께 찾아온 전 세계의 경쟁질서화로 인해, 기업가의 역할이 그 무엇보다 조명을 받게 되었다. 특히 이 시기 새로운 사업의 상당 부분은 중소업체들에 의해 주도되었다. 이것은 대기업의 전문 경영인 중심 체제보다 개별 기업가의 역할이 강조되는 중소업체가 경제의 핵심이 되었음을 의미한다. 1970년대부터 1980년대 중반까지 미국의 일자리는 500대 대기업에서 감소했지만, 중소규모의 기업에서는 오히려 3,500만 개나 증대했다(드러커, 11~12).

1990년 이후 한국의 대기업은 자본 및 지식 집약적인 기술을 집중적으로 채택하기 시작했다. 다른 한편에서는 벤처기업의 열풍에 따라 소기업의 창업도 활발히 일어났다. 이 결과, 경제성장은 대기업이 주도했지만, 고용창출에 있어서는 중소기업의 역할이 중요해졌다. 조사에 의하면, 1990년대 전반기 300인 이상 대기업의 신규채용 비중이 22.9%이던 것이 2000년대 전반기에는 13.6%로 감소했다. 이에 반해 중소기업의 비중은 비교 기간 동안 77.1%에서 85.6%로 증가했다. 특히 이 기간 동안 30인 미만의 소기업의 비중이 더욱 크게 눈에 띄며, 이 중에서도 10인 이상 30인 미만의 소기업 비중은 1990년 13.6%에서 2006년 29.3%로 두 배 넘게 증가했다. 신규 직업 창출의 주된 동력이 중소기업에서 나오고 있음을 알 수 있다.(정용균/방하남/김정원, 234~240)

4. 기업가와 이윤

4.1 기업가의 동기유발로서의 이윤

기업가를 유인하는 가장 큰 동기는 화폐적 이윤과 손실이다. 화폐적 이윤과 손실은 기업가의 기업활동에 대한 대가이다. 이윤은 경제가 항등순환경제라는 균형상태에서 벗어나 있을 때 발생한다. 균형에서 기업가는 단지 자본가 역할만 수행하며 순수이자율만 수취한다. 기업가의 활동이란 이자만의 추구가 아니라 불균형상태의 경제에서 세상에 존재하는 이윤을 찾아내거나 균형상태의 경제에서 혁신 또는 창조를 통해 균형을 깨고 새로운 이윤을 창출하는 행위이다.

기업가의 이윤 추구가 불균형상태에서든 아니면 균형상태의 파괴에서든 기업가가 이윤을 얻었다면, 이것은 요소서비스의 구매금액에 순수이자를 합친 것보다 생산된 제품의 판매수입이 크기 때문이다. 즉,

$$\text{이윤} = \text{제품 판매액} - (1 + \text{순수이자율})(\text{요소서비스 투입금액})$$

위 식으로부터 기업가가 이윤을 획득할 수 있는 길은 명료하다. 그 첫 번째 방법은 요소서비스를 값싸게 구매하거나 생산된 제품을 비싸게 팔거나, 이 둘을 동시에 행하는 것이다. 이를 위해 기업가는 우선 요소서비스의 가격에 관해 또는 제품가격에 관해 요소소유자들이나 제품 구매자들보다 균형가격을 좀더 잘 예견

해야 한다. 이윤은 이에 대한 보상이다. 특히 신제품을 개발했을 때 시장에는 이 제품에 대한 어떤 경쟁자도 아직 나타나 있지 않기 때문에, 소비자만 허락한다면 균형가격보다 높은 제품가격을 책정해 큰 이윤을 남길 수 있다. 이윤을 얻기 위한 또 다른 방법은 주어진 시간에 투입 요소서비스의 수량을 줄이든지 아니면 생산량을 늘리는 것이다. 이것은 생산성 향상을 의미한다. 이를 위해 기업가는 이미 알려져 있었지만 설치하지 못했던 생산공정을 도입하거나, 존재하지 않는 생산공정을 창조하기 위해 새로운 투자를 해야 한다.

4.2 이윤의 사회적 의미

기업가가 이윤을 얻기 위해 간파한 것은 그가 생산하고자 하는 제품이 과대평가되어 있거나, 그 제품을 생산하는 데 필요한 요소서비스의 가격이 과소평가되어 있다는 사실이었다. 그래서 그가 생산에 뛰어들었고, 그 결과 제품가격이 하락하고 요소서비스의 가격이 상승한다. 그는 시장에서 잘못 평가되고 있던 요소서비스들을 사회에 보다 긴요한 곳으로 이동시킴으로써 요소소유자들에게 봉사했고, 제품가격을 낮춤으로써 소비자들에게 봉사했다. 물론 그의 생산 참여가 이미 그 시장에 생산활동을 하던 기업가들에게는 이윤의 폭을 줄이고 궁극적으로는 그것을 사라지게 함으로써 고통을 안겨주었다. 기업가의 이윤을 사라지게 하는 이유의 하나는 경쟁과정을 거치면서 해당 요소서비스들의 가격이 상승하기 때문이다. 이를 통해 기업가의 이윤이 요소소유자들로 이전한다. 따라서 이윤은 기업가에 의해 발생되고 동시에 그 기업가에 의해 사라지는 경향을 갖는다.

기업가의 손실은 지금까지 설명한 기업가의 이윤과는 정반대의 이유로 발생한다. 기업가가 어리석게도 제품의 가격과 요소서비스의 가격을 잘못 예측했기 때문이다. 그의 손실은 제품의 가격이 시장에서 과소평가되어 있고(있거나) 요소서비스의 가격이 과대평가되어 있음에도 이를 거꾸로 예측한 것에 대한 징벌이다. 그가 이 시장에 뛰어듦으로써, 과소평가된 제품의 가격이 더욱 과소평가되고, 과대평가된 요소서비스의 가격이 더욱 과대평가된다.

그러므로 이윤은 시장의 오(誤)조정을 제자리에 놓는 기능을 수행하지만, 손실은 오(誤)조정을 악화시킨다. 이윤을 남기는 기업가는 사회에 선(善)한 기능을 수행하지만, 손실을 입는 기업가는 사회에 악(惡)한 기능을 수행한다. 우리는 정서적으로 이윤을 많이 남기는 기업가에게 질시의 시선을 보내고 손실을 많이 입은 기업가에게는 측은의 마음을 갖는 것이 일반적이다. 그러나 그들이 사회와 우리에게 하는 일은 우리의 정서와는 정반대이다. 그렇다고 해서 손실을 입은 기업가를 질책이나 저주할 필요도 없다. 그는 이미 시장에서 손실이라는 징벌을 받았기 때문이다.

4.3 이윤에 관한 오해

이윤은 시장의 움직임에 잘 대응하고 더 나아가 이를 선도적으로 이끄는 기업가에게 돌아간다. 그렇지 못한 기업가는 손실을 입는다. 이윤은 자본사용의 대가가 아니기 때문에, 대기업이 이윤을 크게 남기고 중소기업이 이윤을 적게 남긴다는 주장은 설득력이 없다. 거기에는 자본규모가 크면 이윤율이 높고 적으면 이윤율이 낮다는 잘못된 논리가 숨어 있다. 특히 대기업을 바라보는 시선이 곱지 않은데, 적지 않은 사람들은 대기업이 독점으로 생산물의 가격을 올리고 노동자와 하도급 중소업체를 착취해서 많은 이윤을 남긴다고 생각한다. 우리는 이미 독점을 다루는 장에서 독점기업의 가격이 시장가격보다 높다는 주장이 논리적이지 못하며, 착취라는 개념도 자기주권이 있는 시장경제에서 적절하지 않은 개념이라고 지적한 바 있다.

기업가를 유인하는 가장 큰 동기는 화폐적 이윤이다. 이윤은 자본사용의 대가가 아니기 때문에, 자본규모에 따라 이윤이 높아지고 낮아지는 것이 아니다.

경제학은 일반인들과 정치가들, 그리고 선동가들의 자의적인 가치판단에 대해서는 관심이 없다. 경제학자는 도덕가도 아니요 윤리학자도 아니다. 경제학은 단지 이윤과 손실의 발생이 시장경제의 본질적인 현상이라는 사실을 규명할 뿐이다. 국가가 모든 기업들의 이윤을 공권력으로 몰수한다면, 그 순간 시장경제는 사라지고 만다. 인간은 국가의 힘을 빌려 시장경제를 파괴할 수 있다. 역사는 분명 인간에게 이런 무서운 힘이 있음을 보여준다. 일부 사람들은 문명사회가 새로운 아이디어로 과학기술을 진보하게 하고 기업가들이 과학기술을 탑재한 자본재를 축적함으로써 발전해왔다는 사실을 인식하지 못하거나 침묵으로 애써 외면한다. 기업가의 존재야말로 시장경제의 원동력이다.(미, 594～597)

기업가들은 술이나 담배 또는 군수물자와 같은 사회의 지탄을 받는 악(惡, bad)한 재화를 판매함으로써 선(善, good)한 재화를 판매하는 경우보다 더 많은 이윤을 남긴다고 비판한다. 물론 이들이 이런 재화를 판매함으로써 도덕적으로 또는 윤리적으로 비판은 받을 수 있다. 그러나 일의 전후는 분명히 가릴 줄 알아야 한다. 기업가들이 악재(惡財)를 팔기 때문에 더 많은 이윤을 남기는 것은 아니

담배, 술, 군수물자와 같이 우리가 악재(惡財)라 부르는 산업의 번성은 쾌락적인 정신의 결과이지 그 정신의 원인이 아니다.

다. 이들은 소비자들이 원하는 것들을 만들어 팔 뿐이다. 술이나 담배 산업의 존재는 쾌락적인 정신의 결과이지 그 정신의 원인이 아니다. 군수산업의 번성은 호전적인 정신의 결과이지 그 원인이 아니다. 기업가들은 소비자들의 현재 모습 그대로 이들에게 봉사할 뿐이다. 기업가가 없더라도, 무기를 만들어 전쟁을 일으킬 것이며 집에서 술을 빚어 술을 마시고 연초를 재배해 이를 말아 피울 것이다.(미, 598～599)

5. 시장과정에서 기업가의 기능

기업가는 시장에서 이윤을 추구하면서 어떤 기능을 수행하는가? 많은 학자들이 내린 기업가에 관한 정의로부터, 기업가는 ① 소비와 생산을 연결해 주고 ② 현재와 미래를 연결한다. 그 과정에서 기업가는 ③ 따라잡기를 통해 시장의 불균형을 균형으로 이끌고, ④ 혁신과 모험을 통해 균형을 깨뜨리면서 보다 높은 새로운 균형으로 나아가게 한다. 이런 점들에서 기업가는 시장과정을 이끄는 핵심 주체이다.

5.1 소비와 생산의 연결

기업가는 소비자가 원하는 것을 충족시키면서, 그리고 소비자에게 새로운 욕구를 일으키도록 하면서 소비와 생산을 연결시키는 역할을 수행한다.

기업가는 미래의 불확실성 하에 생산행위를 하는 사람이다. 생산요소를 결합해 제품을 만들어 시장에 내다판다. 소비자는 이 제품을 구매해 소비한다. 기업가는 소비자가 원하는 것을 충족시키면서 소비와 생산을 연결시키는 역할을 수행한다. 소비자에 의해 구매되지 않는 제품은 기업가의 손실로 이어지기 때문에, 기업가는 소비자의 제품 선호와 그 변화를 항상 눈여겨본다. 소비자의 선호를 만족시켜 자신의 제품이 더 많이 팔리는 기업은 이윤을 거둘 것이고 그렇지 못한 기업은 손실로 이어져 시장에서 퇴출이라는 위협을 받는다. 그렇기 때문에 제품 판로(販路)의 확보와 개척은 기업의 운명을 결정짓는다.

그 역할을 수행하는 과정에서 기업가는 소비자들이 소비할 수 있는 능력을 제공한다. 기업가는 소비자들이 갖고 있는 생산요소를 구매하면서 이들에게 소득을 지불한다. 소비자들은 이 소득으로 생산된 제품을 구매한다. 따라서 기업가는 소비와 생산을 연결시키면서, 소비자들에게 실제 소비할 수 있는 능력을 제공하는 유일한 주체이다.

이뿐만 아니라, 기업가는 소비자의 선호를 새롭게 창출하는 역할도 한다. 새로운 제품의 개발과 품질의 개선은 소비자의 기호를 새롭게 자극해 시장의 새로운 트렌드로 자리 잡게 한다. 이것은 구매자의 욕구를 생산으로 이끄는 것이 아니라, 생산이 구매자의 새로운 욕구를 만들어내고 이것이 다시 생산으로 이어지게 하는 것이다. 현대경제는 생산자와 소비자의 이런 밀접한 상호 영향에 의해 폭발적으로 발전해 나가고 있다. 그 중심에 기업가가 있다.

5.2 현재와 미래의 연결

소비는 현재 시점에서 일어나지만, 생산은 일정 시간을 요한다. 특정 제품을 생산하기 위해서 기업가는 먼저 요소서비스들을 구매해야 하는데 이때 기업가는 요소서비스들의 결합을 통해 만들어지는 제품이 팔리기 전에 요소소유자들에게 소득을 지불한다. 기업가는 미래에 자신의 제품 판매실적이 어떻게 될지 모르는 불확실성 속에서 현재 시점에서 생산요소들에게 소득을 지불하는 것이다. 기다림의 불편함과 미래의 불확실성을 떠안지 않고서는 할 수 없는 일이다. 미래의 불확실성과 이에 따른 위험을 회피하기 위해 많은 젊은이들이 공무원과 월급 받는 직장을 선택한다. 이를 보면, 미래의 불확실성과 위험이 얼마나 두려운지 그리고 이를 감수하면서 생산활동에 뛰어드는 기업가의 도전정신이 얼마나 위대한지를 알 수 있다.

기업가는 미래에 제품 판매가 어떻게 될지 모르는 불확실성 속에서 현재 생산요소들에게 소득을 지불한다. 이런 점에서, 그는 현재와 미래를 연결시켜 주는 사람이다.

기업가는 이처럼 미래의 불확실한 것을 현재의 확실한 것으로 바꾸어 주는 사람이며, 이런 의미에서 그는 현재와 미래를 연결시켜 주는 사람이다. 미래를 현재로 연결시켜 주는 자는 기본적으로 자본가이다. 앞에서도 설명했지만 기업가는 기업가정신을 가진 자본가이기 때문에, 기업가의 가장 중요한 기능은 당연히 미래와 현재를 연결시키는 일이다. 이 기능에 대한 대가가 이자임을 앞에서 설명했다. 불확실성이 사라진 경제에서 기업가정신은 사라지지만, 자본가는 여전히 존재한다. 현실에서 기업가는 자본가의 기능을 수행하면서 미래의 불확실성 속에서 무엇을 어떻게 할 것인지를 결정하는 임무를 수행한다. 이윤과 손실은 이런 불확실 속에 기업가가 내린 결정에 대한 대가이다.

5.3 시장균형으로의 수렴 촉진

기업가의 목표는 다양할 수 있지만, 대체로 영리 추구가 그의 목표이다. 시장에서 영리의 가능성이 보이면, 그는 해당 제품의 생산에 뛰어들 차비를 한다. 그러나 영리의 가능성이 있을지의 여부를 아는 것은 쉽지 않다. 무수히 많은 사람들이 어우러져 있는 시장 전체의 현재와 미래를 꿰뚫어볼 수 있는 능력은 누구에게도 없다. 시장 자체는 사람들이 살아가는 세상 바로 그곳이고, 거기는 인간의 인식에 있어서 광범위한 무지가 존재하는 곳이다. 시장에서 이득을 볼 수 있는 기회가 무수히 많이 있음에도 불구하고, 어떤 사람은 이 기회를 인식하지 못해서 어떤 사람은 인식하더라도 망설이다가 그 기회를 놓치고 만다. 기업가는 시장에서 그 기회를 탐색하고 그 기회를 잡기 위해 도전한다.

균형이란 외부의 충격이 없는 한, 일정한 상태를 유지하고자 하는 힘의 상태이다. 누군가가 이윤을 남기고 있으면서도 이런 상태가 오랫동안 유지될 수 있다. 그 이윤을 다른 사람들이 인지하지 못하거나 인지하더라도 해당 제품의 생산에 뛰어들 엄두가 나지 않아서 그 상태가 지속된다면, 그것도 하나의 균형이다. 그러나 이윤이 존재하는 한 새로운 경쟁자가 언젠가는 이 시장에 들어올 것이기 때문에, 이윤이 존재하는 시장을 균형상태에 있다고 말할 수 없다. 이윤이 0인 균형에 도달한다고 하더라도, 그 균형은 한시의 쉼도 없이 이어지는 여건의 변화로 즉시 깨어지고 만다. 그래서 시장은 항시 불균형상태에 있으며, 누군가는 이윤을 남기고 있다.

기업가의 시장탐색은 바로 이윤의 가능성을 찾아내려는 행위이다. 그는 시장에서 전개되는 모든 상황과 사건에 대한 정보를 수집하고 그것을 가공해, 이윤획득이 엿보이는 곳에 뛰어든다. 이런 기업가들이 많이 생겨 시장에 뛰어들기 시작하면, 시장은 불균형상태에서 균형으로 수렴하는 경향을 갖게 된다. 그러면서 소수의 누군가에게 집중되었던 이윤은 점차 사라진다.

기업가의 첫 번째 임무는 시장에 없던 기회를 새롭게 만들어내는 것이 아니라, 이미 존재하고 있는 기회를 찾아내고 이에 반응하는 것이다.

기업가는 이처럼 불균형상태에 있는 시장을 균형상태로 나아가게 하는 기능을 수행한다. 이것은 기업가의 첫 번째 임무가 시장에 없던 기회를 새롭게 만들어내는 것이 아니라, 이미 존재하고 있는 기회를 찾아내고 이에 반응하는 것임을 의미한다(Kirzner, 74).

시장정보의 탐색과 가공, 그리고 의사결정에서 기업가의 역할은 의사결정에서 두드러진다. 시장탐색은 전문 경영인을 비롯해 누구에게나 맡길 수 있다. 취합된 정보를 가공하는 작업의 일부도 이들에게 일임할 수 있다. 그러나 수집되고 가공된 정보를 갖고 실제 결정을 내리는 일은 오로지 기업가만 할 수 있다. 그는 미래의 불확실성 속에서 홀로 사업 여부에 관한 결정을 내려야 한다. 그 결정에서 나오는 모든 과실이 기업가에게 돌아갈 수밖에 없는 이유이다.

기업가의 역할은 시장 정보의 탐색과 가공보다 의사결정에서 두드러진다.

기업가가 항상 옳은 결정을 내리는 것은 아니다. 그는 최선을 다해 결정을 내렸지만, 그 결정은 잘못된 것일 수도 있다. 그 잘못된 결정을 거울삼아 재기할 수도 있고, 그것이 치명적이어서 시장을 떠날 수밖에 없는 상황에 내몰릴 수도 있다. 이러한 많은 시행착오들이 시장에 누적되면서 시장은 점차 균형으로 수렴한다. 이것이 바로 기업가에 의한 시장의 중재 또는 모방의 과정이며 균형으로의 수렴과정이다.

물론 이 과정은 외부의 충격이 없다는 전제 하에서 이루어지는 시장과정이다. 외부 충격의 강도에 따라서 이 과정은 크게 뒤틀리거나 작은 흔들림으로 끝날 수도 있다. 외부 환경의 변화는 기업에게 새로운 이윤 창출의 가능성을 제시하면서 기업가에게 새로운 도전을 자극한다. 외부 환경이 끊임없이 변한다는 사실은 기업가로 하여금 한시도 방심하지 못하게 하면서 시장의 변화를 예의주시하고 이어지는 또 다른 결정을 계속 내리게 함을 함축한다. 특히 기업가의 긴장을 늦추지 않게 하는 것은 경쟁기업가의 존재이다. 기업가는 상대 경쟁자의 전략이 어떻게 나올지를 예상하고서 자신의 전략을 세운다. 상대 경쟁자의 전략에 관한 예상이 틀리면, 자신의 결정이 실패로 끝날 가능성이 높아지는 것은 당연하다. 경쟁자의 존재는 시장의 복잡성을 더하고 미래의 불확실성을 가중하면서 기업가의 역할을 더욱 의미 있게 만든다.

5.4 혁신을 통한 새로운 이윤 창출

시장이 점차 균형을 찾아가면, 개별 기업이 누리는 이윤은 감소한다. 이것은 시장에서 이미 경쟁자들이 많고 치열하며 그들이 갖고 있는 시장정보의 양과 질이 거의 비슷해서 이윤을 남기기가 쉽지 않음을 의미한다. 이런 상황에서 기업가정신이 투철한 기업가라면, 보다 높은 수익을 유지하기 위해 새로운 길을 나서려 할 것이다. 여기에는 세 갈래의 길이 있다. 하나는 이미 존재하지만 알지 못하고 있는 또는 미루어 왔던 다른 시장의 기회를 찾아나서는 것이다. 다른 하나는 자신이 이미 몸담고 있는 시장에서 기술혁신이나 경영혁신을 통해 생산비용을 절감

시장의 균형상태에서 기업은 더 이상의 이윤을 얻지 못한다. 그러면 기업가는 존재하는 다른 시장으로 진출하거나, 기존의 시장에서 혁신을 통해 새로운 이윤을 창출하거나, 존재하지 않은 새로운 시장을 개척한다.

해 가격을 낮출 수 있는 길을 찾아내든지, 아니면 기존의 제품과 유사하지만 기능이나 품질 또는 디자인 면에서 조금이라도 다른 새로운 제품을 개발하는 것이다. 또 다른 하나는 존재하지 않은 새로운 시장을 개척하는 것이다.

첫 번째의 길은 앞 절에서 설명한 기업가가 시장에 적응하고 반응하는 과정을 다른 시장에서 또다시 밟는 것이다. 두 번째와 세 번째의 길은 혁신과 모험을 통해 새로운 이윤의 기회를 창출해 내는 것이다. 후자는 기존의 균형이 깨어지고 보다 높은 상위의 균형으로 진보하는 사회에서 일어나는 현상이다. 기업가는 바로 이 혁신과 모험의 주체이다. 특히 혁신을 통한 기업가의 역할을 전면에 화려하게 내세운 이가 바로 슘페터(Joseph A. Schumpeter)이다. 슘페터는 '창조적 파괴과정'이라는 인상적인 용어를 동원함으로써 기업가의 혁신과 이의 사회적 의미를 후대의 경제학자와 일반인에게 깊은 각인을 새기는 업적을 남겼다. 그 업적이 너무나 커서 기업가의 첫 번째 임무인 이미 존재하는 시장기회의 포착자로서의 기업가 역할이 묻혀버릴 정도이다.[4]

슘페터는 기업가의 혁신과 이의 사회적 의미를 '창조적 파괴과정'이라는 아주 인상적인 용어로 후대의 경제학자와 일반인에게 깊은 각인을 새겼다.

슘페터는 기업가의 혁신 역할을 그의 『경제발전 이론(*The Theory of Economic Development*, 1930)』에서 전개한다. 슘페터는 비교정학적인 경제학의 문제점을 정확히 인식하고 외부 충격에 의해 균형이 깨트려진 후의 과정을 묘사했다. 균형에서의 경제행위는 단지 순환과정의 재생산에 불과하며, 균형들 간의 비교는 단지 변화된 경제 크기의 비교일 뿐이다. 경제주체들의 행위는 새롭게 바뀐 균형에서 순환적으로 재생산하는 데 불과하며 그들의 행위가 철저히 수동적인 것에는 변함이 없다. 그는 균형으로 가는 과정인 경제의 동태적인 과정에 관한 이론만이 경제이론의 전부라고 했다. 그에게 있어서 외부 충격은 전쟁이나 천재지변, 인구변화와 같은 시장 밖에서 일어나는 여건 변화가 아니라 시장 내부에서 끊임없이 전개되는 것이다. 이 점은 그가 경제를 바라보는 데 있어서 왈라스와 마샬과는 다른 혜안을 가지고 있음을 말해 준다(공병호, 415~419).

기업가는 생산활동의 여러 측면에서 경쟁력을 확보하기 위해 부단한 노력을 한다. 기업가는 품질과 디자인에서 기존의 것과 조금이라도 차별적인 상품을 만

---

4. 기술·지식 집약적인 산업에서 일어나는 혁신이 우리에게 너무도 익숙해서, 혁신만이 기업가의 모든 역할인 양 오해하고 있다. 그러나 첨단 업종을 이끄는 자만이 기업가가 아니라, 소소한 일에서 사업을 시도하려는 우리 주변의 모두가 기업가이다. 이들로 하여금 특정 시장에 뛰어들게 하는 일반적인 동기는 그 시장에서 이미 사업하는 이들이 이윤을 많이 남기는 듯하고, 그래서 자신도 그 사업을 하면 이윤을 남길 것 같은 생각이다. 혁신을 통한 새로운 이윤창출을 먼저 생각할 수도 있겠지만 대체로 시장에 이미 존재하는 이윤창출의 가능성을 먼저 보는 것이 일반적이다.

들어내려 하고 새로운 판로와 원료 시장의 개척을 통해 생산과 판매에 있어서 안정과 지속, 그리고 성장을 달성하려 한다. 이뿐만이 아니라, 그는 새로운 생산 공정과 기술을 도입해 생산비용의 절감을 통한 경쟁력 확보를 꾀하며, 기업이라는 조직을 점검하고 보다 효율적인 조직으로 새롭게 구축하기 위해 애를 쓴다. 그는 이를 통해 기업의 거래비용과 조직유지 비용을 절감하고 조직의 구성원으로 하여금 보다 창의적이고 동기유발적인 체제를 갖추게 함으로써 다른 기업과의 경쟁에서 이기고자 한다. 이처럼 기업은 제품혁신(product innovation), 공정혁신(process innovation), 그리고 경영혁신(managerial innovation)을 통해 기업 내부의 변혁을 주도하고, 그래서 시장 내부를 항상 요동치게 한다. 이것은 균형으로의 수렴과정을 흩트리지만 끊임없이 균형수준을 상향으로 이동시키면서 경제를 진보시킨다.

생각하기

01. 현대 경제학에서 기업가와 기업가정신이 사라질 수밖에 없었던 이유는 무엇인가?

02. 우리 사회가 기업가를 바라보는 시선은 어떠하며, 이런 시선에 대해 여러분은 어떻게 생각하는지를 토론하라.

03. 오늘날의 기업은 전문 경영인 체제로 운영되고 있다. 그럼에도 기업을 이끄는 핵심적 역할은 경영자가 아니라 기업가에서 나온다. 경영자와 기업가의 역할을 구분해 설명하라.

04. 기업가가 이윤을 획득하기 위한 가장 기본적인 방식 두 가지를 설명하라.

05. 기업가의 손실은 왜 발생하며, 그 손실의 사회적 의미는 무엇인가? 여러분은 사회에서 성공한 기업과 실패한 기업에 대해 어떤 정서를 갖는가?

06. 시장에서 기업가의 기능들 중에 하나는 현재와 미래를 연결해 준다는 것이라고 한다. 왜 그런지를 설명하라.

07. 기업가의 따라잡기와 앞서기의 과정을 기업경영 전략의 용어인 블루오션(Blue Ocean)과 레드오션(Red Ocean)으로 설명하라. 여러분이 기업가라 하면 따라잡기와 앞서기 중 어느 것이 더 중요하다고 생각하는가?

08. 스티브 잡스의 회고록 서문에는 이런 글이 있다. "…… 이 책은 완벽에 대한 열정과 맹렬한 추진력으로 여섯 개 산업 부문에 혁명을 일으킨 창의적인 기업가의 롤러코스터 인생과 그의 불같이 격렬한 성격에 관한 내용을 담고 있다. …… 그는 21세기에 가치를 창출하는 최선의 방법은 기술과 창의성을 연결하는 것임을 알았다. 그래서 그는 엔지니어링의 놀라운 재주에 상상력의 도약이 결합되는 회사를 세웠다. 스티브와 애플에 있는 그의 동료들은 다르게 생각할 수 있었다. …… 그는 단정하게 구색을 갖추고 경쟁에 나선 전형적인 상사나 인간이 아니었다. 악마 같은 면을 지닌 그는 주위 사람들을 분노와 절망으로 몰아가기도 했다. …… (월터 아이작슨, 2011) 풀무원의 창업자인 원혜영도 우리에게 감동을 준다. 어느 잡지사와의 인터뷰에서 그는 다음과 같이 말하고 있다. "…… 두 주먹밖에는 가진 게 없었다. 가장으로서의 책임감은 나를 지켜주는 원동력이기도 했지만, 끝없는 절망의 나락으로 나를 밀어넣기도 했다. 나는 창업을 결심했다. 여러 사업 아이템을 두고 고민했다. 결국 당시엔 생소했던 '유기농 사업'에 도전했다. 아무도 선뜻 투자에 나서지 않던 분야여서 위험부담이 컸다. 그러나 소비자의 기호 등 먹을거리 시장을 요모조모 철저히 조사한 끝에 성공에 대한 확신이 섰다. 자본력이 부족하게 마련인 청년 창업자는 기존의 생산자가 제공하지 못한 '새로운 가치'를 소비자에게 제시해야 한다. 식품업종에 뛰어든 나는 그 새로운 가치로 '안전'을 내걸었다. '조만간 우리나라는 더 잘살게 되고 더 민주화될 것이다. 그렇게 되면 안전하고 질 좋은 먹을거리를 원하는 소비자의 욕구는 더욱 커질 것'이라고 예측했기 때문이다. '유기농 식품'은 '안전'이라는 가치를 구체적 상품으로 현실화한 것이다."(원혜영, 2009. 1. 5) 스티브 잡스와 원혜영의 글로부터 기업가정신을 되새겨 보아라.

경제성장과 자본축적

Human centered

Principles of Economics

ch. twenty-eight

8

경제성장은 경제규모가 확대되어 가는 과정이다. 이 장에서는 경제성장에 있어서 어떤 생산요소보다 자본축적이 핵심적인 역할을 함을 설명한다. 이를 위해 먼저 자본재가 경제에서 어떤 역할을 하는지를 살펴본다. 이어서 자본축적의 개념을 정의하고 뵘바베르크의 '우회생산'이라는 용어를 조심스럽게 해석해야 함을 지적한다. 그리고 자본축적에 있어서 무엇보다 소비절약을 통한 저축이 중요함을 강조한다. 이와 함께 과거의 자본축적 과정이 현재의 생산에 어떤 의미가 있는지, 그리고 한 나라의 기술수준은 무엇에 의해 결정되는지도 설명한다. 정부의 개입은 어떤 경우에도 시장경제 질서를 흩뜨려 놓는다. 그럼에도 불구하고 정부가 경제성장을 위한 자본축적에 시장경제와 정합적인 역할을 수행할 수 있는지를 논의한다.

1. 경제성장의 의미와 요인

경제성장은 경제규모가 확대되어 가는 과정이며, 경기변동은 주어진 경제규모에서 자원배분 문제와 관련된 것이다.

경제성장은 경제규모 자체가 확대되어 가는 과정을 말한다. 경제규모는 한 사회가 보유하고 있는 노동, 토지, 자본의 양과 그 질의 전체를 말한다. 그래서 경제성장은 생산요소의 질적 · 양적 확대 과정이다. 반면에 경기변동은 단기의 문제로 주어진 경제규모에서 생산요소가 어떻게 활용되고 있는가와 관련된다.

개인의 노동 공급량은 이용 가능한 시간과 노동과 경쟁관계에 있는 여가로 인해 근본적으로 한정되어 있다. 사람들은 물질적으로 풍요로워질수록 노동보다 여가를 선호하는 경향이 뚜렷하기 때문에, 경제가 성장할수록 한 사회의 전체 노동 공급량은 감소하는 추세이다. 그래서 노동의 양적 확대를 위해서는 총인구 중 근로자가 차지하는 비중이 높아야 한다. 이를 위해서는 무엇보다 인구의 반인 여성이 생산활동에 참여해야 하고 중장년층이 두터운 인구구조여야 한다. 노령화가 가속화되어 노년층 인구가 급속히 증대하든지 여성들이 임신과 출산을 기피하면, 그 비중은 떨어진다. 선진국들의 경우, 경제활동에 참여하는 여성의 비중이 증대하지만 이와 동시에 출산율이 떨어지고 의술의 발달로 수명이 길어져 그 비중은 하락하는 추세이다. 선진국들은 이 비중의 급격한 감소를 막기 위해 해외 인력을 받아들인다. 그러나 해외인력의 유입에는 자국민의 정서와 갈등 문제로 한계가 있다. 노동의 양적 성장은 제한되어 있기 때문에 경제성장을 위해서는 노동의 질을 개선하는 것이 무엇보다 중요하다. 노동의 질을 개선하기 위해서는 학교와 현장교육이 강화되어야 하고, 이를 위해서는 자본이 투입되어야 한다. 특히 현대경제에서 자본에 의하지 않는, 노동 그 자체만의 질적 개선은 분명 한계가 있다.

기술혁신은 시장수요의 확대에 의해, 또는 과학기술의 발전에 의해, 또는 이 모두에 의해 이루어진다. 기술혁신의 동인이 무엇이든지 간에, 그것은 자본에 체화되어 나타난다. 기술혁신의 적용은 자본을 통해서만 가능하기 때문에, 자본축적 없이는 기술혁신은 기대할 수 없다. 그래서 한 나라의 기술수준을 결정하는 것은 기술수준에 관한 지식의 습득이 아니라, 기술이 체화되어 있는 자본재의 축적이 얼마나 되어 있는가이다.

노동의 질적 성장, 기술혁신, 자원개발을 위한 필수 요건은 자본축적이다. 그래서 경제성장을 1인당 자본량이 증가하는 경제라고 말하기도 한다.

자원을 발견하거나 개발하려 해도 자본이 필요하다. 자본축적이 이루어지기 위해서는 기업가정신이 중요하다. 이것은 그 나라의 문화와 전통에 의존하는 바가 크지만, 이 역시 투자를 통한 생산성 증대가 기업가정신을 고취시키는 데 필수적이다. 그러므로 총인구 중에서 생산가능인구가 차지하는 비중을 확대하기가 대단히 어려운 경제에서, 경제성장을 이룰 수 있는 거의 유일한 길은 자본축적이며 이를 위한 방법은 개인의 저축과 투자의 증대뿐이다. 경제성장의 중요성과 의미는 경제성장의 결과인 경제성장률에 있는 것이 아니라, 그것을 가능하게 하는 자본축적에 있다. 그래서 경제성장 또는 경제발전을 좁은 의미로 1인당 자본량이 증가하는 경제라고 말하기도 한다. 아래에서는 자본축적의 의미를 보다 자세히 살펴본다.

2. 자본재의 역할

2.1 생산성 향상

자본재의 본질에 관한 설명은 무인도에 좌초한 로빈슨 크루소(Robinson Crusoe)의 예로부터 시작하는 것이 일반적이다. 크루소는 처음 어떤 자본재의 도움 없이 자신의 노동과 그 섬의 자연이 주는 것에 의존해 살아간다. 물속에 들어가 직접 물고기를 잡고, 나뭇가지로 움막을 만들고, 산속에 있는 동물을 잡거나 나무 열매와 야생 식물을 채취하고 빗물을 받아 그것을 마시면서 살아간다.

크루소가 어떤 자본재도 갖고 있지 않다는 것은 자본재를 만들기 위한 시간을 투입하지 않았다는 것을 의미한다. 그는 물속에 들어가 눈앞에 보이는 물고기를 잡기만 한다. 크루소에게 물고기라는 소비자재는 그저 자연이 준 것과 자신의 노동력 일부가 결합된 결과물이다. 어떤 자본재도 없는 상태에서 크루소가 하루에 물고기를 얼마나 많이 잡는가는 순전히 그의 물고기 잡는 능력과 여가를 얼마나 희생하고 노동할 것인가에 달려 있다.

만약 크루소가 어느 날 물고기 잡는 대신 그 시간에 나뭇가지를 꺾고 다듬어 낚싯대를 만든다고 하자. 그는 낚싯대를 만드는 동안에는 물고기를 잡을 수 없기 때문에, 저장해 놓은 물고기가 없다면 그날 물고기를 먹을 수가 없다. 그가 이를 감수하고 낚싯대를 만드는 일을 했다는 것은 그가 현재의 물고기 소비를 가능하게 하는 노동시간을 저축해 낚싯대를 만드는 일에 투자했다고 말할 수 있다. 낚싯대를 만든 후, 그는 주어진 노동시간에 더 많은 물고기를 낚을 수 있게 된다. 낚싯대는 내구재로 한번 만들어 놓으면 계속 사용할 수 있기 때문에, 낚싯대를 이용해 물고기 한 마리를 잡는 데 걸리는 시간은 급속히 감소한다. 낚싯대가 물고기 생산기간을 크게 단축시킨 것이다.

크루소가 낚싯대를 만드는 일을 했다는 것은 그가 현재의 물고기 소비를 가능하게 하는 노동시간을 저축해 낚싯대를 만드는 일에 투자했다고 말할 수 있다.

낚싯대는 물고기를 생산하는 데 자신의 노동 외에 투입되는 자본재이다. 낚싯대라는 자본재로 인해 물고기를 잡는 데 소요되는 시간이 줄었다는 것은 물고기를 생산하는 생산성이 향상되었음을 의미한다. 이것이 자본재를 투입하는 첫 번째 이유이다. 생산성 향상이 크루소의 하루 생활에 미치는 효과는 아주 크다. 그는 하루 먹을거리를 낚는 데 걸리는 시간을 낚싯대로 크게 단축시킬 수 있다. 물고기는 쉽게 상할 수 있으므로 그에게 별다른 물고기 저장 장치가 없다면, 그는 낚싯대를 이용해 더 많은 물고기를 낚는 것보다 물고기를 잡는 노동시간을 줄이려 할 것이다. 그는 절약된 이 시간에 여가를 즐기거나 독서를 하거나 또 다른 일, 예를 들어 움막을 짓거나 딸기를 따기 위한 막대기를 다듬거나, 아니면 물고기를 더 잘 잡기 위해 새로운 장치를 만들어 이를 낚싯대에 부착하는 일에 몰두할 수 있다. 그는 어쨌든 낚싯대를 만든 결과 더 많은 여가나 다른 일을 할 수 있는 기회를 갖게 된다.

낚싯대로 인해 물고기를 잡는 데 소요되는 시간이 줄었다는 것은 그것이 생산성을 향상시켰다는 것을 의미한다.

낚싯대로 인한 생산성의 향상은 크루소에게 더 많은 여가나 다른 일을 할 수 있는 기회를 제공해 풍요로움으로 나아가는 발판을 마련해 준다.

줄어든 시간에 이런 일도 할 수 있을 것이다. 저장 장치를 개발해 하루에 많은 물고기를 낚아 이를 다른 용도로 사용할 수 있는 계기를 마련할 수 있다. 예를 들어 저장된 물고기를 이용해 젓갈을 만들어 식탁을 풍요롭게 만들 수 있고, 다양한 물고기 요리를 개발할 수도 있다. 또는 수족관을 만들어 사시사철 물고기를 감상할 수도 있다. 무엇보다 그가 만약 이 섬 넘어 또 다른 사람이 살고 있다는 것을 발견한다면, 그의 물고기를 이 낯선 사람이 만들어내는 것과 교환할 수도 있다. 그는 이제 교환을 통해 지금까지와는 전혀 다른 풍요로운 세계로 나아갈 수 있게 된다. 즉, 낚싯대라는 하나의 자본재는 생산성을 향상시켜 크루소로 하여금 풍요로움으로 나아가는 발판을 마련한 셈이다.

2.2 새로운 제품의 등장

자본재는 이처럼 생산성 향상을 통해 인간에게 풍요로움을 제공한다. 자본재는 이에 못지않게, 아니 이보다 더 중요한 역할을 통해 인간을 풍요롭게 한다. 그것은 자본재가 없었다면 생산할 수 없었던 것을 그것으로 인해 생산해 낼 수 있게 한다는 점이다. 이것이야말로 인간이 삶을 개선하고 문명세계를 열어 인류 역사를 발전시키는 데 있어서 결정적인 역할을 했다. 낚싯대가 없었다면, 크루소는 해안가에서 멀고 물속 깊이 사는 물고기 잡는 일을 엄두도 내지 못했을 것이다. 그러나 이제 낚싯대로 인해 그런 곳에 사는 물고기를 좀더 안전하게 잡을 수 있게 되었다. 그 물고기는 낚싯대가 없을 때 낚았던 물고기와는 다른 제품이다. 즉, 그는 낚싯대라는 자본재로 인해 이전에는 생산할 수 없었던 제품을 생산해 낼 수 있게 된 것이다. 인간의 역사는 이런 자본재에 의해 눈부시게 발전해 왔다. 이런 예들은 인류 역사에 무수히 많다.

자본재는 새로운 제품을 개발할 수 있게 해서 인류 역사를 발전시키는 데 있어서 결정적인 역할을 했다. 이것은 생산성 향상보다 더 중요한 자본재의 역할이다.

가까운 예로 비닐하우스와 같은 난방시설 덕분에 수박을 겨울에도 생산할 수 있게 되었다. 비닐하우스는 수박의 생산기간을 단축시켜 생산성을 증가시켜 주기도 했지만, 겨울 수박이라는 새로운 수박을 만들어내어 겨울에도 수박을 먹고 싶어하는 소비자의 욕구를 충족시켜 주었다. 과거 전제왕권 시대의 왕이라 해도 누리지 못했던 호사를 이제 소비자라면 누구나 누리고 있는 것이다. 자본재로 인한 새로운 제품의 등장은 인류문명을 획기적으로 발전시켰다. 자본재에 의한 생산성 향상은 자본재의 이런 기여에 비하면 보잘 것 없다고 말해도 지나치지 않다.

땅 속 또는 심해의 깊은 곳에 있는 석유를 시추할 수 있는 장치가 개발되지 않았다면, 석유를 운반할 수 있는 대형 수송선이 건조되지 않았다면, 원자력 발전소를 건설할 수 없었다면, 수력발전을 위한 댐을 건설할 수 있는 장치를 개발하지 못했다면, 인류가 어떠할지는 쉽게 떠올릴 수 있다. 하루라도 전기 없는 세상을 상상할 수 있겠는가? 결국 원시시대로 돌아갈 수밖에 없다. 자본재의 등장은 인류를 원시시대에서 문명세계로 나아가게 한 결정적인 원동력이다. 자본재가 환경을 파괴한다고 비판하지만, 자본재는 환경을 개선할 수 있는 가능성도 함께 제공하고 있다.

2세기 전 왕이나 평민 할 것 없이 위스키 한잔 마시고 충치를 뽑아야 했다. 오늘날 조금이라도 바로 된 국가에서 산다면, 그 누구도 마취 주사 없이 발치하는 의사는 없다. 미국 건국의 아버지이자 초대 대통령이었던 워싱턴(G. Washington)이 나무로 만든 틀니를 사용했다는 사실을 생각하면, 지금의 치과의술은 경이적이다. 그 틀니는 워싱턴 DC 북쪽 인근에 있는 발티모어 치과대학 박물관에 전시되어 있다(신승철, 2010). 치과의술의 경이적인 발전의 배경에는 그것을 가능하게 하는 치과 장비라는 자본재가 있다. 그 장비가 있었기에, 오늘날 거의 자연치와 다름이 없는 임플란트 시술까지 가능하게 되었다. TV나 인터넷, 전기, 현대 교통과 통신, 현대 의료시술 등에 중독되다시피 살고 있는 사람들에게 "100년이나 200년으로 거슬러 올라가 왕으로 살래, 아니면 지금 서민으로 살래?" 라고 물으면, 적지 않은 사람들이 오늘을 택할 것이다.

일반 경제학 교과서는 경제성장과 경제발전을 1인당 GNP나 GDP의 증대로만 살펴보기 때문에, 자본재가 없었다면 누릴 수 없었던 혜택들이 철저히 가려져 있다. 그래서 인류 번영에 자본재가 얼마나 기여했는지가 전혀 설명되지 못하고 있고, 이것이 일반인들로 하여금 자본가와 자본축적을 폄훼하게 하는 단초이기도 하다. 자본재는 노동생산성을 증대시키기도 하지만, 꿈으로만 생각했던 새로운 제품의 소비를 가능하게 해준다는 점을 명심해야 한다.

자본재를 통한 생산성 향상이 꾸불꾸불한 길을 곧은 길로 만드는 것과 같다면, 자본재를 통한 새로운 제품의 개발은 막혀 있는 길을 또는 과거에는 존재하지 않았던 길을 개척해 새로운 세상을 맞이하게 하는 것과 같다.

자본재가 생산기간을 단축해 생산성을 향상시켜 주는 것은 마치 울퉁불퉁하고 꾸불꾸불한 길을 곧고 평평한 길로 만들어 소비재 생산으로 좀더 빨리 나아가게 하는 것과 같다. 반면에 자본재가 새로운 종류의 제품을 등장하게 하는 것은 더 이상 갈 수 없게 막혀 있는 길을 또는 과거에는 존재하지 않았던 길을 개척해 새로운 세상을 맞이하게 하는 것과 같다.

3. 자본축적의 의미

3.1 자본축적의 개념

각 생산단계마다 고용된 자본재, 노동, 그리고 토지의 결합이 그 단계의 생산공정이다. 생산 n단계는 본원적 생산요소인 노동과 토지만의 생산공정에 의해 생산 $(n-1)$단계의 자본재를 생산한다. 생산 1단계에서 생산되고 있는 소비자재는 생산 2단계에서 생산된 자본재와 노동 그리고 토지를 결합하는 공정에 의해 생산된다. 소비자재의 생산에 동원된 자본재는 최초의 n생산단계에서 만들어진 자본재가 아래 생산단계들로 내려오면서 다른 자본재들로 변형·가공되어 새롭게 태어난 것이다. 소비자재 생산에 동원된 자본재가 만들어지기 위해서는 생산의 2단계에서 $(n-1)$단계에 이르는 겹겹이 쌓인 자본재가 축적되어야 한다. 소비자재 생산에 동원되는 자본재를 포함해 이 자본재가 생산되기 위해 요구되는 위로 겹겹이 쌓여 있는 자본재들의 전체를 자본축적이라 한다. 자본은 저축에 의해 지속적으로 축적되며, 과잉소비에 의해 지속적으로 소진된다.

소비자재 생산에 동원되는 자본재를 포함해 이 자본재가 생산되기 위해 요구되는 위로 겹겹이 쌓여 있는 자본재들의 전체를 자본축적이라 한다.

3.2 자본축적과 우회생산

뵘-바베르크(E. v. Böhm-Bawerk, 1851~1914)[1]는 자본재의 성격을 우회생산(more round-about methods of production)을 통해 더 높은 생산성을 가능하게 한다고 규정했다. 그러나 그는 "자본의 우회적 방식은 수확물을 많이 얻지만, 시간이 많이 걸린다"고(Böhm Bawerk, 82 ; Ro, 537 인용) 했다. 뵘-바베르크가 '우회'라는 용어를 사용함으로써, 일반인이나 경제학을 공부하는 학생들로 하여금 자본재는 소비재 생산에 이르는 데 더 많은 시간을 걸리게 한다고 오해할 소지를 만들었다(라, 638~645 ; Mi. HA, 478~479). 이에 대한 보다 적절한 표현은 다음과 같다. 자본축적이 많이 된 자본재를 생산하기 위해서는 여러 생산단계

자본축적이 많이 된 자본재를 생산하기 위해서는 여러 생산단계들을 거쳐야 하기 때문에, 오랜 시간이 걸린다. 그러나 이 자본재가 투입되는 공정은 기업가의 목표를 과거보다 더 빠르게 달성하도록 해준다.

1. 뵘-바베르크(Eugen von Böhm Bawerk, 오스트리아, 1851~1914)는 멩거의 후계자로서 오스트리아 학파의 제1세대를 대표하는 경제학자이다. 그의 생산구조 분석은 미제스를 비롯한 제2세대 오스트리아 학파의 생산이론의 기초를 마련했다.

들을 거쳐야 하기 때문에, 오랜 시간이 걸린다. 그러나 이 자본재가 투입되는 공정을 선택한 기업가의 입장에서 보면, 이 공정은 자신의 목표를 과거보다 더 빠르게 달성하도록 해준다. 주어진 시간 안에 동일한 노동과 토지 서비스의 투입량으로 과거보다 더 많은 생산량을 산출하도록 해주거나, 주어진 생산량을 과거보다 더 짧은 시간 안에 산출하도록 해준다. 이것이 생산성 향상이다.

기업가의 실수와 무지를 무시한다면, 기업가가 새로운 자본재에 투자하는 것은 생산성을 향상시키기 위함이다. 새로운 자본투자 없이도 더 높은 생산성을 가져다주는 생산공정이 있었다면, 그는 분명히 이 공정을 이미 선택했을 것이다. 그러므로 새로운 자본재는 항상 생산성을 향상시키기 위해 존재한다. 이를 다음과 같은 논리로도 이해할 수 있다(Mi. HA, 492). 기업가는 항상 생산성이 높은 생산공정을 택하려고 한다. 새로운 자본재의 투자는 생산구조의 길이를 길게 해서 목표에 이르는 시간을 더 걸리게 한다. 먼 미래의 만족보다 가까운 미래의 만족을 선호하는 인간행동의 공리에 따라, 기업가는 동일한 생산량을 산출한다면 짧은 공정을 긴 공정보다 선호할 것이다. 그럼에도 불구하고 그가 새로운 자본을 투자해 더 긴 생산공정을 취한다는 것은 전보다 더 많은 생산량을 산출하기 때문이다.

3.3 자본축적을 위한 저축의 중요성

자본축적은 소비절약을 통한 저축증대에 의해서만 가능하다. 저축증대를 위해 억제된 현재의 소비는 자본축적을 통해 미래의 풍요로움으로 이끈다.

생산구조의 단계가 쌓여 그 길이가 길어질수록 자본이 축적되어 있다. 로빈슨 크루소의 예에서 알 수 있듯이, 번영은 자본축적의 증대 하에서만 달성될 수 있다. 소비는 미래의 번영에 어떤 영향도 미치지 않는다. 왜냐하면 소비가 더 많아졌다고 해서 그것이 새로운 제품을 만들어내고 생산성을 향상시키는 것이 아니기 때문이다. 제품의 다양성과 생산성의 향상은 오직 자본재의 추가에 의해서만 가능하기 때문에, 저축을 감소시키는 소비의 증대는 자본축적을 줄여 미래의 번영이 아니라 미래의 쇠퇴로 이끈다. 케인지안들이 말하는 소비는 미덕이고 저축은 악이라 하는 것은 소비되지 않는 돈이 저축되어 투자되지 않고 금고에 넣어두기만 할 경우이다.

자본축적은 단지 저축의 증대에 의해서만 달성될 수 있다. 그러나 늘 있어 왔던 자연재해가 줄어들고 비옥한 토지가 발견된다거나, 전쟁과 역병의 창궐 가능성이 줄어들고 치안이 잘 유지된다면, 더 많은 생산이 가능하다. 이렇게 해서 발생한 잉여를 투자로 전환하면, 소비제한 없이도 자본축적이 가능하다(Mi. HA, 512~512). 그러나 우연과 운에 의한 이런 가능성을 고려하지 않는다면, 자본축적의 유일한 길은 소비제한을 통한 저축증대밖에 없다.

자본축적은 소비를 절약하겠다는 자본가의 의지에 달려 있다. 현재 소비량을 줄이고 저축하는 것은 미래에 더 많이 소비하기 위함이다. 소비절약을 시간의 관점에서 해석하면, 그것은 현재 소비의 미래 소비로의 연기이다. 소비절약을 통한 저축은 투자로 이어지고 이것이 자본을 축적하는 것이다. 자본축적을 통해 생산구조를 보다 심화하고 다층화하면, 경제구조는 점점 더 생산적으로 변하고 저축증대를 위해 억제한 소비는 마침내 그 전보다 더 많은 소비와 다양함의 풍요로 돌아온다. 그러므로 자본축적이 상당히 진척된 나라일수록, 다양하고 고급스러운 소비자재를 더 많이 소비할 수 있다. 반면에 자본축적이 그다지 이루어지지 않은 나라일수록, 그 나라 국민의 물적 생활수준은 낮은 상태에 머무를 수밖에 없다. 자본축적을 위해 소비를 줄이고 저축을 해야 한다는 것은 이런 이치 때문이다. 저축은 미래의 풍요를 향하는 첫 번째 발걸음이다.

그러므로 어떤 나라가 자본축적의 노력을 게을리 했을 경우, 그 나라는 국민생활 수준의 향상이라는 목표와는 멀리 떨어져 있을 수밖에 없다. 즉, 그 나라는 목표로의 출발이 너무 늦은 것이다. 이 나라가 앞선 나라를 따라잡기 위한 유일한 방법은 자본축적을 위해 소비를 제한해 저축하는 길뿐이다. 국가는 이를 위한 정치적 · 제도적 조건을 갖추어 주어야 한다(Mi. HA, 494).

3.4 과거의 자본축적과 현재의 후생

제16장의 가구 생산의 예에서 겹겹이 쌓여 있는 생산단계 하나하나가 없다면 어떤 일이 생길지를 상상해 보자. 전기톱이 없다면 톱으로만 나무를 벌목해야 될 것이고, 그 경우 원목 생산량은 급격히 줄어들 것이다. 특히 둘레가 몇 사람의 팔을 벌린 길이 만한 아름드리 큰 나무는 처음부터 벌목할 엄두를 내지 못할 것이다. 그러면 질 좋은 원목이 공급되지 못하게 되어, 고급의 널빤지는 생산되지 못할 것이다. 뿐만 아니라 원목을 운반할 대형 트럭이 없다면 있더라도 잘 닦인 도로가 없다면, 양질의 원목 생산은 생각할 수 없거나 생산하더라도 그 생산성은 크게 떨어질 게 분명하다. 원목이 원활히 생산되어 공급된다고 하더라도 제재소에서 원목을 이리저리 운반할 지게차나 원목 절단기가 없다면, 엄청난 무게의 원

목을 자르고 문지르는 작업은 아예 할 수 없다. 양질의 널빤지는 사람의 손으로 톱과 대패만을 갖고 소량으로 생산할 수밖에 없을 것이다. 양질의 널빤지가 가구 공장에 공급된다고 하더라도 가구 만드는 데 필요한 각종 목공기계가 없다면 가구 하나를 만드는 데 수(手) 작업에 의존할 수밖에 없을 것이고, 고급스러운 가구의 대량생산은 기대할 수 없다. 가구 하나를 생산하는 데 있어서 동원되는 모든 자본재들을 생각하면 이 자본재들을 갖추고 있는지 여부에 따라 가구의 다양함과 고급스러움 그리고 대량생산이 결정된다. 그리고 소비자들의 가구 소비 수준도 함께 결정된다.

가구 생산업자가 이 모든 자본축적의 과정을 처음부터 시작해 가구를 생산해야 한다면, 그는 처음부터 가구를 생산할 엄두도 내지 못했을 것이고, 소비자들은 멋진 가구를 소비할 생각을 말아야 한다. 그러나 널빤지, 못, 나사, 톱, 망치와 같은 자본재들이 과거 누군가에 의해 발명되었고 지금까지 생산되기 때문에, 가구 생산업자는 이를 구입해 생산에 투입하기만 하면 된다. 우리가 현대경제에서 누리는 모든 소비자재들은 과거 우리 선조들이 소비를 절약하고 축적해 온 자본재들의 덕택이다.(Mi. HA, 490) 오늘날 거의 모든 현대인들이 사용하고 있는 스마트폰의 내부를 본다면, 과거의 자본축적이 없다면 스마트폰의 생산과 소비는 꿈도 꿀 수 없을 것이다. 자본축적이 진척될수록, 생산자는 소비자재의 생산에 더 가까운 위치에 놓이게 된다. 가구 생산업자가 망치를 구입하는 것은 가구의 생산기간을 단축할 시간을 구입하는 것과 마찬가지이다. 자본재를 구입하는 것은 시간적 이득을 얻는 것을 의미한다(Mi. HA, 494).

자본재를 구입하는 것은 시간적 이득을 얻는 것을 의미한다. 기업가는 현재 활용할 수 있는 생산요소들을 최선으로 조합해 생산에 임한다. 요소들이 과거 어떻게 만들어졌는지는 그에게 중요하지 않다.

기업가는 자신에게 주어진 여건 하에 자신이 할 수 있는 최선을 다해 가능한 빠른 시일 안에 목표에 다다르고자 한다. 이를 위해 그는 현재 활용할 수 있는 생산요소들을 최선으로 조합해 생산에 임할 것이다. 그는 노동자를 고용하면서 이 사람의 지식과 경험이 어떻게 쌓여왔는지에 대해서 관심을 가질 필요가 없다. 현재 이 사람이 그의 사업장에서 구사할 수 있는 능력만이 그에게 중요할 뿐이다. 특히 자본재는 더욱더 그러하다. 지금 그가 이용 가능한 자본재가 과거 누구에 의해 발명되었으며 어떻게 제조되었는지는 그에게 어떤 의미도 주지 않는다. 물론 이 자본재를 고안하고 만든 누군가의 덕택으로, 그는 자신의 생산성을 향상시킬 수 있고, 그래서 더 높은 수익과 더 나은 물질적 삶을 누릴 수 있다. 그러나 이것은 지나간 과거일 뿐이다. 그에게 중요한 것은 이 자본재가 생산성을 증가시키는 수단이라는 사실뿐이다.

3.5 자본축적과 기술수준

많은 기술들 중에 어떤 기술을 생산에 도입할 것인지는 우리의 현재 기술지식의 수준에 의해 결정되는 것이 아니다. 그것을 결정하는 것은 우리가 어떤 자본재를 이용할 수 있는가에 달려 있다. 후진국의 경제발전을 위해 기술지식을 전수하는 것은 그 기술을 갖고 스스로 처음부터 자본재를 만들어 자본을 축적해 나가면서 경제발전을 하라는 것과 다름이 없다. 이럴 경우, 선진국이 오랜 시간에 걸쳐 이루어 놓은 자본축적의 과정을 후진국이 그대로 다시 밟아야 한다. 그런데 후진국에 부족한 것은 과학기술에 관한 지식이 아니라, 낙후되어 있는 후진국의 생산시설을 선진국의 그것처럼 변형시킬 수 있는 자본재이다. 선진국이 후진국에 이런 자본재를 제공하거나 빌려주면, 후진국의 노동생산성은 빨리 향상될 수 있다. 이것은 마치 그 나라가 오래 전부터 자본축적을 해왔던 것과 동일한 효과를 낸다.(Mi. HA, 493～494)

기술 선택을 결정하는 것은 기술에 관한 지식이 아니라 자본축적의 정도이다. 그러므로 후진국의 경제발전을 위해서는 기술지식의 전수보다 자본재 제공이 무엇보다 중요하다.

4. 자본축적과 정부의 역할

4.1 경제성장과 개인 자유의 침해

오늘날 대부분의 정부들은 경제성장률 제고를 위해 정권의 명운을 건다. 그래서 이들은 어떻게 하든지 경제를 성장시키기 위해 모든 수단과 역량을 여기에 집중한다. 특히 자유와 시장경제를 중시한다고 자처하는 세력들조차 경제성장률에 목을 매는 경우를 자주 본다. 그러나 정부 주도에 의한 경제성장은 개인의 자유를 쉽게 침해할 수 있다. 여기에서는 이 문제를 생각해 보도록 한다.

자유시장경제에서 자본축적을 통한 경제성장은 개인의 저축과 투자에 의해서만 이루어진다. 개인의 저축과 투자는 개인의 가치 우선순위에 따라 취해질 수 있는 개인적인 문제이다. 소비를 할 것인가 저축을 할 것인가는 순전히 개인의 문제이다. 어떤 사회는 부지런히 일하고 자본을 축적해 고도성장을 추구하는 것을 원하는 사람들로 가득 차 있을 수 있다. 그러나 또 다른 사회는 구태여 고도성장을 추구하기보다는 공동체의 연대를 강조하면서 자기네들끼리 오순도순 살아가

시장경제에서 경제성장은 개인의 저축과 투자에 의해서만 가능하다. 경제성장률이 높은 것이 좋다는 주장은 가치문제로 경제학이 대답해야 할 거리가 아니다.

는 것을 더 원할지도 모른다. 전자나 후자나 모두 그런 삶이 그들에게 최선이고 가장 큰 행복을 준다고 믿고서 그런 행동을 할 뿐이다. 어떤 사회가 더 좋은 사회인지를 윤리적 잣대로 댈 수는 없다. 그것은 경제학자들이 할 일이 아니다.

이것이 개미와 베짱이의 논리로 비유되어서는 안 된다. 게으르고 일하지 않으며 놀기만 좋아하는 사람을 빗대어 베짱이라 한다. 그러나 급작스럽게 부(富)를 추구하기보다 오순도순 살기를 원하는 사람을 베짱이에 비유하는 것은 옳지 않다. 이들은 이런 삶이 가치순위의 상위에 있기 때문에 그렇게 할 뿐이다. 부의 추구를 위해 악착스럽게 살려고 하기보다 조금 더 여유롭게 살려고 애쓰는 것이 그들에게는 최선을 다하는 삶이다. 동화 속의 베짱이 모습은 아무런 생각 없이 살아가는 사람들에게 해당된다. 이런 점에서 개미도 생각하면서 살아가는 것같이 보이지는 않는다. 그저 정신없이 저장만 하기 때문이다.

정부가 경제성장을 위해 개인의 가치순위에 개입하는 것은 자유시장경제에 반하는 일이다.

정부가 경제성장을 위해 개인의 가치순위에 개입하는 것은 자유시장경제에 반하는 일이다. 자유로운 시장경제에서 성장은 모든 사람들이 선택한 결과만큼 성취될 수 있을 뿐이다. 성장의 혜택은 성장에 기여하지 않은 사람들, 즉 저축 또는 투자하지 않은 자들에게도 돌아간다. 그렇지만 저축자나 투자자는 다른 사람들을 위해 저축이나 투자를 하는 것이 아니다. 순전히 자신을 위해서 한 것뿐이다. 성장이 외부효과를 가진다고 해서 정부가 여기에 개입하는 것이 정당화되지는 않는다.

정부가 개입하면, 개인은 자신이 최선이라 생각하는 선택을 할 수 없게 된다. 성장을 주도하려는 정부에 의해, 저축자는 강제저축을 할 수밖에 없다. 강제저축은 결코 그 개인의 선택이 아니다. 그는 강제저축에 의해 만족의 손실을 볼 것이 분명하다. 정부가 성장을 주도한 결과 많은 사람들이 성장의 외부효과로 인한 혜택을 보고 있다면, 그 혜택은 강제저축을 당한 이들의 희생에 의해 이루어진 결과에 불과하다. 개인은 어떤 경우에도 자신의 행위가 보상받을 것이라고 기대하기 때문에 그 행위를 수행한다. 저축도 마찬가지이다. 개인은 보상을 기대하면서 저축한다. 시장경제에서 자유롭게 선택한 행위의 혜택이 자신뿐만 아니라 제 3자에게도 돌아가는 것이야 어찌 할 수 없다. 그러나 강제저축과 같이 강제로부터 겪어야 하는 만족의 손실을 통해 제3자가 혜택을 본다는 것은 시장 논리에 위배된다. 강제저축에 의한 경제성장은 모든 구성원들의 참여 속에서 이루어진 것이 아니다. 정부 주도 하에 이루어진 높은 경제성장이, 비록 조금 낮지만 모든 사람들의 참여 하에 이루어진 경제성장보다 더 높은 사회적 후생을 가져다준다고 결코 말할 수 없다.

자원의 재배분 결과 어떤 경제상태가 더 높은 후생을 주는가에 대한 기준에는 파레토 효율 기준과 보상기준이 있다. 파레토 효율 기준에 의하면, 하나의 자원배분 상태에서 다른 어떤 사람에게 손해가 가도록 하지 않고서는 어떤 한 사람의 후생을 증대시킬 수 있는 변화를 만들어내는 것이 불가능할 때 이 배분상태를 파레토 효율적이라 한다. 보상기준에 의하면, 자원 재배분 결과 손해 본 자의 후생과 이득 본 자의 후생을 비교해 더 이상의 이득이 존재할 수 없을 때의 배분상태가 효율적이다. 개인의 후생은 결코 양적으로 측정될 수 없기 때문에, 일반적으로 받아들이는 후생기준은 파레토 효율 기준이다. 이 기준으로 볼 때, 정부 주도에 의한 경제성장은 강제저축을 수반한다는 점에서 언제나 파레토 효율 기준을 위배한다.

정부 주도에 의한 경제성장은 강제저축을 수반한다는 점에서 언제나 파레토 효율 기준을 위배한다.

정부 주도에 의해 강제저축으로 조달된 재원은 잘못된 곳과 잘못된 시점에 투자되는 경우가 허다하다. 왜냐하면 정부에 의한 투자는 대체로 경제적 논리보다 정치적 논리에 따르기 때문이다. 정부는 공익 목적에 의해 조직되어 있는 단체이지만, 그것을 움직이는 것은 관료나 정치가와 같은 사람들이다. 그들이 공익을 위해 행동할 것이라고 기대하는 것은 너무 순진한 생각이다. 그들은 그들의 사적 목적에 충실할 뿐이다. 그들이 진정으로 공복으로 충실하려고 한다 해도, 오(誤)투자를 하지 않을 것이라고 누구도 장담할 수 없다. 왜냐하면 자본구조는 모든 생산부문과 상호 연계되어 있고, 모든 이의 이해관계가 그 속에 뒤섞여 있기 때문이다. 정부는 자본구조의 미세한 연계를 알 수 없을 뿐만 아니라, 안다고 해도 정부가 정확하게 그것을 조화시킬 수 있는 능력이 없다. 정부가 도로나 다리를 건설해도 그 위로 달리겠다는 자동차가 많지 않거나, 수천억 원을 들여 공항을 건설해도 그 공항을 이용하겠다고 나서는 항공사가 없는 경우가 그것이다. 반대로 항상 혼잡스러운 도로나 과거 사회주의 국가들에서 흔히 볼 수 있는 식료품 가게 앞의 긴 줄도 이런 경우이다. 과잉공급과 과소공급으로 한쪽 끝과 다른 한쪽 끝을 왔다갔다 하는 것이 정부 투자에서 종종 볼 수 있는 모습이다. 이러한 잘못된 투자를 조정할 수 있는 유일한 장치는 오직 시장뿐이다. 그러므로 정부 주도의 강제 성장이 외부효과로 큰 편익을 가져와 많은 사람들에게 혜택을 준다는 것은 반드시 진실이라고 말할 수 없다.

라스바드(M. N. Rothbard)는 성장이라는 의미가 생물학적 은유에서 비롯되어, 성장이 마치 불가피하고 자동적으로 필요한 것처럼 간주되어 왔다고 문제의 성장이라는 의미가 생물학적 은유에서 비롯되어, 성장이 마치 불가피하고 자동적으로 필요한 것처럼 간주되어서는 안 된다.

핵심을 날카롭게 지적한다(라, 1098~1109). 성장은 모든 구성원들의 참여 속에서 이루어진 것만이 가치가 있다. 모든 구성원들의 참여란 정부의 간여 없이 개인의 가치순위에 의해 자본축적이 이루어짐을 말한다. 사회의 공동선을 위한 기본가치에는 자유와 정의 그리고 안전과 진보가 있다. 이 중에서 어떤 가치가 가장 앞서야 하는가에는 일의적인 잣대가 없다. 그러나 인류 역사는 이 중에서 자유가 무엇보다 소중한 가치임을 주저함 없이 보여준다. 자유를 훼손하지 않는 성장만이 사회구성원 모두에게 혜택을 줄 수 있다.

4.2 자본축적에 있어서 정부역할의 가능성

경제성장을 위한 정부의 시장 개입은 분명 개인의 자유로운 의사결정을 침해한다. 그러나 경제발전 초기 정부는 자본축적을 위한 아래와 같은 경제정책을 시장경제질서를 그다지 침해하지 않는 범위 안에서 모색해 볼 수 있다.

4.2.1 자본축적을 위한 제도적 조건 구비

자원이 풍부한 나라들이 그렇지 못한 나라들보다 오히려 빈곤에 허덕이는 이유는 자본결핍에 있다.

자본재가 결핍되어 있다면, 비록 천연자원이 풍부하더라도 그것을 다양한 그리고 대량의 소비자재 생산으로 전환하는 것은 가능하지 않다. 자원이 풍부한 나라들이 그렇지 못한 나라들보다 오히려 빈곤에 허덕이는 이유는 바로 자본결핍에 있다. 자본을 상당히 축적했다는 것은 목표에 이미 상당히 접근했다는 것을 의미한다. 이렇다 할 부존자원이 없는 나라들이 자본축적에 심혈을 기울인 결과 국민들이 높은 생활수준을 누리는 것은 이런 이치 때문이다.

한국과 북한은 자본축적이 한 나라의 경제발전과 주민들의 생활에 얼마나 결정적인지를 보여주는 생생한 체험의 현장이다.

한국과 북한은 자본축적이 그리고 자본축적을 위한 제도적 조건이 한 나라의 경제발전과 주민들의 생활수준에 얼마나 결정적인지를 보여주는 생생한 체험의 현장이다. 자력갱신을 외치는 북한과 같은 폐쇄경제가 주민들의 생활수준을 아무리 끌어올리려고 해도 되지 않는 이유는 자본주의 체제를 경멸하고 자본축적 자체를 타파의 대상으로 보고 있기 때문이다. 북한은 생산을 사람의 손과 조잡한 자본재에 대부분 의존한다. 아파트를 짓는 데도 그렇고, 농사를 짓는 데는 더 말할 것도 없다. 북한 당국은 방대한 조직을 통해 생산량을 재촉하지만, 자본축적이 되어 있지 못하니 생산량을 조금이라도 더 많이 달성하려고 해도 할 수 없는 형편이다. 2011년 김정일은 희천발전소 건설 완공을 재촉했으나, 전력 부족으로 발전소의 제관 및 콘크리트 작업을 할 수 없었고 원자재를 운송할 수단이 부족해 발전소 건설이 진척되지 못했다고 한다(중앙일보, 2011. 4. 21). 북한은 발전소 건설에 필요한 기술과 지식은 이미 충분히 갖고 있을 것이다. 그러나 이 지식과 기술을 물적 변화로 이끌 자본재가 축적되어 있지 못하기 때문에, 발전소 건설은 그만큼 더디고 조악한 수준에 머물 수밖에 없다. 북한경제 낙후의 핵심에는 자본축적을 촉진시키지는 못할망정 저해하는 북한의 경제체제가 60년 넘게 똬리를 틀고 있다.

반면에 한국의 번영은 외국자본의 도움을 적극적으로 받아들이고 대외지향을 정책의 기본방향으로 설정한 결과이다. 해방 후 한국은 변변한 공업시설이 거의 없었고, 있는 것마저 북한의 침략에 의해 폐허가 되었다. 외국자본의 적극적인 유치와 대외지향 정책은 한국이 자본축적을 하는 데 필요한 긴 시간을 거치지 않아도 되고 그만큼 소비제한의 고통을 감내하지 않아도 되게 해주었다. 사회주의자들이나 사회민주주의자들은 언제나 자본축적을 경멸한다. 그들은 자본가가 서민을 착취한다는 독설을 내뱉는다. 그러나 서민을 힘들게 하는 것은 외국자본의 유치를 종속이라고 선동하는 바로 이들이다.

한국과 북한의 예를 들지 않더라도, 산업혁명이 일어난 후 국가들 간의 빈부격차는 자본축적의 차이에서 기인한다는 것은 역사가 말해 준다. 잘사는 나라들은 못사는 나라들에 비해 좀더 일찍 그리고 집중적으로 자본축적의 길로 나섰고 이를 위한 제도적 기반을 일찍 서둘러 구축했다. 이것은 마르크스조차 인정하는 사실이다. 국가 간 빈부격차의 원인을 인종적이고 문화적인 차이에서 또는 이에 더 나아가 유전적인 차이에서 찾는 것은 지역적 편견과 다툼의 불씨만을 남길 뿐, 사려 깊고 올바른 주장이 전혀 아니다. 후진국이나 중진국이 외국인투자를 유치하기 위해 발 벗고 나서는 것은 자본축적이 경제발전과 한 나라의 국민생활 수준에 결정적인 역할을 하기 때문이다. 그러므로 외국인투자의 유치에 걸림돌이 되는 각종 규제를 철폐하고 유치에 우호적인 제도적 환경을 구축하는 것은 정부가 자본축적을 위해 우선적으로 해야 할 일이다.

후진국이나 중진국이 외국인투자를 유치하기 위해 발 벗고 나서는 것은 자본축적이 경제발전에 결정적인 역할을 하기 때문이다.

4.2.2 미래에 대한 꿈과 희망의 고취

정부 주도에 의한 자본축적이 자유로운 시장경제와 조화를 이루기 위해서는, 정부의 역할을 분명히 하고 그 한계를 인식해야 한다. 정부가 자본축적을 위해 개

자본축적을 위한 정부 정책은 개인의 저축이 자발적으로 이루어지도록 미래 지향적이고 도전적인 정신을 고취하는 데 중점을 두어야 한다.

인의 저축을 강제하고 자원배분에 직접 개입하는 일은 삼가야 한다. 정부의 정책은 개인의 저축이 자발적으로 이루어지도록 미래 지향적이고 도전적인 정신을 고취하는 데 중점을 두어야 한다. 그러기 위해서는 국민으로 하여금 물질적으로 풍요로운 삶을 살아보겠다는 의지를 갖게 하는 일이 무엇보다 중요하다. 지도자의 리더십은 바로 여기에 있다. 개인으로 하여금 미래에 대한 꿈과 희망을 심어준다는 것은 바로 개인의 시간선호를 낮추는 것을 의미한다. 개인의 시간선호가 낮아지면, 이들은 자발적으로 현재의 소비를 절약하고 저축해 미래를 위한 투자를 한다.

미래에 대한 도전의 꿈을 키우는 사람들이 많아진다는 것은 곧 기업가의 자질을 갖춘 사람들이 많아지고 기업가정신으로 충만해짐을 의미한다. 이것은 개인의 자발적인 저축에 의해 자본축적의 길로 나아가게 한다. 한국과 같이 경제개발에 성공한 국가들의 부모들은 자신의 미래뿐만 아니라 더 나아가 자식들의 미래에 대한 꿈과 희망까지도 강렬히 갖고 있다. 이 부모들에게는 자신은 힘들고 어렵게 살더라도 자식만은 잘 교육시켜 보다 나은 삶을 살게 해야 한다는 신념이 팽배하다. 그래서 그들은 많지 않은 소득을 거의 모두 자식의 미래를 위해 투자한다. 자신의 미래에서 더 나아가 자식의 미래까지 걱정한다는 것은 이 부모들의 시간선호가 아주 낮음을 의미한다. 국민에게 미래에 대해 이런 꿈과 희망을 갖게 하는 것이 지도자의 역할이다. 동아시아 국가들의 경제발전 역사는 지도자의 이런 역할이 성공한 나라만이 경제발전을 이룩하고 선진국의 문턱에 진입했음을 말해준다.

이와 함께 정부는 경쟁의 의미를 올바르게 이해시키고 경쟁사회를 받아들이게 하는 교육을 실시해야 한다. 교육에 시장 친화적인 내용과 자본축적의 중요성이 담겨져야 함은 물론이다. 그래야만 개인이 경쟁을 긍정적으로 받아들이고 경쟁에 도전적일 수 있다. 미래에 대한 꿈과 희망은 경쟁을 긍정적으로 받아들이는 사회의 분위기 속에서 열매를 맺을 수 있다. 시장경쟁의 의미를 왜곡하고 정의라는 이름으로 또는 공정이라는 이름으로 경쟁을 침해하는 각종 정책을 쏟아부우면서, 개인의 창발과 도전을 기대하는 것은 앞뒤가 맞지 않은 일이다.

4.2.3 사회간접자본의 구축

사회간접자본 구축을 정부가 해야 하느냐에 관한 논란은 아담 스미스 이후 이어져 왔다. 아담 스미스는 그의 『국부론』에서 자유로운 세상에서 왕이 해야 할 일은 세 가지뿐이라고 했다. 첫째, 치안과 국방, 둘째, 법질서 확립, 셋째, 공공사업과 공공기관 설립이 그것이다(Friedman, 2003, 52). 논란이 되어 왔던 것은 세 번째의 국가 역할이다. 국가에 의한 공공사업이 문제되는 것은 재원조달에 있어서 개인의 자유를 침해하며, 공공사업에서 오(誤)투자의 개연성이 높기 때문이다. 무엇보다 오늘날의 기업은 대규모 재원조달이 가능한 주식회사 형태를 취하기 때문에, 재원조달 때문에 국가가 나서야 한다는 논리는 항상 성립되지 않는다.

정부가 사회간접자본 구축에 간여해야 하는지에 대해서는 아담 스미스 이후 계속된 논란거리이다. 정부에 의한 사회간접자본 구축은 한편으로는 개인의 자유를 침해하지만, 다른 한편으로는 시장경제질서의 확대와 자유 신장에 기여할 수도 있다.

정부 주도에 의한 사회간접자본 구축은 분명 개인의 자유로운 의사결정에 바탕을 두는 시장경제와는 배치된다. 그래서 국가는 공공사업에 나서지 말고, 사회간접자본 구축도 시장의 힘에 맡겨야 한다. 자본축적이 전혀 안 되어 있는 국가에서 이 논리를 그대로 적용하는 데에는 문제가 있다는 반론에 대해서, 라스바드는 선진국에 적용되는 논리가 저개발국에도 적용되지 않는다면 그 논리는 그 자체로 문제가 있다고 지적했다. 틀린 말은 아니다. 저개발국일수록 시장의 논리를 더 엄격하게 적용해야 한다는 주장에도 동의한다(라, 1106~1107).

그러나 한국과 같이 정부 주도에 의해 경제개발을 성공적으로 이룩한 사례는 시장경제주의자들을 곤혹스럽게 한다. 한국을 비롯한 동아시아 몇몇 국가들의 급속한 경제발전과 풍요로움이 결국 시장경제질서를 확대하고 심화시켰으며, 더 나아가 자유의 신장에 기여했기 때문이다. 시장경제주의자들은 고민에 빠졌다. 이를 어떻게 설명해야 하는가? 아래에는 한국의 예를 통해 이를 조심스럽게 모색해 본다. 조심스럽다고 표현한 것은 글이나 말로서는 정부 주도에 의한 사회간접자본 구축의 필요성을 역설할 수 있으나, 현실에서 구현되는 실제의 모습은 종종 지나침과 탈선으로 얼룩지기 때문이다.

해방 후 한국은 자본축적이 거의 미미한 나라였다. 공업시설이 거의 북한에 편재되어 있었기 때문에, 한국은 변변한 공장 하나 없었다. 그마저 6·25 한국전쟁은 모든 것을 앗아갔고 폐허화했다. 모든 국민들은 하루하루를 해외원조로 버텨왔다. 그러나 지금의 한국은 눈부신 자본축적으로 G20의 일원이 되었고, 이제 해외원조를 받던 나라가 해외원조를 하는 최초의 국가가 되었다. 그 중심에는 정부가 있었다는 사실을 부인하기 어렵다. 정부는 새마을운동으로 모든 사람들로 하여금 잘 살아보겠다는 의지를 고취시켰고, 공산주의와 비교하면서 시장경제 체제를 자라나는 어린이와 청소년들에게 교육했다. 법질서와 치안 그리고 국방을 기본으로 하면서, 거친 반대를 무릅 쓰고 고속도로와 같은 사회간접자본을 구축했다.

교통, 통신, 항만과 같은 사회간접자본의 구축으로 지역 간 교류가 활발히 이루어졌고, 이것은 인적 · 물적 이동에 큰 역할을 했다. 사회간접자본은 기업의 생산활동에 직접적인 영향을 주었다. 그러나 이보다 더 큰 효과는 그것이 시장경제의 확대에 기여했고 기업가정신을 고취시켰다는 점이다. 사회간접자본 구축은 지역 간 교류를 확대하고, 특히 개방경제로 나아갈 수 있는 기반을 마련해 주었다. 이것은 생산 및 자본 구조를 고도화하고 확대해 더욱 역동적으로 자본축적을 가능하게 했다. 분업경제의 심화와 확대는 시장경제 시스템이 개인의 일상생활을 지배하도록 했다. 이를 통해 많은 사람들은 물질적 생활수준의 향상을 위해 매진했고, 부모들은 자식 교육에 자신의 모든 것을 바쳤다. 사회간접자본의 구축은 또한 기업가들이 투자하는 데 있어 미래의 불확실성을 덜어 주어, 기업가정신이 개인의 삶에 익숙해지는 단계에까지 이르게 했다.

누구는 한국의 눈부신 경제성장을 정부가 없더라도 가능했을 것이라고 한다. 되돌려서 처음부터 해볼 수도 없는 일이니 이를 증명할 길은 없다. 그러나 자본이라고는 거의 없던 시절, 교통, 통신, 항만과 같은 사회간접자본을 개인이 구축할 수 있다고 주장하기는 무리이다. 그럴 정도로 강렬하고 미친 듯이 달려들 기업가가 존재하기란 거의 불가능하기 때문이다. 한국의 발전 초기, 정부 주도 사업으로 인해 자원배분의 왜곡이 분명 있었다. 그러나 전체적으로 보았을 때, 이 시기의 정부 주도에 의한 사회간접자본의 구축은 강제저축에 의한 개인의 자유 침해와 자원배분의 왜곡에 의한 자원낭비나 효율성 상실보다 시장경제의 창달과 이로 인한 자본축적의 가속화 그리고 풍요를 통한 개인의 권익과 자유 신장과 같은 편익을 더 크게 했을 것으로 판단된다.

과거 사회주의 국가들에서 볼 수 있는 바와 같이, 자본구조가 궁극적으로 소비자재 생산을 위한 것이 아니라 군비 확충을 위한 것이라면, 그것은 개인의 선택과는 무관한 자본축적일 수 있다. 그러나 정부가 시장경제를 지향하며 진정으로 개인의 소비를 확충하고 주민들을 가난에서 벗어나게 하려는 의지가 강하다면, 경제발전 초기 정부 주도에 의한 사회간접자본의 구축은 긍정적으로 볼 수 있는 여지가 있다. 특히 주민 대다수가 이 무렵 정부 주도에 의한 사회간접자본 구축에 동의한다면, 그것은 개인의 자유로운 의사결정에 위배된다고 볼 수 없다. 한국의 사례는 이를 뒷받침한다.

정부의 사회간접자본 구축은 경제발전 초기에 긍정적으로 검토해 볼 수 있다. 한국을 비롯한 동아시아 국가들의 경제발전 성공은 이를 뒷받침한다.

생각하기

01. 경제성장은 노동, 토지, 자본의 양적 증대와 질적 개선에 의해 추진된다. 노동과 토지의 양적 확대나 질적 개선을 위해서도 자본축적이 필요하다고 하는데, 왜 그런가?

02. 여러분은 "100년이나 200년으로 거슬러 올라가 왕으로 살래, 아니면 지금 서민으로 살래?"라는 질문을 받으면 어떤 길을 선택할 것인가? 자본의 역할과 함께 토론하라.

03. 뵘-바베르크는 자본재의 역할을 우회생산이라 했다. '우회(more round-about)'라는 용어 속에서 여러분은 자본재가 생산에 어떤 역할을 한다고 생각하는가?

04. 대부분의 국가들은 경제성장을 위해 많은 정책들을 구사한다. 그 중에서도 자본축적을 위해 정부가 다양한 형태로 시장에 개입한다. 이것이 개인의 자유와 어떤 상충관계가 있는지를 토론하라. 그것이 개인의 자유를 신장시킬 수 있는 측면은 전혀 없는지에 관해서도 함께 토론하라.

05. 후진국의 경제발전에 있어서 지도자의 리더십은 어떤 방향으로 발휘되어야 시장경제와 정합적일 수 있는가?

»» 자본축적에 의한 생산구조와 소득분배의 변화

Human centered

Principles of Economics

ch. twenty-nine

2

9

자본축적이야말로 한 사회의 경제성장을 가능하게 하며 자본축적을 위해서는 저축이 중요함을 앞 장에서 설명했다. 그렇다면 자본축적이 진행될 경우 생산구조의 형태는 어떻게 변하며 이에 따른 요소별 소득분배는 어떤 영향을 받는지를 이 장에서 검토한다. 이를 위해 먼저 단순한 로빈슨 크루소의 1인 경제에서 그 변화를 설명한다. 이어서 하이에키언 삼각형의 도움으로 자본축적에 의한 생산구조의 변화를 일반화한다. 이로부터 이자율과 생산요소 가격의 변화, 그리고 각 계층별 실질소득의 변화를 살펴본다.

1. 자본축적에 의한 생산구조의 변화

1.1 로빈슨 크루소 경제와 항등순환경제

로빈슨 크루소는 주어진 시간 안에 더 많은 물고기를 또는 일정량의 물고기를 더 짧은 시간 안에 잡기 위해 낚싯대를 만들었다. 이제 이 낚싯대로 물고기를 잡음으로써 그가 의도했던 좀더 풍요로운 삶을 영위할 수 있게 되었다. 1개의 낚싯대는 그가 소유한 최초의 자본재이다. 낚싯대로 물고기를 잡아 생활하는 것이 변함없이 지속된다면, 이것은 그가 이제 새로운 항등순환경제로 나아갔음을 의미한다.

크루소는 물고기를 낚고 낚싯대를 만들기 위해 자신의 노동력을 투입한다는 점에서 노동자이다. 그러면서 자신의 노동과 나뭇가지를 투입해 낚싯대라는 자본재를 만든다는 점에서, 그리고 이를 위해 소비를 억제하고 이를 낚싯대 생산에 투자했다는 점에서 그는 자본가이다. 물론 그는 잡은 물고기를 소비한다는 점에서 당연히 소비자이기도 하다. 즉, 크루소 경제는 1인 경제이다. 주어진 환경과 크루소 스스로의 행동에 변화가 없이 매일 동일한 생활을 반복한다면, 그 자체가 균형상태이며 항등순환경제이다. 1인 경제에서는 타인과의 경쟁과정이 존재하지 않기 때문에, 그가 이런 상태에 놓일 가능성이 높다.

크루소 경제는 1인 경제로서, 그가 소비자이고 노동자이며 자본가이기도 하다.

크루소는 [그림 29-1]과 같은 세 단계의 경제 상황을 거쳤다. 첫 번째는 A 경제로서 낚싯대 없이 살아가는 항등순환경제이고, 두 번째는 낚싯대를 만들면서

그림 29-1

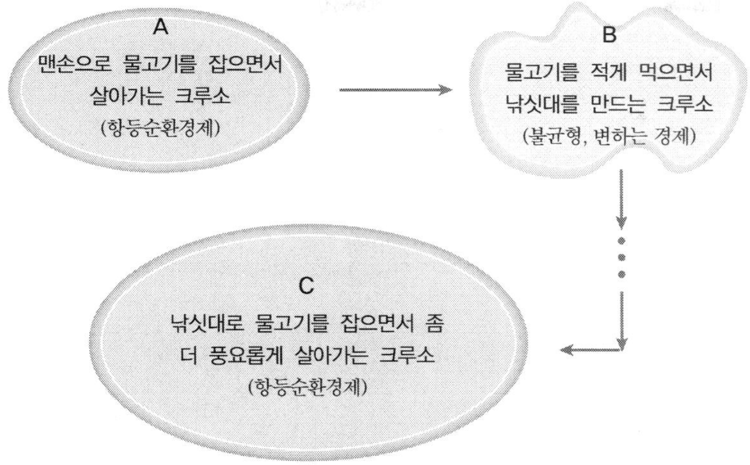

크루소 경제와 항등순환 경제

크루소가 낚싯대를 만들게 되면, 기존의 항등순환경제 A는 깨지고 불균형 경제인 B를 거쳐 물질적으로 보다 풍요로운 항등순환경제 C로 나아간다.

새로운 항등순환경제로 나아가는 과도기의 B경제이며, 세 번째는 C경제로 낚싯대를 갖고 생활하는 새로운 항등순환경제이다. 첫 번째와 세 번째의 경제는 균형상태이며, 두 번째는 불균형상태의 경제이다. 우리가 이 장에서 보고자 하는 것은 B과정을 살펴봄으로써 A경제와 C경제를 비교하는 것이다. 즉, 소비절약을 통한 순저축(또는 이로 인한 순투자)의 증대가 생산구조와 소득분배에 어떤 영향을 미치는지를 보고자 한다.

크루소의 자본축적은 [그림 29-1]의 C경제에서 중단될 수도 있고 계속될 수도 있다. 크루소가 낚싯대의 효과를 크게 경험했다면, 그는 더 나은 삶을 위해 또 다른 자본축적을 기도하려고 할 것이라는 점은 충분히 예상된다. 더 많은 물고기를 잡기 위해 낚싯대 1개를 더 만들든지, 아니면 낚싯대를 쉽게 만드는 칼을 만들어 보자는 생각을 할 수도 있다. 아니면 낚싯대에서 완전히 벗어나서 그물을 만드는 생각에 이를 수도 있다. 이 모든 것들은 크루소가 물고기 생산에 있어서 생산성을 더욱 향상시켜 안정적이고 풍요로운 삶을 누리기 위해서이다. 그가 계획한 일이 무엇이든지 간에, 이들을 실행하기 위해서는 낚싯대로 물고기를 잡는 행위를 잠시 멈추어야 한다. 즉, 물고기의 소비를 잠시 억제해야 한다.

크루소가 낚싯대를 만드는 것은 좀더 풍요로운 생활을 하기 위해서이고, 그는 이를 위해 물고기를 잡는 일을 잠시 멈추어야 한다. 즉, 소비를 억제해야 한다.

만약 크루소가 물고기 생산과 소비를 억제해 그 시간에 낚싯대 1개를 더 만들었다고 하자. 그는 2개의 낚싯대를 갖고 전보다 더 많은 물고기를 잡아 소비하든지, 아니면 물고기 잡는 시간을 줄여 그 시간에 다른 일을 할 것이다. 그런데 많아진 물고기를 활용할 방도가 없거나 두 개의 낚싯대로 물고기를 잡는 것이 오히려 번거로워 새로이 만든 낚싯대를 쓸모없이 방치한다면, 낚싯대를 추가하기 위한 순투자는 잘못된 투자로 판명될 것이다. 그의 소비절약은 물고기를 덜 먹었던 순간의 고통만을 남기고서, 크루소 경제는 다시 낚싯대 1개 때의 항등순환경제로 돌아간다.

1.2 로빈슨 크루소 경제의 생산구조 변화

특정 제품의 생산기간은 그것을 만드는 데 필요한 자본재의 생산기간도 포함한다. 생산과정의 길이란 바로 그 생산기간을 말한다. 크루소의 경우, 낚싯대라는 자본재를 만들기 위해 노동을 시작한 시점부터 이를 갖고 물고기를 잡은, 즉 소비자재가 산출된 시점까지가 생산기간이고, 그것이 생산과정의 길이이다. 크루소가 자신의 노동력만 갖고 낚싯대를 만들었다면, 그의 생산구조에서 생산 1단계는 낚싯대를 갖고 소비자재인 물고기를 생산하는 단계이고, 생산 2단계는 낚싯대를 만드는 단계이다. 물고기 생산구조의 길이는 생산 1단계와 2단계를 합친 것이고, 생산기간은 생산 2단계에서 생산 1단계까지 걸린 시간이다. 낚싯대를 보다 쉽게 만들기 위해 칼 같은 도구를 만든다면, 생산구조의 1단계는 물고기 생산, 2단계는 낚싯대 생산, 그리고 3단계는 칼 생산이다. 이 경우, 물고기 생산구조의 길이는 생산 1단계, 2단계, 그리고 3단계를 합친 것이다.

낚싯대를 크루소의 노동력으로만 갖고 만들 때, 그의 생산구조를 나타낸 것이 [그림 29-2]이다. 낚싯대를 만들기 위한 나무 등은 지천에 널려 있다고 가정한다. 따라서 토지는 우리의 선택대상이 아니다. 그리고 이 섬에는 크루소 혼자만 살기 때문에, 그는 다른 사람의 노동서비스를 구매해 생산할 수도 없다. 크루소의 노동력만 동원하여 낚싯대를 생산한다. 낚싯대 생산에 오직 크루소 1인의 노동력과 지천에 널려 있는 나무만이 투입되지만, 그 역시 자본가이기 때문에 이자 개념은 존재한다. 그렇지만 아래 설명에서는 그림을 간명하게 나타내기 위해 이자는 없다고 가정한다. 순투자에 의한 생산구조 변화의 일반화에서는 이자를 고려할 것이다.

크루소 1인 경제이기 때문에, 경쟁을 통해 이윤이 사라지는 과정은 없다. 자본재 추가에 따른 이윤은 이어지는 기(期)에서도 계속 존재한다. 그는 이윤이 존재하는 항등순환경제에서 살게 된다. 게다가 여기에서는 크루소 혼자만이 소비

그림 29-2

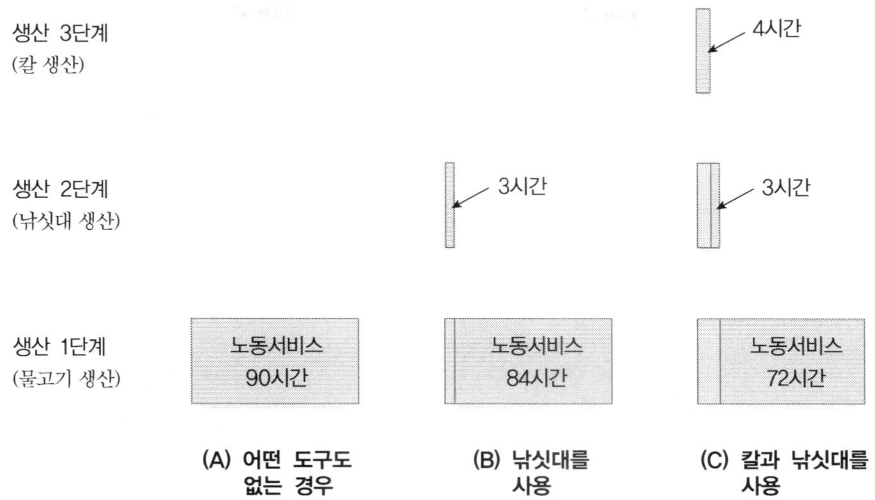

크루소 경제의 자본축적과 생산구조 변모

낚싯대를 만들어 물고기를 잡게 되면, 크루소 경제의 생산구조는 밑변이 노동시간 90시간에서 87(=3+84)시간으로 줄어드는 반면 높이는 생산 한 단계가 추가됨으로써 길어진다. 여기에다 칼이라는 도구를 추가하면, 생산구조의 밑변은 79(=7+72)시간으로 좁아지며 높이는 더욱 길어진다.

자이기 때문에, 가치가 크루소의 만족으로부터만 나온다. 크루소가 생산하는 물고기의 한계단위가 그에게 주는 만족은 일정하다고 가정하기로 한다.[1] 이것은 설명의 편의를 위한 것일 뿐이다. 가치는 오직 소비자로부터 나온다는 인간 행위 공리로부터 유도되는 사실에는 변함이 없다.

이런 가정 하에, 도구를 만듦으로써 변모하는 크루소 1인 경제의 생산구조를 간단한 숫자 예시를 통해 살펴보자. 크루소는 매일 3시간만 노동한다. 3시간의 노동은 크루소가 갖고 있는 총 부존자원이라 할 수 있다. 그는 이 시간을 물고기를 잡는 데에만 투입한다. 낚싯대라든지 칼과 같은 도구를 만드는 데에도 이 시간을 활용한다. 그가 어떤 도구 없이 물고기를 잡을 때, 하루 3시간 동안 평균 9마리의 물고기를 잡는다. 한 달 30일 간 90시간의 노동서비스를 투입해 270마리의 물고기를 잡는다. 그의 생산구조는 [그림 29-2]의 (A)와 같이 물고기 생산단

크루소의 하루 3시간 노동은, 이 경제의 총 부존자원이다.

1. [그림 29-2]는 크루소 1인 경제의 생산구조를 노동시간의 단위로 나타냈다. 이것은 가치가 생산에서 창출되는 것처럼 비치게 한다. 이 문제를 비켜가기 위해, 크루소가 생산하는 물고기 한 마리가 그에게 주는 만족이 일정하다고 가정했다.

계 하나뿐이다. (A)라는 항등순환경제의 순환기간 단위는 한 달이다.

그는 이제 낚싯대를 만들어 더 많은 물고기를 더 편안하게 잡으려고 한다. 낚싯대가 있으면, 하루 3시간 동안 평균 20마리의 물고기를 낚을 수 있다. 종전에 비해 11마리나 더 잡을 수 있게 된다. 낚싯대를 만들기 위해서는 3일 동안 물고기를 잡지 않고 낚싯대를 만드는 일에만 몰두해야 한다. 즉, 낚싯대 생산에 9시간의 노동시간이 소요되며, 낚싯대 1개의 기회비용은 물고기 27마리가 된다. 이 낚싯대로 물고기를 잡으면, 그는 하루 3시간 동안 20마리의 물고기를 낚는다. 낚싯대는 추가적인 보수 없이 3개월 사용할 수 있다. 낚싯대를 만든 후 다시 항등순환경제에 접어들면, 크루소 경제의 생산구조는 [그림 29-2]의 (B)와 같이 변모한다. 그는 매기 그가 가용할 수 부존자원 90시간의 노동 중 3시간을 낚싯대 생산에 투입한다. 그에게 남은 자원 87시간 중 낚싯대 서비스 구입을 위해 다시 3시간을 지불한다.

낚싯대라는 도구를 만듦으로써, 크루소 경제의 생산구조는 밑변이 좁아지고 높이가 길어진다.

그가 생산한 것을 그가 다시 대금을 지불한다는 것이 이상할지 모르지만, 이 경제가 크루소 1인 경제라, 그가 자본가인 동시에 생산자이며 소비자이기 때문이다. 만약 일반 경제에서 자기 소유의 어떤 생산요소 없이 요소서비스들을 구입해서 생산하는 자본가라면, 이런 논리가 전혀 어색하지 않다. 예를 들어 화폐경제에서 총통화가 90원이고 노동서비스 1시간의 임금이 1원이라면, 어떤 도구도 사용하지 않는 경우 물고기 소비에 90원이 지출된다.[2] 이제 소비지출을 3원 줄여 이것을 낚싯대 생산에 투자하면, 물고기 소비에 지출될 수 있는 금액은 87원만 남는다. 물고기 생산업자는 이 중 낚싯대 서비스 구입을 위해 3원을, 나머지 84원을 노동서비스 구입을 위해 지출할 것이다.

낚싯대를 갖고 물고기를 잡음으로써, 크루소는 한 달에 560마리(= (20마리 × 30일) × (84시간 ÷ 90시간))의 물고기를 잡을 수 있다. 물고기 생산 투입시간은 90시간에서 84시간으로 6시간 줄었지만, 물고기는 월 270마리에서 560마리로 290마리를 더 잡을 수 있게 되었다. 1시간의 임금을 1원이라는 화폐경제로 이해하면, 모든 생산단계의 총소득은 90원(= (2단계의 3원) + (1단계의 87원))으로 변함이 없지만 본원요소에게 돌아가는 순소득은 90원에서 87원(= (2단계의 3원) + (1단계의 84원))으로 3원 줄어들었다. 그 3원은 2단계의 낚싯대 생산을 위한 순투자로

1시간의 임금을 1원이라 하면, 낚싯대를 만듦으로써 크루소 경제 전체의 명목 순소득은 3원 줄지만, 실질 순소득은 물고기 290마리 증가한다.

2. 크루소 1인경제이기 때문에 교환이 필요 없고 그래서 당연히 화폐는 존재하지 않는다. 그렇지만 이어서 설명되는 생산구조의 일반화와 연관 지우려면, 1시간의 임금을 1원으로 환산하여 크루소 경제를 이해해도 아무런 문제가 없다.

이어졌다. 그 결과 크루소 경제가 소비할 수 있는 물고기 생산량이 270마리에서 560마리로 290마리나 늘었다. 낚싯대를 만듦으로써, 크루소 경제 전체의 화폐 순소득은 3원 줄었지만 실질 순소득은 물고기 290마리나 증가한 것이다.

낚싯대를 만듦으로써 생산구조는 한 단계에서 두 단계로 늘어났기 때문에, 생산구조의 길이는 길어졌다. 낚싯대가 없었다면, 그는 직접 물속에 들어가든지 해서 물고기를 잡아야 했다. 낚싯대라는 자본재는 노동만으로 물고기를 직접 생산하지 않고, 낚싯대를 통해 간접적으로 생산하도록 해준다. 이 점에서, 뵘-바베르크의 우회(round-about)라는 표현은 잘못된 것은 아니다.

그러나 [그림 29-2]에서 보듯이 크루소는 물고기 1마리를 잡는 데 종전에는 평균 20분이 걸렸으나 이제 낚싯대의 도움으로 평균 9분이 소요된다. 시간이 더 많이 걸린 것이 아니라 짧아진 것이다. 낚싯대라는 자본재의 도입은 크루소에게 물고기를 생산하는 시간을 크게 줄여주었다. 자본재는 생산구조를 다층화 또는 우회하지만, 그것은 더욱 빨리 소비자들에게 다가가게 한다.

자본재의 생산을 위해서는 어떤 형태든지 저축이 있어야 하고, 저축은 현재재인 소비의 포기로 나타난다. 크루소가 낚싯대를 만들 것인지, 낚싯대를 만든다면 그냥 손으로만 만들 것인지 아니면 낚싯대 생산을 위한 칼을 우선 만든 다음 낚싯대를 만들 것인지는 전적으로 크루소의 시간선호와 낚싯대나 칼 생산의 수익률에 달려 있다. 해당 자본재 생산을 위해 포기해야 하는 소비로 인해 겪어야 하는 비효용과 그 자본재가 가져다줄 것으로 기대되는 효용을 같게 하는 수익률을 내부수익률이라 한다. 내부수익률이 그의 시간선호율보다 크면 자본재는 생산될 것이고, 그렇지 않으면 생산되지 않을 것이다. 그러므로 크루소의 시간선호가 높을수록 그리고 자본재로부터 기대되는 편익이 적을수록, 그는 자본재 생산을 위한 투자를 꺼리거나 포기할 것이다.

크루소가 이런 논리적인 사고를 구체적으로 하지는 않았겠지만, 낚싯대를 만들고자 했을 때 이미 이런 사고의 과정을 거쳤을 것이 분명하다. 그는 물고기를 맨손으로 잡는 것이 너무 힘들며, 낚싯대만 있다면 보다 쉽게 더 많은 물고기를 잡을 수 있을 것이라고 생각했다. 그래서 며칠간의 물고기 소비를 참고 나무 막대기를 다듬어 낚싯대를 만들었다. 경제학자는 이런 자연스러운 사고와 행동의 흐름에 초점을 두고 자본재의 특징과 생산구조를 논리적으로 체계화시켰을 뿐이다.

이제 크루소가 낚싯대 외의 자본재를 하나 더 만드는 경우를 생각해 보자. 그는 낚싯대의 재료인 나무막대기를 잘 다듬기 위해서 단단한 돌을 날카롭게 해서 칼이라는 자본재를 만들 수 있다. 칼을 만드는 생산단계가 낚싯대 생산단계 위로 새롭게 포개어지기 때문에, 이 사회의 생산구조는 [그림 29-2]의 (C)에서 보는 바와 같이 2단계에서 3단계로 더욱 자본화되어 간다.

칼은 그의 노동력으로 12시간 만에 만들 수 있고, 이 칼로 낚싯대를 만들 경우 낚싯대 만드는 데 소요되는 평균 노동시간을 종전의 9시간에서 3시간으로 줄일 수 있다고 하자. 그래서 칼을 만들고 이를 갖고 낚싯대 3개를 만들어 이 모두를 물고기 잡는데 투입하면, 이제 하루 3시간 동안 물고기 60마리(= 20마리 × 3)를 잡을 수 있다. 칼의 내구기간은 낚싯대와 마찬가지로 3개월이라고 하자. 그는 새로운 항등순환경제에서 매기 가용자원 90시간 중 4시간을 칼 생산에, 3시간을 낚싯대 3개 생산에, 그리고 72시간을 3개의 낚싯대를 갖고 물고기 잡는 데 투입한다. 나머지 7시간은 낚싯대 3개의 서비스 구입에 지출한다. 낚싯대 3개를 갖고 하거나 1개를 갖고 하거나 그가 시간당 낚는 물고기 수에는 변함이 없다고 하면, 그는 매월 1,440마리(= (30일 × 20마리 × 3개 낚싯대) × (72시간 ÷ 90시간))의 물고기를 잡을 수 있게 된다.

낚싯대에다 칼이라는 도구를 추가함으로써, 크루소 경제의 명목 순소득은 더욱 감소하지만 실질 순소득은 더욱더 증가하게 된다.

1시간의 임금을 1원이라 하면, 크루소 경제의 전체 총소득은 90원(= (3단계의 4원) + (2단계의 7원) + (1단계의 79원))으로 변함이 없지만 순소득은 명목으로 90원에서 87원 그리고 79원으로 감소하였다. 그렇지만 실질소득은 270마리에서 560마리, 그리고 1,440마리로 크게 증가하게 되었다. 도구를 사용함에 따라, 명목 순소득은 감소하지만 실질적인 삶은 크게 개선된 것이다.

[그림 29-2]는 크루소가 생산성을 향상시키기 위해 행한 순저축의 증대가 그의 생산구조를 어떻게 변모시켜 주는지를 보여주었다. 크루소가 어떤 자본재도 없이 물고기를 잡을 때, 그의 생산구조는 아주 단순하다. 생산구조는 단지 1단계의 생산으로 되어 있기 때문에, 생산구조는 일직선으로 평평하다. 그러던 그가 이제 손으로 낚싯대를 만들어 물고기를 낚음으로써 물고기 잡는 그의 생산성은 높아졌다. 물고기를 잡는 생산단계에 앞서 낚싯대를 만드는 과정이 첨가됨으로써, 그의 생산구조는 한 단계 더 높아져 두 단계의 생산구조를 갖는다. 낚싯대 생산을 위해 가용자원 일부가 이곳으로 투입되어야 하기 때문에 생산 1단계 밑변의 길이는 짧아진다. 그는 여기에서 더 나아가 낚싯대를 수월하게 만들기 위해 칼을 만들었고, 그 결과 물고기 잡는 그의 생산성은 더욱 높아졌다. 낚싯대를 만들기 전에 칼을 만들어야 하기 때문에, 그의 생산구조는 이제 3단계의 생산단계를

그림 29-3

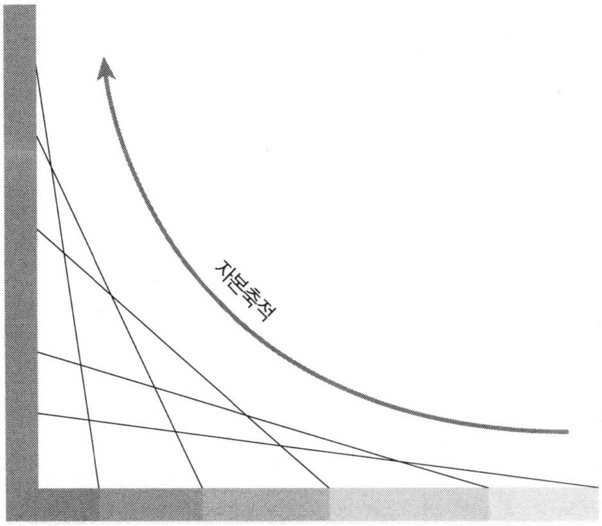

자본축적과 생산구조의 고도화
자본이 축적되면, 생산성이 향상되면서 생산구조의 밑변은 좁아지고 높이는 길어진다.

갖는다. 그리고 자원의 일부가 칼 생산에도 투입되어야 하기 때문에 생산구조의 밑변은 더욱 짧아진다.

자본축적이 진행될수록 생산성이 향상되면서, 생산구조는 [그림 29-3]처럼 밑변이 점차 좁아지면서 더욱 가파르게 위로 치솟는 형태의 모양새를 띤다. 우리는 이를 생산구조의 길이가 길어진다 또는 생산구조가 고도화된다고 한다. 생산구조가 극단적으로 고도화되면, 궁극적으로는 거의 수직선에 가까운 모양새를 띠게 될 것이다.

소비절약을 통한 순투자에 의해 자본축적이 진행되면, 생산성이 향상되면서 생산구조의 밑변이 좁아지고 높이는 길어진다. 이를 생산구조의 고도화라고 말한다.

1.3 자본축적과 생산구조 변화의 일반화[3]

크루소 경제의 생산구조를 이제 화폐경제에서 자본축적이 일어날 경우 생산구조가 어떻게 변하는지를 일반화시켜 보자. 이를 위해 제18장에서 다루었던 하이에키언 삼각형을 원용할 것이다. 항등순환경제에서는 모든 부문의 균형상태가 매 기간 동일하게 반복되기 때문에, 총투자와 총소득 그리고 순소득과 소비는 동

3. Hayek, 1996, 49~60 ; Ro, 517~527를 참조했다.

일한 규모로 순환하고 순저축과 순투자는 없다. 이 경제에서 기업가의 이윤은 존재하지 않는다. 항등순환경제에서 순투자가 일어나는 경우는 화폐액이 변하거나 아니면 소비를 절약할 때이다(Hay. PP, 50). 순투자가 일어나면, 기존의 항등순환경제는 깨지고 새로운 균형으로 나아가기 위한 조정이 일어난다. 순투자로 인한 조정과정이 끝나고 새로운 균형에 이르면, 경제는 다시 항등순환(恒等循環)을 한다.

제18장에서는 소비와 저축의 의미를 이해하기 위해 소비가 줄지만 이것이 순투자로 이어지지 않고 현금잔고로 쌓이는 경우와 자본가의 총저축이 투자로 이어지지 않고 현금잔고에 보관되어 총저축이 감소하는 경우, 생산구조는 어떻게 변화하는지를 살펴보았다. 이제 소비절약이 현금잔고의 증대가 아니라 순저축의 증대로 이어지는 경우, 생산구조는 어떤 영향을 받는지를 검토해 본다. 개인들의 시간선호가 전반적으로 하락한 결과, 소비는 감소하고 순저축은 증대했다고 하자. 기존의 항등순환경제는 깨어지고 균형을 향한 조정과정이 일어난다. 화폐액에는 변화가 없다고 가정한다.

순저축은 자본가가 자신의 이자수입을 절약한 것일 수도 있고 토지소유자나 노동자가 자신의 소득을 소비하지 않고 저축한 것일 수도 있다. 크루소는 낚싯대를 만드느라 물고기를 잡지 못했기 때문에, 이것은 물고기 소비의 억제를 의미한다. 그에게 있어서 순저축은 낚시를 하는 노동시간의 저축으로 나타난다. 그는 물고기의 소비억제를 감내하면서 저축한 시간을 낚싯대와 같은 자본재를 만드는 데 투입했다. 이것이 소비 억제를 통한 저축과 투자로의 단순한 흐름이다.

소비를 줄이면, 생산구조의 가장 하단에 있는 소비자재를 생산하는 자본가의 판매액은 그만큼 줄어든다. 이것은 모든 생산과정에 영향을 미칠 것이다. 다른 한편으로 소비절약만큼 순투자가 일어나기 때문에, 이것의 효과 역시 전 생산단계에 파급될 것이다. 감소한 소비와 새로이 들어온 순투자가 기존의 항등순환경제를 깨면서, 생산구조는 재편되고 경제는 새로운 항등순환경제로 나아간다. 새로운 항등순환경제에서는 순저축이 발생하기 전의 항등순환경제에 비해 소비는 줄어들고 자본서비스에 대한 지출은 늘어난다.

소비가 줄어들었다는 것은 생산구조를 지탱하는 소비자재 생산의 하단이 좁아졌다는 것을 의미한다. 그렇다면 새로운 균형에서 좁아진 소비자재 생산의 하단이 어떻게 더 커진 자본재의 지출을 지탱해줄 수 있는가? 먼저 하이에키언 삼각형을 통해 이것이 가능함을 기하학적으로 이해하도록 한다.

그림 29-4

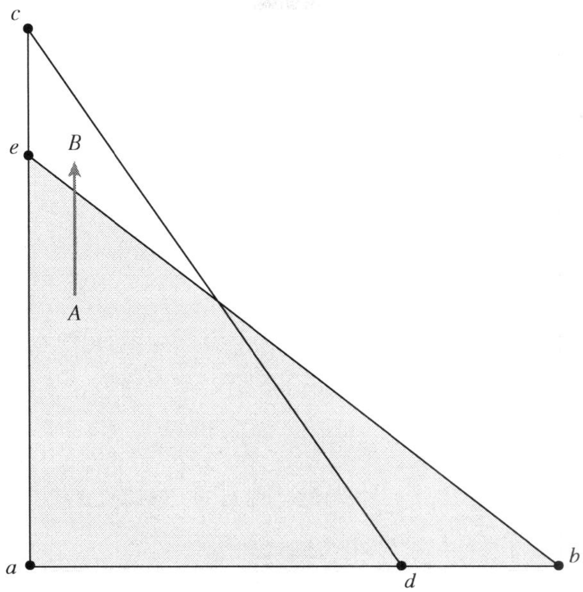

➾ 하이에키언 삼각형과 순저축에 의한 생산구조의 변모

화폐액이 일정한 상태에서 소비를 줄여 투자를 하면, 하이에키언 삼각형은 *A*에서 *B*로 변모한다. *A*와 *B* 두 삼각형의 넓이는 같다.

[그림 29-4]에서 현재의 생산구조는 하이에키언 직각삼각형 *A*(⊿*abe*)이다. 소비가 감소하면, 소비자재를 생산하는 하단의 길이가 *ab*에서 *ad*로 줄어든다. 감소한 소비지출이 추가적인 자본재 지출을 위한 순투자로 이어지기 때문에, 화폐액은 일정하게 유지된다. 줄어든 *ad*가 어떻게 늘어난 순투자를 지탱할 수 있는가? 그 방법은 유일하게 생산구조를 고도화하는 길밖에 없다. 화폐량이 변하지 않도록 하면서 *A*라는 직각삼각형의 밑변을 줄이고 순투자를 증대시키려면, 직각삼각형의 높이를 늘이는 수밖에 없음을 쉽게 알 수 있다. 하이에키언 직각삼각형의 높이는 *ae*에서 *ac*로 길어진다. 직각삼각형 *B*(⊿*adc*)는 *A*에 비해 밑변이 좁고 높이가 긴 형태를 띤다. 그래야 화폐액을 일정하게 유지할 수 있다. 화폐액에 변함이 없기 때문에, *A*와 *B*의 면적은 동일하다. 하이에키언 삼각형의 높이가 길어진다는 것은 생산단계의 수가 증가하는 것을 의미하기 때문에, 순저축은 생산구조를 장기화하고 그 모양을 홀쭉하게 하는 기능을 수행한다. 이를 생산구조가 보다 자본주의적으로 변모해 간다고 말한다.

생산구조의 고도화를 통해 경제는 보다 자본주의적으로 변모한다.

2. 자본축적에 의한 이자율과 요소가격의 변화

2.1 이자율의 변화

사회구성원 대부분의 시간선호가 내려가 새로운 균형에서 소비가 줄고 그만큼 순저축이 증가했을 때, 이자율과 개별 생산요소의 가격은 어떤 영향을 받는지를 살펴보자. 먼저 이자율의 변화부터 본다. 이자를 고려한 하이에키언 삼각형의 빗변은 제18장에서 본 바와 같이 직선이 아니라 원점을 향해 볼록한 곡선 형태를 갖는다. 하이에키언 삼각형[4]은 매 생산단계의 기간은 동일하며 각 단계에 투입되는 토지와 노동 서비스의 소득이 동일하다고 간주했다. 그래서 토지와 노동 서비스의 소득을 제외한 하이에키언 삼각형은 그 소득만큼 왼쪽으로 줄어드나, 빗변의 기울기나 곡선 모습에는 변함이 없다. 그 삼각형은 이제 자본재 수입과 이자만을 나타내기 때문에, 생산구조가 아니라 자본구조라 칭할 수 있다.

생산구조에서 본원적 요소서비스의 소득을 제외한 자본재 서비스의 판매수입과 이자소득만을 나타낸 것을 자본구조라 칭할 수 있다.

소비가 줄고 순저축이 증가하면, [그림 29-5]와 같이 하이에키언 삼각형은 $\triangle abc$에서 $\triangle ade$로 변하면서 빗변은 bc에서 de로 가파르게 된다. 빗변의 기울기가 가팔라졌다는 것은 이자율이 떨어졌다는 것을 의미한다. 이것은 그림에서 쉽게 증명해 보일 수 있다. r단계의 이자율은 순저축이 있기 전에는 $\frac{if}{ri}$이고, 순저축 후에는 $\frac{if}{rj}$이다. $\frac{if}{rj}$가 $\frac{if}{ri}$보다 작다. m단계에서 본 이자율도 마찬가지이다. 순저축이 있은 후 이자율 $\frac{kg}{mk}$는 순저축이 있기 전의 이자율 $\frac{kh}{mk}$보다 작다. 시간선호의 하락은 이자율의 하락으로 이끈다는 제20장에서의 가설과 일치한다.

소비를 줄여 투자하면, 하이에키언 삼각형의 빗변의 기울기는 가팔라진다. 이것은 이자율이 하락했다는 것을 의미한다.

2.2 요소가격의 변화

소비감소는 소비자재를 생산하는 단계와 이에 가까운 생산단계에 투입된 요소서비스들의 수요를 감소시켜, 이곳에 있는 자본재, 노동, 토지 서비스의 가격을 하락시킨다. 생산단계가 위로 올라갈수록 소비감소의 충격이 줄어들 것이기 때문에, 가격하락의 힘은 약해진다. 이에 반해 순투자가 일어나면, 그것이 일어난 생산단계와 그 상위의 단계에 투입된 요소서비스들의 수요가 증대하기 때문에

4. 빗변이 곡선이라 삼각형은 아니지만 편의상 삼각형이라고 부르도록 한다.

그림 29-5

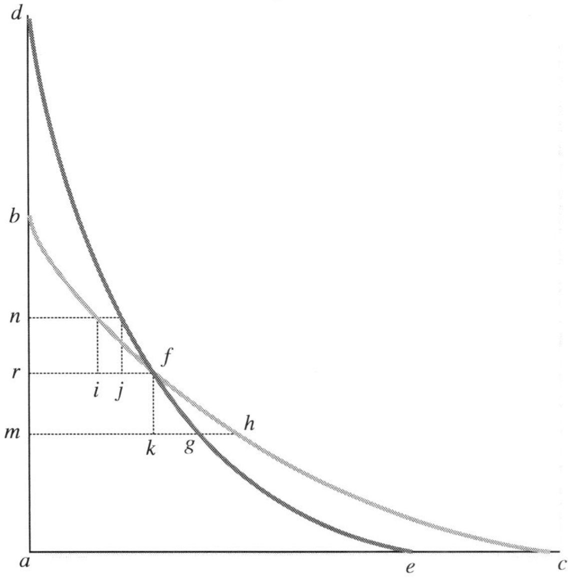

순저축과 이자율의 하락 소비를 줄여 투자하면, 자본구조는 *abc*에서 *ade*로 변모한다. 자본구조의 빗변은 더 가팔라지는데, 이것은 이자율 하락을 의미한다.

그곳의 자본, 노동, 토지 서비스의 가격은 상승한다. 이로 인해 낮은 생산단계의 생산물 가격은 하락하고 높은 단계의 생산물 가격은 상승해, 각 단계들 사이의 생산물 가격 차이는 줄어든다. 각 단계들 간의 생산물 가격 차이가 줄어든다는 것은 고차의 자본재일수록 가격이 상승할 가능성이 높고 저차의 자본재일수록 가격이 하락할 가능성이 높음을 말한다.

소비를 줄여 투자하면, 낮은 단계의 자본재 가격은 하락하고 높은 단계의 자본재 가격은 상승한다.

자본서비스의 가격은 노동과 토지, 그리고 시간의 가격으로 환원된다. 시간에 대한 대가가 자본가의 이자이다. 시간선호가 하락해 순투자가 일어나면 이자율이 하락함을 위에서 보았다. 생산단계 간에 요소서비스 가격의 차이는 노동과 토지 요소의 소유자로 하여금 자신의 요소에 대한 대가를 더 높게 평가해 주는 곳으로 이동하게 한다. 오직 하나의 생산물에만 적합한 전용요소의 경우에는 가격변화를 모두 고스란히 받아들일 수밖에 없다. 반면에 모든 생산물에도 적합한 일반요소는 생산단계들 사이로 활발히 이동해 단계들 사이에 존재하는 해당 요소의 가격 차이를 사라지게 하면서 가격충격을 줄여나간다. 이 두 극단의 사이에 있는 요소들은 자신의 전용성(專用性, specificity)의 정도에 따라 가격충격을 줄여나가기 위해 움직일 것이다. 가격차이로 인한 요소이동은 동일한 요소 간의 가격이 모든 단계, 모든 부문에 걸쳐 균일해질 때 멈춘다.

노동은 토지보다 대체로 비전용적이기 때문에, 소비절약을 통한 순저축으로 인해 받는 가격변화의 충격은 토지에 비해 덜하다. 그러나 현대경제에서 노동의 전용성 정도는 그 전문성에 따라 달라진다. 아주 전용적인 노동은 순저축으로 인한 가격변화에 그대로 노출될 수밖에 없다. 전용적인 노동이 생산의 고차 단계에 위치해 있다면 소비감소를 통한 순투자는 이 노동자의 임금을 상승시켜 줄 것이고, 낮은 단계에 투입되어 있다면 이 노동자의 임금은 하락할 것이다. 전용적인 노동자들이 대체로 생산구조의 높은 단계들에 투입되어 있다고 가정하면, 소비감소를 통해 이루어진 자본축적은 이들의 가격을 상승시킬 것이다.

전용적인 노동자들이 대체로 생산구조의 고차 단계들에 투입되어 있다고 가정하면, 소비감소를 통해 이루어진 자본축적은 이들의 소득을 증가시킬 것이다.

3. 자본축적에 의한 실질소득의 변화

Human centered Principles of Economics, ch. twenty-one

3.1 실질 순소득의 변화

소비절약을 통한 순저축의 증가로 새로운 항등순환경제에 도달하면, 소비자재에 대한 지출은 줄어든다. 이 사실은 자본축적이 소비자들을 더 풍요롭게 할 것이라는 점에서,[5] 의아스럽게 받아들이게 한다. 그렇지만 소비자재의 가격변화를 고려하면, 자본축적으로 인해 소비자들이 더 풍요로워졌음을 이해할 수 있다. 전체 소비액(TC)은

$$TC = \text{소비자재 구매량} \times \text{소비자재 단위당 가격}$$

이기 때문에, 전체 소비액이 감소한다는 것은 생산성 향상에 의한 소비자재 판매량의 증대를 상쇄하고도 남을 정도의 소비자재의 단위당 가격하락이 일어났다는 것을 함축한다. 경제 전체의 화폐액이 변하지 않는 상태에서, 자본축적에 의한 소비자재의 생산량 증대는 그것의 단위당 가격을 하락시킬 수밖에 없다.

소비절약을 통한 투자 증대는 생산성 향상을 가져오기 때문에, 소비자는 소비자재의 가격 하락을 통해 더 많은 소비자재를 소비할 수 있다.

5. 합리적인 투자자라면, 생산성이 가장 높은 투자대안부터 투자를 행할 것이다. 만약 신기술이 등장해 순투자가 일어난다면, 그것의 생산성은 그 전보다 높을 수 있다. 만약 기술과 본원적 생산요소의 공급량이 일정하다면, 추가적인 순투자의 생산성은 그 전보다 높지는 않을 것이다. 그렇지만 순투자가 일어난 투자대안이 비록 직전의 투자대안보다 생산성이 떨어지더라도, 순투자는 어떤 경우에도 경제 전체의 생산과정을 장기화함으로써 경제 전체의 생산성을 높인다.(Ro, 543)

소비자들은 순저축의 증대가 일어나는 기(期)에는 소비자재의 가격이 변하지 않는 상태에서 소비를 예를 들어 100만원에서 80만원으로 줄인다. 그러나 줄어든 소비만큼 순투자에 의해 자본축적이 일어나고 이것이 생산성을 향상시켜 소비자재의 생산량을 증대시키면, 화폐액이 일정한 한 소비자재의 단위당 가격이 하락한다. 하락은 전체 소비액이 80만원이 될 때까지 계속된다. 새로운 항등순환경제에서, 소비자는 순저축이 일어나기 전보다 더 많은 소비자재를 소비할 수 있게 된다. 소비자들의 명목 순소득은 100만원에서 80만원으로 감소했지만, 그들의 실질 순소득은 소비자재를 더 많이 소비할 수 있게 되었다는 점에서 증대했다. 이런 사실은 크루소의 1인 경제에서 이미 확인한 바가 있다. 그가 낚싯대를 갖고 물고기를 잡을 때, 소비지출액은 90원에서 87원으로 감소하지만, 물고기 생산량은 270마리에서 560마리로 증대했다.

3.2 요소소득의 변화

소비를 절약해 순투자를 했을 때, 이것이 사회 전체의 이자소득, 임금소득, 그리고 토지 임대소득에 어떤 영향을 미치는지를 살펴보자. 순투자가 이자소득을 증대시킬지 감소시킬지는 분명하지 않다. 왜냐하면 이자소득은 총투자액에 이자율을 곱한 것인데, 이자율은 감소하지만 총투자는 순투자의 증대만큼 증대하기 때문이다. 이자소득과 노동 및 토지 소득의 합은 소비액과 일치한다. 순투자의 증가는 소비절약으로 나온 것이기 때문에, 이들 소득 전체의 합은 분명 감소한다. 만약 이자소득이 크게 감소한다면, 전체 요소소득의 합이 감소하더라도 임금소득과 임대소득의 합이 증대할 수 있다. 그러나 현실에서 이자소득이 이렇게까지 감소할 가능성은 그다지 높지 않다. 만약 이자소득이 증대한다면 임금소득과 임대소득의 전체 합은 반드시 감소해야 한다. 그러므로 소비절약을 통해 순투자가 일어나는 경제에서는 노동자들과 토지소유자들에게 돌아가는 전체 소득이 줄어들 가능성이 높다.(Ro, 524)

소비절약을 통한 투자 증대는 이자, 임금, 토지임대료의 전체 소득을 감소시킨다. 이자소득이 증대할지 감소할지는 불확실하지만, 임금과 토지임대 소득은 감소할 가능성이 높다. 그러나 자본축적이 일어나면 실질임금과 실질임대 소득은 항상 상승한다.

순투자는 자본을 축적시키고, 자본축적이 진행되는 경제가 성장하는 경제이다. 성장하는 경제에서 임금 소득과 토지임대 소득이 줄어든다는 것은 경험적으로 이해하기 어렵다. 그렇다면 이를 어떻게 해석해야 하는가? 우리는 바로 앞에서 소비자들의 명목 순소득은 줄더라도 이들의 실질 순소득은 증대함을 알았다. 그 이유는 통화량이 고정된 상태에서 소비자재의 가격이 하락할 수밖에 없기 때문이다. 여기에서도 마찬가지이다. 명목 임금소득과 명목 임대소득이 하락하더라도, 그 하락폭보다 소비자재 가격의 하락이 더 크다면 실질 임금소득과 실질 임대소득은 증대한다.

실질임금과 실질임대료가 자본축적이 일어날 경우 언제나 상승함을 간단한 수식으로 보여줄 수 있다. 노동과 토지를 대표하는 요소서비스의 현재 명목가격(PNP_F)은 이 요소가 추가적으로 생산하는 한계생산량(MP)에다 소비자재 전체를 대표하는 가격(P)을 곱한 것을 할인요인($1+$이자율(r))으로 나눈 값이다. 이자율로 할인하는 것은 요소서비스는 현재 시점에서 구입하고 제품 생산과 판매는 일정 기간 지난 후 행해지기 때문이다. 이를 수식으로 나타내면 다음과 같다.(Ro, 525～527)

$$PNP_F = \frac{MP \times P}{1+r}$$

위 식의 오른쪽 분자는 이 요소의 한계생산가치(Value of Marginal Product)를 나타낸다. 그런데 우리가 관심을 갖는 것은 요소서비스의 명목가격이 아니라 실질가격이다. 이를 위해 위 식에 소비자재 전체를 대표하는 가격 P를 나누어 주면, 요소서비스의 현재 실질가격(PRP_F)을 아래와 같이 구할 수 있다.

$$PRP_F = \frac{MP \times P}{(1+r) \times P} = \frac{MP}{1+r}$$

위 식은 순투자가 있을 때, 요소서비스의 실질가격이 어떤 방향으로 변하는지를 분명하게 보여준다. 순투자로 자본축적이 일어나면, 요소서비스의 생산성은 향상된다. 이것은 MP의 상승을 의미한다. 소비절약을 통해 순투자가 일어나면, 이자율이 하락함을 앞에서 보았다. 따라서 순투자는 요소서비스의 한계생산성을 증가시키면서 이자율을 하락시키기 때문에, 요소서비스의 실질가격은 전체적으로 반드시 상승한다. 그러므로 화폐공급량, 기술 그리고 노동과 토지의 공급량이 일정한 상태에서 순투자에 의해 경제가 성장하면, 노동과 토지의 명목가격은 하락하더라도 실질가격은 상승해 이들 전체의 실질소득은 증대한다. 성장하는 경제에서 노동자와 토지소유자의 실질소득은 상승한다는 결론을 내릴 수 있다.

4. 자본축적과 기업가의 이윤

항등순환경제에서는 총소득과 순소득, 총저축(총투자), 소비, 그리고 통화량이 매 기간 동일한 규모로 순환하고, 이자율, 요소가격, 화폐구매력, 그리고 개별 제품의 가격들은 변하지 않으며 기업가의 이윤은 존재하지 않는다. 그래서 이곳에서는 모든 것이 확실하다. 이런 경제에서 소비절약을 통해 순투자가 일어나면, 균형상태에 있던 세상은 흐트러지고 모든 경제변수들은 다시 새로운 균형의 자리를 찾기 위해 재편의 과정을 겪는다.

그 과정이 종결되면 새로운 균형에 이른다. 순투자는 항등순환경제의 생산구조를 변모시키면서 경제를 앞으로 나아가게 한다. 새로운 균형에서 기업가에게 돌아가는 명목 이자수입은 오히려 줄어들 가능성도 있음을[6] 앞에서 보았다. 그렇다면 기업가는 무엇을 얻기 위해 순투자를 하는가? 그것은 새로운 균형으로 이행하는 과정에서 발생하는 이윤을 얻기 위함이다. 기업가의 순투자 목적은 이자수입보다 이윤 획득에 있다. 물론 현실에서 이자와 이윤은 뒤엉켜 있어서 이를 분

순투자는 경제를 새로운 항등순환경제로 나아가게 하고, 이 과정에서 이윤이나 손실이 발생한다. 다시 균형이 이루어지면, 이윤이나 손실은 사라진다.

그림 29-6

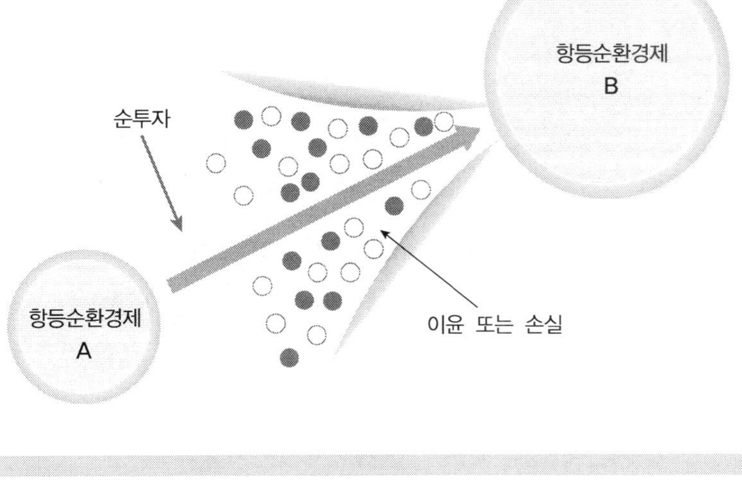

항등순환경제와 기업가의 이윤

순투자가 일어나면, 기존의 항등순환경제 A는 깨지고 새로운 항등순환경제 B로 나아간다. 그 과정에서 이윤이나 손실이 발생한다.

---

6. 물론 이 경우에도 소비자재 가격의 하락으로 실질 이자수입은 증대할 수 있다.

리하기란 불가능하다. 그렇지만 개념적으로는 분명 이자와 이윤은 구분된다. 경쟁을 통해 새로운 균형에 도달하면, 이윤은 사라진다.

[그림 29-6]은 이를 단순한 그림으로 나타내었다. 소비절약을 통해 축적한 자본으로 행한 순투자가 기존의 항등순환경제 A를 깨고 새로운 항등순환경제 B로 나아가게 하며, 그 과정에서 이윤 또는 손실이 발생한다.

생각하기

01. 크루소의 1인 경제에서 크루소를 자본가라 말할 수 있는가?

02. 자본주의란 사적 소유권을 기반으로 해서 자본재와 생산수단을 자신의 이익추구에 동원하는 것을 보장하는 경제체제이다. 현대 자본주의 경제체제는 16세기 이후 영국에서부터 본격화되었다. 그러나 생산수단의 사적 동원은 인류가 지구상에서 나타날 때로 거슬러 올라간다. 인간이 동물과 다른 점을 도구 사용이라 할 때, 인간의 본성 속에는 이미 자본주의의 정신이 깃들어 있음을 엿볼 수 있다. 여러분의 하루 생활에 동원되는 자본재들을 열거해 보아라.

03. 순투자가 일어날수록 생산구조는 자본주의화되어 간다. 화폐액이 변하지 않는다면, 자본주의화되기 위해서는 하이에키언 삼각형의 생산구조가 어떤 모양으로 변모해야 하는가?

04. 자본축적은 소비를 절약하고 이 절약으로 모은 자금을 자본재 생산이나 구입에 사용함으로써 가능해진다. 자본축적이 일어나면 자본재 가격과 소비자재 가격이 어떻게 변하는지를 설명하라.

05. 화폐액이 일정할 때, 자본축적이 일어나면 임금소득과 토지임대소득이 줄어들 가능성이 높다. 자본축적이 일어나면 경제가 성장하는데, 성장하는 경제에서 임금과 토지임대 소득이 감소한다는 것은 이해하기 힘들다. 이를 어떻게 해석해야 하는가?

››› 경기변동

Human centered

Principles of Economics

ch. thirty

3

1920년대의 대공황과 2000년대 말의 세계 경제위기에서처럼, 경제가 깊은 수렁에 빠지는 일이 왜 일어날까? 이 장은 이 점에 대해 설명한다. 특히 기업의 과오가 왜 한꺼번에 그리고 경제 전반에 걸쳐 쏟아지는지에 초점을 맞춘다. 이 책은 그 이유를 화폐현상에서 찾는다. 화폐는 모든 개인의 거래에 관여하기 때문이다. 통화량의 양적팽창 정책은 거의 모든 국가들이 선호하는 정책이다. 이 장에서는 이것이 경기변동을 야기함을 보여줄 것이다. 이로부터 대공황과 경제위기에 관해 잘못 알려진 사실들을 지적하고 경제위기를 극복할 수 있는 정책은 무엇인지를 생각해 본다. 그리고 경기변동 과정에 나타나는 인플레이션이 경제에 어떤 폐해를 끼치는지도 검토한다. 마지막으로 경기변동을 야기하는 원인을 생각할 때, 경기변동을 근원적으로 예방해 줄 수 있는 화폐제도는 어떠해야 하는지를 모색해 본다.

1. 경기변동의 개념

1.1 경기변화와 경기변동의 구분

현실 세계의 경제는 예상하지 못했던 소비자의 선호변화와 이로 인한 수요구조의 변화, 기술변화, 부존자원이나 가용자원의 변화, 기후변화, 정치 상황의 혼란 등으로 항상 변하고 있다. 경제 내부에서 언제나 일어나는 경제여건의 변화는 어떤 부문에서는 가용자원을 충분히 활용하지 못하게 하고 또 다른 부문에서는 가용자원이 더 이상 없을 정도로 과열되게 하기도 한다.(Rothbard, 1963, 12～14) 이처럼 시장경제에 내재하면서 국지적으로 일어나는 다양한 변화를 경기변화(business fluctuation)라 한다. 경기변화는 적어도 산업혁명이 일어난 18세기 후반 이후 산업화된 경제들의 특징이다.

시장경제에 항상 내재해 있는 변화를 경기변화라 한다.

그러나 경제 전반에 걸친 호황과 급작스러운 침체는 이런 경기변화와는 근본적으로 다르다. 가격상승이 경제 전반에 걸쳐 지속적으로 일어나다, 기업의 과오가 몇몇 산업이나 지역에 국한하지 않고 한 나라의 경제 전체에 갑자기 한꺼번에 쏟아진다. 이것이 심각해 다른 나라들에도 영향을 미치게 되면, 세계경제는 큰 충격을 받는다. 1930년대의 대공황과 2000년대 말의 경제위기가 그 대표적인 사례이며, 20세기말의 아시아 경제위기, 1970년대 중반과 1980년대 초반의 경제위기의 여파도 세계적이었다.

이를 경기변화와 구분해 경기순환(business cycle) 또는 경기변동이라 한다(전용덕, 2009, 50). 일반 경제학 교과서는 이를 구분하지 않고 설명함에 따라, 그 원인에 관한 설명은 일관되지 못하고 핵심을 찌르지 못한다(Mi. HA, 551～552). 교과서는 경기순환이라는 용어에서 또는 파동과 같은 그림을 통해, 경기변동이 기계적으로 규칙적이고 일정한 기간의 반복으로 순환해 진행되는 것처럼 묘사한다. 그래서 경기변동이 예측 가능한 것처럼 인식될 수 있다. 그러나 경기변동은 결코 규칙적이지 않으며 정확한 예측이 가능하지 않다. 다만 경기변동의 이론에 따라 경기변동의 국면 변화가 일어날 가능성을 말할 수 있을 뿐이다.

경기변화와는 달리 가격상승이 경제 전반에 걸쳐 지속적으로 일어나다, 기업의 과오가 경제 전반에 걸쳐 한꺼번에 쏟아지는 현상을 경기변동이라 한다.

우리가 관심을 갖고 주목하는 것은 경기변화가 아니라 경기변동이다. 왜 한꺼번에 그리고 경제 전반에 걸쳐 기업의 과오가 일어나느냐 하는 점이다(Rothbard, 1963, 16～17). 이 장에서는 그 이유를 밝히고 그것이 경제 전반에 미치는 파급효과를 살펴볼 것이다.

우리가 주목하는 것은 경기변화가 아니라 경기변동이다.

1.2 경기변동에 관한 용어들

자본주의 역사에서, 자본축적이 진행되면서 평탄하게만 경제가 성장한 것은 아니다. 경제가 어떤 때는 잠재[1] 경제성장률보다 높게 성장하기도 하고 어떤 때는 그것보다 낮게 성장하기도 한다. 전자를 경기활황이라 하고 후자를 경기침체(recession)라 한다. 경기침체가 심각하거나 오랜 시간 지속될 때, 그것을 불황(depression)이라 한다. 불황이 더욱 심해 경제적으로 심각한 혼란 상태에 빠질 경우, 그것을 대공황(great depression)이라 한다. 반면에 경기확장이 강하거나 오랜 시간 지속될 때, 그것을 호황(boom)이라 한다. 불황의 가장 밑바닥을 경기의 저점(trough)이라 하고 호황의 최고점을 경기의 정점(peak)이라 한다. 활황이 시작되어 정점에 이르기까지를 확장국면(expansion phase)이라 하고 경기의 정점을 지나 경기가 하강하는 국면을 축소국면(contraction phase)이라 한다. 경기의 계곡을 지나서 상승하는 국면을 회복국면(recovery phase)이라 한다. 경기 호

1. 잠재는 가용자원의 완전고용을 의미한다.

경기 호황을 지나 급작스럽게 불황에 이를 때, 이를 경기파열이라 한다. 오스트리안 경제학자들의 경기변동이론을 '호황과 파열' 이론이라 한다.

황을 지나 급작스럽게 불황에 이를 때, 이를 경기파열(bust)이라 한다.

오스트리안 경제학자들의 경기변동이론을 '호황과 파열(boom and bust)' 이론이라 한다. 아래에서는 이 이론을 통해 경기변동의 원인과 경제 전반에 걸친 그것의 파급효과를 살펴본다.

2. 신용팽창과 경기변동

경기변동에서 우리가 주목하는 점은 가격상승이 왜 경제 전반에 걸쳐 지속적으로 일어나며 기업의 과오가 경제 전반에 걸쳐 특히 자본재 산업에서(Ro, 853) 왜 갑자기 한꺼번에 쏟아지는가 하는 점이다. 물론 기업의 개별적인 투자과오는 어떤 경우에도 있을 수 있으나, 순수한 시장경제에서는 이처럼 한꺼번에 기업의 과오가 드러나는 일은 있을 수 없다. 전반적인 가격상승은 거의 모든 상품들의 공급이 동시에 감소할 경우에도 일어난다. 그러나 이것은 상상할 수 없다.[2]

가격이 전 경제에 걸쳐 지속적으로 상승하고 경제 전반에 걸쳐 과오가 일어나는 것은 어떤 특정 원인이 시장에 참여하는 모든 경제주체들에게 영향을 미칠 경우이다. 시장경제에서 이런 경우는 화폐적 현상뿐이다.

가격이 전 경제에 걸쳐 지속적으로 상승하고 한꺼번에 기업의 과오가 일어나는 것은 어떤 특정 원인이 시장에 참여하는 모든 경제주체들에게 영향을 미칠 경우이다. 시장경제에서 이런 경우는 화폐적 현상뿐이다. 화폐는 모든 사람들의 경제행위와 관련을 맺고 있기 때문이다. 경기변동의 동인으로서 우리가 화폐적 현상에 주목하는 이유이다. 아래에서는 신용팽창이 있을 경우 어떻게 경기변동이 일어나는지를 설명한다. 신용팽창에 의한 통화량 증대는 중앙은행의 화폐발행을 통해 또는 시중은행의 신용창출에 의해 일어난다. 아래에서는 신용팽창이 무엇에 의해 야기되든지 간에 이를 화폐주입 또는 통화량 증대라는 용어로 표현하면서 이에 의한 경기변동의 과정을 설명한다. 증대된 통화량은 소비자대부시장을 통해 소비지출로 사용되지 않으며, 전량 투자로 지출된다고 가정한다.

2. 석유를 비롯한 원자재 가격의 상승으로 경제 전반에 걸쳐 가격이 상승하기도 하나, 그 배경에는 이런 공급측 요인보다 통화량 증대가 더 큰 요인일 수 있다. 1970년대 두 차례에 걸친 석유위기가 그 당시의 전반적인 가격상승을 이끌었다고 하나, 우리는 1973년 브레턴우즈 체제(Bretton Woods System)의 붕괴로 인한 통화량 증대가 그 당시의 전반적인 가격상승을 초래하지 않았는지를 의심해야 한다.(Hazlitt, 7～27 ; Roubini, 1～2 ; Garber, 467～475)

2.1 화폐주입과 호황의 시작

2.1.1 통화량 증대와 시장이자율 하락

개인들의 전반적인 시간선호 하락에 의해 소비가 감소하고 순투자가 증대하면, 생산구조(또는 자본구조)가 고도화되면서 생산성이 높아지고, 그것이 실질소득 상승으로 이어진다. 그러나 순투자의 증가가 개인의 시간선호 스케줄의 하락에 의한 것이 아니라, 본원통화의 증가나 은행의 신용창출에 의한 것이라면 어떤 일이 발생하겠는가?

균형상태에서 외부로부터의 화폐주입은 시장이자율을 낮춘다. 시장이자율이 낮아졌다고 해서 순수이자율이 낮아진 것은 아니다. 통화량 증대가 개인의 시간선호를 변경시키는 것이 아니기 때문에, 순수이자율은 그대로이다. 기업가들은 낮아진 시장이자율을 순수이자율의 하락으로 생각하기 때문에 투자를 확대하더라도 이것이 개인의 저축증대에 의해 뒷받침될 것으로 믿는다. 실제로는 정부나 은행의 신용팽창에 의해 충당됨에도 말이다.

외부로부터의 화폐주입은 시장이자율을 낮춘다. 시장이자율이 낮아졌다고 해서 순수이자율이 낮아진 것은 아니다.

2.1.2 자본재 수요의 증대와 호황의 시작

통화량 증대에 의해 인위적으로 낮아진 시장이자율은 기업가들에게 자신의 사업을 새롭게 계산하도록 한다. 이들은 시장이자율의 하락으로 초래되는 새로운 이윤창출의 기회를 찾는다. 기업가들은 수익률이 낮아 그동안 망설였던 사업에 착수하고 사업기간이 길어서 종전에는 하지 못했던 자본재 생산에 뛰어들기도 한다. 일반 기업의 현장에서도 자금이 부족해 도입하지 못했던 시설 및 장비를 갖추려는 시도가 일어난다. 증대된 통화량이 자본재 구입이나 생산을 위해 지출됨에 따라, 자본재 수요가 증대하면서 자본재 가격이 상승한다. 그러면서 호황이 시작된다.

통화량 증대에 의한 순투자의 증대는 자본재 수요를 증대시키며, 이에 따라 자본재 가격이 상승한다.

2.1.3 강제저축과 소비자재 가격의 상승

완전고용 상태에서, 시장이자율의 하락에 의해 촉발된 앞 단계의 자본재 수요증대는 생산요소들을 이 단계로 이동시킴에 따라 뒤 단계에 있는 소비자재의 생산량을 감소시킨다(Hay. PP, 88). 이것이 소비절제를 통한 저축증대에 의해서 촉발된 것이라면 자연스럽다. 소비절제로 생산자재들이 잉여로 남고, 이것이 자본재 확충으로 동원될 수 있기 때문이다. 그러나 신용팽창에서는 소비를 절제하지 않은 상태에서 자본재 확충이 일어난다. 자본재가 확충되기 위해서는 어쨌든 소비자재 부문에 있던 생산요소들이 빠져나와 자본재 부문으로 투입되어야 하기 때문에, 소비자재 부문의 생산량은 감소할 수밖에 없다. 소비자들은 명목소비 지출액에는 변함이 없지만, 실질적인 소비감소를 강요받게 된다. 소비감소는 소비자가 의도한 것이 아니다. 하이에크는 이를 강제저축(forced saving)이라고 했다(Hay. PP, 57).

자본재를 확충하는 것은 생산성 향상을 기대하기 때문인데, 생산성의 향상이 소비자재 생산량의 감소를 상쇄하거나 전보다 더 많은 생산량을 가능하게 해줄 수 있다. 그러나 화폐주입에 의해 촉발된 사업들 중에 일부는 짧은 기일 안에 완공될 수도 있겠지만 아직 완공되지 못한 것들이 더 많을 수 있다. 왜냐하면 시장이자율의 인하로 추진된 사업들은 대체로 전에 하지 못했던 사업기간이 긴 사업들이기 때문이다. 통화량 증대가 한두 회에 그친 시점이라면, 새로이 시작한 많은 사업들이 아직 완공되지 않은 상태이다(Hay. PP, 60). 그래서 소비자재 생산에 있어서의 생산성 향상은 아직 시기상조이다. 생산성 향상은 이루어지지 않은데 요소투입량의 감소는 소비자재 생산량의 감소를 가져온다. 증대된 통화량 전량이 투자지출로만 사용되기 때문에, 소비지출액은 종전과 동일하다. 소비지출액에는 변함이 없는데 소비자재의 생산량 감소는 소비자재의 가격을 상승시킨다.

자본재 생산증대를 위해 소비자재 부문의 요소들이 빠져나감에 따라, 소비자재의 생산량은 감소한다. 소비지출액이 일정한 상태에서, 이것은 소비자재 가격의 상승을 이끈다.

신용팽창기에 자본재 가격의 상승은 한편으로는 자본재를 생산하는 기업들의 수익을 증대시키지만, 다른 한편으로는 이를 구입해 생산해야 하는 기업들에게 생산비 증대를 경험하게 한다. 그래서 소비자재의 가격이 상승하지 않는다면, 이 기업가들은 당황할 것이다. 자본재 가격의 상승으로 생산비는 오르는데 소비자재의 가격이 오르지 않는다면 그들은 자신의 사업을 의심할 것이기 때문이다. 소비자재 가격의 상승은 호황의 시작에서 기업가들로 하여금 미래를 낙관하게 만든다(Hay. PP, 89～90).

2.1.4 자본주의적인 생산구조로의 변모

통화량 증대가 모두 투자지출로 사용되기 때문에, 당해 기의 소비지출액은 변하지 않는다. 이것은 생산구조의 최하단에 있는 소비자재 생산단계의 폭은 변함이 없다는 것을 의미한다. 증대된 통화량은 상단에 있는 기존의 자본재 생산단계들로 주입되거나 새롭게 형성되는 생산단계로 흘러들어 간다. 그동안 망설였던 위험하고 모험적인 프로젝트를 과감히 실천에 옮기게 된다. 완전고용 상태에서 추가 투자를 위해서는 소비자재와 그 인근의 자본재 생산에 투입되었던 요소들이 추가 투자가 일어나는 생산단계로 이동하지 않을 수 없다. 그래서 소비자재와 그 인근 자본재의 생산량은 줄어들고 고차의 자본재 부문의 생산량은 증대한

그림 30-1

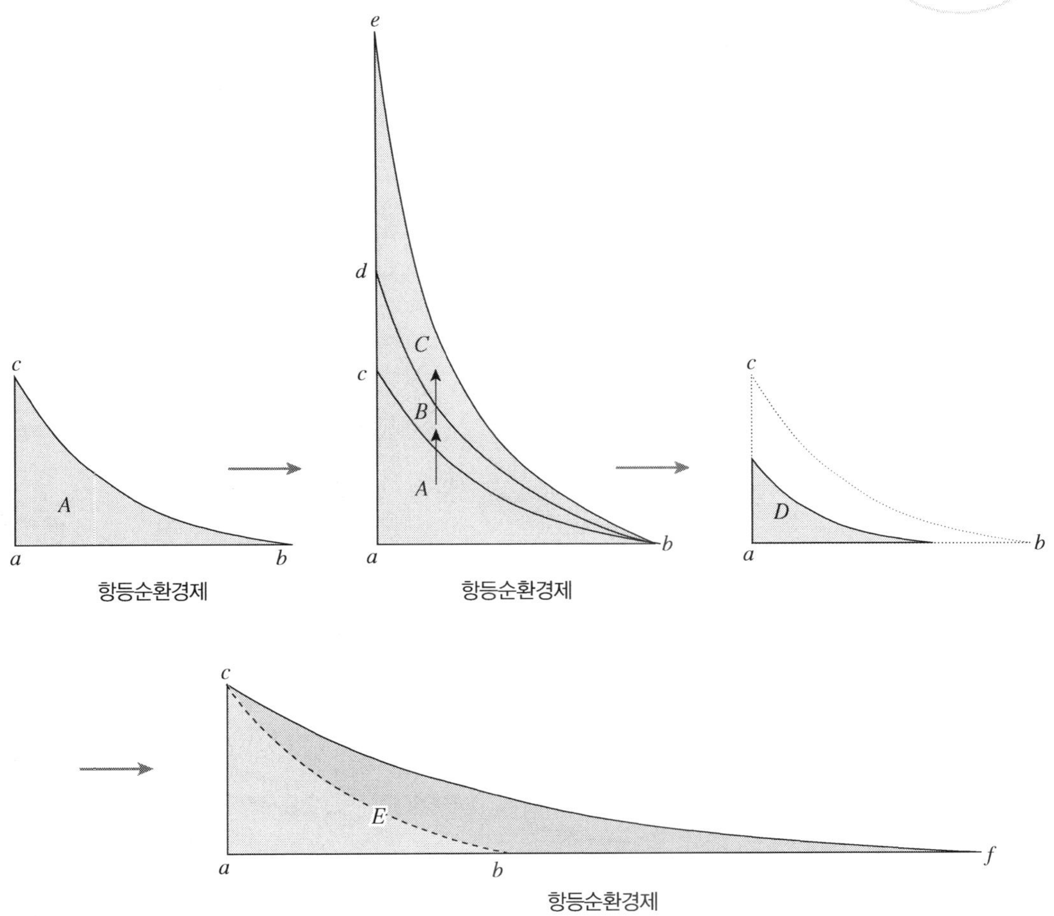

신용팽창과 생산구조의 붕괴

신용팽창에 의해 순투자가 지속적으로 일어날 경우, 생산구조는 A에서 B로 그리고 C로 변모하면서 거짓 호황이 이어진다. 신용팽창이 중단되면, 생산구조는 D로 급속히 그리고 과도하게 축소되면서 경제위기를 맞게 된다. 이것이 대공황이다. 디플레이션을 통해 경제위기가 회복국면에 접어들면, 경제구조는 E로 변모한다.

통화량 증대에 의한 투자증대는 소비절제에 의할 경우와 마찬가지로 생산구조를 일단 자본주의적으로 변모하게 한다.

다. 실물 단위로 나타내면, 이것은 앞 장의 [그림 29-4] 또는 [그림 29-5]와 같이 소비절제를 통해 순투자를 했을 경우처럼 생산구조가 변모한다. 생산구조가 보다 자본주의적인 형태로 변모하는 것은 소비절제를 통할 경우나 화폐주입에 의할 경우나 동일하다(Hay. PP, 55). 실물단위가 아니라 화폐단위의 금액으로 나타내면, 생산구조는 [그림 30-1]의 *A*에서 *B*로 변모한다.[3] 화폐증대만큼 소비자재나 자본재의 가격이 상승한다.

2.2 지속적인 화폐주입과 거품경제 형성

2.2.1 호황을 향한 정부의 정책의지

대부분의 정부들은 호황을 지속시키려는 통화량 확대정책의 유혹에서 벗어나지 못한다.

대부분의 정부들은 정치적이고 사회적인 이유로 기업가의 투자의욕을 고취하고 경제를 활성화해 호황을 지속시키고자 하는 뚜렷한 정책목적을 갖고 있다. 그래서 정부는 화폐주입의 중단이 가져올 위험한 상황을 두려워한다. 아래에서 곧 보겠지만, 그 상황은 화폐주입의 중단으로 생산구조의 일부가 허물어지고 실업자가 방출되면서 경기가 침체국면으로 빠지는 것이다. 대부분의 정부는 이를 그저 보고만 있으려고 하지 않는다. 정부는 당초의 목적을 달성하고자 화폐주입을 1회에 그치는 것이 아니라 다음 기들에도 추가적으로 계속 통화량을 증대시키면서 낮은 이자율을 유지하고자 한다.

2.2.2 호황의 불길과 거품경제 형성

계속 팽창하는 신용으로 호황의 불길은 이어진다. 펌프질하듯이 계속 주입되는 통화량 증대로 인해, 생산구조는 [그림 30-1]의 *A*에서 *B*로 그리고 *C*로 계속해서 더 자본주의적인 형태로 변모한다. 그러면서 겉으로는 풍요로운 사회를

---

3. [그림 30-1]에서 생산구조 *B*는 순투자로 인해 균형이 깨지고 조정과정을 거쳐 새로운 균형에 도달했을 때의 모습이다. 순투자로 균형이 깨지면, 이윤 발생의 가능성이 곳곳에 나타난다. 증대된 통화량이 유입되는 기업들과 그 기업에 가까운 곳에 있는 기업들에게 증대된 통화량의 일부가 이윤이라는 형태로 들어간다. 이윤 발생은 기업가들의 소비지출 확대로 이어질 수 있다. 그래서 조정과정에서는 생산구조 *B*에 비해 하이에키언 삼각형의 밑변이 길어지고 높이도 낮아질 수 있다. 그러나 조정과정을 끝내고 균형이 달성되면, 이윤은 사라지면서 생산구조는 *B*의 형태를 띠게 된다. 그러므로 균형으로의 조정과정에서 경제는 사람들에게 좀더 호황을 느끼게 해준다.

구가하는 듯이 보인다. 그러나 이 과정에서 가격의 전반적인 상승이 매기 일어나고, 특히 소비자재 가격상승보다 더 빠른 생산자재 가격의 상승이 매기 전개된다. 이것은 겉으로는 호황의 지속인 것처럼 보이지만 거품 경제를 형성하면서 경제체질을 약화시킨다.

통화량의 지속적인 증대는 소비자재 가격상승보다 더 빠른 생산자재 가격의 상승을 가져오게 한다. 이것은 거품경제를 형성하면서 경제체질을 약화시킨다.

2.2.3 경제사회적 문제 노출

오랫동안 진행된 통화량 증대에 의한 가격의 전반적인 상승은 경제사회에 많은 문제들을 낳는다. 지속적인 가격상승은 계층 간의 소득과 자산을 계속 재분배하며, 재분배의 결과는 일반적으로 빈부격차의 확대로 나타난다. 이것은 개인들 스스로가 선택한 결과가 아니다. 정부와 은행이라는 외부에 의해 강요된 결과이다. 이것은 또한 조세부담을 가중시키고 자원배분을 왜곡시키며, 특히 오(誤)투자가 제거되지 않은 상태로 유지되어 자원낭비를 심각하게 한다. 통화량 증대가 절정에 달하면 그 누구도 화폐를 화폐로 받아들이지 않고 화폐 대신에 실질가치가 보존되는 것들과 교환하고자 하는 지경에 이른다. 결국 통화체계는 붕괴된다. 이것은 교환과 분업의 경제를 급속히 위축시켜 시장경제의 파멸로 이어지게 한다.

통화량 증대에 의한 가격의 전반적인 상승은 조세부담을 가중시키고 자원배분을 왜곡시키며, 빈부격차를 확대한다.

2.3 신용팽창의 중단과 시장이자율의 상승

2.3.1 위협을 느낀 정부와 은행의 신용팽창 중단

통화체계의 붕괴와 시장경제 파멸의 위협을 느끼기 시작한 정부와 은행은 이제 더 이상의 통화량 증대로 호황을 지속할 수 없음을 깨닫는다. 사실 통화당국은 이런 파국까지 몰고가지 않는다. 파국 직전이나 그보다 상당히 이른 시점에서 통화당국은 화폐주입을 중단하거나 더 나아가 이를 축소하기 위해 화폐회수에 나서는 것이 일반적이다. 그러나 통화당국에 의한 신용감축은 사회적 반발에 부딪혀 실행에 옮기지 못하는 경우가 허다하다. 신용팽창에 의한 호황은 사람들에게 인기가 있지만, 신용축소는 사회 전체가 고통을 떠안아야 하므로 사람들이 이에 격렬하게 반발하기 때문이다. 은행들은 쇄도하는 예금인출을 두려워 해 신용창출을 극도로 조심하면서 창출된 신용, 즉 대출한 자금을 거두어들이는 데 혼신의 노력을 기울인다.

통화체계의 붕괴와 시장경제 파멸의 위협을 느끼기 시작한 정부와 은행은 결국 신용팽창 중단과 더 나아가 신용축소에 나서지 않을 수 없다.

2.3.2 신용팽창의 중단과 순수이자율로의 회귀

순투자를 위한 지속적인 화폐주입은 소비자재 부문의 희생을 통해 자본재 부문을 팽창시킨다. 물론 화폐주입이 지속되면서, 어떤 자본재 사업은 완공되어 소비자재 부문의 생산성 향상으로 이어진 곳도 있을 것이다. 그렇지만 순투자를 이끄는 신용팽창은 대체로 자본재 부문의 확충과 소비자재 부문의 위축을 가져온다.

통화량 증대에 의하거나 소비절제에 의하거나, 이로 인한 순투자는 자본재 부문의 확충과 소비자재 부문의 위축을 가져온다. 이 두 경우의 결정적인 차이는 통화량 증대를 멈출 때 일어난다.

화폐주입은 가격의 전반적인 상승과 이에 따른 부작용을 낳아, 정부는 신용팽창 정책을 결국 중단할 수밖에 없게 된다. 이것이 소비절제를 통한 순투자와 결정적으로 다른 점이다(Hay. PP, 55～57). 소비절제를 통한 순투자는 개인의 시간선호 변화에 의한 것이기 때문에, 또 다른 시간선호의 변화가 없는 한 자본재 부문의 순투자는 매기 계속되면서 생산구조의 자본주의적 변모는 고착된다. 이것은 결국 소비자재 부문의 생산성 향상으로 이어져 소비자들이 전보다 더 풍요로운 삶을 누릴 수 있게 해준다. 그러나 통화량 증대에 의한 순투자의 경우는 지속적인 인플레이션으로 신용팽창이 결국 중단되고 말며, 이것이 보다 자본주의적으로 변모한 생산구조를 붕괴시키고 만다.

붕괴 이유와 그 과정을 좀 더 자세히 살펴보자. 신용팽창의 중단은 경기변동을 두 기간으로 양분한다. 하나는 화폐주입이 있던 호황의 전기(前期)와 더 이상의 화폐주입이 없는 파열의 후기(後期)로 대별된다. 이 두 기간의 근본적인 차이는 전기의 시장이자율과 후기의 시장이자율이 다르다는 점이다. 두 기간의 시장이자율을 다르게 만든 것은 화폐의 주입과 중단이다. 화폐주입으로 시장이자율이 낮아졌지만, 순수이자율에는 변화가 없다. 화폐주입이 중단되면, 제26장의 [그림 26－1]에서 보여준 바와 같이 시장이자율은 다시 순수이자율로 돌아간다. 시장이자율의 순수이자율로의 회귀는 기업가로 하여금 실제로 조달할 수 있는 자금이 어느 정도인지를 깨닫게 하고 소비 대비 투자비율을 화폐주입이 있기 전의 수준으로 되돌린다. 이것이 통화량 증대 기간 동안 누적된 문제를 폭발하게 하면서, 경기파열로 이끄는 기폭제 역할을 한다.

소비절제는 개인의 시간선호에 의해 일어난 것이기 때문에 항구적이다. 그러나 통화량 증대가 멈추면 시장이자율이 상승하고, 이것이 그동안 누적되어 온 문제를 폭발시키면서 경기파열로 이끈다.

화폐공급량의 증가가 시장이자율을 낮출 수 있는지는 오랜 논쟁거리였다. 케인즈의 화폐이론은 화폐공급량의 증대가 분명히 시장이자율을 낮춘다. 고전학파는 화폐공급량의 증대가 이자율에는 아무런 영향을 미치지 않지만 화폐가치에는 영향을 준다. 이 책의 경우, 화폐공급량의 증대는 시장이자율을 낮추나 이것은 일시적이며, 신용팽창이 중단되면 시장이자율은 화폐공급량의 변화에 영향을 받지 않는 순수이자율로 다시 돌아간다.[4] 요약하면, 화폐공급량의 변화는 단기에는 시장이자율에 영향을 미치나, 장기에는 단지 화폐가치에만 영향을 줄 뿐이다.(Ro, 999)

2.4 신용팽창의 중단과 오(誤)투자의 속출

2.4.1 속출하는 오(誤)투자

화폐주입이 중단되면, 화폐주입 때문에 착수했지만 완공되지 못한 사업은 더 이상 수행될 수 없다. 화폐주입 전부터 자본재를 생산했던 기업들도 어려움을 겪기는 마찬가지이다. 신용팽창기에 자본재 가격이 크게 상승해 생산비가 높아진 데다, 자본재 수요가 감소함에 따라 수익률이 떨어지기 때문이다. 여기에다 신용팽창의 중단으로 자본조달의 어려움도 겪는다. 수익률의 악화와 생산비 조달의 어려움은 상대적으로 높은 생산단계에 있는 기업들에서 현저하게 나타난다. 완공되지 못한 사업과 자본조달에 어려움을 겪는 일반 기업들에 투입되었던 생산요소들이 이제 소비자재 부문을 중심으로 한 낮은 생산단계로 이동한다. 통화량이 증대할 때와는 정반대의 현상이 일어나는 것이다. 그러면서 생산구조의 중상층 부문이 와해되기 시작한다.

화폐주입이 중단되면, 많은 사업들이 완공되지 못한 채 남겨지고 높은 생산단계에 있는 기업들은 자본조달의 어려움을 겪는다. 여기에 투입되었던 요소들이 소비자재 부문을 중심으로 한 낮은 생산단계로 이동하면서, 생산구조의 중상층 부문은 와해되기 시작한다.

생산구조의 중상층 부문이 와해되면서, 신용팽창기에 집행되었던 투자들이 높은 생산단계들에서는 과잉투자로, 소비자재 근처의 낮은 생산단계들에서는 과소투자로[5] 판명된다. 과잉투자와 과소투자는 잘못된 투자를 미화하는 말에 불과하다. 신용팽창이 중단되면 오(誤)투자로 판명될 뿐이다.

2.4.2 오(誤)투자 속출의 이유

기업가들의 잘못된 판단이 경제 전반에 걸쳐 곳곳에서 한꺼번에 나타나기 시작하는 이유는 많은 기업가들이 시장의 잘못된 신호에 인도되었기 때문이다. 신

4. 이 책의 제26장 3절을 참조하라.
5. 물론 호황으로 소비자재 산업의 일부에서는 설비가 확장되고 생산량이 증대되는 곳도 있다. 그러나 그곳은 자본재 산업의 호황과 관련된 소비자재 산업이지 대중의 수요와 관련된 산업이 아니다. 이 소비자재 산업들은 거품이 꺼질 때, 과잉투자로 판명되면서 잘못된 투자였음이 판명된다.(미, 1084쪽)

잘못된 투자가 경제 전반에 걸쳐 곳곳에서 한꺼번에 나타나기 시작하는 이유는 많은 기업가들이 신용팽창에 의한 시장의 잘못된 신호에 인도되었기 때문이다.

용팽창은 시장이자율을 인위적으로 낮추었고, 이것이 시장에 잘못된 신호를 보낸 것이다. 시장이자율은 기업가에게 얼마나 많은 저축 자금을 이용할 수 있는지를 알려준다. 기업가는 이에 따라 투자 우선순위를 정해 투자한다. 우선순위는 투자 자금을 소비자의 가장 시급한 욕구부터 충족시키는 방향으로 나아가게 한다. 시장이자율은 이처럼 사업의 시간상 투자 순서를 조율하는 기능을 갖고 있다.

그러므로 신용팽창을 가져오게 한 정부와 은행이 잘못된 투자를 이끈 것이다. 특히 화폐를 인쇄로 찍어내어 신용팽창의 토대를 마련해 주는 정부가 잘못된 투자의 주범이라 할 수 있다. 기업가들은 낮아진 이자율이 시장조정의 결과인지 아니면 신용팽창과 같은 외부의 인위적인 결과인지에 대해서는 그다지 관심이 없다. 그들은 외부로부터의 화폐주입을 개인들의 순저축 증대로 생각하며, 이것이 앞으로도 지속될 것으로 오인한다. 그래서 수익률이 낮아 그동안 망설였던 낮은 순위의 투자 프로젝트와 사업기간이 길어 후순위에 있던 사업을 과감히 실천에 옮긴 것이다. 기업가들이 이런 사업들에 과감히 뛰어든 것은 그 사업이 완수될 때까지 이용할 투자자금이 충분하다고 생각했기 때문이다. 신용팽창에 의해 이자율이 하락하는 외부 교란이 없었다면, 이들은 정상적인 이자율에서는 수익이 나지 않는다고 판단했을 사업에 결코 뛰어들지 않았을 것이다. 그들은 잘못된 시장 신호에 현혹된 것이다. 이것이 생산의 고차 단계에서는 과잉투자로, 저차 단계에서는 과소투자로 이어지게 하고, 화폐주입이 중단되자 경제 전반에 걸쳐 한꺼번에 잘못된 투자로 쏟아져 나오게 한 것이다.

2.4.3 짓다 만 건축물에 비유되는 오(誤)투자

신용팽창에 의해 가격의 신호기능이 왜곡되고, 이로 인해 야기된 잘못된 투자는 짓다 만 빌딩, 숙박업소의 빈방, 오도 가도 못하는 대중버스 등에 비유된다.

새롭게 시작한 사업들은 생산비의 상승으로 더 많은 자금을 필요로 하나, 화폐주입의 중단으로 사업을 완공하지 못한 채 더 이상 지속시킬 수 없는 지경에 이른다. 사업을 확장한 경우에도, 생산비의 상승과 판매수입의 감소로 수익이 급속히 악화됨에 따라 더 이상 버티지 못한다. 신용팽창에 의해 가격의 신호기능이 왜곡되고, 이로 인해 야기된 잘못된 투자를 미제스(L. v. Mises)는 빌딩 건축업자에 비유한다(Mi, HA, 557). 건축업자는 빌딩을 지을 건자재가 사실 충분하지 않음에도 불구하고 충분한 것으로 잘못 판단해 기초 공사를 다지는 데 자신이 갖고 있는 건자재를 다 사용해 버렸다. 그런데 빌딩을 세울 건자재가 더 이상 남아 있지 않다는 것을 갑자기 깨닫는다. 그동안 기초공사로 다져진 밑바닥은 이제 쓸모없게 되어버린다.

이런 비유도 있다(Schiff, 88~89 ; 우즈, 158 인용). 어느 도시에 올림픽이 개최되어 외지에서 많은 여행객들이 찾아왔고 숙박업소들이 장사가 잘 되었다. 숙박업소들은 올림픽이 끝난 후에도 장사가 잘 될 것이라고 판단하고서, 숙박업소의 시설을 확장하거나 다른 곳에 또 다른 영업점을 개설했다. 올림픽이 끝난 후에야 숙박업소 주인은 자신의 판단이 잘못되었음을 깨닫게 된다. 이렇게도 비유된다(Callahan, 211~212). 사막 한 끝에서 다른 끝으로 여행하는 관광버스가 휘발유 양이 충분하지 않아 승객들이 목적지에 도착하기 위해서는 덜 시원하게 갈 수밖에 없다. 그런데 어느 한 여행객이 휘발유 계기판을 조작해 충분한 것처럼 보이게 했다면, 어떤 결과가 일어나겠는가? 운전기사는 그 계기판을 믿고 에어컨을 충분히 가동하고서 달렸을 것이다. 그 버스는 결국 사막 한가운데 멈추고서 구조를 기다릴 수밖에 없는 지경에 놓일 것이다.

〈표 30-1〉은 이런 비유들을 경기변동과 관련지어 요약했다. 이자율, 방문객 수, 계기판이 개인의 선택을 이끄는 가격이라면, 건자재, 여행객, 휘발유는 자본재를 구입할 수 있는 화폐에 비유된다. 기초공사, 숙박업소의 확장, 냉각기의 지나친 가동은 과잉투자에 해당된다. 과잉투자는 건설회사의 도산, 숙박업소의 폐업, 그리고 승객들의 위기라는 결과를 낳는다. 이런 비유들은 신용팽창이 투자를 조금도 증가시킬 수 없음을 쉽게 이해하게 해준다. 자본축적은 오직 소비절약을 통한 순저축의 증가만으로 가능함을 일깨워준다.

표 30-1 경기변동 비유

	가격	자원	과잉투자	결과
미제스	이자율	건자재/화폐	건축물 기초공사	건설회사 도산
시프	방문객 수	여행객	숙박업소 확장	숙박업소 폐업
캘러한	계기판	휘발유	냉각기의 지나친 가동	승객 위기

2.5 생산구조의 붕괴와 경제위기의 본격화

2.5.1 자본주의적 생산구조의 붕괴

신용팽창의 중단으로 생산구조의 중 · 상층부에 있는 자본재 생산 기업들에 자본주의적 생산구조가 붕괴되면서 그동안 증대된 통화량은 소비자재 생산과 그 인근의 자본재 생산으로 흘러들어 간다.

서 잘못된 투자가 속출하고 여기에 투입되었던 자본들의 일부 또는 전부가 쓸모없이 되어버린다. 그러면서 신용팽창으로 길어진 자본주의적 생산구조는 붕괴된다. 증대된 통화량은 소비자재 생산과 그 인근의 자본재 생산으로 흘러들어 간다. [그림 30-1]에서 화폐주입으로 보다 자본주의적으로 바뀐 생산구조의 *C*는 신용팽창과 중단의 과정을 거친 후 새로운 균형상태에 도달하면, *E*로 다시 덜 자본주의적인 형태로 변모한다(Hay. PP, 89).

2.5.2 경제위기

거품경제가 붕괴되기 시작하면, 은행의 지급능력을 불신하는 많은 예금자들이 은행에 몰려오면서 은행의 도산이 이어지고 자금난에 문을 닫고 마는 건실한 기업도 나온다. 경제는 과도하게 위축되면서, 경제위기가 도래한다.

경제가 붕괴되는 과정에서 생산구조는 그 충격으로 [그림 30-1]의 *D*처럼 화폐주입이 시작되기 전 그리고 새로운 균형을 찾기 전보다 더 위축될 수 있다. 생산구조의 상층부가 붕괴할 때, 이곳에 있던 생산요소들의 상당수가 처음에는 하층부의 생산단계로 흡수되지 못하기 때문이다. 실업률이 급속히 높아지고 공장가동률이 크게 낮아지며 유휴시설은 아직 청산되지 못하는 현상이 나타난다. 이것이 생산구조 *C*에서 *E*로 가는 과도기 *D*의 전형적인 모습이다. 거품경제의 붕괴는 금융기관들의 연쇄적인 파산으로 정점에 달한다.

거품경제가 꺼지기 시작하면서 주식시장도 얼어붙기 시작한다. 시장이자율은 급등하고, 이것은 은행으로부터 대출받은 기업들의 상환능력을 더욱 어렵게 만든다. 이로 인해 은행의 지급능력은 떨어진다. 은행의 지급능력을 불신하는 많은 예금자들이 은행에 몰려와 예금인출을 요구하면, 은행도 결국 파산할 수밖에 없게 된다. 파산하는 은행들이 나오면서 신용 제공이 여의치 않게 되면, 상당수의 견실한 기업도 자금난에 문을 닫고 만다. 곳곳에 신용팽창의 부산물이 쓰레기처럼 나뒹굴면서, 이제 경제는 심각한 위기와 공포의 국면을 맞는다. 이것이 펌프질하듯이 주입된 통화량 증대의 결과이다.

경제위기에 사람들은 현금 확보에 혈안이 되어, 신용은 더욱 경색된다. 이것이 경제위기를 악화시킨다. 경제위기는 신용팽창 기간에 진행된 빈부격차를 확대한다.

공황은 사람들에게 공포로 다가오고, 모든 사람들은 어떻게 하든지 현금을 확보하려고 모든 수단을 강구한다. 개인들은 소비를 강력히 절제하지만, 이를 저축하지 않고 현금잔고로만 남겨둔다. 경영난에 허덕이는 기업들은 처분할 수 있는 자산들을 헐값에 팔아버리고, 매각대금을 다른 곳으로 투자하기보다 그냥 현금잔고로 남겨두고자 한다. 이 결과 생산자재 가격이 지나치게 하락하면서, 생산구조의 상부를 급속히 무너지게 한다(Hay. PP, 93). 그러면서 생산구조의 고도화를 위해 투입한 많은 잘못된 자본들이 전혀 또는 거의 쓸모없는 것으로 되어버린다. 여기에서 방출되는 노동자들은 실업자로 길거리로 내몰린다. 이것이 우리가 소위 말하는 경제위기이다.

신용팽창의 전반적인 가격상승 국면에서 유리한 위치에 있는 사람들은 이득을 보지만, 대다수 사람들은 손해를 본다. 여기에다 필연적으로 뒤따라올 수밖에 없는 신용팽창의 붕괴로 이들은 더욱 혹독한 시련을 겪게 된다. 그러면서 빈부의 격차는 커진다. 물론 신용팽창이 붕괴된 후 이런 빈곤화가 드러나더라도, 그 사이에 기술진보가 크게 이루어지고 이와 함께 실질적인 자본축적이 상당히 진전되어 생산량의 증대가 그 빈곤화를 상쇄할 정도라면 신용팽창의 시작 직전보다 신용붕괴 후의 경제적 모습이 더 개선될 수도 있다. 그러나 분명한 것은 외부로부터의 화폐주입이 없었다면, 물질적 풍요로움이 더 컸을 것이라는 사실이다(미, 1091～1092).

2.6 디플레이션과 경제위기의 치유

2.6.1 자산가격의 하락

새롭게 추진한 많은 사업들이 경제위기에서 더 이상 추진되지 못한 채 멈추어 버리고, 기존의 공장가동률도 크게 떨어진다. 생산단계가 위로 올라갈수록 과잉투자가 많이 이루어졌기 때문에 이런 현상은 더욱 두드러진다. 자본재에 대한 수요가 줄고 여기에다 멈춘 공장들도 즐비하고 공장가동률도 떨어짐에 따라, 자본재 가격은 하락한다. 고통을 겪는 기업들은 청산하거나 경제위기를 극복하기 위해 그리고 생산현장에서 방출된 요소소유자들은 살아남기 위해, 자신이 갖고 있는 자산들을 헐값에 시장에 내놓기 시작한다. 그러면서 신용팽창으로 부풀어 올랐던 자산가격의 전반적인 상승, 즉 거품이 꺼지기 시작한다. 이것이 자산 디플레이션이다.

자본재에 대한 수요는 감소하는 반면 현금 확보를 위해 자산을 팔려고 내놓는 사람은 증대함에 따라, 자산 디플레이션이 일어난다.

2.6.2 지나친 디플레이션의 가능성

신용팽창 당시 예상 인플레이션율의 상승과 투기적 요인에 의해 인플레이션이 심화될 가능성이 있듯이, 화폐주입이 중단되거나 심지어 축소될 때 가격의 전반적인 하락이 지나치게 커질 가능성도 동일한 이유로 존재한다. 앞으로 가격이 전반적으로 하락할 것이라 예상하면, 사람들은 제품구입을 미루고 화폐를 보유하려들 것이다. 디플레이션이 일어나면, 사람들은 인플레이션 때 사두었던 자산들을 어서 팔려고 서둘 것이다. 이로 인한 화폐수요 증대도 일어난다. 여기에다 미래가 어떻게 전개될지 몰라 사람들은 어떻게 하든지 현금 비중을 늘리려는 동기까지 가세한다. 현금 확보의 의지는 기업가들에게 특히 강하다. 계속되는 신용팽창기에 요소가격은 크게 올라 생산비가 크게 증대했지만, 기업가들이 돈을 대출받기는 이제 여의치 않게 되었다. 경영난을 극복하고 경제위기에 살아남기 위해 기업가들은 현금 확보에 혈안이 된다. 그러면서 기업가들은 요소가격이 떨어질 때를 기다리면서 사업을 최소한으로 축소하는 전략을 채택할 것이다.

가격하락의 예상이 커지고 현금 확보에 혈안이 되면서, 화폐수요가 크게 증대한다. 이것이 신용경색에 보태어지면서, 디플레이션이 지나치게 심화된다.

화폐수요가 크게 증대하는 것과는 달리, 화폐공급은 정부와 은행이 신용회수를 본격화하면서 크게 줄어든다. 화폐수요의 급속한 증대와 화폐공급의 급격한 위축은 화폐구매력을 지나치게 상승하게 하고, 가격의 전반적인 하락을 재촉한다. 그래서 신용팽창 기간에 지나친 인플레이션이 나타날 수 있듯이, 신용 중단이나 축소 기간에 지나친 디플레이션이 일어날 가능성이 있다.

디플레이션으로 많은 사람들은 자산가치의 하락을 경험하고, 이것은 이들에게 크나큰 고통을 안겨준다. 더욱이 디플레이션은 기업가들에게 이윤은 더 작게 손실은 더 크게 보이게 하기 때문에, 기업가들은 사업 성공의 가능성을 더욱 낮춘다. 특히 현금잔고 비중의 증대는 투자위축은 말할 것도 없고 소비도 크게 위축시킬 것이다. 상당한 금액의 현금이 소비나 투자로 들어오지 않고 개인의 금고 속에 머문다. 이로 인해 기업가들은 투자를 더욱더 신중하고 조심스럽게 행한다. 생산구조는 과도하게 위축된다. [그림 30-1]의 *D*는 이를 나타내고 있는데, 생산구조 *D*는 신용팽창이 시작되기 전의 생산구조 *A*보다 축소되게 그려져 있다. 많은 통화량이 개인의 금고 속에 머물러 있는 상태에서 전체 순소득은 감소하며, 거리에는 실업자가 넘쳐난다.

2.6.3 디플레이션을 통한 치유

시장은 한편으로 경제위기로 내몰리지만, 다른 한편으로 디플레이션을 통해 점차 경제위기의 치유국면에 들어간다. 사실 신용팽창에 의한 인플레이션이 재앙만을 남기는 것에 비해, 디플레이션은 치유의 기능을 돋보이게 한다. 많은 사람들과 경제학자들은 디플레이션과 신용감축을 위기의 상징인 것처럼 그리고 디플레이션이 신용감축에 의해 발생한다고 이해하지만, 이는 사실을 잘못 진단한 인과관계이다.

디플레이션은 신용감축 때문에 일어나는 것이 아니라, 신용팽창의 결과로서 나타나는 현상이다. 앞에서도 설명했지만, 경제위기에서 신용감축은 정부가 나서서 화폐를 회수하거나, 은행이 신용붕괴의 위험을 두려워해 대출한 자금을 회수에 나서거나, 은행의 파산으로 은행이 창출한 신용이 소멸할 때 일어난다. 만약 이런 일이 일어나지 않는다면, 신용감축은 발생하지 않는다. 역사의 경험은 신용이 감축되는 경우가 거의 없었음을 보여준다(Mi. HA, 565~566). 중앙은행이나 상업은행들이 신용감축적인 조치를 취하더라도, 그것은 아주 일시적인 현상에 불과하다. 왜냐하면 이들은 항상 신용팽창의 유혹과 신용감축에 대한 반발의 두려움에 놓여 있기 때문이다. 그래서 조금 긴 기간으로 볼 때, 신용감축 현상은 찾아보기 어렵다.

디플레이션은 신용감축 때문에 일어나는 것이 아니라, 신용팽창의 결과로서 나타나는 현상이다. 시장은 디플레이션을 통해 점차 경제위기의 치유국면에 들어간다.

신용팽창이 중단되면 시장이자율은 상승한다. 그러나 경제위기가 진행되면서 등장하는 디플레이션의 압력은 시장이자율을 떨어뜨리는 힘으로 작용한다. 디플레이션의 압력이 클수록 시장이자율의 인하는 커진다. 시장이자율의 인하는 점차 기업가들의 투자의욕을 회복시켜 준다. 자산가격의 급락은 도산한 기업들의 일부를 인수하려는 기업가가 생각보다 빠른 속도로 나타나게 하고, 그동안 과소투자되었던 부문으로 자금이 흘러들어 가게 한다. 소비자들이 절실히 요구하는 부문들과 특정 생산자재(이것이 부족해 많은 공장들을 가동하지 못하게 한 생산자재)를 생산하는 부문들이 신용팽창으로 왜곡된 과소생산 부문들이다. 시장기능은 이제 이 부문들에 투자가 활발히 일어나게 한다. 길거리로 내몰린 실업자들은 이런 부문들에 흡수되면서 일자리를 찾는다.

디플레이션은 시장이자율을 떨어뜨리고, 이것이 점차 기업가들의 투자의욕을 회복시켜 준다. 특히 소비자들이 절실히 요구하는 부문과 특정 생산자재가 부족해 많은 공장들이 가동하지 못하게 한 부문으로 투자자금이 흘러간다.

개인의 수중에 머물고 있던 현금잔고는 소비와 투자로 점차 들어오기 시작한다. 물론 이 과정에서 잘못된 투자에 의한 설비나 장비들이 영원히 사용되지 못하는 경우도 있을 것이다. 이것은 슬퍼할 일이 아니다. 거품과 잘못을 거둬내는 과정이기 때문이다.[6] 그러면서 경제는 점차 살아나기 시작한다. 새로운 균형에서 생산구조는 [그림 30-1]의 *D*에서 *E*로 나아간다. *E*에서 생산구조의 수직축의 길이는 신용팽창 이전의 높이로 돌아가며, 회색으로 채워진 부분은 신용팽창기에

경제가 회복되면서, 생산구조는 신용팽창 이전의 자본주의화 정도로 돌아가나 그 구조의 모습과 내용은 다르다.

6. 현대경제에서 노동에 대한 완전고용은 의미 있는 용어이지만, 시설장비에 대해 완전가동이라는 용어는 적절하지 않다. 기술혁신이 일어나고 이것이 탑재된 자본재가 나오면, 오래된 것들은 사용되지 못하고 버려지는 것이 진보하는 경제에서는 정상이고 축복이다.

증대된 통화량의 크기이다. 이것은 소비자재와 생산자재의 가격을 다시 상승하게 한다.

디플레이션은 모든 사람들에게 분명 큰 고통을 안겨주지만, 신용팽창에서 잘못된 것들을 솎아내는 기능을 수행한다. 이것이 바로 신용팽창에 의해 만들어진 거품과 도취의 치유 과정이며, 생산활동을 새롭게 쇄신하는 과정이다. 이 모든 과정은 그동안 정부에 의해 왜곡된 시장을 본래의 모습으로 되돌리고, 모든 경제주체들로 하여금 새로운 시장 조건들에 적응하게 한다. 돌아온 시장의 모습은 신용이 팽창되기 직전의 모습과는 상당히 달라져 있을 것이다. 인플레이션 기간 동안 자원배분이 왜곡되었고, 소득과 자산의 분배도 재편되었기 때문이다.

3. 경기변동 과정의 요약

기업의 과오가 전 경제에 걸쳐 한꺼번에 쏟아지고, 대부분 상품들의 가격이 지속적으로 상승하는 것은 어떤 특정 원인이 모든 경제주체들에게 영향을 미칠 경우이다. 시장경제에서 그것은 화폐뿐이다. 경기변동의 동인으로 화폐적 현상에 주목하는 것은 이런 이유 때문이다. 경기변동에 관한 설명은 이용 가능한 자원이 모두 고용된 항등순환경제에서 시작한다. 외부로부터의 화폐주입이 있고 증대된 통화량은 투자지출로만 사용된다. 이것이 시장이자율을 떨어뜨리면서 호황이 시작된다. 그러나 이는 진정한 시장이자율의 신호에 의한 것이 아니기 때문에, 화폐주입이 중단되면 많은 사업들이 오(誤)투자로 판명되면서 경제가 파열한다. 잘못된 투자가 정리되면서 경제는 다시 회복국면으로 접어든다. 이것이 경기변동의 과정이다. 이를 국면별로 정리하면 아래와 같다.

3.1 경기확장 국면

정부 또는 은행의 신용팽창에 의해 시장의 화폐공급량은 증대한다. 증가된 화폐공급량은 시장이자율을 낮춘다. 낮아진 시장이자율로 인해 사업기간이 긴 그리고 그동안 망설였던 사업들에 순투자가 일어나면서 호황이 시작된다. 특히 고차의 생산단계에서 순투자가 뚜렷이 나타나면서 생산구조는 자본주의적인 형태로 변모한다. 자본재에 대한 수요증대는 자본재 가격을 상승시키고, 완전고용 상태에서 소비자재 부문의 요소들을 이 부문으로 이동하게 한다. 새롭게 시작한 사업들이 아직 완공되지 못한 상태이기 때문에, 소비자재 부문의 생산성 향상은 아직 기대할 수 없다. 소비지출액이 일정한 상태에서 소비자재의 생산량 감소는 소비자재의 가격상승을 유발한다. 그래서 전체적으로 가격이 상승한다. 통화량 증대가 1회에 그치지 않고 매기 지속되면, 가격은 전반적으로 더욱 상승하고 신용팽창에 의해 이루어진 자본축적을 통해 소비자재 생산성 향상도 일부 경험하면서 호황은 가열되고 거품경제가 형성된다.

3.2 경기파열 국면

신용팽창의 중단은 시장이자율을 다시 본래의 순수이자율로 돌아가게 한다. 신용팽창이 개인들의 시간선호를 변경할 하등의 이유가 없기 때문이다. 시장이자율은 오르고, 요소가격의 상승으로 생산비는 증가했다. 그래서 새롭게 시작한 사업들은 자금조달의 어려움으로 사업을 더 이상 추진하기가 어렵게 되고, 생산구조의 높은 단계에 있는 기업들은 수익률 악화와 자금조달의 어려움을 동시에 겪게 된다. 이 부문들의 투자가 축소되거나 포기 또는 중단되기 시작하면서 활황이던 경기는 급속히 축소국면으로 접어든다. 잘못 투자한 기업들이 본격적으로 파산 상태로 접어들면서 도산하는 기업이 속출한다. 신용팽창에 의해 유발된 투자들은 잘못된 투자였음이 판명난다. 문을 닫는 기업들에서 방출된 요소들이 다시 낮은 생산단계들로 향해 이동한다. 과잉투자와 잘못된 투자들이 정리되는 단계로 접어든다. 조정과정이 완료될 때까지 노동자들은 실업 상태에 놓이고 공장가동률은 떨어진다. 길에는 실업자가 넘쳐나고 많은 공장은 문을 닫고 생산을 계속하는 기업의 공장가동률도 크게 낮아진다. 경제는 이렇게 파열국면으로 접어든다. 화폐주입의 양이 많을수록 그리고 주입의 기간이 길수록 파열음은 더 요란스러울 것이다. 통화량 증대에 의해 경기가 확장국면에 접어들 때 낙관적인 예상이 강해 확장의 강도가 지나치게 커지듯이, 파열국면에서도 마찬가지이다. 파열국면에서는 비관적인 예상이 팽배해 현금잔고의 비중이 크게 높아지면서, 경기는 더욱 악화된다. 소비자들의 생활은 한치 앞도 예상할 수 없을 정도로 나빠진다.

3.3 경기치유 국면

사업 중단과 폐업이 증대하고 고통을 겪는 가계와 기업이 현금 확보를 위해 자산을 처분함에 따라, 자산 가격이 떨어진다. 화폐주입으로 부풀어 올랐던 자산 가격의 전반적인 상승이 다시 꺼지는 과정이다. 화폐주입의 중단으로 상승했던 시장이자율은 디플레이션에 의해 다시 낮아진다. 이것은 기업가들의 투자의욕을 회복시켜 줄 것이다. 과잉투자들이 정리되고 자산가격이 하락하면서, 과소생산 부문이었던 소비자재 부문과 많은 공장들을 가동 못 하게 했던 보완적 생산자재 부문들로 새로운 투자자들이 조금씩 들어온다. 그러면서 그동안 잘못된 투자가 정리되고, 이 과정에서 실업으로 내몰렸던 노동자들은 다시 이런 부문들로 흡수되면서 일자리를 찾는다. 개인의 수중에 머물고 있던 현금잔고와 은행이 위기에 대처하기 위해 준비해 두었던 현금이 소비와 투자로 들어온다. 그러면서 경제는 살아나기 시작한다. 공장가동률도 정상으로 돌아오면서, 경제는 점차 회복국면으로 접어든다.

4. 경기변동의 진실

4.1 대공황의 주범(主犯)

대공황에서 기업가들은 자신의 기업이 도산하지 않을까 두려워하고 근로자들은 내 일자리가 뺏길까 두려워한다. 파산한 기업가들은 절망의 나락으로 떨어지고 일자리를 잃은 사람들은 하루하루를 힘들게 살아간다. 도산하지 않았거나 실직하지 않은 사람들도 편안하지 않다. 모든 이들은 빨리 이 국면을 벗어나고 싶어한다. 대부분의 사람들은 이 국면을 저주한다. 사람들은 이런 고통을 안기게 한 씨앗이 언제 뿌려졌는지를, 그 고통의 주범이 누구인지를 잘 인식하지 못한다. 그들은 항상 최근에 일어난 일에서 그 원인을 찾으려 한다. 그들은 화폐주입을 중단하지 않을 수 없었던 정부를 탓한다. 그들은 실체가 없는 시장에 원망의 눈초리를 돌리기도 한다. 시장의 탐욕이 경제위기를 초래했다는 것이다. 그러나 그들을 도탄으로 내몬 주범은 시장의 탐욕이나 화폐주입을 중단한 정부가 아니다. 그

경제위기의 주범은 시장의 탐욕이나 신용팽창을 중단한 정부가 아니라 신용팽창을 실시한 정부에 있다.

동안 화폐를 펌프질하듯이 주입해 왔던 정부이다.

사람들은 화폐가 주입되는 동안 행복하다. 투자증대로 일자리는 늘어나고 실직의 두려움 없이 자신의 화폐임금을 더 올릴 수 있는 기회가 열린다. 새로운 균형을 찾아가는 과정에서 기업의 이윤은 증가하고, 본원요소 소유자는 화폐소득의 증대를 경험한다. 이것이 마약과 같은 것이라는 사실을 모른 채 이 국면이 지속되기를 원한다. 화폐주입이 영원할 것처럼 생각하며, 화폐주입의 양이 많을수록 그리고 그 기간이 오래 지속될수록 화폐주입의 중단에서 오는 고통과 혼란이 더 크다는 사실을 잘 모른다. 그렇기 때문에 사람들은 마약에 취한 것과 같은 행복한 시기가 지속되기를 원하고 더 센 마약이 처방되기를 주문한다. 물론 이런 현실을 인지하고 있는 사람들도 있을 것이다. 이들 중에는 부풀어 오른 자산이 곧 꺼질 것이라 예상하고서 이를 미리 처분하고 큰 이득을 남기는 사람도 있을 것이고, 자산가격이 더 오르기를 기대해 기다리는 사람도 있을 것이다.

화폐주입은 마약과 같은 것이라, 사람들은 대체로 화폐주입의 중단을 원하지 않는다. 이 과정에서 눈치 빠른 사람은 큰 이득을 남길 수 있다.

펌프질하듯이 계속 주입되는 화폐로 이자율은 늘 낮은 상태로 유지되어, 호황은 지속되지만 경제체질은 더욱 약화되고 속은 점차 썩어 들어간다. 계속된 마약이 죽음으로 끝나듯이, 화폐주입의 끝은 통화체계와 시장경제의 붕괴이다. 정부가 화폐주입을 중단하지 않더라도, 통화체계의 붕괴로 호황의 종말을 맞이하고 만다.

계속된 화폐주입은 경제체질을 약화시켜, 결국 경제를 파열시킨다. 이것이 대공황으로 이어진다.

정부는 그 끝에 이르기 전에 두 손을 들 것이고, 그동안의 호황으로 누린 행복은 모래 위에 지은 집임이 드러난다. 화폐주입이 중단되면, 경기는 급속히 축소되고 파열로 치닫는다. 파열의 굉음은 경기활황의 행복이 클수록 그 기간이 길수록 더욱 요란스럽다. 고통과 불행은 많은 사람들을 짓누른다. 마약 중독자들의 금단 증상이 마약을 오래 그리고 강하게 할수록 더욱 심해지는 것과 같다. 이것이 바로 대공황 때의 상황이다. 화폐주입이 없었다면, 경제는 마약에 중독되지 않은 정상적인 사람들에 의해 건강하게 운영될 수 있었을 것이다.

4.2 대공황에서 벗어나는 길

대공황을 치유하는 유일한 방법은 비록 혹독한 고통을 수반하지만 시장기능에 그 치유를 온전히 맡기는 길밖에 없다. 시장기능의 작동으로 그동안의 화폐주입으로 부풀어 올랐던 자산가격이 꺼지고 디플레이션 현상이 나타나고 임금을 비롯한 요소가격이 떨어지면서, 그제서야 수익의 가능성을 보게 되는 투자자들이 대공황을 치유하는 유일한 방법은 시장기능에 온전히 맡기는 길밖에 없다. 그러나 역사는 어떤 경우에도 정부에 의해 망쳐진 경제를 그냥 시장기능에 온전히 맡긴 사례가 없다.

새롭게 시장에 들어오기 시작한다. 그러면 길거리로 내몰린 실업자들에게 점차 새로운 일자리들이 주어진다. 극심한 미래의 불확실로 개인의 수중에 있던 현금 잔고도 소비와 투자로 들어오게 되고, 그러면서 경제는 점차 살아난다. 신용팽창에 의해 유발된 경제위기를 치유할 정책수단은 없다. 시장기능에 맡기는 수밖에 없으며, 후생을 증진시키는 유일한 길은 소비절약과 저축을 통해 자본재를 새롭게 구축하는 길뿐이다.

그러나 역사는 어떤 경우에도 정부에 의해 망쳐진 경제를 그냥 시장기능에 온전히 맡긴 사례가 없다. 이를 치유한다는 명분으로 정부는 다시 시장에 개입한다. 언제나 그랬듯이 고통에 시달리는 개인과 기업들은 디플레이션에 대해 불만을 토로하고 정부의 강력한 구제책을 요구한다. 그들은 신용팽창이 초래한 해악은 다시 또 다른 신용팽창에 의해서만 치유될 수 있다고 주장한다. 신용만 제공되면 실업자가 해소되고 공장이 다시 가동될 것처럼 보이기 때문에, 이들은 부족한 것은 신용이라고 생각한다. 이에 정부는 어떤 형태로든지 처방을 내려 이들의 고통을 해결해 주는 것이 의무이고 도덕적으로도 정당한 것인 양 생각한다. 그리고 정부는 이런 일을 할 수 있다고 믿는다.

대공황이 일어난 후 하이에크는 다음과 같은 주장을 되풀이했다. “인위적인 신용팽창에 의해 야기된 경기침체를 극복하는 길은 이것을 야기한 바로 그 수단으로 그 악을 퇴치하는 것이다(Tucker, 2011. 8. 22).” 그러나 위기에 직면한 그 어느 나라도 신용팽창을 억제하는 정책을 실시하지 않는다. 동일한 실수인 확장적인 통화정책과 케인즈식 경기부양책이 반복된다. 그래서 대공황의 위기가 잠시 극복된 것처럼 보이게 할 수는 있을지 모르지만, 그 위기는 다시 또 나타나거나 아니면 오랜 시간 동안 작은 고통으로 지루하게 지속될 것이다.(배진영, 2012) 최악인 것은 사람들은 도저히 구제불능이라는 점이다. 몇 해만 지나면, 신용팽창의 엔진은 다시 가동되고, 낡은 논리는 다시 반복된다(Mi. HA, 576).

4.3 정부의 경기부양책이 성공하는 것처럼 보이는 이유

신용팽창은 언제나 거짓된 경기활황을 가져오고, 이로 인해 경기가 침체하면서 경기변동을 야기한다. 경기부양론자들은 시장경제의 자율조정 메커니즘을 불신하기 때문에, 경기안정을 위해 정부의 적극적인 재정 및 통화 정책을 주문한다. 정부는 이들의 논리를 받아들여 경기침체에서 벗어나고자 또다시 화폐를 주입한다. 이때 화폐주입에도 불구하고 인플레이션이 나타나지 않는 경우가 자주 있다. 이것은 통화량 증대가 인플레이션을 야기한다는 가설과 다른 현상이다. 그래서 사람들은 정부의 경기회복을 위한 통화정책이 성공을 거두고 있다고 생각한다. 이것이 경기회복을 위한 통화의 양적완화 정책이 강력한 지지를 받는 이유이기도 하다. 그래서 사람들은 모든 것이 잘 되고 있다고 생각한다.

그러나 경제의 내면을 좀더 깊숙이 들여다보면, 경기침체기에 화폐주입을 하면 인플레이션이 겉으로는 일어나지 않지만 속으로는 다시 경제를 곪아가게 한다. 제25장에서 경기침체기에 현금잔고의 일시적 증대가 신용팽창에 의한 가격들의 전반적인 상승을 가려줌을 이미 보았다. 통화량의 양적완화 정책은 화폐재고곡선을 오른쪽으로 이동시켜 인플레이션을 야기한다. 그러나 불황의 골이 깊을 때, 사람들은 자신의 불확실한 미래에 대비하기 위해 현금잔고의 비중을 늘리려는 경향이 있다. 이것이 화폐보유곡선을 오른쪽으로 이동하게 하여 양적완화 정책에 의해 초래되어야 할 인플레이션을 가린다.

경기침체 시 정부는 통화량의 양적완화 정책을 실시한다. 그럼에도 불구하고, 가격이 전반적으로 상승하지 않는 경우를 자주 본다. 이것은 경기침체 시 화폐수요가 증대하기 때문에 일어나는 현상이다.

그러므로 인플레이션이 일어나지 않는 것은 정부가 통화정책을 잘 실시해서가 아니라 사람들이 미래를 대비하기 위해 현금잔고를 늘렸기 때문이다. 그 밑에는 신용팽창에 의한 고통의 싹이 제거되지 않고 다시 살아나고 있으며, 사람들은 그 은밀한 진행을 인식하지 못하고 있을 뿐이다. 신용이 외부에서 주입되면, 그것의 대가는 사람들에게 마치 외상 술값에 대한 지불청구서처럼 언젠가 반드시 날아오고야 만다.

4.4 과잉투자와 오(誤)투자

화폐주입에 의해 새로운 투자들이 도처에서 일어나기 때문에, 화폐주입이 중단되어 경기가 침체되더라도 그만큼 투자된 것이 남아 있으며 그것이 언젠가 수익을 남기는 일에 사용될 수 있다는 믿음이 있다. 과잉투자는 문제될 것이 없다는 주장이다. 물론 이들 중 일부는 차후에 쓸모있게 이용될 수 있다. 그러나 신용팽창이 초래한 낮은 이자율에 이끌려 저질러진 모든 투자들이 그럴 것이라고는 누구도 주장하지 못한다.(Mi. HA, 574)

이런 잘못된 믿음은 경제 내면에서 일어나는 모든 움직임들을 관찰하지 못한 채 겉으로 나타나는 것만 보고 주장하기 때문이다. 새로운 투자는 이용 가능한 생산자재가 있어야 가능하다. 소비절약을 통해 저축된 것이 있으면, 그 저축된 것을 갖고 새로운 투자에 나설 수 있다. 그러나 화폐주입에 의한 새로운 투자는 소비절제에 의한 것이 아닌 만큼, 새로운 투자를 위한 생산자재가 남아 있지 않다. 그러므로 다른 부문의 희생이 없이는 새로운 투자로 나아갈 수 없다. 이것은 과잉생산의 부문이 있으면 다른 어떤 부문에서는 과소생산이 일어남을 의미한다. 호황기에 중공업이나 내구적 생산자재는 확장되지만, 소비자에게 절박한 소비자재의 생산은 위축되는 것이 이런 경우이다. 그러므로 화폐주입에 의해 일어나는 경제위기의 본질은 과잉생산이 아니라, 시장가격의 왜곡으로 일어나는 잘못된 투자이다. 생산 확대를 위해 필요한 것은 오로지 추가로 투입될 수 있는 자본재이지 화폐나 신용이 아니다.(Rothbard, 1963, 30～32)

통화량 증대에 의해 일어나는 경제위기의 본질은 과잉투자가 아니라 잘못된 투자로 인한 자원낭비이다.

4.5 호황과 불황의 의미

신용팽창은 자원배분을 왜곡시킨다. 화폐가 주입된다고 해서 그것이 이용 가능한 자원을 확대시켜 주지는 못한다. 외부로부터 주입된 신용팽창은 시장이자율과 가격을 변화시켜 이용 가능한 자원을 다르게 재편할 뿐이다. 자원배분의 왜곡으로 희소한 자원이 효율적으로 사용되지 못한다. 한쪽에서는 과잉생산이, 다른 쪽에서는 과소생산이 일어나는 것이 자원을 효율적으로 사용하지 못한다는 증거이다. 자원이 가장 긴요한 곳부터 사용되지 못하면서 자원이 낭비된다.

자원낭비는 경기파열이 시작되면서 더욱 가시화된다. 많은 시설장비들이 쓸모없이 길 한모퉁이에 방치된다. 이 중에는 시간이 지나면 너무 방치되어 다시는 사용할 수 없는 것들도 상당수 있을 것이다. 많은 공장들의 가동률이 급격히 낮아지고 수많은 사람들이 일자리에서 쫓겨나 일거리를 찾아 헤맨다. 이 모든 것들이 호황의 잔해물들이다. 그래서 신용팽창에 의한 호황은 한 사회를 퇴보(retrogression)로 이끈다.

신용팽창에 의한 호황은 한 사회를 퇴보로 이끌지만, 신용팽창의 중단에 의한 불황은 경제위기를 치유하면서 사회를 앞으로 나아가게 하기 때문에 진보로 이끈다.

반대로 불황은 부족한 생산요소들을 사회가 가장 필요하다고 하는 곳으로 다시 재편하는 과정이기 때문에, 그것은 사회를 진보(progression)로 이끈다. 자원배분이 시장의 신호에 따라 재편되면서, 경제는 점차 회복된다. 이에 따라 공장가동률이 높아지고 실업자도 흡수되며, 경제는 선순환으로 돌아간다.(Mi. HA, 573)

5. 인플레이션 폐해[7]

화폐의 태환이 가능하다면, 중앙은행이나 시중은행은 함부로 통화량을 조작할 수 없다. 그래서 인플레이션은 시장 자체의 힘에 의해 억제된다. 그러나 법정불환화폐 제도 하에서 중앙은행은 화폐를 거침없이 발행하려는 유혹에 항상 놓여있다. 현대경제에서 중앙은행은 통화량 증대의 1차 통로이다. 시중의 상업은행은 중앙은행이 공급한 본원통화를 갖고 법정지급준비율 한도 내에서 신용을 창출한다. 은행들은 신용창출이 수익이 되는 한, 신용창출을 줄이거나 멈추려 하지 않을 것이다. 시중은행의 신용창출이 통화량 증대의 2차 통로가 되는 셈이다. 이 통로들이 어우러지면 신용팽창으로 이어진다.

중앙은행의 본원통화는 신용팽창의 1차적 뇌관이며, 시중은행의 신용창출은 신용팽창의 2차적 기폭제이다. 이것이 인플레이션으로 이끈다.

신용팽창에 의한 화폐공급량의 급증은 화폐가치를 떨어뜨려 전반적인 가격상승인 인플레이션을 야기한다. 오늘날의 화폐금융 시스템에서 인플레이션은 언제든지 일어날 수 있으며, 이를 차단할 수 있는 시장의 자정(自淨) 기능은 없다. 인플레이션이 문제되는 것은 바로 이 때문이다. 시장의 결과가 아니라 제3자의 손에 의해 초래된 결과이기 때문이다. 아래에서는 인플레이션이 일으키는 다양한 폐해를 정리한다.

5.1 빈부격차의 확대

인플레이션의 가장 큰 폐해는 가격상승에 의한 피해가 개인마다 다르다는 점이다. 인플레이션이 일어날 경우, 개인의 판매와 구매 시점의 차이로 어떤 이는 인플레이션으로 혜택을 보고 다른 이는 손해를 본다. 이미 제25장에서 이 과정을 자세히 설명했다. 통화량 증대에 의해 가격이 전반적으로 상승하기 시작할 무렵 증대한 통화량을 먼저 수령한 사람들이 제일 큰 혜택을 보게 되고, 가격이 이미 상당히 상승했거나 완전히 상승한 후 그것을 수령하는 사람들이 손해를 본다.

인플레이션에 의해 이득을 보는 사람들은 몇몇 소수에 집중되는 반면, 손해를 보는 사람들은 광범위하며 그 손해가 잘 감지되지도 않는다. 그래서 인플레이션은 전반적인 빈곤화를 낳는다.

문제는 이득을 보는 사람들은 몇몇 소수에 집중되어 있고 그 이득이 아주 뚜렷한 반면, 손해를 보는 사람들은 광범위하며 그 손해가 잘 감지되지도 않는다는 점이다. 그래서 인플레이션은 가랑비에 옷 젖듯이 많은 사람들을 점차 가난하게

7. 많은 부분을 Ro, 989~994를 참조했다.

만든다. 즉, 인플레이션은 전반적인 빈곤화를 낳는다. 이득을 보는 소수는 누구인가? 은행권을 발행하는 기관과 그것의 수령에 가까이 있는 자들이다. 곧 정부와 은행이며, 이것을 은행으로부터 대부받는 자들과 이들과 경제관계를 맺고 있는 자들이다. 이들과 무관한 그 외의 수많은 사람들은 손해를 입는다. 정부나 은행기관의 정책에 일찍 올라탄 소수의 사람들이 늦게 타거나 아예 타지 못한 광범위한 일반인들의 희생 아래 득을 보게 되는 셈이다.

인플레이션에 의한 빈부격차의 확대는 개인의 능력 차이가 아니라 정부의 신용팽창 정책 때문에 일어난다. 자유시장경제라면 개인의 이런 억울한 일은 일어나지 않는다.

화폐공급량의 증대가 1회성으로 끝난다면, 이로 인한 인플레이션의 개인적 피해도 그 정도에서 그친다. 그러나 화폐공급량의 증대가 지속되면, 인플레이션도 멈추지 않고 계속될 것이며 계층 간의 이득과 손실도 계속 이어진다. 이득과 손실을 입는 계층이 거의 일정하다면, 인플레이션으로 인한 계층 간의 누적된 손익의 격차는 확대될 것이다. 이 격차는 개인의 능력이 모자라서도 아니고 개인의 잘못된 경제행위의 결과도 아니다. 순전히 정부가 자유로운 시장에 간여한 결과이다. 자유시장경제라면 개인의 이런 억울한 일은 일어나지 않는다.

인플레이션 과정에서 영구적으로 손해를 보는 계층은 채권자, 사회복지 혜택을 받는 계층이거나 소득이 고정된 사람들이다.

채권자, 연금수령자, 사회부조 대상자는 인플레이션에 의한 피해를 영구적으로 입는다. 인플레이션이 돈의 가치를 떨어뜨리는 만큼, 채권자는 손해를 보고 채무자는 이득을 본다. 고정적으로 연금을 수령하는 사람들은 화폐구매력이 떨어진 만큼 손해를 본다. 정부나 다른 사회복지 단체로부터 소득을 지원받는 사람들도 화폐구매력의 하락으로 영구적인 손실을 입는다. 영구적으로 손해를 보는 사람들은 이뿐만이 아니다. 가격이 전반적으로 상승하더라도 모든 가격이 일률적으로 상승하는 것이 아니다. 어떤 제품의 가격은 오히려 하락하는 경우도 있다. 만약 자신이 판매할 제품이나 서비스의 가격이 덜 오르고 구매할 제품이나 서비스의 가격이 더 오른다면, 그는 영구적으로 손해를 보게 된다. 그 반대인 사람들은 영구적으로 이득을 본다. 그러므로 인플레이션 과정에서 가격상승이 평균에 미치지 못하거나 심지어 가격이 하락하는 재산이나 생산요소들을 갖고 있는 계층도 영구적 손해를 입는다.

5.2 자원배분의 왜곡

시장에서 가격변화에 의한 자원배분의 조정은 자연스러운 현상이다. 그러나 신용팽창에 의해 초래된 인플레이션은 인위적으로 주입된 통화량의 증대에 의한 것이기 때문에, 개인 의사가 반영되는 시장조정의 결과가 아니다. 인플레이션 과정에서 모든 가격은 일률적인 비율로 상승하지 않는다. 어떤 제품의 가격은 평균보다 더 상승하거나 하락한다. 들쑥날쑥한 가격 변동은 상대가격 체계를 변화시킨다. 사람들은 이것을 자신의 의사결정의 잣대로 삼게 된다. 그러면 자원이 자유시장경제 때와는 다르게 배분될 것이다. 이것은 개인들이 진정 원하는 자원배분의 결과가 아니다. 덜 필요한 곳에 더 많은 자원이 투입되고, 더 필요한 곳에 자원이 덜 투입되는 결과를 낳는다. 인플레이션에 의한 상대가격 체계의 변화는 시장참여자들의 선호를 반영한 것이 아니라 신용팽창의 결과이기 때문에 자원배분을 왜곡시키고 자원을 낭비하게 하는 것이다.

인플레이션에 의한 상대가격 체계의 변화는 시장참여자들의 선호를 반영한 것이 아니라 신용팽창의 결과이기 때문에 자원배분을 왜곡시키고 자원을 낭비하게 한다.

특히 인플레이션은 그 자체로 과잉투자와 과소투자를 불러일으킬 수 있다. 인플레이션 초입에 수명이 아주 긴 자본재를 구입했다면, 인플레이션은 이 기업으로 하여금 높은 수익을 올리고 있는 것처럼 보이게 한다.[8] 수익이 높게 보이게 하는 이런 효과는 시설장비의 비중이 높고 인플레이션이 강하고 오래 지속될수록 커질 것이다. 이렇게 되면 이 산업의 높은 수익을 보고 새로운 기업들이 진입해 과잉투자를 불러일으킨다. 한쪽으로의 과잉투자는 경제의 다른 분야에서 과소투자를 야기한다. 그러므로 인플레이션은 상대가격 체계의 변화를 초래해 자원배분을 왜곡시키는 것 말고도, 기업가의 착시현상을 유발해 자원배분의 왜곡을 낳는다. 이렇게 해서 형성된 오(誤)투자들은 그 자체로 자원을 낭비하는 것이고, 이것들이 조정될 때 많은 사람들을 고통을 겪게 한다.

인플레이션은 자본재 산업이 이윤을 많이 남기는 것처럼 보이게 해서, 과잉투자를 불러일으킨다.

5.3 조세부담의 가중

인플레이션은 사람들로 하여금 더 많은 세금을 부담하게 한다. 예를 들어 10년 전에 1억원에 구입한 집을 3억원에 판다면, 과표(課標)는 양도소득 2억원이다. 만약 10년 동안 가격이 전반적으로 200% 상승했다면, 그의 실질 양도소득은 없는 것과 마찬가지이다. 그럼에도 그는 2억원에 해당하는 양도소득에 세금을 내야 한다.

이자소득자도 마찬가지이다. 연 이율 5%로 연초에 100만원을 저축한다면, 연말에 5만원의 이자를 받는다. 이자소득세가 20%라면, 이자소득세를 공제한 후 4만원을 받는다. 그런데 1년 사이에 가격이 전반적으로 5% 상승했다면, 연초

8. 그 이유에 관해서는 아래의 5.5절(자본축적의 감퇴)를 참조하라.

인플레이션에 의해 세금을 더 거둘 수 있다는 것은 정부가 신용팽창 정책을 선호하는 또 다른 이유이다.

의 100만원은 연말에 105만원 정도의 가치가 된다. 그러므로 연말에 이자를 포함해 105만원을 받는다는 것은 실질적인 이자소득이 없다는 것을 의미한다. 세금을 부담해야 할 아무런 이유가 없음에도 불구하고, 1만원의 세금을 납부해야 한다. 세금을 더 거둘 수 있다는 것은 정부가 인플레이션에 군침을 흘리는 또 다른 이유이다.

5.4 자본축적의 감퇴

인플레이션은 자본가에게 일단 유리한 것처럼 보인다. 왜냐하면 자본가는 인플레이션 초입에 요소를 구입하고 인플레이션이 전개된 후 제품을 팔게 됨으로써 인플레이션은 자본가의 수익을 높이기 때문이다. 그러나 다음 기에는 이미 오른 가격에 요소들을 구입해야 하기 때문에, 수익률 제고는 일시적인 현상으로 그친다.[9]

일반적으로 기업은 자본재 서비스를 구입하는 것이 아니라 자본재 자체를 구매한다. 그리고 매년 여기에 감가상각을 하면서 대체투자를 한다. 인플레이션은 여기에서 문제를 일으키면서 자본축적을 감퇴시키는 요인으로 작용할 수 있다. 예를 들어 어떤 자본가가 10년 수명의 기계를 1억원에 구입했다고 하자. 그는 매년 감가상각으로 1,000만원의 대체투자를 적립한다. 1,000만원의 대체투자는 회계처리에 있어서 비용으로 매년 일정하게 쌓이지만, 인플레이션은 판매수입을 증대시켜 주기 때문에 기업가의 이득은 회계상으로 증가한다. 그는 추가적인 이득이 순전히 자신의 몫이라고 생각하고서, 이것을 소비하거나 또 다른 곳에 투자하기 쉽다. 10년이 지난 후 새로운 기계를 도입해야 할 때, 그 기계는 인플레이션으로 1억원에 구입할 수 없게 된다. 대체투자로 10년간 모아놓은 돈은 1억원밖에 되지 않기 때문에, 동일한 기계를 구입할 수 없게 된다.

인플레이션은 기업가로 하여금 추가적인 이득을 거두는 것처럼 착각하게 해서 축적된 자본을 감퇴시키는 결과를 낳는다.

기업가의 추가적인 이득이 결코 자신의 몫이 아님을 알고서 그리고 10년 후의 기계 가격이 상승할 것이라는 점을 예측하고서 더 많이 저축했다면, 문제는 없다. 그러나 자신의 몫인 양 추가적인 이득의 상당액을 소비했다면, 그는 더 이상 새로운 기계를 구입할 수 없게 된다. 인플레이션은 이처럼 기업가로 하여금 추가적인 이득을 거두는 것처럼 착각하게 해서 축적된 자본을 오히려 감퇴시키는 결

9. 이 장의 5.2절에서 설명한 바와 같이 자본장비의 비중이 높은 산업에서는 인플레이션이 과잉투자를 야기할 수 있다.

과를 낳는다.

6. 경기변동의 근원적 예방

경기변동은 화폐적 현상임을 앞에서 살펴보았다. 그러므로 경기변동을 근원적으로 차단하려면, 인위적인 신용팽창을 차단해야 한다. 인위적인 신용팽창은 정부가 화폐발행을 독점하고, 은행이 이를 바탕으로 신용을 창출하기 때문이다. 그렇기 때문에 신용팽창을 근본적으로 예방하기 위해서는 정부의 독점적인 화폐발행을 중단하게 하고 시중은행이 은행권 발행을 비롯한 자유로운 은행업을 할 수 있게 하는 것이다. 또는 시중은행으로 하여금 신용창출을 하지 못하도록 제도화하는 것도 한 방법이다.

6.1 은행업의 완전 자유화

정부는 화폐발행의 독점 이유로서 민간은행이 은행권을 자유롭게 발행하도록 허용하면 은행권을 과잉발행하기 때문이라는 이유를 든다. 그러나 이것은 지어낸 말에 불과하다. 진실은 국가가 은행권을 과잉발행하고 싶어서 민간 은행업 시장에 뛰어들었다는 것이다. 정부는 저이자율을 유지하고 재무부의 수입을 위해 신용팽창이 적절한 수단임을 익히 알고 있다. 오늘날 어떤 정부도 이처럼 손쉬운 수입원을 포기하지 않으려 하기 때문에, 자유로운 은행업은 그 누구도 상상하지 못한다. 인플레이션과 경기변동은 자유로운 은행업에 대한 정부 간섭의 결과이다. 자유로운 은행업의 허용이야말로 신용팽창에 대처하는 가장 효율적인 방법이며 시장경제를 불황과 위기로부터 보호해 줄 수 있다.(Mi. HA, 438～440)

인플레이션과 경기변동은 자유로운 은행업에 대한 정부 간섭의 결과이다. 자유로운 은행업에서는 경기변동이 일어나지 않는다.

우리는 앞에서 태환이 법적으로 의무화되면 어떤 은행도 함부로 은행권을 발행할 수 없음을 살펴보았다. 특정 은행이 은행권을 지나치게 발행하면 준비금은 곧 바닥을 보이게 되고, 태환을 요구하는 사람들이 한꺼번에 몰리면 그 은행은 파산하고 말기 때문이다. 그래서 사람들은 가능한 신뢰도가 높은 은행의 은행권을 소유하려 할 것이다. 이처럼 은행 간의 자유로운 경쟁을 허용하면, 시중에 은행권이 과잉발행될 우려를 하지 않아도 되며, 좋은 은행과 그렇지 못한 은행이 시장에서 경쟁을 통해 자연스럽게 가려진다.

중세뿐만 아니라 근대 국민국가에서 왕들은 항상 재정의 어려움을 겪었다. 그들의 곳간이 넉넉해진 것은 화폐공급을 완전히 통제한 이후부터이다(안재욱/김영용/김우택/송원근, 601~605). 그래서 국가는 어떤 경우에도 화폐의 독점적 발행이라는 황금알을 결코 내놓지 않는다. 이런 사실을 알고 있음에도, 경기변동을 근원적으로 예방할 수 있는 길로서 화폐발행을 비롯한 자유로운 은행업을 제시하는 것은 경기변동을 야기하는 주체를 한 번 더 분명히 하기 위함이다.

6.2 전액지급준비제도의 법제화

오늘날의 금융시스템을 유지하면서 신용붕괴로 인한 경제위기를 방지할 수 있는 유일한 방법은 은행의 지급준비율을 100%로 하는 것이다.

1920년대 대공황에서 보듯이 어느 한 은행의 도산은 다른 은행들의 도산으로 이어진다. 오늘날의 금융시스템을 유지하면서 신용붕괴로 인한 경제위기를 방지할 수 있는 유일한 방법은 은행의 지급준비율을 100%로 하는 것이다. 100%의 지급준비율은 시중은행으로 하여금 신용을 원천적으로 창출할 수 없게 한다.

완전히 자유로운 은행업과 지급준비율 100% 중 어떤 것이 신용팽창의 방지에 더 효과적일까? 미제스는 지급준비율 100%보다 자유은행업을 지지한다. 그에 의하면(Mi. HA, 440), 지급준비율 100%는 특별 입법에 의한 것인 만큼 정부는 자신의 목적을 위해 언제든지 이 법을 개정할 수 있다. 그래서 지급준비율 100% 제도는 정부 간섭에 의한 문제를 완전히 제거하지 못한다. 정부가 "경제가 위기이니 비상조치가 필요하다"고 사람들을 설득 내지 공포심을 일으키면, 100%는 결코 유지되지 못한다. 역사를 더듬어 보지 않더라도 오늘날 세계금융위기에 대처하는 각국 정부들의 형태를 보면, 정부가 이렇게 할 개연성은 하나의 사실로서 확실하다.

100% 지급준비율의 법제화는 정부에 의해 무력화될 수 있으며, 법제화 자체도 자생적인 시장경제 질서에 위배된다. 그러므로 시장경제와 정합적이면서 경기변동을 예방할 수 있는 방법은 은행업의 완전한 자유화이다.

지급준비율 100%의 또 다른 문제는 그것이 시장경제의 원리에 위배된다는 점이다. 이 제도는 신용붕괴를 예방할 수 있지만, 은행이 대출업무를 하지 못하게 하는 것은 계약의 자유를 침해하는 것이다. 이것은 시장경제에 배치된다. 그러므로 민간은행이 은행권 발행을 포함한 은행업을 자유롭게 하도록 허용하는 것이 시장경제 질서와 완전히 일치한다. 애당초 100% 지급준비율을 강제하는 제도의 입법화는 그 자체로 자생적인 시장경제 질서에 위배된다.

생각하기

01. 경기변동과 경기변화를 구분하고, 경기변동에서 화폐적 현상에 관심을 갖는 이유는 무엇인가?

02. 경기변동은 신용팽창에 의해 야기된다. 이와 관련된 아래 질문에 답하라.

(1) 현대경제에서 신용팽창은 누구에 의해 일어나는가?
(2) 시장이자율과 순수이자율을 구분하고, 신용팽창은 이 두 이자율에 어떤 영향을 미치는가?
(3) 완전고용 상태에서 신용팽창은 하이에키언 삼각형을 어떻게 변모시키는가?
(4) 신용팽창 기간 소비자재 가격은 왜 상승하는가?
(5) 순투자는 소비절제나 통화량 증대에 의해 이루어진다. 이 두 방법의 결정적인 차이는 언제, 어떻게 나타나는가?

03. 신용팽창 때 있었던 많은 투자들이 신용팽창이 중단되면 오(誤)투자로 판명되는 과정을 설명하라.

04. 미제스, 시프, 그리고 캘러한은 신용팽창에 의한 오(誤)투자를 어떻게 비유적으로 설명했는가?

05. 신용팽창의 중단이 경제위기로 이어지는 과정에서 무엇이 거품경제의 붕괴를 가속화하고 생산구조를 지나치게 축소시키는가? 생산구조의 지나친 축소는 현실에서 어떤 모습으로 드러나는가?

06. 경제위기에서 디플레이션이 경제위기를 치유하는 과정을 설명하라.

07. 언론과 방송 매체에 의하면, 경제위기는 시장경제에 의해 또는 인간의 탐욕에 의해 초래된다고 한다. 사실인가?

08. 인플레이션이 왜 빈부격차를 확대하는가?

09. 인플레이션이 왜 자본축적의 감퇴와 과잉 또는 과소 투자를 유발하는가?

10. 국가가 화폐발행을 독점하지 않고 시중은행으로 하여금 자유롭게 은행권을 발행하도록 허용하면, 경기변동이 일어날까? 토론하라.

케인지안 모델과 경기변동 이론에 대한 비판

Human centered

Principles of Economics

ch. thirty-one

3

1

케인즈의 '일반이론'과 그의 추종자들에 의해 현대 거시경제학이 태어났다. 대부분의 경제학원론과 거시경제학은 이를 무비판적으로 학생들에게 가르치고 있다. 학생들은 이들의 거시경제 체계가 주로 단기의 경제안정 문제를 다루고 있다는 사실조차 모르는 경우가 많다. 학생들은 이들의 이론을 통해 정부가 마치 마법을 부리듯이 국민소득을 늘릴 수도 있고 줄일 수도 있다고 착각한다. 이것이 별도의 장을 마련하여 케인지안 모델과 이 모델의 경기변동 이론을 비판적으로 다루는 이유이다.

케인즈는 경기변동에 대해 그다지 큰 관심을 기울이지 않았으나, 그를 추종하는 경제학자들이 케인즈의 거시경제 모형의 동태화를 시도했다. 이들은 소비함수와 승수이론에다 가속도원리를 도입해 케인즈의 모형을 경기변동 이론으로 발전시켰다. 그러나 이들의 이론은 논리적으로나 상식적으로 적지 않은 비판의 소지를 안고 있다. 아래에서는 먼저 케인지안 이론의 골격을 살펴보고 이를 비판적으로 검토한다.

1. 케인지안 모델

케인즈는 미시적인 개인 행위들의 집계가 아닌 소비, 투자와 같은 가공의 거시 변수를 도입해, 국민경제 전체의 움직임을 모형화했다.

케인지안 모델에서, 총지출이 경기변동을 주도한다. 총지출이 국민소득보다 적으면 국민소득이 줄어들고, 그 반대면 늘어난다.

케인즈는 미시적인 개인 행위들의 집계가 아닌 소비, 투자, 국민소득, 물가와 같은 실체가 없는 가공의 거시경제 변수를 도입해, 경제 전체의 국민소득과 물가의 움직임을 모형화했다. 그에 의하면, 국민소득은 총지출과 일치하는 데서 균형을 이룬다. 총지출은 소비와 투자로 구성된다. 국민소득과 총지출이 일치하지 않으면, 국민 총생산량이 줄거나 늘어난다. 생산과정에서 국민소득이 주어지고, 총지출이 국민소득에 부족할 경우 경기가 침체하고 총지출이 이보다 초과할 경우 경기가 확장한다. 순전히 총지출이 경기변동을 주도한다. 총지출이 곧 총수요이기 때문에, 케인지안들은 경기변동의 동인을 수요 측면에서 찾는다.

이 모델에서 거시변수로서의 소비는 소득의 함수이며, 이 둘의 관계는 안정적이다. 투자는 이자율의 함수이고, 소득은 일단 독립변수로 다룬다. 총지출이 증가하면, 소비가 승수(multiplier) 배로 늘어나 국민소득이 크게 증가한다. 총지출이 감소하면, 국민소득은 승수 배로 크게 감소한다. 케인지안의 기본 모델을 [그림 31-1]에 압축적으로 나타내었다. 케인지안 모델의 핵심은 총지출이 국민

그림 31-1

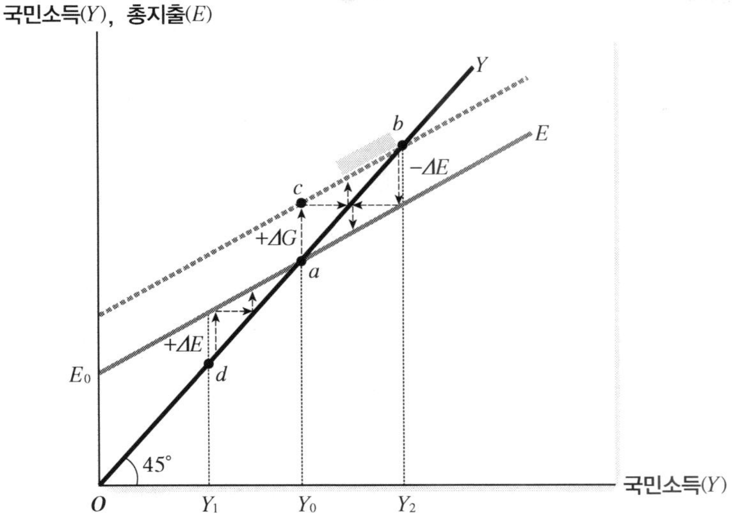

케인지안 거시경제 모델의 기초

케인지안들에 의하면, 국민소득과 총지출이 일치하는 a점에서 균형을 이룬다. b점에서와 같이 총지출이 국민소득에 미치지 못하면, 국민소득이 Y_2에서 Y_0로 승수 배로 감소한다. 정부지출이 ΔG만큼 증대하면 이를 막을 수 있다.

소득과 일치하지 않는다는 데 있다. 총지출은 소비와 투자의 합이기 때문에 소득의 함수이다. 소비는 소득의 증가만큼 증가하지 않기 때문에, 총지출은 국민소득만큼 증대하지 않는다. 즉, 소득 한 단위 증가에 따라 지출이 얼마만큼 추가적으로 증대하는가를 나타내는 한계지출성향은 1보다 작다. 그리고 어떤 경우에도 생존을 위한 최소한의 소비는 있어야 하기 때문에 총지출은 수직 축에서 양의 절편을 지난다. 국민소득의 크기는 다음 기의 총지출의 크기를 결정하고, 총지출의 크기는 다음 기의 국민소득의 크기를 결정한다.

국민소득이 Y_2일 때, 소득이 모두 지출되지 않아 그것이 다음 기의 국민소득을 화살표 방향으로 감소시킨다. 여전히 총지출이 국민소득에 미치지 못해 국민소득은 계속 감소하며, a점에 가서 국민소득과 총지출이 일치할 때 조정이 멈춘다. 국민소득이 Y_1일 경우 총지출이 소득보다 많기 때문에 이것이 다음 기에 국민소득을 증가시킨다. 그러나 여전히 소득이 총지출에 미치지 못해 계속해서 국민소득이 증대하고, 이 과정은 a점에 이르렀을 때 멈춘다. 조정은 먼저 재고변동을 통해 행해지고, 이어서 적정재고 유지를 위한 생산량 변동이 이루어진다. 총지출이 소득에 미치지 못하는 Y_2에서는 경기가 하강국면에 접어들고 그 반대인 Y_1에서는 경기가 확장국면에 진입한다.

이 모델을 통해 케인지안들은 수요 측면을 조정하면, 경기의 하강국면을 막

그림 31-2

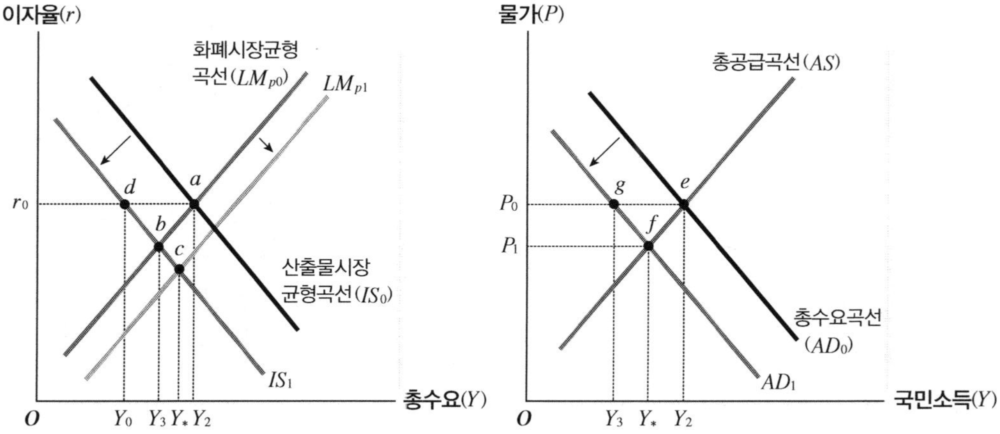

(a) 총수요 균형 (b) 국민소득 및 물가 결정

케인지안 모델의 총수요 및 총공급 곡선

케인지안 모델에 의하면, 사람들이 현금잔고의 비중을 늘려 총지출을 줄이면 산출물시장의 균형을 나타내는 *IS*곡선이 왼쪽으로 이동하여 총수요는 Y_2에서 Y_3로 감소한다. 총수요의 감소는 물가를 P_0에서 P_1으로 하락시키고 화폐시장의 균형을 나타내는 *LM*곡선을 오른쪽으로 이동시켜 국민소득은 결국 Y_2에서 Y_*로 감소한다.

을 수 있다고 했다. 예를 들어 국민소득 Y_2에서 그대로 내버려 두면 경기가 하강국면에 접어들지만, 국민소득에 미치지 못하는 총지출의 부분($-\Delta E$)을 외부에서 유입하면 경기가 하강국면을 겪지 않을 수 있다. 총지출선을 상향으로 이동시켜 *b*점에서 국민소득과 총지출을 일치시키면, 조정 과정이 일어나지 않는다. 정부가 이 역할을 맡을 수 있다는 것이 케인지안 모델의 정책적 귀결이다. 정부는 정부지출의 증대($+\Delta G$)를 통해 총지출선을 그만큼 위로 옮길 수 있으며, 그래서 경기침체 없는 경제를 운영할 수 있다. 정치가나 관료들이 케인지안 모델을 좋아할 수밖에 없는 것은 케인지안 모델이 경기안정에 있어서 정부의 강력한 역할을 이론적으로 뒷받침해 주기 때문이다.

정치가나 관료들이 케인지안 모델을 좋아할 수밖에 없는 것은 케인지안 모델이 경기안정에 있어서 정부의 강력한 역할을 이론적으로 뒷받침해 주기 때문이다.

케인지안 모델은 산출물시장 외에 화폐시장을 도입해 국민경제의 총수요곡선을 유도한다. 화폐수요는 이자율의 함수이며, 화폐공급은 화폐당국에 의해 이자율에 무관하게 결정된다. 총수요곡선과 함께, 노동시장과 총생산함수를 통해 유도되는 총공급곡선에 의해 국민소득이 결정된다. 총수요곡선은 우하향하며, 총공급곡선은 우상향한다. [그림 31-2]는 케인지안 모델의 국민소득 결정과정을 축약해 보여준다. 개인들이 현금잔고의 비중을 높이면, 총지출이 감소해 다음 기에 산출물시장에서 총수요(aggregate demand)가 Y_2에서 Y_0로 감소한다. 이 감소분은 케인지안 모델의 화폐시장을 거치면서 이자율 하락에 따른 투자 증가로 조금 줄어드나($Y_0 \rightarrow Y_3$), 전체적으로 총수요는 Y_2에서 Y_3로 감소한다. 이 감소분은 총수요곡선을 왼쪽으로($AD_0 \rightarrow AD_1$) 이동시키고, 총공급(aggregate supply)곡선과의 교차점 f에서 새로운 균형이 달성된다. 새로운 균형에서 국민소득은 Y_2에서 Y_*로 감소하고, 물가는 P_0에서 P_1으로 하락한다. 최종 귀착점에서의 국민소득 Y_*는 총수요 Y_3보다 크다. 이것은 화폐시장이 다시 작동한 결과이다. 실질 화폐잔고가 물가하락으로 증대하기 때문에, 화폐공급곡선이 LM_{p0}에서 LM_{p1}으로 이동한다. 이에 따라 이자율이 하락하고 이것이 투자를 증대시켜 국민소득 감소를 줄이기 때문이다. 수요 측면에서 물가가 영향을 미치는 곳은 유일하게 화폐시장이다.

케인지안들은 산출물시장, 화폐시장, 노동시장, 총생산함수로써 기본모델을 구축하고, 이를 바탕으로 가속도원리를 도입해 경기변동을 설명한다. 가속도원리는 소득증대가 투자를 유발한다는 것이다. 가속도는 소득변화가 소비변화율보다 높은 투자변화율을 유발한다는 의미를 갖고 있다.

케인지안들은 이 기본 모델을 바탕으로 그들의 경기변동을 구축한다. 그것의 연결고리는 가속도원리(acceleration principle)이다. 가속도원리는 소득증대가 투자를 유발한다는 것이다. 경기변동을 설명하기 위해, 그들은 투자함수에 이자율 외에 소득을 추가한 것이다. 가속도는 소득증가가 소비증가율보다 높은 투자증가율을 유발한다는 의미를 갖고 있다. 예를 들어 기계 1단위가 1년에 10개의 산출물을 만들어내면, 기계 10대는 1년에 100개의 산출물을 생산해낸다. 기계의 평균 수명은 10년이며, 기계 10대는 매년 1대씩 구입한 결과라고 가정하자. 그러면 낡은 기계를 교체하기 위해 매년 1단위의 기계를 구입해야 한다.

이제 소비가 항구적으로 20% 증가했다고 하자. 그러면 2대의 새로운 기계가 추가적으로 필요해진다. 매년 1대씩 기계를 구입하던 것이 올해에는 2대를 추가적으로 구입해야 한다. 그러면 투자가 200% 증가한 것이다. 소비증가율이 20%인 데 반해 투자증가율은 200%가 된다. 그래서 이를 가속도원리라 명명했다. 소비증가가 투자증가를 가속화하고 확대한다. 가속적인 투자증대는 다시 승수(multiplier)적으로 소득을 증대시키고 이것은 다시 투자를 유발한다. 소득의 증대가 소비와 투자를 증가시키고 지출증가가 국민소득의 규모를 가속적으로 증대시키게 된다. 이것이 경기확장 국면이다.

다음 기에 전(前)기 소비 20% 증가가 그대로 유지되며 추가적인 소비증가는 없다고 하자. 이제 기계는 1대[1]만 구입하면 되기 때문에, 전기의 3대에 비해 투

1. 기계가 10대에서 12대로 증가했기 때문에, 정확히는 1.2대를 구입해야 할 것이다.

자가 200%나 감소한다. 투자가 단기적으로 200% 증가했다가, 바로 다음 기에 200% 감소한다.(Ro, 869~870) 만약 전기의 20% 소비증가가 일회성으로 그치고 소비가 다시 20% 증가 이전으로 돌아가면, 추가적인 기계 2대는 쓸모없게 되어버린다. 그 해에는 추가적인 기계 도입이 전혀 없을 것이고, 늘 해오던 대체투자인 기계 1대 구입도 하지 않을 것이 분명하다. 그래도 1대는 과잉설비로 가동되지 못할 것이다. 그래서 소비와 투자 지출이 줄어들면, 그것이 증가할 때와는 반대 방향으로 소득이 가속적으로 감소한다. 이것이 경기침체 국면이다. 케인지안들은 가속도원리를 그들의 기본 모델에 접목시킴으로써 그들의 경기변동 이론을 구축했다.

2. 케인지안 모델에 대한 비판

2.1 문제될 것이 없는 총지출의 감소

지출변화는 개인의 선택 문제이기 때문에, 이것이 개인의 후생을 감소시키는 일은 없으며 국민경제에도 별다른 문제를 야기하지 않는다.

[그림 31-2]에서 총지출이 국민소득에 미치지 못해 Y_2가 Y_*로 감소하더라도, 이것은 실제 어떤 경제문제를 야기하지 않는다. 사람들은 자신의 소득을 소비와 저축에 지출하고 나머지를 현금잔고로 남겨둔다. 케인즈에서 문제되는 것은 저축이 투자로 연결되지 않거나 현금잔고가 생산구조로 들어오지 못하는 경우이다. 현금잔고가 증대해 소비와 투자로 지출되지 못하면, 다음 기에 국민소득이 줄어든다. 국민소득이 줄어든다는 것은 개인의 입장에서 볼 때 하등 문제될 것이 없다(Ro, 776~779). 소득에서 지출이 줄어들지만, 그만큼 현금잔고가 증가하기 때문이다. 여기에다 지출 감소는 제품 구매의 감소를 의미하므로, 이것은 전반적인 가격의 하락, 즉 화폐구매력의 상승을 이끈다. 그래서 국민소득이 감소했다고 하더라도, 현금잔고의 증대와 화폐구매력의 상승으로 개인의 복지는 감소하지 않는다. 개인이 현금잔고를 늘린다고 해서 그것을 책망할 일이 결코 아닌 것이다. 그것은 개인의 사정에 따라 개인이 선택할 문제일 뿐이다.

사람들이 현금잔고를 늘리려는 의도가 물가하락을 예견한 것이라면, 그것이 실제 달성되었기 때문에 이들의 후생은 소득과 지출을 인위적으로 같게 해 국민소득을 Y_2로 유지할 경우보다 오히려 더 커질 것이다. 남겨둔 현금잔고로 화폐구매력이 상승한 다음 기에 더 많은 제품을 구매할 수 있기 때문이다. 이것이 사람들이 전기(前期)에 현금잔고를 늘린 이유일지 모른다. 다음 기에 화폐구매력이 상승해 사람들이 더 많은 지출을 한다면 국민지출선이 위로 이동해 균형 국민소득은 다시 증대한다. 따라서 국민경제에 어떤 문제도 야기하지 않기 때문에, 현금잔고 증대가 문제될 일은 하등 없다.

현금잔고의 변화는 순전히 개인의 선택 문제이다. 어떤 이는 다음 기를 위해 현금잔고를 늘릴지 모르지만 다른 이는 줄일지도 모른다. 그래서 사회 전체로 보았을 때, 이들은 서로 상쇄되어 현금잔고의 수준은 누구도 쉽게 예측할 수 없다. 단지 대공황이나 정치적 격변기에는 사회 전체적으로 현금잔고가 증대하는 경향을 보인다. 대공황이 일어나서 현금잔고가 증대했지, 현금잔고의 변화가 대공황과 같은 경기변동을 야기한 것이 아니다. 그러므로 현금잔고의 변화로 인한 지출의 변동이 경기변동을 야기하는 시장의 내재적 요인으로 간주될 수는 없다.

2.2 실업발생의 근본적인 이유

총지출이 국민소득보다 적어 다음 기에 국민소득이 감소할 경우, 노동시장에는 어떤 변화가 있을까? [그림 31-3]은 노동시장을 보여준다. 균형은 b점에서 이루어져, 시장에 L_0만큼 노동이 공급되고 임금은 W_0이다. 노동량 L_0는 가용 노동량 전체인 L_f에 미치지 못하나, 원하는 임금수준 W_0에서 모두 고용되었다는 점에서 고용량 L_0는 완전고용 상태라 말할 수 있다. 총지출이 국민소득보다 적어 가격이 전반적으로 하락하면 노동공급곡선에는 변함이 없지만,[2] 노동수요곡선은 가격하락만큼 하방으로 이동한다($L^{d0} \rightarrow L^{d1}$). 임금이 신축적이라면 새로운 균형은 c점에서 안착되고, 노동공급량은 L_1으로 완전고용 상태는 계속 유지된다. 다만 명목(화폐)임금률이 W_0에서 W_1으로 하락할 뿐이다. 명목임금률의 하락은 화폐구매력이 상승한 결과이다. 그러므로 개인의 선택 결과로 총지출이 국민소득에 미치지 못하더라도, 노동시장에서 실질적인 변화는 크지 않다. 완전고용 상태가 유지되기 때문에, 실업률이 올라갈 이유는 전혀 없다. 단지 명목임금의 하락이 화폐구매력의 상승에 미치지 못해, 실질임금이 상승하면서 노동고용량이 줄었을 뿐이다.

---

2. 완전한 화폐환상이 존재한다는 가정 아래서 그렇다.

그림 31-3

노동조합의 존재와 화폐환상

총지출이 감소해 가격이 전반적으로 하락하면, 노동조합이 존재할 경우 ab만큼의 실업자가 발생한다. 화폐환상이 노동자에게만 일어날 경우 노동공급량이 L_0에서 L_1으로 감소한다.

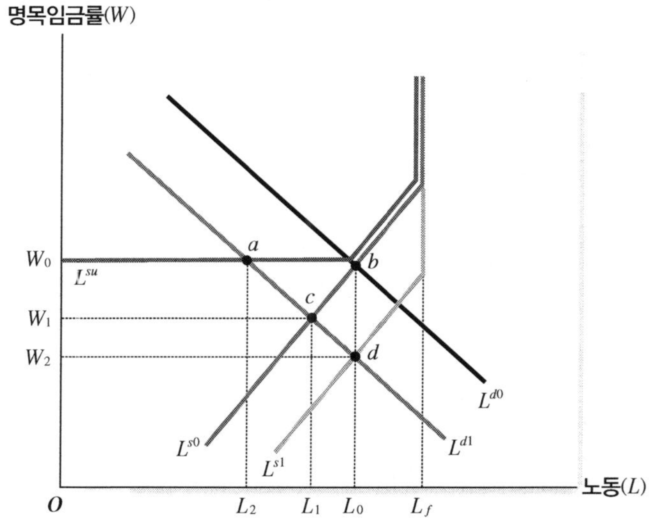

현실에서 비자발적 실업자가 존재하는 것은 노동조합과 정부의 최저임금제도 때문이다. 명목임금률이 하락해야 하는 경우에도, 노동자들은 노동조합과 최저임금제도를 내세워 이를 받아들이지 않으려 한다.

그렇다면 현실에서는 왜 실업자가 존재하는가? 그것은 케인즈도 잘 지적했듯이, 노동조합의 존재 때문이다. 노동조합으로 인해 노동자는 명목임금의 하락을 받아들이지 않는다. 가격이 전반적으로 하락함에도 불구하고 노동조합은 기존의 임금 W_0를 고수하기 때문에, 그들의 공급곡선은 L^{s0}가 아니라 짙은 청색으로 그린 L^{su}가 된다. 반면에 노동수요곡선은 L^{d0}에서 L^{d1}으로 하방 이동해 기업은 임금 W_0에서 노동자를 L_2만큼만 고용하려 한다. 그렇지만 노동자들은 과거 그대로 L_0만큼 고용되기를 원하기 때문에, ab만큼의 실업자가 발생하게 된다. 화폐구매력이 상승했음에도 불구하고 노동자가 명목임금으로 종전 수준 W_0를 고집하는 것은 실질임금의 상승을 요구하는 것과 마찬가지이다. 그러므로 실업 상태에 놓이는 ab는 노동자들이 더 높은 실질임금을 요구한 결과이기 때문에, 자발적 실업이라 말할 수 없다. 이런 실업을 비자발적 실업이라 한다. 현실에서 비자발적 실업은 노동조합뿐만 아니라 정부의 최저임금제도에 의해서도 발생한다. 최저임금제도가 비자발적 실업을 야기하는 논리는 노동조합의 경우와 동일하다. 그러므로 비자발적 실업은 노동조합이나 정부정책에 의해 발생하지, 총지출이 국민소득에 미치지 않아 발생하는 것이 아니다. 자신의 소득을 모두 지출하지 않는 것은 개인의 자유로운 선택일 뿐이다. 이것이 실업자를 발생시키는 이유가 아니다.

2.3 억지스러운 노동자의 화폐환상

케인지안 경제학에서 총공급곡선은 물가변화에 따른 노동공급량의 변화로 유도된다. 이것은 단기의 상황을 나타내기 때문에, 자본은 일정하다고 가정한다. 총공급곡선이 우상향하는 것은 노동자들이 물가하락에도 불구하고 명목임금의 하락을 받아들이지 않기 때문이다. 케인지안들은 노동자들로 하여금 이런 행위를 하게 하는 것은 노동조합에 의한 임금의 하방 경직성 또는 노동자의 화폐환상(money illusion) 때문이라고 한다. 그들이 물가변화에 따른 임금변화를 수용하면, 노동공급이 물가변화에 영향을 받지 않기 때문에 총공급곡선은 수직이 된다.

노동조합이나 화폐환상이 없다면, 물가변화에 노동공급량이 변할 이유가 없다. 그러면 총공급곡선은 수직선이 된다.

총공급곡선이 수직이라면, 총지출이 국민소득보다 적더라도 다음 기에 국민소득이 줄어들 이유가 없다. 케인지안들은 수요 측면이 모든 단기 경제문제를 야기한다는 점을 부각시키기 위해 노동시장에서 노동조합과 같은 외부 요인을 도입했다. 모델을 끼어 맞추고 있는 것이다. 그들은 이런 문제를 의식하고서 보다 경제 내적인 요인을 도입해 모델을 세련되게 만들고자 했다. 그것이 노동조합의 자리에 비대칭적인 화폐환상이라는 억지스러운 개념을 도입한 배경이다. 그들은 화폐환상이 기업가보다 노동자에게 더 강하게 작용한다고 가정한다.

노동자들은 물가가 변하더라도 이를 잘 인식하지 못해 대체로 명목임금만을 보고 사용주와 임금 협상을 한다는 것이다. 이것이 그들이 말하는 노동자의 화폐환상이다. 반면에 사용주는 가격의 전반적인 변화를 노동자보다 더 잘 파악하고서 임금 협상에 나선다고 한다. 화폐환상이 사용주보다 노동자에게 더 많이 존재한다는 것이 총공급곡선을 우상향하게 하는 핵심이다. 극단적으로는 노동자는 물가변동을 전혀 고려하지 않고 화폐임금만으로 사용주와 협상하며, 사용주는 물가변동을 완전히 고려한 화폐임금으로 노동자와 협상한다. 이것은 노동자는 화폐임금으로, 사용주는 실질임금으로 협상을 한다는 것을 의미한다.

만약 노동조합이 조직되어 있지 않고 노동자들에게도 사용주들의 경우와 같이 화폐환상이 존재하지 않는다면, 가격이 전반적으로 변하더라도 고용량과 산출량이 변할 일이 없다. [그림 31-3]에서 가격이 전반적으로 하락하면 기업가는 이를 완전히 인식하기 때문에, 그들의 노동수요곡선은 L^{d0}에서 L^{d1}으로 아래로 이동한다. 노동자도 명목임금의 하락을 온전히 파악하기 때문에, 노동공급곡선도 L^{s0}에서 L^{s1}으로 아래로 이동한다. 새로운 균형은 명목임금 W_2에서 이루어지고, 노동공급량은 L_0로 종전과 동일하게 유지된다. 실질임금의 변화는 없으며, 노동공급량에 변함이 없기 때문에 총산출량이 변할 이유가 없다.

그러나 사용주와는 달리 노동자에게 완전한 화폐환상이 존재하면, 노동자들은 가격의 전반적인 하락 사실을 전혀 받아들이지 않을 것이다. 그러면 노동공급곡선의 하방이동은 없고, 새로운 균형은 d점이 아니라 c점에서 이루어진다. 화폐임금은 W_1이고 노동은 L_1만 공급된다. 화폐환상에 관한 이런 극단적인 경우가 아니더라도, 사용자보다 노동자에게 조금 더 많은 화폐환상이 존재하기만 하면 가격의 전반적인 하락은 노동공급량을 감소시켜 총공급곡선을 우상향하게 한다.

케인지안들은 총공급곡선이 우상향할 가능성을 제시하기 위해 비대칭적인 화폐환상이라는 가정을 도입하였다. 사용주에게는 화폐환상이 존재하지 않는 반면 노동자에게는 그것이 존재한다는 것이다. 이것은 누가 보아도 억지스러운 가정이다.

화폐환상이라는 기교적인 개념의 도입으로 케인지안 모델은 경기변동을 야기하는 좀더 내재적인 시장의 동인을 발견하는 모습을 갖추었지만, 가정의 억지스러움은 피할 수 없다. 왜 사용주보다 노동자가 더 심한 화폐환상이어야 하는가 하는 점이다. 사용주는 제품을 생산하고 제품가격을 결정하는 주체이기 때문에 그렇다고 한다. 그러나 이것은 시장의 논리를 스스로 외면한 처사이다. 물가는 거시변수로서 시장에 없는 가공의 개념이다. 어쨌든 물가를 모든 가격들의 전반적인 경향으로 이해한다면, 어떤 사용주라도 그것들의 움직임을 다 알 수는 없다. 고작 자신이 생산하는 제품의 가격을 안다고 해서, 시장의 모든 가격들의 움직임을 안다고 하는 것은 어불성설이다. 다 안다고 해도 그것의 평균적 추세를 이해하기도 결코 쉽지 않다.

케인지안의 화폐환상은 인플레이션 기간 동안 제품가격이 임금보다 빨리 상승했다는 역사적 경험에 바탕을 둔 것이다. 그러나 이것이 노동자의 화폐환상의 결과라고 단정지을 수 없다. 왜냐하면 임금 협상은 노동자를 대표하는 노동조합과 사용주 간에 진행되며, 노동조합은 그들의 근무환경 개선과 임금인상에 주력하는 집단이기 때문이다. 노동조합은 협상 노하우(know-how)로 누구보다 화폐구매력의 변화와, 실질임금과 명목임금의 움직임을 꿰뚫고 있을 것임이 분명하다. 그러므로 노동자가 사용주보다 화폐환상이 더 심해야 하는 이유는 없다. 화폐환상의 비대칭성의 가정은 논리적이지 못한 억지이다.(Ro, 783~784)

2.4 논리적이지 못한 화폐이론

케인지안 모델은 복잡한 경제를 거시경제 변수를 통해 아주 축약해 보여준다. 그러나 축약 속에 많은 것을 놓치고 있으며 논리적인 여러 문제를 안고 있다.

케인지안 모델은 복잡한 경제를 거시경제 변수를 통해 아주 축약해 보여주기 때문에, 누구에게나 매력적인 모델임이 분명하다. 마치 산 정상에 서서 세상을 한 눈에 내려다 보는 명료함과 속시원함과 같은 느낌이다. 그러나 그 축약은 많은 것을 놓치고 있으며 논리적인 여러 문제를 안고 있다. 이것이 전체를 왜곡하고 그릇된 결론으로 유도하게 할 수 있다. 케인지안 모델 중에서도 화폐이론이 더욱 그렇다. 그 이유들을 정리하면 아래와 같다.

첫째, 케인지안들은 화폐의 가격을 이자율이라고 말하지 않는다. 단지 화폐의 수요가 이자율의 함수라고 말할 뿐이다. 그러면서 이들은 화폐의 수요곡선을 유도하고 이를 화폐 공급곡선과 함께 균형이자율이 결정되는 과정을 보여준다. 누가 보아도 이것은 화폐시장이다. 그들은 이자율을 화폐의 가격이라 말하지는 않지만, 모델의 결과는 이자율이 화폐가격을 의미하는 것으로 되어버린다. 무엇보다 경제학에서 수요곡선이라 할 때 그것은 가격에 대응하는 수요량을 의미하기 때문에 더욱 그렇다. 화폐 한 단위의 가격을 이자율이라 하면, 이들의 논리적 전개 과정은 처음부터 뒤틀리게 된다. 가격이란 교환을 위해 포기하는 것이기 때문에, 화폐 한 단위를 얻기 위해 이자율을 포기하는 것이 된다. 이것이 말이 되지 않음은 누구나 쉽게 알 수 있다.

케인지안 모델은 이자율을 마치 화폐가격처럼 묘사하고 있다. 그러나 화폐가격이 이자율이라는 것은 말이 되지 않는다.

둘째, 케인지안의 화폐이론에서 화폐는 거래와 투기 목적으로 수요된다. 화폐수요를 이 두 목적만으로 한정하는 것은 자의적이다. 사람들이 화폐를 수요하는 것은 단지 이 두 목적만이 아니기 때문이다. 사람들은 다른 상품들의 수요와 동일한 원리로 화폐를 수요한다. 그 원리는 화폐를 포함한 모든 재화와 서비스는 자유로운 개인의 가치척도에 의해 수요된다는 것이다. 화폐가 모든 제품들과의 교환수단으로 사용된다고 해서 그것을 별도의 원리로 다루어야 할 이유는 없다. 사람들이 화폐를 가지려는 것은 제품들을 구매하기 위함이다. 즉, 화폐는 그들이 원하는 상품과 동일한 정도의 대치물이 될 수 있기 때문이다. 그들은 화폐를 거래수단으로 또는 투기목적으로만 수요하는 것이 아니다. 개인의 가치척도에 영향을 미치는 모든 요소들이 화폐수요에 영향을 미치지, 소득이나 이자율이라는 요인에 의해서만 화폐가 수요되는 것이 아니다. 소득의 크기에 의해서만 결정되는 거래적 화폐수요는 독립적으로 존재하지 않는다.(Ro, 787)

화폐는 거래적, 투기적 동기에 의해서만 수요되는 것이 아니다. 화폐는 교환의 매개물이기 때문에, 개인의 가치척도에 영향을 미치는 모든 것들이 화폐수요에 영향을 미친다.

셋째, 케인지안들이 말하는 투기적 화폐수요는 화폐시장이 균형에 이르면 존재할 수 없는 수요이다. 왜냐하면 균형에서는 불확실성이 사라지기 때문에, 투기적인 성격의 화폐수요가 발붙일 자리는 없다. 균형상태가 아닌 현실의 자유로운 시장에서도 투기적 예상은 스스로 교정되며 조정을 가속화하는 역할을 할 뿐이다. 그래서 투기적 성격의 화폐수요가 화폐이론 구축의 핵심적인 요소가 될 정도는 아니다. 특히 미래의 거래가격을 현 시점에서 약정하는 선도시장(forward

투기적 화폐수요는 화폐시장이 균형에 이르면 존재할 수 없는 수요이다. 현실경제에서도 선도시장이나 선물시장이 발전하면, 투기적인 동기의 화폐수요는 크게 줄어든다.

market)과 선물시장(future market)이 발전한 오늘날에 있어서, 투기적인 화폐수요는 크게 줄어든다. 왜냐하면 사람들은 미래의 불확실성을 이들 시장을 통해 헤징(hedging)할 수 있기 때문이다.(Ro, 791~792)

개인은 자신의 화폐소득을 소비와 투자를 결정한 후 남은 현금잔고를 화폐로 수요할지 아니면 증권으로 소유할지를 결정하는 것이 아니다.

넷째, 소득은 소비와 투자, 그리고 현금잔고로 사용된다. 사람들은 소득을 배분하는 데 있어서 먼저 소비와 투자를 결정한 후 남은 현금잔고를 화폐로 수요할지 아니면 증권으로 소유할지를 결정하는 것이 아니다. 이것은 현금잔고를 먼저 결정한 후 소비와 투자를 결정한다는 터무니없는 주장과 다를 바 없다. 사람들은 소비와 투자, 그리고 현금잔고를 그들의 가치척도 위에 동시에 올려놓고 화폐소득을 배분한다. 인간의 행위에 대한 공리가 시장마다 다르게 적용되는 것이 아니다. 모든 선택은 시간선호를 포함한 각자의 가치평가에 의해 결정된다.(Ro, 788)

케인지안 모델에 의하면, 이자율이 투기적 화폐수요를 결정하고, 다시 그것에 의해 이자율이 결정되는 방식이다. 그래서 이 모델은 '상호결정'이라는 수리경제학의 문제에서 자유롭지 못하다.

다섯째, 케인지안 모델에서 이자율은 거래적 화폐수요와 더불어 투기적 화폐수요에 의해 결정된다. 이 이자율이 투자를 결정함으로써, 실물시장과 화폐시장이 연결된다. 그런데 실제에 있어서 케인지안들은 투기적 화폐수요를 이자율의 함수로 다룬다. 이자율이 낮으면, 사람들이 이자율이 높아질 때까지 기다리기 위해 화폐를 수요한다고 하기 때문이다. 이것이 그들이 말하는 유동성선호 이론이다. 그러므로 케인지안 모델은 이자율이 화폐수요를 결정하고, 이 화폐수요에 의해 이자율이 결정되는 방식이다. 이것은 이 모델이 '상호결정(mutual determination)'이라는 수리경제학의 문제에서 자유롭지 못함을 함축한다. 인간의 행동을 다루는 경제학은 인과적 관계를 규명하는 학문이다. 행동이라는 원인에 따른 결과를 다루는 학문이지, 그 결과가 다시 가역적으로 그 원인에 영향을 미치는, 즉 상호 결정 관계를 다루는 학문이 아니다. 케인즈의 이러한 상호 결정은 이자율 결정을 아주 모호하게 만들어 버렸다.(Ro. 786~787)

케인지안들은 이자율을 대부시장에서의 계약이자율로만 보고 있다. 그러나 이자율은 근본적으로 화폐시장이 아니라 시간시장에서 결정된다.

여섯째, 근본적인 문제로 이자율은 시간과 관련된 변수이지, 화폐의 가격으로 사용될 수 없다. 케인지안들은 이자율을 대부시장에서의 계약이자율로만 보고 있다(Ro, 789). 그러나 이자율은 시간시장에 광범위하게 퍼져 있는 개념이다. 계약이자율은 자연이자율에 종속적일 뿐이다. 이자율은 시간시장에서 시간선호에 의해 결정되지, 화폐수요에 의해 결정되는 것이 아니다. 시간시장의 균형에서 이자율과 소비와 투자의 비율이 결정된다.

일곱째, 케인지안의 유동성함정은 존재할 수 있는가? 그들은 이자율이 아주 낮으면, 즉 채권이나 주식을 비롯한 유가증권의 가격이 아주 높으면 사람들이 화폐를 무한정 수요한다고 한다. 유가증권의 가격이 급락할 것으로, 즉 이자율이 급상승할 것으로 예상되면 화폐수요는 분명 크게 늘어난다. 그러나 화폐수요의 급증은 유가증권의 가격을 실제로 급락시켜 이자율의 급상승을 가져오게 한다. 그러면 무한정의 화폐수요는 곧 사라진다. 무한정 화폐수요의 유동성함정은 그 무한정 때문에 스스로 사라지고 없어지는 함정일 뿐이다. 뿐만 아니라 현실 세계에서 무한정 화폐수요는 결코 일어날 수 없다. 사람들은 어떤 경우에도 소비를 위해 지출해야 하고 소비를 위한 투자지출도 있어야 하기 때문이다.(Ro, 791)

케인지안들이 말하는 유동성함정은 그 함정 때문에 스스로 사라지고 만다. 그리고 어떤 경우에도 소비와 투자는 있어야 하기 때문에, 무한정의 화폐수요는 존재하지 않는다.

3. 케인지안 경기변동 이론에 대한 비판

Human-centered Principles of Economics, ch. thirty one

3.1 가공의 거시경제 변수의 문제

케인즈의 일반이론이 등장하기까지는 경제학에서 미시경제학과 거시경제학의 구분이 명료하지 않았다. 그러나 케인즈는 소비, 투자, 저축, 정부지출, 수출, 수입, 물가, 국민소득, 이자율, 환율과 같은 거시경제 변수들의 관계 속에서 국민경제 전체의 인과 관계를 다루었다. 실로 획기적인 사고의 전환임에 틀림이 없다. 국민경제가 살아 있는 주제로 남아 있기 위해서는 분석의 관점을 미시적 의사결정의 집계에서 벗어나야 한다는 클릭(V. Click)의 주장에도 일면 귀를 기울일 필요가 있다(Cohn, 71). 그러나 모든 경제 · 사회 문제는 인간 행위에서 비롯되고 그것이 이론의 출발점이 되어야 한다는 점에서, 케인지안의 거시모델은 비판에서 자유롭지 못하다.

케인지안들이 이에 대한 방어 논리로 내놓는 것이 나무와 숲의 비유이다. 나무를 다루는 기술과 숲을 관리하는 기술이 다르듯이, 미시경제학과 거시경제학의 분석 방법도 달라야 한다는 것이다. 나무와 숲은 모두 인간의 입장에서 보면 객체이기 때문에, 분석의 시작과 그 과정이 달라도 하등 문제될 것이 없다. 그러나 거시경제학의 대상인 국민경제가 인간 행위와 그 결과에 의해 형성되는 만큼, 국민경제를 인간 행위를 떠난 하나의 객체인 물적 대상으로 간주하고서 분석하는 것은 곤란하다. 그 결과는 지극히 오도된 세상의 모습을 이끌어낼 위험성을 안고 있기 때문이다. 마치 미시경제학이 인간이 아니라 신과 같은 가공의 인물을 다룸

케인지안 모델이 국민경제를 인간 행위를 떠난 하나의 객체인 물적 대상으로 간주하고서 분석하는 것은 곤란하다. 그 결과는 지극히 오도된 세상의 모습을 이끌어낼 위험성을 안고 있다.

으로써 인간 세상과 거리가 멀어진 것과 같다. 오늘날 많은 경제학자들이 거시경제학도 인간 행위의 기반 위에서 체계화해야 함을 역설하는 것은 이런 맥락에서이다(Janssen, viiii).

사실 방법론 측면에서 거시경제학의 가장 크고 오랜 논쟁거리는 거시경제학이 미시경제학적인 기반을 두지 않아도 되는가 하는 점이다. 물론 미시와 거시 그 자체의 구분이 명확한 것은 아니다. 미시경제학이 인간 행위 분석에 기반을 둔다면 가격 및 시장, 분배, 더 나아가 일반균형분석을 미시라고 할 수 있는가 하는 의문이 제기될 수 있다. 특히 일반균형분석은 경제 전체를 대상으로 하기 때문에 더욱 그렇다. 그러나 이것들은 기본적으로 인간 행위 분석에 바탕을 두고 있기 때문에, 미시경제학의 범주에 포함해도 논리의 일관성 문제는 없다.

405쪽이 넘는 케인즈의 『일반이론』에는 개별 기업과 기업가에 관한 단 한 줄의 언급도 없다. 그만큼 그의 이론은 인간 행위와는 무관하다. 그는 인간행위와 관련된 거의 모든 것들을 가정으로 처리해 버렸고, 이 가정들 위에서 거시변수들에 관한 가설과 이들 간의 관계를 수학적인 기법으로 수립했다. 슘페터가 지적했듯이, 경제의 과정과 변동은 본질적으로 케인즈가 가정으로 치부해 버린 것들의 변화에서 시작된다. 슘페터는 케인즈의 이론이 모든 것을 냉동시켜 버렸으며, 그의 이론에 결코 '일반(general)' 이라는 수식어를 붙일 수 없다고 했다. 그의 이론은 아주 특별한 조건에서만 유효한 이론일 뿐이다.(McCraw, 236~238)

슘페터가 지적했듯이, 경제의 과정과 변동은 본질적으로 케인즈가 가정으로 치부해 버린 것들의 변화에서 시작된다.

3.2 안정적이지 못한 소비함수

케인지안들은 소비를 포함한 거시변수들의 개념을 함수로 파악하고 있다. 이것은 인간 행위를 설명하는 경제학에서는 매우 부적절한 분석기법이다. 함수는 닫힌계를 설명하며, 그곳에서는 항상 가역과 반복이 가능하다. 함수는 인간의 세계와 같이 열린계에서는 쓸모없어진다. 열린계는 비가역적이고 결코 반복될 수 없는 세계이며 외부로 항상 열려 있는 세계이기 때문이다.

그들은 경험적이고 역사적인 자료를 통해서 소비함수가 안정적이라고 했다. 그러나 이론은 경험적 사실로부터 귀납적으로 정립될 수 없다. 역사적인 일정한 형태는 우연의 일치일 수 있다. 어떤 사건이 그대로 반복되는 일은 결코 없다. 인간의 세상은 결코 가역적이지 않다. 앞으로만 나갈 뿐이지 뒤로 갈 수 없다. 이론은 명제들과 공리로부터 유추되어야 항상 참이다. 경제이론은 인간 행위의 공리

로부터 출발해야 한다는 이유가 여기에 있다.(Ro, 861~862)

그러므로 케인지안의 소비함수에서 나오는 한계소비성향과 같은 계수는 결코 수량적 상수로 존재할 수 없다. 케인지안들도 이 계수가 장기적으로 증가하는 경향을 갖고 있고 단기에는 여러 종류의 요인들에 의해 영향을 받음을 시인한다. 그러므로 소비함수는 장기적으로나 단기적으로나 안정적이지 않다.(Ro, 864)

케인지안의 소비함수에서 나오는 한계소비성향은 결코 수량적 상수로 존재할 수 없다. 케인지안들도 이 계수가 장기적으로 증가하는 경향을 갖고 있고 단기에는 여러 종류의 요인들에 의해 영향을 받음을 시인한다.

특히 케인지안 소비함수는 사전적인 개념이다. 소득이 주어지면 소비자들이 어느 정도의 소비지출을 할 것인지를 제시하는 것이다. 그러나 역사적 자료는 소득뿐만 아니라 소비 역시 사후적 자료들이다. 사후적 자료에서는 국민소득이 항상 총지출과 같다. 그래서 국민소득선은 총지출선과 정확히 겹쳐야 한다.(Ro, 863)

더욱이 케인지안 모델의 모든 것은 총지출선의 기울기가 국민소득선의 기울기보다 작다는 데서 시작한다. 그 기울기가 45도 각도보다 작은 근본적인 이유는 국민소득이 아무리 낮더라도 사람들은 소비를 해야 하기 때문이다. 이것은 틀린 말이 아니다. 어떤 경우에도 소비는 생존을 위해 필수적이기 때문이다. 그러나 문제는 국민소득이 최소한의 총소비보다 낮을 때, 그 부족분을 무엇으로 충당할 수 있는가 하는 점이다. 금고 안에 현금잔고가 있다는 것을 전제해야만 가능하다. 국민소득이 총지출보다 많을 때에야, 그 차이는 당연히 개인의 현금잔고 증대로 이어진다는 논리가 성립된다. 그러나 그 반대일 경우, 현금잔고로 충당된다는 것은 당연한 논리가 아니라 모든 사람들이 현금잔고를 갖고 있다는 가정 하에 성립될 수 있을 뿐이다.

케인지안 모델의 모든 것은 총지출선의 기울기가 국민소득선의 기울기보다 작다는 데서 시작한다. 그러나 이것이 성립되기 위해서는 소득이 낮을 때 사람들은 현금잔고를 갖고 있다고 가정해야 한다.

3.3 비현실적인 마법과 같은 승수

케인지안들은 국민지출이 정부지출(government expenditure)의 유입으로 증대하면 그것만큼 다음 기에 소득을 증대시키고, 그다음 기에는 그 소득 증대분이 추가적인 소비와 투자를 유도해 소득을 다시 증가시킨다고 한다. 이런 과정이 계속되어, 처음의 지출증대보다 훨씬 큰 소득을 창출해 낸다는 것이 승수(multiplier)이다. 이것은 한마디로 마법과 같은 과정이다. 외부에서 지출이 조금만 유입되면, 그것이 펌프질해 유입보다 수배의 소득을 만들어내기 때문이다. [그림 31-1]은 이런 마법의 과정을 보여주고 있다.

국민소득 Y_0에서 정부지출이 ΔG만큼 유입되면, 다음 기에는 국민소득이 그만큼 증대하는 것이 아니라 승수 과정을 거치면서 Y_2까지 상승한다. 이것은 마음

정부지출을 증대시키면, 국민소득이 승수 배로 증대한다는 것은 마법이지 현실에서는 그렇게 되지 않는다.

만 먹으면 국민소득을 상승시키는 데 아무런 문제가 없음을 말한다. 이것이 마법이 아니고 무엇이겠는가? 소비와 투자가 소득의 안정적인 함수이기 때문에 가능한 일이다. 소득이 증가하면 자동적으로 소비와 투자가 증대하는 시스템이다. 많은 경제학자들은 이를 아주 냉소적으로 비판한다.

예를 들어 한계소비성향(MPC)이 0.75라고 할 때, 정부가 10,000원을 소비자의 주머니에 집어주면 그것이 자동적으로 소득을 40,000($=\frac{1}{1-MPC}\times\Delta G=\frac{1}{1-0.75}\times 10{,}000$)원까지 상승시킨다. 이런 승수효과가 우스꽝스럽지 않은가(Reisman, 2009. 2. 25)? 10,000원을 정부로부터 지원받은 소비자는 소비자재의 구입을 위해 7,500원을 지출해야 하고, 그 소비자재를 판매한 사람 역시 7,500원 중 5,625원을 소비자재 구입에 사용해야 하며, 그 5,625원을 받은 사람은 또다시 4,219원을 소비자재 구입을 위해 지출해야 한다. 이런 과정이 승수효과가 완전히 발휘될 때까지 계속되어야 한다. 그런데 이 과정에서 누군가가 자신의 미래를 위해 저축이라든지 생산적인 용도로 지출하면 또는 현금잔고로 금고에 보관해 놓으면, 이 연쇄 과정은 축소되든지 중단되고 만다. 특히 경제위기 시에는 이렇게 진행될 가능성이 아주 높다. 사람들은 불투명한 미래를 위해 주머니에 들어오는 돈을 소비하기보다 저축이나 현금잔고로 보관할 가능성이 무엇보다 높기 때문이다. '돌'을 '빵'으로 만드는 승수효과는 없다.(Rockwell, 2009. 2. 27).

3.4 가속도원리의 문제

케인지안들은 투자가 이자율 외에 소득에 의해서도 영향을 받는 것으로 취급하면서 케인지안 모델의 동태화를 시도했다. 소득증대에 의해 투자가 유발된다는 가속도원리는 동태화의 핵심적 고리이다. 이에 대한 첫 번째 비판은 어떤 이유에 의해 소득 또는 소비가 증가하고 그러다 감소하는지에 관한 설명이 없다는 점이다. 투자를 촉발하는 이 거시변수들이 무엇에 의해 증가 또는 감소하는지가 설명되어야 한다. 그런데 여기에서는 이 변수들이 증가한다면 또는 감소한다면 하는 가정으로서 경기변동을 설명하고 있을 뿐이다. 이것은 경기변동의 가능성만을 말하고 있지, 경기변동을 이끄는 시장의 내적 또는 외적 힘에 관한 논리는 아니다.

가속도원리가 경기변동을 이끄는 기폭제라는 논리가 성립되기 위해서는 먼저 소비가 증가하다 왜 감소하는지에 관한 설명이 있어야 한다.

가속도원리가 설득력과 타당성이 약한 것은 기업가는 일회적인 소비증대에 즉각적이고 기계적으로 자본을 증대하는 것이 아니기 때문이다(Ro, 872~873).

기업가들은 장비를 구입하거나 시설을 확장하고자 할 때, 그것의 내구기간 동안에 생산되는 제품의 수요가 어떻게 될지를 예상하고서 구입한다. 소비증대에 즉각적으로 반응하는 기업가들은 없다. 기업가는 기계적으로 반응하는 것이 아니다. 미래의 모든 가능성을 염두에 두면서 투자를 행한다. 기업가들은 소비증대가 있을 경우 가속도원리가 말하는 것처럼 시설장비의 즉각적인 확대가 아니라 노동과 같은 다른 요소들의 투입을 증대해 이에 대처할 수 있다. 뿐만 아니라 기업이 한 제품만 생산하는 것이 아니라 유사한 여러 제품들을 생산하고 있다면, 소비증대가 있는 제품에 요소들을 집중 투입하는 방식으로 대처하는 것이 보다 현실적인 기업의 모습이다.

가속도원리가 설득력이 약한 것은 기업가는 일회적인 소비증대에 즉각적으로 자본을 증대하는 것이 아니기 때문이다.

가속도원리의 또 다른 논리적 문제는 투자는 그 재원을 놓고 소비 및 현금잔고와 경쟁한다는 사실을 간과하고 있다는 점이다. 소득증대의 일부가 소비증가로 가면, 그 나머지는 투자나 현금잔고로 간다. 소비증가가 투자를 가속적으로 유발시키기 위해서는, 투자로 가는 나머지 소득 증대분의 일부만으로는 부족할 수 있다. 그 부족분은 현금잔고에서 나오는 길밖에 없다. 그러나 개인이 적정 현금잔고 비중을 유지하고자 한다면, 가속적인 투자증대를 위해 소비가 감소할 수밖에 없다.[3] 소비증대가 투자를 가속적으로 유발하기 위해, 소비가 다시 감소해야 한다는 것은 논리적으로 모순이다.(Ro, 872)

가속도원리의 또 다른 문제는 투자는 그 재원을 놓고 소비 및 현금잔고와 경쟁한다는 사실을 간과하고 있다는 점이다.

생각하기

01. 케인지안 모델은 우리가 마음만 먹으면 소득을 증대시킬 수 있고 감소시킬 수도 있다는 기적과 같은 인상을 심어주기에 충분하다. 케인지안 모델은 경제성장에 관한 모델인가 아니면 경기변동 설명에 적합한 모델인가?

02. 승수이론에 어떤 이론을 결합해 케인지안 경기변동 이론을 구축하는 것이 케인즈 이후의 일반적인 경향인가?

03. 케인지안의 거시경제 변수들은 인간 행위에서 유도된 개념인가? 슘페터는 이에 관

3. 항등순환경제에서는 아예 현금잔고가 존재하지 않기 때문에, 소비와 투자는 완전히 경쟁관계에 놓여 있다.

해 어떻게 비판했는가?

04. 정치가와 관료들이 케인지안 모델을 좋아할 수밖에 없는 이유는 어디에 있는가?

05. 총지출이 국민소득보다 적다는 것이 그 나라 국민의 후생을 감소시키는 일인가? 토론하라.

06. 현실에서 비자발적 실업은 무엇에 의해 야기되는가? 정부정책에 의한 비자발적 실업의 사례를 주변에서 찾아보아라.

07. 케인지안 모델의 화폐이론을 여러 측면에서 비판해 보아라.

08. 여러분은 생활이 힘들고 미래가 불투명할 때, 가장 먼저 어떤 행동변화를 보이는가? 소비를 예전처럼 유지하겠는가 아니면 저축을 더 많이 하겠는가? 기업가들에 관해서도 경제위기에 대처하는 모습을 생각하면서, 케인지안 모델을 비판하라.

09. 1920년대 대공황과 2010년대 세계금융위기 때, 이를 극복하기 위해 제시하는 처방은 경제학자들마다 어떤 경제이론에 바탕을 두느냐에 따라 극명하게 달라진다. 크루그만(P. Krugman)의 글(How Did Economists Get It So Wrong?, The New York Times, 2009. 9. 2)과 코크런(J. P. Cochran)의 글(Recessions : The Don't Do List, Mises Daily, Ludwig von Mises Institute, 2013. 2. 17)을 읽고 이들의 대립되는 의견에 대해 토론하라. 그리고 여러분은 경제위기의 원인과 극복에 대해 어떤 입장인가?

참고문헌

〈국내 문헌〉

고병권, 『화폐－마법의 사중주』, 그린비, 2005.

공병호, 『기업가』, 자유기업센터, 1999.

김이석, 「국제금융위기의 원인과 해법－한국의 대처방안」, 『*CFE Report*』, No. 69, 자유기업원, 2008. 11. 28.

김익현, 『빌 게이츠』, 살림출판사, 2009. 1. 30.

김적교, 『경제정책론』, 박영사, 2001.

김학수, 「기업가정신과 정책환경－OECD 국가를 중심으로」, 『규제연구』, 제 19권 제 2호, 한국경제연구원, 2010. 12.

______, 「기업가정신－대학 필수 교과과정으로 개설돼야」, 『KERI 칼럼』, 한국경제연구원, 2010. 9. 10.

김형배, 『민법학강의－이론 · 판례 · 사례』, 제5판, 신조사, 2006.

노재구, 「기업가 및 기업가정신에 관한 이론적 고찰」, 『충북개발연구』, 제10권 제2호, 충북개발연구원, 1999.

노택선, 「복본위제와 그레샴의 법칙」, 『click 경제교육』, 통권 제69호, 한국개발연구원, 2009. 5.

니시베 마코토, 이홍락 옮김, 『우리끼리 만들어 쓰는 돈』, 돈키호테, 2006.

드러커(Drucker, Peter F.), 이재규 옮김, 『미래사회를 이끌어 가는 기업가정신(*Innovation and Entreprneurship*)』, 한국경제신문, 2004.

라스바드(Rothbard, Murray N.), 전용덕 · 김이석 옮김, 『인간, 경제, 국가－경제원리에 대한 새로운 전문서』, 자유기업원, 나남출판, 2001.

리테어(Lietaer, Bernard A.), 강남규 옮김, 『돈, 그 영혼과 진실(*Mysterium Geld: emotionale Bedeutung und Wirkungsweise eines Tabus*)』, 문학세계사, 2004. 3. 20.

매일경제신문, 「짐바브웨－공무원 월급주니 나랏돈 24만 원뿐」, 2013. 1. 31.

맨큐(Mankiew, N. G.), 김경환 · 김종석 옮김, 『맨큐의 경제학』, 제5판, 2009.

문(Moon, Y.), 박세연 옮김, 『디퍼런트(*Different*)』, 살림Biz, 2010.

미제스(Mises, Ludwig v.), 김이석 옮김, 『화폐와 신용의 이론(*The Theory of Money and Credit*)』, 한국경제연구원, 2011.

__________, 민경국 · 박종운 옮김, 『인간행동(*Human Action*)』, 지식을 만드는 지식, 2011.

민경국, 「루스벨트의 뉴딜이 한국경제에 주는 교훈」, 『*CFE Report*』, No. 47, 자유기업원, 2008. 6. 18

_____, 『시장경제의 법과 질서—질서경제학과 주류경제학』, 자유기업센터, 1997.

_____, 『진화냐 창조냐』, 자유기업센터, 1996.

배진영, 「시장경제에서 경쟁의 의미와 기능」, 『자유와 시장』, 제3권 제1호, 2011.

_____, 「오스트리아 학파의 시각에서 본 2011년 글로벌 재정위기의 원인과 과제」, 『경상논총』, 제30권 제1호, 2012. 3.

_____, 「자유와 책임」, 『KERI 칼럼』, 한국경제연구원, 2010. 8. 31.

_____, 「현행 경제학원론의 전면적 개편을 위한 비판적 검토」, in: 『자유와 시장』, 제1권(창간호), 2009.

_____, 『경제질서의 이론과 정책』, 비봉출판사, 2003.

버냉키/프랭크(Bernanke, B. S./Frank, R. H.), 곽노선 · 왕규호 옮김, 『버냉키 · 프랭크 경제학』, McGraw-Hill Korea, 2010.

번스타인(Bernstein, Peter L.), 김승욱 옮김, 『황금의 지배(*The Power of Gold*)』, 경영정신, 2001. 5. 24.

베버(Weber, M.), 박성수 옮김, 『프로테스탄티즘의 윤리와 자본주의 정신(*Die Protestantische Ethik und der Geist des Kapitalismus*)』, 문예출판사, 2004.

사이토 도시야/오하라 미치요, 홍민서 옮김, 『행복한 나라 부탄의 지혜(幸福王國ブータンの智恵)』, 공명, 2012. 10. 12.

샤방스(Chavance, B.), 양준호 옮김, 『제도경제학의 시간과 공간』, 한울아카데미, 2009.

손완표, 『경제원리의 이해』, 청목출판사, 2009.

송지영, 『금융제도와 금융기관의 이해』, 청목출판사, 2008.

시오자와 요시노리, 임채성 옮김, 『왜 복잡계 경제학인가』, 푸른 길, 1993. 3.

아놀드(Arnold, Roger A.), 이병락 옮김, 『경제학원론』, 박영사, 2012.

아이작슨(Isaacson, W.), 안진환 옮김, 『스티브 잡스 Steve Jobs』, 민음사, 2011.

안두순, 『경제정책론』, 숲과 나무, 1998.

안재욱, 「악화가 양화를 몰아낸다고?」, in: 한국경제교육연구회 편저, 『스토리 시장경제』, 북오션, 2012.

_____, 『시장경제와 화폐금융제도』, 자유기업원 · 나남, 2008.

안재욱/김영용/김우택/송원근, 새경제학원론, 교보문고, 2013.

우즈(Woods Jr., T. E.), 이건식 옮김, 『케인스가 죽어야 경제가 산다(*Meltdown*)』, 리더스북, 2009.

유병규/김광석, 「자영업은 자영업과 경쟁한다—자영업자의 10대 문제」, 『경제주평』, 498호, 현대경제연구원, 2012. 7. 27.

이규억/박병형, 『기업결합: 경제적 효과와 규제』, 한국개발연구원, 1993

이영환/김진욱, 『경제학 강의』, 율곡출판사, 2007.

이완재, 『기업가와 기업가정신에 관한 소고』, 상명대학교 대학원 경제학과 석사학위 논문, 1996.

이준구, 『미시경제학』, 법문사, 2008.

전성인, 「화폐의 기능과 신용 정책의 역할—전자화폐의 경우를 중심으로」, 『정보화정책 저널』, 한국정보화진흥원, 1996. 12. 1.

전용덕, 「경쟁과 독점」, in: 『규제완화』, 제9호, 한국경제연구원 규제연구센터, 1994.

_____, 「오스트리아 학파의 독점과 경쟁 정책」, in: 『사회과학연구』, 제5권 제3호, 대구대학교 사회과학연구소, 1998.

_____, 「오스트리아 학파의 경기변동이론과 화폐 · 금융제도」, 한국경제연구원, 2009. 12.

정용균/방하남/김정원, 「고용창출에 있어서 한국 중소기업의 역할」, 『인적자원관리연구』, 제15권 제4호, 2008.

조순/정운찬/전성인/김영식, 『경제학원론』, 제8판, 율곡출판사, 2009.

_____________________, 『경제학원론』, 제9판, 율곡출판사, 2011.

최혁, 「글로벌 금융위기의 전개과정」, 한국경제포럼, 제2권 제1호, 한국경제학회, 2009.

커즈너(Kirzner, Israel M.), 이성순 옮김, 『경쟁과 기업가 정신』, 자유기업센터, 1998.

킨들버거/알리버(Kindleberger, Charles P./Aliber, Robert Z.), 김홍식 옮김, 『광

기, 패닉, 붕괴—금융위기의 역사(*Manias, Panics ans Crashes—A History of financial Crises*)』, 굿모닝북스, 2011.

프리드만(Friedman, M.), 안재욱 · 이은영 옮김, 『화려한 약속 우울한 성과(*Bright Promises, Dismal Performance: An Economist's Protest*)』, 나남출판, 2005.

프리드만, M./R.(Friedman, Milton/Rose), 민병균 외 2인 옮김, 『선택할 자유(*Free to Choose*)』 자유기업원, 2003.

하버마스(Habermas, J.), 이진우 옮김, 『현대성의 철학적 담론』, 문예출판사, 1994.

하이에크(Hayek, Friedrich A. v.), 신중섭 옮김, 『치명적 자만』, 자유기업원, 2005.

______________, 박상수 옮김, 『개인주의와 경제질서』, 자유기업센터, 1998.

한기수, 「기업가와 기업가정신에 관한 연구」, 『대불대학교 논문집』, Vol. 7, 2001.

허스테드/멜빈(Husted, S./Melvin, M.), 이병락 옮김, 『*International Economics*(국제경제학)』, 시그마프레스, 1999.

〈국외 문헌〉

Bae, J-Y., *Importsubstitution im weltmarktorientierten Entwicklungsland: Theoretische Analyse und empirische Befunde am Beispiel der Republick Korea*, Duncker & Humbolt · Berlin, 1990.

Baretto, H., *The Entrepreneur in Microeconomic Theory: Disappearance and Explanation*, Routledge, 1989.

Butler, E., *Ludwig von Mises—Foundations of the Modern Microeconomics Revolution*, Gower Publishing Company, 1988.

Cochran, John P., "Recessions: The Don't Do List," *Mises Daily*, Ludwig von Mises Institute, 2013. 2. 17

Cohn, S. M., *Reintroducing Macroeconomics: A Critical Approach*, Armonk, NY, M. E. Sharpe Inc., 2007.

Ferguson, C. E. and Gould, J. P., *Microeconomic Theory*, Richard D.

IRWIN, Inc., 1975.

French, D., "The Lies are Sacred, Blessed by Government," *Mises Daily*, Ludwig von Mieses Institute, 2009. 3. 26.

GABLER, *Wirtschaftslexikon*, Vol. 5, GABLER, 1998.

Garber, Peter M., "The Collapse of the Bretton Woods Fixed Exchange Rate System." in: *A Retrospective on the Bretton Woods System: Lessons for International Monetary Reform*, by Michael D. Bordo and Barry Eichengreen, University of Chicago Press, January 1993.

Grosseketler, H., *Die Wirtschaftsordnung als Gestaltungsaufgabe: Entstehungs-Geschichte und Entwicklungsperspektiven des Ordoliberalismus nach 50 Jahren Sozialer Marktwirtschaft*, LIT Verlag, 1997.

Gutmann, G/Hamel, H./Pleyer, K./Schüller, A./Thieme, H. J., *Evolutionäre Institutionen-Ökonomik*, Bd. 55 von Schriften zu Ordnungsfragen der Wirtschaft, LUCIUS, 1997.

Hayek, F. A. v., *Prices and Production*, New York, 1966.

______________, "Competition as a Discovery Procedure," in: *New Studies in Philosophy, Politics, Economics and the History of ideas*, London, 1978.

______________, *Individualism and Economic Order*, Midway Reprint, 1980.

______________, *The Fatal Conceit—The Errors of Socialism*, edited by W. W. Bartley III, The University of chicago Press, 1988.

Hazlitt, H., *From Bretton Woods to World Inflation—A Study of Causes and Consequences*, Regnery Gateway · Chicago, 1984.

Hoppman, E., "Wettbewerb als Norm der Wettbewerbspolitik," in: *ORDO—Jahrbuch für die Ordnung von Wirtschaft und Gesellschaft*, Helmut Küpper Vormals Georg Bondi., 1967.

Janssen, M. C. W., *Micro-Foundations: A Critical Inquiry*, Routledge, 1993.

Katz, Michael L and Rosen, Harvey S., *Microeconomics*, second edition,

IRWIN, 1994.

Kirzner, Israel M., *Competition and Entrepreneurship*, The University of Chicago Press, 1973.

Konow, J., "The political economy of Heinrich von Stackelberg," *Economy Inquiry*, Internet Business Library, Jan 1994

Krugman, P., "How Did Economists Get It So Wrong," *The New York Times*, 2009. 9. 2.

Loasby, B. "Economics of Dispersed and Incomplete Information," in: (ed.) Kirzner, I. M., *Method, Process, and Austrian Economics—Essays in Honor of Ludwig von Mises*, LexingtonBooks, 1982.

Malthus, T., *An Essay on the Principle of Population*, London, 1798.

McCraw, Thomas K., "Scumpeter' s Business Cycles as Business History," *Business History Review*, Vol. 80, Summer 2006.

Menger, C., *Principles of Economics*, Libertarian Press, Inc., 1994.

__________, *Zur Theorie des Kapitals, Separatabdruck aus den Jahrbüchern für Nationalökonomie und Statistik*, Siebzehnter Band, Verlag von Gustav Fischer in Jena, 1888.

Mises, L. v., *Human Action—A Treatise on Economics*, Henry Regnery Company, Chicago, 1966.

__________, *The Theory of Money and Credit*, Yale University Press, 1953.

Murphy, R. P., *Lessons for the Young Economist*, Ludwig von Mises Institute, 2010.

Reisman, G., "Economic Recovery Requires Capital Accumulation, Not Government 'Stimulus Packages' ," *Mises Daily*, Ludwig von Mieses Institute, 2009. 2. 25.

Ricardo, D., "On the Principles of Political Economy and Taxation," *Library of Economics and Liberty*, http://www.econliborg.

Rockwell, L. H., "Stimulation by Government," *Mises Daily*, Ludwig von Mieses Institute, 2009. 2. 27.

Rothbard, Murray N., *America's Great Depression*, D. Van Nostrand Company, Inc., 1963.

Rothbard, Murray N., *Ludwig von Mises: Scholar, Creator, Hero*, Ludwig von Mises Institute, online edition 2002.

____________________, *Man, Economy, and State—A Treatise on Economic Principles*, Ludwig von Mises Institute, 2001.

Roubini, N., "Will the Bretton Woods 2 (BW2) Regime Collapse Like the Original Bretton Woods Regime Did? The Coming End Game of BW2," *RGE monitor*, July 6, 2008.

Schiff, Peter D., *Crash Proof: How to Profit from the Coming Economic Collapse*, New York: Wiley, 2007.

Smith, A., "An Inquiry into the Nature and Causes of the Wealth of Nations," *Library of Economics and Liberty*, http://www.econliborg.

Stigler, G. J., "competition," in: *The New Palgrave Dictionary of Economics*, 2008.

Streit, M. E., *Theorie der Wirtschaftspolitik*, Werner-Verlag · Düsseldorf, 1979.

Tucker, J. A., "Hayek' s Ghost haunts the World," *Mises Daily*, Ludwig von Mises Institute, 2011. 8. 22

Vickers, J., "Concepts of Competition," in: *Oxford Economic Papers*, 47, 1995.

〈신문 및 방송매체〉

김길연, 「벤처창업, 꿈처럼 신나지만 재미는 딱 6개월」, 뉴스토마토, 2012. 10.12.

김훈민, 「인플레이션」, 한국경제신문, 2009. 9. 25.

박주병, 「외국서도 오랜 논쟁—80년대 이후 시장원리 중시하며 가격보다 진입장벽 감시」, 한국경제신문, 2007. 10.19.

신성식/장주영/최모란, 「허술한 복지—39만 명에 허튼 돈 쓴다」, 중앙일보, 2013. 1. 7

신승철, 「워싱턴의 틀니」, 헬스코리아 뉴스, 2010. 3. 15.

안용현, 「김정일도 못 막는 북한 시장(市場)」, 조선일보, 2009. 1. 14.

영국은행 홈페이지, http://www.bankofengland.co.uk/about/history/timeline4.htm

원혜영, 「빈털터리 청년백수, 반짝이는 아이디어로 '풀무원' 창업 대박」, 신동아, 2009. 1. 5.

이지은, 「215만명이 115만개 직업 놓고 '피 터지는' 나라」, 아시아경제, 2013. 1. 10.

이케가야 유지, 「뇌는 행복해지기 위해 마음을 속인다」, 조선일보, 2008. 4. 15.

조선일보, 「김정은—아버지 김정일에게 호되게 질책 당해」, 2011. 4. 21.

중앙일보, 「휘청대는 애플—혁신 없이 미래 없다」, 2013. 1. 26.

한겨레, 「북한, 계획경제 · 배급제 일부 폐기—개혁 시범사업 시작」, 2012. 8. 9.

한국교육방송(EBS), 「다큐프라임 행복한 섬 바누아투」, 2008. 8. 27.

인명 색인

내용 색인

ㄱ

ㄴ

ㄷ

ㄹ

ㅁ

ㅂ

ㅅ

ㅇ

ㅊ

ㅋ

ㅌ

ㅍ

ㅎ

기타

지은이에 대하여

배 진 영

부산대학교 경제학과(학사)
서강대학교 경제학과(석사)
독일 프라이부르그대학교(경제학 박사)
산업연구원 연구원
대외경제정책연구원 연구위원
현, 인제대학교 국제경상학부 교수
현, 한국하이에크소사이어티 회장
현, 한독경상학회 부회장

[주요 저서]

『Importsubstitution im weltmarktorientierten Entwicklungsland』
(Duncker & Humblot · Berlin, 1990)
『통독 1년의 경제적 평가와 전망』(대외경제정책연구원, 1992)
『경제질서의 이론과 정책』(비봉출판사, 2003)

인간 중심 경제학원론

초판 1쇄 발행 2013년 8월 30일
초판 2쇄 발행 2016년 2월 22일

지은이 배진영
펴낸이 박기남
펴낸곳 **율곡출판사**
08590 서울시 금천구 가산디지털1로 84(에이스하이엔드 8차), 803호
전화 (代) 02) 718-9872/3
팩스 02) 718-9874
홈페이지 www.yulgokbooks.co.kr
이메일 yulgokbook@naver.com
등록 1989.11.10. 제2014-000031호
ISBN 978-89-97428-33-5 93320

정가 30,000원